HIDDEN CHAMPIONS
히든 챔피언

Hidden Champions: Aufbruch nach Globalia by Hermann Simon
Copyright © 2012 Hermann Simon
All rights reserved.
This Korean edition was published by Next Wave Media Co., Ltd. in 2014
by arrangement with the original publisher, Campus Verlag.

이 책의 한국어판 저작권은 Hermann Simon과 독점계약으로 흐름출판(주)에 있습니다.
신저작권법에 의해 한국 내에서 보호를 받는 저작물이므로 무단전재와 무단복제를 금합니다.

히든챔피언: 글로벌 원정대

초판 1쇄 발행 2014년 4월 1일
초판 7쇄 발행 2025년 3월 26일

지은이 헤르만 지몬
옮긴이 배진아
펴낸이 유정연

이사 김귀분
기획편집 신성식 조현주 유리슬아 서옥수 황서연 정유진 **디자인** 안수진 기경란
마케팅 반지영 박중혁 하유정 **제작** 임정호 **경영지원** 박소영

펴낸곳 흐름출판(주) **출판등록** 제313-2003-199호(2003년 5월 28일)
주소 서울시 마포구 월드컵북로5길 48-9(서교동)
전화 (02)325-4944 **팩스** (02)325-4945 **이메일** book@hbooks.co.kr
홈페이지 http://www.hbooks.co.kr **블로그** blog.naver.com/nextwave7
출력·인쇄·제본 프린탑(주) **용지** 월드페이퍼(주) **후가공** (주)이지앤비(특허 제10-1081185호)

ISBN 978-89-6596-107-9 13320

- 흐름출판은 독자 여러분의 투고를 기다리고 있습니다. 원고가 있으신 분은 book@hbooks.co.kr로 간단한 개요와 취지, 연락처 등을 보내주세요. 머뭇거리지 말고 문을 두드리세요.
- 파손된 책은 구입하신 서점에서 교환해 드리며 책값은 뒤표지에 있습니다.

히든 챔피언
글로벌 원정대

HIDDEN CHAMPIONS

헤르만 지몬

배진아 옮김 | 유필화 감수

흐름출판

한국어판 서문

단호하고 신속하게
글로벌 원정대에 합류하라

지난 50년 간 한국은 세계 그 어떤 나라보다도 큰 성공을 이룩했다. 1964년 출발을 한 이후로 한국의 경제력은 전 세계에 있는 거의 모든 나라보다 큰 폭으로 향상되었다. 이처럼 비길 데 없는 탁월한 성공은 사실 대기업들, 이른바 재벌들 덕분이다. 요컨대 국제적인 경쟁을 견뎌내기 위해 한국 정부는 이들 기업에 대한 필요한 지원을 했고, 그것은 분명히 효과가 있었다.

그러나 이 같은 발전은 바람직하지 않은 부작용을 야기했다. 한국은 소수 대기업들의 운명에 크게 의존하는 신세가 되고 말았다. 한국의 10대 대기업이 국내 총생산의 50퍼센트 이상을 차지하고 있다. 이처럼 강도 높은 집중 현상은 결코 바람직하지 않다. 핀란드의 예에서 우리는 이런 현상이 얼마나 위험할 수 있는지 분명하게 알 수 있다. 2000년, 핀란드에서는 성공의 정점에 이른 노키아가 핀란드 전체 수출의 20퍼센트 이상을 차지했다. 그러나 지금 노키아의 영광은 사라져버렸고, 핀란드는 그에 상응하는 문제점들을 안게 되었다. 반면 독일의 구조는 완전히 다르다.

매우 강력한 중소기업을 기반으로 한 독일 경제는 한국보다 훨씬 강도 높게 분권화되어 있다. 이것은 독일의 성공적인 수출 성적에 뚜렷하게 반영되어 나타난다. 비록 한국이 수출 강국이기는 하지만, 10년이 넘는 기간을 관찰했을 때 독일의 1인당 수출량은 한국의 거의 두 배에 이른다. 이처럼 엄청난 차이는 전적으로 독일 중소기업의 뛰어난 수출 성과 덕분이다. 그리고 히든 챔피언들은 그 가운데서도 단연 두각을 드러낸다. 고작 중간 정도의 규모에도 불구하고 그들은 자신들이 활동하는 세계시장에서 주도적인 역할을 수행한다. 그러나 동시에 그들은 대중에게는 거의 알려져 있지 않다. 독일은 국제적으로 두각을 드러내는 이런 중소기업을 그 어떤 나라보다도 많이 보유하고 있다. 독일 대기업들이 국내에서 침체를 겪으면서 일자리를 줄이는 것과는 대조적으로 히든 챔피언들은 독일뿐만 아니라 해외에 있는 그들의 목표 시장에서도 지속적으로 새로운 일자리를 창출하고 있다.

이 책은 독일 히든 챔피언들의 전략을 분석한다. 이 책은 1986년까지 거슬러 올라가는 연구와 경험을 근간으로 삼는다. 이 시기는 독일 히든 챔피언들이 세계시장에서 입지를 크게 강화한 시기이기도 하다. 그 사이에 전 세계가 그들의 전략과 경영원칙을 크게 주목하게 되었다. 그 중에서도 특히 한국이 그러하다.

경제를 더욱 강도 높게 분권화하고 국제적으로 강한 면모를 지닌 중소기업을 건설하기 위해 노력하는 과정에서 한국은 독일 히든 챔피언들에게 아주 많은 것을 배울 수 있을 것이다. 다만 유념해야 할 점이 있다면, 독일 히든 챔피언들의 빈도와 강인함이 부분적으로 역사적인 뿌리에 근거를 두고 있다는 사실과, 한국에서 비슷한 조건들을 단기간에 재생산하는 일이 언제나 가능하지만은 않다는 사실이다. 그럼에도 불구하고 한국의 중소기업들이 진정한 세계 기업이 될 수 있도록 한국과 한국 정부가 조종할 수 있는 매개변수들은 충분히 존재한다.

한 가지 문제는 최고의 기량을 갖춘 한국인들이 중소기업보다는 대기업에서 일하기를 선호한다는 사실이다. 이런 현상과 결부되어 기업가, 즉 자신의 기업을 시작하려는 젊은이들이 크게 부족하다. 한국 사회는 두 가지 측면을 바꾸기 위해 노력을 기울여야 할 것이다. 즉 젊은이들이 중소기업 일자리와 독자적으로 기업을 창업하는 일을 더 매력적으로 여기도록 만들어야 한다. 이를 위해서는 금전적인 매력을 창출해야 할 뿐만 아니라 문화적인 변화도 필요하다. 이런 문화적인 변화는 특히 교육 영역에서 시작되어야 한다. 그 과정에서 한국에도 분명히 존재할 테지만, 아마도 대중들에게, 특히 젊은이들에게 충분히 알려지지 않은 모범적인 기업가들이 큰 역할을 수행할 수 있을 것이다. 바로 미국에서 우리는 그런 본보기들, 즉 빌 게이츠나 구글, 페이스북 창립자 같은 본보기들이 얼마나 큰 역할을 수행하는지 분명하게 보고 있다. 독일 수상 앙겔라 메르켈은 정기적으로 젊은 기업가들을 접견하는데, 이를 통해서 그녀는 기업가정신이 독일 경제 발전에 얼마나 중요한 부분을 차지하는지 상징적으로 보여준다.

한국은 탁월한 교육 시스템을 갖춘 나라다. 한국 중고등학생들과 대학생들의 지능지수와 각종 시험 성적은 세계 최상위권 수준이다. 그러나 한국의 교육 시스템은 지나치게 학문중심적인 것 같다. 같은 해에 태어난 사람들 가운데 전문대학이나 대학 졸업자가 80퍼센트에 이르는데, 이 비율은 지나치게 높은 경향이 있다. 우리에게는 훌륭한 직업교육을 받은 사람들, 그러니까 실제로 상품을 제작하고 필수적인 수작업을 수행하는 사람들도 필요하다. 바로 여기에 독일식 시스템의 강점이 있다. 이론과 실습이 긴밀하게 결합된, 이른바 이원적 직업교육 시스템이 세계 최고의 기량을 갖춘 전문 인력을 만들어낸다. 이들의 수입은 곧잘 대학 졸업자들의 수입을 뛰어넘는다. 따라서 금전적으로도 큰 매력을 발휘한다. 이런 면에서 한국에는 개선의 여지가 존재한다.

또한 나는 한국 대기업들 내부에 거대한 스핀 오프spin-off의 잠재력이 존재한다고 확신한다. 재벌들은 극도로 복잡한 구조를 갖추게 되었다. 그런데 규모가 작은 사업일수록 더욱더 큰 독립성과 더욱 강도 높은 분권화가 바람직하다. 독일과 미국에서 우리는 대기업의 관료주의적인 제약에서 벗어날 때 스핀 오프가 곧잘 새로운 성장 동력을 창출하는 것을 지켜보았다. 그리고 그런 스핀 오프 가운데 강력하게 성장하는 다수의 히든 챔피언들이 탄생했다. 심지어 모기업도 이를 통해서 이익을 얻는다. 왜냐하면 이렇게 되면 그들의 핵심 부문에 온전히 집중할 수 있기 때문이다.

자금조달은 당연히 중소기업, 특히 스타트업Start-up 기업의 핵심 사안이다. 이 부분에서는 한국 정부나 중소기업을 상대하는 은행이 그런 기업들을 집중적으로 지원하고 그들의 세계화에도 도움을 주는 방안을 시도할 수 있을 것이다.

지난 몇 년간 나는 독일 중소기업에 대한 정보를 얻고 싶어 하는 수많은 한국 방문객들을 맞았다. 우리는 워크숍을 열고, 기업을 방문하고, 수많은 대화를 나누었다. 그 과정에서 나는 늘 한국 방문객들이 큰 관심을 보이는 것을 확인할 수 있었다. 나는 한국에서도 수많은 회의와 기업, 그리고 대학에서 히든 챔피언들의 교훈을 소개했다. 그런 자리에서도 나는 늘 큰 관심과 마주쳤다. 이 책은 독일 히든 챔피언들의 전략과 경영원칙에 대해 최신의, 그리고 심도 깊은 내용을 제시한다. 그런 점에서 이 책은 관심 있는 모든 이들이 이 주제를 깊이 있게 다루고 한국과 한국 기업에 적용하는 데 있어 이상적인 도구라고 할 수 있다. 이는 기업가, 경영인, 언론인, 경영학 교수들에게도 공히 해당되는 사항이다. 특히 젊은이들일수록 이런 성공 스토리를 더욱 세심하게 주시해야 할 것이다.

많은 한국 중소기업들이 히든 챔피언으로 발전할 수 있는 기술적인 역량을 갖추고 있다. 그러나 히든 챔피언이 되기 위해서는 한층 더 단호하고 신속하게 세계화를 추진해야만 한다. 한국 젊은이들은 새로운 히든 챔피언들을 탄생시킬 수 있는 충분한 잠재력을 지니고 있다. 모든 것을 처음부터 새롭게 시작하는 대신 독일 히든 챔피언들에게서 일을 해나가는 방법과 그 과정에서 성공을 이룩하는 방법을 배워보는 것도 유익할 것이다. 이런 의미에서 나는 이 책이 한국의 많은 독자들의 사랑을 받기를 바랄 뿐만 아니라, 그들이 미래의 글로벌한 세계로 나아가 그곳에서 성공을 거두는 데 도움이 되기를 소망한다.

— 2014년 봄, 독일 본에서
헤르만 지몬

감수의 글

한국형 히든 챔피언은 얼마든지 나올 수 있다

2008년 6월 헤르만 지몬의 《히든 챔피언》이 한국에서 출간되자 시장의 반응은 그야말로 뜨거웠다. 많은 독자들이, 특히 중소기업을 경영하는 분들이 이 책을 극찬해주었고 강연 요청이 쇄도했다. 언론에서는 하루가 멀다 하고 관련 기사를 내보냈고 정부에서도 지대한 관심을 보였다. 저자인 헤르만 지몬은 여러 차례 한국을 방문하여 통찰력이 넘치는 훌륭한 강연을 해주었고, 그가 올 때마다 그의 인터뷰 기사는 주요 신문 지면을 장식했다. 그 결과 이제는 '히든 챔피언'이란 말 자체가 우리 사회의 일상용어의 하나로 정착한 듯하다. 또한 이제 우리나라도 세계적인 수준과 규모의 히든 챔피언들을 현재보다 훨씬 더 많이 보유해야 한다는 사회적인 합의에 도달한 듯하다. 나는 이것이 한국 경제가 나아가야 할 매우 바람직하고 또 현실적인 방향이라고 생각한다. 왜냐하면 앞으로 10년 내에 삼성전자나 현대자동차 같은 초일류 대기업들이 또 나올 확률은 높지 않은 반면에, 히든 챔피언 같은 기업은 우리나라에서 얼마든지 더 나올 수 있고 또 나와야 하기 때문이다.

책 한 권이 세계 15위권 안의 경제 규모를 자랑하는 우리 사회에 이렇게 큰 변화를 가져왔다는 사실이 나는 그저 경이롭기만 하다. 역시 좋은 책의 중요성은 아무리 강조해도 지나치지 않다. 이러한 획기적인 책을 쓴 헤르만 지몬은 독일이 낳은 초일류 경영학자다. 그는 독일어권에서 가장 영향력 있는 경영사상가를 선정할 때마다 이미 세상을 떠난 피터 드러커와 더불어 늘 최상위권을 차지하곤 한다. 이미 40권 가까운 저서와 수백 편의 논문을 수십 개국에서 출간한 그는 사실상 '현대 유럽 경영학의 자존심'이라고 해도 과언이 아니다. 그의 글은 한결같이 명쾌하고 아름다우며, 깊은 통찰과 번득이는 창의성이 담겨 있다.

헤르만 지몬은 가격정책에 관한 매우 수준 높은 논문과 주옥같은 저서로 명성을 얻기 시작했지만 그가 다루는 토픽은 전략, 기업문화, 중소기업, 혁신, 변화경영, 서비스, 고객만족, 경영교육 등 실로 다양하다. 그러나 1990년대 이후 그는 세계시장을 석권하고 있지만 잘 알려져 있지 않은 중소기업들, 이른바 '히든 챔피언'에 관한 연구에 특히 정성을 기울이고 있다.

이 책은 헤르만 지몬이 2007년 9월 독일에서 출간한 《21세기의 히든 챔피언》이란 책을 그가 전면적으로 고치고 또 최신 자료를 바탕으로 많은 부분을 새롭게 쓴 책이다. 이 책의 가장 큰 특징은 우리가 앞으로 살아갈 세계화된 세계 즉 '글로발리아'의 여러 측면을 매우 자세히 논의하고 있다는 것이다. 그리하여 독자들은 세계화의 절대적인 중요성을 확신하게 됨과 동시에, 그것이 기업에게 주는 무한한 가능성에 새삼 눈을 뜨게 된다. 또한 전 세계인의 크나큰 부러움을 사고 있는 1,300여 개의 독일의 히든 챔피언들이 왜 유독 그 나라에만 그렇게 많은가를 설득력 있게 알려주고 있다. 이 부분은 기업인들뿐만 아니라 정부의 정책 담당자들에게도 많은 시사점을 줄 것이 틀림없다.

그 밖에도 이 책은 2007년 판이 담고 있지 않은 많은 최신 자료를 제공해주며 더욱더 흥미진진하게 히든 챔피언들의 경영모델을 가르쳐주고 있다. 그래서 이 책은 세계적인 중소기업을 만들고자 노력하는 수많은 우리 기업인들에게 크나큰 도움을 줄 것이다.

그러나 나는 이 책에서 논의된 히든 챔피언들의 원리가 중소기업에만 적용된다고 생각하지 않는다. 대기업, 투자자, 정부, 지방자치단체, 전략을 세우는 사람들, 구직자 등 매우 다양한 조직체와 사람들이 이 책에서 귀중한 시사점을 배울 수 있다. 아무쪼록 우리나라의 많은 독자들이 이 책을 열심히 읽어 우리의 기업 경쟁력과 국가 경쟁력의 향상에 일조하게 되기를 바라마지 않는다.

— 2014년 3월
유필화 성균관대학교 SKK GSB 학장

유필화

서울대학교(경영학사)와 미국 노스웨스턴대학교(경영학석사), 하버드대학교(경영학박사)에서 공부했으며, 독일의 빌레펠트대학교에서 가르쳤고, 독일의 독일경영연구원USW에서 연구했다. 1987년부터 성균관대학교 경영학과 교수로 재직 중인 그는 일본 게이오대학교 비즈니스스쿨과 서울대학교 경영대학에서 초빙교수로 근무했다. 현재는 성균관대학교가 삼성그룹과 미국 MIT의 도움을 얻어 설립한 SKK Graduate School of Business의 학장으로 재직 중이다. 그는 국내외에서 많은 논문을 발표했으며, 《가격관리론》, 《역사에서 리더를 만나다》, 《유필화와 헤르만 지몬의 경영담론》, 《현대마케팅론》, 《CEO, 고전에서 답을 찾다》, 《부처에게서 배우는 경영의 지혜》 등 20여 권의 경영학 관련 저서를 독일, 중국, 일본, 한국에서 출간했다. 제일기획 사외이사를 역임한 바 있으며, 현재 교보생명 사외이사이자 감사위원장으로도 활동 중이다.

차 례 CHAMPIONS

- 5   **한국어판 서문** 단호하고 신속하게 글로벌 원정대에 합류하라
- 11   **감수의 글** 한국형 히든 챔피언은 얼마든지 나올 수 있다
- 20   **경영 서머리** 히든 챔피언이 전하는 핵심 교훈

CHAPTER 01 글로발리아, 세계화된 미래

- 28   성장의 동력은 세계화
- 30   2025 세계경제 전망: 국내총생산
- 36   2025 세계경제 전망: 인구 역동성
- 40   미래 시장에 대한 분석과 예측
  중국과 인도 | 위협적인 경쟁자, 중국 | 아세안 국가 | 일본 |
  위기 이후의 아시아 | 동유럽과 러시아 | 라틴아메리카 | 아프리카
- 68   탈세계화의 위험성
- 73   최고만이 경쟁에서 살아남는다
- 75   세계는 평평하지 않다
- 78   핵·심·요·약

HIDDEN

CHAPTER 02 독일은 왜 강한가

- 84 ── 두각을 드러내는 독일
- 87 ── 독일, 수출만이 살길이다
- 90 ── 독일 기업들이 수출에 성공한 이유
- 95 ── 독일에 히든 챔피언이 많은 이유
  역사적인 소국분립주의 │ 전통적인 역량 │ 첨예한 경쟁 │ 업종별 산업 클러스터 │ 기업가 클러스터 │ 지역적 분산 │ 탄탄한 제조 기반 │ 탁월한 혁신력 │ 낮은 단위노동비용 │ Made in Germany │ 직업교육 │ 전략지정학적 중심지 │ 정신적·문화적 국제화 │ 기본 조건들과 각종 제도
- 130 ── 독일의 미래
- 132 ── 핵·심·요·약

CHAPTER 03 히든 챔피언, 그들은 누구인가

- 140 ── 히든 챔피언의 개요
- 145 ── 히든 챔피언의 사례
- 157 ── 그들이 드러나지 않는 이유
- 164 ── 히든 챔피언의 성공과 위기
- 173 ── 히든 챔피언이 들려주는 교훈
- 176 ── 이 책의 목표
- 179 ── 핵·심·요·약

CHAPTER 04 지속적인 성장

- 183 ── 야심찬 목표와 대담한 비전
- 188 ── 빅 챔피언의 탄생
- 195 ── 중간 규모 히든 챔피언들의 폭발적인 성장
- 201 ── 소규모 히든 챔피언들의 약진
- 204 ── 성장은 계속된다
- 206 ── 성장이 만병통치약은 아니다
- 209 ── 히든 챔피언의 성장원동력
- 214 ── 핵·심·요·약

CHAMPIONS

CHAPTER 05 시장을 선도하라

220 ──── 시장선도란 무엇인가
222 ──── 시장선도기업이라는 목표
233 ──── 시장에 대한 정의와 시장점유율
237 ──── 경영에 관한 잘못된 믿음
244 ──── 핵·심·요·약

CHAPTER 06 강도 높은 집중

250 ──── 협소한 시장
253 ──── 다양한 시장 정의 기준
257 ──── "우리는 전문가다"
260 ──── 가치창출 단계에 대한 집중
261 ──── 재집중과 포기
264 ──── 신규 틈새시장에 대한 집중
265 ──── 초특급 틈새시장과 시장지배기업
273 ──── 집중에 따르는 위험
278 ──── 핵·심·요·약

CHAPTER 07 독창성은 깊이에서 나온다

284 ──── 서비스의 깊이
287 ──── 고도의 자체가치창출비율
288 ──── 자체제작비율과 아웃소싱
296 ──── 자체 기계제작
299 ──── 원료의 깊이
300 ──── 연구개발의 깊이
302 ──── 깊이와 전문 역량
303 ──── 전략적 평가
306 ──── 전략적 제휴
314 ──── 핵·심·요·약

HIDDEN

CHAPTER 08 글로벌 마케팅

- 320 ─── 세계화, 성장의 두 번째 기둥
- 324 ─── 해외 진출 현황과 과정
- 330 ─── 성장원동력으로서의 세계화
- 333 ─── 지역별 매출액 지분 변화
- 335 ─── 개별 국가 시장이 지닌 전략적 중요성
- 338 ─── 세계화와 리스크
- 340 ─── 인터넷과 글로벌 마케팅
- 342 ─── 가치창출의 세계화
- 347 ─── 세계시장 진출을 위한 준비
- 353 ─── 핵·심·요·약

CHAPTER 09 마케팅 전략으로서의 고객친화

- 360 ─── 고객과의 친밀한 관계
- 367 ─── 고객의 요구사항과 중요도
- 369 ─── 고객의존도와 리스크
- 379 ─── 고객친화의 실현 방법
- 380 ─── 책임 분산을 통한 고객친화 실천
- 386 ─── 행동 규범을 통한 고객친밀도 향상
- 388 ─── 고객과의 다양한 상호작용
- 389 ─── 최고 고객을 타깃으로 삼다
- 392 ─── 핵·심·요·약

CHAPTER 10 최고 수준의 제품과 서비스

- 398 ─── 제품
- 401 ─── 서비스
- 409 ─── 시스템 통합
- 416 ─── 브랜드
- 422 ─── 가격
- 437 ─── 핵·심·요·약

CHAMPIONS

CHAPTER 11 끈질기게 혁신에 매달려라

- 444 ── 혁신이란 무엇인가
- 452 ── 활발하게 돌아가는 혁신의 기계
- 453 ── R&D 강도
- 455 ── 특허
- 465 ── 신제품
- 473 ── 혁신의 원동력
- 478 ── 혁신의 탄생
- 485 ── 지속적인 개선과 획기적인 혁신
- 487 ── 경영 혁신과 조직 혁신
- 491 ── 혁신을 이끄는 사람들
- 496 ── 고객과 함께하는 제품 개발
- 499 ── 신속한 R&D 속도
- 501 ── 핵·심·요·약

CHAPTER 12 경쟁우위를 관철하라

- 508 ── 시장구조와 경쟁에 임하는 태도
- 514 ── 다섯 가지 경쟁요인
- 517 ── 경쟁우위 구축을 위한 조건
- 518 ── 경쟁우위 항목의 빈도와 중요도
- 521 ── 경쟁우위 매트릭스
- 525 ── 경쟁우위의 지속성과 근원
- 528 ── 우월한 경쟁력 과시
- 531 ── 카테고리를 대표하는 이름
- 533 ── 포상과 표창
- 536 ── 경쟁력과 원가
- 539 ── 강력한 경쟁자의 역할
- 544 ── 과도한 경쟁을 피하라
- 548 ── 핵·심·요·약

HIDDEN

CHAPTER 13 유연하게 다각화하라

- 556 ——— 집중에서 '유연한' 다각화로
- 557 ——— 대기업에 소속된 히든 챔피언들
- 563 ——— 유연한 다각화의 동인
- 578 ——— 핵·심·요·약

CHAPTER 14 탄탄한 자금조달

- 584 ——— 수익성
- 586 ——— 자기자본
- 590 ——— 전략적 자금력
- 592 ——— 미래의 자금조달 원천
- 597 ——— 핵·심·요·약

CHAPTER 15 군살 없는 조직

- 602 ——— 기능적인 조직
- 603 ——— 다기능성
- 606 ——— 사업부 조직
- 608 ——— 조직의 역동성
- 611 ——— 재빠른 분권화
- 613 ——— 업무 프로세스 재설계
- 620 ——— 핵·심·요·약

CHAMPIONS

CHAPTER 16 직원들에게 영감을 불어넣어라

- 626 ─── 고용과 새로운 일자리
- 631 ─── 위기와 고용
- 635 ─── 기업문화
- 638 ─── 질병으로 인한 결근
- 640 ─── 이직
- 645 ─── 직원 1인당 업무량 증대
- 647 ─── 고성과 문화
- 648 ─── 지방에 자리 잡은 입지
- 654 ─── 자질과 직업교육
- 658 ─── 직원 확보
- 665 ─── 핵·심·요·약

CHAPTER 17 효과적인 리더십

- 672 ─── 히든 챔피언을 이끄는 지도자
  - 인물과 사명의 일치 | 집중적으로 목표에 매진하는 태도 | 대담함 | 활력과 지구력 | 타인에게 영감을 불어넣는 능력
- 680 ─── 히든 챔피언을 이끄는 새로운 경영자
- 682 ─── 리더십 스타일
- 685 ─── 경영진의 구조
  - 소유권과 경영 | 직업교육 | 내부 승진 또는 외부 영입
- 690 ─── 경영진의 연속성
- 694 ─── 젊은 경영진
- 696 ─── 히든 챔피언의 여성 경영인
- 704 ─── 경영진의 국제화
- 709 ─── 경영의 승계
- 717 ─── 핵·심·요·약

- 720 **주**
- 752 **찾아보기**

경영 서머리

히든 챔피언이 전하는
핵심 교훈

이 경영 서머리는 히든 챔피언이 전달하는 가장 중요한 교훈들을 요약한 것이다.

1. 글로발리아Globalia는 국내시장에만 국한되지 않고 세계시장을 무대로 활동하는 기업들에게 어마어마한 성장원동력을 제공한다.
2. 미국과 유럽은 2025년에도 여전히 가장 거대한 시장으로 자리 매김할 것이다. 여기에 아시아, 그중에서도 특히 중국이 세계경제를 구성하는 제3의 극으로서 가세하게 될 것이다. 2050년이 되면 아프리카 인구가 지금의 2배로 늘어나게 되고, 이와 함께 아프리카는 세계경제에서 더욱 중요한 역할을 차지할 것이다. 현재로서는 어떤 징후를 동반할지 불분명하다.
3. 독일어권 기업들은 미래에 펼쳐질 전 세계적인 경쟁에 대비하

여 가장 뛰어나게 무장되어 있다. 독일어권에는 세계 나머지 지역에 있는 히든 챔피언들을 모두 합한 것보다 더 많은 수의 히든 챔피언들이 존재한다. 그리고 바로 그들이 글로발리아 선발대의 최선봉을 형성한다. 그들은 대규모 위기마저도 노련하게 극복해냈다.

4. 히든 챔피언들은 세간에 존재가 거의 알려져 있지 않지만, 세계 및 유럽 전역에서 탁월한 시장 입지를 보유하고 있다. 그들은 최고 수준을 발판으로 삼아 그 같은 입지를 확보했다. 이는 탄탄한 기반을 갖춘 기존의 히든 챔피언들뿐만 아니라 신흥 히든 챔피언들에게도 해당되는 사실이다. 최근 들어 이런 신흥 챔피언들이 놀라울 정도로 많이 생겨났다.

5. 이런 기업들은 성장과 시장지배권을 겨냥한 극도로 야심찬 목표를 품고 있다.

6. 성장은 단번에 돌풍을 일으키며 이루어지기보다는 오히려 지속적으로 이루어지며, 상당히 안정적인 양상을 띤다.

7. 히든 챔피언들에게 시장지배권이란 최대 시장점유율, 그 이상의 것을 의미한다. 그들은 기준 및 벤치마크 설정을 통해서 고객과 경쟁업체 그리고 시장을 '이끌어가고자' 한다.

8. 세계 정상이 되는 길은 오직 집중과 깊이뿐이다. 히든 챔피언들은 협소한 시장에 집중하는 한편, 깊이를 통해서 유일무이한 제품을 만들어낸다. 이런 특징은 아웃소싱을 통해 시장에서 사들일 수 있는 것이 아니라 기업 내부에서만 생성될 수 있다. 그들은 이런 통찰을 가슴 깊이 새기고 있다.

9. 집중은 시장의 규모를 축소한다. 반면 세계화는 시장의 규모를

확대하는 동시에 풍성한 규모의 경제Economies of Scale를 실현 가능하게 한다. 그러므로 집중과 세계화는 히든 챔피언 전략을 구성하는 필수불가결한 양대 기둥이다.

10. 세계화에도 불구하고 히든 챔피언들은 자체제작에 우선권을 두는 원칙을 충실하게 고수한다. 그들은 제3자가 아닌 지점이나 자회사를 통해서 직접 영업활동을 추진한다. 그리고 이를 통해 외국시장에서도 고객들과의 직접적인 접촉을 꾀한다.

11. 히든 챔피언들은 고객들과 긴밀한 관계를 유지한다. 히든 챔피언들의 고객친화성은 대기업보다 5배나 더 높다. 심지어 최고경영자들도 사업장 및 고객들과 가까운 거리를 유지한다.

12. 히든 챔피언들이 R&D에 투자하는 규모는 독일 산업체 평균의 2배에 이른다. 그들이 직원 1,000명당 보유한 특허 건수는 대기업보다 5배나 더 많다. 반면 특허 1건당 소요비용은 대기업보다 5배나 적다. 기술과 고객의 욕구, 이 두 가지 모두 중요한 혁신 원동력으로 작용한다.

13. 히든 챔피언들은 그들이 보유한 경쟁우위를 시장에서 철저하게 관철시킨다. 그들의 우월함은 다수의 경쟁우위에 기인한다. 그들은 언제나 한결같이 제품의 품질을 가장 중요하게 여긴다. 최근 몇 년 동안 컨설팅과 시스템 통합 부분에서 모방하기 힘든 새로운 경쟁우위를 창출했고, 이를 통해서 새로운 경쟁자들이 부딪히는 진입장벽을 높였다.

14. 시장 포화 현상이나 높은 시장점유율로 인해 성장한계에 부딪쳤을 때, 히든 챔피언들은 그들의 고유한 역량에 부합하는 범위 안에서 '유연하게' 사업을 다각화한다. 새로운 사업에 다시금

집중하고 그것을 세계화하기 위해서 사업체를 독자적이고 분산적인 단위로 조직한다.

15. 히든 챔피언들은 높은 수익을 올린다. 다년간에 걸친 그들의 매출수익은 독일 기업 평균의 2배를 웃돈다. 히든 챔피언들은 높은 자기자본비율을 갖추고 있다. 그들은 재정적인 사안과 관련하여 보수적인 태도를 취하며, 자체 자금조달을 원칙으로 삼는다.

16. 전통적인 히든 챔피언들은 단일제품 단일시장 기업들로, 군살 없이 날씬하고 기능적인 조직으로 사업을 꾸려나간다. 사업체나 관련 시장이 점차 복잡해짐에 따라 그들은 일찌감치 사업부 조직 형태로 갈아탔다. 주변 여건이 아무리 복잡해져도 그들은 이런 식으로 고객친화성을 확보한다.

17. 히든 챔피언들은 고성과 조직과 다름없다. 그들은 직원들의 능력과 관련하여 막강한 무장체제를 갖추었으며, 직원들의 이직률과 질병으로 인한 결근율이 매우 낮다. 그러나 신규채용을 할 때는 전 세계적인 차원에서 거대한 도전에 맞닥뜨린다.

18. 히든 챔피언 수장들은 인품을 비롯해 그들이 맡은 사명에 대한 집중과 목표에 매진하는 태도, 용기, 지구력, 타인에게 영감을 불어넣는 능력을 통해서 두각을 드러낸다. 사장들의 직무기간은 평균 20년으로, 대기업보다 3배나 더 길다. 그들은 젊은 시절에 최정상의 자리에 오른다. 히든 챔피언들의 경영 일선에서는 여성이 중요한 역할을 수행한다. 경영진의 국제화는 이제 겨우 시작 단계에 있는데, 글로발리아에서 그것은 매우 어려운 과제들 가운데 하나다.

히든 챔피언들은 그때그때 유행하는 경영방식에 흔들리지 않고, 그들 앞에 놓인 궤도를 충실하게 걸어간다. 그들은 과거에 이미 자신들의 우월함을 수차례에 걸쳐 입증했다. 앞으로도 계속 그들의 원칙을 충실하게 지켜나간다면 글로발리아, 즉 미래에 펼쳐질 글로벌한 세계에서도 번영을 구가할 것이다. 지속적인 성공을 위한 비밀 처방 같은 것은 존재하지 않는다. 그들은 그저 다른 기업들보다도 더욱 철저하게 건전한 인간의 이성을 활용할 뿐이다. 그러나 이것은 간단하면서도 매우 어려운 일이다!

CHAPTER 01

글로벌리아, 세계화된 미래
HIDDEN CHAMPIONS

HIDDEN CHAMPIONS

글로발리아.

나는 글로벌화가 진행된 세계를 이렇게 부르고자 한다. 혹시 세계화가 이미 광범위하게 진행되었다고 생각하는가? 그렇다면 그것은 착각이다. 세계화는 이제 막 시작되었고, 계속해서 그 여정을 이어가고 있다. 향후 세계화가 갖게 될 의미는 제아무리 높이 평가해도 지나치지 않다.

지난 50년간 우리의 삶을 가장 강력하게 바꾸어놓은 메가트렌드가 무엇이라고 생각하는가? 아마도 '정보기술'이 가장 일반적인 답이 될 것이다. 그러나 앞으로 몇십 년 후 같은 질문을 던진다면 '세계화'가 그 자리를 차지하게 될 가능성이 크다. 특히 독일어권 기업들의 경우에 더욱 그렇다. 그중에서도 세간에 거의 알려져 있지 않지만 세계시장을 선도하는 기업들, 즉 히든 챔피언들에게 이 사실이 의미하는 바는 더욱 크다고 할 것이다.

독일어권에는 세계 다른 지역을 모두 합한 것보다도 더 많은 수의 히든 챔피언들이 존재한다. 히든 챔피언들은 이미 세계화를 향한 도정에서 상당한 거리를 걸어왔다. 그들 대부분은 이제 겨우 시작 단계에 서 있는 것이 아니라, 이미 결연한 자세로 글로발리아를 향해 진군하는 중이다. 그곳에 있는 어마어마한 기회가 그들을 유혹한다. 그러나 그곳으로 향한 발걸음은 앞으로 더욱 힘겨워질 것이다. 왜냐하면 경쟁자들, 그중에서도 특히 개발도상국 출신의 새로운 경쟁자들이 공세를 펼치면서 빠른 속도로 그들을 따라잡을 것이기 때문이다.

성장의 동력은 세계화

세계화는 불과 몇 년 전에 시작되어 그 속도가 점점 더 빨라져왔다. 세계인구 1인당 세계수출액은 매우 설득력 있는 세계화 지표다. 1900년을 기점으로 이 수치를 관찰해보면 최근 수십 년간 현저한 가속화 현상이 나타났다는 사실을 알 수 있다. 〈표 1.1〉은 세계화가 가속화하고 있다는 가설을 명료하게 설명해준다. 히든 챔피언들은 이 같은 역동성을 조기에 기회로 인식하고 이를 활용했다.

세계인구 1인당 세계수출액은 1900년에 6달러라는 낮은 수준에서 출발한 후 그 수치가 4배 가까이 늘어나기까지 자그마치 50년의 세월이 소요되었다. 양대 세계대전이 국제무역 구조를 파괴하면서 무역 발전을 수십 년 전으로 후퇴시켜버렸기 때문이다. 그러나 이어서 1980년까지 30년 동안에는 매우 강력한 성장이 이루어졌다. 그 후 1인당 세계수출액이 2배로 늘어나 1,000달러에 조금 못 미치는 수준으로 올라서기까지는 고작 20년밖에 걸리지 않았다. 그리고 2010년에 이르러서는 이전의 1인당 세계수출액 수치가 이미 높은 수준이었음에도 불구하고 다시금 2배 이상 증가했다.

이런 발전을 절대적인 수치로 표현해보면, 이것은 1900년(당시 세계인구는 16억5,000만 명이었다) 99억 달러 규모였던 국제상품교역량이 2010년(당시 세계인구는 67억 명이었다)에 이르러 15조2,380억 달러로 증

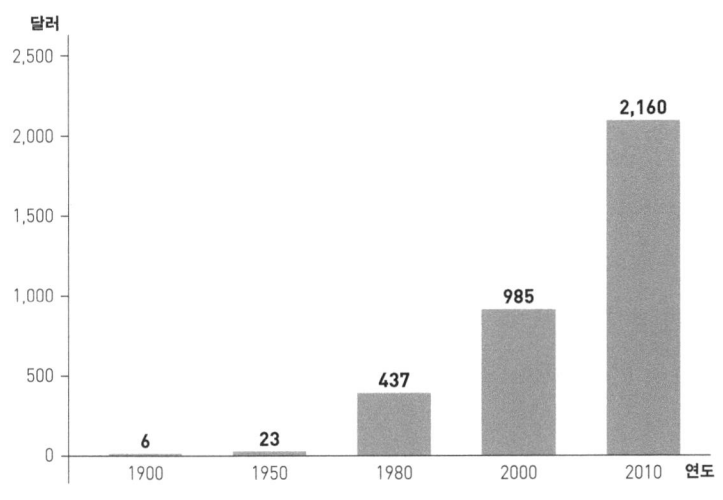

〈표 1.1〉 1900년에서 2010년까지 세계인구 1인당 세계수출액 추이

가한 것을 의미한다. 오늘날 국제상품교역량은 100년 전보다 1,500배 이상 늘어났다. 직접투자를 비롯해 금융서비스, 소프트웨어 개발, 인도의 콜센터 등 서비스 수출은 여기에 포함되지 않았다. 만약 이 부문까지 모두 포함시킨다면 성장 규모는 다시금 2배로 증가할 것이다.

지난 30년 동안 상품교역량 외에 또 다른 세계화 지표들도 강력하게 성장해왔다. 예를 들면, 국경을 초월한 국제금융거래나 국제관광객 수의 증가를 들 수 있다. 국제금융거래는 1980년 이후 9배 이상 증가했고, 국제관광객 수 또한 1980년과 비교해 6배 이상 증가했다.[1]

심지어 2007년에 시작되어 2009년에 세계무역량을 22퍼센트나 감소시킨 세계 금융위기조차도 이러한 상승세를 꺾지 못했다. 앞으로도 세계무역량은 계속해서 강력하고도 지속적으로 증가할 것으로 보인다. 2012년 에른스트&영Ernst&Young이 발표한 연구 결과를 살펴보면 다음과 같은 대목을 발견할 수 있다. "위기는 세계화를 중단시키지 못했다."[2]

글로발리아를 향해 점점 더 빠른 속도로 달려가는 기차에 몸을 싣고 적극적으로 진군하는 히든 챔피언들은 그 안에서 자신의 성장을 위한 강력한 동인을 얻는다. 그들에게 세계화는 진정한 의미에서 성장의 원동력이며, 앞으로도 오랫동안 그러할 것이다.

2025 세계경제 전망: 국내총생산

중국을 비롯한 다른 개발도상국들이 놀라운 상승세를 보이기 시작하면서 언론과 세간의 여론은 미래의 글로발리아에서는 다른 어떤 지역보다도 아시아 지역이 성장할 것이라는 데 의견을 같이 하고 있다. 그러나 세분화된 분석에 따르면, 이것은 어디까지나 부분적으로만 옳은 생각이다. 〈표 1.2〉는 선별된 국가들의 2025년까지의 잠정적인 국내총생산 발전 현황을 보여준다. 중국과 인도의 연간성장률을 6퍼센트로 가정했고, 브라질은 5퍼센트로 가정했다. 대상기간이 긴 점을 감안한다면 이는 대단히 높은 수치다. 미국의 성장률은 2.5퍼센트로 가정했고, 독일을 제외한 유럽연합EU는 1.5퍼센트로 가정했다. 이 표에서 따로 제시한 독일의 성장률은 1.5퍼센트로, 그리고 일본의 연간성장률은 1퍼센트로 가정했다. 이러한 성장률 가정치는 컨퍼런스 보드The Conference Board의 〈2012 세계경제

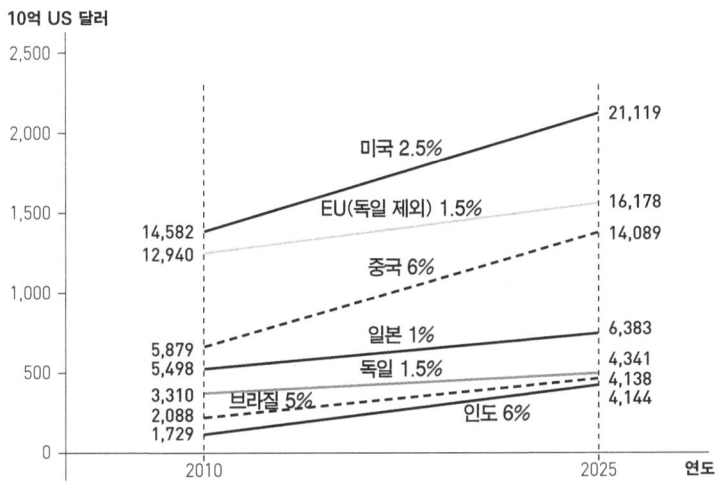

〈표 1.2〉 선별된 국가 및 지역의 2010년과 2025년 국내총생산

전망Global Economic Outlook 2012〉와 〈세계질서 2050 World Order in 2050〉 리포트에 근거한 것이다.

그런데 여기서 한 가지 분명히 할 점은, 이렇듯 국내총생산을 장기적으로 예측하는 것은 매우 대담한 일이라는 것이다. 이때 무엇보다도 중요한 것은 최대한 정확하게 예측하는 일이 아니라, 세계경제의 맥락 속에서 개연성 있는 발전 양상을 제시하는 것이다. 〈표 1.2〉에는 몇 가지 명확한 메시지가 담겨 있다.

- 2025년에도 여전히 미국이 세계 1위 자리를 고수할 것이다.
- 이론의 여지가 없이, 중국은 단독 국가로서 세계 2위가 될 것이다.

- 2025년에 EU는 독일을 제외하더라도 여전히 중국보다 국내총생산 규모가 더 클 것이다. 독일을 포함하면, 대략 미국 국내총생산 규모에 필적할 것이다.
- 일본은 4위에 머무를 것이다.
- 2025년이 되면 독일, 인도, 브라질이 나란히 자리하게 될 것이다.
- 중국과 인도의 격차는 단지 외적으로만 큰 것이 아니라 절대적인 수치 면에서 더욱 크게 벌어질 것이다. 만약 인도의 연간성장률을 8퍼센트로 가정해도 이 기간 동안 중국과의 격차를 줄일 수는 없을 것이다.

요컨대 2025년이 되어도 세계적으로 절대우위의 자리는 예나 다름없이 미국과 유럽이 차지할 것이다. 마이클 포터Michael Porter와 잰 리브킨Jan Rivkin은 미국의 경쟁력을 분석한 결과 다음과 같은 결론을 내렸다.

"미국은 세계에서 가장 생산적이고 규모가 큰 경제국가로 남아 있다. 또한 미국 시장은 수준 높은 상품과 서비스를 소비하는 가장 큰 시장으로서 혁신을 자극하고 투자를 끌어들이는 자석 역할을 하고 있다."[3]

그런데 여기에 중국이 매우 중요한 세 번째 선수로 가세했다. 미국-유럽이라는 양극 구도가 중국의 등장으로 3극 구도의 무대로 바뀌게 된 것이다. 그런데 이 3극 구도는 이미 1980년대에 오마에 겐이치大前研一가 주창한 바 있는 '트리아데Triade'와 동일하다는 점에 주목해야 한다. 오마에는 당시 큰 주목을 받았던 그의 저서 《트리아데의 힘Macht der Triade》에서 미국, 유럽과 더불어 일본을 제3의 극으로 간주했다.⁴ 월터 러셀 미드Walter Russell Mead는 이와 동일한 맥락에서 '3자 시대Trilateral Era'⁵를 언급했다. 그러나 일본은 지난 20년간 이어진 경기침체로 인해 이미 그 위치를 상실했고, 이런 추세는 앞으로 계속 이어질 것으로 보인다. 유럽도 점차 국제경쟁력이 낮아지는 추세다. 어쩌면 2025년에는 새로운 다극 구도의 세계가 펼쳐질 수도 있다. 그렇다고 해도 브라질이나 인도 같은 새로운 극은 미국, 유럽, 중국에 비해 크게 주목받지 못할 것이다.⁶

그 밖에도 〈표 1.2〉는 독일이 2025년에도 여전히 월드리그에서 경기를 펼치게 될 것임을 분명하게 보여준다. 이때 순위가 5위인지 6위인지는 전혀 중요하지 않다. 즉, 정리하면 향후 수십 년간 절대적인 국내총생산 규모는 크게 변하겠지만, 그와는 대조적으로 순위 변동은 오히려 미미한 수준에 그칠 것이다.

이렇듯 개별 국가들의 순위와 그들의 절대적인 위치를 아는 것은 시장을 이해하는 데 큰 도움이 된다. 그러나 시장을 선별하고 관리하는 과정에서는 단지 국내총생산 규모를 통해 측정 가능한 시장의 규모뿐 아니라 시장의 성장 역시 그에 못지않게 중요하다. 침체 상태에 빠진 시장보다는 성장을 거듭하는 시장에서 시장점유율을 획득하기가 훨씬 더 쉽기 때문이다. 그러므로 우리는 시장 규모와 시장성장률, 두 가지 모두에 주목해야 한다. 〈표 1.3〉은 이 두 가지 요소를 모두 고려하고 있다.

시장 규모와 시장성장률을 모두 고려한 관찰 방법은 몇 가지 중요한 사실을 알려준다.

- 중국은 2위를 큰 격차로 따돌리고 가장 큰 성장세를 보인다. 그

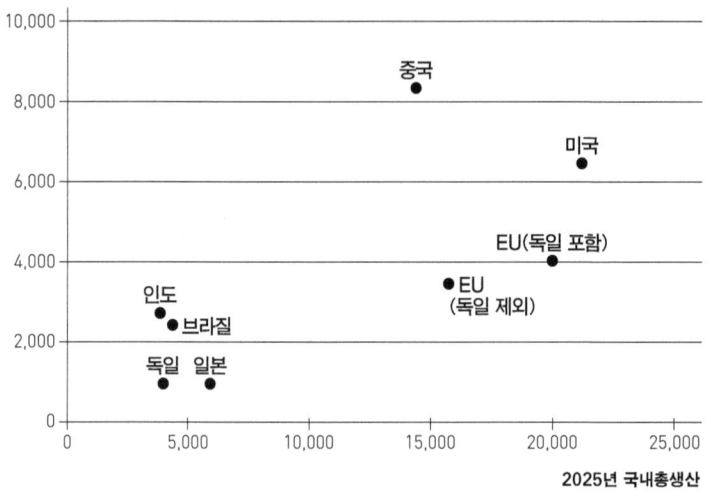

〈표 1.3〉 2025년 국내총생산과 2010~2025년까지 국내총생산 성장 규모

- 런데 사실 이것은 그리 놀라운 일도 아니다.
- 미국이 국내총생산 성장에서 브라질과 인도를 크게 앞지르며 2위 자리를 차지한다. 이때 출발 수준이 중요한 역할을 하는데, 전적으로 성장률만 고려할 경우 자칫 오류를 범하기 쉬우므로 주의해야 한다.
- EU도 주목할 만한 성장세를 보여주는데, EU의 성장세도 인도와 브라질을 능가한다.

결론적으로 말하면, 히든 챔피언들과 일반적인 독일 기업들은 반드시 두 가지 원칙을 우선적으로 추구해야만 한다. 첫 번째 원칙은 유럽과 미국의 고도로 발달된 시장에서 시장 입지를 안전하게 유지해야 한다는 것이다. 사실 이것만으로도 이미 거대한 도전이라고 할 수 있다. 왜냐하면 수많은 독일 히든 챔피언들의 미국시장점유율은 세계 여타 지역만큼 높지 않기 때문이다. 그러나 미국은 미래에도 매우 중요한 시장으로 남을 것이다. 단지 규모의 문제가 아니라 절대적으로 높은 성장세 때문이다. 두 번째 원칙은 중국과, 그 뒤를 이어 인도와 브라질에서 강력한 시장 입지를 구축하는 일이다. 단번에, 그것도 몇 년 안에 이것들을 모두 이루기란 상당히 버거운 일이다. 그런데 지금 이야기한 이 양적인 분석에는 아세안ASEAN, 아프리카, 동유럽/러시아 같은 다른 성장지역들은 포함하지 않았다. 이 지역들은 나중에 질적인 면에 방점을 두고 관찰할 때 더 심도 깊게 다룰 것이다.

우리는 2025년이 되어도 세계경제는 여전히 유럽과 미국 위주로 펼쳐지리라고 판단했다. 그리고 이런 판단을 현재 널리 만연해 있는 유행, 그러니까 미래가 전적으로 아시아와 다른 개발도상국에서만 펼쳐지리라는 견해에 의도적으로 대치시켰다.[7] "개발도상국들이 차기 세계화 물결을 가속화한다"[8]는 통속적인 진술은 진실의 일부밖에 반영하지 못한다. 개발도상국뿐만 아니라 유럽과 미국도 앞으로 계속 글로발리아의 성장에 결정적인 기여를 할 것이다.

마지막으로 우리의 결론이 어디까지나 성장률 가정치에 근거를 둔다는 사실을 기억해야 할 것이다. 만약 성장률이 판이하게 달라진다면, 2025년의 세계도 그에 상응하여 다른 면모를 보일 것이다. 그러나 우리가 제시한 가정치의 오차 범위는 일정한 수준으로 제한될 것이고, 그 결과 우리가 내린 추세적인 판단도 유효하게 유지될 것이다. 또 한 가지 강조할 점은 이것은 어디까지나 경제 전반에 관한 분석이지, 개별 업종과 관련된 분석이 아니라는 사실이다. 개별 업종별로 보면 발전 양상이 완전히 달라질 수도 있다. 오늘날만 하더라도 몇몇 제품의 경우에는 미국이 아닌 중국이 최대 시장으로 자리 잡고 있으니까 말이다. 이와 관련된 예는 추후에 제시할 것이다.

2025 세계경제 전망: 인구 역동성

국내총생산과 그 성장 규모는 중단기적으로 한 시장이 지닌 매력을 보여주는 가장 중요한 지표다. 그러나 관찰기간이 길어질수록 인구 증가가 더욱 큰 영향을 미친다. 수입은 높지만 인구가 감소하는 국가는 장기적으로 밝은 전망을 제시해주지 못한다. 반면 인구가 증가하면서 동시에 1인당 수입이 늘어나는 국가는 그 즉시 두 가지 성장원동력이 생기는 것이다.

〈표 1.4〉는 2010년과 2050년 사이의 주요 지역 및 국가의 인구 증가 양상을 보여준다. 이때 국내총생산 성장을 예측할 때보다 기간을 훨씬 더 길게 잡았음에 유의하자. 표에 제시된 수치는 UN의 공식적인 예측 수치다. 인구 변화를 좀더 쉽게 비교하고자 2010년 지수를 100으로 책정했다.

여기에서 우리는 놀라운 사실과 마주하게 된다. 요컨대 향후 수십 년간 인구가 가장 큰 폭으로 증가할 지역은 아시아가 아니라 바로 아프리카라는 것이다. UN의 예측에 따르면, 아프리카 인구는 2010년 10억3,000만 명에서 2050년 19억9,000만 명으로 증가할 것이라고 한다. 40년 동안 9억6,000만 명의 인구가 증가한다는 것인데, 이는 면적이 훨씬 더 큰 아시아의 인구 증가 수치인 10억7,000

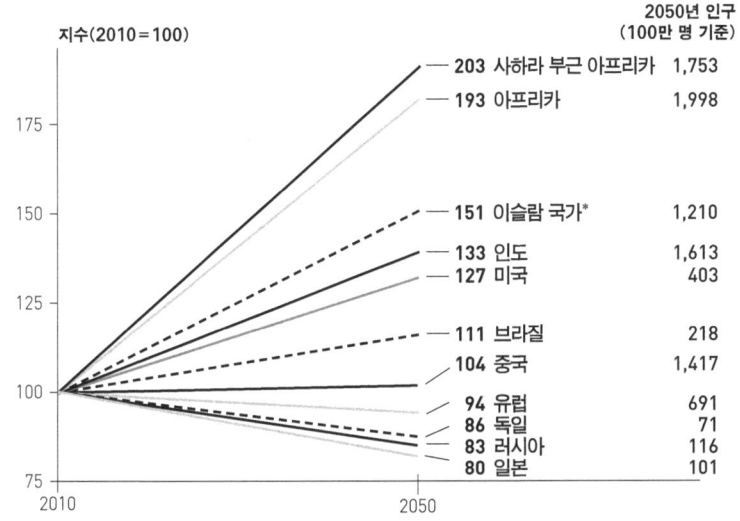

만 명과 거의 맞먹는 규모다. 40년 후에는 전체 세계인구 중에서 아시아인이 차지하는 비율이 60퍼센트에서 57퍼센트로 감소할 것이다. 반면 아프리카인의 비율은 15퍼센트에서 22퍼센트로 상승할 것으로 보인다.

오늘날 이미 많은 기업들이 아프리카를 주목하고 있다. 그러나 그런 기업들을 우려의 시선으로 바라보는 사람들이 있는 것도 사실이다. 그런데 장기적인 관점에서 보면 어쩌면 그런 기업들이야말로 시장을 제대로 예측하고 선도해가는 것인지도 모른다. 물론 아프리카가 인구 증가와 함께 경제적으로도 긍정적으로 발전한다는 전제 하에서 말이다.

파키스탄, 인도네시아, 방글라데시, 이집트, 이란, 이라크, 아프가니스탄 같은 거대 이슬람 국가들도 아프리카와 비슷한 규모로 인구가 성장할 것으로 보인다. 물론 그 증가세는 조금 약할 것이다. 이 국가들은 2010년 현재 7억9,900만 명의 인구를 보유하고 있다. 그런데 2050년이 되면 51퍼센트 성장하여 12억1,000만 명으로 늘어날 것으로 예상된다.

인도의 인구 성장률이 아프리카나 이슬람 국가의 인구 성장률보다 한참 낮다는 사실에 놀랄 독자들이 있을지 모르겠다. 그런데 그 이면에는 약 4억 명이라는 절대적인 인구 증가 수치가 감추어져 있음을 알아야 한다. 그뿐 아니다. 백분율로 환산했을 때 미국 인구가 인도와 유사하게 큰 폭으로 증가한다는 사실과, 40년 후 브라질 인구가 고작 11퍼센트밖에 성장하지 않으리라는 사실도 놀라움을 안겨준다. 가장 놀라운 사실은 2050년까지 인구 변화가 가장 미미한 나라는 바로 중국이라는 것이다.

유럽의 인구는 줄어들고, 러시아와 일본의 인구는 그보다 더 큰 폭으로 감소할 것이다. 그러나 순수하게 인구 수만 놓고 보면 극적인 변화를 찾아볼 수 없을 것이다. 연령집단의 변화도 가시화될 것으로 보인다. 요컨대 인구가 노령화된다는 말이다. 이런 현상은 세계 곳곳에서 나타날 것으로 보이는데, 극적인 결과를 초래하게 될 것이다. 여기서는 자세한 통계수치는 생략하겠다.

호주 수상을 지낸 폴 키팅Paul Keating이 제시한 세계화 과정에 대한 해석은 인구 역동성의 맥락에서 시사하는 바가 매우 크다. 그는 서구의 생산성이 2세기에 걸쳐 인구와 국내총생산 간의 전통적인 관계를 무력화했다고 말했다. 그런데 세계화 덕분에 생산성이 다시금 균등하게 분배되었고, 인구가 많은 국가들이 그 덕을 가장 많이 보았다고 말한다. 이런 점에서 그는 세계가 더 큰 정의와 공정함이 지배하는 상황으로 회귀했다고 주장한다.[9]

인구의 절대적인 성장과 더불어 향후 수십 년간 이주가 빈번하게 이루어질 것이라는 사실도 분명하다. 1980년 이후로 국제 망명자 수는 5배 늘어났다.[10] 2012년에 실시된 갤럽 연구에 따르면, 적어도 11억 명이 일시적으로나마 다른 나라로 이주하여 그곳에서 일자리와 더 나은 생활여건을 찾기를 희망하는 것으로 나타났다. 11억 명은 전 세계 성인 인구의 4분의 1에 해당한다. 다른 나라로 영구적으로 이주하기를 희망하는 사람도 6억3,000만 명에 달했다.[11] 세계인구 역동성에 관한 중요한 사항을 요약하면, 현재 70억 명인 세계인구가 2050년이 되면 22억4,000만 명이 늘어난 90억 명 이상으로 증가하게 될 것이라는 사실과, 이 같은 인구 성장이 지역적으로 극도로 불균등하게 분포될 것이라는 사실, 그리고 강력한 이주의 물결이 예상된다는 사실을 분명하게 확인할 수 있다.

이런 변화 과정에서 중소기업들, 그중에서도 특히 히든 챔피언들에게 매우 중요한 과제가 주어진다. 고도의 발전을 구가하는 지역 출신의 히든 챔피언들은 개발도상국의 새로운 일자리 창출 과정에서 핵심적인 역할을 수행한다. 그들은 젊은 사람들을 교육하고, 노하우를 전달하고, 연구개발을 포함한 가치창출의 사슬을 통째로 저개발 국가로 이전하고 있다. 당연히 그들의 이런 행동은 이타심에서 비롯된 것이 아니다. 어디까지나 그곳에서 제공되는 사업 기회를 활용하기 위해서다. 이와 동시에 개발도상국 내에서도 새로운 중소기업들이 생겨나고 있다. 그들 가운데서 많은 히든 챔피언들이 탄생하기를 바란다. 중국과 동유럽에서는 이미 히든 챔피언들이 생겨나고 있다.[12] 현재 점점 더 많은 개발도상국들이 오직 대기업에만 주력해서는 안 된다는 자각과 함께 중소기업의 발전이야말로 더욱 효과적인 길이며, 심지어는 필수불가결한 길이라는 사실을 깨닫고 있다.

미래 시장에 대한 분석과 예측

지금까지 대략적인 국내총생산 집계와 인구 집계에 근거하여 글로발리아, 즉 글로벌한 미래 세계의 모습을 간략하게 그려보았다. 이제 미래의 시장들을 개별적으로 좀더 자세하게 살펴보자. 미래의 시장은 어디에 있으며, 어떤 식으로 발전할 것인가? 미래의 시장은 히든 챔피언들에게 어떤 기회를 제공할 것인가?

중국과 인도

오늘날 '아시아' 하면 대부분의 사람들은 중국과 인도를 가장 먼저 떠올린다. 이 두 나라 인구의 합은 26억 명으로, 42억 명 아시아 인구의 62퍼센트를 차지한다. 중국과 인도는 비슷한 인구 수 때문에 자주 함께 거론될 뿐만 아니라 비슷한 부류로 간주되곤 한다. 그러나 앞서 〈표 1.2〉와 〈표 1.3〉에서 보았듯이 이것은 아주 큰 착각이다. 세계경제에서 두 나라가 차지하는 역할과 발전 상태 그리고 사회적 상황을 모두 고려하면 이 두 나라는 극도로 판이한 양상을 보인다는 사실을 알 수 있다. 그럼에도 이 두 나라를 비슷하게 생각하는 이유는 바로 인구 수와 성장률에서 유사하기 때문이다. 물론 이 두 가지 요소는 매우 중요하다.

유사성 이야기가 나온 김에 좀더 거슬러 올라가보자. 사실 중국과 인도는 오늘날보다도 35년 전에 경제적으로 더 비슷했다. 1960년대 두 나라의 1인당 수입은 비슷한 수준에 머물러 있었는데, 그 후 중국의 1인당 수입은 9배 늘어난 반면 인도는 고작 6배 늘어나는 데 그쳤다. 2010년을 기준으로 중국의 1인당 국내총생산은 4,382달러로 1,632달러에 불과한 인도의 1인당 국내총생산을 2.5배나 앞질렀다. 인도가 점차 그 격차를 좁혀나가고 있지 않냐고? 아니, 적어도 지금까지는 그렇지 않다! 2000년부터 2010년까지 양국의 격차는 오히려 더 크게 벌어졌다. 그것도 백분율뿐만 아니라 절대적인 측면에서도 말이다. 이 기간 동안 매년 중국의 국내총생산 실질성장률이 인도보다 더 높았으며, 심지어 최근 몇 년간 백분율로 환산한 1인당 국내총생산 격차는 한층 더 커졌다. 〈표 1.2〉에서 보았듯이 이런 추세는 향후 10년 동안 지속될 것으로 보인다. 만약 중국의 성장률이 큰 폭으로 후퇴하고 인도의 성장률이 현저하게 높아지는 이변이 연출되지 않는다면 말이다.

인도에서는 예나 지금이나 빈곤 문제가 큰 골칫거리다. 2010년 옥스포드 빈곤 및 개발 프로젝트팀Oxford Poverty and Development Initiative이 UN과 공조하여 새롭게 개발한 빈곤지수에 따르면, (총 28개의 인도 주들 가운데) 8개의 인도 주에 거주하는 빈민이 아프리카 26개국에 거주하는 빈민을 모두 합한 것보다도 더 많은 것으로 밝혀졌다.[13] 또한 인도에서는 영양실조에 시달리는 사람들의 수가 계속해서 증가하는 것으로 파악되었다.[14] 게다가 현대적인 사회기반시설에 대한 접근성도 모순적인 면을 내포한다. 그 결과 "많은 인도인들이 화장실보다 휴대폰을 더 많이 이용한다"라는 말이 있을 정도다.¹⁵ 그런데 인도는 명실상부한 미래 소프트웨어 및 IT 중심지가 아닌가? 바로 이 부분에서도 현실적인 판단이 필요하다. 일자리가 있는 5억2,400만 명의 인도인 가운데 IT 분야에 종사하는 사람은 고작해야 220만 명, 그러니까 0.4퍼센트밖에 되지 않는다. 전체적으로 인도인의 93퍼센트가 공식적인 경제영역 외부에서 일하고 있다.¹⁶

국제교역 부문에서 드러나는 차이도 현저하다. 2010년 중국은 1조5,780억 달러 규모의 상품을 수출하면서 수출 1위 국가의 자리를 차지했다. 반면 2010년 인도의 수출 규모는 2,200억 달러로 중국의 7분의 1에도 못 미쳤다. 중국이 182억 달러의 무역수지 흑자를 기록한 것과는 대조적으로 인도는 48억 달러의 적자를 기록했다. 이 수치들은 두 나라가 세계경제에 완전히 다른 방식으로 편입되어 있음을 보여준다. 인도의 서비스 수출을 고려한다고 하더라도 근본적으로 이 그림은 바뀌지 않는다.

두 나라는 인구 연령구조가 완전히 다르다. 중국은 13억5,000만 명의 인구를, 인도는 12억 명의 인구를 보유하고 있다. 그러나 인도는 인구의 약 31퍼센트, 그러니까 3억7,000만 명 정도가 15세 이하고, 중국은 '겨우' 2억6,000만 명, 즉 전체 인구의 약 19퍼센트 정도가 15세 이하다. 중국은 급속하게 노령화하고 있다. 몇십 년 후에는 인도 인구가 중국 인구보다 더 많아질 것이다. 인구 면에서 보면 중국이 아니라 인도가 미래의 시장이라고 할 수 있다.

사회적인 여건과 인력자원에서 드러나는 차이점은 한층 더 심각하다. 중국의 수입 격차가 인도의 수입 격차보다 훨씬 더 두드러진다. 중국의 지니계수Gini Index는 46.9이고, 인도의 지니계수는 36.8

이다. 참고로 독일의 지니계수는 28.3이다.[17] 이렇듯 극단적인 수입 격차는 수입은 절대적으로 낮지만 분배 불평등이 심하지 않은 경우와 비교해 사회적인 폭발을 불러일으킬 소지가 더욱 크다. 중국이 지금까지 노령보험체계를 갖추지 못한 것도 문제다. 당연히 인도는 중국보다 더 심각하다.

두 나라는 교육 수준에서도 차이가 매우 크다. 중국의 문맹자 비율은 17퍼센트에 불과한 반면 인도의 문맹자 비율은 자그마치 40퍼센트에 이른다. 그러나 역으로 최고 대학교육에서는 인도 사람들이 앞서 있다. 인도에 있는 7곳의 공과대학에서는 매년 약 4,000명의 공학사가 배출된다. 이들은 약 20만 명에 이르는 지원자들 중에서 선별된 사람들이다. 이 졸업자들 가운데 다수가 미국으로 건너가 그곳에 마련된 후진 학자 양성을 위한 파이프라인을 채운다. 현재 운영분석Operations Research, 통계학, 금융, 마케팅 같은 분야에서 활동하는 전체 미국 대학교수의 3분의 1이 인도 출신이다. 인도는 세계적 수준의 지적자원을 공급하는 대규모 공급주체인 셈이다. 그러나 거기에는 필연적으로 어두운 면이 있게 마련이다. 다음 인용문을 보면 그 사실을 잘 알 수 있다.

"인도는 자신이 이룩한 이 놀라운 업적을 매우 자랑스러워한다. 그러나 사실상 인도는 유일한 희망인, 다국어를 구사하는 저 번뜩이는 글로벌 인재들을 잃어버릴 위험에 처해 있다."[18]

해외 인재를 확보하고 미래 연구개발 중심지를 유치하는 데 인도의 지적자원은 지금도 이미 매우 중요한 역할을 하고 있다. 이는 IT 산업과 자동차 산업, 기계제작이나 풍력에너지의 경우 등 수많은 실례에서 이미 분명하게 드러났다.

중국에도 무수한 독일 기업들이 정착했는데, 그 가운데는 다수의 히든 챔피언과 새로운 연구개발 중심지들이 포함되어 있다. 그런데 중국은 현대적인 사회기반시설 확충에서도 엄청난 우위를 점하고 있다. 건축학적인 측면에서만 봐도 중국에는 세계에서 가장 미래지향적인 도시들이 자리 잡고 있다. 2008년에 올림픽을 치른 베이징과 2010년에 엑스포를 치른 상하이가 그 대표적인 예다. 이 도시들은 현대 사회기반시설의 상징으로 널리 알려졌다. 이 도시들뿐만 아니라 인구 100만 명이 넘는 50개 이상의 중국 도시들을 방문할 때마다 우리는 거듭 놀라지 않을 수 없다. 이 도시들의 중심부는 흔히 말하는 '거대도시Megacity'에 버금가는 현대적인 면모를 갖추고 있다. 그 밖에도 중국은 광범위한 고속도로망과 고속운행이 가능한 도로를 갖추고 있다. 세계에서 유일하게 정기적으로 운행되는 고속횡단열차인 상하이 자기부상열차Shanghai Maglev Train(SMT)가 상하이와 푸동공항 사이를 최대시속 432킬로미터로 오간다. 히든 챔피언들은 하이테크 부문에 강도 높게 관여한다. 따라서 그 같은 발전은 그들에게 큰 의미를 갖는다.

이와는 대조적으로 뭄바이(봄베이), 첸나이(마드라스) 혹은 벵갈루루(방갈로르) 등 대표적인 인도의 인구밀집지역은 교통망 붕괴 직전의 상황에 봉착했다. 현대적인 고속도로망과 고속철도망의 부재는 이들 도시에서의 삶을 매우 힘겹게 한다. 대형 사회기반시설 프로젝트뿐만 아니라 대형 민간투자도 이런 마비 사태로 어려움을 겪고 있다. 일례로 2008년에는 지역저항운동이 일어나 저가 자동차인 타타 나노Tata Nano의 생산공장 개업을 저지하기도 했다. 인도의 주요 대기업 가운데 하나인 타타Tata는 완성 직전인 공장을 철거하고 다른 도시에 공장을 새로 지을 수밖에 없었다. 이런 돌발적인 사건들은 결국 나노의 시장 도입을 현저하게 지연하는 결과를 초래했다.

그런데 두 나라의 기업을 살펴보면, 인도의 대기업이 중국의 대기업보다 국제적인 인지도가 더 높다는 사실을 알 수 있다. 우선 인도의 경우 타타나 릴라이언스Reliance 같은 대규모 복합기업이 있다. 예컨대 타타는 2010년에 830억 달러의 매출을 기록했고, 종업원도 42만4,000명에 이른다. 전 세계 기업을 대상으로 한 기업평판조사에서도 타타는 11위에 오르는 기염을 토했다. 또한 회장 라탄 타타Ratan Tata는 국제적으로 인지도가 높은 CEO 가운데 한 사람이다. 모르긴 해도 세계 최대의 철강 제조업체인 아르셀로 미탈Arcelor Mittal을 이끄는 인도 출신의 락쉬미 미탈Lakshmi Mittal이 그보다 조금 더 유명할 것이다. 각각 10만 명 이상의 종업원을 거느린 인도의 IT서비스업체 인포시스Infosys, 와이프로Wipro, 타타 컨설턴시 서비스Tata Consultancy Services도 세계적인 기업이다.

이와 비교했을 때 인지도와 평판에서 세계적으로 높은 지위를 획득한 중국 기업은 상대적으로 적다. 가전제품업체인 하이얼Haier과 컴퓨터업체인 레보노Lenovo, 통신장비 업체인 화웨이Huawei와 ZTE 정도가 해당된다. 거대한 국영기업과 차이나 모바일China Mobile, 우체국, 은행 등과 같이 주로 국내에서 활동하는 기업을 제외하면 중국의 해외활동의 주역은 중소기업이다. 요컨대 종업원 수 2,000명 이하의 기업들이 중국 수출물량의 68퍼센트를 담당하고 있다.[19] 이런 측면에서 중국은 독일과 구조적 유사성을 보인다.

중국과 인도는 외국투자자들의 선호도 면에서도 확연한 차이를 보인다. 오늘날에는 어디에서나 큰손Big Player들과 마주치게 된다.

국제적으로 활발한 활동을 벌이는 중소기업들과 특히 히든 챔피언들을 살펴보면 현재 중국에 대한 선호도가 현저하게 높다는 사실을 알 수 있다. 심지어 몇몇 기업들은 중국을 제2의 내수시장으로 삼기로 결심하고, 그 결심을 실천에 옮기고 있다.

덴마크 기업 단포스Danfoss가 대표적이다. 냉동제어기술 부문에서 세계시장 선두주자로 자리매김한 이 기업은 2010년에 약 42억 4,000만 유로의 매출을 기록했다. CEO 요르겐 M. 클라우젠Jørgen M. Clausen은 거듭하여 이렇게 말한다. "중국은 우리의 두 번째 내수시장이 될 것입니다." 클라우젠은 이 비전을 이루기 위하여 온갖 방법을 동원하고 있으며, 심지어 그는 더욱 큰 야심을 보여주고 있다. "우리는 중국에서 약 35퍼센트 정도 성장을 이룩했으며, 상당한 수입을 벌어들이고 있습니다. 그러나 아직 부족합니다." 그는 덴마크 국왕 부부의 중국 방문을 주선해 중국인에게 깊은 인상을 심어주기도 했다. 베스트팔렌 주 동부에 위치한 산업자동화 분야 히든 챔피언 피닉스 콘택트Phoenix Contact의 CEO 프랑크 슈튀렌베르크Frank Stührenberg의 말에 따르면, 중국은 그 기업에게 '독일보다는 작지만 미국보다는 규모가 큰 전 세계 두 번째 시장'이다.

중국 자동차 제조업체인 지리Geely가 인수한 볼보Volvo CEO 슈테판 야코비Stefan Jacoby도 중국을 '두 번째 내수시장'으로 천명했다. 고급자동차 제조업체 아우디Audi도 일찍이 중국을 제2의 내수시장으로 선언한 바 있다. 폭스바겐 그룹Volkswagen Group은 2011년 중국에서 226만 대의 자동차를 판매했는데, 이는 폭스바겐이 전 세계에 판매한 816만 대의 자동차 가운데 거의 28퍼센트에 해당하는 규모다. 2011년 중국은 폭스바겐 그룹뿐만 아니라 아우디에게도 처음으로 세계 최대의 매출시장으로 등극했다.[20] 2012년 중국은 포르쉐 Porsche 같은 틈새기업에게도 미국에 이어 세계에서 두 번째로 큰 시장이 되었다.[21] 세계적인 변속기 제조업체인 게트라크Getrag는 중국 매출을 2011년 2억7,600만 유로에서 2016년 10억 유로로 증대시킬 계획이다.[22]

상황은 계속해서 중국에 유리한 쪽으로 바뀔 것이다. 2015년이 되면 중국 자동차 공장의 생산능력이 연간 3,700만 대로 증가할 것이라고 한다. 비교를 돕기 위해 한 가지 수치를 들면, 현재 유럽에서는 연간 1,300만 대의 자동차가 판매되고 있다.[23] 그러나 자동차 전문가 페르디난트 두덴훼퍼Ferdinand Dudenhöffer의 예상은 이보다 훨씬 더 보수적이다. 그는 2015년 중국의 자동차 판매대수를 1,500만 대(미국 1,590만 대)로, 2025년의 자동차 판매대수를 2,800만 대(미국 1,700만 대)로 예상한다.[24] 이런 괴리는 그 같은 발전 예측에는 엄청난 불확실성이 동반될 수밖에 없다는 사실을 암시한다.

중국 시장은 사치품 부문에서도 급속도로 성장하고 있다. 2011년 스위스 고가 시계 제품의 대중국 수출이 49퍼센트 증가했다. 이와 함께 중국은 전 세계에서 세 번째로 중요한 시장이 되었다. 고가 시계 제품의 최대 시장은 홍콩인데, 따지고 보면 이곳도 중국의 일부다. 그리고 미국이 그 뒤를 잇고 있다.[25] 맥킨지의 예측에 따르면, 향후 중국 사치품 시장은 더욱 급속도로 성장할 것이라고 한다. 특히 2015년까지는 연간성장률이 18퍼센트에 달할 것이라고 한다.[26] 제너럴 일렉트릭 인터내셔널General Electric International 사장인 페르디난도 베칼리-팔코Ferdinando Becalli-Falco는 이렇게 말했다. "우리는 중국인보다도 더 중국적이 되어야만 한다."[27] 조금 과장된 말처럼 들리지만 추세만으로 보면 옳다. 많은 히든 챔피언들이 이 말을 문자 그대로 받아들이고 있다. 심지어 평면 베어링과 에너지 체인 부문 세계시장 선도기업인 쾰른의 이구스Igus는 "가장 뛰어난 중국인은 쾰른 출신이다"라는 문구를 상표법으로 보호하는 조치를 취하기도 했다.

많은 분야에서 중국은 세계 최대 시장인 미국을 이미 추월했거나 가까운 미래에 그렇게 될 것이다.[28]

- 2007년: 철강 소비, 휴대전화, 수출
- 2010년: 에너지 소비, 자동차, 특허
- 2014년: 소매 매출, 수입

독일 기계산업협회VDMA의 올리버 바크Oliver Wack는 이렇게 말한다. "2009년부터 중국은 독일 기계설비 제조업체의 가장 중요한 시장으로 자리매김했다."[29] 세계적인 야심을 품은 기업이라면 이런 좋은 기회를 그냥 지나쳐버릴 수 없을 것이다. 이는 대기업이나 중소기업이나 마찬가지다.

중국은 뛰어난 기반설비를 갖춘 100개의 산업단지를 보유하고 있다. 우진하이테크Wujin High-Tech 산업단지도 그중 한 곳이다. 이곳은 내가 이미 경험해 잘 아는 곳이기도 하다. 우진산업단지는 보쉬 렉스로트Bosch Rexroth(유압 시스템 세계시장 선도기업), 카를 마이어Karl Mayer(방직기계 세계시장 선도기업), 슈타빌루스Stabilus(가스 페달 및 유압진동완충장치 세계시장 선도기업), 메틀러 톨레도Mettler Toledo(정밀저울 세계시장 선도기업), 만 투르보MAN Turbo(막강한 터빈기기 생산기업) 혹은 레오니Leoni(온-보드 전기공급 시스템/자동차케이블 세계시장 선도기업) 같은 무수한 히든 챔피언들을 투자자로 확보했다. 근처에 위치한 비교적 오래된 산업지대인 우시Wuxi와 쑤저우Suzhou도 독일어권 히든 챔피언들에게 사랑받는 곳이다. 독일 기업들, 그중에서도 특히 히든 챔피언들의 중국에 대한 선호는 매우 인상적이다. 중국은 하청산업, 기계제작, 설비제작 부문의 미래 시장이다. 따라서 수많은 히든 챔피언들의 미래 시장이기도 하다.

인도도 수많은 우수기업 유치에 성공했다. 그러나 일반적으로 인도 지점은 중국 지점보다 규모가 작다. 재봉용 바늘 제작 부문 세계시장 선도기업인 그로츠-벡케르트Groz-Beckert는 이미 1960년대에 인도에 공장을 열었다. 윌리콘 자우러 그룹Oerlikon Saurer Group 계열사이자 연사기twisting machine 부문 세계시장점유율 35퍼센트를 자랑하는 중견기업 폴크만Volkmann은 1981년에 인도에 조인트 벤처를 설립했다. 각종 공구 및 자동차 스위치 부문 세계시장 선도주자인 마르크바르트Marquardt는 1996년 중국과 인도 양쪽에 동시에 발을 들여놓았다. 서치라이트, 경적, 전자장비 생산기업인 헬라Hella는 1959년부터 인도에 진출했다. 합작기업 파트너와 결별한 헬라는 2001년 레오니와 더불어 조인트 벤처 인터디스Interdis를 설립했다. 그 후로 4개의 지점을 거느린 이 회사가 인도에서 헬라를 대리하여 업무를 수행하고 있다. 변속기 전문업체인 게트라크도 2014년에 인도에 공장을 열 계획이라고 밝혔다.[30] 무게중심이 서서히 중국에서 인도로 옮겨가고 있다.

클라스Claas는 인도에 특별한 관심을 가진 히든 챔피언이다. 독일 베스트팔렌 주 하르제빙켈Harsewinkel에 본사를 둔 이 회사는 이미 여러 해 전부터 인도에서 아시아 전역에 사용되는 벼 탈곡기를 생산했다. 이 회사는 2007년 인도 북부에 두 번째 탈곡기 공장을 열었다. 그 밖에도 2개의 세계적인 구매 플랫폼 중 하나가 인도에 있다(다른 하나는 헝가리에 있다). 클라스 인디아Claas India는 아시아 전체 구매를 관장한다. 다이오드 반도체 모듈과 사이리스터 반도체 모듈 시장을 이끄는 제미크론Semikron은 인도가 보유한 탁월한 법적·경제적 여건을 높이 평가한다. 인도의 광범위한 철도망을 가만히 관찰해보면 오스트리아의 히든 챔피언인 플라서&토이러Plasser&Theurer와의 긴밀한 관계를 확인할 수 있다. 인도 철도관리국은 1966년 플라서&토이러 인도 지점이 설립된 이후로 쭉 이 회사가 생산한 기계에 신뢰를 보내고 있다.

제조업에 종사하는 기업과 더불어 서비스 기업들도 이미 오래 전부터 중국이 제공하는 기회를 알아차렸다. 세계 최대의 서비스 기업들 가운데 하나인 두스만 그룹Dussmann Group은 중국에 약 2,700명의 직원을 고용하고 있다. 도이체 메세 주식회사Deutsche Messe AG는 1999년에 이미 출품업체 확보와 현지 무역박람회 조직을 위해 하노버 페어스 상하이 유한회사Hannover Fairs Shanghai Ltd.를 설립했다. 세계적인 조립제품 도매업체인 뷔르트Würth는 중국에 31개 영업소를 소유하고 있으며, 데마크 크레인스Demag Cranes는 24개의 서비스 센터를 보유하고 있다. 환기장치 분야의 히든 챔피언 EBM-팝스트EBM-Papst의 회장 한스-요헨 바일케Hans-Jochen Beilke의 말에 따르면, 중국에 17개 영업지점이 있으며 1,400명의 직원을 고용하고 있다.

그러나 서비스 부문에서는 인도가 중국을 앞지르고 있다. 그리고 가까운 장래에 이런 상황이 역전될 가능성도 낮아 보인다. 인도는 여러 영역에서 세계적인 서비스 역량 중심지로 자리 잡는 데 성공했다. 그 결과 국제무대에서 활동하는 수많은 기업들이 행정 업무를 인도(특히 뭄바이, 벵갈루루, 첸나이)로 따로 분리하여 내보냈다. 벵갈루루 한 곳만 하더라도 도이체 방크Deutsche Bank, SAP, 지멘스Siemens, 보쉬Bosch 직원들이 각각 수천 명에 이른다. 대부분의 인도인이 영어를 능숙하게 구사한다는 사실과 널리 보급된 기술친화적인 특징이 이런 주목할 만한 발전에 크게 기여했다.

위협적인 경쟁자, 중국

중국 기업들은 히든 챔피언에게 도전장을 내미는 가장 날카롭고 위협적인 경쟁자가 될 것이다. 이런 경향은 향후 더욱 강화될 것으로 보인다. 중국 기업 산이중공三一重工에 대한 사례 연구가 이 사실을 분명히 보여준다.

2010년 후난 지방의 수도인 창사Changsha에 있는 산이중공의 콘크리트 펌프 공장을 방문했을 때 나는 크게 놀랐다. 새로 지은 공장에는 메르세데스와 볼보 화물차들이 줄지어 서 있었다. 내가 놀라움을 표하자 사람들은 이렇게 말했다. "우리는 세계 최고의 화물차에만 우리의 콘크리트 펌프를 조립합니다." 이어서 공장 견학을 계속하는 동안 나는 도이츠Deutz의 디젤 발전기 세트와 보쉬 렉스로트의 유압장비와 지멘스의 제어장치를 보았다. 그리고 어디에서나 똑같은 설명이 되풀이되었다. "우리는 세계 최고의 부품만을 사용합니다." 중국에서는 이런 입장이 결코 예외적인 경우가 아닌 것 같다. 일례로 길데마이스터Gildemeister의 자회사 DMG(상하이) 머신 툴 코퍼레이션DMG(Shanghai) Machine Tool Corporation의 CEO인 프란츠 미하엘 오퍼만Franz Michael Oppermann은 이렇게 말한다. "많은 고객들이 자신들의 기계에 독일 부품을 사용하려고 합니다."[31]

2011년 여름, 산이중공은 독일 쾰른 주 베트부르크에 중국 기업으로는 최초로 유럽 땅에 신규 공장을 지었다. 이때 나는 하필이면 왜 독일에서 땅값이 가장 비싼 곳을 물색했느냐고 물었다. 그러자 다음과 같은 답변이 돌아왔다.

"우리는 세계 최정상급 기업이 되고자 합니다. 그런 기업이라면 반드시 세계에서 가장 뛰어난 생산입지에 자리 잡고 있어야 하지 않겠습니까?"

2009년 산이중공은 콘크리트 펌프 부문에서 다년간 세계시장 선도기업으로 활약했던 전통적인 독일 히든 챔피언 푸츠마이스터Putzmeister를 추월했다. 그리고 2012년에 접어들어 산이중공이 푸츠마이스터를 인수했다는 청천벽력 같은 소식이 들려왔다. 한 중국 기업이 지금까지 아무도 중국 기업에게는 기대조차하지 않았던 고품질 제품을 앞세워 과거의 넘버원이자 세계시장 선도기업이었던 독일 기업을 사들인 것이다.

이런 전략은 단지 기술적인 노하우만을 목표로 하는 것이 아니라, 유명한 브랜드 네임을 획득하는 데도 활용된다. 2012년 하노버 무역박람회에 참석한 중국 총리 원자바오는 다음과 같이 말했다. "우리 기업들이 강력한 브랜드를 육성하고 영업망을 구축하는 일을 전폭적으로 지원할 것입니다."[32] 완벽을 기하기 위해서 한마디 더 덧붙이면, 그 사이에 한 중국 기업이, 그러니까 통신장비 생산업체인 화웨이가 세계에서 가장 많은 특허를 신청했다. 그리고 2012년 이후 중국은 모든 분야를 통틀어 세계에서 가장 특허를 많이 신청하는 국가로 자리매김했다.³³ 따라서 히든 챔피언들은 이에 대응하여 반드시 단단히 무장해야 할 것이다.

그런데 산이중공의 푸츠마이스터 인수는 결코 유일한 예가 아니다. 중국인이 사들이는 독일 기업과 유럽 기업의 수가 점점 더 늘어나고 있다. 예를 들면, 기계 제조업체인 쉬스Schiess(2004년), 발트리히 코부르크Waldrich Coburg(2005년), 뒤르코프 아들러Dürrkopp Adler(2005년) 등이 이미 오래 전에 중국인들의 손에 넘어갔다. 2011년에는 메디온Medion, KSM 캐스팅스KSM Castings, 젤르너Sellner, 자르구미Saargummi를 비롯한 다수의 독일 회사가 중국 구매자들에게 인수되었다. 2010년에는 스웨덴의 볼보 카스Volvo Cars가 중국 자동차 제조업체인 지리에 인수되었다.³⁴ 그리고 산이중공이 푸츠마이스터를 인수한 직후 또 다른 독일 히든 챔피언이 중국 기업에 인수되었다. 자동차 잠금장치 부문 세계시장 선도기업인 키커르트Kiekert AG가 중국 기업 링윤Lingyun에 매각된 것이다. 키커르트는 2000년 포드 납품이 중단된 후에 사모투자자의 손에 넘어갔고, 그 후 그야말로 파란만장한 발전 과정을 겪었다. 그러나 2011년에 이르러 4,100만 개가 넘는 잠금장치를 생산함으로써 세계시장 선도기업으로서의 역할을 지켜낼 수 있었다. 그 후 얼마 지나지 않아 한때 콘크리트 펌프 세계 2위 기업이었던 헤르네Herne의 슈빙Schwing이 중국인의 손에 넘어갔다는 사실이 공식적으로 알려졌다.³⁵

〈파이낸셜 타임스Financial Times〉의 제품생산 전문 기자 피터 마쉬Peter Marsh는 "중국인의 손에 넘어간 히든 챔피언들은 모두 하이테크 산업 최전선에서 두각을 드러내는 기업들 아닌가?"라는 의문을 제기했다. 만약 이 의문이 사실이라면 본격적인 인수의 물결은 일어나지 않을 것이다. 그러나 나는 마쉬의 주장에 일면 옳은 부분이 있다고 생각한다.

KPMG 소속의 전문가 왕 위Wang Wie는 1997년 이후 중국 기업에 인수된 독일 기업의 수가 약 50개에 이른다고 추정한다.[36] 아직까지는 그리 많은 수가 아니지만, 현재도 이런 추세는 크게 강화되고 있다. 2012년을 기준으로 모두 700개의 중국 기업이 독일에서 6,660명의 직원을 거느리고 활동하고 있다.[37] 그리고 독일 무역투자진흥청이 실시한 연구에 따르면, 2011년 중국은 독일에서 가장 중요한 외국투자자로 등극했다.[38] 158개의 프로젝트가 중국에서 발주되었으며, 미국이 110개로 2위를 차지하고 있다.

중국은 이제 추격을 당하는 입장에 놓였다. 이제 중국은 품질과 가격 면에서 수준을 좀더 높이는 것 외에는 달리 선택의 여지가 없는 상황에 봉착했다. 중국 내에서도 파업이 증가하고 있으며, 기업들은 큰 폭의 임금 상승을 받아들일 수밖에 없게 되었다. 중국 내에서도 적어도 발전 수준이 비교적 높은 지역에서는 저임금 시대가 끝이 났다. 중국인은 아시아를 비롯한 세계 각지에 자신들보다 훨씬 적은 임금을 받고도 일할 준비가 되어 있는 사람들이 수십억 명이나 된다는 사실을 아주 잘 알고 있다. 1인당 수입이 이 같은 사실을 분명하게 말해준다. 인도의 1인당 수입은 중국의 3분의 2정도로 낮은 수준이고, 방글라데시는 중국의 6분의 1에도 못 미친다. 중국의 제품 생산비용은 앞으로 계속 상승할 것이고, 이로 인해 중국 제조업체들은 불가피하게 제품가격을 점점 더 높게 책정할 수밖에 없을 것이다.[39] 그러나 이렇게 하기 위해서는 품질이 더욱 뛰어나고 혁신적인 상품을 내어놓아야만 한다.

사치품 브랜드인 상시아Shang Xia가 에르메스Hérmes의 도움을 받아 수공업 기술을 바탕으로 중국 전통을 살린 장신구를 생산해 이루고자 하는 것도 결국 '품질이 우수한 혁신적인 상품'이다. 상시아는 2010년 상하이에 1호점을 열었으며, 머지않아 사람들은 파리와 베이징에서도 확연하게 중국적인 특징을 띤 사치품 라벨이 부착된 의복과 장신구, 가구를 구입할 수 있게 될 것이다. 현재 중국 고객의 수요와 외국인 고객의 수요가 비슷한 수준을 기록하고 있다.[40] 더 우수한 품질과 강화된 혁신을 통해서, 그리고 'Made in China'라는 부정적인 이미지를 탈피함으로써 중국 제조업체들은 히든 챔피언들의 위협적인 라이벌로 변모하고 있다.

심지어 개발도상국에서도 가치 있는 제품들로 시장을 공략하는 중국인들이 점점 더 많아졌다. 그들은 이제 낮은 가격만을 내세워 경쟁하지 않는다. 예컨대 〈파이낸셜 타임스〉는 아프리카 시장을 매우 성공적으로 공략하는 중국 기업들의 행보에 대해 다음과 같이 논평했다. "중국 기업의 성공은 저가정책 이상의 것을 의미한다. 품질 개선과 협력 증진이 매우 중요해졌다."[41]

장기적으로 보았을 때, 히든 챔피언처럼 미래에 펼쳐질 전 세계적인 경쟁의 장에 합류하고자 하는 기업이 걸어야 할 여정은 매우 뚜렷하다. 그들은 중국뿐만 아니라 인도에서도 반드시 강력한 시장 입지를 구축해야만 한다. 현재 중국은 인도보다 약 10년 정도 앞서 있다. 그러나 곧 인도가 중국을 따라잡을 것이다. 비록 두 나라가 많은 관점에서 서로 다른 것은 사실이지만, 미래의 성장은 비슷한 양상으로 진행될 것이다. 로마로 통하는 길은 많다. 중국과 인도, 이 두 시장에는 앞으로도 계속해서 강도 높은 투자와 노력이 필요하며, 따라서 올바른 우선순위 설정이 무엇보다도 중요하다.

아세안 국가

독일 기업들이 크게 주목하는 지역이 또 하나 있으니, 이른바 아세안 국가들이 바로 그 주인공이다. 아세안ASEAN은 동남아시아국가연합Association of Southeast Asian Nations을 의미한다. 현재 이 국가연합은 6억 명의 인구를 보유한 남동아시아 국가 10개국을 포괄한다. 그러니까 인구 규모로 보면 5억 명인 EU보다 규모가 더 크다.[42] 그러나 아세안 국가들의 국내총생산을 모두 합산하면 약 1조8,000억 달러로, 2010년을 기준으로 약 15조 달러를 기록한 EU보다 크게 낮은 수준에 머물러 있다. 아세안 지역은 향후 몇 년간 지속적인 성장을 약속해주며, 동시에 치솟는 비용 때문에 중국에서 이주한 제조업체들에게 매력적인 장소로 꼽힌다. 전체적으로 히든 챔피언들 사이에서 아세안 국가들의 매력이 급속도로 증가하고 있다. 예컨대 세계에서 규모가 가장 큰 청소기 제조업체인 케르허Kärcher는 이미 모든 아세안 회원국에 진출했다.

일본

일본은 고도로 발달된 성숙한 시장으로서 아시아 내부에서 특별한 역할을 수행하고 있다. 약 5조50억 달러에 이르는 일본의 국내총생산은 세계에서 세 번째로 높으며, 독일보다도 2조 달러 더 많다. 일본인은 구매력도 매우 높다. 그러나 일본의 성장세는 부정적이다. 〈표 1.2〉에 제시된 예측에서 우리는 일본의 성장률을 1퍼센트로 책정했다. 한때 일본은 대규모 무역수지 흑자를 일구어냈던 자신만만한 수출국가였지만, 지금은 그런 면모가 그리 많이 남아 있지 않다. 2011년 일본은 1980년 이후 처음으로 무역수지 적자의 늪으로 빠져들었다.[43] 일본 시장의 빛과 그림자는 점점 더 첨예해지고 있다. 한편으로는 높은 구매력을 갖춘 대형 시장이지만, 다른 한편으로는 낮은 성장률과 인구 감소에 시달리는 시장, 그것이 바로 일본 시장이다. 그럼에도 불구하고 일본은 2025년에도 여전히 세계에서 네 번째로 큰 경제대국으로 자리할 것이다.

독일의 입장에서 보면 일본은 높은 발전 수준에도 불구하고 여전히 미래 시장으로 불러야 하는 나라다. 히든 챔피언을 비롯한 독일 기업들의 대일 관계는 전반적으로 상당히 모순적이다. 많은 사람들이 일본 시장의 매력을 회의적으로 바라본다. 일본 고객들은 유달리 까다롭기로 유명하다. 유통채널 같은 제도적인 성격의 진입장벽뿐만 아니라 문화적인 진입장벽도 높은 것으로 간주된다. 그러나 다른 한편으로 자동차 산업, 전자 혹은 카메라 같은 대형 시장에서 활동하는 일본 대기업들은 세계적으로 주도적인 위치를 점하고 있다. 그리고 바로 그런 점에서 히든 챔피언들은 반드시 일본 대기업들을 핵심 고객으로 간주해야 할 것이다.

현재 독일어권 기업들이 주로 제공하는 고품질의 고가 소비재 상품에 대한 일본인의 수요가 크게 늘고 있다. 그뿐만 아니다. 오래전부터 일본에 상주하면서 성공을 거둔 독일 기업들이 중국에서와는 달리 아주 많은 돈을 벌어들이고 있다. 액정을 생산하는 메르크Merk와 목재가공기계를 생산하는 바이니히Weinig, 고가 시계를 제작하는 A. 랑에&죄네Lange&Söhne 등이 그 대표적인 예다. 보쉬도 일본에서 매우 큰 성공을 거두고 있다. 직원 8,000명을 거느린 이 회사는 일본에서 가장 규모가 큰 독일 기업이다. 보쉬의 강도 높은 일본 진출은 자동차 전자장비 부문에서 이 회사가 보유한 세계시장 선도기업 자리를 지속적으로 유지하기 위한 중요한 포석으로 이해할 수 있다. 기계 제조업체 길데마이스터의 사장 뤼디거 카피차Rüdiger Kapitza는 심지어 일본을 자기 회사 제품을 판매할 두 번째 내수시장으로 명명했다.⁴⁴ 길데마이스터는 일본의 히든 챔피언 모리 세이키Mori Seiki와 파트너십을 체결했다. 자동모터시스템 세계 2인자인 렌체Lenze도 1972년에 이미 일본의 반도체 생산업체 미키Miki와 합자회사를 설립함으로써 일본 및 남동아시아 지역에 진출했다.

나는 1983년부터 정기적으로 일본을 방문했는데, 독일 기업들의 시장 진출 및 성공과 관련하여 예전과 거의 변한 것이 없다는 사실에 놀라운 인상을 받았다.⁴⁵ 지금 일본에서 만날 수 있는 기업과 그곳에서 성공리에 일하는 기업들을 살펴보면 30년 전과 똑같다. 그저 소수의 새로운 기업들이 추가되었을 뿐이다. 비교적 최근의 성공 사례로는 히든 챔피언인 브레인랩Brainlab이 있다. 이 기업은 외과용 위치측정장비 부문에서 세계시장을 선도하는 기업으로, 전체 매출액의 10퍼센트를 일본에서 벌어들이고 있다. 안전벨트 스프링 생산 부문 세계 1인자인 리버스Liebers와 밸브 스프링/피스톤링 스프링 부문 세계시장 선도기업인 쉐르델Scherdel도 일본 자동차 산업계 진입에 성공했다.

그렇다면 이런 긍정적인 측면에도 불구하고 수많은 독일 기업들, 심지어 히든 챔피언들조차도 예나 지금이나 다름없이 일본을 기피하는 이유는 도대체 무엇일까? 모두가 알다시피 일본 시장에 진입하기란 극도로 어려운 일이다. 무엇보다도 일본 대기업을 고객으로 확보하는 일은 가장 어렵다. 그러나 일단 일본 기업을 고객으로 확보하고 나면 일반적으로 매우 높은 수익이 보장되는 장기적인 납품 관계로 발전된다. 이런 사실도 역시 잘 알려져 있다. 따라서 높은 초기비용과 장기적인 결과 사이의 관계는 결코 불공평한 관계라고 할 수 없다. 아니, 심지어 이것은 히든 챔피언들의 장기적인 방향 설정에 부합하는 셈이다.

실제로 일본에서 활동하려면 인내와 장기적인 호흡이 필수적이다. 그런데 일반적으로 이것은 히든 챔피언들의 주특기다. 대부분의 독일 제품들은, 특히 히든 챔피언들이 만들어낸 제품들은 일본처럼 소득 수준이 높은 나라에 적합하다.[46] 이 제품들은 불트하웁Bulthaup 부엌가구나 밀레Miele 세탁기를 구입할 여유가 있는 부유한 사람들을 타깃으로 삼고 있다. 일본에서는 이 타깃 대상의 규모가 아주 크다. 이와는 대조적으로, 비록 갑부들이 점점 늘어나고 있기는 하지만 대부분의 개발도상국에서는 아직까지 그 규모가 작다.

요약하면, 진지한 태도로 비교적 오래 전부터 일본 시장에 진입한 히든 챔피언들은 성공리에 활동하면서 높은 수익을 올리고 있다. 아직까지 일본 시장에 과감하게 접근하지 못했거나 기껏해야 '발가락 하나만 살짝 담근' 기업들이 있다면, 이제 결연한 태도로 일본 공략에 나서야 한다. 이와 함께 매우 전문적으로 시장 진입을 준비해야 할 것이다. 일본 시장에서 적절한 입지를 구축하지 못한 채 세계시장 선도기업 자리에 오른 기업을 보면 어딘지 모르게 불편한 느낌이 드는 것이 사실이다.

위기 이후의 아시아

2007년 이후에 찾아온 금융위기는 매출액 비율에 큰 변화를 불러일으키면서 미국과 유럽에 불리하게 작용한 반면, 아시아에는 유리하게 작용했다. 이런 변화는 앞으로도 지속될 것이다.[47] 2007년 헤레우스Heraeus는 유럽에서 전체 매출액의 42퍼센트를 기록했고, 아시아에서는 39퍼센트를 기록했다.[48] 반면 2011년에는 아시아 매출액이 55퍼센트를 차지했고, 유럽 매출액은 고작 29퍼센트에 머물렀다. 다시 말하면, 2007년에는 유럽 매출액이 아시아 매출액의 108퍼센트였지만, 4년 뒤에는 겨우 53퍼센트에 불과했다. 이보다 더 놀라운 변화는 찾아보기 어려울 것이다.

어느 대형기계 제작업체 회장이 내게 말하기를, 위기 이전에는 유럽과 아시아의 매출액 비율이 동일해지는 시기를 2020년으로 예상했다고 한다. 그러나 유럽 쪽 수요가 급격하게 감소하고, 이와 동시에 아시아의 성장이 지속적으로 이루어지면서 2012년에 이미 양쪽 지역의 매출액 비율이 동일해졌다는 것이다. 그리고 상황이 이렇게 급변하면서 제품생산과 아시아 판로 사이에 거대한 괴리가 생겨났다고 한다. 아직까지 제품 생산설비의 3분의 2가 독일에 있다는 것이다. 따라서 과거에 계획했던 것보다 훨씬 더 강도 높고 신속하게 유럽에서 아시아로 이전하는 것이 불가피하다고 했다. 그는 금융위기로 인해 자금력이 취약해진 상황에 직면하여 회사가 큰 도전에 맞닥뜨렸다고 말했다.

대형기계 제작업체 보쉬 렉스로트의 회장 알베르트 히에로니무스Albert Hieronimus는 아시아에서 이루어지는 성장에 대해서 다음과 같이 논평했다. "현지 역량을 강화하고 시장이 요구하는 바를 잘 아는 현지 개발자를 확보할 때에 한해서 우리는 그 발전에 동참할 수 있을 것이다."[49] 이어서 그는 이런 과제를 수행하는 데 필요한 직원의 90퍼센트가 해당 지역 출신이어야만 한다고 덧붙였다. 왜냐하면 오직 그런 사람들만이 지역 여건과 고객의 요구사항을 잘 알기 때문이다.

개발업무를 개발도상국으로 이전하는 일을 두고 사람들은 '제3의 물결'이라는 말을 입에 올리기도 한다. 첫 번째 '판매'의 물결이 지나간 후 '생산설비 이전'을 동반한 두 번째 물결이 그 뒤를 이었다가, 이제 '개발'이 세 번째 가치창출 활동으로서 모습을 드러낸 것이다.[50] 아시아는 개발센터 건설에서 핵심적인 역할을 수행하고 있다. 그리고 그것은 개발도상국들의 욕구에 정확하게 부합하는 일이기도 하다.

동유럽과 러시아

러시아는 BRIC(브라질, 러시아, 인도, 중국) 국가 중 하나이고, 이런 이유로 수많은 독일 기업들의 레이더망에서 중요한 위치를 점하고 있다. 러시아에는 현재 6,300개의 독일 기업이 있다. 히든 챔피언들은 러시아 시장을 인도 시장과 비슷하게 매력적으로 보지만, 중국 시장보다는 매력이 덜하다고 여긴다. 동유럽도 미래에 갖게 될 매력과 성장의 측면에서 대체로 좋은 평가를 받고 있다. 이런 이유로 이들 시장은 히든 챔피언들로부터 특별한 관심을 받고 있다. 독일어권 기업들에게 중유럽/동유럽과 러시아 영토 중에서 유럽에 속하는 부분은 확장된 내수시장에 다름 아니다. 이는 무엇보다도 전통적으로 동구권을 우선 활동 영역으로 삼아왔던 오스트리아 기업들에게 해당되는 사실이다.

동유럽에서는 중국에서보다도 생산지로서의 역할과 판매시장으로서의 역할을 한층 더 명확하게 구분해야 할 것이다. 아주 많은 히든 챔피언들이 EU에 새롭게 가입한 국가에 생산공장을 설립하여 시장 진출을 꾀하고 있는데, 이때에는 본사와 자회사 간의 분업이 전형적이다. 핵심역량과 주요부품 생산은 본사에 남겨진다. 가격에 민감하고 비교적 단순한 부품들은 중유럽과 동유럽 공장에서 제작된다. 짧은 거리와 낮은 물류비용은 이런 형태의 분업에 수익성을 제공하며, 경쟁력 개선에도 도움이 된다. 이런 사실은 무엇보다도 중유럽 및 동유럽과 공간적·문화적으로 멀리 떨어져 있어 그런 지역의 입지적인 장점을 독일 기업과 똑같이 활용하지 못하는 프랑스, 이탈리아 혹은 영국 출신의 경쟁자들과 비교했을 때 분명하게 드러난다. 판로 측면에서 히든 챔피언들의 동유럽 진출은 현재 거의 자명한 일로 인식된다.

러시아는 매우 특이한 특징을 가진 나라다. 1,710만 평방킬로미터의 면적과 9개의 시간대를 보유한 러시아는 지구에서 가장 규모가 큰 나라다. 러시아가 지닌 가장 핵심적인 매력 요인은 어마어마한 천연자원 매장량이다. 그러나 그곳의 천연자원을 개발하는 일은 험난한 기후조건 때문에 크나큰 도전을 요한다. 교육 시스템, 그중에서도 특히 수학과 자연과학 분야는 러시아가 지닌 강점이다. 반면 정치적인 여건은 문제의 소지가 다분하고 불안정한 것으로 간주된다. 그 밖에도 러시아 국민들은 기대수명이 낮을 뿐만 아니라 인구 수도 급격하게 줄어들고 있다. 동유럽과 서유럽, 그중에서도 특히 독일어권이 하나의 경제구역으로 급성장하고 있다. EU가 이를 뒷받침할 정치적인 틀을 제시하고 있다. 이와 함께 이 경제구역은 독일어권 히든 챔피언들의 확장된 내수시장으로 변모하고 있다.

라틴아메리카

세계화의 맥락에서 라틴아메리카를 생각하면 다른 어느 나라보다도 브라질이 제일 먼저 떠오른다. 이런 생각은 일정 정도 정당성을 지니고 있다. 특히 나프타NAFTA 가입국가인 멕시코를 제외하면 더욱 그러하다. 남아메리카 대륙의 인구는 약 4억 명이다. 그 가운데 절반 정도가, 그러니까 1억9,500만 명이 브라질에 살고 있다. 브라질은 BRIC 국가들 가운데 하나로 큰 주목을 받고 있다. 2011년 브라질은 국민경제 규모에서 영국을 제치고 세계 6위로 올라섰다. 그뿐만 아니라 이 나라는 러시아 및 아세안 국가의 경제 성과를 뛰어넘었다. 인구 성장률은 약 1퍼센트로, '그럭저럭 제어 가능한 비율'로 성장하고 있다.

전통적으로 독일 기업들은 라틴아메리카, 그중에서도 특히 브라질에 큰 친근감을 가지고 있다. 해외 도시들 가운데 상파울루만큼 독일 지사가 많은 곳은 없다. 그곳에 있는 독일 해외무역사무소는 동급의 사무소로는 세계 최대 규모를 자랑한다. 과거에 우리는 몇몇 히든 챔피언들에게서 브라질 시장에 대한 일말의 의구심을 감지할 수 있었다. 아시아 시장과 비교했을 때 브라질은 상대적으로 매력이 떨어지는 시장으로 분류되었던 것이다. 이런 평가에는 두 가지 측면이 주효하게 작용했다. 그중 하나는 많은 히든 챔피언 사장들이 심화되는 소득 격차와 그로부터 비롯된 높은 범죄율을 단점으로 보았다. 그리고 다른 하나는 남아메리카의 교육열이 아시아에 미치지 못한다는 사실이 결점으로 지적되었다. 히든 챔피언들은 역량이 뛰어난 직원들에게 의존한다. 그러므로 그들에게 교육은 매우 중요한 비중을 지닌 테마다. 그런데 몇 년 사이에 이 두 가지 측면이 개선되었다. 현재 히든 챔피언들은 브라질과 라틴아메리카의 매력을 과거보다 긍정적으로 평가한다. 많은 기업가들이 라틴아메리카의 장점으로 아시아와 비교했을 때 유럽과의 문화적·언어적 친근감을 꼽는다.

아프리카

아프리카는 미래의 잠재력 측면에서 가장 과소평가된 지역인 동시에 비밀에 둘러싸인 대륙이기도 하다. 〈이코노미스트Economist〉에 실린 두 개의 기사 제목은 아프리카에서 일어난 변화를 가장 뚜렷하게 보여준다. 2000년 5월에 "아프리카, 절망적인 대륙"이라는 제목의 기사가 실렸던 것과는 대조적으로 2011년 12월에는 "성장하는 아프리카"라는 제목의 기사가 실렸다. 〈표 1.4〉에서 보듯이, 아프리카의 인구는 2010년 10억 명에서 2050년 약 20억 명으로 증가할 것이다. 이런 수치가 환상에 불과하다고 여긴다면 나이지리아의 실제 인구 변화 현황을 살펴보아야 할 것이다. 1950년 3,670만 명, 1970년 5,650만 명, 2010년 1억 5,830만 명, 심지어 2050년에는 2억 8,910만 명으로 늘어날 것으로 예상된다. 2050년은 1970년보다 시간적으로 결코 더 멀리 떨어져 있지 않다! 현재로서는 이 같은 인구 폭발이 무엇을 의미하는지, 그리고 세계가 어떤 방식으로 대처할지 아무도 예상할 수 없다.

현재 아프리카의 국내총생산은 어림잡아 2조 달러를 밑돈다. 그러니까 대략 브라질이 단독으로 달성한 규모와 비슷한 수준이다. 그러나 몇몇 아프리카 국가들이 세계에서 가장 높은 성장률을 보인다는 사실은 거의 주목받지 못하고 있다. 2010년 콩고의 국내총생산은 9.1퍼센트 증가했고, 짐바브웨는 9.0퍼센트, 보츠와나는 8.6퍼센트 성장했다.[51] 중앙아프리카 국가인 나이지리아(2010년 국내총생산 8.4퍼센트 성장)와 에티오피아(2010년 국내총생산 8.0퍼센트 성장)도 '중국의 성장률'에 도달했다. 지난 10년 동안 가장 강력한 성장세를 보인 국가 가운데 6개 국가가 아시아 국가가 아닌 아프리카 국가였다.[52] 미래에도 계속해서 강력한 성장이 기대된다.[53] 혹자는 '아프리카의 세기 African Century'라고 말하기도 한다.

면적 비교는 꽤 흥미로운 일이다. 왜냐하면 면적은 무엇보다도 풍부한 천연자원에 대한 대리변수Proxy variable이기 때문이다. 아프리카의 면적은 3,030만 평방킬로미터로서, 중국, 브라질, 인도, 서유럽을 가볍게 그 안에 집어넣을 수 있다. 스위스의 병충해 방제약품 제조업체인 진겐타Syngenta의 CEO 마이크 마크Mike Mack의 말에 따르면, 아프리카 땅 가운데 농사를 지을 수 있는 땅의 면적을 계산해보면 자그마치 브라질의 3배에 이른다고 한다.[54]

어쩌면 아프리카는 장차 다양한 혁신을 실험해보는 지역으로 변신할지도 모른다. 다분히 미래주의적인 발상으로 들릴 수도 있겠지만, 지금도 이미 이와 관련된 인상적인 사례가 있다. 모바일 지급거래Mobile Payment Transaction가 바로 그것이다. 지구상 그 어느 지역도 아프리카만큼 휴대전화를 이용한 대금지불이 많이 이루어지는 곳은 없다. 케냐에서는 휴대전화 계정에 바탕으로 한 지불방식이 국내총생산의 14퍼센트를 차지한다. 이곳에서는 이 방법이 전통적인 은행계좌 거래를 대체하고 있다. 많은 케냐 국민들이 은행계좌가 없다. 그러나 휴대전화기는 거의 모두가 가지고 있다.[55]

아프리카의 발전이 독일과 유럽에 의미하는 바는 무엇인가? 이 질문에 대한 명료한 답변은 없다. 다만 아프리카의 인구 추세는 유럽의 인구 감소(2010년 7억3,200만 명에서 2050년 6억9,100만 명으로 감소)와 맞물리면서 두 가지 극단적인 결과를 초래할 수 있다. 아프리카에서 추가로 늘어날 10억 명의 인구에게 빵과 일자리를 제공하지 못한다면 이 지역은 세계의 빈민가로 전락하게 될 것이다. 그러나 유럽이 그 같은 상황에서 자유로울 수 있다고 생각한다면 그것은 오산이다. 아프리카발 망명객의 물결, 특히 2011년 '아라벨리온Arabellion' 이후에 몰려든 망명객의 물결이 바로 대재앙을 암시하는 징조다. 이민자가 각각 42만7,700명과 39만1,900명에 이르는 이탈리아와 스페인은 지금도 이미 세계에서 미국 다음으로 이민자 수가 많은 나라들이다.[56] 아프리카 이주민의 물결은 지중해에서 북쪽을 향해 부단히 소용돌이치게 될 것이다. 그것도 아프리카가 경제적인 후진성에 허덕일수록 소용돌이의 강도는 더욱 더 강해질 것이다.

유럽은 아프리카가 두 발로 일어서도록 도움을 주는 것 외에는 달리 선택의 여지가 없다. 모르긴 해도 세계 나머지 국가들도 마찬가지다. 이것은 무엇보다도 아프리카의 젊은이들에게 더 양질의 교육을 제공함으로써 그들을 더욱 더 생산적으로 만들어야 한다는 것을 의미한다. 이렇게 하려면 독일 기업들의 아프리카 투자 규모를 큰 폭으로 늘여야만 한다. 지금까지 독일 기업의 아프리카 진출은 미미한 수준이었다. 심지어 히든 챔피언들도 마찬가지다. 기껏해야 남아프리카와 북아프리카에서 몇몇 자회사들을 찾아볼 수 있을 뿐이다. 그러나 아프리카에 지속적으로 더 많이 투자하려면 필수적인 전제조건이 한 가지 있다. 그것은 바로 아프리카 국가들의 정치적인 안정이다.

전체적으로 보았을 때 아프리카가 미래에 수행할 역할을 가장 잘 이해하고, 그에 대응하는 사람들은 바로 중국인인 것 같다. 2002년부터 중국인은 대아프리카 수입비율을 3배 이상 늘렸다. 이런 조치는 무엇보다도 유럽 제품과 일본 제품 수입에 부정적인 영향을 미쳤다. 그 결과 2011년 유럽 및 일본 제품 수입이 2008년보다 낮은 수준을 기록했다.[57]

유럽 내부에서는 독일의 아프리카 친밀도보다도 영국, 프랑스, 이탈리아의 아프리카 친밀도가 더 높다. 이런 현상은 장기적으로 독일 기업에 단점으로 작용할 수도 있다. 아프리카는 유럽과 독일에 많은 것을 제공해줄 수 있다. 우선 가까운 거리와 동일한 시간대가 가장 큰 장점이다. 아프리카는 단지 천연자원만 풍부한 것이 아니라, 에너지 문제 해결에도 기여할 수 있는 가능성을 지니고 있다. 비록 태양전기 프로젝트인 데저텍Desertec을 회의적으로 평가하는 목소리가 많기는 하지만, 보통 그처럼 획기적인 혁신에 대해서는 처음 10년 동안은 회의적인 반응이 지배적인 법이다. 관건은 과연 아프리카 사람들이 적절한 교육 수준과 생산성을 갖출 수 있을 것인가 하는 문제다. 그리고 바로 이 부분에서 히든 챔피언들이 핵심적인 역할을 수행할 수 있다.

탈세계화의 위험성

지금까지 우리는 세계화와 그에 따른 발전 가능성의 긍정적인 측면을 살펴보았다. 국제무역과 세계화가 지속적으로 성장하려면 무역의 물결이 최대한 자유롭게 흘러갈 수 있어야 한다는 단서가 붙는다. 이런 관점에서 EU, 나프타, 아세안, 남미공동시장Mercosur 등과 같은 대규모 자유무역구역은 비록 발전 단계가 각각 천차만별이기는 하지만 어쨌거나 가장 큰 폭의 진보를 의미한다. 그럼에도 불구하고 전 세계적으로 보면, 세계무역기구WTO의 핵심사안인 자유무역의 진전 상황은 매우 더딘 수준이다. 2001년부터 도하 회의가 개최되고 있는데, 원래 이 회의는 2005년에 종결될 예정이었다. 그러나 오늘날까지도 회의가 끝날 기미는 어디에서도 찾아볼 수 없다.

양자 자유무역협정 부문에서는 비교적 큰 발전이 있었다. 1990년대 말에는 그 건수가 50건이 채 되지 않았지만, 현재는 300건 이상으로 늘어났다. 그러나 이 협정은 WTO의 기본정신에 위배된다. 왜냐하면 협정 당사자들이 상호 간 이익은 보장해주지만, 이를 통해서 자동적으로 다른 국가는 차별하기 때문이다. 이런 이유로 자유무역협정을 많이 체결한 국가들(예를 들어 남아프리카공화국)은 생산입지로서 매력이 커진다. 왜냐하면 그곳에서 생산한 제품을 관세 없이 다른 파트너 국가에 수출할 수 있기 때문이다.[58]

전체적으로 낙관적인 분위기의 발전 상황에도 불구하고, 세계화는 특히 금융위기 이후에 위기에 봉착했다. 예컨대 아탁Attac 같은 이른바 비정부단체NGO들을 중심으로 저항전선이 구축되고 있다. 비정부단체들은 각종 정상회담에 정기적으로 출몰하여 세계화를 반대하는 그들의 입장을, 때로는 폭력적인 방법을 동원하여 표명한다.

'탈세계화', 그러니까 세계화 과정을 되돌리는 것은 매우 위험한 행위다. 하버드대학교 경제역사학 교수 니얼 퍼거슨Niall Ferguson은 그것을 '악몽과도 같은 시나리오'라고 말한다. 그의 말에 따르면 그 것은 '역사를 통째로 되풀이하는 일이자 세계화의 붕괴'일 뿐이라고 한다.[59] 세계경제는 과거에 이미 이 모든 것을 체험한 경험이 있다. 1930년대에 미국이 유발한 보호무역주의는 깊고 지속적인 경기침체의 핵심적인 원인이 되었다. 1930년 6월 17일, 미국에서 이른바 스무트-할리 관세법Smoot-Hawley Tariff이 가결되었다. 2만 가지가 넘는 제품에 최고 60퍼센트에 이르는 관세가 부과되었다. 1,028명의 경제학자들이 이 법안에 반대하는 청원서에 서명했지만, 미국 의회는 서둘러 법안을 통과시켰다. 격분한 전 세계 정부는 미국 제품에 대해 비슷하게 높은 수준의 관세를 부과하면서 이에 응대했다. 불과 몇 개월 만에 세계무역이 절반 이상 감소했다. 국제적인 분업체제가 지닌 어마어마한 장점이 한순간에 물거품이 되고 말았다.

자본시장과 관련해서도 탈세계화가 명시적으로 거론된다. 금융위기가 진행되면서 국경을 초월한 여신업무가 문자 그대로 '파괴되어' 버렸다.[60] 이는 특히 유럽에 해당되는 사실이다. 국제무역 불균형을 더는 민간은행 신용공여granting of credit(어떤 금액을 상대에게 빌려줄 때 상대가 반환할 의사, 반환할 능력이 있음을 믿고 빌려줘 상대방에게 일시 이용토록 하는 것)로 보정할 수 없게 되자 유럽중앙은행이 대출주체로서 뛰어들어야만 했다. 이것은 날이 갈수록 그 규모가 커지는 이른바 Target 2(Trans-European Automated Real-time Gross Settlement Express Transfer System, EU 내 국가들이 실시간으로 지불체계를 갖는 것을 지칭한다. 16개국의 즉시총액결제시스템(Real Time Gross Settlement)을 포함했으며, 유럽중앙은행의 지불 방식에 부합하는 것이었다. 2007년 11월 Target 2로 대체됐다) 채무를 불러일으킨 장본인이기도 하다. 만약 유로 체제가 와해된다면 이 부채는 무엇보다도 독일에게 큰 골칫거리가 될 것이다.

보호무역주의의 위험성은 일차적으로 그것이 지닌 포퓰리즘적인 요소에 기인한다. 정치가들은 언제나 보호무역주의적인 조치를 내어놓고 그에 대한 유권자들의 동의를 구하고 싶은 유혹을 느낀다. 금융위기의 정점에서 미국 하원이 가결한 경기부양 패키지는 그 같은 위험성을 분명하게 암시해준다. 거기에는 기반시설 투자에 관한 한 오직 국내산 철이나 강철만을 사용할 것을 지시하는 내용이 포함되어 있었다. 계속된 토론 과정에서 오바마 대통령은 '바이 아메리카Buy American' 정책에 공식적으로 거리를 두었다. 러시아, 중국, 수많은 다른 국가들도 그 정도로 공공연한 수준은 아니지만, 어쨌거나 보호무역주의적인 조치들을 동원했다. 스페인 산업부장관 미구엘 세바스티안Miguel Sebastián은 보호무역주의 성향을 다음과 같이 표현했다. "국민이 국가를 위해 할 수 있는 일이 있습니다. 바로 스페인과 스페인 상품을 사랑하는 것입니다." 프랑스 대통령 니콜라 사르코지Nicolas Sarkozy는 프랑스 자동차 제조업체들에게 자금을 대출해주면서 일자리를 외국으로 이전해서는 안 된다는 단서를 달았다.

다행히 EU는 그런 종류의 국가이기주의에 대응할 수 있는 얼마간의 효과적인 방어체제를 구축하고 있다. 그리고 다행스럽게도 신중한 목소리들도 존재한다. 예컨대 독일 수상 앙겔라 메르켈Angela Merkel은 이렇게 말했다. "우리에게는 개방적인 세계경제가 필요합니다. 보호무역주의는 경기후퇴에서 불황으로 직행하는 매우 확실한 길일 것입니다." 심지어 러시아 대통령 블라디미르 푸틴Vladimir Putin도 보호무역주의를 반대하는 입장을 표명했다. "우리는 고립주의와 무절제한 경제이기주의에 다시 빠져들어서는 안 될 것입니다."

그러나 입으로 이렇게 고백을 한다고 해서 각각의 무대 뒤쪽에 강력한 '장벽'이 드리워져 있지 않다는 뜻은 결코 아니다. 다양한 국가를 대상으로 활동을 펼치는 몇몇 로비스트들도 숨은 기회를 간파했다. 따라서 WTO가 보호무역주의적인 경향을 그처럼 두려워하는 것은 결코 놀라운 일이 아니다. "G20 국가들은 2009년 런던정상회의에서 어떤 새로운 무역장벽도 건설하지 않겠노라고 약속했다. 그러나 지금 WTO는 환멸에 가까운 결과를 손에 넣게 되었다. 새로운 관세와 관료주의, 각종 금지령이 세계무역을 10퍼센트나 감소시켰다."[61] 그리고 독일 경제주간지 〈비르츠샤프트보케Wirtschaftswoche〉는 2012년 다음과 같은 결론을 내렸다.

"현재 세계경제는 무역정책적으로 다시금 소심하고 협소한 상태로 후퇴할 위기에 봉착했다. 세계 전역에 걸쳐 보호무역주의가 번성하고 있다. 러시아는 (외국) 자동차 제조업체들에게 공장 건설을 종용하고, 중국은 (외국) 기업들에게 국내 경쟁업체들과 합자회사를 설립할 것을 강요한다. 그리고 독일 기업이 아르헨티나로 자동차를 한 대 수출할 때마다 그 대가로 자동차 부품, 가죽 아니면 쌀 등 반드시 무언가를 수입해야만 한다. 한마디로 미친 짓이 아닐 수 없다."[62]

점점 더 강화되는 보호무역주의가 독일 기업에 의미하는 바는 무엇일까? 독일 대기업은 물론이고 중소 규모의 히든 챔피언들도 오늘날 세계적으로 탁월한 위치를 보유하고 있다. 이 기업들 가운데 다수가 목표시장으로 삼은 국가에 영업지원지점뿐만 아니라 생산지점도 함께 보유하고 있다. 이들 기업은 국제적인 분업체제에 강도 높게 편입되어 있다. 만약 금융위기의 결과로 관세장벽이나 비관세 무역장벽이 높아진다면, 이 같은 분업체제가 큰 침해를 받게 될 것이다. 그러나 다른 한편으로 누군가가 어떤 나라에서 계속해서 생산입지를 유지한다면, 그 나라에서 그 사람은 이미 '내국인'으로 분류된다. 강도 높은 보호무역주의는 국가 내부의 가치창출을 심화하고, 다른 나라 공장들의 납품활동을 감소시키는 결과를 초래할 것이다. 전체적으로 입지정책도 재고의 대상이 될 것이다. 이렇게 되면 반드시 주요 국가에 생산입지를 건설해야만 한다. 1970년대부터 독일 기업들이 브라질에서 했던 것처럼, 그리고 최근 들어 폭스바겐이 다시 미국에서 했던 것처럼 말이다.[63]

설령 보호무역주의가 점점 더 강화된다고 하더라도 세계화의 기본전략은 의문시되지 않을 것이다. 오히려 그 반대로, 독일 기업들과 히든 챔피언들은 수많은 시장에서 쌓아올린 높은 입지를 발판으로 아마도 프랑스나 이탈리아 기업들과는 대조적으로 비교적 잘해나갈 것이다. 그러나 전체적으로 보면 탈세계화는 세계경제와 수십억 인구의 안녕을 위협하는 대재앙이다. 글로발리아를 향해 길을 떠나는 것 말고는 다른 대안이 없다. 글로발리아, 그것이 바로 미래다.

최고만이 경쟁에서 살아남는다

정치인은 언제나 경제에 개입하고 싶은 유혹에 시달린다. 이때에는 새로운 산업이나 클러스터 구축, 혹은 소위 '국가 챔피언' 창출을 목표로 하는 정책이 특히 큰 사랑을 받는다. 국가 챔피언이라는 개념은 원래 프랑스에서 비롯되었다. 그러나 독일에도 이 개념을 추종하는 사람들이 무수이 많다. 특히 합병계획이 있을 때 이 개념이 빈번하게 등장한다.

'국가 챔피언'이라는 개념은 때때로 '히든 챔피언' 개념과 같이 언급되곤 한다. 그러나 이 두 개념 사이에는 아무 공통점도 없다. 히든 챔피언들처럼 자유경쟁에서 살아남아 시장지배권을 거머쥔 기업들은 매우 높은 평가를 받는다. 히든 챔피언 사장들이 거듭하여 나에게 확인시켜준 것처럼, 그들은 국가의 도움이 아니라 최고의 수준을 통해 경쟁을 차단함으로써 현재 그들이 보유한 시장 입지를 획득했다. 이와는 대조적으로 국가 챔피언들은 '국가의 은혜', 요컨대 국가의 영향력 행사와 자유경쟁에 대한 국가의 개입을 통해 간신히 살아남거나 시장주도자 위치에 올라선다. 달리 말하면 그들은 경쟁이 아닌 국가의 보조를 통해 생존을 보장받는다. 그러나 국가의 도움으로 히든 챔피언이 된다고 하더라도(예컨대, 몇 년 전 광전지 산업에서 그랬던 것처럼), 그런 기업들이 시장의 최정상 자리에 머무르는 기간은 매우 짧다.

나는 보조금 지급과 경쟁에 개입하는 방법을 통해서 국가 챔피언을 육성하려는 국가의 시도는 그릇된 방법이라고 생각한다. 국가가 지속적인 성공을 구가하는 기업을 만들어낼 수 있다거나 혹은 관리할 수 있다는 증거는 아무 데도 없다. 수십 년 동안 경탄의 대상이 되었던 일본의 MITI(통산산업성(Ministry of Trade and Industry). 지금은 METI, 즉 경제산업성(Ministry of Economy, Trade and Industry)으로 바뀌었음)도 나중에는 결국 관료주의적인 괴물로 입증되었다. 프랑스의 경제계획Planification은 콩코드Concorde나 뷸Bull이 보여주는 것처럼 줄줄이 실패로 이어졌다.

어쩌면 혹자는 에어버스Airbus 사례를 내세우면서 이의를 제기할지도 모르겠다. 에어버스는 성공작이지 않은가? 그것은 국가 챔피언일 뿐만 아니라 심지어는 범유럽적인 챔피언에 대한 전형적인 예가 아니던가? 그렇다. 에어버스는 의심할 여지없는 성공작이다. 에어버스는 근본적으로 시장경제적인 측면이 아닌 정치적인 측면, 무엇보다도 군사적인 측면에 의해서 특징지어진 사업 분야에서 활동하는 유일한 기업이다. 현재까지 항공기 사업은 순수한 경쟁을 바탕으로 하는 사업 분야가 아니다. 과거에는 정말로 그렇지 않았다. 제트엔진은 처음에 군사용 제트기에 사용할 목적으로 개발되었다. 민간항공 부문에 도입된 최초의 대형 항공기인 보잉 707기는 KC 135 스트래토탱커KC 135 stratotanker(미 공군이 운용하는 공중급유기 겸 수송기-옮긴이)에서 파생된 것이다. 첩보기는 록히드 갤럭시Lockheed Galaxy(미 공군 최대 전략수송기-옮긴이)와 나란히 개발되었다. 그런 종류의 사업은 오직 막강한 국가적인 지원이 동반될 때에 한해서 제대로 굴러갈 수 있다. 에어버스는 국가 챔피언 육성에서 국가가 더 포괄적인 역할을 수행해야 한다는 주장에 대한 예가 결코 될 수 없다. 국가의 지원을 통한 국가 챔피언 육성은 당연히 포기되어야만 한다.

세계는 평평하지 않다

수십 년 전부터 진행된 세계화 과정을 통해 무역에 걸림돌이 되는 수많은 장애물들이 제거되었다. 제도적인 장벽의 측면에서는 국제 상품교역과 시장 정복이 50년 전보다 훨씬 더 수월해졌다. 어떤 측면에서 보면 세계가 '평평해졌다'고도 말할 수 있을 것이다. 〈뉴욕타임스New York Times〉 특파원 토머스 프리드먼Thomas Friedman은 《세계는 평평하다Die Welt ist flach》라는 도발적인 제목의 책에서 이런 발전의 결과물을 간결하게 설명했다.[64] 프리드먼은 철의 장막 붕괴와 인터넷, 자유무역협정 및 그와 유사한 요소들을 '세계를 평평하게 만든 힘'(원서에서 그는 이것을 'Flatteners'로 명명했다)으로 간주한다. 이런 힘들은 의심할 여지없이 세계의 내부적인 조정에 기여했다. 프리드먼의 저서는 열띤 논쟁을 유발했다.[65] 그의 견해에 반대하는 진영이 있었던 것이다.

바르셀로나 이에세 경영대학원IESE Business School의 판카즈 게마와트Pankaj Ghemawat 교수는 저서 《월드 3.0World 3.0》에서 무수한 실제 사실들과 데이터를 바탕으로 세계가 아직 '평평함'과는 한참이나 거리가 멀다는 사실을 증명한다. 그 대신 그는 '부분적 세계화Semiglobalization', 경계와 문화의 차이, 세계관의 충돌, '거리의 법칙'을 언급한다.[66] 존 켈치John Quelch와 캐서린 조크스Katherine Jocz도 그들의 저서 《모든 비즈니스는 로컬이다All Business is Local》에서 비슷한 입장을 대변한다.[67] 그들은 세계 최고가 되는 것만으로는 부족하다고 말하면서 중요한 것은 지역적으로도 경쟁자보다 뛰어난 존재가 되는 것이라고 강조한다. 그러나 이를 위해서는 각각의 국가적인 상황에 대한 탁월한 적응이 필요하다고 말한다. 비교적 새로운 이런 시각들은 뉴요커인 프리드먼의 시각보다 세분화되어 있다.

세계 곳곳에서 맥도널드와 스타벅스를 마주치고, 미국 호텔체인에서 숙박을 하고, TV에서 미국 시리즈물을 시청하고, 인터넷에서는 구글과 페이스북을 이용하여 서핑을 하는 미국인은 모르긴 해도 세계를 실제보다 더 '평평하게' 느끼는 것 같다. 게다가 그들은 전 세계 어디에서나 그들의 모국어를 사용하여 아무 어려움 없이 지낼 수 있다. 그런 관찰자들의 눈에는 당연히 세상이 '평평하게' 비쳐질 것이다. 그리고 아마도 게마와트와 퀠치 같은 저자들이 미국인이 아니라는 사실과 그들이 뉴욕이 아닌 바르셀로나와 상하이에 산다는 사실도 우연이 아닐 것이다.

학계에서는 수년 전부터 세계화에 대해서 표준화 전략으로 대응해야 할 것인지 아니면 분화 전략으로 대응해야 할 것인지를 놓고 토론이 벌어지고 있다. 그러나 이런 토론은 모두 지극히 이론적인 것으로 판명되었고, 그런 점에서 실무에 큰 영향을 미치지 못했다. 실제로 모든 세계화 전략은 혼합된 형태를 취한다. 그리고 이 부분에서는 히든 챔피언들이 대기업들에 비해서 상대적으로 큰 장점을 지니고 있다. 히든 챔피언들은 아주 세세한 부분에 이르기까지 모든 것이 철저하게 계획된 상태로, 전 세계에 펼쳐져 있는 경직된 시스템에 대한 의존도가 훨씬 덜하기 때문이다. 실패로 돌아간 대기업의 수많은 세계화 시도를 살펴보면 과도한 표준화를 주요 실패 원인으로 꼽을 수 있다(독일과 한국에서 실패를 맛본 월마트가 전형적인 예다).

세계는 평평하지 않다. 심지어 글로벌리아조차도 절대적으로 평평한 세계가 되지는 않을 것이다. 그리고 이런 사실이 유효하게 통용되는 한, 히든 챔피언들이 몸소 보여주는 것처럼 세계화를 성공적으로 성취하려면 표준화와 차별화가 적절하게 균형을 이루어야 한다.

핵/심/요/약

세계는 앞으로도 계속 급속도로 변화할 것이다. 글로발리아, 즉 미래의 세계는 대기업과 중소기업 모두에게 뜻밖의 기회를 열어준다.

- 세계 수출 규모가 각국 국내총생산보다 훨씬 더 큰 폭으로 증가했다. 세계화는 과거에도 그랬지만 미래에도 성장원동력으로 자리매김할 것이다.
- 앞으로도 세계경제는 미국과 유럽을 중심으로 계속 성장할 것이다. 이는 단지 국내총생산 액수에만 적용되는 사실이 아니라, 국내총생산의 절대적인 성장에도 적용된다. 여기에 최고의 구매력 성장세를 동반한 중국이 세 번째 극으로 가세한다. 물론 다른 많은 지역들도 중요성을 획득하겠지만, 그럼에도 불구하고 2025년까지 세계경제의 3대 극을 형성할 이 지역들보다는 현저하게 뒤처질 것이다.
- 세계적인 경쟁에 동참하고자 하는 독일 중소기업들은 반드시 유럽과 미국에서 시장 입지를 유지하는 한편, 많은 경우 미국에서의 입지를 한층 더 강화하는 데 우선권을 두어야 한다. 두 번째로는 중국과 인도에서 강력한 시장 입지를 구축해야 한다.
- 아세안, 동유럽/러시아, 라틴아메리카와 함께 장기적으로는 아프리카도 성장 전망이 매력적이다. 이때 아프리카의 추동력은 폭발적인 인구 성장이다. 중소기업들이 이런 기회들을 모두 활용하려면 초인적인 노력이 필요하다.
- 근본적으로 낙관적인 전망에도 불구하고 세계화의 과정에서, 특히 위기가

진행되는 와중에는 후퇴하는 경우를 완전히 배제할 수 없다. 보호무역주의, 세계화 반대론자, 국가 챔피언 우대 등의 행태는 자유무역을 저해할 수 있다.
- 세계가 20년 전보다 더 '평평해진' 것은 사실이지만, 그럼에도 불구하고 오늘날까지도 '완전히 평평해지지는' 않았다. 지역적, 국가적, 국지적인 차이점들은 앞으로도 계속 존재할 것이다. 이런 이유로 미래에도 표준화와 차별화 간의 적절한 균형을 찾는 일이 중요하다. 아마도 이 부분에서는 중소기업들이 다소 유리할 것이다. 왜냐하면 그들에게는 필연적으로 적응이 요구되고, 그런 면에서 대기업보다 유연하기 때문이다.

글로발리아에서 전 세계는 시장과 다름없다. 규모가 큰 기업이나 규모가 작은 기업 모두 빠른 속도로 성장하는 이 시장에 접근할 수 있다. 이 기회를 움켜잡는 기업은 새로운 차원으로 진출할 수 있다. 글로발리아를 향해 진군하려면 끈기와 함께 매우 장기적인 방향 설정이 요구된다. 여기에 동참한 기업들과 직원들은 그 과정에서 국내시장의 경계를 극복하는 동시에 스스로 글로발리아 시민으로 변모한다.

CHAPTER 02

독일은 왜 강한가
Hidden Champions

HIDDEN CHAMPIONS

글로발리아에서 독일의 역할은 독보적이다. 세계화와 관련된 주요 지표에서 독일은 규모가 큰 모든 국가를 큰 차이로 따돌리고 있다. 1986년 하버드 비즈니스 스쿨Harvard Business School의 저명한 마케팅 대가 시어도어 레빗Theodore Levitt 교수는 나에게 세계 수출 경쟁에서 독일인이 언제나 앞서 달리는 이유에 대해 물었다. 그는 그로부터 몇 년 전인 1983년에 〈하버드 비즈니스 리뷰Harvard Business Review〉에 실린 획기적인 논문을 통해서 '세계화'라는 개념을 세간에 널리 알린 바 있다.[1] 그는 독일처럼 작은 나라가 그처럼 엄청난 규모의 수출을 달성할 수 있었던 이유가 무엇인지 궁금해했다.

독일 인구는 기껏해야 세계 인구의 1.2퍼센트에 불과했고, 가치 창출 면에서도 독일이 전 세계 국내총생산에 기여하는 비율은 잘해야 5퍼센트에 불과할 뿐이었다. 그런데 1986년 바로 그해에 독일은 사상 최초로 미국을 세계 수출 챔피언 자리에서 몰아냈다. 그 후에도 상황은 크게 바뀌지 않았다. 지난 25년 동안 독일은 수출 분야에서 10번이나 세계 1위 자리를 차지했다. 미국은 13번 1위 자리를 차지했는데, 그것도 2002년이 마지막이었다. 미국은 독일보다 국민경제 규모 면에서 족히 4배는 더 큰 나라다.

2009년에 이르러서는 중국이 세계 수출 챔피언으로 등극했는데, 아마도 앞으로도 이런 상황은 계속 유지될 것이다. 오랫동안

3위 자리를 유지하면서 많은 놀라움을 자아냈던 수출국가인 일본은 2004년 이후로 최고 3인방에 끼지 못하고 있다. 〈월 스트리트 저널 Wall Street Journal〉은 2011년 일본의 무역수지가 1980년 이후 처음으로 적자에 빠진 것을 두고 "세계 최대의 수출 엔진 중 하나가 기력이 다했다"라고 논평했다.[2]

두각을 드러내는 독일

국가별 1인당 수출액을 비교해보면 한층 더 의미 있고 인상적인 결과를 얻을 수 있다. 그러나 이런 직접적인 비교는 어디까지나 규모가 큰 국가에만 의미가 있다. 그 이유는 다음과 같다. 예를 들어, 어떤 나라에 국민이 한 사람밖에 없는데, 그 사람이 자신이 생산한 모든 물건을 다른 나라 사람과 교환한다고 가정해보자. 이런 경우 (규모가 아주 작은) 이 나라는 1인당 수출액이 곧 국내총생산이 될 것이다. 달리 말하면, 수출비율과 수입비율이 각각 100퍼센트를 기록하게 될 것이다. 역으로 만약 지구에 존재하는 나라가 하나밖에 없다면 1인당 수출액은 0이 될 것이다. 이것을 다시 정리해보면, 나라의 규모가 작을수록 1인당 수출액은 더욱 더 높아지는 경향이 있음을 알 수 있다.[3]

이런 이유로 1인당 수출액이 기록되어 있는 〈표 2.1a〉와 〈표 2.1b〉에는 인구 4,000만 명 이상의 규모가 큰 국가들 가운데 실질수출 국가들만 포함되어 있다. 여기에 인도는 포함되지 않았는데, 1인당 수출액이 고작 183달러로, 표에 제시된 다른 나라들의 수준에 현저히 못 미치기 때문이다. 〈표 2.1a〉는 절대적인 1인당 수

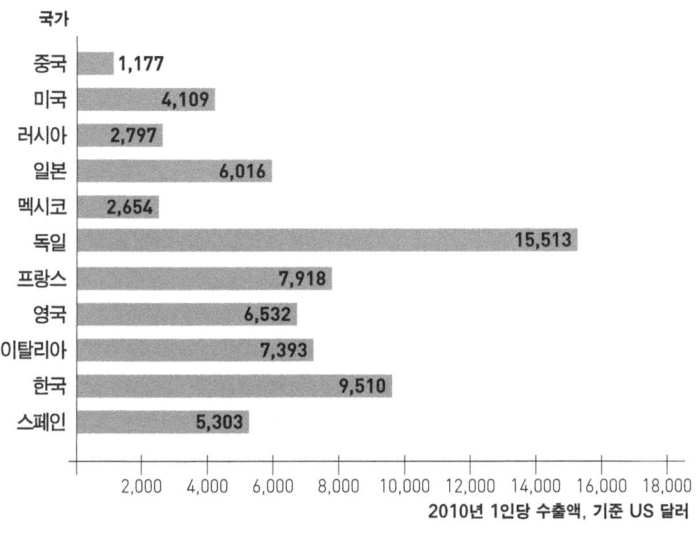

〈표 2.1a〉 2010년 선별된 국가의 1인당 수출액: 절대적인 수치

출처: 독일 통계청

출액을 보여준다. 〈표 2.1b〉는 인구 수 차를 감안, 선형회귀Linear Regression를 이용하여 그 차이를 상쇄했다.[4] 그 결과 도출된 회귀선 Regression line은 '경험적인 규칙Empirical Rule'을 확정한다. 〈표 2.1b〉에는 이런 경험칙에 대한 편차가 제시되어 있다. 이 편차는 한 나라의 무역 능력을 말해주는 매우 유의미한 지표다.

독일이 얼마나 탁월하게 앞서 나가는지 보이는가? 비교대상이 된 나라들 가운데서 독일이 차지하는 입지가 얼마나 독보적인지 그저 놀라울 따름이다. 한국도 마찬가지로 경험기준보다 현저하게 높은 수준을 기록하고 있으며, 프랑스와 이탈리아도 경험기준을 가까스로 넘어서고 있긴 하지만, 이들 모두 독일에는 한참 뒤쳐져

CHAPTER 02 독일은 왜 강한가 85

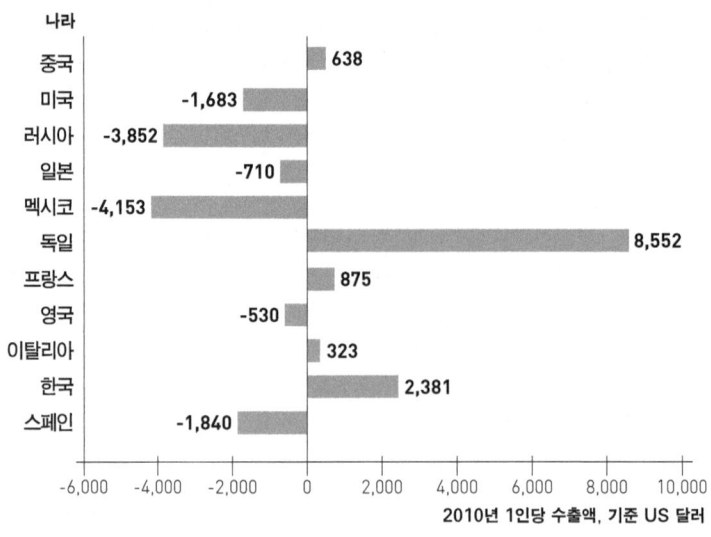

〈표 2.1b〉 2010년 선별된 국가의 1인당 수출액: 인구 수를 고려하여 보정한 수치에 대한 편차

출처: 독일통계청 데이터에 근거하여 산정한 수치, 8. 4. 2011

있다. 반면 영국과 스페인은 경험기준을 밑돈다. 놀라운 것은 중국의 성적이다. 개발도상국이라는 지위와 거대한 인구에도 불구하고 중국의 1인당 수출액은 이미 경험기준을 능가한다. 러시아와 멕시코는 다른 대부분의 개발도상국과 마찬가지로 1인당 수출액이 낮은 수준에 머물러 있다. 그 밖에도 앞의 표는 1인당 수출액 부문에서 미국과 일본이 기록한 저조한 성적을 그대로 드러내고 있다.

　1인당 수출액의 비교는 세계무역의 향후 성장 잠재력 예측을 뒷받침해준다. 예를 들어, 만약 미국과 일본이 경험기준에 도달한다면, 그것만으로도 이미 수출 규모가 연간 약 1조 달러 정도 늘어날 것이다. 이것은 2010년 프랑스와 이탈리아의 수출 규모를 모두 합한 것보다도 많은 수치다.

독일, 수출만이 살길이다

〈표 2.1a〉와 〈표 2.1b〉에 제시된 수치를 다른 나라 사람들에게 소개해보면 아마도 몹시 놀랄 것이다. 그도 그럴 것이 수출 부문에서 독일의 성적이 그처럼 탁월하다는 사실을 아는 사람이 거의 없기 때문이다. 그러나 이처럼 지속적인 성공은 필연적으로 반작용을 수반했다. 금융위기가 발생하자 독일이 수출을 억제하고 유럽의 이웃 국가들 또는 미국과 수준을 맞추어야 한다는 목소리가 터져나온 것이다. 독일이 수출을 지나치게 많이 하는 바람에 경제적인 불균형을 유발했다는 주장이다.

이런 상황은 언뜻 직장 내에서 다른 직원들보다 더 높은 성과를 올림으로써 암묵적인 기준을 무너뜨린 직원과 그 바람에 동료들에게 따돌림을 당하는 직원을 떠올리게 한다. 직장에서는 어렵지 않게 볼 수 있는 현상이다. 그리하여 워싱턴 국제경제연구소에 소속된 미국인 전문가 애덤 포슨Adam Posen은 독일의 임금 상승을 '최상의 방안'으로 간주했다. 또한 파리정치대학 소속의 프랑스 경제학자 장 폴 피투시Jean Paul Fitoussi는 독일의 수출 감소를 명시적으로 찬성했다. 그 밖에도 다양한 나라에서 수많은 정치인이 이와 유사한 견해를 표명했다.

그러나 독일과 독일 기업들은 절대 이런 충고를 따라서는 안 된다. 왜냐하면 위의 전문가들의 충고는 명백하게 한 가지 사실을 오해한 데서 비롯되었기 때문이다. 그것은 바로 독일의 경우 (다수 이웃 국가들의 무기 수출이나 국영기업과는 달리) 수출 역량 및 성적의 근간이 국가가 아니라 민간기업, 그중에서도 주로 중소기업과 히든 챔피언들이었다는 사실이다. 이들 기업은 그들의 제품을 찾는 고객들, 설령 제품의 가격이 매우 비싸다고 느껴진다고 해도 기꺼이 돈을 지불할 준비가 된 고객들을 찾아 전 세계를 헤맸다. 그런데 국가가 나서서 수출 훼방꾼을 자처해야 한다니, 한마디로 어처구니없는 주장이다.

독일은 국가적 수출 역량과 수출 지향 기조를 바르게 유지해야 할 것이고, 또 반드시 그렇게 해야만 한다.5 복지 수준을 그대로 유지하려면 다른 선택의 여지가 없다. 국내 소비와 서비스 부문이 크게 성장한다면 가장 바람직하겠지만, 사실 이런 생각은 현재로서는 그저 망상에 불과하다. 독일처럼 고령화와 인구 감소 속도가 빠른 사회는 성장가도를 달리는 젊은 사회보다 소비 수준이 낮을 수밖에 없다. 이는 불가피한 현상이다. 제아무리 국가적으로 조치를 취한다고 해도 이런 상황을 근본적으로 바꾸기는 어렵다. 더욱이 높은 수준의 부채가 이 같은 제안이 불합리함을 분명하게 입증해준다.

독일이 강력한 수출지향적 기조를 유지할 수밖에 없는 두 번째 중요한 이유는 바로 우리의 산업 구조를 단시간 내에 바꾸는 일은 생각보다 훨씬 어렵기 때문이다. 독일 기업들은 이미 오래 전부터 수출지향적 구조를 유지해왔으며, 일반적인 제품보다는 주로 특수한 제품과 그 시장에 주력하고 있다. 특히 히든 챔피언들의 경우에는 더욱 그렇다. 바로 이런 집중화 전략이야말로 독일 제품이 세계 최고 수준을 갖추게 된 밑거름이다. 그러나 집중화 전략은 국가별 시장을 협소하게 만들며, 심지어 틈새시장만을 상대하는 독일 기업도 적지 않다. 이것은 히든 챔피언들에게 거의 일반적으로 통용되는 사실이다.

이처럼 규모가 협소한 시장을 규모가 큰 시장으로 탈바꿈시킬 수 있는 유일한 방법은 바로 제품을 세계 각지에 수출하는 것뿐이다. 그래서 집중화 전략과 세계화는 독일의 시장선도기업들에게는 핵심적인 양대 전략이며 동시에 서로 뗄 수 없는 불가분의 관계에 있다. 이런 사실은 개별 기업들의 수출비율에도 반영된다. 개별 기업들의 경우 수출이 전체 매출액의 80퍼센트 이상을 차지한다. 독일이 자국민의 고용률을 높이고 현재 수준의 복지 수준을 계속 유지하려면 독일 기업들은 앞으로도 더욱 강력하게 수출에 매진해야만 한다. "수출, 그 밖에 무슨 방법이 있는가?"라는 슬로건을 대신할 대안은 없다. 그런데 흥미롭게도 다른 나라의 수출 중심 기업들도 같은 문제에 직면해 있다. 2011년 제너럴 일렉트릭GE의 CEO 제프리 이멜트Jeffrey Immelt가 한 발언은 매우 의미심장하다.

"우리는 2012년에 140개의 대형 가스터빈을 판매할 계획입니다. 그중 미국으로 향하는 것은 5개 미만이 될 것입니다. 따라서 우리는 120개 나라에 이 제품을 판매해야만 합니다. 반드시 세계적인 능력을 키워서, 반드시 수출을 해야만 합니다. 지난 10년 동안 우리는 수출 물량이 2배 이상 증가하면서 미국에 고임금의 일자리를 창출해왔습니다. 우리는 지속적으로 미국에서 가장 수출을 많이 하는 기업 가운데 하나로 확고히 자리매김하고 있습니다."[6]

이제 이웃 국가들은 독일에게 수출 강도를 낮추라고 조언할 것이 아니라 자국의 경쟁력을 높이고 수출 역량을 개선하는 데 주력해야 할 것이다. 왜냐하면 유로화가 등장하면서 주기적 환율 저하라는 만병통치약이 무력화되었고, 이후 유럽 이웃 국가, 그중에서도 특히 남유럽 국가에 있는 기업들의 경쟁력이 현저하게 저하되었기 때문이다. 그런데 가만히 생각해보면 환율 평가절하를 대신할 아주 간단한 방법이 한 가지 있다. 임금 및 비용 절감이 바로 그것이다. 그러나 이 방법은 그리 유쾌하지도 않을 뿐 아니라 그것을 관철하는 일도 정치적으로 만만치 않다. 그럼에도 수출에 취약한 많은 국가들에게 이 방법은 경쟁력을 강화할 올바른 방법이 될 수 있을 것이다. 미국인은 수출을 늘려야만 한다는 명제를 명백하게 이해한 듯하다. 미국 대통령은 향후 5년 내에 미국의 수출 규모를 2배로 늘릴 것을 여러 번에 걸쳐 거듭 호소했다. 비록 지나치게 야심찬 목표이긴 하지만, 그래도 미래지향적인 방향을 제시했다는 점에서는 의의가 있다.

요컨대 독일 기업은 미래에도 수출에 주력해야만 한다. 독일의 경제구조는 국제시장에 맞추어져 있다. 히든 챔피언들은 국내수요만으로는 먹고 살 수가 없다. 어떻게 이런 구조를 갖추게 되었는지 궁금하다면 19세기까지 거슬러 올라가야 한다. 결국 경제구조는 한 국가나 기업의 필요에 의해 단기간에 바뀌기 어렵다는 것이다.

독일 기업들이 수출에 성공한 이유

지금까지 이 질문을 수천 번은 넘게 받았다. 그러나 이 질문에 대해 간단명료하게 답하기는 매우 어렵다. 왜냐하면 독일 기업들이 수출에 성공한 이유를 단지 어느 한 가지 단서만 들어 설명하기는 어렵기 때문이다.[7] 그러나 독일 경제의 뛰어난 수출 성적이 대기업 덕분이 아니라는 사실만큼은 확실하게 말할 수 있다. 왜냐하면 독일 대기업들도 근본적으로 다른 나라에 있는 경쟁자들과 크게 다르지 않기 때문이다.

2010년 미국과 일본은 각각 133개와 68개의 기업을 〈포춘Fortune〉이 선정한 500대 글로벌 기업 목록에 올려놓았다. 일본의 글로벌 기업 수만 봐도, 34개인 독일보다 2배나 더 많다. 심지어 프랑스도 35개의 기업을 목록에 올렸다. 게다가 프랑스 대기업들은 독일 대기업보다 세계시장 선도기업도 더 많고, 총 매출액 규모도 910억 달러로 독일 대기업보다 더 크다.[8] 독일에는 국제적으로 두각을 드러내는 대기업 수가 비교적 적다. 최근에 실시된 한 조사에 따르면, 가장 가치가 높은 세계 100대 기업 가운데 독일 기업은 고작 4개에 불과한 것으로 나타났다. 지멘스(55위), SAP(79위), 폭스바겐(85위), 바스프BASF(92위)가 바로 그 기업들이다.[9] 요컨대 전 세계적으로 볼 때 독일 대기업이 맡은 역할은 그리 크지 않다.

〈표 2.2〉는 규모가 아주 큰 기업의 수와 국가 수출 규모의 관계를 보여준다. 〈포춘〉이 선정한 500대 기업의 수와 수출 규모 간의 결정계수Coefficient of Determination는 48.38퍼센트다. 이는 곧 대기업 수가 수출 분산의 절반 미만을 설명한다는 것을 의미한다.

모든 산업 선진국에는 엄청나게 많은 상품을 수출하면서 국제적으로 활동하는 기업들이 있다. 대부분은 독일보다 그 수가 많다. 그럼에도 불구하고 이들 나라는 수출에서 저조한 성적을 기록하고 있다.

1986년 레빗 교수와 함께 시작한 토론과 다년간에 걸친 연구는 독일이 보유한 지속적인 수출 우위의 원천이 바로 '중소기업'이라는 사실을 거듭 입증한다. 물론 모든 중소기업이 수출에서 성공적

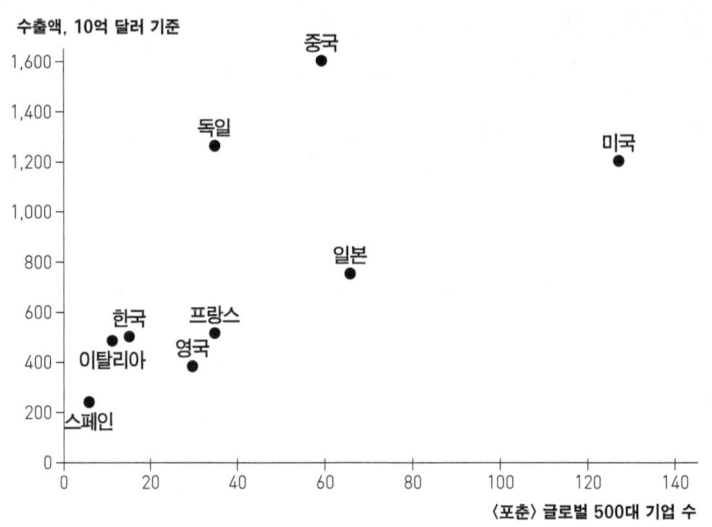

출처: 〈포춘〉, 2011년 7월 25일, 세계무역기구 2011년

인 성과를 거두는 것은 아니다. 그러나 경제에 대해 어느 정도 지식이 있는 사람이라면 아는 바와 같이, 중간 규모의 기업들 가운데 해당 시장에서 세계시장 선도기업 혹은 유럽시장 선도기업으로 올라선 독일 기업이 매우 많다는 것만은 분명한 사실이다. 이런 시장 주도 기업들이 독일의 수출 성적을 지속적으로 유지하고 한층 더 강화하는 데 결정적으로 기여했다는 사실과 그들이 대외적으로 독일 경제의 선봉을 이룬다는 사실에는 의심의 여지가 없다. 이것은 지난 25년 동안 거의 변하지 않은 사실이다. 오히려 세계화 과정이 진행되면서 그들의 역할은 더욱 중요해졌다.

오스트리아와 스위스에도 독일과 마찬가지로 해당 시장에서 세계적인 선도기업으로 활동하는 수많은 중소기업이 있다. 심지어 국토 면적이 작은 나라인 룩셈부르크도 비교적 많은 수의 히든 챔피언들을 보유하고 있다. 내가 이 책에서 독일을 거론하면서 하는 이야기들은 대체로 다른 독일어권 국가에도 똑같이 적용된다. 왜냐하면 다른 독일어권 국가의 히든 챔피언들에게서도 유사한 구조를 발견할 수 있기 때문이다. 반면 세계 나머지 지역의 상황은 완전히 다르다. 세계 어디에서도 독일과 독일어권만큼 히든 챔피언의 수가 많은 곳을 찾아보기 어렵다. 대충 비슷한 곳조차 찾기 어렵다.

25년 전부터 나는 전 세계 히든 챔피언의 이름을 수집했다. 〈표 2.3a〉와 〈표 2.3b〉는 국가별 히든 챔피언들의 수를 각각 절대적인 수와 인구 100만 명당 수로 구분하여 보여준다. 이 표에는 히든 챔피언을 다섯 곳 이상 보유한 국가들만 포함되어 있다.

독일어권에는 (티롤 남부와 벨기에 동부 주는 제외) 모두 1,506개의 히든 챔피언이 있다. 이는 우리가 전 세계에서 찾아낸 모든 히든 챔피언 수의 55.1퍼센트에 해당한다. 독일어권의 인구는 1억 명이 채 되지 않는다. 그러니까 그곳에 사는 사람이라고 해봐야 고작 전 세계 인구의 1.5퍼센트에 불과하다. 그럼에도 불구하고 이미 우리가 아는 바와 같이, 세계 나머지 지역을 모두 합한 것보다도 더 많은 수의 세계시장 선도기업들이 이곳에 자리 잡고 있다. 그뿐 아니라 모든 독일어권 국가의 인구 100만 명당 히든 챔피언의 수가 14~16개로 비슷하다. 너무나도 흥미롭고 놀라운 사실이 아닐 수 없다. 히든 챔피언이 두 번째로 많은 곳은 스칸디나비아반도인데, 사실 독일어권과의 격차는 매우 크다. 이곳의 경우에는 인구 100만 명당 히든 챔피언이 약 4~5개 정도다. 이어서 과거 동구권 국가들 가운데 가장 발전된 국가인 슬로베니아가 스칸디나비아반도의 뒤를 잇고 있다.

반면 이탈리아, 프랑스, 영국, 스페인 등 규모가 큰 나머지 유럽 국가에서는 히든 챔피언들을 거의 찾아보기 어렵다. 이미 앞에서 살펴본 것처럼, 이들 국가는 1인당 수출액이 매우 저조하다. 미국과 일본도 마찬가지다. 중국은 발달 초기 단계에 있기 때문에 아직까지는 히든 챔피언들이 많이 생겨나기 어렵다. 그러나 이런 상황은 앞으로 빠르게 바뀔 것이다. 산이중공푸츠마이스터의 사례는 이에 대한 명백한 징후다.

〈표 2.3a〉와 〈표 2.3b〉에 제시된 수치를 해석할 때는 신중을 기해야 한다. 히든 챔피언을 취합하는 과정에서 다른 여타 국가들보다도 독일과 독일어권에 대한 우리의 이해도가 상대적으로 더 완전하다는 사실에는 의심의 여지가 없다. 그러나 다른 나라의 무수한 연구자들도 히든 챔피언과 관련하여 다소 정도의 차이는 있지만 체계적인 취합 작업을 수행했다는 사실 역시 기억해야 할 것이다.[10] 모르긴 해도 미국과 관련된 수치가 가장 불확실할 것으로 보인다. 그럼에도 불구하고 표에 제시된 순위는 비교적 정확하다고 할 수 있다. 심층 연구를 수행한다고 하더라도 근본적인 평가에는 변화가 없을 것이다. 각종 데이터들이 독일과 독일어권 국가들이 보유한 지속적이고 뛰어난 수출 성과의 원인이 근본적으로 히든 챔피언들에게 있다는 추측을 뒷받침해준다.

독일에 히든 챔피언이 많은 이유

히든 챔피언들이 수출 성과를 결정한다는 인식은 독일에 그처럼 이례적으로 많은 히든 챔피언들이 존재하는 이유를 묻는 질문으로 이어진다. 여기에서도 사람들은 명료한 이유를 찾아 헤매지만 모두 헛수고일 뿐이다. 그러나 설명의 단초를 제공해주는 가설을 제시해볼 수는 있다.

역사적인 소국분립주의

한 가지 가능한 설명은 19세기 말까지 독일이, 예컨대 프랑스나 일본처럼 민족국가가 아니라 군소국가집단으로 이루어져 있었다는 사실에서 찾을 수 있다. 이런 상황에서 성장을 꾀했던 기업들은 국제화를 강요받을 수밖에 없었다. 바이에른 기업이 작센이나 뷔르템베르크에 있는 고객들에게 제품을 납품하는 경우, 그것은 곧 국제무역이라고 볼 수 있었다. 아마도 이런 상황에서 개방성과 국제화

역량이 생성되었을 것이다. 이것이 바로 규모가 훨씬 더 큰 민족국가와 다른 점이다. 프랑스, 러시아, 미국 또는 중국과 일찌감치 무역을 시작함으로써 국제화는 유럽과 전 세계를 아우르는 규모로 성장했다.

흥미롭게도 정치학자 에리히 베데Erich Weede도 유럽의 소국분립주의와 관련하여 이와 유사한 가설을 제시한다. 그는 유럽의 영토 분열이 중세 이후 이 작은 대륙이 발전할 수 있었던 하나의 원인이라고 설명한다. "유럽의 의견 불일치는 우리의 행운이자 국가의 활동 제한과 상인들 및 생산업자들의 사유재산과 처분권 존중에 대한 전제조건이 되었다."[11] 여기에 우리는 '국제화'라는 단어를 덧붙일 수 있다. 〈파이낸셜 타임스〉의 통신원 피터 마쉬도 2010년에 출간한 저서 《새로운 산업혁명The New Industrial Revolution》에서 규모가 작은 국가가 규모가 큰 국가보다 더 효과적으로 기업가정신과 국제화를 장려한다는 추측을 제기했다.[12]

나만 하더라도 규모가 큰 나라의 기업가들이 국제화를 꺼려하거나 필수적인 일로 간주하지 않는 경우를 자주 보았다. 특히 미국 중소 기업주들 사이에서 이런 견해를 빈번하게 접한다. 이런 회사들 가운데 다수가 우수한 역량과 경쟁력을 갖춘 상품을 보유하고 있음에도 불구하고 국제무역을 거의 추진하지 않는다. 그 이유에 대해 물으면 미국 시장이 크기 때문에 충분하다는 전형적인 답변을 듣게 된다. 또는 국제무대는 모든 것이 훨씬 더 복잡한데다 외국어도 익숙치 않기 때문에 차라리 내수시장으로 활동 폭을 제한하는 편이 더 낫다는 답변이 돌아온다. 프랑스 기업과 일본 기업 그리고 때로는 중국 기업을 방문했을 때도 이와 유사한 견해를 들을 수 있었다.

그러나 독일, 스위스 혹은 오스트리아에서는 그처럼 스스로 한계를 두는 태도를 거의 찾아보기 어렵다. 오히려 그 반대로 모든 기업이 국제적인 파이의 한 조각이라도 베어 물기 위해 안간힘을 쓴다. 이것은 히든 챔피언들과 수출이 함께 성장할 수 있는 토대가 된다. 국제화에 대한 선제적인 태도의 뿌리는 독일의 역사적인 소국 분립주의로 거슬러 올라간다.

전통적인 역량

독일의 많은 지역들은 전통적으로 뛰어난 역량을 보유했고, 그것은 현재까지도 이어지고 있다. 예컨대 슈바르츠발트Schwarzwald 지역에서는 수백 년 전부터 시계를 만들었다. 시계산업은 고도의 정밀기계학적 역량을 요구한다. 영국 역사학자 루이스 먼포드Lewis Munford는 이 업계를 가리켜 '현대 산업화 시대의 핵심 기계'로 명명한다.[13] 그리고 경제사학자 데이비드 랜즈David Landes는 중세의 시계제조업을 '기술학교school for skill'로 간주한다.[14] 그러나 슈바르츠발트의 시계제조업은 (슈람베르크 지역의 융한스 같은) 소수의 예외를 제외하고는 모두 몰락했다.

그러나 정밀기계학적 역량을 바탕으로 하여 새로운 산업이 생성되었다. 슈바르츠발트 지역의 가장자리에 자리 잡은 투틀링엔Tuttlingen에는 현재 의용공학 분야, 그중에서도 특히 외과용 기구 제작 분야에서 활동하는 기업이 400개도 넘는다. 이 분야에서는 정밀기계학적인 역량이 핵심적이다. 이런 의용공학 회사들 가운데 다수가, 예컨대 카를 라이빙어 메디친테히닉Karl Leibinger Medizintechnik처럼 직접적으로 시계제조업을 바탕으로 하여 설립되었다. 투틀링엔에 자리 잡은 회사들 가운데는 외과용 기구 제작 부문 세계시장 선도기업인 에스클랩Aesculap(총매출액 13억 유로, 종업원 수 3,000명)이나 내시경기기 세계시장 선도기업인 카를 슈토르츠Karl Storz(총매출액 8억7,000만 유로, 종업원 수 4,400명) 같은 비교적 규모가 큰 히든 챔피언들과 더불어 수술 조명기기 및 구강, 턱, 얼굴 성형기구 부문 세계시장 선도기업인 KLS 마르틴 그룹KLS Martin Group(종업원 수 700명)이나 열 시뮬레이션 챔버Thermal Simulation Chamber 부문 세계시장 선도기업인 빈더Binder(총매출액 4,000만 유로, 종업원 수 300명) 같은 규모가 작은 히든 챔피언들도 포함되어 있다. 흥미롭게도 스위스에서도 시계산업을 바탕으로 하여 무엇보다도 금속 임플란트 분야에서 활동하는 몇몇 의용공학 기업들이 생겨났다.

괴팅겐Göttingen 지역을 중심으로 비정상적으로 밀집해 있는 계측공학 관련 회사들은 뿌리가 조금 다르다. 이곳은 요컨대 학문적인 뿌리에 기반을 두고 있다. 그곳에서는 39개의 기업이 서로 협력하여 하나의 연합을 이루고 있는데, 사람들은 실리콘밸리Silicon Valley를 본따 그 연합을 '계측 밸리Measurement Valley'라고 부른다. 최정상급 계측 역량을 갖춘 기업들이 이곳에 집결하게 된 데에는 한 세기에 걸쳐 수학 부문에서 세계적으로 주도적인 위치를 점했던 괴팅겐 대학에 그 기원을 두고 있다. 이곳에 있는 회사들 중 몇몇은 카를 프리드리히 가우스Carl Friedrich Gauss(1777~1855년)에게로 거슬러 올라간다.[15] 많은 회사가 있지만 그중에서도 특히 ABIMEK(의용공학에 사용되는 계측기기), 티스 클리마Thies Clima(환경 계측기기), 카르스텐스Carstens(위치 계측기기), 디스콤Discom(음향 계측기기), GTH(생산 계측기기), IBA(생명과학에 사용되는 계측기기), 마르Mahr(차원 측정기기), 메트로룩스

Metrolux(광학 계측기기), 나노필름Nanofilm(표면 분석기기) 그리고 자르토르우스Sartorius(생물 계량기기) 등이 '계측 밸리 클럽Measurement Valley Club'에 소속되어 있다.

독일 전역에 걸쳐 우리는 현재에 이르기까지 발전을 거듭해온 전통적 역량들을 만날 수 있다. 과거 지멘스 이사를 지낸 에드바르트 크루바지크Edward Krubasik는 이를 가리켜 다음과 같이 표현했다. "독일은 21세기에 성공을 구가하기 위해 중세에 기원을 둔 기술적 기반을 활용한다." 돌핀 테크놀로지 주식회사Dolphin Technology AG 감사위원장이자 마찬가지로 계측기술 분야에서 활동하는 페터 렌너Peter Renner는 이렇게 말했다. "독일은 오늘날에도 여전히 거대한 기술자 사무실이다." 요컨대 어떤 일들은 변함없이 지속되는 법이다.

첨예한 경쟁

포터Poter는 소위 국제경쟁력 다이아몬드를 이용하여 첨예한 내부 경쟁이 한 나라의 국제경쟁력을 강화하는 데 결정적으로 관여한다는 사실을 지적했다. 포터의 '다이아몬드'는 생산요소, 경쟁, 수요 그리고 지원 산업과 관련하여 한 나라가 갖춘 조건들을 평가한다.[16] 포터의 핵심 명제는 '이 모든 다이아몬드들이 한 업계 내지는 한 기업의 성공에 기여하는 것은 사실이지만, 그중에서도 특히 경쟁이 두드러진 역할을 한다'는 것이다. 포터는 이렇게 말했다.

"우리의 연구에서 도출된 가장 경험적인 결과들 가운데 하나는 바로 한 업계에서 벌어지는 치열한 국내 경쟁과 경쟁우위의 창출 및 지속성 간의 연관성입니다. 세계를 주도하는 국가들을 보면 흔히 다수의 강력한 지역 라이벌이 있습니다."[17]

독일의 경우, 대부분의 분야에서 경쟁이 매우 치열하다는 것은 의심할 여지없는 사실이다. 아마도 이것은 국제적으로 비교했을 때 독일 기업들의 매출수익률이 오랜 기간에 걸쳐 낮은 수준을 기록하고 있는 것에 대한 한 가지 원인일 것이다.[18] 다른 한편으로는 바로 히든 챔피언들이 포터가 제시한 조건, 즉 해당 업계에서 세계시장 선도기업이 되려면 반드시 한 나라 안에 다수의 강력한 경쟁자가 존재해야 한다는 조건을 충족한다. 히든 챔피언들 가운데 3분의 1 이상이 바로 독일 내부에서 세계에서 가장 첨예한 경쟁을 하고 있다. 이어지는 단락에서는 특정한 역량이 지역적으로 집중되어 있는 현상에 대해 이야기할 것이다. 치열한 내부 경쟁이 독일 기업들의 경쟁력을 강화하는 데 기여하고 있다.

업종별 산업 클러스터

독일과 독일어권에는 수십 개에 달하는 산업 클러스터가 존재한다. 예컨대 졸링겐Solingen에 있는 포크, 나이프 등 식탁용 날붙이 생산단지와 슈바인푸르트Schweinfurt에 있는 롤러 베어링 단지, 펠베르트Velbert/하일리겐하우스Heiligenhaus에 있는 잠금장치 단지(베르기쉐스 란트(독일 서부에 위치한 지역-옮긴이)의 잠금장치 제조업체 협회는 자신들의 산업 분야를 '열쇠 산업'이라고 부른다) 또는 뉘른베르크Nürnberg 지역을 중심으로 한 연필 단지 등 전통적인 산업 클러스터 가운데 몇몇은 장구한 뿌리를 지니고 있다. 그런가 하면 호엔로에Hohenlohe의 환기장치 단지, 오스트베스트팔렌Ostwestfalen 지역의 인터페이스 단지, 남서부 지역에 있는 마이크로 전자공학 단지나 북독일의 풍력에너지 단지 같은 다른 산업단지들은 비교적 역사가 짧다. 그 같은 역량집중지역은

〈표 2.4〉 역량 집중 지역: 업종별로 선별한 산업 클러스터

산업 클러스터		지역	기업/히든 챔피언
전통적	연필	뉘른베르크	파버 카스텔Faber Castell, 슈반-슈타빌로Schwan-Stabilo, 슈테틀러-마르스Staedtler-Mars, 리라Lyra
	잠금장치	펠베르트, 하일리겐하우스	키커르트, 비테Witte, 후프 휠스베크&퓌르스트Huf Hülsbeck&Fürst, BKS, 비테 오토모티브Witte Automotive, 율 니더드렌크Jul. Niederdrenk
	식기 제품	졸링겐	츠빌링 헨켈스Zwilling Henckels, 파일링Pfeilring, 뵈커Boeker
	시계	스위스 유라	스와치Swatch, 롤렉스Rolex, 오메가Omega, 론진Longines, 니바록스Nivarox, 우니베르소Universo
	롤러 베어링	슈바인푸르트/프랑켄	SKF, FAG, INA-쉐플러INA-Schaeffler
	소매	뮐하임/에센	알디Aldi, 텡엘만Tengelmann, 아르칸도르Arcandor, 다이히만Deichmann, 메디온
	화학/약품	바젤	노바르티스Novartis, 로슈Roche, 진겐타, 클라리언트-론자Clariant-Lonza, 시바Ciba
성숙단계	닭(고기)	페히타	PHW, 빅 더치맨Big Dutchman, 도이체 프뤼슈틱스-아이Deutsche Frühstücks-Ei
	금속판 벤딩 단지	지겐/하이거	쉐퍼-베르케Schäfer-Werke, 리탈Rittal, 지게니아-아우비Siegenia-Aubi, 하일로Hailo
	외과용 기구	투틀링엔	에스클랩, 카를 슈토르츠, 그 밖에 400개 회사
	플라스틱	라인-지크	레모Lemo, 라이펜호이저Reifenhäuser, 쿠네Kuhne, 지토플라스트Sithoplast
	에리카(약용 식물)	륄링겐/겔더른	약 1,500개 업체
	포장	슈베비쉬 할	옵티마Optima, 슈베르트Schubert, 바우쉬&슈트뢰벨Bausch&Ströbel, 그로닝어Groninger, 바이스Weiss, 보쉬
	환기	호엔로에	EBM-팝스트EBM-Papst, 칠-아베크Ziehl-Abegg, 게브하르트
	재료	라인-마인	헤레우스, 쇼트Schott, 메르크Merck, 유미코어Umicore, 네취-컨덕트Netzsch-Conduct
	측량	괴팅겐	39개 회사/조직
초기단계	리사이클링	카를스루에Karlsruhe/에씽엔Essingen	숄츠Scholz, 크로니메트Cronimet
	풍력에너지	노르틀트/덴마크	베스타스Vestas, 에네르콘Enercon, 리파워Repower, 노르덱스Nordex, 지멘스 윈드 파워Siemens Wind Power
	나노 기술	독일	오미크론Omicron, 나노게이트Nanogate, 나노-XNano-X, ItN 나노베이션ItN Nanovation, 이온토프Iontof
	산업용 머신 비전	독일	바즐러Basler, 비트로닉Vitronic, 볼프Wolf, 고이테브뤽Geutebrück
	지열 기술	독일	헤렌크네히트Herrenknecht, 옥스너Ochsner
	바이오매스 에너지	독일	크롭에너기스Cropenergies, 로이크Loick, 코렌Choren
	레이저	독일	트룸프Trumpf, 로핀-지나르Rofin-Sinar, 옌옵틱Jenoptik, EOS, 포바Foba
	수처리 기술	독일/오스트리아	지멘스, BWT, 브리타Brita, 그륀베크Grünbeck, 귀틀링Gütling, 이오녹스Ionox, 베데코Wedeco
	탄소섬유	뮌헨/아우크스부르크/잉골슈타트	아우디, BMX, SGL 카본SGL Carbon, TU 뮌헨TU München(총 약 100여 개 회사/조직)

독일 전역에 걸쳐 고루 분포되어 있다. 다른 나라에서는 그런 지역이 이처럼 광범위하게 분산되어 있는 경우가 매우 드물다. 〈표 2.4〉는 히든 챔피언들이 주축을 이루는 산업 클러스터를 선별하여 그에 대한 전체적인 개관을 제시한다.

이상 독일어권이 수많은 산업 클러스터를 보유하고 있음을 확인할 수 있었다. 그 같은 산업 클러스터가 히든 챔피언의 생성과 성공을 장려했고, 또 계속 장려하고 있다는 사실을 쉽게 추측할 수 있다.

기업가 클러스터

업종별 산업 클러스터 외에 또 다른 클러스터가 있는데, 나는 그것을 '기업가 클러스터'라고 부른다. 동일 업종에 종사하지 않는 히든 챔피언들, 즉 산업 클러스터에 속하지 않는 다수의 히든 챔피언들이 가까운 이웃을 이루며 살고 있다.

베스터발트Westerwald에 자리 잡은 인구 4,260명 규모의 도시 빈트하겐Windhagen에는, 밀링머신 생산업체 비르트겐Wirtgen, 전문 태닝머신 생산업체 JK 그룹, 보안시스템 업체 고이테브뤽이 있다. 이 세 히든 챔피언들이 기술적인 측면이나 경쟁 측면에서 전혀 접점이 없다는 점, 즉 산업 클러스터를 형성하지 않는다는 점을 주목해야 한다.

레겐스부르크Regensburg에 있는 노이트라우블링Neutraubling은 인구 1만 2,808명의 소도시로, 이곳에는 특히 보틀링 부문 세계시장 선도기업인 크로네스Krones 본사와, 미니 양조기계 제작회사이자 세계에서 가장 큰 산업용 정화시설을 건설한 바 있는 치펠Zippel, 에어백을 비롯하여 자동차에 장착된 각종 장치들의 점화를 조절하는 전자

제어장비를 생산하는 굴지의 기업 미크론Micron이 자리 잡고 있다. 퀸첼자우Künzelsau와 그 근교에도 히든 챔피언들이 대규모로 밀집해 있다. 세계에서 가장 규모가 큰 양대 조립제품 판매업체인 뷔르트Würth와 베르너Berner가 이곳에 자리 잡고 있을 뿐만 아니라, 세계시장과 유럽시장을 선도하는 또 다른 기업들도 이곳에 있다. 환기장치 업체인 칠-아베크, 폭발방지 장치를 생산하는 R. 슈탈R. Stahl, 청바지 의류 생산업체인 무스탕Mustang, 자동차운전학원용 설비와 승용차용 장애인 장비 생산업체인 파이겔Veigel이 그런 기업들이다. 퀸첼자우는 인구가 고작 1만4,822명밖에 되지 않는 곳이지만, 그곳에는 히든 챔피언 탄생에 매우 유리한 분위기가 풍부하게 조성되어 있다.

마찬가지로 헤센 주 하이거Haiger에도 거대한 기업인 클러스터가 형성되어 있다. 그곳에는 프리트헬름 로 그룹Friedhelm Loh Group 본사가 있다. 1만1,500명의 직원을 보유한 이 회사는 총 매출액이 18억 유로에 이른다. 세계 굴지의 배전반 생산업체인 리탈Rittal도 이 그룹에 소속되어 있다. 그 밖에도 하이거에는 용접장비 부문에서 세계시장을 선도하는 클로스Cloos, 세계 굴지의 연마재 생산기업 클링스포르Klingspor가 자리 잡고 있다. 요아힘 로 그룹Joachim Loh Group도 하이거에 본사를 두고 있는데, 가정용 사다리와 다림질 장비 생산 부문에서 시장을 선도하는 하일로Hailo와, 반츨Wanzl에 이어 공항용 카트 제작 세계 2위 업체인 엑스프레소Expresso가 이 그룹에 소속되어 있다.

그 밖에 오버코헨Oberkochen(인구 7,799명, 광전자 기술 부문의 칼 자이스, 목재가공장비 부문의 라이츠)이나 라우프하임Laupheim(인구 1만9,796명, 제설차량 생산업체 케스보러, 약품 포장기술 분야의 울만)에서도 우리는 다양한 업종의 세계시장 선도기업들을 다수 만날 수 있다. 브레멘 부근 알러 강에 접한 도시 베르덴Verden에도 시장선도기업들이 비정상적으로 밀집해 있다. 히든 챔피언 마스터린트Masterrind는 이곳에서 연간 60만 건의 소 인공수정을 실시한다. 폭케Focke는 고성능 담배포장 기계를 납품하는데, 규모가 큰 모든 유명 담배 제조사들이 이 회사의 기계를 사용한다. 펫케어Petcare는 유럽 내륙에서 가장 큰 애완동물용 사료공장을 운영한다. 바덴호프Badenhop는 동물사료 원료 부문에서 유럽시장 선도기업이다. 블록Block은 전자기기용 변압기 부문에서 세계적인 거물이며 프레리히스 글라스Frerichs Glas는 옥외광고용 유리제작 전문 업체로 시장을 선도한다.[19]

기업인 클러스터가 생겨나는 상황은 천차만별이다. 아이펠도르프Eifeldorf는 내가 유년 시절을 보낸 아주 작은 마을이다. 그곳에는 일곱 농가가 살고 있었는데, 한 세대 만에 5명의 성공한 기업가들이 배출되었다. 이 마을 아이들은 마을에서 5킬로미터나 떨어진 파르오르트Pfarrort에 있는 학교에 매일 걸어서 다녔다. 아마도 그 과정에서 그들은 기업가들에게 결정적으로 중요한 두 가지 자질을 발전시켜나갔던 것 같다. 끈기와 자유를 사랑하는 마음이 바로 그것이다. 5명의 기업가 중 가장 연장자는 카르단 축Cardan Shaft(변속기에서 자동차 축으로 힘을 전달하는 굴대-옮긴이) 제작 회사를 설립하여 성공을 거두었다. 이 모습을 본 다른 사람들도 한껏 의욕이 고취되어 그를 모방하려고 노력했다. 물론 냉각기술, 사무용 기계, 자전거 등 업종은 각기 달랐지만 말이다.

이 사례에서 명백히 알 수 있는 것처럼 기업인 클러스터는 규모가 극도로 작은 마을에서도 생성될 수 있다. 산업 클러스터와는 달리 이때 서로를 한데 묶어주는 요소는 업종이 아니라 성공한 사람을 모방하고 스스로 히든 챔피언으로 올라설 수 있도록 독려하는 사회적인 네트워크다. 여러 사람들과 대화를 나누면서 나는 그 같은 본보기들에 관한 이야기와 그들이 미친 영향에 관한 이야기를 거듭하여 들을 수 있었다. 공간적·사회적 근접성은 "이웃집 아이가 한 일이라면 나도 할 수 있어"라는 원칙에 따라 자극 효과를 강화한다. 이런 의미에서 독일어권에 다수의 히든 챔피언들이 운집하고 있다는 사실은 또 다른 미래의 세계시장 선도기업 양성을 위한 인큐베이터 구실을 한다. 이때 동일 업종은 부담을 덜어주는 역할을 수행할 수도 있지만, 반드시 그래야만 하는 것은 아니다. 이런 효과는 설령 활동 분야는 각기 다르더라도 히든 챔피언들의 지역적인 밀집도가 높을 때 가장 강력하게 나타난다.

지역적 분산

많은 나라에서 우리는 인재, 기업, 행정관청이 인구밀집지역에 강하게 집중되어 있는 현상을 찾아볼 수 있다. 프랑스 파리, 일본 도쿄, 영국 런던 혹은 한국 서울 등이 그 대표적인 예다. 독일처럼 분산적인 구조를 지닌 나라는 거의 없다. 〈표 2.5〉에 실린 지도가 증명하는 것처럼 이런 공간 분포는 히든 챔피언들에게서 나타나는 중요한 특징이다. 그 밖에도 〈표 2.5〉는 스위스와 오스트리아의 히든 챔피언 소재지를 보여준다.

독일 전역에 히든 챔피언들이 매우 균등하게 분포되어 있다고는 말할 수 없다. 왜냐하면 몇몇 지역에 부분적인 집중 현상이 나타

〈표 2.5〉 독일, 오스트리아, 스위스의 히든 챔피언 분포

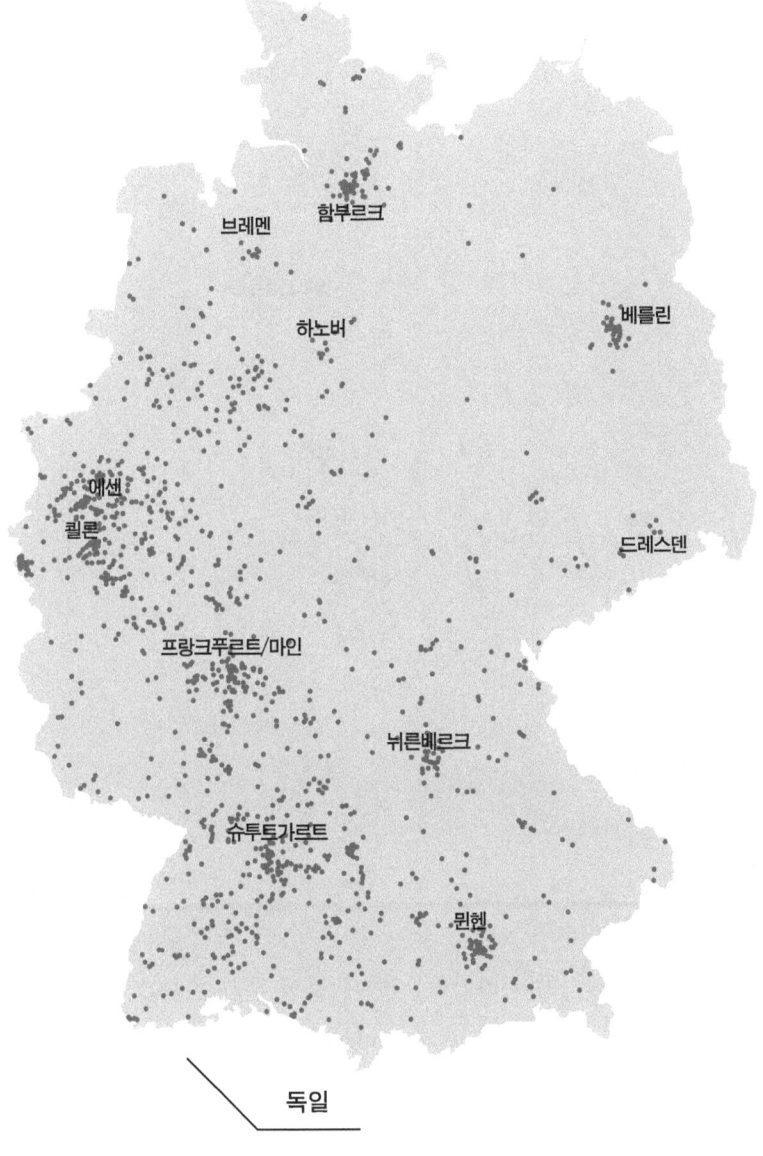

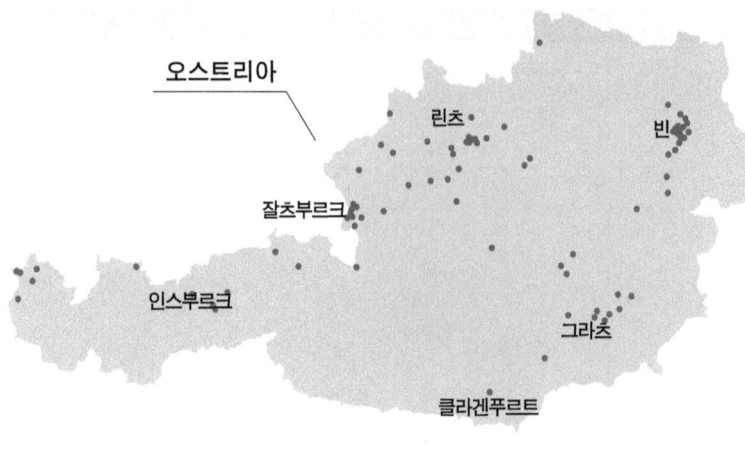

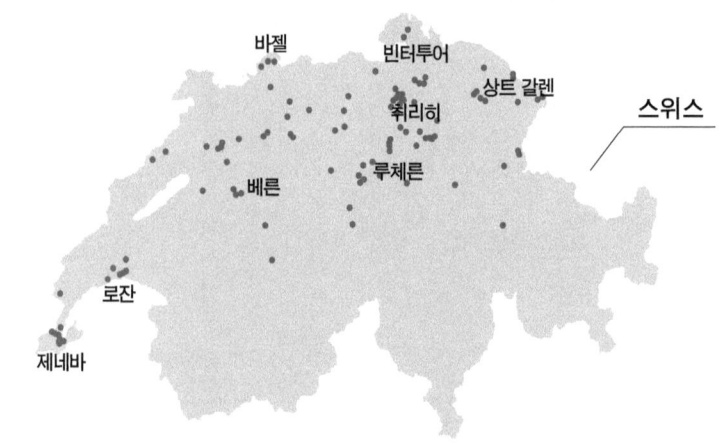

나기 때문이다. 그러나 다양한 지역에 걸친 분산 현황은 다분히 이례적이다. 〈표 2.6〉도 이런 사실을 명확하게 보여준다. 〈표 2.6〉에는 독일 각 주의 히든 챔피언 목록과 스위스, 오스트리아, 룩셈부르크의 히든 챔피언 목록이 수록되어 있다.

⟨표. 2.6⟩ 히든 챔피언의 지역별 밀도

지역	히든 챔피언	인구(100만 명)	인구 100만 명당 히든 챔피언
바덴-뷔르템베르크	302	10.8	28.0
함부르크	45	1.8	25.0
헤센	139	6.1	22.8
노르트라인-베스트팔렌	332	17.8	18.6
바이에른	229	12.6	18.2
라인란트-팔츠	67	4.0	16.7
브레멘	8	0.5	14.6
자르란트	10	1.0	9.8
슐레스비히-홀스타인	27	2.8	9.5
베를린	30	3.5	8.6
니더작센	63	8.0	8.0
작센	20	4.1	4.8
튀링겐	10	2.2	4.5
브란덴부르크	8	2.5	3.2
메클렌부르크-포어포메른	4	1.6	2.4
작센-안할트	3	2.3	1.3
독일	1,307	81.8	16.0
스위스	110	7.9	13.9
오스트리아	116	8.4	13.8
룩셈부르크	7	0.5	14.0
총계	1,506	98.6	13.4

독일의 모든 주에 히든 챔피언들이 자리 잡고 있다. 그중에서도 베를린, 함부르크, 브레멘을 제외한 나머지 주에 특히 많이 분포되어 있다. 새로운 연방주에 자리 잡은 히든 챔피언들의 수가 아직까지 비교적 적다는 사실을 지적하기에 앞서, 먼저 재통일 이후 20년이라는 세월이 흘렀지만 아직 세계시장 혹은 유럽시장 주도권을 획득하기에는 짧은 시간이라는 사실을 반드시 고려해야 할 것이다. 어쨌거나 새로운 연방주에 이미 45곳의 히든 챔피언들이 존재한다는 것은 분명 기분 좋은 일이다. 다른 나라들과 비교해보았을 때

독일은 각 지역의 인재들을 활용하고, 그들을 지역 중심지뿐만 아니라 각각의 해당 지역에 배치하는 데 좀더 유리한 고지를 점한 것으로 보인다. 독일 특유의 이런 분산 현상은 커다란 장점인 동시에, 이 나라에 많은 수의 히든 챔피언들이 존재하는 이유이자 탁월한 수출 성적에 대한 이유이기도 하다. 독일뿐만 아니라 스위스와 오스트리아의 경우에도 히든 챔피언들이 나라 전체에 고르게 분포되어 있다.

탄탄한 제조 기반

2007년에 시작된 위기 이전에 독일은 여러 차례 비판을 받았고, 심지어 비웃음을 사기도 했다. 독일이 지나치게 제조 부문에 의존하면서 서비스 사회로의 이행을 신속하게 진행하지 않는다는 것이 그 이유였다. 실제로 독일 GDP에서 생산 및 제조업이 차지하는 비율은 고도로 발전된 여타 국가들보다 더 높았고, 현재도 그렇다. 그러나 2007년 위기 이후로 이런 비판의 시각은 완전히 뒤집혔다. 영국, 프랑스, 미국 같은 나라들이 과거에 지나치게 서비스 부문에만 집중하고 제조 부문을 소홀히 했던 것을 후회하게 된 것이다. 니콜라 사르코지는 대통령직 말기에 늘 독일식 모델을 설파하고 다녔다. 그런가 하면 미국 대통령 버락 오바마Barack Obama와 영국 수상 데이비드 캐머런David Cameron은 자국의 제조 기반을 다시금 강화해야만 하는 필연성에 대해 끊임없이 역설한다. 수출 강국으로서의 일본의 몰락은 근본적으로 일본의 제조 기반 약화에 기인한다. 이에 대해서 〈월 스트리트 저널〉은 '일본의 자국상품 수출 부진'이라는 말을 언급했다.[20]

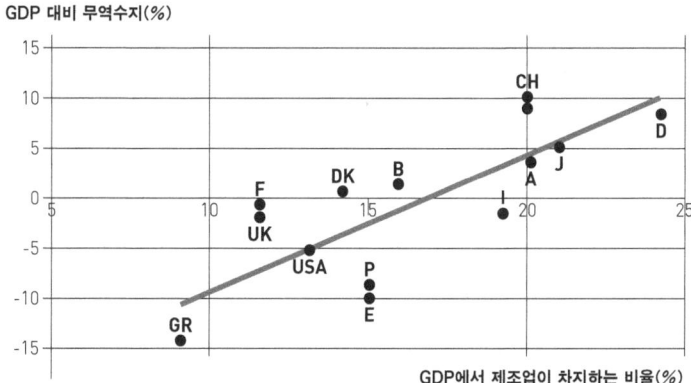

〈표 2.7〉 GDP에서 제조업이 차지하는 비율과 무역수지

출처: 독일경제연구소, IWD, 보고서 2권, 12. 01. 2012

실제로 강력한 생산 제조업은 수출 성공을 위한 중요한 토대가 된다. 〈표 2.7〉은 소위 무역수지가 GDP에서 제조업이 차지하는 비율에 종속되어 있다는 사실을 분명하게 보여준다.[21] 무역수지는 한 국가가 수입보다 수출을 얼마나 더 많이 했는지를 알려주는 지표다.

GDP에서 제조업이 차지하는 비율과 무역수지의 상관관계는 상관계수 0.79로 매우 의미심장하다. 이런 의미에서 독일은 비록 유행에 뒤쳐져 있을지는 모르지만, 성공을 구가하고 있다고 할 수 있다. 그 배후에는 다른 나라보다 현저하게 높은 수준의 투자, 그것도 규모가 작은 기업들의 투자가 숨겨져 있다.

2012년 GE 캐피털은 중소기업을 대상으로 실시한 한 국제적인 조사에서 독일 중소기업들이 영국과 프랑스의 유사 기업들보다 2배 이상 투자를 많이 한다는 사실을 확인했다.[22] 여기에서 우리는 미래를 위해서도 독일의 제조 기반을 방어해야 한다는 통찰을 이끌어내야 할 것이다. 그러나 이것은 점점 더 만만치 않은 일이 되어가고 있다. 왜냐하면 세계화로 인해 생산과 가치창출사슬의 많은 부분을 빠르게 성장하는 목표시장들로 이전해야 할 필연성이 대두되고 있기 때문이다. 아마도 히든 챔피언들이 대기업들보다 더욱 더 성공적으로 이 일을 해낼 수 있을 것이다. 중소기업들은 지난 10년간 국내뿐만 아니라 해외에서도 고용을 늘려왔다. 비록 국내 고용을 더 크게 늘리기는 했지만 말이다. 반면 대부분의 대기업들을 보면 해외 일자리는 크게 증가한 반면, 국내 고용은 오히려 줄어들었다. 현재 독일은 이 두 가지 경향 사이에서 조화로운 균형을 창출해야만 하는 거대한 도전에 직면해 있다.

수출 성과와 고용의 측면에서 생산과 서비스는 근본적으로 상이한 효과를 나타낸다. 이런 사실은 독일의 수출 성과와 프랑스 및 미국의 수출 성과에서 드러나는 차이를 부분적으로 설명해준다. 많은 프랑스 대기업과 미국 대기업들이 서비스 기업이다. 이들의 가치창출은 주로 국내가 아닌 현지에서 이루어진다. 그러니까 이런 기업들은 일자리도 국내가 아닌 현지에서 창출한다.

예컨대 프랑스에서는 대형 유통업체인 까르푸Carrefour와 오샹Auchan, 호텔 그룹 아코르Accor, 폐기물 처리기업 베올리아Veolia, 건설기업 부이그Bouygues와 빈치Vinci, 오락산업에 종사하는 기업 비방디Vivendi 등이 이런 범주에 속한다. 일반적으로 프랑스 대기업들이 독일 기업보다 세계시장을 선도하는 경우가 더 빈번한데, 규모가 큰 프랑스 대기업들 중에도 대부분의 직원을 해외에서 고용하는 기업들을 찾아볼 수 있다. 수많은 은행과 보험회사(악사, BNP 파리바스, 크레디트 아그리콜, 소시에테 제네랄, 그룹 BPCE, CNP 어슈런스, 그루파마. 이 모든 기업이 〈포춘

)이 선정한 세계 500대 기업에 속한다)가 그에 해당한다.

미국의 상황도 이와 유사하다. 맥도널드McDonald's, 버거킹Burger King, 스타벅스 같은 대형 패스트푸드 체인점과 힐튼Hilton, 쉐라톤Sheraton, 메리어트Marriott 같은 무수한 호텔 체인, 그리고 금융서비스 기업들이 일자리 창출과 더불어 가치창출의 대부분을 미국 바깥에서 수행하고 있다. 그러나 서비스 산업과는 대조적으로 실체가 있는 상품들은 국내에서 제조하여 세계로 수출할 수가 있다. 이렇게 하면 국내 고용을 안전하게 확보할 수 있다. 독일은 글로벌리아가 제시하는 각종 조건들 하에서도 온갖 수단을 동원하여 강력한 생산기반을 유지해야 할 것이다.

탁월한 혁신력

혁신이라는 주제와 관련하여 독일과 독일어권 국가들은 결코 강하지 않다. 이런 생각은 외국인들은 물론이고 독일인들 자신의 전형적인 생각이기도 하다. 그러나 현실에 비추어보면 이것은 어디까지나 왜곡된 상임을 알 수 있다. 물론 독일 기업들 가운데 정보기술, 인터넷 또는 유전공학 같은 분야에서 혁신을 주도하는 기업이 드문 것은 사실이다. 당연히 우리는 각각의 분야에서 최고 수준의 기업들과 우열을 다투어야만 한다. 그 대상은 흔히 미국 기업이고, 때로는 일본 기업일 때도 있다. 그리고 간혹은 중국 기업이 그 대상이 될 때도 있다. 예컨대 중국 기업 화웨이는 최근 몇 년 사이에 가장 많은 수의 특허를 신고했다.

유럽특허청EPA이 2010년에 부여한 특허 건수를 근거로 독일의 탁월한 혁신력을 구체적으로 살펴보자. 당연히, 특허 건수는 한 나라가 보유한 혁신력의 일부분만을 반영한다. 그래도 결과는 매우 눈길을 끈다. 〈표 2.8〉은 유럽특허청이 교부한 국가별 특허 건수를 보여준다. 이 표에서 우리는 선별된 유럽 국가들의 특허 건수로 범위를 제한했다. 2010년 유럽특허청이 교부한 특허 가운데 미국과 일본이 각각 1만2,506건과 1만580건을 차지했다.

표를 보면 특허 건수에서 독일이 크게 앞서 나간다. 반면 스위스는 인구 100만 명당 특허 건수에서 선두를 달린다. 각 나라별 특허 건수 차이가 극단적으로 벌어져 있다. 규모가 비교적 큰 나라들을 비교해보면, 독일의 인구 100만 명당 특허 건수는 프랑스보다 2배 이상 많고, 이탈리아보다는 4배 이상, 영국보다는 5배 이상 더 많다. 독일어권에서는 스위스가 독일보다 혁신력이 더 강하고, 반면 오스트리아는 더 약한 것으로 드러났다. 이 통계치는 남유럽 국가인 스페인, 포르투갈, 그리스의 혁신력이 믿을 수 없을 정도로 취약하다는 사실도 폭로한다. 그처럼 부족한 혁신 역량으로는 세계적인 경쟁 체제 속에서 이룩해낼 수 있는 것이 거의 없다.

당연한 말이지만, 특허 건수를 살펴보는 것만으로는 혁신이라는 주제를 제대로 다룰 수가 없다. 이를 위해서는 더 광범위하고 심도 깊은 논의가 필요하다. 따라서 11장에서 이 주제를 따로 다룰 것이다. 여기에서는 이렇게 간단하게 살펴보는 것만으로도 독일과 스위스의 탁월한 혁신력을 증명하기에 충분할 듯하다.

낮은 단위노동비용

단위노동비용unit labor costs은 노동비용과 업무생산성 간의 관계를 바탕으로 하여 산출된다. 많은 사람들이 지난 10년간 독일의 수

⟨표 2.8⟩ 2010년 유럽특허청이 교부한 국가별 특허 건수

국가	특허 건수	인구 100만 명당 특허 건수
독일	12,553	153.6
프랑스	4,536	69.9
스위스	2,389	305.3
이탈리아	2,287	37.8
영국	1,857	29.8
네덜란드	1,725	103.8
스웨덴	1,467	156.4
오스트리아	667	79.5
스페인	393	8.5
룩셈부르크	130	257.0
포르투갈	29	2.7
그리스	16	1.4

출성적이 단위노동비용이 낮은 수준으로 유지된 덕을 톡톡히 보았다고 주장한다. 이런 주장을 반박하기란 어려운 일이다. ⟨표 2.9⟩가 보여주듯이, 2002년부터 2010년까지 독일의 단위노동비용은 거의 매년, 극단적인 위기가 닥쳐왔던 2009년을 제외하고는 온건하게 상승하는 수준에 그쳤을 뿐만 아니라, 심지어 5년간은 하락했다.

같은 기간 동안 다른 나라, 특히 유럽 국가들의 단위노동비용은 큰 폭으로 상승했다. 유로가 도입된 이후로 유로권의 단위노동비용은 21.7퍼센트 상승했다. 프랑스는 심지어 26.0퍼센트나 상승했다. 반면 독일의 단위노동비용 상승률은 고작 6.3퍼센트 불과했다.[23] 그 결과 관찰기간 동안 독일 기업들의 경쟁력은 현저하게 개선되었다. 그 이전 몇 년 동안 독일의 경쟁력은 악화 일로를 걸었다(당시 독일은 '유럽의 병자'로 불렸다).

독일의 단위노동비용 전개 양상은 대내외적으로 수많은 비판의

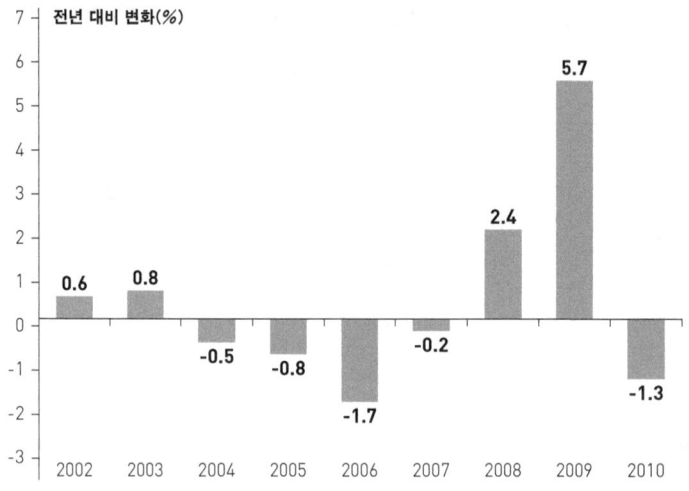

〈표 2.9〉 2002년에서 2010년까지 독일의 단위노동비용 상승 현황

출처: 연방통계청

대상이 되고 있다. 특히 노동조합을 중심으로 국내 구매력이 좀처럼 개선되지 않는 원인이 바로 여기에 있다는 주장과 함께 그런 상황이 반드시 바뀌어야만 한다는 주장이 제기되고 있다. 국내 구매력을 지나치게 손상시키지 않으면서 국제적인 경쟁력을 유지하는 것, 바로 이것이 우리가 풀어야 할 문제의 핵심이다. 어쨌거나 독일 내부의 고용 상황은 성공적인 수출과 수출 성공을 장려하는 낮은 단위노동비용의 덕을 톡톡히 보고 있다.

Made in Germany

'Made in Germany'라는 원산지 표시는 1887년 영국인의 압박으로 도입되었다. 당시 영국인은 독일산 상품을 질적으로 수준이 크게 떨어지는 상품으로 부각시키려는 의도를 품고 있었다. 그러나 세월이 흐르면서 'Made in Germany'라는 표시가 최상급 품질인 증마크로 변모했다. 이것은 처음에 이 표시를 도입한 사람들이 의도한 바도 아니었고, 또 예상했던 일도 아니었다. 오늘날 'Made in Germany'가 지닌 가치의 이면에는 독일 기업들의 최고 수준이 숨겨져 있다. 독일경제연구소 소장 미하엘 휘터Michael Hüther는 이와 관련하여 이렇게 말한다. "독일 산업계가 보유한 수출 능력은 무엇보다도 제품의 품질을 통해서 설명될 수 있습니다."[24]

'Made in Germany'가 보유한 명성을 고려할 때, 유럽 내에서 국가별 원산지 표시를 폐지하고 이를 'Made in Europe'으로 대체하려는 EU의 시도는 분명 미심쩍은 느낌을 자아낸다. 'Made in Germany'와 그 배후에 숨겨진 우수한 품질이 독일의 지속적인 수출 성공에 근본적으로 기여했다는 것만큼은 의심할 여지없는 사실이다.

직업교육

2010년에 실시된 한 조사에서 경제협력개발기구OECD는 17개 국가의 직업교육 실태를 조사하고 "독일이 그 분야에서 매우 뛰어나다"라는 결론을 내렸다. 독일 교육연구부 장관인 안네테 샤반Annette Schavan은 그런 조사결과에 대해서 다음과 같이 논평했다. "직업교육은 독일 교육 시스템에서 가장 중요한 부분입니다." 독일의 직업교육은 독일 기업의 제품 품질과 생산성의 근간을 이루는 가장 중요한 토대다. 양질의 전문인력을 독일만큼 많이 보유한 나라는 그 어디에도 없다. 고도의 능력은 노동자나 대학교육을 받은 인력에게 매우 중요한 위치를 점하고 있다. 제품이 점점 더 복잡하고 까다로워질수록 이런 능력이 갖는 중요성도 더욱 커진다.

글로벌리아에서는 그 같은 능력을 독일 내부에서만 준비하는 것이 아니라, 반드시 그것을 목표시장으로까지 이전해야만 한다. 그에 대한 전망은 그렇게 나쁘지 않다. 독일의 직업교육은 단지 국내에서만 평판이 좋은 것이 아니라, 세계적으로도 좋은 평판을 받아왔다. 브뤼셀에 있는 독일 산업무역상공회의소 EU 대표단에서 직업교육과 교육정책을 담당하는 바르바라 파비안Barbara Fabian은 다음과 같이 평가한다. "전 세계적으로 독일산 직업교육에 대한 문의가 빗발치고 있습니다."

나도 나의 여행 경험을 근거로 이런 사실을 충분히 입증할 수 있다. 외국에 있는 독일 기업과 무역상공회의소를 방문할 때마다 어느 곳을 막론하고 직업교육이 핵심 주제가 되었다. 독일식 본보기를 따른 새로운 방식의 직업교육 계획 건수와 규모가 상당한 수준에 이른다. 이때 독일 기준에 부합하는 직업교육을 받은 전문인력에 대한 독일회사의 수요가 핵심 원동력으로 작용한다. 한마디로 다른 나라에서는 그 같은 전문인력을 찾을 수가 없다. 이런 상황에서 자체적으로 그런 인력을 교육하는 것보다 더 좋은 방법이 어디에 있겠는가? 대부분의 경우 이런 교육은 다른 독일 기업들, 그중에서도 특히 히든 챔피언들이나 교육 계획을 적극적으로 지원하는 상공회의소와의 협력 하에 이루어진다.

독일의 직업교육은 그 자체로서 독자적인 수출상품이 될 수도 있을 것이다. 도대체 왜 독일 기업들은 이런 뛰어난 상품을 세계를 겨냥한 상업적인 브랜드로 발전시키지 않는 것일까? TÜV(독일기술검

사협회), Dekra(독일자동차관리협회), 베텔스만Bertelsmann, GTZ(독일기술협력단) 같은 야심만만한 서비스 회사들과 각종 출판사, 컨설팅 회사 혹은 그와 유사한 회사들의 성장 잠재력은 아마도 어마어마할 것이다. 베텔스만은 2012년에 직업교육 제공을 목표로 하는 새로운 사업 분야를 구축했다.[25] 만약 다수의 기업이 이 프로젝트를 추진한다면 아주 이상적일 것이다.

우리는 전 세계적으로 교육의 상업화 현상을 목격하고 있다. 이런 상황에서 이원적인 직업교육이라고 해서 안 될 이유가 있는가? 공공 민간 파트너십을 구축하여 이것을 추진할 수도 있고, 순수하게 민간기업 차원에서 이를 행할 수도 있다. 교육비 지급 주체는 직업교육 대상자보다도 오히려 고용주가 될 것이다. 인터넷이 국제적으로 계획된 그 같은 프로젝트의 실행을 수월하게 만들어주는 한편 그것을 지원해줄 수 있다. 그런데 과연 직업교육으로 수익 창출도 가능할까? 이 질문에 대해 아직 명확한 답변은 없다. 그러나 한 번쯤 시도해볼 만한 가치가 있는 것만은 분명하다. 어쩌면 이를 통해서 독일 기업들이 수출뿐만 아니라 전 세계를 대상으로 한 교육활동에서도 지속적인 성공을 구가할 수 있는 토대가 마련될 수도 있다. 심지어 이 부분에서 새로운 히든 챔피언이 탄생할지도 모를 일이다.

전략지정학적 중심지

독일의 뛰어난 수출 역량에 대한 또 다른 원인은 독일어권이 전략지정학적으로 중심지에 자리 잡고 있다는 사실이다. 이런 입지는 다른 서유럽 국가들과 비교했을 때는 큰 장점으로 작용하지 않지만, 미국이나 아시아와 비교하면 확실히 독일에게 유리하다. 독일은 유럽뿐만 아니라 지구 전체에서 전략지정학적인 중심지에 자리 잡고 있다. 이런 점에서 독일어권의 위치는 가히 독보적이라고 할 수 있다. 전 세계적인 차원에서 보았을 때 중도中道의 제국은 중국이 아니라 독일어권 국가들, 그리고 그와 국경을 접한 국가들이다.

글로발리아에서는 시간대를 초월한 커뮤니케이션과 지식 및 정보의 교환, 여행과 협력이 증가할 것이다. 이미 지금도 각 기업들은 더욱 빨라지기 위해서 개발 프로젝트를 태양과 함께 전 세계를 빙 돌아 이동시키고 있다. 머나먼 여러 나라에 콜센터가 들어서 있다. 언제나 지구 그 어딘가는 낮이다. 기업들은 이것을 십분 활용한다. 이 모든 일들을 가능하게 해주는 전 세계적인 커뮤니케이션 인프라가 최근 몇 년 사이에 대규모로 구축되었다. 오늘날에는 세계에서 가장 동떨어진 오지에도 텔레커뮤니케이션과 인터넷, 비행 항로가 닿아 있다. 팩스, 이메일, 보이스메일 덕분에 비동시적인 의사소통이 가능해졌고, 그 결과 지금은 동시적인 근무시간에 의존하지 않게 되었다. 텔레커뮤니케이션 비용도 무시해도 좋을 만큼 낮아졌다. 이를 통해서 국제적인 분업이 제공하는 여러 가지 장점들이 전례 없이 활발하게 이용되고 있다. 거리, 시간차, 국경이 전통적인 의미를 부분적으로 상실했다. 혹자는 벌써부터 한껏 행복감에 도취된 어조로 거리와 시간차의 소멸을 입에 올린다.

그러나 이런 행복감은 시기상조일 뿐만 아니라 근본적으로 그릇된 것이기도 하다. 세계화의 물리적·실질적 한계들이 점차 모습을 드러내고 있기 때문이다. 그런 한계들은 달라지지 않은 각종 현실에 기인한다. 우선 지구는 구球다. 낮과 밤, 시간대가 엄연히 존재한다. 인간이 거리와 시간차에 적응하는 데는 한계가 있다. 대부분의 사업 분야에서는 어느 정도 개인적이고 직접적인 커뮤니케이션이 필수적이다. 그러나 두 장소 사이의 시간차가 11시간이나 12시간에 이르는 경우, 규칙적인 전화통화는 일상생활에 부담으로 작용한다.

게다가 장거리 여행 속도도 1960년대 이후로 거의 변화가 없다(점보제트기는 이미 1969년부터 있었다). 콩코드 기의 시대는 이미 오래 전에 끝이 났다. 물론 콩코드 기는 단거리 구간만 비행했지만 말이다. 경제적으로 도입이 가능한 초음속 비행기는 아직 공상으로 남겨져 있다. 고속기차는 대륙 간 여행에서 아무 역할도 수행하지 못하고 있으며, 미래에도 장거리 여행에서 비행기를 대신할 진지한 대안으로 자리매김하지 못할 것이다. 그뿐만이 아니다. 심지어는 만원이 되어버린 공항, 하늘과 땅에서 나타나는 정체 현상, 강화된 보안 통제, 예기치 못했던 파업 등으로 말미암아 수많은 여행길이 더욱 성가시고 지루하게 변해버렸다. 모르긴 해도 이런 경향은 앞으로도 계속될 것이다.

이런 상황들은 결과적으로 당사자들에게 어마어마한 부담을 초래한다. 언젠가 어느 독일 자동차 기업의 이사가 내게 무수한 미국 출장과 아시아 출장에 관해 이야기하면서 이런 여행들이 그의 컨디션을 얼마나 크게 망가뜨리는지 이야기해주었다. 또 어느 전자부품 회사 사장은 일본과 실리콘밸리에 있는 고객들을 찾아 늘 여행을 해야 하는 상황을 한탄했다. 그는 40대 초반이었지만, 꼭 50대 후반처럼 보였다. 그런 문제를 솔직하게 털어놓는 사람들은 드물지만, 여행이 잦은 매니저들 사이에서는 그런 문제가 상존한다.

세계화는 전 세계가 곧 시장임을 의미한다. 이런 사실은 고도의 고객친화성, 그중에서도 특히 고위층 고객에 대한 고도의 친화성과 결합하여 전 세계적인 커뮤니케이션과 여행을 불가피한 요소로 만들고 있다. 따라서 입지가 전략지정학적인 차원에서 새로운 중요성을 획득하게 되었다. 그리고 이 부분에서 독일어권 국가들은 독보적인 이점을 보유하고 있다. 〈표 2.10〉이 이런 사실을 분명하게 보여준다.

독일어권 국가들과, 그와 경계를 접한 국가들은 근무시간을 조금 늘이기만 하면 (9시간) 근무시간 내에 (일본을 포함한) 유라시아 대륙 및 아메리카 대륙(서부 해안 포함) 전역과 커뮤니케이션을 할 수 있는 (북반구에서) 유일한 지역이다. 이렇게 할 수 있는 이유는 지구가 '삼각형 형태'이기 때문이다. 유라시아 대륙과 대서양 양쪽(서유럽에서 미국 서부 해안까지) 그리고 태평양 지역이 이 삼각형의 세 면을 구성한다. 그중 유럽은 정확하게 양쪽 '육지'의 중간에 자리 잡고 있다. 그에 비해서 뉴욕을 기점으로 뉴델리, 홍콩, 베이징, 서울 혹은 도쿄와 교류하기란 매우 번거롭다. 왜냐하면 시차가 10시간에서 12시간에 이르기 때문이다. 당연히 그 반대 방향도 마찬가지다.

미국 서부 해안도 조금도 나을 바 없다. 비록 로스앤젤레스에서 도쿄와 홍콩까지는 8시간 안에 도달할 수 있는 거리지만, 뉴델리나 모스크바 혹은 두바이까지는 10시간에서 12시간이 걸린다. 비록 앞서 언급한 비동시적인 커뮤니케이션 기술들(편지, 팩스, 이메일, 보이스메일)이 시차 문제를 완화시켜주는 것은 사실이지만, 그것들은 직접적인 질문과 답변이 가능한 전화, 화상회의, 원거리 프레젠테이션 같은 동시적이고 직접적인 쌍방향 커뮤니케이션에 대한 완벽한 대안이 되지는 못한다.

〈표 2.10〉 세계 중심지들 간의 시차와 여행시간(단위: 시간)

출발지: 프랑크푸르트

	샌프란시스코	도쿄	싱가포르	뉴욕	두바이
시차	9	7	7	6	3
여행시간	11	11	12	8	6

출발지: 뉴욕

	모스크바	도쿄	싱가포르	상하이	두바이
시차	8	14	13	13	9
여행시간	9	14	18	15	12

출발지: 싱가포르

	모스크바	뉴욕	샌프란시스코	두바이	런던
시차	5	13	16	4	8
여행시간	11	18	17	8	14

전략지정학적인 입지가 지닌 장점은 여행에도 비슷한 방식으로 적용된다. 11시간이면 프랑크푸르트나 취리히 혹은 빈에서 출발하여 도쿄와 샌프란시스코에 도착할 수 있다. 반면 미국 뉴어크Newark 공항에서 싱가포르로 향하는 노선은 최장거리 논스톱 노선으로서, 자그마치 18시간 40분이 걸린다. 한마디로 고문이나 다름없다. 서유럽에서 출발하면 굳이 드넓은 태평양을 가로지르거나 북극을 횡단할 필요 없이 경제적으로 중요한 여러 나라에 도착할 수가 있다. 이것은 근본적으로 남반구에도 마찬가지로 해당되는 사실이다. 비록 아직 남반구에는 경제력을 갖춘 국가가 거의 없지만 말이다. 아프리카는 유럽과 동일한 시간대에 위치한다. 프랑크푸르트에서 요하네스버그까지는 채 10시간이 걸리지 않는다.

이처럼 전략지정학적인 중심지라는 독보적인 위치는 독일어권 내에 그처럼 많은 세계시장 선도기업이 존재하는 한 가지 중요한 요인이 된다. 이곳에서는 세계 어느 지역보다도 간단하고 수월하게 세계시장에 접근할 수가 있다. 이처럼 변하지 않는 사실을 근거로 우리는 세계적인 기업들이 점차 서유럽에 거점을 두리라고 예측한다. 나는 이미 몇몇 사람들이 그런 식으로 사업 거점을 이전하는 모습을 지켜보았다. 예컨대 친한 지인이자 세계를 무대로 활동하는 컨설턴트 겸 강연자인 베른 하니쉬Verne Harnisch만 하더라도 거처를 미국 동부 해안에서 유럽으로 옮겼다. 그는 여기에 자리를 잡으면 전 세계를 대상으로 한 자신의 사업을 훨씬 더 수월하고 효율적으로 추진할 수 있다고 했다. 당연한 말이지만, 비우호적인 경제정책이 펼쳐진다면 서유럽이 보유한 이런 장점이 크게 훼손될 수도 있다. 유럽 내부에서도 독일어권은 세계를 기준으로 했을 때와 유사한 입지를 보유하고 있다. 요컨대 유럽 내에서도 독일어권은 중심부에 놓여 있다. 최대 2시간 비행으로 거의 모든 유럽 대도시를 여행할 수 있다. 반면 모스크바에서 리스본으로 가거나 아테네에서 런던으로 가려면 4시간 이상을 예상해야 한다.

수많은 독일 기업들이 유럽의 중심부이자 전략지정학적인 중심부로서 독일이 지닌 이점을 활용하여 명백하게 이득을 보았다. 세계화 추세가 점차 강화됨에 따라 유럽 및 세계의 중심부라는 입지적인 장점이 한층 더 강하게 부각될 것이다.

정신적·문화적 국제화

역사를 들여다보면 국제적인 사업활동이 이루어질 때마다 늘 그에 참여한 사람들의 문화적인 지평이 함께 확장되었음을 알 수 있다. 문화적인 지평의 확장은 사업 국제화를 위한 전제조건인 동시에 결과이기도 하다. 그 같은 경험은 고대 페니키아인들과 마르코 폴로Marco Polo에게까지 거슬러 올라간다. 그 옛날, 당시 알려진 세계 전체를 자신의 무역 반경으로 삼았던 안톤 푸거Anton Fugger는 이렇게 말했다. "최고의 언어는 바로 고객의 언어다."

국제적으로 성공을 거둔 기업가들은 외국어를 섭렵하고, 다른 민족의 문화를 익히고, 도회적인 세련미로 두각을 드러낸다. 그 어느 때보다도 오늘날 이런 요건들이 절박하게 요구된다. 그렇다면 독일어권 기업들은 이 부분에서 얼마나 뛰어난 성적을 기록하고 있을까? 스위스는 4개 국어를 사용한다는 이유만으로도 이미 정신적·문화적 국제화에서 앞서 나간다. 룩셈부르크의 상황도 이와 비슷하다. 오스트리아는 문화적·언어적 다채로움에 빛나는 위대한 전통을 지녔다. 비록 그중 많은 부분이 20세기에 접어들어 상실되기는 했지만 말이다. 독일도 규모가 큰 다른 나라들과 비교했을 때 성적이 그리 나쁘지 않다.

유럽 내부에서만 봐도 외국어 지식 부문에서 큰 차이가 나타난다. 선별된 국가들을 대상으로 한 〈표 2.11〉이 이런 사실을 입증한다. 표에 기입된 수치들은 해당 국가 국민들 중 몇 퍼센트가 지시 언어를 구사할 수 있는지를 보여준다.

영어를 모국어로 사용하는 국가를 제외한 나머지 국가들의 영어 지식 부문에서는 스칸디나비아반도 국가들과 네덜란드가 다른 나라를 큰 차이로 따돌리면서 정상 자리를 차지하고 있다. 독일과 오스트리아는 중간쯤에 자리 잡고 있지만 프랑스, 이탈리아, 폴란드보다는 크게 앞서 있다. 마찬가지로 프랑스어 지식과 독일어 지식도

〈표 2.11〉 선별된 유럽 국가들의 외국어 지식[26]

국가	영어(%)	독일어(%)	프랑스어(%)
영국	100	9	23
스웨덴	89	30	11
네덜란드	87	70	29
벨기에	59	27	48
오스트리아	58	100	13
독일	56	100	12
프랑스	36	8	100
이탈리아	29	-	14
폴란드	29	19	-

국가별로 큰 차이를 보인다.

　해외여행도 세계화의 정신적인 기반을 형성한다. 세계화의 정신적인 기반이 지닌 중요성을 결코 과소평가해서는 안 된다. 해외여행 부문에서는 독일인이 단연 앞선다. 프랑스와 비교해보면 그 차이가 상당하다. 프랑스인의 독일 숙박일수는 연간 270만 일인 반면, 독일인의 프랑스 숙박일수는 2,100만 일로 거의 8배나 더 많다. 다른 나라들의 상황도 이와 유사하다.[27] 단 한 번도 자기 나라를 떠나 본 적이 없는 사람보다는 관광객 신분으로라도 해외 경험을 해본 사람이 업무상 해외 파견도 더 쉽게 감당할 수 있다. 해외 경험이 없는 직원들이 파견 업무에서 얼마나 큰 어려움을 겪는지 아는 사람이라면 이 말을 쉽게 이해할 수 있을 것이다.

　독일의 경우, 해외 업무를 수행할 준비가 되어 있는 인력 풀이 비교적 넓다. 그러니까 그런 업무에 동원할 수 있는 인력이 많다는 말이다. 도로 밀링머신 제작 부문에서 세계시장을 이끄는 비르트겐의 창립자인 고故 라인하르트 비르트겐Reinhardt Wirtgen은 이미 오래 전에 내게 이렇게 말했다.

"우리에게는 늘 세계 어느 곳에든 단기적으로 투입할 수 있는 팀이 필요합니다. 현재 우리는 그런 파견 업무를 수행할 만반의 준비가 된 사람들을 충분히 확보했습니다. 알래스카든 사하라 사막이든, 우리는 최단 시간 안에 파견 팀을 꾸릴 수 있습니다. 국제적으로 비교해보았을 때 이것은 경쟁상 큰 장점으로 작용합니다."

보틀링 설비 부문 세계시장 선도기업인 크로네스 주식회사는 늘 세계 전역에 수백 명의 서비스 기술자들을 투입하고 있다. 직원이 고작 65명에 불과한 오르간 제작사 클라이스Klais처럼 규모가 아주 작은 회사들도 전 세계적인 프로젝트를 실행할 능력을 갖추고 있다. 클라이스의 경우에는 직원 4명 혹은 5명 중 1명이 세계 그 어딘가에 있는 주문 장소에서 몇 달에 걸쳐 오르간 제작에 몰두하는 일이 다반사다. 세계화가 진행됨에 따라 그처럼 세계 전역에 투입할 수 있는 직원들을 확보하는 문제가 난제로 떠오르고 있다. 지금 당장 이런 잠재 문제 해결에 뛰어든다고 해도 결코 빠르다고는 할 수 없다. 왜냐하면 이 일은 많은 시간이 소요되는 일이기 때문이다.

고등학생, 대학생 혹은 실습생 자격으로 쌓은 해외 경험도 세계화를 위한 중요한 정신적인 기반을 제공한다. 이때 우리는 두 방향을 동시에 관찰해야 할 것이다. 2009년을 기준으로 약 11만5,500명의 독일 대학생이 외국 대학에서 공부를 했다. 이는 전체 독일 대학생의 6.2퍼센트에 해당하는 수치다. 비록 1980년 이후로 그 수가 7배 가까이 늘어나긴 했지만, 대학 재학기간 동안 해외 경험을 하는 대학생 수가 예나 지금이나 매우 미미한 수준에 불과한 것이 사실이다.

한편, 2010년 기준으로 25만2,000명의 외국인이 독일 소재 대학에서 공부하는 것으로 나타났는데, 이는 독일에 있는 전체 대학생의 11.4퍼센트에 해당하는 수치다.[28] 이 학생들은 주로 유럽과 아시아 출신이다. 반면 영어권 국가 학생들이 독일 대학을 선택하는 경우는 드문 편이다. 오스트리아와 스위스의 외국인 대학생 비율은 각각 21.5퍼센트와 17.9퍼센트로 독일보다 현저하게 높다. 이 두 나라에서 공부하는 외국인 대학생의 절대적인 수는 각각 7만5,411명과 3만7,000명이다. 독일어권 국가에서 대학을 다니면서 독일어를 배운 외국인들은 히든 챔피언들의 잠재적인 직원으로서 높은 관심의 대상이 되고 있다. 그러나 노동허가와 관련된 각종 제약사항이 장애로 작용한다. 일반적으로 이런 신출내기들이 고국으로 돌아가기 전에 1년 혹은 몇 년 동안 본사에서 그들을 트레이닝하는 것이 훨씬 더 유익한데도 말이다.

국제적인 인력 개발과 관련해서는 기업들 간에 큰 차이가 있다. 이는 히든 챔피언들에게도 마찬가지로 적용되는 사실이다. 해외 경험을 경영진의 자격요건 중 하나로 명시적으로 언급하거나 이것을 승진을 위한 필수 조건으로 요구하는 기업은 소수에 불과하다. 그러나 글로발리아 시대가 다가오면 해외 경험은 더 높은 지위로 승진하기 위한 필수조건이 될 것이다. 지금까지 나는 국제적인 인재가 지나치게 많다고 한탄하는 회사를 단 한 곳도 보지 못했다. 반면 그런 인재의 결핍이 해외 진출 전략에 큰 걸림돌이 되었다거나 심각한 실수를 불러일으킨 경우는 아주 많이 보았다.

국제적인 전략, 아주 근사하고 현대적인 느낌을 자아내는 말이다. 그러나 그것을 실천에 옮기려면 국제적으로 생각하고 느끼고 행동하는 직원들이 필요하다. 바로 이런 이유로 정신적·문화적 세계화는 국제적인 전략을 성공적으로 이행하기 위한 필수 전제조건이 된다. 따라서 전략을 이행하기에 앞서서 반드시 정신적·문화적 세계화가 최소한 몇 년 정도는 선행되어야 한다. 다른 나라들과 비교해보았을 때 이 부분에서 독일 기업들은 우수한 성적을 거두고 있다. 이런 사실은 글로벌리아에서, 그러니까 과거와 현재보다는 미래에 성공을 거두기 위한 중요한 토대들 가운데 하나다.

기본 조건들과 각종 제도

이어서 독일이 갖춘 전반적으로 호의적인 기본 조건들과 각종 제도를 잠시 언급하고자 한다. 대런 에이스모글루Daron Acemoglu와 제임스 A. 로빈슨James A. Robinson이 2012년에 출간한 저서 《국가는 왜 실패하는가Why Nations Fail》에서 도출해낸 가장 중요한 인식은 다름 아닌 제도의 중요성이다.[29] 사실 이것은 이 책에서 심도 깊게 다루기에는 지나치게 복잡한 주제다. 다만 사유재산권과 사법권 독립, 법적 안정성, 부정부패의 부재, 공정한 세금 체계, 선택의 자유 등이 복지와 국제경쟁력 제고를 위한 필수불가결한 요소라는 사실 정도만 지적하고 넘어가도록 하겠다.

비록 독일 관료주의의 복잡함을 비판하는 목소리가 많은 것은 사실이지만, 그럼에도 불구하고 전체적으로 보면 그에 찬사를 보내야 마땅할 것이다. 한 가지만 예를 들어보겠다. 지금까지 나는 세계 약 20개국에서 회사 설립에 참여한 경험이 있다. 그런데 회사 설립 절차가 독일보다 간단한 나라는 (싱가포르 정도를 제외하고는) 단 한 곳도 없었다. 나의 책 《미래의 경제 트렌드Die Wirtschaftstrends der Zukunft》를

보면 독일 관료주의의 효율성을 입증하는 또 다른 일련의 예들이 제시되어 있다.[30]

독일의 미래

이 장에서 우리는 점차 세계화되어가는 오늘날의 세계에서 독일이 수행하는 역할을 주로 과거와 현재의 측면에 비추어 분석해보았다. 그러나 이보다 더 흥미로운 문제는 글로벌리아에서 독일에게 주어질 역할이 어떤 형태를 취할 것인가, 또 취해야 할 것인가다. 이 문제 및 그 배후에 숨겨진 도전과 관련해 무엇보다도 중요한 것은 세계의 발전과 독일의 역량을 조화롭게 일치시키는 일이다. 이 같은 도전은 강도 높은 적응을 요구한다. 그러나 적응의 형태는 혁명적이기보다는 오히려 진화적인 형태를 취할 것이다. 이미 확인한 바와 같이 독일과 독일 기업은 세계적인 경쟁에서 우수한 성적을 기록하고 있다. 경제 규모가 큰 국가들, 그러니까 소위 G7 국가 가운데서 독일은 2011년에 이른바 세계화 지표에서 영국을 앞질렀고, 현재는 세계화가 가장 강도 높게 진행된 나라로서 자리 잡고 있다.[31]

과거에 독일에게 성공을 안겨준 독일의 국제화 능력은 미래에도 그대로 유지되어야 한다. 독일은 2007년 이후에 찾아온 위기를 다른 산업 선진국들보다 훨씬 더 효과적이고 신속하게 극복해냈다. 이 일을 계기로 외부에서 독일을 바라보는 시각도 완전히 달라졌다. '유럽의 환자'에서 '유럽의 기관차'로 변모한 것이다. 이런 맥락에서 전 세계가 독일 경제, 그중에서도 특히 중소기업에 대해 강한 관심을 갖게 되었다. 생산기반은 이제 후진성의 징표가 아니라 장점으로 간주된다. 〈파이낸셜 타임스〉 특파원이자 국제적인 경쟁 상황에 정통해 있는 피터 마쉬는 독일 중소기업과 관련하여 다음과 같은 결론을 내렸다. "틈새기업들은 새로운 산업혁명이 확고하게 정착될 때면 성공 대열에 끼게 될 것이다."[32]

독일 기업의 출발 포지션은 탁월한 정도까지는 아니라고 하더라도 대체로 우수한 편이다. 독일 기업들은 이미 강도 높게 국제화되어 있고, 많은 시장에 진출해 있으며, 주도적인 시장 입지를 점유하고 있다. 의심할 여지없이 경쟁, 특히 중국 같은 개발도상국발 경쟁이 앞으로 더욱 더 치열하고 첨예하게 펼쳐질 것이다. 독일의 우선적인 과제는 강자의 입지를 유지하는 선에서 그치지 않고, 계속해서 그것을 확장해나가는 것이다. 이렇게 하려면 독일의 내부 역량을 강화하는 한편 이에 병행하여 새로운 목표시장으로 역량을 이전하는 일이 동시에 요구된다. 여기에 덧붙여, 무엇보다도 독일 인구가 점점 줄어드는 상황에 직면하여, 전 세계 최고 인재들을 확보하고 영입해야만 한다. 이것은 대기업과 중소기업 모두 동일하게 요구되는 사항이다.

핵/심/요/약

1986년 사상 최초로 수출 세계 챔피언 타이틀을 획득한 이후로 독일은 전 세계적인 경쟁에서 두드러지는 역할을 수행한다. 독일은 중국과 더불어 세계화의 최대 수혜자다. 이 장에 소개된 가장 중요한 사실들을 요약하면 다음과 같다.

- 1인당 수출액에서 독일은 규모가 큰 모든 나라를 크게 앞서 있다. 미국, 일본과 비교했을 때도 그렇지만, 서유럽에 있는 이웃국가들과 비교해도 결과는 마찬가지다. 이런 주변국들은 전략지정학적인 중심부라는 입지적 유사성에도 불구하고 독일에 크게 뒤쳐져 있다.
- 독일은 결코 그 수출력을 손상해서는 안 될 것이다. 앞으로도 계속해서 독일은 수출에 전념해야 할 것이다. 독일 기업들은 주로 시장이 협소한 분야에 초점을 맞추고 있기 때문에 충분한 규모의 시장을 확보하려면 반드시 전 세계를 대상으로 활동을 펼쳐야만 한다.
- 독일의 성공적인 수출 성과는 대기업보다는 중소기업에 기반을 둔다. 그중에서도 히든 챔피언들이 특별히 돋보인다. 독일은 다른 어떤 나라보다도 많은 히든 챔피언을 보유하고 있다. 스위스, 오스트리아, 룩셈부르크도 인구 대비 히든 챔피언의 수가 대략 독일과 비슷하다.
- 독일에 유독 히든 챔피언이 많은 데는 여러 가지 이유가 있다. 19세기 소국 분립주의, 독일이 보유한 전통적인 역량, 지방분권적인 특징 등이 이에 해당한다. 특히 후자는 기업들을 나라 전체에 비교적 균등하게 분산시키는 결과를 낳았다.

- 독일의 지속적인 수출 성공에 대한 또 다른 원인은 독일 제품이 지닌 높은 명성과 품질('Made in Germany'), 단위노동비용의 온건한 상승, 예나 다름없이 강력한 생산기반과 이원적 직업교육 시스템에 있다.
- 전략지정학적 중심부라는 입지는 독일을 거점으로 한 세계적인 사업 운영을 한층 더 수월하게 해주는 한편 (이런 사실은 다른 서유럽 국가에도 동일하게 적용된다), 미국과 아시아를 거점으로 하는 경우와 비교했을 때 경쟁상의 이점을 제공한다.
- 국제적인 사업의 중요한 기반인 정신적인 세계화 진행 상황을 살펴보면 규모가 큰 다른 나라들보다도 독일이 앞서 있다(그러나 규모가 작은 나라들을 뛰어넘지는 못하고 있다!).
- 앞서 설명한 독일의 강점과 역량은 글로발리아에서도 중요해질 것이며, 심지어 중요도가 더욱 커질 수도 있다. 문제의 핵심은 독일의 강점과 역량을 1장에서 제시한 세계적인 발전 노선과 결합하는 것이다. 이렇게 하려면 독일 내 역량을 강화해야 할 뿐만 아니라 미래의 목표시장으로 역량을 이전하는 조치가 추가로 요구된다.

전체적으로 이번 장에서 우리는 중대한 실수를 범하지 않는 한, 독일이 미래에 다가올 글로발리아에서도 탁월한 역할을 수행할 것이라는 결론을 도출했다. 이 일이 얼마만큼 성공리에 진행될 것인지 여부는 무엇보다도 히든 챔피언들의 손에 달려 있다.

CHAPTER 03

히든 챔피언, 그들은 누구인가
HIDDEN CHAMPIONS

Hidden Champions

1장에서는 글로발리아가 제시하는 기회와 도전에 대해 분석해보았다. 이어서 2장에서는 이처럼 새로운 세계에서 독일이 수행해야 할 역할에 대해 알아보았다. 히든 챔피언들은 지속적인 성공을 이룩해냄으로써 이 두 가지 측면을 결합시킨다. 그들은 글로발리아를 향한 선발대 중에서도 최선봉에 자리하고 있다. 독일에 거점을 둔[1] 그들은 한편으로는 이런 입지가 제공하는 전략지형학적인 장점을 이용하여 이익을 보고, 다른 한편으로는 발전을 지향하는 세계 곳곳의 시장이 제공하는 어마어마한 성장 기회를 활용한다.

그렇다면 이런 히든 챔피언들은 도대체 누구인가? 나는 세 가지 기준에 의거하여 히든 챔피언을 정의한다.

1. 세계시장 톱 3 기업이거나 대륙 1위 기업
2. 매출액 50억 유로 이하
3. 낮은 인지도

〈표 3.1〉에 이 세 가지 기준이 더 상세하게 설명되어 있다.

여기서 매출액 하한선을 설정하지 않았다는 점에 주목해야 한다. 그 이유는 현대적인 커뮤니케이션 및 운송수단의 시대인 지금은 제아무리 규모가 작은 기업일지라도 전 세계를 무대로 활동할

\<표 3.1\> 히든 챔피언의 기준

어떤 기업이 히든 챔피언일까?

1.	세계시장 톱 3 기업이거나 대륙 1위 기업: 시장 입지는 일반적으로 시장점유율에 의거하여 결정된다. 한 기업의 시장점유율을 정확하게 모르는 경우에는 상대적인 시장점유율(=자체 시장점유율/가장 강력한 경쟁자의 시장점유율)을 이용한다. 시장점유율과 관련해서는 시장 전체에 대한 점검보다는 각 기업이 제시한 자료를 근거로 삼는다. 이것은 언제나 주관적인 요소를 내포하고 있는 시장경계 설정에도 동일하게 적용되는 사항이다.
2.	매출액 50억 유로 이하: 2005년 30억 유로였던 매출액 상한선이 50억 유로로 상향되었다. 이와 함께 우리는 2005년 이후의 기업 성장을 참작했다. 히든 챔피언의 전형적인 특징들을 내보이는 수많은 기업들이 그 사이에 이 정도 규모로 성장했다.
3.	낮은 세간 인지도: 이것은 정확하게 수량화할 수 있는 특징이 아니다. 그러나 질적인 측면에서 고려 대상 기업의 90퍼센트 이상이 이 조건을 확실하게 충족시키고 있다.

수 있기 때문이다. 이 같은 가능성은 그런 일이 매우 드물었을 뿐만 아니라 거의 실현이 불가능했던 과거와 비교했을 때 근본적인 차이를 형성한다. 예컨대 교육매체 사업을 추진하는 기업 링구아-비데오Lingua-Video는 직원이 고작 6명에 불과하지만 세계 전역에 고객을 확보하고 있다. 인터넷, 페이스북, 특급 운송 등의 수단을 이용하면 전 세계에 흩어져 있는 고객들에게 서비스를 제공하는 데 전혀 문제가 없다.

우리는 히든 챔피언들의 매출액 상한선을 50억 유로로 설정했는데, 통상적인 정의에 따르면 매출액이 50억 유로에 이르는 기업은 더는 KMU(중소기업)에 속하지 않는다.[2] 그러나 히든 챔피언들 가운데는 중소기업이라고는 해도 규모가 크거나 비교적 큰 기업들이 아주 많다. 우리는 순수한 규모 중심의 경계 설정보다는 이들 기업이 강력하게 성장해나가는 과정에서 그들만의 전형적인 특징과 전략, 그리고 경영 스타일을 간직하고 있다는 점을 더 중요하게 생각한다. 규모가 커진 이런 회사의 사장들은 대부분 중소기업의 강점을 유지하는 데 주의를 기울인다.

일반적으로 보아 매출액 20억, 30억 혹은 40억 유로에 수천 명의 직원을 거느린 기업은 당연히 대기업으로 분류해야 마땅할 것이다. 그러나 기업 규모를 파악할 때는 세계적인 맥락을 고려해야 한다. 예컨대 세계 최대 기업 월마트는 2010년에 매출액 규모가 4,218억 달러, 즉 약 3,180억 유로에 달했다.[3] 1995년 미츠비시Mitsubishi는 매출액 1,840억 달러, 혹은 현재의 환율로 환산하면 1,440억 유로를 기록하면서 세계 1위를 차지했다. 심지어 〈포춘〉이 선정한 세계 500대 기업 중에서 가장 규모가 작은 기업조차도 2010년 매출액이 195억 달러 혹은 152억 유로를 넘어섰다.[4] 2010년 독일에서는 폭스바겐이 1,680억 유로의 매출을 기록하면서 매출액 최대 기업이 되었다. 독일 내에서 80위에 오른 포르쉐의 매출액은 93억 유로로, 우리가 설정한 히든 챔피언의 매출액 상한선보다 거의 2배나 많았다.

요컨대 히든 챔피언들 가운데서도 규모는 대기업이지만 세계 500대 기업에 한참 못 미칠 뿐 아니라, 독일 내에서도 100대 기업에도 끼지 못하는 경우가 많다. 그러나 오스트리아와 스위스에서는 상황이 다르다. 그곳에서는 수십 억 유로의 매출액을 달성한 히든 챔피언들이 그에 상응하는 순위를 차지하고 있다. 그러나 결정적으로 중요한 것은 국가적인 차원의 비교가 아니라 세계적인 차원에서 이루어지는 분류다. 이 기준을 적용하면, 어쨌거나 가장 규모가 큰 히든 챔피언조차도 중간급으로 분류된다.

히든 챔피언의 개요

히든 챔피언들을 분석하기 위해서 우리는 매우 다양한 자료를 근거로 광범위한 지식 기반과 데이터 기반을 구축했다. 25년에 걸쳐 수집한 히든 챔피언 리스트, 기업보고서 중에 공개적으로 접근 가능한 정보, 각종 팸플릿, 회사 홈페이지, 연방정부 전자관보, 심층 설문조사, 무엇보다도 수백 차례에 걸친 방문과 개인적인 접촉, 컨설팅 프로젝트 등이 바로 그런 자료에 속한다.[5] 아래에 제시된 각각의 구조 데이터는 우리가 임의로 추출한 표본으로서, 그처럼 세부적인 정보는 오직 이 표본들에만 유효하게 적용된다. 최소치와 최대치의 차이가 크고 분포 양상이 균일하지 않기 때문에 평균치를 대할 때는 신중을 기해야 한다. 이 수치는 언제나 복잡한 현실의 일부분만을 보여준다.

〈표 3.2〉는 선별된 지표들을 반영한다. 우리가 임의로 추출한 표본을 기준으로 살펴보면, 히든 챔피언들의 평균 매출액은 3억2,600만 유로다. 매출액 평균치와 더불어 매출액 규모의 분포도 관심 대상이다. 4분의 1에 해당하는 기업들은 매출액 규모가 5,000만 유로 이하였다. 요컨대 이 기업들은 세계적인 잣대로 보았을 때 실제로 규모가 작은 기업들이다. 그러나 그런 기업들도 세계를 무대로 경쟁을 벌이는 기업이자 세계시장 선도기업으로 자리매김할 수 있다. 30퍼센트에 이르는 기업들이 매출액 1억5,000만~5억 유로 사이를 기록하면서 가장 큰 집단을 형성한다. 이 범주에 속하는 기업들은 직원 수가 대략 500명에서 2,500명 사이로, '규모가 비교적 큰' 전형적인 '중소기업'이다. 그리고 18퍼센트의 기업들이, 그러니까 독

〈표 3.2〉 히든 챔피언의 개요

매출액	
평균치	3억2,600만 유로
연 매출액 5,000만 유로 미만	25%
연 매출액 5,000만~1억5,000만 유로	27%
연 매출액 1억5,000만~5억 유로	30%
연 매출액 5억 유로 초과	18%
직원 수	
평균치	2,037명
직원 수 200명 미만	22%
직원 수 200~1,000명	32%
직원 수 1,000~3,000명	25%
직원 수 3,000명 초과	21%
기업 연령	
140년 이상	17%
100~109년	21%
65~99년	16%
40~64년	25%
40년 미만	25%
제품 종류	
산업재	69%
소비재	20%
서비스	11%
수출비율	62%
자기자본비율	42%
세전 총자산수익률$_{ROI}$	14%

 일어권을 통틀어 약 250개의 기업이 5억 유로 이상의 매출을 기록하고 있다.

 임의표본추출 결과, 히든 챔피언들은 평균 2,037명의 직원을 고용했다. 10년 전에는 이 기업들의 직원 수가 고작 1,285명에 불과했다. 그러나 이처럼 강력한 일자리 성장은 독일 내부의 상황을 반영하는 것이 아니다. 왜냐하면 새롭게 창출된 일자리의 과반수 이상이 해외에서 생겨났기 때문이다. 요컨대 히든 챔피언들은 오직 독일을 거점으로 삼아 해외로 수출만 하는 것이 아니라, 그들이 활동하는 새로운 시장에서 생산 역량을, 그리고 최근 들어서는 연구 역량과 개발 역량도 함께 구축해나가고 있다. 이런 방법을 통해서 그들은 글로벌리아 전역에서 고도의 자체가치창출비율을 유지해나간다. 특히 아시아 방향으로 이루어지는 이런 중대한 위치 변동에 대해서는 이후에 이어질 장에서 더 상세하게 분석할 것이다. 임의표본추출에서 도출된 수치를 전체 독일어권 히든 챔피언들에게 적용하여 총계를 산출해보면, 누적 매출액 8,930억 유로, 전체 직원 숫자 560만 명이라는 결과가 도출된다. 이 수치는 독일어권 경제 분야에서 전체 히든 챔피언들이 차지하는 어마어마한 중요성을 입증해준다.

히든 챔피언의 3분의 2 이상, 그러니까 정확히 69퍼센트가 산업재 부문에서 활동하고 있다. 그리고 5분의 1이 소비재 생산에 몰두하고 있다. 히든 챔피언 아홉 중 하나가 서비스업계에서 활동한다. 이런 결과에 따르면, 독일어권 기업들이 오직 기계와 설비 부문에서만 세계시장을 선도한다는 생각은 잘못된 것이다. 소비재 부문(301개 회사)과 서비스 부문(166개 회사)에서도 상당수의 독일어권 세계시장 선도기업들을 발견할 수 있다. 각각의 업계를 좀더 상세하게 들여다보면, 예상대로 기계제작 부문이 36퍼센트로 가장 막강한 면모를 보여준다. 두 번째로 강한 면모를 보여주는 부문은 29퍼센트를 차지한 '기타' 그룹이다. 이것은 히든 챔피언들이 통계에서 별도의 산업 부문으로 지정되지 않은, 규모가 작은 시장에서 주로 활동한다는 사실을 보여준다. 12퍼센트에 해당하는 회사가 전자 산업에 종사하고 있고, 11퍼센트가 금속가공 산업에 종사하고 있다. 화학 부문은 7퍼센트로 또 하나의 중요한 산업 분야다.

아래에 제시된 선별된 히든 챔피언들에 대한 설명은 그들이 매우 다양하고 폭넓은 분야에서 활동하고 있다는 사실을 다시금 확실히 보여준다. 여기서 중요한 것은 독일의 수출 활동에서 나타나는 두드러진 특징이다. 다른 대다수 국가들은 수출 범위가 흔히 몇몇 부분에만 집중되어 있지만, 독일은 이보다 훨씬 더 광범위하다. 예컨대 일본의 경우, 수출 물량의 대부분이 자동차와 소비재 전자제품에 할당되어 있다. 한국도 이와 비슷하지만, 한국의 경우에는 선박이 추가된다. 미국과 러시아는 무기 납품이 수출에서 큰 부분을 차지한다.[6] 또한 러시아(천연가스, 석유), 아랍 국가들(석유) 혹은 호주(광산) 등 적지 않은 국가에서 우리는 수출이 천연자원에 집중되어 있는 현상을 발견할 수 있다. 그에 비하면 독일의 수출 산업은 근본적으로 훨씬 더 광범위하고 다각화되어 있다.

히든 챔피언들의 연령 구조도 관심의 대상이다. 히든 챔피언들의 평균연령은 66세다. 가장 나이가 많은 기업은 제지 산업에 사용되는 표면경화 주철롤러 부문에서 세계시장을 선도하는 슈베비셰 휘텐베르케Schwäbischen Huettenwerke(현재 SHW 주식회사)다. SHW 주식회사의 역사는 1365년으로 거슬러 올라간다. 마찬가지로 아헨바흐 부쉬휘텐Achenbach Buschhütten도 매우 오래된 기업이다. 전 세계 알루미늄 압연설비 4개 중 3개가 이 회사 제품이다. 이 회사는 1452년에 설립되었다. 현재 자동차용 케이블 시스템 세계시장 선도기업인 레오니는 1591년 프랑스인 안토니 푸르니에Anthoni Fournier에 의해서 뉘른베르크에 설립되었다. 이 회사는 처음에 장신구 산업에 사용되는 금은사 제작업체로 출발했다. 수압 기중기 제작 부문에서 세계시장을 이끄는 비텐Witten의 J. D. 노이하우스J. D. Neuhaus는 1745년에 설립되었다. 고령의 히든 챔피언 목록은 이렇게 끝도 없이 계속 이어진다.

히든 챔피언들은 그들이 활동하는 업계 내부에서도 곧잘 생존의 명수로 입증되곤 한다. 예컨대 1989년만 하더라도 독일에는 20곳의 압핀 제조업체가 있었다. 그 가운데 2012년까지 살아남은 곳은 아른스베르크Arnsberg의 고트샬크Gottschalk 단 한 곳뿐이다. 이 회사는 세계시장 선도기업일 뿐만 아니라, 유럽에서 이 자그마한 제품을 제작하는 유일한 회사기도 하다.

모두 합쳐서 히든 챔피언의 38퍼센트가 설립된 지 100년이 넘었는데, 이것은 고도의 생존 능력을 입증해주는 확실한 증거나 다름없다. 1897년에 처음 만들어진 다우존스 인덱스Dow Jones Index에 최초로 편입된 30개의 주식회사 가운데 오늘날까지 여기에 남아 있는 기업은 GE 단 한 곳뿐이다. 1897년의 히든 챔피언들 가운데 오늘날에도 여전히 기업 목록에 올라 있는 회사가 얼마나 많은지는 정확하게 알 수 없다. 그러나 100년 이상 된 기업이 차지하는 비율이 높다는 사실만으로도 이미 히든 챔피언들의 생존비율이 대기업보다 훨씬 더 높다는 사실을 추측할 수 있는데, 이는 실로 놀라운 일이다.[7]

히든 챔피언의 사례

추상적인 통계 수치를 열거하기보다는 몇몇 히든 챔피언의 사례를 설명하는 편이 훨씬 더 히든 챔피언에 대한 이해를 도울 수 있을 것이다. 사실 히든 챔피언들이 생산한 제품이 우리 주변에 널려 있음에도 불구하고 우리는 그 기업들 대부분에 대해서 전혀 들어본 바가 없다. 아래에 제시된 기업 목록은 이 기업들이 지닌 번뜩이는 다채로움과 탁월한 시장 입지, 특수성에 대해 알려줄 것이다.

플렉시

사실 플렉시Flexi 같은 기업은 독일에 존재할 수가 없다. 플렉시는 개 목줄 부문에서 세계시장점유율 약 70퍼센트를 자랑하는 기업으로, 전적으로 독일 국내에서 제품을 제작하여 생산물량의 90퍼센트 이상을 50개국 이상으로 수출한다. 중국 경쟁업체들이 지금까지 플렉시의 시장을 빼앗으려고 시도했지만, 모두 허사로 돌아가고 말았다. 현재 플렉시는 아시아에서 전력을 다하여 공세를 펼치면서 글로발리아를 향해 계속 진군하고 있다. 이 기업은 현재 약 5,000만 유로에 이르는 매출액을 2020년까지 2배인 1억 유로로 끌어올릴 계획이다.

우취

당신의 자동차에 부착된 번호판을 누가 만들었는지 한 번이라도 곰곰이 생각해본 적이 있는가? 지겐Siegen에 있는 우취Utsch는 이 부문 세계시장 선도기업이다. 우취 홈페이지를 방문하면 다음과 같은 문구를 발견할 수 있다. "세계화가 하나의 개념으로 변모하기 오래 전에 이미 우취에게 그것은 일상이었다." 이것은 결코 과장된 말이 아니다. 세계 120개국 이상에서 우취의 자동차 번호판을 찾아볼 수 있다. 500명의 직원과 2억5,000만 유로의 매출액을 보유한 우취는 이미 오래 전부터 글로발리아의 상황에 정통해 있다.

인버스

지거란트Siegerland의 중심부에 있는 지겐은 그다지 눈에 띨 것 없는 평범한 도시다. 이왕 지겐에 있는 기업을 다루는 김에 우취에 이어 또 다른 기업을 살펴보면, 카셰어링Carsharing 시스템 부문 세계시장 선도기업인 인버스Invers도 그곳에 자리 잡고 있다. 카셰어링은 새롭게 생긴 시장으로, 변화된 이동성 욕구로 인해 더욱 잠재력이 커졌다. 우베 라취Uwe Latsch는 1990년대 초부터 카셰어링 기술에 전념했다. 현재 그는 알렉산더 키른Alexander Kirn과 공동으로 인버스를 이끌고 있다. 인버스는 유럽 최고의 카셰어링 시스템 공급업체일 뿐만 아니라 미국과 아시아에도 진출하여 자체적으로 지사를 관리 및 운영한다.

IP 랩스

어쩌면 당신도 이미 한 번쯤 디지털 포토북을 주문한 적이 있을 것이다. 이때 조립, 주문, 생산 과정에 도입된 소프트웨어가 IP 랩스IP Labs 제품일 가능성이 크다. 본에 근거지를 둔 이 신생기업은 이미 이 분야에서 세계시장 선도기업 자리를 차지했다. 2003년 프랑크 텔렌Frank Thelen과 게오르크 좀머스호프Georg Sommershof가 설립한 이 히든 챔피언은 현재 세계 사진 시장을 선도하는 일본 후지필름 기업에 소속되어 있다. 공동 설립자이자 CEO인 게오르크 좀머스호퍼의 말에 따르면, 실제로 유럽에는 IP 랩스의 경쟁자가 없다고 한다.

델로

소비자들은 미처 알아차리지 못하지만, 에어백 센서 또는 EC 카드나 여권에 내장된 칩 등 수많은 영역에서 델로Delo 접착제는 필수 불가결한 요소로 자리 잡고 있다. 특히 스마트카드 같은 신기술 영역에서 델로는 세계적으로 주도적인 위치를 점하고 있다. 전 세계 칩 카드 4개 중 3개에 델로 접착제가 숨겨져 있다.

벨포르

벨포르Belfor는 화재 및 수해로 인한 피해, 폭풍 피해 복구 업계에서 세계시장을 주도하고 있다. 10억 유로에 육박하는 매출액과 족히 5,000명에 이르는 직원을 거느린 벨포르는 가장 강력한 경쟁업체를 이미 2배 이상 앞질렀다. 이 회사는 이런 특수한 서비스를 전 세계에 제공하는 유일한 회사다.

트로다트

160개 국가의 책상에서 오스트리아 히든 챔피언인 이 회사의 제품을 찾아볼 수 있다. 트로다트Trodat는 1960년대부터 스탬프 부문에서 확고부동한 세계시장 1인자로 자리매김했다. 최초의 컬러 스탬프도 트로다트가 고안한 제품이다. 수출 비율이 자그마치 98퍼센트에 이른다.

융분츠라우어

코카콜라를 마시면서 융분츠라우어Jungbunzlauer를 떠올리는 사람은 아마도 없을 것이다. 그러나 모든 코카콜라에는 오스트리아와 스위스에 공동으로 기반을 둔 이 세계시장 선도기업이 제작한 구연산이 들어 있다.

테메노스

아니, 테메노스Temenos는 그리스 철학자가 아니다. 1993년 스위스에서 설립된 테메노스 그룹 주식회사Temenos Group AG는 오늘날 소매금융, 기업금융, 외환거래 업무, 유니버설 뱅킹, 프라이빗 뱅킹, 이슬람 및 커뮤니티 뱅킹, 소액금융에 사용되는 소프트웨어 분야에서 세계시장을 선도하는 기업이다. 제네바 본사와 전 세계 56개 지점에서 3,500명의 직원들이 125개가 넘는 나라에서 1,000개가 넘는 금융기관을 위해 일하고 있다.

아이소볼타익

2010년 이후로 유럽 광전지 산업은 세계시장에서 주도적인 위치를 상실했다. 그러나 이는 오스트리아 기업인 아이소볼타익Isovoltaic에는 해당되지 않는 이야기다. 히든 챔피언인 이 기업은 광전지 모듈용 배면시트Back Sheet 부문에서 확실한 세계시장 선도기업이자 기술선도기업으로 자리 잡고 있다. 배면시트는 광전지를 주변 환경의 영향으로부터 보호하는 기능을 수행하는데, 모든 광전지 모듈 제조업체가 이 부품을 사용한다. 중국에서 자체적으로 제품을 생산하고 있는 아이소볼타익은 이를 통해 그 사이에 세계 최대의 광전지 모듈 시장으로 성장한 중국 고객들 곁으로 바싹 다가갔다.

고트샬크

제도용 압핀이나 사무용 클립 같은 사소한 일상용품들은 누가 만들었을까? 제도용 압핀(지역에 따라서 압정, 제도핀 등으로 다양하게 불린다)의 경우에는 자우어란트Sauerland 아른스베르크에 있는 롤프 고트샬크Rolf Gottschalk가 그 주인공이다. 그리고 전 세계를 통틀어서 이 회사를 제외하고 압핀을 제작하는 회사는 중국 회사 단 한 곳뿐이다. 롤프 고트샬크 직원들은 매일 1,200만 개의 압핀을 생산하며, 300개의 각기 다른 상표를 붙여 전 세계로 판매한다.

루도 팩트

루도 팩트Ludo Fact는 순수한 의미에서의 제작 전담 업체다. 출판사가 기획하여 시장에 출시하는 각종 게임을 제작하며, 이 사업 부문에서 유럽 1인자다. 1994년 34명이었던 직원이 오늘날 600명 이상으로 늘어났다. 매일 5만 개의 실내용 게임이 제작되는데, 1년이면 약 1,825만 개인 셈이다. 강력한 성장 추세에 힘입어 2012년에 접어들어서는 1일 생산량이 7만5,000개로 늘어났다.

가르트너

날이 갈수록 고층건물들이 점점 더 늘어나고 있다. 그런데 그처럼 거대한 마천루의 외관을 완성하는 것은 도대체 누구일까? 십중팔구 독일 남부 슈바벤 지역에 있는 도시 그룬델핑겐Schwaben Gundelfingen의 요제프 가르트너Josef Gartner가 그 일을 담당한다고 보면 된다. 가르트너는 의심할 여지없는 이 분야 세계 1인자다. 제트엔진을 사용하여 건물 외관 구성요소의 폭풍우 내구성을 테스트한다. 세계에서 가장 높은 건물인 두바이의 '부르즈 할리파Burj Khalifa'도 가르트너가 건물 외관을 담당했다. 이전 기록 보유자였던 타이완의 '타이베이 101(101은 건물 층수를 의미한다)'도 마찬가지였다.

바더

아이슬란드에서는 능력이 뛰어난 기술자를 일컬어 '바더맨Baader man'이라고 부른다. 그 이유는 뛰어난 기술자들의 경우, 십중팔구 바더 시스템에서 교육을 받았기 때문이다. 블라디보스토크에서도 아무 제약 없이 바더Baader의 제품과 서비스를 이용할 수 있다. 바더는 타의 추종을 불허하는 세계 1위 생선가공설비 제작업체로 세계시장점유율이 자그마치 80퍼센트에 이른다.

아르놀트&리히터, 자흐틀러

언젠가 나는 히든 챔피언의 개념을 아주 잘 아는 지인과 함께 도쿄 시내를 거닌 적이 있다. 그때 우리는 전문적으로 영화를 제작하는 팀과 마주쳤다. 나는 지인에게 즉흥적으로 이렇게 말했다. "바로 지금 여기 도쿄 도심 한가운데에서 독일 히든 챔피언들이 만든 제품 두 가지를 한꺼번에 보여드리겠습니다." 나는 곧장 카메라맨에게로 다가갔고, 전문가였던 그는 당연히 아리ARRI(Arnold&Richter) 카메라와 자흐틀러Sachtler 삼각대를 가지고 있었다. 이 두 회사는 모두 세계시장 선도기업들이다. 그들의 제품을 이용하여 만든 영화들은 언제나 오스카상의 주인공이 되어왔다.

스미스 하이만

추측컨대 한 번 정도는 스미스 하이만Smiths Heimann이 제작한 검색기구가 당신과 당신의 짐을 속속들이 비춘 적이 있을 것이다. 독일의 비스바덴Wiesbaden에 있는 이 기업은 화물용 뢴트겐 장비 부문 세계시장 선도기업이다. 스미스 하이만 장비들은 150개가 넘는 국가에서 마약, 무기 혹은 폭발물을 감지해냄으로써 항공교통 안전을 강화하는 데 기여한다. 우편물 분류보관실에 사용되는 기구, 화물차 검색에 사용되는 거대한 장비, 세관용 모바일 시스템도 이 회사에서 생산하는 제품군에 속한다.

이렉스

이렉스IREKS를 모른다면 당신은 분명 제빵사가 아닐 것이다. 1856년 독일 바이에른 주 북부에 있는 도시 쿨름바흐Kulmbach에 설립되어 지금까지 그곳에 자리 잡고 있는 이 회사는 제빵용 재료 부문에서 세계시장을 선도하고 있다. 현재 이 회사는 90개가 넘는 국가에 진출해 있다. 이렉스는 특별한 고객친밀도와 서비스로도 유명하다. 세계 30개국에서 활동하는 400명이 넘는 영업사원들은 모두 제빵기술자이거나 제과기술자들이다. 이것이 바로 높은 수준의 고객친밀도를 유지할 수 있는 비결이다.

이구스

이구스Igus는 두 가지 부문, 즉 플라스틱 플레인 베어링과 소위 에너지 체인 생산 부문에서 시장을 선도하는 기업이다. 1985년 40명이던 직원 수가 그 사이에 1,900명으로 늘어났다. 그들은 세계 각지에 흩어져 일을 하고 있다. 고도의 혁신력을 갖춘 이 히든 챔피언은 연간 2,000개가 넘는 신제품과 변형 제품을 개발하고 있다.

엔네 부르다 출판사

대부분의 독자들은 부르다 패션잡지를 잘 알고 있을 것이다. 그러나 엔네 부르다 출판사Verlag Aenne Burda가 제작한 패션잡지와 옷본이 세계 90개가 넘는 나라에서 17개 언어로 번역되어 출판된다는 사실과, 그 잡지들이 이미 1961년부터 세계시장 선두 주자로 자리 잡았다는 사실을 아는 사람은 아마도 극소수에 불과할 것이다.

사리아

사리아Saria의 시장을 명확하게 구분하거나 정의하는 것은 불가능하다. 매출액 8억 유로, 10개국 110곳의 지사에 4,000명의 직원을 거느린 독일 베스트팔렌 소재의 이 회사는 동물 부산물과 생활쓰레기 처리 및 활용 부문에서 유럽시장을 선도하고 있다. 이 기업은 ReFood(음식물 쓰레기 처리), KFU(뼈, 동물 지방, 껍데기), Schnittger(피부와 가죽), SecAnim(동물 몸통 처리) 등의 상호를 내걸고 사업을 운영한다.

게리츠

게리츠Gerriets는 극장용 장막과 무대장치를 제작한다. 대형 극장용 장막을 제작하는 회사는 전 세계를 통틀어 이곳뿐이다. 따라서 이 부문 시장점유율이 100퍼센트에 이른다. 당신이 앉아 있는 곳이 뉴욕 메트로폴리탄 오페라든 밀라노 스칼라든 아니면 파리 바스티유 오페라든, 무대에 설치된 장막만큼은 게리츠 제품이다.

클라이스

클라이스Klais 파이프 오르간은 전 세계적으로 유명하다. 독일의 본에 있는 이 기업이 제작한 악기는 쾰른 성당과 필하모니뿐만 아니라 베이징 국립극장, 일본 교토 콘서트홀, 카라카스, 부에노스아이레스, 런던, 브리즈번, 오클랜드, 마닐라(대나무 파이프 오르간) 혹은 쿠알라룸푸르 페트로나스 트윈타워에서도 연주된다. 믿기 힘들지만, 전 세계를 무대로 활동하는 이 회사는 직원이 고작 65명밖에 되지 않는다. 사장 필립 클라이스Philipp Klais는 자신의 회사를 가리켜 '분재盆栽형 글로벌 플레이어'라고 부른다.

물티팍

진공포장기계 부문 세계시장 선도 주자인 이 기업은 핵심 제품인 몰딩 기계로 약 60퍼센트의 세계시장점유율을 보유했다. 물티팍Multivac은 전 세계적으로 65개의 자회사와 3,400명의 직원을 거느리고 있다. 전체 직원 수가 지난 10년간 2배 이상으로 늘어났다. 140개가 넘는 나라에서 이 회사 제품이 판매된다.

슈텡엘

당신도 한 번쯤은 롤러코스터를 타본 적이 있을 것이다. 혹시 누가 이런 롤러코스터를 설계하고 제작하는지 생각해본 일이 있는가? 세계 어디가 되었든 간에, 그 기구를 만든 것은 장담컨대 엔지니어 사무실 슈텡엘Stengel일 확률이 높다. 40년이 넘는 세월 동안 슈텡엘은 디즈니월드, 판타지아랜드, 식스 플래그 같은 놀이공원에서 사용되는 롤러코스터를 500개도 넘게 제작했다.

힐레브란트

일본에서 칠레 와인을 음미한다고 가정해보자. 이때 당신은 마인츠Mainz에 있는 기업 힐레브란트Hillebrand가 당신이 마시는 와인을 그곳까지 운반해왔다고는 꿈에도 생각하지 못할 것이다. 와인을 비롯한 알코올 음료 운반 부문에서 세계시장을 이끌고 있는 힐레브란트는 73개의 사무실을 개설하여 전 세계 모든 포도 재배지역과 주요 소비시장에 진출해 있다.

반츨

여행을 위해 세계 각지의 공항을 돌아다닐 때 나는 수화물용 카트가 어느 회사 제품인지 점검해보곤 한다. 도쿄 나리타 국제공항(일본 사람들은 그들이 사용할 수화물용 카트를 도나우 강변에 접한 마을 라이프하임에서 구입한다)과 뭄바이, 멕시코시티, 모스크바 그리고 수많은 다른 장소에서 나는 독일 출신의 세계시장 선도기업 반츨Wanzl의 상표를 발견한다. 반츨은 단지 공항에서 사용되는 수화물용 카트뿐만 아니라, 쇼핑 카트 부문에서도 세계시장 선도기업 자리를 차지하고 있다. 공항 수화물용 카트 부문 세계 2인자도 독일 출신으로서, 카셀에 있는 엑스프레소가 바로 그 주인공이다.

클레프만 그룹

베스트팔렌 지역의 뤼딩하우-젠Lüdinghausen에 자리 잡은 클레프만 그룹Kleffmann Group은 1990년 젊은 농부 부르크하르트 클레프만Burkhard Kleffmann이 설립했다. 그 후 이 회사는 농산물 시장조사 부문에서 세계시장 선도기업으로 올라섰으며 자체적으로 20개의 해외 사무실을 보유하고 있다.

니바록스

추측컨대 지금까지 단 한 번도 이 스위스 중소기업에 대해서 들어본 일이 없을 것이다. 그러나 당신의 손목시계에 장착된 제어장치로 말하면, 니바록스Nivarox 제품일 가능성이 매우 높다. 이 기업의 세계시장점유율은 90퍼센트에 육박한다. 스위스의 쇼드퐁Chaux-de Fonds에 있는 시계바늘 제작 부문 세계시장 선도기업인 우니베르소의 세계시장점유율도 이와 동일하다. 손목시계에 들어가는 작디작은 시계바늘도 반드시 누군가는 만들어야 하는 법이다. 그런데 누가 과연 그런 부분까지 생각하겠는가?

브레인랩

브레인랩Brainlab은 외과수술 과정에서 자동차 운전을 할 때 내비게이션 시스템이 수행하는 것과 동일한 기능을 수행한다. 요컨대 이 기업은 각종 수술기구에 사용되는 위치확인 시스템을 제공한다. 브레인랩은 1989년부터 수술 과정을 사전에 정교하게 계획하고, 정확하게 수행될 수 있도록 세심하게 배려한다. 급속도로 성장하는 이 회사는 전 세계에 5,000개 이상의 시스템을 설치하면서 세계시장의 60퍼센트를 차지한다.

오미크론

독일 타우누스슈타인Taunusstein에 있는 오미크론Omicron은 나노기술 연구에 사용되는 주사 터널링 현미경과 탐침형 원자현미경 부문 세계시장 선도기업이다. 1984년에 라이너 아버러Rainer Aberer가 설립한 오미크론은 현재 나노 분석기 세계시장 선도기업인 옥스포드 인스트루먼츠 그룹Oxford Instruments Group의 나노테크놀로지 기구 소속이다.

EOS

소위 직접 디지털 가공Direct Digital Manufacturing(3D 프린팅으로 불리기도 한다)[8]은 다분히 생산혁명을 불러일으킬 법한 기술이다. 고도로 혁신적인 이 기술은 컴퓨터 데이터를 기반으로 삼아 삼차원 제품을 생산한다. 이 과정에 도입되는 가장 중요한 공정은 소위 레이저-소결Laser-Sintering이다. 한스 J. 랑어Hans J. Langer가 1989년에 설립한 EOS(Electro Optical System)는 이 영역에서 세계시장 선도기업 자리를 차지하고 있다.

위에 제시한 히든 챔피언들의 사례는 우리에게 여러 가지 통찰을 전달해준다.

- 히든 챔피언들은 제품 다양성과 업종 다양성 측면에서 극도로 폭이 넓다.
- 독일어권 히든 챔피언들은 결코 기계제작이나 자동차부품 공급 같은 익히 잘 알려진 업계에만 한정되어 있지 않다.
- 충분한 검증과정을 거친 유서 깊은 기업들만 있는 것이 아니라, 늘 새로운 히든 챔피언들이 탄생하여 혁신 전선의 최전방에서 함께 활동을 펼쳐나가고 있다.

히든 챔피언들의 제품 스펙트럼은 산업재와 소비재 그리고 서비스와 관련된 전체 영역을 아우른다. 우리는 날마다 그들이 만든 수많은 제품을 접하지만, 그것을 전혀 의식하지 못한다. 단추(빌레펠트에 있는 유니온 크노프), 책 제본 재료(밤베르거 칼리코), 금속 직물(뒤렌에 있는 GKD 쿠퍼라트), 비파괴 재료시험기(로이틀링겐에 있는 푀스터, 부퍼탈에 있는 도이치, 쾰른의 휘르트에 있는 GE 인스펙션 테크놀로지스), 상용차 에어 컨디셔닝(슈발름슈타트에 있는 콘벡타), 원두커피 무역(함부르크 노이만 그룹), 재봉용 바늘(알프슈타트에 있는 그로츠-벡케르트), 종자(아인벡에 있는 KWS 자트구트), 로프 게임 장비(베를리너 자일파브릭), 아로마 제품과 방향제(스위스에 있는 지보단과 피르메니히, 홀츠민덴에 있는 짐리제), 화분용 영양토(루트비히스부르크에 있는 ASB 그륀란트), 닭장(페히타에 있는 빅 더치맨), 호텔용 소프트웨어(노이스에 있는 미크로스피델리오), 파리잡이 끈끈이(바이블링엔에 있는 에록손), 온도조절 기술(호흐도르프에 있는 싱글), 아침식사용 계란(노이엔키르헨-푀르덴에 있는 도이처프뤼슈윅스아이), 캠퍼 밴(방엔 알고이에 있는 히머), 아이스크림 박스(오스트리아 로텐만에 있는 오스트리아 하우스테히닉), 단광/압밀 설비(하팅엔에 있는 쾨퍼른), 초콜릿 원료(스위스 취리히에 있는 베리 칼리바우트), 정상급 기량의 경주마(뮐렌에 있는 쇽케뮐레) 혹은 대형 생목(함부르크에 있는 에렌) 등 다양한 분야의 히든 챔피언들이 존재한다.

그들이 드러나지 않는 이유

지난 몇 년 사이에 '히든 챔피언'이라는 현상이 점차 세상의 주목을 받게 되었다. 지금 구글에 'Hidden Champions'라고 검색어를 입력해보면 55만 건이 넘는 자료가 뜨는 것을 확인할 수 있다.[9]

중간 규모의 기업들 가운데서도 비교적 규모가 큰 트룸프, 슈틸, 케르허, 리탈, 에네르콘, 클라스 같은 세계시장 선도기업들은 오늘날 적어도 무역 전문가들 사이에서는 널리 알려져 있다. 그럼에도 불구하고 독일어권에 있는 이런 회사들의 90퍼센트가 '숨겨진' 기업으로 간주된다. 혹시라도 이 사실에 의심을 품는 사람들이 있다면, 위에 제시한 사례들이 일체의 의혹을 불식시켜줄 것이다. 추측컨대 이 기업들 가운데 당신이 아는 기업은 아마 단 한 곳도 없었을 것이다.

그렇다면 해당 시장에서 전 세계적으로 혹은 유럽 전역에서 압도적인 시장 입지를 점유한 이런 기업들이 왜 그처럼 은밀하게 숨어 있을까? 그렇게 된 데에는 일련의 이유가 있다. 가장 흔한 이유는 히든 챔피언들의 제품이 좀처럼 소비자들의 눈에 띄지 않기 때문이다. 히든 챔피언들 가운데 다수가 완제품이나 최종 서비스 단계에서는 더는 식별이 불가능한 제품들, 즉 기계나 부속품, 소프트웨어 혹은 각종 공정들을 제공한다. 그러니까 소위 정체성이나 고유한 특징을 통째로 잃어버리는 제품들을 제공하는 것이다. 이런 식으로 히든 챔피언들은 가치창출사슬의 '배후 지역'이나 '배후 부문'에서 활동을 펼친다.

호텔 투숙객 중에 자신이 투숙한 호텔에서 사용하는 소프트웨어가 어떤 것인지 관심을 갖는 사람이 누가 있겠는가? 평범한 사람이라면 불활성 가스 글러브박스 시스템에 관심을 갖기란 매우 어렵다. 참고로 이 분야에서는 가르힝Garching에 있는 M. 브라운M. Braun 사가 세계시장 선도기업으로 자리매김하고 있다. 음료수를 구입하거나 음미할 때 본인이 마시는 음료가 어떻게 병에 주입되는지, 어떻게 병에 상표가 부착되는지 생각하는 사람이 과연 있을까? 결론적으로 말하면, 보틀링 설비 부문 세계 선두주자인 크로네스를 아는 사람은 거의 없다. 또 전문 엔지니어를 제외하고, 급유 기능을 극대화하려면 연소 모터 안에 있는 실린더 내부 표면이 평평해서는 안 되고 일정한 형태로 울퉁불퉁해야 된다는 것을 아는 사람이 대체 누가 있을까? 그리고 이런 형태를 만들어내려면 게링Gehring의 연마기계를 이용하는 것이 가장 효과적이라는 사실을 아는 사람 또한 거의 없다. 마찬가지로 자신이 사용하는 향수에 담긴 향기가 어디에서 왔는지 신경을 쓰는 여성도 찾기 어렵다.

심지어 소비재 부문에서도 제작자는 최종 소비자 앞에서 자신의 존재를 숨길 수 있다. 예를 들어, 유럽 피자 시장에서 22퍼센트의 시장점유율을 보유한 프라이베르거Freiberger가 유럽 최대의 피자 제조업체라는 사실을 아는 소비자는 아마 거의 없을 것이다. 왜냐하면 프라이베르거 피자는 자체개발상품Private Label으로 판매되기 때문에 프라이베르거라는 이름은 수면 위로 떠오르지 않는다. 이런 사실은 유럽 굴지의 과일주스 제조업체이자 채소 가공업체인 파더보른Paderborn의 슈투테Stute에도 동일하게 적용된다.

또 다른 이유는 히든 챔피언들의 과묵함 때문이다. 언젠가 최고 수준을 보유한 세계시장 선도기업의 사장이자 현재 어느 저명한 협회에서 회장직을 맡은 인물이 내게 다음과 같은 내용의 편지를 보내왔다.

"우리 회사에 대한 공개적인 언급은 반갑지 않은 일인 동시에 세간에 알려지지 않으려고 하는 저희의 노력에 위배되는 일입니다."

그의 회사는 결코 보잘 것 없는 영세업체가 아니다. 그 기업은 직원 수만 7,000명이다. 그런가 하면 시장선도주자인 동시에 약 1만 명의 직원을 보유한 어느 전자업체 사장도 내게 다음과 같은 내용을 전해왔다.

"당신의 관심은 너무나도 반갑지만, 이런 기업 리그에 서면으로 또 공식적으로 편입되는 것은 전혀 달갑지 않습니다."

하이테크 부문에서 활동하는 직원 약 5,000명을 거느린 어느 기업의 이사회 대변인은 내게 이렇게 말했다.

"굳이 설명 할 필요가 없겠지만, 히든 챔피언들이 번성할 수 있었던 이유는 그들의 성공 전략을 비밀스럽고 신중하게 추진했기 때문입니다."

이것은 세간에 공개되는 것을 꺼리는 수많은 히든 챔피언 수장들이 특징적으로 하는 말들이다.

에노바Aenova는 가장 규모가 큰 주문생산MTO 제약업체들 가운데 하나다. 연간 280억 개의 정제와 캡슐을 생산하는 이 업체는 "낮은 회사 인지도는 다분히 의도적인 것이며, 이는 사업 모델에 해당되는 항목"이라고 강조한다.[10] 약품 포장에는 언제나 주문자의 상호만 나와 있을 뿐 에노바의 상호는 결코 등장하는 일이 없다. 적지 않은 수의 히든 챔피언들이 기자들과 학자들 또는 그 밖에 호기심 어린 태도로 접근하는 사람들을 일체 상대하지 않는다는 정책을 명시적으로 따른다.

언젠가 진동방지장치에 사용되는 핵심부품 생산 부문에서 세계 시장을 선도하는 기업의 사장과 개인적으로 대화를 나눌 기회가 있었는데, 그때 그는 내게 이렇게 말했다.

"우리는 경쟁자들뿐만 아니라 고객들도 우리 회사의 실제 시장점유율을 알기를 바라지 않습니다."

그리고 어느 서비스 기업의 부사장도 비슷한 종류의 대화에서 다음과 같은 견해를 표명했다.

"우리 회사는 오랫동안 익명성을 유지해왔습니다. 그건 아주 편리한 일입니다. 지금까지 아무도 우리 회사의 틈새시장을 알아차리지 못했습니다."

이처럼 히든 챔피언들의 은밀한 행보는 그들이 시장에서 점유한 입지와 우월함과는 전면적으로 모순되는 일이다. 이 회사들 가운데 다수가 50퍼센트가 넘는 세계시장점유율을 보유하고 있다. 심지어 세계시장점유율이 70퍼센트나 90퍼센트에 이르는 기업도 있다. 또 이런 회사들은 그들의 가장 강력한 경쟁자보다 규모가 2배 이상 크다. 히든 챔피언들이 차지한 이런 시장 입지는 소수의 거대 다국적 기업들만이 이룰 수 있다. 히든 챔피언들은 결코 다리를 질질 끌면서 힘겹게 세계화 과정을 뒤쫓는 것이 아니다. 바로 그들이야말로 세계화의 원동력이다. 그들은 매출액과 경쟁력을 크게 증강시켜 왔다. 무엇보다도 인상적인 것은 끈기와 지속성이다. 이런 중소기업들은 끈기와 지속성을 발휘하여 전 세계 시장에서 그들의 입지를 구축하고 계속 유지해나가고 있다. 이것은 많은 대기업들이 배워야 할 점이다.

유행에 휩쓸리지 않고 그처럼 장기적인 성공 전략을 연구하는 데 몰두하는 경영학자들은 극소수에 불과하다. 이런 유형의 학자들 중에서 가장 주목할 만한 인물은 아마도 미국인 짐 콜린스Jim Collins 일 것이다. 특이하게도 그는 유명 대학에 소속되어 있지 않고, 프리랜서 학자 신분으로 연구 활동을 펼쳐나가고 있다. 그는 자신의 저서 《좋은 기업을 넘어 위대한 기업으로Good to Great》에서 나의 판단과 여러 모로 일치하는 견해를 피력했다.11 그중 한 가지를 소개하면 이렇다. 사장이 외부에 모습을 드러내는 빈도가 드물수록, 그리고 덜 알려져 있을수록 해당 기업은 장기적으로 더욱 큰 성공을 구가한다. 이런 견해는 지속적으로 성장하는 기업, 이른바 지속성장기업Growth Outliers에 관한 리타 맥그래스Rita MacGrath의 최근 연구를 통해서 사실로 입증되었다. 맥그래스는 자신의 글에서 "대개 최고경영자는 모습을 드러내지 않았다"라고 말한다.12 히든 챔피언들의 침묵을 설명하는 데 이보다 더 설득력 있는 근거가 있을까?

일반 대중과 언론 그리고 학계에 대한 이처럼 소극적인 태도가 갖는 장점들은 결코 과소평가되어서는 안 될 것이다. 이런 태도는 고유한 업무에만 집중하는 데 큰 도움이 된다. 같은 맥락에서 콜린스는 'Show horses'와 'Plough horses'를 언급한다. 전자는 '쇼에 출연하는 말'을 뜻하고, 후자는 '쟁기를 끄는 말'을 뜻한다. '쟁기를 끄는 말'은 대중적인 이미지를 관리하는 데 시간과 에너지를 거의 소비하지 않는다. 그런 만큼 자신이 맡은 임무에 더욱 전념할 수 있다. 요컨대 업무에 더 신경을 쓸 수 있다는 말이다. 히든 챔피언들 사이에서 우리는 '쟁기를 끄는 말'을 아주 빈번하게 접할 수 있다.

히든 챔피언들이 소극적인 태도를 취한다고 해서 그들과 직접 거래를 하는 고객들까지도 그들을 잘 모른다는 말은 아니다. 상황은 오히려 그 반대다. 2,500명의 직원을 거느린 어느 식품 공급업체 사장은 이렇게 밝혔다.

"전통적으로 우리 회사는 언론을 멀리하는 편입니다. 왜냐하면 고객과의 관계를 관리하는 데 집중하기 때문이지요. 고객을 제외하고 우리를 아는 사람들이 거의 없다는 것은 사실 아주 기분 좋은 일입니다."

시장을 선도하는 이런 기업들은 직접적으로 거래하는 고객들을 대할 때만큼은 '은밀함'과는 전혀 거리가 먼 태도를 취한다. 대부분의 히든 챔피언들은 해당 시장에서 막강한 브랜드와 높은 인지도, 탁월한 평판을 보유하고 있다. 따라서 그들은 곧잘 경쟁업체의 벤치마크 대상이 되곤 한다.

그럼에도 불구하고 최근 몇 년 동안 많은 히든 챔피언들이 더 빈번하게 자신을 드러내는 모습이 확인되고 있다. 이런 현상의 배후에는 다양한 원인이 숨어 있다. 우선 지속적인 성장과 성큼 진행된 세계화가 시야의 확장을 가져왔다. 증시에 상장되거나 사모투자자들이 회사 지분을 보유한 히든 챔피언들의 비율이 지난 15년 사이에 6배로 늘어났다. 인터넷과 연방정부 전자관보 등을 통한 투명성 고조도 비밀 유지에 걸림돌이 되고 있다. 그 밖에도 회사 규모가 점점 커져감에 따라 컨설턴트에게 자문을 구하는 히든 챔피언들이 늘어나고 있다. 일례로 우리 지몬-쿠허&파트너스Simon-Kucher&Parters 만 하더라도 최근 몇 년간 수많은 히든 챔피언들을 클라이언트로 확보할 수 있었다.

반면 1990년대에는 다수의 기업들이 이런 일과 관련하여 훨씬 더 소극적인 태도를 취했다. 개인적인 경험에 비추어보면, 지금은 많은 히든 챔피언 수장들의 태도에서 '적극적인' 개방성을 발견할 수 있다. 물론 이런 기업에서는 지금도 여전히 신뢰가 대기업에서보다 더 큰 역할을 차지하고 있다. 그러나 히든 챔피언 수장들은 다른 회사들과 비교하여 자기 회사 상황이 어떤지에 대해서 매우 큰 관심을 가지고 있기도 하다. 이때 반드시 같은 업계에 소속된 회사일 필요는 없다. 이것은 일정 정도의 개방성을 전제로 하는 일이다. 왜냐하면 자신이 아는 것을 허심탄회하게 밝힐 준비가 되어 있을 때에만 다른 회사에서 그런 정보를 얻을 수도 있기 때문이다.

히든 챔피언의 성공과 위기

사업에서 성공을 거둔다는 것은 과연 무슨 뜻일까? 이 질문에 대한 대답은 각 기업이 설정한 목표에 따라서 달라진다. 어떤 기업이 애초에 설정한 목표를 달성하거나 그것을 초과 달성한 경우, 목표 달성이라는 측면에서 그 기업은 성공했다고 할 수 있다. 그렇다면 히든 챔피언들은 어떻게 생각할까? 그들은 스스로 성공한 기업으로 여길까? 지난 5년간의 사업활동 결과에 대한 만족도를 1등급(전혀 만족하지 않음)에서 7등급(매우 만족함)으로 나누어 조사한 결과, 절반 이상의 기업이(52퍼센트) 가장 높은 두 등급에 표시했다. 이어서 항목별 만족도를 조사했더니 〈표 3.3〉과 같은 결과가 도출되었다(각각 7등급 중 6/7등급).

표를 살펴보면 항목에 따라 만족도 차이가 크다는 것을 알 수 있다. 기업 생존이라는 의미에서 기업 연령구조와 관련하여 이미 언급한 바 있는 지속성 항목에 대해서는 많은 기업이 확신을 가지고 있는 것으로 보인다. 반면 이윤 항목과 특히 비용 절감 항목에서는 만족도 수준이 눈에 띄게 저조하다. 이윤 항목에서 만족도가 이처럼 저조하다는 것은 실로 놀랍다. 왜냐하면 조사에 응답한 기업들의 지난 10년간 평균 총자산수익률이 14퍼센트에 달했기 때문이다.

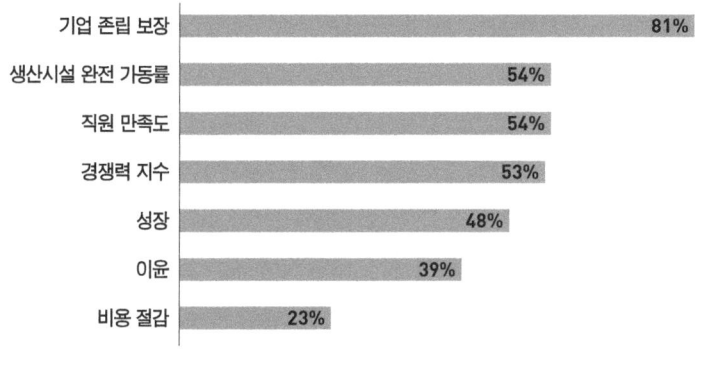

〈표 3.3〉 항목별 만족도

이것은 독일 산업체 평균치를 크게 웃도는 수치다.[13]

히든 챔피언들은 경기 침체와 위기에 어떻게 대응할까? 히든 챔피언들은 경기 침체로 인해 대체로 이익을 보는 것 같다. 어쨌거나 응답 기업의 족히 절반 정도가 업계 전체와 비교했을 때 자신들이 위기를 좀더 효과적으로 헤쳐나간다고 확신했다.

이런 역사적인 본보기는 2007년 이후 닥친 심각한 위기에서도 사실로 입증되었다. 2009년 다수의 히든 챔피언들이 수주와 매출 부문에서 극적인 추락을 경험했다. 세미 트레일러 부문 유럽시장 선도기업인 슈미츠 카고불Schmitz Cargobull의 경우, 2009년 매출액이 66퍼센트나 격감했다. 굴지의 복합공작기계 제작업체인 헤르믈레Hermle는 매출액이 54퍼센트 줄어들었고, 디젤 발전기 제작업체인 도이츠는 53퍼센트의 매출액 감소를 기록했다. 로봇 제작업체인 쿠카Kuka는 2008년 12억8,000만 유로였던 매출액이 2009년에 접어들어 9억300만 달러로 줄어들었다. 2010년 매출액도 2008년 수준보다 16퍼센트 낮았다. 심지어는 트룸프 같은 성공에 익숙한 히든 챔피언조차도 위기가 절정에 달했던 2009년에 이르러 매출액이 21억 유로에서 13억 유로로 38퍼센트 감소했다. 세계에서 가장 큰 규모를 자랑하는 압축성형기계 제작업체인 슐러Schuler는 2007/08년에서 2009/10년 사이에 33퍼센트의 매출액 감소를 기록했다. 무수히 많은 다른 업체들의 상황도 이와 비슷했다.

매출액이 이처럼 참담하게 격감했음에도 불구하고 대부분의 히든 챔피언들은 신속하고 단호한 조치를 발판 삼아 상당히 온전한 상태로 위기를 극복해냈다. 근무시간 단축, 특별 휴가, 각종 대응조치들은 전 세계의 찬사를 받았을 뿐만 아니라, 심지어 위기에 대응하는 본보기적인 해법으로서 수용되기도 했다. 트룸프가 도입한 시스템이 그 대표적인 예다. 위기가 정점에 이르렀을 때 니콜라 라이빙어-캄밀러 박사는 모든 수단을 동원하여 직원 감원 없이 비용을 절감하는 데 총력을 기울일 것임을 천명했다. "한번 떠난 전문가들은 다시는 돌아오지 않습니다." 그 전략은 큰 성과를 거두었다. 트룸프는 위기를 극복한 후 다시 전력으로 질주했고, 그 결과 오히려 시장점유율을 추가로 확보하는 성과를 올렸다. 회계연도 2010/11년에 이 기업은 매출액 20억 유로를 달성함으로써 거의 위기 이전 수준을 회복했다.

2007년 이후로 지속된 위기는 경기변동에 민감하게 반응하는 업계에 제품을 납품하는 기업들에게 유달리 큰 타격을 입혔다. 그런 제품들 대부분은 이른바 연기가 가능한 제품Postponables, 즉 구입을 뒤로 미룰 수 있는 제품들이다. 각종 기계와 설비, 자동차, 가전기기, 일반적으로 수명이 긴 일상용품들이 여기에 해당된다. 식료품이나 의약품과는 달리 이런 상품들은 구매를 나중으로 미룰 수 있고, 또 쓰던 물건을 원래 계획했던 것보다 오랫동안 사용할 수도 있다.

이런 사실에서 우리는 경기변동에 민감하게 반응하는 업계에 대한 의존도를 줄여야 한다는 교훈을 얻을 수 있다. 예컨대 쿠카의 CEO 틸 로이터Till Reuter는 전체 매출액의 70퍼센트를 차지하는 자동차 산업에 대한 의존도를 낮추는 일을 향후 몇 년간 추진해야 할 핵심적인 과제로 간주한다. 그러나 그처럼 업계를 옮겨가는 일은 오랜 시간이 소요되는 일이다. 회계연도 2011년을 기준으로 쿠카가 새롭게 진출한 영역인 의료용 로봇과 서비스 로봇 영역의 매출액은 고작 2,000만 유로로, 전체 매출액 14억4,000만 유로의 2퍼센트에도 못 미쳤다.[14]

많은 히든 챔피언들이 자금조달 측면에서 얼마나 훌륭하게 위기를 헤쳐나왔는지를 살펴보면 실로 놀라움을 금할 수가 없다. 2010년 2월부터 나는 무수한 히든 챔피언 수장들을 개인적으로 만나 억 단위의 자기자본금 공급에 관한 이야기를 나누었다. 당시에 나는 자본금 강화를 필요로 하는 기업이 많을 것이라고 예상했다. 그러나 나의 예상은 보기 좋게 빗나갔다. 대부분의 히든 챔피언들은 높은 자기자본금 비율 덕분에 자금난에 빠지지 않았다. 그러나 예외도 있었다. 예컨대 베어Behr 같은 기업은 위기가 진행되던 와중에 독립성을 상실하고 피스톤 제조업체인 말레Mahle에 인수되었다. 자동차 산업용 경첩제작 분야에서 선도적인 위치를 점했던 에드샤Edscha도 위기에 희생되었다. 또한 위기가 발생하지 않았더라면 추측컨대 산이중공이 푸츠마이스터를 인수하는 일도 없었을 것이다.

그러나 위기에도 불구하고 피해를 거의 입지 않은 히든 챔피언들도 있다. 그들은 경기순환에 역행하는 조치를 취했을 뿐만 아니라, 심지어 경기 침체를 이용하여 시장 입지를 강화했다. 선도적인 윤활제 생산기업인 울름의 리퀴 몰리Liqui Moly가 대표적인 예다. 거대 석유 기업에 소속되지 않은 리퀴 몰리는 90개가 넘는 나라에서 제품을 판매하고 있다. 이 회사는 수요 급감에 대처하는 조치의 일환으로 2007년에서 2011년 사이에 영업사원을 26퍼센트 늘리고 광고 예산을 증액했다. 그러나 다른 경쟁업체들은 정확하게 그와 반대되는 조치를 취했다. 그들은 비용을 절감하기 위해서 영업 활동을 줄이고, 하위시장Submarket에서 철수했다. 리퀴 몰리는 이 기회를 십분 활용했다. 경기순환에 역행하는 마케팅을 통해서 이 회사는 2009년도 매출액을 가볍게 증대시켰고, 그 이후로도 매출액을 크게 증대시키는 데 성공했다. 2010년에 접어들어서도 많은 회사들이 위기 이전인 2007/08년 수준을 회복하지 못했던 것과는 대조적으로 리퀴 몰리는 2010년에 이르러 매출액을 2007년 대비 38퍼센트 늘리면서 시장점유율을 크게 높였다.

시장점유율은 호경기가 아닌 불경기에 새롭게 책정된다. 상황이 어려워지면 상대적으로 약한 경쟁업체들이 무릎을 꿇는다. 상대적으로 강한 기업들과 용감한 기업들에게 이것은 시장 입지를 확대하는 기회로 작용한다. 반면 경기가 좋을 때는 모두가 큰 어려움 없이 사업을 운영해나가기 때문에 시장점유율이 거의 변하지 않는다. 이런 패턴은 진화학자 스티븐 제이 굴드Stephen Jay Gould가 주창한 가설과 유사하다. 그는 진화는 점진적이고 균등하게 이루어지는 것이 아니라 단기간에 급속히 진행된다고 주장했다(소위 '단속평형(Punctuated equilibria)' 이론이라 한다).[15] 변화는 오랫동안 미미한 수준으로 지속되다가 단기간에 갑작스럽게 이루어진다는 것이다. 우리는 이 가설을, 시장 전체는 물론이고 무엇보다도 히든 챔피언들에게 적용할 수 있다. 응답 기업들 가운데 다수가 기업의 발전이 짧은 기간 안에 급격하게 이루어졌다는 데 동의했다.

세계 각지에서 히든 챔피언 강의를 하다 보면 이 기업들 가운데 얼마나 많은 기업이 살아남았고, 또 얼마나 많은 기업이 몰락했는지 묻는 질문을 자주 받는다. 이 질문에는 딱 잘라서 답변을 하기 어렵다. 왜냐하면 나는 언제나 현재 존재하는 히든 챔피언들만을, 그러니까 살아남은 기업들만을 연구 대상으로 삼기 때문이다. 1990년대 중반에 이루어진 나의 첫 번째 연구에서는 457곳의 독일 히든 챔피언들이 목록에 포함되어 있었다. 상황을 완벽하게 파악하지는 못하지만, 어쨌거나 이 기업들 가운데 몇몇은 오늘날까지 살아남지 못했다. 예컨대 얇은 건축용 합판 생산 부문에서 선도적인 위치를 점한 펠트Feld 같은 회사는 추측컨대 경영 오류로 인해 파산했다. 새로운 종류의 노터치 화장실 시스템인 클린 콘셉트Clean Concept의 경우에는 사기행각에 말려들었던 것 같다. 그런가 하면 플로우텍스Flowtex는 세간의 관심을 크게 끌었던 법정소송을 통해서 유명해졌다. 플로우텍스가 생산했다고 주장했던 굴착기 대부분이 실제로는 아예 존재하지도 않는 허구의 산물로 밝혀졌다.

구 동독 기업인 게르미나Germina는 시장경제체제로의 전환을 제대로 견뎌내지 못했다. 게르미나는 과거에 고성능 크로스컨트리 스키 제작 부문에서 세계시장을 선도하던 기업이었지만, 현재는 사실상 무역회사로 변했다. 저 유명한 홈멜 인형을 제작하는 괴벨Goebel은 한때 히든 챔피언으로 간주되던 기업이다. 그러나 홈멜 인형 매출이 지속적으로 악화되면서 2006년 마침내 파산신청을 할 수밖에 없는 처지로 내몰렸다. 2007년 초에 미국 투자자들이 괴벨을 인수하여 회사 경영을 계속 이어가고 있다.

과거 환등기 부문 세계시장 선도기업이었던 리플렉타Reflecta는 현재 무역회사로 근근이 연명한다. 리플렉타의 사례는 기술 격변에 따른 위험성을 보여주는 전형적인 예다. 디지털 사진촬영 시대가 열리면서 빔 프로젝터와 핵심기술인 전자장비 및 소프트웨어를 갖춘 컴퓨터가 환등기를 대체하고 있다. 또한 이미 이야기한 것처럼 2007년 이후 찾아온 위기가 진행되는 와중에 몇몇 히든 챔피언들은 낙오되어버렸다.

성공적인 기업과 시장선도기업들을 위협하는 가장 큰 위험요소는 바로 스스로 과대평가하는 행위다. 다음에 소개할 설비제작 부문의 사례는 극적인 발전 과정을 그대로 보여준다. 독일 북부에 위치한 기업 노르트텍Nordtec(기업 명칭은 가명으로 처리했다)은 1985년에서 2000년에 이르는 기간 동안 세계시장점유율을 25퍼센트에서 75퍼센트로 끌어올리면서 승승장구했다. 그러자 기업 소유주는 자신의 회사를 가리켜 '성공 보증수표'라고 부르면서 그간에 긍정적인 발전을 주도했던 매니저와 결별했다. 이 매니저는 노르트라인-베스트팔렌Nordrhein-Westfalen에 있는 허약한 한 회사(베스트텍으로 부르기로 하자)를 인수했다. 그는 이 회사를 매우 강도 높게 혁신하여 불과 6년 만에 노르트텍을 선두 자리에서 몰아냈다. 한 업계 전문가는 이 일을 두고 다음과 같이 논평한다[16].

"노르트텍이 자신을 과대평가하고 자신을 성공 보증수표로 간주한 행위와 기술 개발을 소홀히 한 행위, 그리고 과거의 강인한 위상에 흠뻑 빠져 거기에 조금도 의문을 제기하지 않은 행위는 초창기에 재정적으로 취약했을 뿐더러 강력한 경영체제를 갖추지도 못했던 베스트텍을 파산 후보에서 세계시장 선두주자로 뒤바꾸어놓는 결과를 초래했다. 그것도 단 6년 만에 말이다. 무엇보다도 베스트텍은 자신을 과대평가하고 상대방을 과소평가했던 노르트텍 사람들이 저지른 실수 덕분에 톡톡히 이익을 보았다."

히든 챔피언 소유주와 매니저조차도 그 같은 인간적인 약점에는 무방비 상태였다.

몇몇 히든 챔피언들은 사모투자자들이 회사를 인수한 후에 과도한 부채 탓에 평판이 크게 나빠지거나 파산 직전의 상황에 봉착했다. 인터넷 초창기에 큰 성공을 구가했던 브로카트Brokat는 인터넷 거품이 꺼지면서 사라져버렸다. IT 보안 전문업체인 비오다타Biodata도 마찬가지로 파산의 늪으로 빠져들었다. 인터숍Intershop을 비롯한 다른 기업들도 그 중요성을 상실해버렸다. 그런가 하면 Q-셀즈Q-Cells, 솔론Solon, 솔라 밀레니엄Solar Millenium등 불과 몇 년 전만 하더라도 히든 챔피언 자리를 고수했던 무수한 광전지 기업들이 2011년 이후 무너져버렸다. 내가 히든 챔피언들을 유심히 관찰한 25년 동안 얼마나 많은 히든 챔피언들이 몰락했는지 정확하게 셀 수는 없지만, 추정컨대 연간 약 1퍼센트의 기업들이 무너진 것으로 보인다. 이를 25년에 걸쳐서 계산해보면 대략 4분의 1에 해당되지만, 사실 이 정도 비율은 매우 낮은 수준이라고 할 수 있다. 대기업의 탈락 비율은 이것보다 훨씬 더 높다.

독일종합주가지수DAX가 처음으로 도입된 1988년 이후를 살펴보면 회히스트Hoechst, 메탈게젤샤프트Metallgesellschaft, 카르슈타트

Karstadt, 드레스트너 방크Dresdner Bank, 펠트뮐레 노벨Feldmühle Nobel, 도이체 밥콕Deutsche Babcock, 닉스도르프Nixdorf, 만네스만Mannesmann, 히포 리얼 에스테이트Hypo Real Estate, 셰링Schering을 비롯한 수많은 기업들이 DAX 목록에서 자취를 감추었다. 이 기업들 중 일부는 무너졌고, 일부는 다른 기업에 인수되거나 합병되었다. 어쨌거나 이들은 모두 독립성을 잃어버렸다. 이런 기업들과 비교하면, 히든 챔피언들은 더 강인한 생존의 달인들이라고 할 수 있다.

그럼에도 불구하고 나는 히든 챔피언들이 결코 기적의 기업들이 아니라는 점을 힘주어 강조하고 싶다. 그들이라고 해서 위기 혹은 더 뛰어난 능력을 갖춘 경쟁업체들의 공격에 면역이 되어 있는 것은 아니다. 그들도 다른 일반 기업과 마찬가지로 매일 경쟁하면서 스스로 입지를 유지해야만 한다. 예컨대 그들은 부품 납품업체로서 매일 같이 엄청난 부담과 압력에 노출되어 있다. 이런 상황은 함께 대화를 나누었던 수많은 히든 챔피언 사장들의 진술에 그대로 반영되어 나타난다. 절대 다수의 사장들이 경쟁업체의 수준이 매우 막강하다는 점을 강조하면서, 그들의 성공은 결코 마법의 주문에 의한 것이 아니라 수많은 세부적인 부분들을 더욱 뛰어나고 철저하게 처리하는 데 기인하는 것이라고 말한다. 시어도어 레빗은 언젠가 이렇게 말한 바 있다. "지속적인 성공은 무엇보다도 한결같이 올바른 일에 집중하고, 날마다 별로 눈에 띄지 않는 무수하게 많은 일들과 사소한 일들을 개선해나가는 일과 다름없다."[17] 추측컨대 대부분의 히든 챔피언 수장들이 이 말에 동의를 표할 것이다.

독자 여러분에게 당부한다. 부디 이 책에 나와 있는 설명들을 음식 조리법처럼 그대로 따라하기만 하면 되는 극도로 간단한 성공 공식으로 생각하지 않기를 바란다. 그 대신 현재 당신이 처한 특수한 상황에 적용할 수 있는 관찰 내용과 경험 그리고 조건들은 어떤 것이며, 그렇지 않은 것은 어떤 것인지 비판적으로 검증해보기를 바란다. 모든 사항을 신중하게 받아들이고 언제나 의심의 끈을 늦추지 말라. 나만 하더라도 지몬-쿠허&파트너스의 설립 및 경영과 관련하여 히든 챔피언들로부터 아주 많은 것을 배웠다고 말할 수밖에 없다. 우리는 히든 챔피언들의 전략들을 단호하게 실행에 옮겼고, 이를 통해서 가격 컨설팅 부문에서 세계시장 선두주자로 자리매김하게 되었다. 이런 의미에서 지몬-쿠허&파트너스의 성공은 히든 챔피언들 덕이라고도 할 수 있다.

히든 챔피언들이 들려주는 교훈

대기업들은 늘 학자, 애널리스트, 주주, 저널리스트들에 의해 그 면면이 철저하게 규명되어왔다. 반면 히든 챔피언에 관한 정보에 주목하는 사람은 거의 없다. 전 세계를 무대로 어마어마한 성공을 거두는 이런 수천 개의 기업들은 짐짓 수수함을 가장하며 두꺼운 장막 뒤로 몸을 감추거나, 부분적으로는 고의적으로 침묵의 장막 뒤로 몸을 숨긴다.

모든 기업과 경영진은 성공적인 기업으로부터 배울 필요가 있다. 그런데 지금까지 이 과정은 일방통행식으로 이루어졌다. 배움의 과정이 규모가 크고 유명한 기업에서 중소 규모의 기업으로 이어져온 것이다. 마치 대기업에서만 뭔가를 배울 수 있는 것처럼 말이다. 사례 연구와 신문 보도, TV 리포트 그리고 각종 스캔들도 거의 언제나 대기업의 몫이다. 내 짐작으로는 비즈니스 스쿨에서 수행되는 사례 연구의 80퍼센트 이상이 대기업이나 세간의 관심을 끄는 기업에만 집중되어 있는 것 같다. 〈표 3.4〉에서 알 수 있는 것처럼 언론계의 상황도 이와 비슷하다. 이 분석표는 5개의 대표적인 독일 언론매체에서 다루어진 3만2,116건의 보도자료를 기초로 한 것이다.[18]

이제 학습 과정의 방향을 거꾸로 바꿀 때가 되었다. 대기업들조차도 히든 챔피언들로부터 훌륭한 점들을 아주 많이 배울 수 있다. 대기업들과 다년간 공동작업을 수행한 결과, 나는 히든 챔피언들의 전략과 경험이 토론에 활기를 불러일으켜 구체적인 개선으로 이어지는 경우를 종종 발견할 수 있었다. 지난 몇 년간 우리는 집중 전략과 핵심사업에 대한 제고, 고객친밀도 혹은 직원충성도 등과 같은 히든 챔피언들의 전형적인 행동방식이 점점 더 크게 주목받는 것을 경험했다. 또한 이런 풍조에 발맞추어 대기업들이 조직을 획기적으로 재정비하여 히든 챔피언들과 유사해지는 일이 드물지 않게 일어났다. 예나 지금이나 어마어마한 잠재적인 개선 가능성을 보유한 기업들이 여전히 많다. 히든 챔피언들의 전략과 콘셉트가 이 기업들의 개선을 촉진하는 일에 크게 도움이 될 수 있을 것이다.

당연한 말이지만, 그리 성공적이지 못한 중소기업들도 히든 챔피언들로부터 배울 수 있다. 이를 위해서는 우선 그들 자신의 전략을 히든 챔피언들의 전략과 비교해보고, 차이점이 무엇인지 확인해야 한다. 그런 다음 구체적인 조치들을 취해야 할 것이다. 그런 종류의 벤치마킹 과정은 새로운 통찰을 전달해줄 뿐만 아니라, 그것을 실행에 옮기는 일도 쉽게 만들어준다. 왜냐하면 이론적으로만 가능

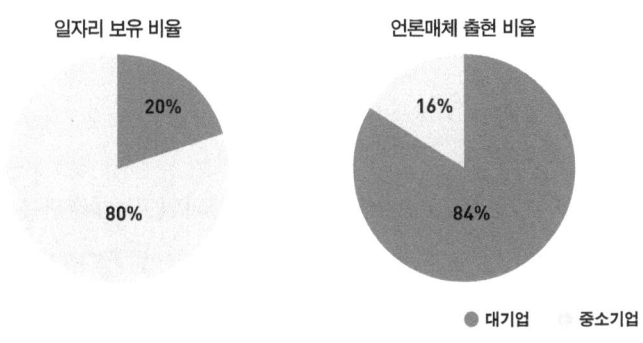

〈표 3.4〉 고용주로서 기업이 지닌 중요성과 기업의 언론매체 출현 빈도

한 상황이 아닌, 결과가 확실하게 보장된 상황이 비교 기준으로 활용되기 때문이다.

특히 젊은 사람들은 히든 챔피언들로부터 아주 많은 것을 배울 수 있다. 지금까지는 대부분의 대학 졸업생들이 대기업을 선망의 대상으로 삼았다. 이런 현상은 경제적인 현실에 대한 제한적인 지식, 유명 브랜드에 대한 지나친 강조, 동류집단의 인식 등과 밀접하게 관련되어 있다. 그러나 그런 인식과 그로부터 도출된 고용주에 대한 선호도는 현실과 부합하지 않는다. 히든 챔피언들은 고용주로서 매우 매력적이다. 집중 전략과 비교적 작은 규모 덕분에 기업을 전체적으로 파악하기가 더 쉽고, 더 빠른 시간 안에 진짜 제대로 된 일을 맡을 수 있다. 기업의 성장은 개인의 직업적인 성공을 장려한다. 히든 챔피언들은 세계 곳곳에 진출해 있고, 이에 따라 개인에게도 흥미로운 국제적인 발전 가능성들을 제공한다.

그 사이에 히든 챔피언들 위로 드리운 베일이 부분적으로 걷힌

것은 사실이지만, 예나 지금이나 그들은 세간에 거의 알려지지 않은 수많은 소중한 교훈들을 우리에게 전달해준다.

이 책의 목표

《히든 챔피언》은 1996년에 처음 출간되었고, 개정판은 2007년에 출간되었다.[19] 그 후로 세상은 근본적으로 변했다. 세상이 이렇게 변한 이유는 2007년에 시작되어 오늘날까지도 그 여파가 가시지 않은 대형 위기 때문만은 아니다. 글로벌리아에서 수행된 또 다른 변화들도 위기에 필적하는 영향을 끼친다. 개발도상국, 그중에서도 중국의 급속한 상승과 2011년 가을에 접어들어 70억 경계를 무너뜨리면서 계속되는 세계인구의 성장, 성큼 앞으로 나아가는 인터넷 혁명, 세계무역 자유화 및 점점 첨예화되는 환경문제 등이 그런 변화에 속한다. 이 모든 발전들은 새로운 도전을 몰고 오기도 하지만, 히든 챔피언들에게 뜻밖의 기회를 열어주기도 한다.

이제 이전의 《히든 챔피언》을 증보하고 중요한 부분들을 새롭게 쓸 때가 되었다. 이 책의 목표는 오래 전부터 대형 위기와 세계화의 물결이 점점 가속화하는 최근까지, 히든 챔피언들이 그처럼 큰 성공을 거두는 이유를 좀더 분명하게 이해하는 것이다. 그들은 지금 글로벌리아를 향해 결연하게 나아가는 도정의 선봉에 서 있다. 우리는 그들에게서 많은 것을 배울 수 있다. 세상이 점점 세계화되어 가면서 어떤 점이 변했는가? 어떤 전략과 어떤 경영방식이 지속적인 성공을 창출하는가? 그들은 어떤 식으로 자신들의 전략을 새로운 현실에 적용시키는가? 앞으로 이 책에서 다룰 문제들을 선별해

보면 다음과 같다.

- 히든 챔피언들은 어떤 방법으로 괄목할 만한 성장을 이룩하는가? 그 배후에는 어떤 비전이 숨겨져 있는가? 그들은 어떻게 이런 비전을 전달하고 실행에 옮기는가?
- 그들은 시장을 어떻게 이끌어가는가? 세계시장 선도기업이란 무엇을 의미하는가? 시장점유율이 가장 높기만 하면 되는가, 아니면 그밖에 또 다른 숨겨진 요인이 있는가? 히든 챔피언들이 시장을 정의하는 방식에 관한 질문도 같은 맥락에 포함된다.
- 초점과 집중은 어떤 역할을 수행하는가? 시장이 포화 상태에 이른 동시에 시장점유율이 높을 때 히든 챔피언들은 어떤 방식으로 '다각화'라는 주제에 접근하는가?
- 서비스 범위, 고객친밀도, 마케팅, 경쟁과 관련하여 히든 챔피언들이 취하는 입장과 행동방식은 어떤 것인가?
- 히든 챔피언들은 높은 자체제작비율과 자체가치창출비율이라는 어려운 문제에 어떻게 대처하는가? 그들에게 자체제작비율과 자체가치창출비율이 높다는 것은 무엇을 뜻하는가?
- 그들은 글로발리아로 향한 길에서 어떻게 앞서 나가는가? 규모가 비교적 작은 이 회사들은 정신적인 국제화와 세계 진출 같은 요구사항에 어떤 식으로 대응하는가? 그들은 새로운 나라에 어떤 방식으로 진입하는가? '미래의 시장'에서 어떻게 행동하는가?
- 히든 챔피언들은 어떻게 비범한 혁신력을 획득하는가? 그들의 혁신 과정은 어떤 형태를 취하는가? 새로운 히든 챔피언들은

어떻게 탄생하는가?
- 히든 챔피언들은 어떻게 자금을 조달하는가? 지금까지는 어떠했고, 미래에는 또 어떻게 될 것인가?
- 그들은 어떤 조직 형태를 선택하는가? 새로운 세계 정세와 시장 상황에 대한 적응 조치는 어떤 모양새를 취하는가?
- 기업문화와 경영문화는 어떠한가? 그들은 직원들에게 어떤 식으로 영감을 불어넣는가? 이런 회사들은 어떤 방식으로 높은 일체감과 동기의식을 불러일으키는가? 또 어떤 방식으로 직원을 선발하고 유지하며 관리하는가?
- 마지막으로, 우리는 히든 챔피언을 이끌어나가는 경영자들의 면면을 살펴볼 것이다. 이런 경영자들은 어떤 특징을 통해서 두각을 드러내는가?

나는 독자들이 이런저런 숫자들을 최대한 많이 열거하는 것보다는 히든 챔피언들이 그토록 큰 성공을 거두는 이유와 앞으로 다가올 글로발리아에 대비하여 그들로부터 배울 수 있는 점이 무엇인지 알고 싶어할 것이라고 생각한다. 따라서 이 책에서 나는 온통 숫자로 점철된 숫자의 공동묘지와 방법론적인 측면에서의 토론을 최대한 자제하려고 노력했다. 그 대신 우리는 이 책이 타깃으로 삼는 핵심목표 그룹인 기업가와 경영인의 관심사를 십분 고려하여 무엇보다도 기업 경영과 관련된 내용과 통찰 그리고 결과에 집중할 것이다.

핵/심/요/약

독일과 독일어권 국가에는 세계시장 혹은 유럽시장 선도기업임에도 불구하고 수수한 외관과 침묵이라는 짙은 안개 속으로 몸을 숨긴 수많은 회사들이 있다. 히든 챔피언들이 바로 그들이다. 고도의 목표의식과 끈기로 무장한 그들은 글로발리아로 향한 도정에서 최선봉에 서 있다. 그러나 언론과 경영학자 그리고 세인들은 이 회사들을 거의 알지 못한다. 하물며 그들의 행동방식과 내적인 강인함을 모르는 것은 두말할 나위도 없다. 그러나 바로 이런 회사들이야말로 점점 더 빠르게 세계화되어 가는 세상에서 어떤 전략과 리더십 방법이 지속적인 성공을 가져다주는지 명시적으로 보여준다. 앞으로 차차 알게 되겠지만, 지속적인 성공을 가져다주는 핵심 요인은 현대적인 형태로 유행하는 경영방식과 트렌드라기보다는 오히려 효력이 입증된 다양한 미덕과 건전한 인간의 이성이다.

히든 챔피언들은,
- 다른 어느 곳보다도 독일어권에 풍부하고 다채롭게 존재한다.
- 세계시장에서 탁월한 시장 입지를 보유하고 있다.
- 진정 세계적인 회사로 변신하는 과정에 있다.
- 유일무이하고 흔히 눈에 띠지 않는 제품들로 두각을 나타낸다.
- 주목할 만한 생존 능력을 입증해 보여준다.
- 주목받아 마땅하지만, 일반적으로 세간의 주목을 그리 받지 못한다.
- 성공을 구가한다. 그러나 기적의 기업은 아니다.

경영에 관심이 있는 사람이라면 누구나 히든 챔피언들로부터 배움을 얻을 수 있다. 이것은 아직까지는 히든 챔피언들처럼 탁월한 시장점유율을 확보하지는 못했지만, 성장과 시장 입지 강화를 향한 야심을 품은 소규모 회사와 중간 규모의 회사에도 공히 해당되는 사실이다. 흔히 작은 회사와 기업에 대해 별로 진지하게 받아들이지 않는 경향이 있는 대기업 관리자들도 히든 챔피언들에게서 가르침을 얻을 수 있다. 현대 기업경영을 위한 탁월한 본보기들을 히든 챔피언들 사이에서 발견할 수 있기 때문이다.

Chapter 04

지속적인 성장
HIDDEN CHAMPIONS

HIDDEN CHAMPIONS

기업이 전략을 세우고 경영을 할 때 목표는 매우 중요한 역할을 한다. 효과적으로 전달된 목표는 변속기 벨트와도 같아서 경영진은 그것을 이용하여 직원들에게 에너지를 고취시킨다. 히든 챔피언들은 매우 야심찬 목표를 추구한다. 그들의 목표는 무엇보다도 기업의 지속적인 성장과 시장지배권이다. 그렇다면 이런 목표는 언제, 어떻게 생성되는가? 목표는 어떤 방식으로 전달되는가? 히든 챔피언들은 이런 목표들을 실현하는 데 얼마나 성공했는가? 지난 10년 동안 히든 챔피언들은 강력하게 성장했다. 그들의 목표는 매우 장기적이라는 특징을 띤다.

야심찬 목표와 대담한 비전

모든 일의 시작에는 언제나 목표가 자리 잡고 있다. 이때 '목표'라는 단어 대신 '비전'이라는 단어를 사용할 수도 있다. 그런데 여기에는 두 가지 고려사항이 있다. 첫째, 먼저 어떤 시기에 무엇을 달성하려고 하는지 정확하게 알아야 한다. 둘째, 목표를 실행할 에너지가 필요하다. 성공을 거둔 기업가들을 살펴보면 대담한 목표와 비전을 지니고 있음을 알 수 있다. 그것들을 발전시켜가다 보면 특정한 단계에 이르러 그들의 내면에서 달성하고자 하는 장기적인 목표에 대한 표상이 떠오르고, 그것은 날이 갈수록 점점 더 명료하고 또렷해진다.

이때 이런 표상을 문서로 작성하고 명시적으로 전달하고 세세한 부분까지 파고드는 것은 그리 중요한 일이 아니다. 일반적으로 시작 단계에서 이 모든 일들을 할 수는 없다. 목표와 비전은 실현해나가는 과정에서 점점 더 구체화된다. 그리고 그 과정에서 기업가들은 새로운 것을 배우게 된다. 그들은 성공을 통해서 자신의 생각에 확신을 갖기도 하며, 때로는 큰 타격을 입은 채로 원래 자기가 품었던 생각을 적절하게 조절할 수밖에 없는 상황으로 내몰리기도 한다. 실패를 경험한 기업가는 방법을 변경하는 한편 신중한 태도를 갖추게 된다. 성공과 성장을 경험한 기업가는 시간이 흐르면서 점점 더 큰 용기를 얻는다.

이렇듯 목표와 비전은 기업가에게 생각과 행동의 원동력이 된다. 그뿐 아니라 비전을 가진 기업가들은 주변 사람들의 마음을 사로잡는다. 히포의 아우구스티누스Augustinus von Hippo(아우렐리우스 아우구스티누스. 아프리카 히포 주교를 지냈기 때문에 이렇게 불리기도 한다-옮긴이)가 한 말을 빌려서 표현하면 "자신의 내면에서 불꽃이 활활 타오르는 사람은 다른 사람의 마음속에도 그런 불꽃을 지필 수 있다." 기계전자 융합 엔진을 제작하는 선도적인 기업 비텐슈타인 주식회사Wittenstein AG는 "사장이 품은 비전이 곧 성공을 위한 원동력이다"라고 말한다. 비전은 성공적인 기업을 만들고, 새로운 기술로 새로운 시장을 열어젖히며, 사회 전체를 변화시키기 위해서 없어서는 안 될 필수적인 요소다. 비전을 명료하게 표현하는 것도 중요하지만, 그것을 실현할 줄도 아는 기업들은 오스트리아의 경제학자 조지프 슘페터

Joseph Schumpeter가 말한 '창조적인 파괴자'가 된다. 창조적인 파괴자, 그들 덕분에 세상이 이렇게 발전할 수 있었다.

히든 챔피언의 역사를 돌이켜보면 제일 먼저 '성장'이라는 요소가 가장 중요한 목표로 부각된다. 성장이라는 목표는 두 번째 목표, 즉 시장을 주도하는 업체가 되어 그 자리를 계속 유지하고자 하는 열망을 실현하는 데 도움을 준다. 그리고 시장지배권은 또 다시 계속된 성장에 이바지한다. 그 결과 선순환Circulus virtuosus이 생성된다.

지난 수십 년간 히든 챔피언들은 강력하고도 지속적으로 성장해왔다. 그들은 연평균 성장률 8.8퍼센트를 기록하며 매출액을 큰 폭으로 증가시켰다. 비록 2007년 이후 찾아온 위기로 인해 많은 히든 챔피언들이 매출 감소를 경험하기도 했지만, 이 역시 그 사이 상당 부분 만회되었다. 지속적인 성장이라는 장기적인 트렌드가 중단되지는 않은 것이다. 여기서 우리가 주목해야 할 것은 '지속적'이라는 단어다. 사실 채 몇 년 되지 않는 짧은 기간에 과도한 성장을 이룩하기보다는 매년 적절한 비율로 성장하는 편이 더 낫다.

실제로 리타 맥그래스의 최근 연구는 매년 지속적인 성장을 실현하는 것이 얼마나 어려운 일인지를 보여준다. 그녀는 2,347개의 회사를 대상으로 10년간 성장률을 조사했다. 이 기업들 가운데 10년 내내 해마다 5퍼센트가 넘는 성장률을 달성한 회사는 고작해야 10개밖에 되지 않았다.[1] 지속적인 성장의 결과물로서 오늘날 히든 챔피언들의 규모는 1995년보다 평균 4배 정도 커졌다. 1995년에 10억 유로의 매출액을 달성한 한 회사의 연간 성장률이 8.8퍼센트라고 가정한다면, 2010년에 이르러 그 회사는 매출액 40억 유로의 거인으로 변신한 것이다.

강력한 성장세는 기업의 규모와 상관없이 모든 등급에서 나타난다. 기업의 규모와 성장률 사이에 어떤 의미심장한 관련성도 존재하지 않는다.[2] 그런데 이는 매우 놀라운 결과다. 왜냐하면 보통 우리는 회사 규모가 커지면 커질수록 성장률이 완만해질 것이라고 추측하기 때문이다. 이런 가설은 우리의 임의표본추출 결과와 모순을 이룬다. 히든 챔피언들의 성장 능력은 회사 규모에 크게 좌우되지 않는다. 왜냐하면 세계화를 통해서 시장이 어마어마하게 확장되었기 때문이다. 이 때문에 성장의 한계가 두드러지게 나타나는 일이 거의 없어졌다. 아마도 향후 수십 년간은 이런 현상이 지속될 것이다. 히든 챔피언들이 만들어낸 물건에 대한 전 세계의 수요는 실로 끝이 없다.

언제나 그렇듯이 평균치가 지닌 설득력은 어디까지나 제한적일 수밖에 없다. 성장률 최상위 구간으로 가보면, 1995년보다 매출액 규모가 무려 20배 이상 커진 기업들을 발견할 수 있다. IT 서비스 업체인 베히틀레Bechtle는 이 15년의 기간 동안 매출액이 29배나 늘어났다. 레드불Red Bull은 매출액이 25배 성장했고, 풍력발전기 제조업체인 에네르콘은 24배 성장했다. 이처럼 엄청난 규모의 성장 과정에서 수많은 기업들이 새롭게 매출액 억만장자 대열에 올라섰다. 그러나 이렇다 할 만한 성장세를 기록하지 못했거나 오히려 규모가 축소된 회사들도 소수 존재한다. 그런데 흥미롭게도 이런 '성장 금욕주의자들' 가운데 몇몇은 의도적으로 성장하지 않았다. 이것도 전적으로 의미 있는 전략이 될 수 있다. 여기에 대해서는 뒤에서 상세하게 살펴볼 것이다.

직원 수의 성장을 살펴보면 연간성장률 4.7퍼센트로, 연간 8.8

퍼센트를 기록한 매출액 성장률보다 현저하게 낮은 수준을 보인다. 그럼에도 불구하고 누적 증가율은 어마어마하다. 평균적으로 살펴보면 직원 수가 58퍼센트 증가한 셈이다. 여기에서도 다시금 지속적인 성장의 효과가 나타나는 것을 알 수 있다. 히든 챔피언들은 새로운 일자리를 대규모로 창출했다. 그러나 내수시장인 독일, 오스트리아, 스위스에서 발생한 고용 증가는 비교적 미미한 수준에 그쳤다. 새로운 일자리 대부분이 독일어권 외부에서 생겨났다. 성장률 변화로 인한 직원 1인당 매출액은 10년 만에 11만678유로에서 16만39유로로 증가했다.

매출액 성장률과 직원 성장률이 차이를 보이는 데는 여러 가지 이유가 있다. 생산성 향상, 가치창출사슬 이전, 인플레이션 효과 등이 그 이유에 속한다. 모르긴 해도 생산성이 족히 연간 4퍼센트는 향상되었을 것이다. 히든 챔피언들이 처음 출발할 때의 수준 자체가 이미 높았다는 점을 감안한다면 주목할 만한 수치라고 할 수 있다. 명백하게 히든 챔피언들은 그들의 생산성을 지속적이고도 현저하게 향상시켜나가고 있다. 이 과정에서 위기는 그들에게 새로운 추진력이 되어주었다.

자체가치창출비율은 약 10퍼센트 정도 줄었다. 대부분의 히든 챔피언들이 기업 간 거래Business-to-Business 부문에 종사하기 때문에 인플레이션 비율은 비교적 낮게 잡아도 될 것으로 보인다. 제아무리 히든 챔피언이라고 하더라도 수많은 부품공급시장에 팽배해 있는 가격 압력을 완전히 피해가기는 어려웠다. 예컨대 지난 몇 년 동안 자동차부품 공급업체들의 납품 가격이 연간 3~5퍼센트 정도 지속적으로 하락했다. 우리의 임의표본추출에서는 응답 기업의 24퍼센트가 제품 가격이 확연하게 떨어졌다고 답했고, 제품 가격이 확연하게 올랐다고 답한 기업은 고작 13퍼센트에 불과했다. 그리고 과반 이상인 63퍼센트가 가격 수준이 근본적으로 제자리에 머물러 있다고 답했다.

빅 챔피언의 탄생

대기업이 어떻게 탄생하는지 한 번이라도 의문을 가져본 적이 있는가? 답은 간단하다. 오랜 시간에 걸쳐 지속적으로 성장하는 중소기업이 바로 대기업의 시작이다. 우리의 히든 챔피언들 가운데서도 1995년부터 2010년 사이에 매출액 경계인 50억 유로를 훌쩍 뛰어넘어 성장한 기업이 몇몇 있다. 그들은 이제는 현재 우리가 정의하는 의미에서 히든 챔피언이 아니다. 따라서 우리는 그들을 '빅 챔피언'이라고 부른다. 놀랍게도 빅 챔피언들의 성장률도 규모가 작은 히든 챔피언들의 성장률보다 결코 낮지 않다.

네 가지 사례를 들어 한때 히든 챔피언이었던 기업들이 대기업 반열에 올라선 과정을 조명해보자. 1995년 SAP, 쉐플러 그룹Schaeffler Gruppe, 프레제니우스 메디컬 케어Fresenuius Medical Care, 뷔르트는 매출액 10~20억 유로의 전통적인 히든 챔피언들이었다. 2010년을 기준으로 이 빅 챔피언들의 매출액은 80억 유로를 훌쩍 뛰어넘는 수준에서 움직인다. 〈표 4.1〉은 15년에 이르는 기간 동안 진행된 매출액 발전 과정을 보여준다. 네 회사 모두가 각자 그들의 시장에서 주도적인 위치를 차지하고 있다.

SAP와 프레제니우스 메디컬 케어는 이렇게 발전하는 과정에서

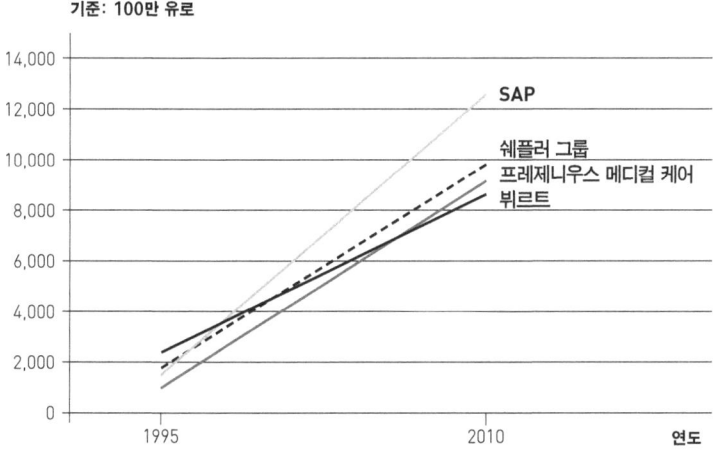

기업	주력 제품	매출액 2010 (100만 유로)	연간 성장률 1995~2010년
프레제니우스 메디컬 케어	신장투석 서비스	9,091	16.7%
SAP	업무용 소프트웨어	12,464	15.8%
쉐플러 그룹	베어링	9,495	13.1%
뷔르트	조립제품	8,633	9.5%

DAX에 상장되는 위업을 이룩해냈다. 그리고 지금은 독일 대기업들 중에서도 1부 리그에 소속되어 있다. 쉐플러와 뷔르트는 그 규모에도 불구하고 여전히 가족기업으로 남아 있다.

프레제니우스 메디컬 케어는 문명질병의 증가와 의료기술의 발달, 양쪽 모두의 덕을 톡톡히 보았다. 이 기업은 결단성과 용기로 무장해 이런 조건들로부터 생성된 성장 기회를 움켜쥐었다. 무엇보다도 국제화 추진에 큰 힘을 기울였다. 미국 기업 레널 케어Renal Care를 인수한 것을 비롯하여 타 기업에 대한 인수가 성장에 결정적으로 기여했다. 이때 프레제니우스 메디컬 케어는 합병에 따른 각종 문제들을 능수능란하게 극복해냈다. 이렇듯 일찍부터 경영을 국제화했으며, 그리하여 현재 4개국 출신 인사 7명이 경영진을 대표하고 있다. 이런 방식으로 이 회사는 15년의 세월에 걸쳐 연평균 성장률 16.7퍼센트를 달성해낼 수 있었다.

SAP는 현재의 업무용 소프트웨어 시장을 만든 기업으로, 수십 년에 걸쳐 이 시장 전체와 자신의 고유한 시장 입지를 체계적으로 발전시켜왔다. 그 과정에서 소프트웨어 기능 확장, 업계 확장, 국제화, 소프트웨어 부품 납품업체 합병과 최근 몇 년 동안 강도 높게 이루어진 기업인수 등 종합적인 성장 경로를 걸어왔다. 규모가 작은 수많은 기업을 매입한 것 외에도 2008년에는 프랑스 회사 비즈니스 오브젝츠Busniess Objects를 48억 유로에 사들였고, 2010년에는 사이베이스Sybase를 46억 유로에, 2012년에는 석세스 팩터스Success Fatocrs를 34억 유로에 인수했다. 1995년에서 2010년에 이르는 기간 동안 SAP의 연평균 성장률은 15.8퍼센트였다.

SAP와 프레제니우스 메디컬 케어가 새로운 시장에서, 그리고 새로운 시장과 함께 성장한 것과는 대조적으로 쉐플러와 뷔르트는 오히려 전통적인 시장에서 움직인다고 할 수 있다. 쉐플러는 1946년에 플레인 베어링과 롤러 베어링 제작업체로 설립되어 수십 년에 걸쳐 획기적인 혁신과 자동차 산업의 부흥으로 인해 큰 이익을 보았다. 이후에 루크LuK 인수(완전인수 1999년)와 FAG 쿠겔피셔FAG Kugelfischer 인수(2001년) 등 중요한 인수 사업이 이루어졌다. 또한 세계화는 INA 쉐플러에게 매우 효과적인 성장 모터로 입증되었다. 오늘날 이 회사는 전 세계 180곳에 진출해 있으며, 6만7,500명의 직원을 고용했다. 비록 다소 전통적인 시장을 무대로 활동하고 있지만, 그래도 1995년부터 2010년에 이르는 기간 동안 쉐플러는 연간 13.1퍼센트의 성장을 달성했다.

뷔르트의 주력 사업은 모든 종류의 조립제품을 포괄한다. 이 기업의 주력 사업을 전문용어로 말하면 '생산연결무역'이라고 한다. 어딘지 시대에 뒤떨어진 느낌이긴 하다. 그러나 뷔르트는 최고의 효율성을 갖춘 유통 시스템이자 물류 시스템이다. 6만6,000명의 직원 가운데 약 50퍼센트가 영업 부문에 소속되어 있다. 동기 부여, 의욕 고취, 영업 목표 설정, 분야 확대, 픽업 숍과 E-커머스E-Commerce 등 획기적인 영업 방법, 그리고 이제 당연하게 들리는 세계화는 뷔르트의 결정적인 성장원동력들이다. 뷔르트는 15년의 기간 동안 연간 평균 9.5퍼센트씩 성장해왔다.

오늘날 빅 챔피언이 된 뷔르트의 성장 역사를 관찰해보는 것은 충분히 가치가 있는 일이다. 먼저 기업 경영 수단이자 지속적인 성장을 끌어내는 원동력으로서의 장기적인 목표와 비전을 이야기할 때면 라인홀트 뷔르트Reinhold Würth를 지나칠 수 없다. 그가 품은 비전의 핵심은 언제나 '성장'이었다. 내가 처음 그를 알게 된 후로 어언 30년의 세월이 흘렀는데, 그동안 라인홀트 뷔르트는 단 한 번도 성장의 미덕을 알리는 일을 멈춘 적이 없다.

그는 종종 자신의 회사를 나무에 비유하곤 했다. 나무가 자라는 동안 그 나무는 건강하다. 그러나 성장이 멈추면 나무는 곧 쇠퇴한다. 뷔르트의 견해에 따르면, 오직 성장만이 한 회사를 젊고 역동적이고 민첩한 상태로 유지시킬 수 있다는 것이다. 뷔르트는 이렇듯 말로만 성장을 호소하는 데 그쳤던 것이 아니라, 당시로서는 거의 실현 불가능해 보였던 양적인 목표들을 거듭하여 설정했다. 이를 통해서 그는 자신의 비전을 구체적이면서도 측정 가능하게 만들었다. 〈표 4.2〉는 뷔르트의 비전이 만들어낸 결과물들을 보여준다.

1954년 이후 처음 20년 동안은 매출액이 오늘날의 잣대를 적용하면 거의 눈에 보이지도 않을 만큼 미미한 수준에서 성장했다. 그런데 놀라운 것은 이 회사의 성장 규모만이 아니다. 회사가 극단적으로 위기로 내몰렸던 2009~2010년을 제외하고는 매년 성장을 기록했다는 사실도 놀랍기는 마찬가지다. 이 과정에서 상대적으로 크게 성장했던 시기와 작게 성장했던 시기가 있었다는 것도 그리 놀라운 일이 아니다. 예컨대 1990년대에 높은 성장률을 기록했던 시기에 이어 21세기 초에 접어들어 잠깐 '숨 돌릴 틈'이 찾아왔다. 그러나 2010년 매출액을 보면 초창기의 유서 깊은 성장 정신이 다시 깨어난 것 같은 느낌이 든다. 무엇보다도 중요한 것은 성장의 연속성이다.

표를 보면 라인홀트 뷔르트가 어떻게 매출액을 거듭 높여갔는지 잘 알 수 있다. 1979년 2억1,900만 유로(당시의 화폐 단위로 환산하면, 4억 2,900만 마르크)의 매출을 올린 뷔르트는 1986년에 직원들을 독려하여 매출액 경계 5억 유로를 무너뜨렸다. 이어서 1990년에는 매출액 10억 유로를 공략했다. 당시 뷔르트는 다음과 같이 말했다.

"그런 목표들이 얼마나 신속하게 독자적인 생명력을 발현시켜 기업문화의 한 부분으로 자리잡게 되는지, 그저 놀라울 뿐입니다. 직원들은 그 목표에 일체감을 느끼고, 그것을 실현하기 위해 모든 방법들을 동원합니다."

1989년에 이미 매출액 10억 유로를 달성한 라인홀트 뷔르트는

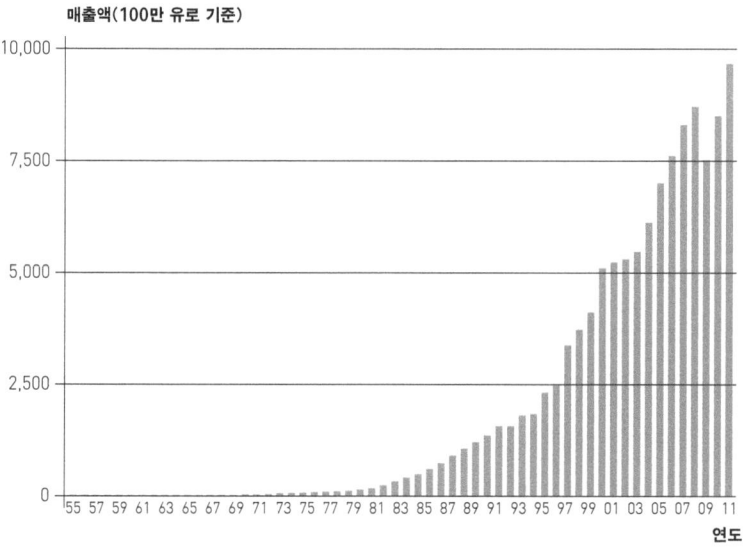

〈표 4.2〉 뷔르트 그룹의 성장(1954년에서 2011년까지): 히든 챔피언에서 빅 챔피언으로

단 한순간도 머뭇거리지 않고 50억 유로 경계를 뛰어넘는 것을 목표로 삼았다. 그것도 2000년 목표치로 말이다. 1990년대 초에 뷔르트는 극도로 야심에 찬 이런 목표에 대해서 다음과 같이 말한 바 있다.

"직원들은 이 새로운 비전을 아주 짧은 시간 안에 수용했습니다. 이 새로운 비전이 거의 자석과도 같은 흡인력을 창출했다고 해도 과언이 아닙니다."

당시 뷔르트 브라질Würth do Brazil 사장이었던 클라우스 핸드릭슨Klaus Hendrikson은 이렇게 말했다.

"이것은 더 이상 비전이 아닙니다. 이것은 분명히 이룩해낼 수 있는 목표입니다. 어디까지나 냉철한 분석에 근거해 우리 회사가 그 같은 매출액을 달성해낼 수 있으리라고 제시하는 것입니다."

이제 마지막으로 언급하는 부분을 눈여겨보아야 한다. 왜냐하면 바로 그것이 직원들의 목표 수용 여부를 결정짓기 때문이다. 라인홀트 뷔르트는 다음과 같이 말했다.

"그 같은 비전을 그저 탁상공론에 부칠 수는 없는 일입니다. 무릇 비전은 반드시 증명할 수 있어야 하는 법입니다. 모든 제약 조건들과 수단, 시장, 자금조달, 직원, 경영 역량 등 모든 사항을 점검해야만 합니다. 본인이 맡은 과제를 꼼꼼하게 완수했을 때, 그제야 비로소 그 같은 야심찬 비전과 목표를 천명해야 할 것입니다. 왜냐하면 기초가 튼튼하면 비전은 저절로 해결되기 때문입니다."

〈표 4.2〉는 뷔르트가 군더더기 없이 깔끔한 착지, 즉 목표를 매우 정확하게 달성했다는 사실을 증명해 보여준다. 10년도 훨씬 이전에 공표한 대로, 회사는 정확하게 2000년에 매출액 50억 유로를 달성했다.

고문단 회장인 베티나 뷔르트Bettina Würth와 그룹 중역진 대변인인 로베르트 프리트만Robert Friedmann으로 구성된 현재 경영진도 과거와 마찬가지로 성장의 철학을 깊숙이 내면화했다. 2010년에 새롭게 작성된 '비전 2020'은 매출액 200억 유로, 직원 수 10만 명을 2020년 목표로 내걸었다. 이미 앞에서 말했듯이 위대한 성공의 시작에는 언제나 비전과 야심찬 목표가 자리 잡고 있다. 여기서 우리가 주목해야 할 점은, 라인홀트 뷔르트가 중요하게 여기는 것이 결코 순수한 매출액 성장이 아니라는 사실이다. 그는 거듭 강조했다. "이윤 없는 성장은 치명적이다." 이 기업은 오랜 세월에 걸쳐 업계 평균을 크게 웃도는 이윤을 올리고 있다.

중간 규모 히든 챔피언들의 폭발적인 성장

지금까지 설명한 빅 챔피언 4곳의 발전 과정은 너무나도 극적이다. 그들의 사례는 새로운 대기업의 탄생은 미국이나 아시아에서나 있을 법한 일이지 독일에는 전혀 어울리지 않는다는 기존 관념과는 상반된 것이다. 어쩌면 이 기업들을 예외로 치부하는 사람들도 있을 것이다. 일반적으로 독일 기업들은 미국 기업들에 비해서 성장이 더딘 데다가 일자리를 창출하기는커녕 오히려 줄이고 있으며, 침체의 늪에서 헤어나지 못하는 실정이니까 말이다. 그러나 수많은 중간 규모의 히든 챔피언들은 지금 막 설명한 빅 챔피언들보다 훨씬 더 강력하게 성장하고 있다.

그렇다면 사람들이 이런 성공 사례들을 거의 인식하지 못하는 이유는 무엇일까? 이런 성공 사례들이 공개적으로 여론에 알려지지 못하는 이유는 도대체 무엇이란 말인가? 앞장에서 이미 설명했듯이 언론과 대중의 관심은 일방적으로 대기업에게만 쏠려 있다. 그것도 '유명' 대기업에게만 쏠려 있다고 해도 과언이 아니다. 이 대목에서 우리가 인정할 수밖에 없는 사실이 한 가지 있으니, 바로 산업, 금융업, 보험업, 무역업, 통신업, 건설업 등 업계 전반에 걸쳐 규모가 큰 다수의 기업들이 거듭하여 일자리 감축을 알리고 있다는 사실이다. 예컨대 DAX에 상장된 30대 대기업들만 하더라도 2002년에서 2006년 사이에 국내 직원을 3.5퍼센트 감원했다.[3] 아마도 이런 사실이 사람들의 인식과 전체적인 분위기에 결정적으로 영향을 미쳤을 것이다.

공개적인 관심의 레이더망 아래쪽에는 지속적이고 강력하게 성

〈표. 4.3〉 새롭게 매출액 10억 장자로 등극한 10개 기업의 예

기업	주력 제품	1995년 매출액 (100만 유로 기준)	2010년 매출액 (100만 유로 기준)	연간 성장률 1995~2010	성장 계수 1995~2010
베히틀레 Bechtle	IT 서비스	59	1,720	25.2%	29.2
레드불 Red Bull	에너지 드링크	153	3,785	23.8%	24.7
에네르콘 Enercon	풍력발전시설	153	3,700	23.7%	24.2
레오니 Leoni	자동차 케이블	299	2,960	16.5%	9.9
dm 드로거리마르크트 dm Dorgeriemarkt	약품, 화장품을 포함한 잡화	980	6,170	13.1%	6.3
클라스 Claas	농기구	640	2,475	9.4%	3.9
토그눔 Tognum	디젤 엔진	780	2,546	8.3%	3.3
게베리트 Geberit	위생 공학	581	1,776	7.7%	3.1
춤토벨 Zumtobel	조명시설	385	1,117	7.4%	2.9
페스토 Festo	공기 역학	750	1,800	6.0%	2.4

회계연도 2009/2010년, 1994/1995년.

장해온 회사들이 대규모로 운집해 있지만, 일반 소비자들은 물론이고 언론과 심지어는 수많은 전문가들조차도 이런 사실을 알아차리지 못했다. 바로 이런 성공 스토리 속에 숨어 있는 가능성, 즉 긍정적인 분위기를 창출할 수 있는 잠재력이 빛을 보지 못한 채 그대로 방치되고 있다는 것은 안타깝기 그지없는 일이다.

중간 규모의 히든 챔피언들은 1995년 이후로 엄청난 성장세를 기록해왔다. 비록 금융위기로 말미암아 1~2년 정도 성장이 유예되기는 했지만 말이다. 〈표 4.3〉을 보면 1995년까지만 해도 매출액이 10억 유로에 크게 못 미쳤지만, 2010년에 이르러 매출액 10억 유로를 훌쩍 뛰어넘은 기업들, 그러니까 이 기간 동안 '매출액 10억 장자'로 올라선 독일, 오스트리아, 스위스 기업 10곳이 예시적으로 수록되어 있다. 이 기간 동안 독일어권에서 매출액 10억 유로를 넘어서는 기업만 약 200개 정도 새롭게 생긴 것으로 추정된다.[4]

엄격한 기준을 적용하면 이 기업들이 모두 히든 챔피언인 것은 아니지만, 그래도 대부분은 표본에 부합한다. 어떤 기준을 적용하든 매출액이 10억 유로를 넘는 기업은 규모 면에서 대기업으로 불릴 만하다. 불과 15년 만에 그처럼 많은 대기업이 새롭게 생겨났다는 사실을 감안한다면, 이 범주에 속하는 기업들이 비범한 성장동력을 보유하고 있는 것이 분명하다. 모든 것은 탁월한 수출 성과로 귀결되는데, 이것은 성장을 재촉진하는 결정적 요인으로 작용한다.

우리가 확인한 성장 챔피언들의 평균 매출액은 불과 10년 만에 5억9,010만 유로에서 16억1,000만 유로로 증가했다. 이 성장 챔피언들만 따져보더라도 10년 만에 무려 48만4,000개의 새로운 일자리를 창출했다. 그 사이에 히든 챔피언들이 만들어낸 새로운 일자리를 모두 합치면 약 1,000만 개에 이를 것으로 추정된다. 물론 일자리 창출은 그들의 고국만이 아닌 전 세계에서 이루어졌다. 그러나 히든 챔피언들 전체를 살펴보면 새로운 일자리의 30퍼센트가 국내에서 만들어졌다. 미래에도 일련의 히든 챔피언들 가운데서 새로운 매출액 10억 장자들이 무수하게 탄생할 것이다. 또한 미래 대기업들은 이처럼 풍성한 히든 챔피언의 보고를 기반으로 탄생할 것이다. 왜냐하면 중간 규모의 히든 챔피언들 가운데 야심찬 성장 스타들이 상당수에 이르기 때문이다.

이제 중간 규모의 히든 챔피언들 사이에서 찾아볼 수 있는 몇몇 탁월한 성공 스토리에 대해 좀더 상세하게 조명해보고자 한다. 〈표 4.4〉는 풍력발전기 제작업체 에네르콘, 자동차 부품 공급업체이자 자동차 도어시스템 부문 세계시장 선도기업 브로제Brose, 자동차 배선 하니스Wiring Harness 부문 세계시장 선도기업 레오니, 변속기 생

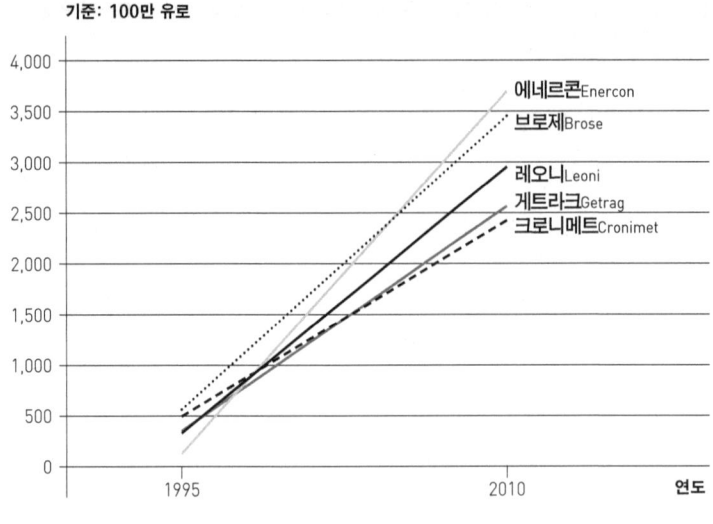

〈표 4.4〉 중간 규모 히든 챔피언들의 성장 현황

산업체 게트라크, 금속 재활용 업체 크로니메트의 1995년 이후 매출액 발전 현황을 보여준다. 탁월한 성장세를 보여주었던 이 5개 기업은 현재 규모가 1995년과 비교했을 때 5~10배 정도 커졌다. 그들은 시장과 함께 성장하고 있으며 단호한 혁신, 시장 확장, 국제화를 통해서 성장에 추가 동력을 제공했다.

에네르콘은 "세계의 에너지Energy for the World"라는 슬로건과 함께 풍력에너지 생산 부문에서 세계적인 성장 기회를 움켜잡았다. 에네르콘은 1995년을 기점으로 2억 유로를 밑돌던 매출액을 2010년에 이르러 37억 유로로 올려놓았다. 현재 에네르콘의 직원 수는 약 1만2,000명 정도인데, 1980년대에 설립된 기업치고는 매우 인상적인 성과가 아닐 수 없다. 독일 내에서 에네르콘은 시장점유율 60

퍼센트를 자랑하는 명실상부한 시장 선두주자다. 이 회사는 풍력에너지 업계에서 전 세계적인 기술 선두주자로 손꼽힌다. 어느새 30개가 넘는 나라에 에네르콘이 제작한 풍력발전용 터빈이 설치되어 있다. 지금까지 에네르콘은 모두 1만9,000개가 넘는 풍력발전 설비를 공급했는데, 그 설비들에서 생산되는 전력을 모두 합하면 약 26기가와트에 이른다. 20개가 넘는 원자력발전소가 생산하는 전력량에 부합하는 수치다. 업계에 닥친 위기에도 불구하고 에네르콘은 전혀 타격을 입지 않은 듯하다.

독일 바이에른 주 코부르크Coburg에 위치한 브로제는 여러 모로 히든 챔피언의 면모를 갖춘 기업으로, 전 세계 51개 지점에서 제품을 생산하고 있다. 와이어로프 호이스트Wire rope hoist 고정브레이크 부문에서 브로제는 60퍼센트가 넘는 세계시장점유율을 확보하고 있다. 이 회사는 도어시스템 부문에서 세계시장점유율 약 40퍼센트를 보유하고 있고, 자동차 파워윈도우 부문에서는 세계시장점유율 25퍼센트를, 전자식 좌석조절장치 부문에서는 유럽시장점유율 50퍼센트를 확보하고 있다. 브로제는 매출액의 10퍼센트를 연구 및 개발에 지출하고 있다. 지난 몇 년간 이 회사는 어마어마한 매출액 성장을 이룩했는데, 지속적인 혁신과 함께 제품 종류 확대 및 단호한 세계화 전략을 추진한 결과다.

자동차의 전자화는 세계 굴지의 자동차 배선 하니스 및 온보드 파워서플라이 생산업체인 레오니를 가파른 성장 가도에 올려놓았다. 혁신과 세계화 전략은 이 회사의 핵심적인 성장동력이다. 또한 일련의 인수합병도 회사 성장에 일조했다. 이사회 의장인 클라우스 프롭스트Klaus Probst의 말에 따르면, 이런 성장 속도는 앞으로도 계속될 것이라고 한다. 그는 "우리는 야심찬 성장 계획을 가지고 있습니다"[5]라고 말하면서 2010년 약 30억 유로였던 매출액을 2015년까지 50억 유로로 늘릴 계획이라고 했다. 이때에는 주로 BRIC 시장을 중심으로 확장이 진행될 예정이다. 전기자동차와 각종 환경규제가 또 다른 성장동력을 제공할 것으로 기대된다.

게트라크는 전 세계에서 가장 규모가 큰 독립 변속기 제작업체다. 이 히든 챔피언은 전 세계에 24개의 개발센터와 생산 거점을 운영하고 있다. 그중에서도 중국이 핵심적인 역할을 수행하고 있다. 일례로 게트라크는 2011년 10월 상하이에 새로운 지역 본부를 개설했는데, 이곳은 향후 아시아 지역 어플리케이션 개발센터가 될 예정이다. 게트라크는 2012년 중국 내 매출액이 4억 유로, 변속기 생산량이 90만 개에 이를 것으로 예상하고 있다. 이 회사는 중국 내 매출액을 2015년까지 10억 유로로 증대하고, 그에 상응하여 변속기 생산량도 190만 대로 늘릴 계획이다.

"고철상에서 세계적인 대기업으로." 경영인을 위한 전문지 〈WIR〉은 크로니메트를 다룬 타이틀 기사에 이런 제목을 붙였다.[6] 1980년 귄터 필라르즈키Günter Pilarsky가 카를스루에에 설립하여 지금도 그곳에 자리 잡고 있는 이 기업은 특수강 폐기물, 합금철, 소재금속Primary Metal 부문에서 인정받는 전문 기업으로, 4개 대륙에 56개의 지사를 보유하고 있다. 이 기업의 주요 사업 부문은 재활용이다. 그러나 크로니메트는 2004년에 광산업에도 뛰어들어 아르메니아에서 광산을 운영하면서 구리와 몰리브덴을 채굴하고 있다. 강력한 성장과 전 세계 스테인리스 스틸 시장 1위 기업이라는 위상 뒤에는 강도 높은 혁신과 새로운 시장으로의 영역 확장이 있었다. 특히 후자는 제품뿐 아니라 장소와 관련해서도 적용되는 사실이다.

지금까지 열거한 5곳의 히든 챔피언만 하더라도 매출액을 모두 합산해보면, 1995년 총 18억5,500만 유로였던 매출액이 2010년 151억9,800만 유로로 증가했다. 직원 1명당 평균 매출액을 16만39 유로로 가정한다면, 그 사이에 8만3,373개의 새로운 일자리가 창출된 셈이다. 그야말로 환상적인 성장 업적이라 할 만하다.

소규모 히든 챔피언들의 약진

규모 등급에서 한참 아래로 내려가보면, 지난 몇 년간 어마어마한 성장을 이룩한 수많은 '난쟁이들'을 발견할 수 있다. 〈표 4.5〉는 비교적 규모가 작은 히든 챔피언들의 성장을 보여준다.

바르텍Bartec은 폭발방지장치 부문 유럽시장 선두주자다. 1975년에 설립된 이 기업은 지난 15년간 매출액을 5배 이상으로 끌어올렸다. 1995년 바르텍의 직원 수는 450명이었는데, 10년 후에는 1,200명으로 늘어났다가, 지금은 약 1,500명으로 늘어났다. 2005년에는 설립자 라인홀트 바를리안Reinhold Barlian이 랄프 쾨스터Ralph Koester에게 경영권을 이양했다. 바르텍이 미래의 성장 거점으로 삼을 시장은 아시아, 그중에서도 중국이다. 중국을 비롯한 아시아 시장에서 다년간의 경험을 보유한 쾨스터의 목표는 바르텍을 '유럽 제일에서 세계 제일'로 만드는 것이다.

산업자동화 부문 시장선도기업들 가운데 하나인 베스트팔렌 페를Verl의 벡호프Beckhoff는 1980년에 설립되었다. 이 회사의 1995년 매출액은 2,000만 유로 정도였는데, 대략 2000년부터 혁신과

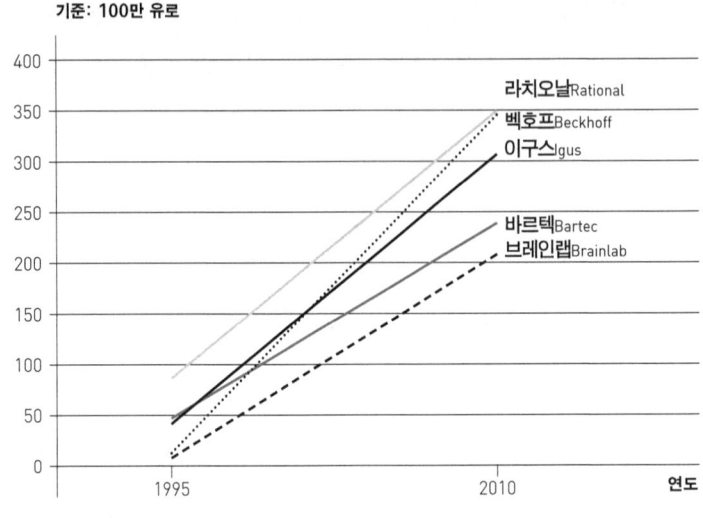

세계화를 원동력으로 한 폭풍 같은 성장기가 시작되었다. 오늘날 2,100명의 직원을 고용하고 있는 벡호프는 세계 29개국에 자회사를 두고 있으며, 60개국에 지점을 두고 있다.

뮌헨 주 펠트키르헨Feldkirchen에 본사를 둔 브레인랩 주식회사는 영상유도 수술과 영상유도 방사선 치료요법에 사용되는 소프트웨어 시스템을 개발·판매하고 있다. 브레인랩은 1989년 슈테판 필스마이어Stefan Vilsmeier가 설립했다. 지금까지도 회사 CEO 직을 수행하고 있는 그는 2002년 '올해의 세계적 사업가World Entrepreneur of the Year'로 선정된 바 있다. 전 세계 80개가 넘는 나라에 5,000개가 넘는 시스템을 설치한 브레인랩은 세계적인 시장선도기업들 가운데 하나로 꼽힌다. CEO 필스마이어는 "전 영역에 걸쳐서 우리와 경쟁을 펼칠 만한 경쟁사는 없다"라고 말하기도 했다. 유럽, 아시아, 북아메리카, 남아메리카에 있는 17개 사무소와 세계 70개국에 있는 판매대리점을 거점으로 전 세계적으로 영업활동이 이루어지고 있다. 브레인랩은 전 세계에 걸쳐 약 1,000명의 직원을 고용하고 있는데, 그중 270명의 엔지니어와 과학자들이 연구개발에 전념하고 있다. 성장원동력으로서 혁신이 갖는 중요성이 고스란히 드러나는 대목이다.

이구스는 플라스틱 플레인 베어링과 에너지 체인, 두 가지 부문에서 세계시장 선두주자 자리를 차지하고 있다. 1985년 40명이었던 직원 수가 2012년에 이르러서는 1,900명으로 늘어났다. 매출액은 1995년 3,600만 유로에서 2010년 3억400만 유로로 증가했는데, 이는 연간성장률 15.3퍼센트에 해당되는 수치다. 이구스가 보유한 고도의 혁신력은 가장 중요한 성장동력으로, 해마다 약 2,000개의 새로운 제품이 개발되어 제품 종류가 다양해지고 있다. 현재 이구스는 세계 28개국에 독립적인 지사를 두고 있으며, 또 다른 42개국에는 영업 파트너를 두고 있다.

라치오날Rational은 히든 챔피언들 중에서도 가히 스타라 할 만한 기업이다. 1972년 지크프리트 마이스터Siegfried Meister가 설립한 이 회사는 자동 조리기구 부문에서 세계시장점유율 54퍼센트를 확보하고 있다. 현재로서는 성장의 한계 같은 것은 없어 보인다. 왜냐하면 외식 문화가 전 세계적으로 증가하고 있기 때문이다. 라치오날의 수익률은 한마디로 탁월하다. 2011년 3억5,000만 유로의 매출을 기록한 이 회사의 세후 수익은 7,980만 유로에 달했다. 이것은 세후 매출수익률 22.8퍼센트와 맞먹는 수치다. 이처럼 비범한 성과 덕분에 이 회사의 주식은 시가총액 20억 유로를 기록했다(2012년 5월 기준).

사례로 제시한 이 기업들과 그들의 성장률이 증명하듯이 전형적인 히든 챔피언들에게는 다음과 같은 모토가 적용된다. "지속적으로 성장하라. 그렇지 않으면 무너진다." 앞서 인용한 라인홀트 뷔르트의 나무 이야기를 기억하는가? 성장을 멈추는 순간 나무의 죽음이 시작된다는 이 이야기는 멈추지 말고 계속 성장할 것을 요구한다. 대부분의 히든 챔피언들도 이 말에 동의를 표한다. 그들은 고도의 끈기와 단호함으로 무장하여 무엇보다도 세계화를 무기로 하는 그들의 성장 잠재력을 최대한 활용하고 있다.

성장은 계속된다

지금까지 소개한 사례에서 알 수 있듯이 히든 챔피언들은 과거에 매우 인상적이고 성공적인 성장을 일구어냈다. 그리고 히든 챔피언 수장들의 견해에 따르면, 이런 성장 추세는 앞으로도 야심차게 계속될 전망이다. 그들은 미래의 목표도 과거의 목표와 마찬가지로 야심차게 설정했고, 또 그것을 거침없이 실현해나가고 있다.

뷔르트가 200억 유로를, 레오니가 50억 유로를 목표로 설정했다는 사실은 앞서 이미 언급했다. 의료용 인공삽입물 부문 세계시장 선도기업 오토 보크Otto Bock의 사장 한스-게오르크 네더Hans-Georg Näder는 2011년 6억9,000만 유로였던 매출액을 2020년까지 17억 유로로 끌어올릴 계획이다. 괴팅겐에 있는 굴지의 제약설비 생산업체인 자르토리우스 주식회사Sartorius AG의 회장 요아힘 크로이츠부르크Joachim Kreuzburg는 2011년 7억3,300만 유로였던 매출액을 순전히 자체적인 성장으로만 2020년까지 15억 유로로 증대시키기 위해 안간힘을 쓰고 있다. 여기에다 이 기간 동안 인수합병을 통해 5억 유로의 매출이 추가로 덧붙여질 예정이다. 자동화 챔피언인 벡호프의 목표는 한층 더 야심차다. 이 회사는 2011년 4억6,500만 유로였던 매출액을 2020년에는 20억 유로로 늘릴 예정이다. 전 세계에 진출해 있는 시장조사기업 GfK SE의 회장 마티아스 하르트만Matthias Hartmann는 2011년 13만7,000만 유로였던 매출액을 2015년에는 20억 유로로 끌어올릴 계획이라고 한다.

펌프 제조업체인 KSB는 2011년 21억 유로였던 매출액을 2018년까지 40억 유로로 증대시킬 계획을 세워놓고 있으며, 개 목줄 부문 세계시장 선도기업인 플렉시의 창립자이자 회장인 만프레트 보그단Manfred Bogdahn은 2020년 목표를 매출액 1억 유로로 설정했다. 현재 이 회사의 매출액은 5,000만 유로다. 도어테크닉 부문 세계시장 선도기업인 도르마Dorma의 목표도 이와 비슷하게 용감해 보인다. 9억4,400만 유로였던 회계연도 2010/11년 매출액을 2020년까지 20억 유로로 대폭 올려놓겠다는 것이다. IT 서비스 기업인 베히틀레의 회장 토마스 올레모츠Thomas Olemotz는 심지어 2020년 매출액 목표를 50억 유로로 설정했다. 2011년 이 회사의 매출액은 약 20억 유로였다. 비행기 엔진 부문 유럽시장 선도기업인 MTU 에어로 엔진스MTU Aero Engines는 2010년 27억 유로였던 매출액을 2020년에 60억으로 끌어올릴 계획을 가지고 있다.

이 기업들의 사장과 직원의 가슴속에 불을 지피고 그들의 사기를 고취시킬 불꽃은 앞으로도 계속해서 타오를 것이다. 그리고 야심차기 이를 데 없는 글로발리아에서의 이런 성장 비전과 목표 역시 이들의 발전 상황을 감안할 때 전적으로 현실적인 토대를 기반으로 한 것임을 기억하자.

성장이 만병통치약은 아니다

히든 챔피언들 중에는 '성장 금욕주의자'들도 있다. 그들은 성장이라는 계율에 복종하지 않고 특정한 규모에 머물러 있기를 선호한다. 그런 기업들은 전형적으로 수공업에 종사하는 특징이 있으며, 훤히 꿰뚫어볼 수 있는 규모가 작은 틈새시장을 무대로 활동한다. 그런데 이 시장들은 보통 성장이 미미하거나 변동 폭이 높다. 이런 유형의 회사는 평생 동안 대략 같은 수의 직인과 도제들을 거느리고 일을 하면서 성공을 일구어내는 전통적인 수공업 장인과 닮은 구석이 있다. 리스크에 대한 고려도 이 같은 자기절제로 귀결될 수 있다. 따라서 우리는 수요 주기에 매우 민감한 시장에서 이런 성장 금욕주의자들을 특히 많이 찾아볼 수 있다.

세계를 무대로 활동하는 파이프오르간 제작회사 클라이스가 대표적인 예다. 2006년에, 지난 10년간 직원 현황이 어떻게 바뀌었는지 물었더니 바로 이런 대답이 돌아왔다. "우리 회사의 직원 수는 65명입니다. 100년 전부터 직원 수는 그대로입니다." 2012년에 있었던 한 인터뷰에서도 사장 필립 클라이스는 직원 수를 묻는 질문에 "65명"이라고 대답했다. 이 기업은 1882년에 설립되었다. 130년의 역사를 보유한 이 기업은 아주 사소한 변동을 제외하고는 언제나 직원 수가 65명이었다. 그 이유는 가치창출사슬이 최소한의 인원으로 구성된 10개의 개별 작업장으로 이루어져 있기 때문이다.

그밖에도 직원의 4분의 1가량은 늘 세계 그 어딘가에서 파이프오르간을 만들거나 수리하고 있다. 이런 팀들도 최소한의 인원으로 꾸려져야 한다. 이런 상황 때문에 이 회사는 직원 수를 최소화할 수밖에 없다.

파이프오르간에 대한 수요는 경기에 따라 편차가 매우 심하다. 따라서 회사는 단기적으로 주어지는 기회를 활용하기 위해 직원을 증원하는 행동을 삼간다. 직원을 증원한 상황에서 만약 수요 공백이 발생한다면 고용을 보장할 수 없게 되고, 회사도 위험에 처하게 될 것이다. 그뿐만 아니라 파이프오르간을 제작하려면 고도의 전문성을 갖춘 인력이 필요한데, 시장에서는 이런 사람들을 좀처럼 찾아보기 어렵다. 클라이스가 자체적으로 이런 전문인력을 육성해야만 한다. 이것도 지속적이고 안정적인 고용을 필요로 하는 한 가지 요인이다. 현대적인 해법의 일환으로 아웃소싱을 강화하는 방안을 생각해볼 수도 있지만, 이것을 실행하기란 쉽지 않다. 130년의 역사가 증명해주듯이 회사는 이 전략과 더불어 꽤 잘해왔다. 성장이 언제나 최고의 방법은 아니다. 클라이스가 고수하는 성장 금욕주의는 결코 세계화에 걸림돌이 되지 않았다.

슈투트가르트의 게르트링엔Gärtringen에 있는 루이스 렌너Louis Renner는 피아노와 그랜드피아노 액션 부문 유럽시장 선도기업이자 세계시장 선도기업들 가운데 하나다. 이 틈새시장의 세계시장 규모는 2,500만 유로에 이른다. 사장 지크프리트 호프만Siegfried Hofmann에 따르면 치열한 경쟁과 제한된 시장 규모로 인해 "성장 가능성이 매우 미약하다"라고 한다.

직원 수를 성장 기준으로 활용할 경우, 10년 동안 매출액이 증가했음에도 불구하고 고용은 그대로인 회사들을 다수 발견할 수 있다. 이런 식의 발전 양상을 보이는 회사들을 주의 깊게 들여다보면, 그 이면에서 생산성 향상뿐만 아니라 전면적인 구조조정을 확인할 수 있다. 특히 설비제작 부문에서 이런 유형을 자주 접할 수 있다.

히든 챔피언 아헨바흐 부쉬휘텐은 1452년에 설립되었다. 전 세계 알루미늄 압연설비의 4분의 3이 지거란트에 있는 이 회사의 제품이다. 이 회사는 고작 300명의 직원을 가지고 이런 성과를 이루었는데, 그나마도 지난 10년 사이에 직원 수가 조금 줄어들었다. 그런데도 매출액은 5,000만 유로에서 9,000만 유로로 증가했다. 아헨바흐 부쉬휘텐의 사장 악셀 E. 바르텐Axel E. Barten은 그 배경을 다음과 같이 설명한다.

"우리 회사는 산업 공장에서 엔지니어링 회사로 변신했습니다. 부품 제작은 다른 회사에 맡기고 있습니다. 지금은 예비조립 작업만 하고 있지요. 현재 우리 회사 직원의 대부분은 생산직 직원이 아니라 엔지니어들입니다. 따라서 장기적으로 비교해보면 직원 수가 큰 폭으로 줄어들었습니다. 직원 수가 가장 많았던 때는 1960년 경으로, 직원이 1,000명이 넘었습니다. 당시 우리 회사는 산업 공장이었지만, 지금은 엔지니어링 회사가 되었습니다."

대부분의 설비제작 기업이 그렇듯이 아헨바흐 부쉬휘텐도 경기 변동에 영향을 받는 시장에서 활동하고 있다. 따라서 앞서 설명한 자기절제와 더불어 리스크를 부품 납품업체에게 떠넘긴 것은 매우 현명한 전략이라고 할 수 있다.

히든 챔피언의 성장원동력

수많은 사례를 바탕으로 우리는 '세계화'와 '혁신'이 탁월한 성장원동력이라는 결론을 도출해낼 수 있다. 굳이 순서를 매기자면 세계화가 첫 번째가 될 것이고, 혁신이 두 번째가 될 것이다. 그런데 앞서 설명한 것처럼, 강력한 성장세를 보이는 히든 챔피언들 가운데 적지 않은 수가 전통적인 시장에서 활동하고 있으면서도 성장을 거듭하고 있다. 그들은 무엇보다도 사업을 국제화함으로써 이런 성과를 이룩해내고 있다. 예컨대 그리슨-드 뵈켈레어Griesson-de Beukelaer 같은 기업은 자신의 전략을 이렇게 설명한다. "우리는 외국에서 독일보다도 2배 더 빨리 성장하고자 합니다."[7] 세계시장 선도기업이자 기술선도기업 가운데 하나인 노르마Norma는 유럽보다도 유럽 외부에서 2배나 빠르게 성장하고 있다.[8]

그런가 하면 또 다른 히든 챔피언들에게는 혁신이 핵심적인 성장원동력이 된다. 이들 가운데 다수가 스스로 시장을 개척하고, 처음부터 지속적인 시장선도기업으로서 확고하게 자리 잡았다. 앞서 살펴본 회사들 가운데 빅 챔피언 급에서는 SAP가, 규모가 큰 히든 챔피언 급에서는 에네르콘이, 그리고 규모가 작은 히든 챔피언 급에서는 브레인랩이 이런 시장개척자 범주에 속한다. 대체로 히든 챔피언들 중에서 이런 회사들을 다수 찾아볼 수 있다. 예컨대 개 목줄을 제작하는 플렉시, 가정용 정수필터 회사인 브리타Brita, 고압 청소기 회사 케르허, 주사 터널링 현미경을 제작하는 오미크론이 그런 회사에 속한다.

'혁신'이라는 주제에 대해서는 따로 한 장을 할애하여 상세하게 살펴볼 것이다. 여기서 우리가 주목하는 대상은 기술적인 혁신뿐만 아니라 (예컨대 영업이나 서비스 분야에서 이루어지는) 과정에서의 혁신도 함께 포함한다. 적지 않은 수의 히든 챔피언들이 그 같은 과정에서의 혁신을 바탕으로 성장했다. 조립제품과 각종 설비제품 직접무역 부문에서 세계시장을 선도하는 뷔르트, 냉동식품 다이렉트 마케팅 부문 유럽시장 선도기업인 보프로스트Bofrost, 세계 최대의 와인 다이렉트 마케터인 WIV 바인 인터나치오날 주식회사WIV Wein International AG 등이 이런 유형에 해당한다.

또 다른 성장원동력은 서비스 범위의 확장이다. 현대적인 디자인의 목재골조가옥 제작 부문에서 유럽시장을 이끌고 있는 후프Huf는 가옥 건축뿐만 아니라 모든 종류의 기술 작업 및 자금조달까지 모두 아우르는 종합 서비스를 통해 프로세스를 혁신함으로써 새로운 성장동력을 불러일으켰다. 마케팅 혁신도 이와 동일한 맥락에 속한다. 히프Hipp는 단호하게 유기농을 고수함으로써 유아 및 어린이 식품 부문에서 유럽 챔피언으로 등극했다. 이런 입장을 고수하는 태도는 결코 피상적인 마케팅 수법이 아니다. 그 이면에는 클라우스 히프Claus Hipp의 심오하고 탄탄한 종교적인 신념이 숨겨져 있다.

다각화는 비교적 규모가 큰 히든 챔피언들 사이에서 성장원동력으로서 주목할 만한 역할을 수행하고 있는데, 날이 갈수록 그 중요성이 커져간다. 다각화는 히든 챔피언들의 전략에 결정적인 변화를 가져왔는데, 예컨대 클라스의 제품 라인 확장(르노 트랙터 인수)이나 트룸프의 의료공학 분야 진출은 기업 성장에 확연하게 기여했다. 뒤에 13장에서 이런 측면을 심도 깊게 다룰 것이다.

이미 시장점유율이 높은데도 시장 입지 확장과 시장점유율 상승이 성장원동력으로서 계속해서 중요한 역할을 수행하는 경우가 많다. 대부분의 히든 챔피언들이 시장점유율을 계속 끌어올리고 시장지배권을 지속적으로 확장해왔는데, 이는 실로 놀라운 일이다. 이것은 단지 성장뿐만 아니라 히든 챔피언들의 자기 이해에 있어서도 중요하다.

그렇다면 히든 챔피언의 성장 분석을 통해서 우리가 얻을 수 있는 핵심적인 메시지는 무엇일까? 확실한 사실은 세간에 거의 알려지지 않은 이 시장선도기업들 대부분이 수년 전부터 강력하게, 무엇보다도 지속적으로 성장하고 있다는 것이다. 심각한 위기조차도 이런 경향을 일시적으로 중단시키는 데 그쳤다. 그뿐만 아니라 성장률이 기업 규모와 상관없이 비슷하다는 사실도 놀랍다.[9] 심지어 규모가 큰 중소기업들에게도 '성장 한계'는 존재하지 않는다. 상황은 오히려 그 반대다. 전 세계 시장이 점차 개방되면서 성장 전망은 오히려 더 개선되고 있다.

이런 사실은 다른 중소기업들을 격려하여 비록 (아직은) 히든 챔피언이 아니지만, 그들과 마찬가지로 야심찬 성장 목표를 설정하도록 만드는 요인으로 작용할 것이다. 직원들은 성장지향적인 목표와 비전에 흔쾌히 동참한다. 그들의 입장에서는 회사가 축소되는 것보다는 성장하는 편이 훨씬 더 좋기 때문이다. 회사가 성장하려면 경영자들의 용기가 필요하다. 비전이 있는 목표를 가질 용기 말이다. 이와 동시에 이런 목표를 끝까지 관철시킬 에너지도 필요하다. 앞서 살펴본 성공적인 성장 사례의 이면에는 경영진과 일반 직원을 막론하고 모든 참가자들이 수년간에 걸쳐 쏟아부은 어마어마한 노력이 숨어 있다. 그러나 우리 사회와 많은 기업들의 실상을 들여다보면 성장을 위해 최선의 노력을 기울이려는 이런 마음가짐과 인내심의 부재가 성장을 가로막는 진정한 한계 요인으로 작용한다는 사실을 알 수 있다. 다시 말해 시장에 주어진 기회가 부족해서 성장하지 못하는 것이 아니라는 말이다.

동시에 우리는 성장이 어디에나 사용할 수 있는 만병통치약이 아니라는 사실도 알게 되었다. 의식적으로 성장을 자제하는 다수의 히든 챔피언들을 가만히 살펴보면, 그들이 고도의 생존 능력을 보유하고 있다는 것을 알 수 있다. 놀라운 사실은 이런 태도가 그들의 세계화 행보에 결코 걸림돌이 되지 않는다는 것이다. 이런 예외적인 기업들의 경우를 통해 어떤 기업이라도 자체 전략을 선택할 때는 반드시 신중을 기해야 한다는 사실을 알 수 있다. 요컨대 모든 기업과 사람들에게 공통적으로 적용되는 성장 처방은 존재하지 않는다.

히든 챔피언들의 성장은 빠르게 변하는 역동적인 경제의 한 측면을 보여준다. 이런 발전이 진행되는 와중에 독일, 오스트리아, 스위스에서는 수많은 새로운 10억 장자 기업들이 생겨났다. 그러나 역동적인 경제에는 필연적으로 또 다른 면이 있게 마련이다. 예컨대 기업이 축소되고, 일자리가 사라지고, 한 기업이 시장에서 퇴출되거나 다른 기업에 인수되는 일도 발생한다. 잡음을 일으키며 돌아가는 세상 속에서 우리가 주로 보는 것은 바로 역동성의 두 번째 측면, 즉 불쾌한 모습들이다. 사람들은 이런 염세주의의 안개에 가려 '성장 챔피언들'을 제대로 알아보지 못한다. 그들은 그 사이에 상당한 규모로 성장했음에도 불구하고 세인의 눈길에서 벗어나 숨는다.

그러나 우리는 이런 기업들에게 큰 자부심을 가져야 할 것이다. 세계 곳곳을 돌아다니면서 다른 나라, 다른 지역의 기업들을 심도 깊게 알게 될수록 세계 최고 기업들 가운데 다수가 바로 독일어권에 존재한다는 확신이 점점 더 강해진다. 심지어 성장의 측면에서도 말이다. 히든 챔피언들의 지속적인 성장은 이런 진단이 결코 희망적인 관측이나 몽상이 아니라 실제 사실에 바탕을 두고 있음을 말해준다. 그리고 당연한 말이지만, 이런 기업들은 그들과 잠재력이 비슷하지만 그들처럼 결연한 자세로 혁신과 세계화의 길에 나서지 못하는 다른 중소기업들에게 귀감이 되어야 할 것이다. 바람직한 전략을 구사하기만 한다면 독일어권 기업들은 다른 어떤 지역의 기업보다도 환상적인 성장 기회를 확보할 수 있을 것이다.

핵/심/요/약

성장 목표와 그 목표의 실행이 히든 챔피언들의 전략과 발전에 있어서 핵심적인 역할을 수행한다는 사실이 이 장에서 명확하게 밝혀졌다. 다음과 같은 점들을 분명하게 확인하고 명심해야 할 것이다.

- 성장은 대부분의 히든 챔피언들에게 엄청나게 중요한 목표다.
- 그들은 곧잘 극도로 야심찬 목표를 설정하여, 이를 일찌감치 공개적으로 발표한다.
- 1995년 이후로 히든 챔피언들의 매출액은 평균 4배가량 늘어났다.
- 히든 챔피언들의 성장은 고도의 연속성을 특징으로 한다. 불규칙적인 성장보다는 지속적인 성장이 더 바람직하다.
- 놀랍게도 회사 규모와 성장률은 크게 관련이 없었다.
- 강력한 성장으로 인해 한때 중소기업이었던 회사들이 대기업으로, 그리고 DAX 상장기업으로 탈바꿈했다.
- 성장은 결코 만병통치약이 아니다. 크게 성장하지 않고도 오랫동안 성공 능력과 생존 능력을 입증한 히든 챔피언들도 있다. 그런데 특이한 점은 이런 회사들은 일반적으로 제반 조건이 특수한 시장에서 활동을 펼치고 있다는 것이다.

위대한 성공의 시작에는 언제나 야심찬 목표가 자리 잡고 있다. 히든 챔피언들은 지속적인 성장을 최우선적인 목표로 설정한다. 목표는 공동의 방향성을 제시하고 직원들에게도 의욕을 고취한다. 목표를 효과적으로 전달하고 솔선수범하는 것은 필수적인 일이다. 히든 챔피언들은 장기적인 방향 설정과 끈기 그리고 결코 고갈되지 않는 에너지로 무장하여 그들이 과거에 품었던 비전을 실행에 옮겼고, 이를 통해 새로운 체급으로 성장했다. 그들은 우리에게 글로발리아로 향하는 길에서 할 수 있는 일이 무엇인지 가르쳐준다. 따라서 그들은 다른 많은 기업들에게 귀감이 될 것이다.

CHAPTER 05

시장을 선도하라
Hidden Champions

HIDDEN CHAMPIONS

히든 챔피언들은 시장을 선도하는 일에 심혈을 기울인다. 시장지배권은 통상적으로 시장점유율을 통해서 결정되며, 대개는 시장점유율이 가장 높은 업체가 시장지배기업으로 받아들여진다. 그러나 나는 시장지배권을 이런 식으로 바라보는 것은 지나치게 협소한 시각이라고 생각한다. 대부분의 히든 챔피언 수장들도 나와 같은 생각을 하고 있다. "시장을 선도하라"는 요구는 '방향성 제시', '기준 설정', '벤치마킹 대상되기', '고객보다 한발 먼저 움직이기' 등의 면을 모두 포괄하는 것이다.

'선도'라는 개념은 오늘날까지도 학계에서 제대로 이해되지 못하고 있는 개념들 중 하나다.[1] 이런 사실은 시장선도에도 그대로 적용될 수 있다. 만약 선도라는 개념을 한 그룹 전체를 성공으로 이끌기 위한 노력으로 이해한다면, 히든 챔피언들과 고객, 납품업자들 모두가 전적으로 한 배를 타고 있는 셈이다. 그럼에도 불구하고 포터가 제시한 '다섯 가지 세력Five Forces'의 맥락에서 이들 사이에는 업계 내 가치창출 지분을 둘러싼 다툼이 벌어진다.[2]

선도는 경쟁업체들 사이에서도 중요하다. 경쟁업체들이 한 기업을 모델로 삼아 그 기업을 그대로 따를 때, 우리는 이것을 '시장 선도'라고 한다. 그중에서도 알려진 것이 가격선도인데, 이것은 한 경쟁업체가 먼저 제품가격을 조정하면 다른 업체들이 그 뒤를 쫓는 것을 말한다.³ 이런 식의 선도자-추종자 구도는 단지 가격변동뿐만 아니라 혁신, 투자 혹은 마케팅 방법에도 마찬가지로 적용할 수 있다. 사람들을 이끌 때와 유사하게 이런 모든 측면과 관계에는 '권력'이라는 주제가 개입된다. 시장지배권은 흔히 '시장지배력'과 결부되어 있다.

시장선도란 무엇인가

히든 챔피언들은 시장지배권이라는 개념에 대해서 광범위하고도 세분화된 견해를 가지고 있다. 분명히 그들도 '시장을 선도하는 것'이 무엇을 의미하는지, 그리고 그들 자신의 위치가 어디쯤인지에 대해 깊이 생각해보았을 것이다. 한 연구에서 기업가들에게 "당신의 기업을 시장선도기업으로 보십니까? 그렇다면 그렇게 생각하는 이유는 무엇입니까?"라는 질문을 던졌다. 놀랍게도 76퍼센트의 기업가들이 자기 회사의 매출액이 가장 높기 때문에 자신의 회사가 시장선도기업이라고 답변했고, 43퍼센트가 자기 회사 제품의 판매량이 가장 많기 때문에 그렇게 생각한다고 답했다(이때 양쪽을 합한 수치가 100이 넘어도 무방하다. 한 기업이 두 가지 범주에서 모두 선도적인 위치를 점할 수 있기 때문이다).

그러나 수량 측면의 점유율보다 가치 측면의 점유율을 더 중요하게 생각하는 히든 챔피언들이 훨씬 더 많다는 사실은 시장지배권과 관련하여 가치지향적인 시각이 더 우세하다는 사실을 보여준다. 이는 수량에 근거해 시장점유율과 시장지배권을 정의하는 일반적인 관행에 어긋나는 일이다. 그런데 경우에 따라서는 이 두 관점의

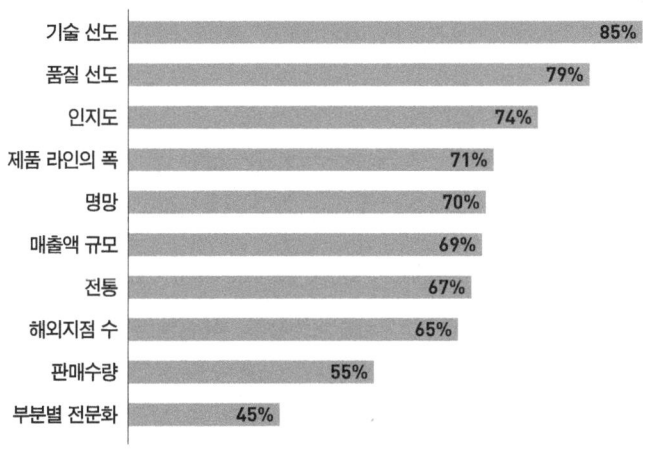

〈표 5.1〉 시장선도를 구성하는 요건

차이가 극단적으로 벌어질 수도 있다. 예컨대 스위스에서 제작된 시계는 전 세계에서 판매되는 시계의 2퍼센트도 채 되지 않지만, 스위스 시계의 세계적인 가치점유율은 50퍼센트가 넘는다.

히든 챔피언들이 생각하는 시장지배권은 순수하게 시장점유율만을 고려한 것이 아니다. 〈표 5.1〉은 히든 챔피언들이 시장지배권을 정의하는 데 근거가 되는 특징들을 보여준다. 이 표는 히든 챔피언들이 결코 시장점유율만을 근거로 하여 시장지배권을 정의하는 것이 아니라, 그 배후에 숨겨진 내용이나 원인을 함께 고려한다는 사실을 분명하게 보여준다. 그들은 무엇보다도 스스로 기술선도기업이자 품질선도기업으로 생각한다. 매출액과 제품 판매수량은 고작해야 시장지배권을 정의하기 위한 하위 기준에 머물러 있다. 프라운호퍼연구소Fraunhofer-Institut에서 실시한 한 연구는 시장지배권에 대한 이 같은 견해를 입증해준다. 이 연구에서도 혁신/기술, 품질 같은 유사한 특징들이 가장 상위에 자리 잡고 있다.[4] 또한 인지도, 명망, 전통 같은 특징들 역시 상위에 위치하고 있는데, 이것은 시장지배권이 장기간 지속된 우월함에 기반을 두고 있음을 의미한다.

이런 맥락에서 히든 챔피언들이 평균 22년 전부터 시장을 선도하는 위치에 올라 있었다는 사실은 시사하는 바가 크다. 22년은 아주 긴 시간이다. 이 대목에서 히든 챔피언 사장들의 평균 재직기간도 생각하지 않을 수 없는데, 이 기간도 20년에 이른다. 흥미로운 우연의 일치가 아닐 수 없다.

시장선도기업이라는 목표

시장지배권이 단순히 최대시장점유율 이상의 것을 의미한다면, 그리고 좁은 의미에서 선도와 관련되어 있다면, 중요한 것은 시장선도권이라는 목표를 설정하고 이를 대내외에 효과적으로 전달하는 일이다. 언젠가 누군가와 대화를 나누던 중에 '심리적 시장지배권'이라는 말을 들은 적이 있다. 순수 실리콘을 소재로 웨이퍼Wafer를 생산하는 실트로닉Siltronic은 이렇게 단언한다. "우리 회사는 고객의 기대를 예견함으로써 시장을 이끌어나갑니다." 또한 센서기술 부문 세계시장 선도기업 가운데 하나인 지크Sick는 이렇게 말한다. "지배권이란 타인의 기준이 된다는 것을 의미합니다. 우리는 세계시장에 통용되는 기준을 설정합니다." 향수와 방향제 부문에서 세계 1인자 자리를 고수하는 지보단은 비전 선언문에서 시장선도권에 대한 요구를 다음과 같이 표현한 바 있다. "우리는 최첨단 지식과 경험으로 업계를 이끌어가고 있습니다."[5] 또한 실내용 게임 제작 부문에서 유럽시장을 선도하는 루도 팩트의 공동 경영자 호르스트 발츠Horst Walz는 이렇게 말한다. "규모가 큰 업계의 들러리가 되느니 차라리 틈새시장에서 시장을 지배하는 기업이 되는 편이 더 낫습니다. 그곳에서는 시장의 움직임을 결정하는 데 직접 참여할 수가 있기 때문이지요."[6]

많은 히든 챔피언들이 바로 자신들이 업계 기준을 설정한다고 말한다. 산업용 체인 부문 세계시장 선도기업인 RUD(리거&디에츠)는 다음과 같이 단언한다. "우리 회사는 새로운 기술적인 기준을 설정해나가고 있습니다." 진공 기술과 엔진 기술 등의 부문에서 시장을 선도하고 있는 하이테크 산업 그룹인 스위스의 윌리콘 주식회사 Oerlikon AG는 이렇게 논평한다. "우리는 혁신 및 기술과 관련된 척도를 제시합니다." 페페를&푹스Pepperl&Fuchs도 시장지배기업으로서의 자신의 역할에 대해 일말의 의심도 허용하지 않는다.

"우리 회사는 본질안전Intrinsic Safety과 폭발방지에 관한 한 이론의 여지가 없는 시장선도기업입니다. 우리는 60년 전부터 공장자동화 부문에서 품질과 혁신의 기준을 전 세계에 제시하고 있습니다. 각종 센서 및 연결 부품과 관련하여 우리 회사보다 더 넓은 선택의 폭을 제공하는 산업자동화 회사는 그 어디에도 없습니다."

음료 용기와 음식물 용기를 운반할 때 사용되는 레이어패드layer-pad 생산 부문 유럽시장 선도기업인 카르톤플라스트Cartonplast는 이렇게 말한다.

"최고 수준의 운송포장, 어떻게 이렇게 자신 있게 말할 수 있느냐고요? 바로 열성적인 직원들과 시스템, 그리고 제품이 한데 연결된 믿음직한 우리의 풀 시스템 덕분이지요. 한번 사용한 레이어패드는 재사용이 가능하며, 환경친화적인 방법으로 100퍼센트 재활용이 가능합니다. 물류 단계의 모든 부분을 위생적이고 안전하게 처리함으로써 우리 회사는 업계 표준이 되고 있습니다."

가스 스프링Gas Spring 세계시장 선도기업인 슈타빌루스는 제품에 적용되는 기술 부호를 새롭게 바꾸었다. 그러자 채 반년이 지나지 않아 전 세계에 있는 모든 경쟁업체들이 새로운 부호체계로 전환했다.

우리는 다수의 경쟁업체들이 "우리 회사는 ○○ 회사만큼 뛰어납니다"라는 말을 세일즈 포인트로 사용하는 것을 자주 듣는다. 경우에 따라서는 "그러나 가격은 저희가 조금 더 저렴합니다"라는 말이 따라붙기도 한다. 만약 경쟁업체들이 이런 식으로 비교를 하고 나선다면, 이는 비교 대상이 되는 그 회사가 시장을 이끌고 있다는 명백한 증거라고 할 수 있다. 많은 히든 챔피언들이 이처럼 광범위한 의미에서 시장을 이끌고 있다. 그것도 전 세계 시장을 말이다.

많은 히든 챔피언들에게 시장지배권은 단지 하나의 목표일 뿐 아니라 정체성을 구성하는 요소기도 하다. 언젠가 어떤 히든 챔피언 수장이 내게 이런 말을 한 적이 있다. "우리 기업의 정체성은 세계시장에서 우리가 점하고 있는 선도적인 위치를 통해서 규정됩니다." 예컨대 RUD는 '기존 시장에서 명백하게 선도적인 위치를 점유'하는 것을 목표로 삼고 있다. 해부학 교육기자재 부문에서 세계시장을 이끌고 있는 3B 사이언티픽3B Scientific은 이렇게 단언한다. "우리는 세계 1인자가 되어 그 자리를 고수하고자 합니다."

"우리는 앞서 나가고자 한다." 이것은 실리콘 가공 분야 세계시장 선도기업인 바커Wacker가 내세우는 기본 원칙이다. 마취장치 및 인공호흡기 부문 세계시장 선도기업인 드레거Dräger도 유사한 포부를 지니고 있다. "최정상! 우리는 계속 선두 자리를 지키고자 합니다! 우리는 언제나 최정상에 오르기 위해 노력했고, 또 그 자리를 차지했습니다. 이는 기술지배권뿐만 아니라 시장지배권에도 해당되는 사실입니다." 산업용 레이저장비 부문 세계시장 선도기업인 트룸프는 "우리가 활동하는 모든 분야에서 기술적·조직적으로 세계를 이끄는 기업이 되기 위해 계획을 세워놓고 있습니다"라고 말했고, 생두 가공 부문에서 세계시장을 이끌고 있는 노이만은 자기 회사의 사명을 이야기하면서 다음과 같이 밝혔다. "우리는 세계 최고의 생두 서비스 그룹으로 자리매김하고자 합니다."

산업자동화 부문 세계시장 선도기업 피닉스 콘택트의 포부도 이와 유사하게 야심차다. "피닉스 콘택트는 모든 사업 분야에서 세계적으로 중요한 위치를 점하고 있으며, 기술적인 측면에서 선도적인 위치에 도달했습니다." 케메탈Chemetall은 이렇게 말한다. "우리 기업의 목표는 수익성이 뛰어난 특수화학 틈새시장에서 전 세계적인 기술선도기업이자 시장지배기업이 되는 것입니다." 케메탈은 세슘, 리튬을 비롯한 다양한 특수화학물질 및 특수금속 부문 세계 1위 기업이다. 콜라겐 단백질(젤라틴) 부문 세계시장 선도기업인 젤리타Gelita는 기업 비전을 설명하면서 다음과 같이 밝혔다. "우리 회사는 앞으로도 계속해서 세계 최고 기업으로 남을 것입니다."

많은 기업이 그들의 세계시장지배권을 광고 메시지로 활용한다. 예컨대 쇼핑 카트 부문 세계 1인자인 반츨은 이렇게 말한다. "세계시장 선도기업이 안전을 보장합니다." 실제로 '최대' '일등' 혹은

'최고'라는 주장은 예로부터 효과적인 광고 메시지로 받아들여지고 있다.[7]

선도적인 시장 입지를 유지하고 방어하려는 목표와 관련해서도 히든 챔피언들은 한 치의 불확실성이나 의심도 허용하지 않는다. 예컨대 방적기 부문에서 세계시장을 이끌고 있는 한 기업의 사장은 다음과 같이 분명하게 말했다.

"우리는 세계시장점유율이 75퍼센트 이하로 떨어지는 것을 그냥 보고만 있지는 않을 것입니다. 매출액을 가장 근접한 경쟁업체의 매출액과 동일한 수준으로 유지시켜야 한다는 것은 우리 회사가 언제나 지켜온 원칙들 가운데 하나였습니다."

스위스 초콜릿 제조업체인 린트&슈프륑글리Lindt&Sprüngli의 회장 에른스트 탄너Ernst Tanner는 다음과 같이 선언했다. "우리는 모든 시장에서 세계 최고의 품질을 자랑하는 초콜릿 제조업체로서 확고하게 그 위상을 정립했습니다." 린트&슈프륑글리는 1995년 9억 7,300만 스위스 프랑이었던 매출액을 2010년 26억 스위스 프랑으로 끌어올렸다.

우리는 다른 수많은 히든 챔피언들에게서도 이와 유사한 목소리들, 그러니까 목표 달성과 시장지배권을 향한 열망을 표현하는 발언들을 들을 수 있다. 피터 드러커Peter Drucker는 그런 목표를 설정하는 이유에 대해 이렇게 설명한다.

"모든 기업은 단순하고 명확하며 조직을 한데 묶어줄 수 있는 목표를 필요로 한다. 이런 목표들은 반드시 쉽게 이해할 수 있어야 하며 동시에 사람들의 도전 욕구를 불러일으킬 만한 것이어야 한다. 그래야 공동의 비전을 확립할 수 있다. 요즘 흔히들 '기업문화'

라는 말을 입에 올리곤 하는데, 이것은 실제로 기업 전체를 관통하는 약속, 공동의 목표와 가치에 대한 헌신을 의미한다. 이런 목표들을 생각해내고 공표하고 솔선수범하여 실천에 옮기는 것, 바로 그것이 기업 경영인들이 해야 할 일이다."[8]

동일한 목표를 향해 같은 방향으로 달려나가도록 만든다는 점 외에 목표와 비전이 발휘하는 가장 중요한 효과는 바로 동기의식을 고취시키고 에너지를 발산시킨다는 데 있다. 직원들이 비전에 공감하면서 그것을 함께 짊어지고 나갈 때, 비전은 일종의 규범적인 힘 Normative Force을 발휘한다. 비전은 직원들에게 의미와 목표를 부여한다. 이렇게 되면 회사를 함께 끌고나가는 강력한 흡입력 같은 것이 생성된다. 앙투안 드 생텍쥐페리Antoine de Saint-Exupéry는 이를 다음과 같이 구체적으로 표현했다.

"배를 만들고자 할 때 먼저 할 일은 장정들을 한데 불러모아 목재를 마련하게 하고 지시를 하달하고 일거리를 나누어주는 것이 아니라, 그들의 마음속에 끝없이 펼쳐진 드넓은 바다를 향한 동경을 심어주는 일이다."

직원들은 비전을 원한다. 훌륭한 비전은 현실 감각과 함께 유토피아가 섬세하게 조화를 이룬 데서 비롯된다. 직원들조차 신뢰할 수 없을 만큼 이상주의적인 비전은 금물이다. 그러나 다른 한편으로는 직원들의 도전 욕구를 자극하고 에너지를 발현시킬 수 있을 만큼은 이상주의적이어야 한다. 비전은 어디까지나 실현 가능한 것이니까 말이다!

위에서 설명한 시장지배권 획득이라는 목표와 비전은 직원들을 격려하고, 그들의 동기의식을 고취하고, 기운을 북돋우는 측면에서 매우 큰 효과를 발휘한다. 심지어는 앞장에서 다루었던 성장에 대한 목표보다도 더 큰 효과를 발휘하기도 한다. 직원들은 최고 기업, 일등 기업, 가장 친절한 기업 혹은 가장 빠른 기업이 되겠다는 비전에 기꺼이 공감한다. 어중간한 위치에 머무르기를 원하는 사람은 아무도 없다. 경쟁업체를 추월하겠다거나 따라잡겠다는 목표는 효과적인 경영 수단이 된다. 막강한 적수에게 맞서서 싸우는 것보다 더 강력하게 동기의식을 고취시키는 것도 없다.

펩시콜라는 오랜 세월 동안 코카콜라를 무찌르겠다는 야심에 사로잡혀 있었다. 그리고 에이비스AVIS는 시장지배기업인 헤르츠Hertz를 물리치는 것을 목표로 설정하고 "우리는 더 열심히 합니다We try harder"를 기업 모토로 삼았다. 막강한 라이벌인 메르세데스-벤츠Mercedes-Benz를 따라잡으려는 도전은 수십 년 동안 BMW와 아우디의 양 어깨에 날개를 달아주었다. 특히 스포츠 부문을 보면 경쟁지향적인 강력한 목표가 얼마나 자극적이고 고무적인 역할을 하는지 분명하게 알 수 있다. 분데스리가에서는 매출액이나 관중 수 같은 절대적인 목표보다도 경쟁 팀보다 뛰어난 성적, 높은 순위가 무엇보다도 중요시된다.

그렇다면 시장지배권과 같은 비전을 질적으로 혹은 양적으로 표현하는 것은 어떨까? 일반적으로 목표와 비전은 평범해서는 안 된다. 지나치게 평범한 것은 무의미하다. 평가체계, 더 뛰어난 성적, 기술선도권 등의 표현이 문제가 되는 경우에는 명백하게 질적인 표현을 사용하는 것이 더 바람직하다. 그러나 시장점유율이나 구체적인 경쟁우위와 관련된 목표의 경우에는 양적인 정확성에 주목해야 할 것이다. 그러지 않으면 구속력이 사라져버릴 위험이 있기 때문이다. 예컨대 "우리는 시장점유율을 높일 생각입니다"라는 말은 "우리는 향후 3년간 연 수익률은 동일하게 유지하면서 시장점유율을 10퍼센트 높일 계획입니다"라는 진술보다 정확성이 떨어질 뿐만 아니라 구속력도 약하다. 시장지배권이라는 목표는 질적인 요소와 양적인 요소를 동일한 비율로 갖추고 있어야 한다.

마지막으로 시장지배권과 관련된 목표를 언제, 즉 어떤 시기에 얼마나 명시적으로 공식화해야 하는지 살펴보자. 먼저 그동안 내가 받았던 인상에 대해 이야기하면, 오늘날 히든 챔피언으로 등극한 기업들 가운데 다수가 이미 일찍부터 시장지배권 획득이라는 야심 찬 목표를 마음속에 품고 있었던 것 같다. 물론 이처럼 용감무쌍한 비전이 추후에 비로소 추가로 덧붙여진 경우도 적지 않다. 마찬가지로 야심찬 기업가들에 의해 세상에 태어난 시장지배권 획득과 관련된 목표와 비전들이라고 해서 모두 하나 같이 좋은 결실을 맺은 것도 아니다.

강연을 할 때마다 나는 곧잘 청중을 향해 세계시장에서 선두주자가 되겠다는 목표를 가지고 있는 사람이 있는지 묻곤 한다. 그런데 선두주자가 되겠다는 목표를 가진 사람들이 가장 많은 곳은 바로 중국이다. 중국에서 위의 질문을 던지면 대개 무수하게 몰려든 청중 중에서도 3분의 1이나 절반 가까이 되는 사람들이 손을 든다. 물론 손을 든 사람들 모두가 세계시장 선두주자가 되는 것은 아니다. 극소수에 불과한 사람들만이 그렇게 될 수 있다. 같은 야망을 가졌음에도 불구하고 지금껏 많은 사람들이 좌절을 겪었고, 또 앞으로도 많은 사람들이 좌절을 겪게 될 것이다. 그러나 그런 야망은 미래의 세계시장 선두주자를 배출하는 인큐베이터 역할을 한다. 조기에 시장지배권을 손에 넣겠다는 야심찬 목표를 설정하고, 그것을 솔선수범해 실천에 옮기는 일련의 행동들은 목표를 실현하고자 나아가는 길에서 가장 강력하고도 효율적인 추진 연료가 될 것이다.

어떻게 하면 현실에서 그런 목표를 발전시킬 수 있을까? 이 질문에 대한 정해진 답은 없다. 따라서 나는 지금부터 나 자신이 처음부터 함께 체험하며 만들어나갔던 이야기를 하고자 한다. 자서전을 쓸 때 사람들은 흔히 만사를 긍정적으로 표현하는 경향이 있다. 독자들에게 미리 경고하건대, 나 역시 그런 전기적인 이야기의 특성을 따르게 될 듯하다. 지금부터 나는 지난 30년 동안 일어난 일을 2012년의 시각에서 바라보면서 이야기할 것이다.

오늘날 지몬-쿠허&파트너스는 가격컨설팅 부문에서 세계시장을 선도하고 있다.[9] 중립적인 제3자가 보았을 때도 물론 그럴 것이다. 그렇다면 1985년 회사를 설립할 당시에 이미 가격컨설팅 부문 시장지배권(혹은 세계시장지배권) 획득을 목표로 삼았을까? 대답은 명백히 "아니오!"다. 10년이 흐른 후에도 이런 목표는 아직 그 모습을 드러내지 않았다. 조금 더 시간이 흐른 후에야 비로소 우리는 두 번째 사무실을 대서양 건너편에 개설하는 위험천만한 모험을 감행하기로 결심했다. 이때 핵심적인 역할을 한 것이 바로 우리의 활동 영역에서 업계를 선도하는 세계적인 컨설팅 회사로 성장하고야 말겠다는 야망이었다. 당시 우리는 세계에서 가장 규모가 크고 가장 혹독한 컨설팅 시장인 미국에서 성공을 거두어야만 이 목표를 달성할 수 있다고 생각했다. 이런 야망이 없었더라면 아마도 우리는 취리히나 빈, 그러니까 독일어권 국가에 두 번째 사무소를 개설했을 것이다.

오늘날의 관점에서 보면, 세계화와 세계시장지배권 획득을 위한 뿌리와 기반이 그보다 훨씬 전에 마련되어 있었다고 말해도 무방할 듯하다. 물론 당시 우리는 그런 사실을 전혀 의식하지 못했지만 말이다. 그리하여 지금은 지몬-쿠허&파트너스의 파트너들이자 공동 CEO가 된 나의 예전 조수들 전원과 더불어 미국 유수의 대학에서 연구를 하면서 그곳에 머물렀다. 우리는 미국인과 우리의 차이에 대해 알게 되었고, 시간이 흐르면서 처음에 미국인에게 가졌던 두려움과 과도한 경외감도 사라졌다. 1995년에 우리는 직원 51명으로 790만 유로의 매출을 올렸다. 그랬던 것이 2011년에 이르러서는 직원 수만 600명 이상으로 늘어났고, 매출액도 1억2,100만 유로로 증가했다. 사무실 수는 1개에서 25개로 늘어났고, 우리가 활동을 펼치는 나라도 19개로 늘어났다.

많은 히든 챔피언들이 그렇듯이 우리도 헨리 민츠버그Henry Mintzberg의 말을 빌리면 '서서히 드러나는 전략emergent strategy'이 적용된 경우라고 할 수 있다.[10] 이것을 우리말로 표현하면 '(숨어 있다가 불시에) 나타나는 전략'이라고 할 수 있다. 민츠버그는 "연속된 결정을 통해서 뚜렷하게 구체화되는" 태도에 대해서 언급했다. 전략은 수많은 개인적인 행동의 결과물들이 일관된 패턴에 따라 한데 융합되는 과정 속에서 발전된다. 수많은 히든 챔피언들에 대한 나의 지식으로 미루어볼 때, '서서히 드러나는 전략'은 히든 챔피언들 사이에서 지배적으로 나타나는 모형이다. 어쨌거나 우리 회사의 발전과정만큼은 이 개념을 통해서 정확하게 설명이 가능하다. 혁신 연구자인 클레이튼 크리스텐슨Clayton Christensen도 이 전략을 히든 챔피언 유형에 속하는 기업들에게서 지배적으로 나타나는 전략이라

고 보고 있다.[11]

민츠버그는 또 다른 형태의 전략에 대해서도 언급했다. 그는 이것을 '기업가적인 전략'이라고 명명했는데, 다음과 같이 설명했다.

"직접 조직을 통제하는 개인은 자신의 비전을 고스란히 기업에 옮겨놓을 수 있다. 이런 전략은 흔히 새로 설립된 기업이나 규모가 작은 기업에서 사용하기 적합하다. 비전은 오직 하나의 공통된 방향만을 제시한다. 따라서 조절할 수 있는 여지가 있다. 계획을 세우는 사람과 계획을 실현하는 사람이 동일인이기 때문에 행동의 결과나 주변에 있는 새로운 가능성 혹은 위협에 단계적으로 신속하게 대응할 수가 있는 것이다. 기업가적인 전략은 유연하게 행동할 수 있는 여지를 허락한다. 비록 목표를 정확하게 기술하는 데는 불리하지만 말이다."

그러나 실제로 히든 챔피언들 사이에서 이 전략은 우리가 예상하는 것만큼 전형적인 전략이 아니다. 한 기업을 세계시장 지배기업으로 만들어주는 것은 빈번한 방향 전환이 아니다. 우리의 임의 표본추출 결과를 들여다보면 그런 경우는 예외적인 경우로서 몇몇 신생 기업과 규모가 작은 회사들에 한정됨을 알 수 있다. 그들은 새로운 시장을 개척하고, 고객의 욕구와 다양한 가능성들을 더 잘 이해하기 위해서 노력을 기울인다. 그런 기업들은 장기적인 목표와 나아가야 할 방향을 발견하기까지 매우 유연하게 행동해야만 한다.

이런 기업의 예를 들면, 벡케를레Weckerle를 꼽을 수 있다. 1970년대에 설립된 이 기업은 립스틱 제작기계 전문 기업이다. 이 영역에서 벡케를레는 지금까지 세계 1인자 자리를 고수하고 있다. 그러나 이 시장이 지닌 잠재 가능성은 어디까지나 제한적이다. 따라서 회사 설립자 페터 벡케를레Peter Weckerle는 일찌감치 또 다른 성장 기회를 물색했고, 그 결과 대형 화장품 회사의 주문을 받아 립스틱을 제작했다. 그러나 이 사업도 제한적이기는 마찬가지였다. 왜냐하면 대형 화장품 회사들의 경우, 전체 제품의 극히 일부분만을 아웃소싱으로 제작하기 때문이다. 그 다음 단계로 벡케를레는 독자적인 브랜드를 만들어 특수한 경로로 제품을 판매했다. 시간이 지나 립스틱 제작기계 판매 매출액과 립스틱 제작 및 판매 매출액이 서로 비슷해졌다. 그러나 장기적인 안목에서 보면, 립스틱 제작과 판매 영역의 성장 가능성이 더 크다. 모두 알다시피 로마로 향하는 길은 여러 가지다. 위의 예가 보여주듯이 시장지배기업으로 향하는 길도 여러 가지다.

시장에 대한 정의와 시장점유율

지금까지 우리는 히든 챔피언들의 시장점유율과 함께 그와 결부된 시장지배권에 대해서 살펴보았다. 그런데 시장점유율은 언제나 구체적인 '시장'과 관련되어 있어야 한다. 그러나 시장 규모와 시장점유율은 결코 절대적이고 명확한 형태를 띠지 않는다. 그보다는 오히려 시장에 대한 정의와 경계 설정이 시장 규모와 시장점유율을 규정한다. 그러나 시장을 정의하는 일은 실제로 매우 어려운 일이 될 수 있다. 경우에 따라서는 시장을 지나치게 협소하게 정의한 나머지 결과적으로 모두가 시장 선두주자가 되는 일이 생길 수도 있으며, 혹은 시장을 지나치게 광범위하게 정의한 나머지 시장은 거대하지만 시장점유율은 극히 미미해지는 결과가 도출될 수도 있다.

이런 맥락에서 롤스로이스Rolls-Roys의 시장과 시장점유율 상황을 살펴보자. 만약 지금까지 롤스로이스를 구입한 사람들만이 해당 시장을 정의한다는 관점을 견지한다면, 롤스로이스의 시장점유율은 100퍼센트가 될 것이다! 새롭게 확보된 고객이 단 한 명도 없다고 한다면, 그리고 지금까지 롤스로이스를 구매한 사람들이 다른 자동차를 구매 대상으로 고려하지 않는다고 한다면, 이런 정의는 아마도 옳을 것이다. 그러나 분명 모든 롤스로이스 구매자가 이렇게 하지는 않을 것이다. 왜냐하면 영국 왕실조차도 롤스로이스가 BMW에 인수된 이후에 50년 동안 롤스로이스만 타던 전통을 깨뜨리고 벤틀리Bently로 갈아탔기 때문이다. 히든 챔피언들 가운데는 실제로 이런 의미에서 자신의 고유한 시장을 독자적으로 정의하고 100퍼센트의 시장점유율을 확보한 기업들이 존재한다. 예컨대 주벨라크 Suwelack가 그런 경우다. 고품질 콜라겐을 제조하는 이 회사는 유일한 경쟁업체를 물리치고 난 후부터 더는 경쟁자가 없다.

만약 롤스로이스 최저가 모델(고스트 모델은 2011년을 기준으로 차량 가격이 25만4,000유로였다)과 가격대가 동일한 모든 자동차들을 롤스로이스와 경쟁을 벌일 대안 차량 시장에 포함시킨다면 시장 규모가 엄청나게 커질 것이다. 여기에 바이바흐Maybach, 벤틀리 같은 브랜드와 더불어 메르세데스 S 클래스, 아우디 A8, BMW 7 시리즈, 재규어, 렉서스 혹은 마세라티Maserati 같은 브랜드를 추가로 포함시켜 시장을 정의한다면, 시장은 몇 배나 더 커질 것이다. 그리고 이런 상황에서는 롤스로이스의 시장점유율이 1퍼센트를 밑돌게 될 것이다. 여기서 한 걸음 더 나아가 자동차 시장 전체를 범위에 포함시킨다면 시장 규모는 그야말로 어마어마하게 커지고, 롤스로이스의 시장점유율은 약 0.00001퍼센트로 줄어들 것이다.

그런데 이런 식의 광범위한 시장 정의는 전략 수립에서 아무 의미가 없다. 왜냐하면 롤스로이스는 폭스바겐 폴로Polo와 경쟁을 벌이는 것이 아니기 때문이다. 거의 모든 시장이 이와 사정이 비슷하다. 예컨대 함부르크와 뮌헨 구간에 대한 루프트한자Lufthansa의 시장 정의와 시장 규모 그리고 시장점유율도 마찬가지다. 오직 항공편만을 포함할 것인지, 아니면 기차나 자동차도 함께 포함할 것인지의 여부에 따라 시장 규모와 시장점유율이 판이하게 달라진다.

이런 복잡한 상황 때문에 시장에 대한 정의를 내릴 때는 자의적인 해석과 희망사항 그리고 착각을 완전히 배제할 수 없는 것이 현실이다. 우리는 히든 챔피언들이 그들의 시장과 시장점유율에 대해서 밝힌 사실을 그대로 신뢰할 것이다. 왜냐하면 개별적으로 일일이 점검하기가 불가능하기 때문이다. 물론 시장 및 시장점유율과 관련하여 자기 자신은 물론이고 세상 사람들도 속이려고 하는 히든 챔피언들도 충분히 있을 수 있다. 그러나 그런 경우는 매우 드물다. 게다가 경쟁이 효과적인 통제기구 역할을 수행하고 있다.

예컨대 한때 세계시장지배권을 획득하고 그 같은 사실을 공공연하게 알렸던 니더작센의 어느 히든 챔피언 CEO가 내게 다음과 같은 내용의 편지를 보내왔다. "즉각적으로 이전에 세계시장을 지배했던 회사 측에서 우리 회사에 소송을 제기했습니다. 그러나 이 소송 과정에서 주고받은 문서들이 우리 회사 매출액이 경쟁기업 매출액보다 확연하게 높았다는 사실을 증명해주었습니다." 경쟁은 누군가 사실을 제대로 입증할 수도 없으면서 세계시장을 지배하는 기업으로 자처하는 행위를 결코 용납하지 않는다.

〈표 5.2〉 히든 챔피언들이 보유한 시장지배권과 시장점유율

	시장지배기업	절대적 시장점유율	상대적 시장점유율
세계	66%	33%	2.3
유럽	78%	38%	2.8
독일	90%	47%	3.4

지금까지 시장지배권에 대해서 상세하게 설명했지만, 히든 챔피언들의 구체적인 시장점유율을 밝히지는 않았다. 〈표 5.2〉는 독일시장, 유럽시장 그리고 세계시장점유율과 관련된 비밀을 알려준다. 표는 히든 챔피언들이 스스로 선택한 시장 정의와 시장점유율에 근거하여 작성되었다.

시장지배기업 난을 들여다보면 우리가 찾아낸 히든 챔피언들이 세계시장의 약 3분의 2, 유럽시장의 약 4분의 3 이상 그리고 심지어 독일에서는 시장의 90퍼센트를 선도하고 있음을 알 수 있다. 〈표 5.2〉는 '절대적인' 시장점유율과 '상대적인' 시장점유율을 보여준다. 상대적인 시장점유율은 본인의 시장점유율을 가장 막강한 경쟁자의 시장점유율로 나눈 수치다. 예컨대 자체 시장점유율이 32퍼센트이고 가장 막강한 경쟁자의 시장점유율이 20퍼센트라고 한다면, 상대적인 시장점유율은 32/20=1.6이다. 상대적인 시장점유율이 1을 넘는 기업은 오직 시장지배기업뿐이다. 다른 모든 기업의 상대적인 시장점유율은 1 이하다. 위의 예를 참고로 계산해보면, 시장지배기업에 맞서는 가장 막강한 경쟁자의 상대적인 시장점유율은 20/32=0.625다.

히든 챔피언들의 절대적인 평균 시장점유율은 세계시장 33퍼센

트, 유럽시장 38퍼센트, 독일 시장 47퍼센트다. 10년 전과 비교해보면 이 세 가지 수치 모두 가볍게 상승했다. 시장의 성장 그리고 무엇보다도 세계화의 급속한 진전 및 그와 결부된 시장 확장을 감안한다면, 이는 기대 이상의 결과다.

더욱 놀라운 것은 히든 챔피언들과 그들의 가장 막강한 경쟁자들 간의 관계를 수치로 나타낸 상대적 시장점유율이다. 세계시장에서 히든 챔피언들이 보유한 상대적 시장점유율은 평균 2.3으로, 히든 챔피언들은 그들의 가장 막강한 경쟁자들을 2배 이상 능가하고 있다. 10년 전만 하더라도 이 수치는 2를 크게 밑돌았다. 즉, 히든 챔피언들은 규모가 한층 더 커진 세계시장에서 본인의 입지를 꿋꿋이 고수했을 뿐만 아니라, 심지어는 시장지배권을 더욱 더 강화시켰다. 그들은 절대적인 시장점유율을 가볍게 끌어올리면서 가장 강력한 경쟁자와의 격차를 확연하게 벌려놓았다. 이런 사실은 그들의 경쟁우위가 한층 더 강화되었다는 것을 암시한다. 우리는 이런 결과를 유발한 가장 중요한 원인이 강력한 혁신의 물결이라고 생각한다. 히든 챔피언들은 시장을 선도해야 한다는 점을 지속적으로 강조하면서, 전 세계에 있는 경쟁자들을 전혀 두려워할 필요가 없다는 사실을 직접 입증해 보여주었다.

경영에 관한 잘못된 믿음

'높은 시장점유율이 높은 이익으로 이어진다'라는 가설은 1950년대를 기점으로 수십 년 동안 경영 이론 및 경영 실무와 관련된 토론의 주된 주제다. 추측컨대 이 가설은 우리 시대에 존재하는 가장 심각한 경영 오류로 보인다. 수십 년 전부터 기업 간부들은 그들의 상관과 회사 동료, 대학교수, 컨설턴트 그리고 그 밖의 다른 전문가들로부터 높은 시장점유율을 달성하고 유지하는 것만이 기업의 성공을 보장해주는 유일한 길이라는 말을 수도 없이 들어왔다. 그러나 나는 이미 수년 전에 우리 회사의 젊은 두 파트너들과 더불어 시장점유율과 관련된 이런 생각에 단호하게 맞섰다. 우리는《시장점유율이 아닌 이익 중심의 경영Manage for Profit, not for Market Share》(독일어판 제목《수익을 추구하는 매니저. 시장점유율 중심적인 사고에 대한 결별Der gewinnorienterte Manager. Abschied vom Marktanteilsdenken》)이라는 제목의 책을 출판했다.[12]

지금까지 이 책에서 견지했던 시장지배권과 높은 시장점유율을 찬양하는 태도와 모순이 되지 않느냐고? 결코 그렇지 않다!《히든 챔피언》초판에서 이미 나는 시장점유율과 수익률 사이에 아무런 상관관계가 없다는 사실을 확인했다.[13] 이 생각은 지금도 마찬가지다. 지금도 여전히 수익률과 시장점유율 사이에는 전혀 의미심장한 관련성이 존재하지 않는다. 이는 절대적 시장점유율뿐만 아니라 상대적 시장점유율에도 공통적으로 적용되는 사실이다. 또한 이것은 우리가 시장점유율 조사 대상으로 삼았던 세 종류의 시장, 즉 독일 시장, 유럽시장, 세계시장에 모두 적용되는 사실이다. 물론 우리의 임의표본추출에 포함된 기업들이 하나 같이 높은 시장점유율을 보유하고 있고, 그런 점에서 이 변수의 변동성이 매우 미미하지 않느냐는 이의를 제기할 수도 있다. 그러나 그 같은 이의 제기는 적어도 상대적인 시장점유율에는 해당사항이 없다. 왜냐하면 상대적인 시장점유율은 변동성이 매우 크기 때문이다.

여기서는 "높은 시장점유율이 높은 수익으로 이어진다"는 가설과 그에 맞선 주장을 간단하게 언급하고 넘어가야 할 것 같다. 좀더 상세하게 알고 싶다면 앞서 언급한 책을 참고할 것을 권한다.[14] 시장점유율과 관련된 주장에서 가장 널리 알려진 원천은 바로 시장점유율과 수익률 간의 높은 상관관계를 밝힌 PIMS 연구다.[15] 두 번째 원천은 경험곡선Experience curve이다. 이 개념은 원가 지위Cost position가 상대적인 시장점유율에 달려 있다는 가설에 바탕을 두고 있다. 상대적인 시장점유율이 높으면 높을수록 경쟁사와 비교했을 때 제조단가는 낮아지고, 그 결과 마진은 더욱 더 높아진다는 것이다. 보스턴 컨설팅 그룹Boston Consulting Group은 이런 가설을 바탕으로 하여 저 유명한 '시장 성장'과 '상대적인 시장점유율' 매트릭스를 제시하면서 상대적인 시장점유율을 높여야 한다는 결론을 도출해냈다. 마지막으로 또 다른 유명한 원천으로 잭 웰치Jack Welch를 들 수 있다. 그는 1982년에 GE의 CEO로 취임한 후에 만약 자기 기업이 세계 1위나 2위가 되지 못한다면 사장직에서 물러나겠노라고 천명했다.

최근 들어 시장점유율이 부리는 마술에 대한 믿음이 점차 의문시되고 있을 뿐 아니라, 부분적으로는 반박을 당하고 있기도 하다.[16] 흥미로운 사실은 이런 불신과 반박의 원천도 꽤 오래되었다는 것이다. 의문의 핵심은 시장점유율과 수익률의 관계가 단순한 상관관계에 불과한 것이냐, 아니면 진정한 인과관계를 형성하느냐 하는 것이다. 문제의 핵심에 접근하기 위해서 나는 여기서 이 주제와 관련된 생각들을 의도적으로 단순하게 소개했다. 결정적으로 중요한 것은 시장점유율과 시장지배권 그 자체가 아니다. 정말로 중요한 것은 시장점유율과 시장지배권의 성질이 '좋은' 것이냐, 아니면 '나쁜' 것이냐 하는 것이다. 〈표 5.3〉을 보면 이것이 무슨 말인지 분명하게 알 수 있을 것이다.

좋은 시장점유율은 월등히 뛰어난 성과, 우수한 품질, 혁신, 특별한 서비스를 통해서 '당연히 얻게 되는' 시장점유율을 말한다. 이런 경우에는 마진을 파괴하는 가격인하 정책을 통해서 시장지배권을 획득하는 것이 아니라, 고객의 편익을 증대함으로써 가격과 마진을 보존하면서, 심지어 마진을 증대시키면서 시장지배권을 획득할 수 있다. 반면 나쁜 시장점유율은 무엇보다도 이 조건이 결정적인데, 원가 지위의 개선 없이 그저 판매량과 시장점유율을 확보하기 위해서 가격인하와 온갖 종류의 공격적인 가격 정책 및 특별 할인을 동원하는 것을 특징으로 한다. 나쁜 시장점유율의 경우에는 장기적으로 그 상태를 유지하는 것이 불가능하다. 그것은 비현실적인 가격 할인을 통해서 단기간에 획득된 것에 불과하기 때문이다. 나쁜 시장점유율은 결과적으로 이익 감소로 귀결되거나 손실로 귀결되는데, 손실이 나는 경우가 더 흔하다. 왜냐하면 가격 대비 원가가 지나치게 높기 때문이다(거꾸로 말하면 원가 대비 가격이 지나치게 낮기 때문이다).

현재도 우리는 수많은 시장에서 '나쁜' 시장점유율과 마주친다. 추측컨대 아마도 제너럴 모터스General Motors는 이와 관련된 가장 유명한 예가 아닐까 싶다. 이 회사는 수십 년에 걸쳐 세계 최대의 자동차 제조업체로 자리매김했음에도 불구하고 결국 파산하고 말았다. 2000년부터 2009년까지 제너럴 모터스 CEO를 지낸 리처드 왜고너Richard Wagoner가 한 말을 보면 상황이 이렇듯 파국으로 치달은 가장 중요한 이유를 알 수 있다.

"우리 업계는 고정비용이 어마어마하게 높습니다. 우리는 위기

〈표 5.3〉 좋은 시장점유율 vs. 나쁜 시장점유율

```
                        시장점유율
                    ┌──────┴──────┐
            좋은 시장점유율          나쁜 시장점유율
         성능, 품질, 혁신,        원가가 저렴하지 않은 상태에서
      고객 편익 증대를 통해서      공격적인(=낮은) 가격을 통해서
              획득                       획득
               ↓                          ↓
         높은 마진, 높은 이익          마진 파괴, 손실
```

가 닥쳤을 때 덩치를 줄이기보다 가격을 낮추면 더 좋은 실적을 낼 수 있음을 깨달았습니다. 다른 몇몇 경쟁사들과는 대조적으로, 우리 회사는 이 전략을 이용하여 여전히 돈을 벌어들이고 있습니다."[17]

요컨대 제너럴 모터스는 수요가 감소하자 가격을 낮추는 전략으로 이에 대응했다. 이런 전략의 배후에는 판매수량과 시장점유율을 유지하기만 하면 계속 시장 선두주자로 남아 있을 수 있으리라는 희망이 숨겨져 있었다. 그러나 이런 태도는 필연적으로 파멸로 귀결될 수밖에 없었다. 왜냐하면 가격 대비 원가가 너무 높았기 때문이다. 달리 말하면, 할인 폭이 감당할 수 없을 정도로 과도했기 때문이다. 항공사, 소매업체, 가전제품, 여행사 그리고 그 밖의 수많은 부문에서 우리는 시장점유율에 대한 강박관념이 낳은 이와 비슷한 파국적인 결말을 접할 수 있다.

참고로 말하면, 가격이 낮다고 해서 그것이 곧 '나쁜' 시장점유율을 의미하는 것은 아니다. 매우 저렴한 원가 덕분에 제품가격이

아주 낮은데도 충분한 마진을 실현할 수 있다면, 이런 경우에는 '좋은' 시장점유율을 획득할 수 있다. 알디, 이케아Ikea, 린에어Rynair를 비롯한 다수의 저가업체들이 저렴한 가격을 내세워 높은 시장점유율을 확보하고 있지만, 동시에 탁월한 수익률도 올리고 있다. 왜냐하면 원가가 극도로 낮아서 충분한 마진이 발생하기 때문이다. 그러나 많은 회사들이 높은 시장점유율에도 불구하고 돈을 벌어들이지 못하고 있다. 공격적인 가격 정책으로 시장점유율은 확보했지만, 높은 원가 탓에 충분한 마진을 올리지 못하기 때문이다.

그렇다면 히든 챔피언들은 이런 면에서 어떤 쪽으로 분류될까? 소수의 예외를 제외하고 히든 챔피언들은 저가나 공격적인 가격 정책이 아닌, 탁월한 성능을 통해서 시장점유율을 획득한다. 〈표 5.3〉에서 보듯이 그들은 우수한 품질과 혁신, 서비스, 명망 등에서 선도적인 위치에 올라선다. 그리고 그에 따른 '당연한' 수순으로 시장지배권을 획득한다. 그 덕분에 그들은 대부분 현저하게 높은 제품가격을 관철할 수 있다.

내 경험과 다른 사람들과 나눈 수많은 대화 경험에 비추어 추정해보면, 히든 챔피언들의 전형적인 가격 프리미엄은 대략 10~15퍼센트 정도다. 특별히 강력한 입지를 보유한 시장지배기업의 경우에는 가격 프리미엄이 이 수준을 크게 웃돌기도 한다. 예컨대 풍력발전기 부문 기술선도기업인 에네르콘은 경쟁업체보다 대략 15~25퍼센트 정도 높은 가격을 관철시키고 있다. 심지어 가격압박이 심한 경우에도 (예컨대 부품 공급업체, 대형 프로젝트, 대형 고객) 히든 챔피언들은 다른 경쟁사보다 확연하게 높은 가격을 받아낸다. 그들은 곧잘 거물급 고객에 대해서도 탁월한 시장지배력을 보유하고 있다. 요컨대 히든 챔피언들은 전형적으로 '좋은' 시장점유율, 즉 마진이 큰 시장점유율을 보유하고 있다. 히든 챔피언들은 시장을 선도할 뿐만 아니라 더 높은 가격까지도 추가로 관철시킨다. 그리고 그 결과는 만족스러운 수준의 이익이다.

히든 챔피언들은 마진을 파괴하는 공격적인 가격 정책이 아닌 성과와 능력을 통해서 '당연한 수순으로' 시장선도기업 자리와 시장점유율을 획득한다. 우리는 이런 사실을 반드시 명심해야 한다. 그들이 높은 가치와 더불어 '좋은' 시장점유율을 보유하는 것도 바로 이런 이유 때문이다. 수많은 다른 시장에서 관찰할 수 있는 시장점유율을 둘러싼 광기, 요컨대 이익은 전혀 고려하지 않고 '나쁜' 시장점유율을 획득하거나 그것을 방어하는 데 열을 올리는 그런 광기어린 행동은 히든 챔피언들에게는 그야말로 먼 나라 이야기다. 시장지배권을 향한 그들의 열망은 성과를 통해 구체화된다. 그것은 폭넓은 기반을 갖추고 있으며, 수익 목표를 달성하는 데 큰 도움이 된다.

성장과 시장 입지를 동시에 관찰해보면, 히든 챔피언들이 1995년 이후로 매우 긍정적인 발전을 이어오고 있다는 사실을 확인할 수 있다. 그 사이에 그들은 규모가 현저하게 커졌고, 강력하게 성장했으며, 심지어 가장 강력한 경쟁자들에게 맞서서 시장지배권을 한층 더 확대했다.

핵/심/요/약

많은 히든 챔피언들에게 시장지배권은 정체성 확립과 관련된 목표다. 시장지배권은 기업의 자아상과 전략 수립에 매우 중요한 역할을 수행한다. 이 장이 제공하는 가장 핵심적인 내용은 다음과 같다.

- 대부분의 히든 챔피언들은 전적으로 시장점유율에만 근거해 시장을 정의하는 것을 지나치게 편협한 태도로 간주한다.
- 오히려 그들은 이 개념을 고객, 납품업자, 경쟁업체에 이르는 시장 참가자들에 대한 광범위한 리더십과 결부시킨다.
- 리더십을 구성하는 가장 중요한 요건은 기술, 품질, 인지도, 명망이다. 매출액과 제품 판매량은 그 뒤에 자리 잡고 있다.
- 히든 챔피언들의 3분의 2 이상이 세계시장 선도기업이다.
- 히든 챔피언들은 이미 강력한 수준에 올라선 그들의 시장 입지를 계속 강화하고 확장해왔다.
- 히든 챔피언들은 평균적으로 22년 전부터 스스로 시장선도기업으로 간주하고 있다. 22년이라는 시간은 매우 긴 기간이다.
- 많은 히든 챔피언들은 시장을 이끌어가려는 열망을 발전 초기 단계에 명시적으로 공식화하고 직원들에게 전달한다. 시장선도기업이 되고자 하는 야망은 매우 중요한 원동력으로서, 직원들에게 동기를 부여하는 데 큰 도움이 된다.
- 히든 챔피언들의 높은 시장점유율은 공격적인 가격을 통해서 얻은 것이 아

니라, 뛰어난 성과를 통해서 당연하게 획득된 것이다. 이런 의미에서 그들의 시장점유율은 '좋은' 시장점유율이고, 이것은 그에 상응하는 높은 수익률을 동반한다.

시장을 이끌기 위해서는 매우 까다로운 조건을 충족해야 한다. 시장을 이끌려면 경쟁자들보다 더 뛰어나야 하고 더 인정받는 존재가 되어야 한다. 그런 요건을 충족해야만 다른 시장 참여자들로부터 리더로서의 역할을 인정받을 수 있다. 앞서서 다룬 성장 목표와 시장지배권을 향한 목표는 시너지 효과를 발휘하며 서로를 보완해준다. 시장점유율 증가는 성장에 기여하고, 성장은 시장 입지 확충을 위해 더 많은 투자를 할 수 있도록 여건을 조성해준다.

Chapter 06

강도 높은 집중
Hidden Champions

Hidden Champions

오직 한 가지에 집중해야만 세계 정상급으로 올라설 수 있다. 100미터 달리기뿐 아니라 마라톤에서까지 금메달을 따겠다고 욕심 부리다가는 두 종목 모두에서 좌절을 겪기 쉽다. 집중은 최상의 기량을 발휘하기 위해서 반드시 필요한 전제조건이다. 대부분의 히든 챔피언들도 자신들의 분야에서 매우 강도 높게 집중한다. 이때 집중은 다양한 내용과 관련되어 있을 수 있다. 예를 들면, 고객, 제품, 성과 포트폴리오, 역량, 자원에 대한 접근, 가치창출사슬, 가격 혹은 그와 유사한 사항들인데, 흔히 이런 집중의 범주들 가운데 많은 부분이 서로 겹친다.

집중 대상은 당연히 시간이 흐르면서 변화된다. 특정한 부분에 대한 집중이 마치 돌에 새겨지기라도 한 것처럼 영원히 지속되어서는 안 된다. 따라서 우리는 시장포화, 높은 시장점유율 혹은 기술적인 변화와 혁신으로 인해 성장의 한계에 부딪힌 히든 챔피언들이 무게중심을 다른 곳으로 옮기거나 새로운 시장으로 진출하는 모습을 지켜볼 수 있는 것이다. 그들은 대부분 '유연한' 다각화의 형태를 빌려 이 일을 수행하는데, 이에 대해서는 13장에서 심도 깊게 다룰 것이다.

시장을 선별하고 시장에 대해 정의를 내리는 일는 전략 수립의 출발점이다. 그렇다면 히든 챔피언들은 자신들의 시장을 어떻게 정의할까? 많은 히든 챔피언들은 시장의 정의를 외부에서 주어진 변수로 보지 않고, 그들의 전략을 구성하는 독자적인 매개변수로 이해한다. 관련 업계와 통계자료, 경쟁업체 혹은 고객들 사이에서 일반적으로 통용되는 시장 정의를 받아들이는 대신 자신들이 활동하는 시장에 대해서 독자적인 견해를 발전시키는 것이다. 시장 정의에 대한 이 같은 독자성은 결정적인 전략 차이로 귀결될 수 있다. 데릭 아벨Derek Abell의 말을 인용하면[1], "기업 정의 또는 시장 정의"는 단지 "출발점starting point"일 뿐만 아니라 그 자체로 전략의 대상이다.

협소한 시장

전통적인 히든 챔피언은 '단일제품 단일시장 기업'의 형태를 갖추고 있다. 그들은 자신들의 시장을 매우 협소하게 정의한다. 그 결과 시장의 규모도 상대적으로 작다. 〈표 6.1〉은 세계시장의 규모 분포를 분명하게 보여준다. 약 4분의 1(정확하게 말하면 26퍼센트)에 해당하는 기업들이 시장 규모 3억 유로 미만인 매우 협소한 틈새시장에서 활동하고 있다. 반면 전체 시장의 20퍼센트는 30억 유로 이상의 규모를 갖추고 있다. 물론 이런 규모도 자동차 시장이나 전자통신 시장처럼 정말 규모가 큰 시장과 비교하면 작은 축에 속한다. 일반적으로 히든 챔피언들은 규모가 큰 시장보다는 오히려 작은 시장에서 활동한다고 할 수 있다. 이는 일반적으로 비교적 규모가 작은 기업들에게 통용되는 사실이지만, 규모가 큰 히든 챔피언들에게도 통용되는 경향이 있다.

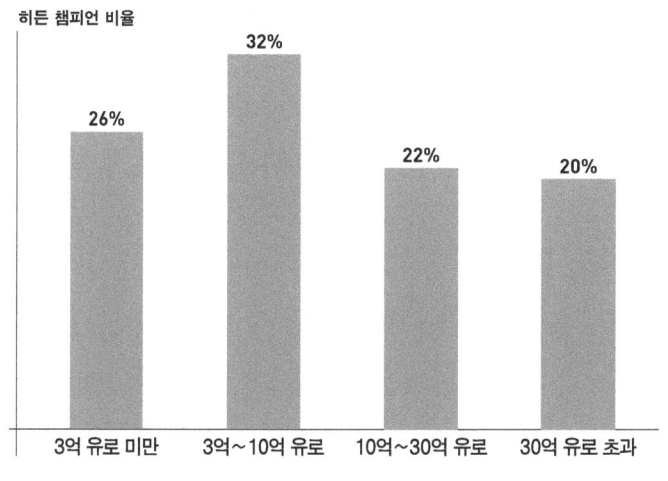

〈표 6.1〉 히든 챔피언들이 활동하는 세계시장 규모

　　10년 전과 비교해보았을 때 세계시장 규모는 2배 이상 커졌다. 특히 규모가 작은 시장의 비율이 줄어든 것이 인상적이다. 과거에는 히든 챔피언들이 활동 무대로 삼았던 세계시장의 약 50퍼센트가 3억 유로 미만의 규모였다. 그러나 오늘날에는 그 비율이 25퍼센트로 줄어들었다. 기업들을 대상으로 조사한 결과, 거의 80퍼센트의 기업들이 자신들의 시장이 성장했다고 답했다. 심지어 48퍼센트는 시장이 매우 크게 성장했다고 평가했다. 그러나 9퍼센트는 시장 규모가 그대로 정체되어 있다고 답했고, 12퍼센트는 10년 전보다 시장이 오히려 줄어들었다고 대답했다. 이런 결과를 감안하면, 시장을 관찰할 때에는 세심한 주의가 필요함을 알 수 있다. 세계시장이 전체적으로 크게 성장했고, 특히 중국이나 인도 등의 시장이 존재함에도 불구하고 모든 역동적인 경제 분야가 그렇듯이 히든 챔피언들이 활동하는 시장 가운데서도 축소되고 있는 부문이 있다.

이 주제에 관해 심도 깊게 토론을 벌일 때마다 우리는 시장의 경계를 설정하고 규모를 평가하는 일이 유난히 어려운 작업이라는 사실을 거듭 확인하게 된다. 우리 자신의 경험만 돌아봐도 그 사실을 분명히 알 수 있다. 세계를 무대로 활동하는 가격책정 컨설팅 회사인 지몬-쿠허&파트너스는 과연 독일이나 유럽 혹은 전 세계에 형성된 가격책정 컨설팅 시장이 얼마나 큰지 알고 있을까? 당연히 모른다! 히든 챔피언 시장에서는 이런 종류의 분열 현상이 그리 특이한 일이 아니다. 각각의 개별 부문에서 히든 챔피언들이 특수 분야나 틈새시장에서 나름 시장선두주자로 자리매김한 다양한 업체들과 경쟁하는 것은 결코 이례적인 일이 아니다. 이제 곧 살펴보겠지만, 시장에 대한 정의도 대부분 일차원적이 아니라 다차원적인 특징을 지니고 있다. 각각의 기업들은 자신들의 시장에 대해서 어느 정도 적절한 정의를 내리기 위해 안간힘을 쓰고 있다. 그러나 시장의 크기를 구체적으로 추정하기란 여전히 불가능한 일이다.

이 같은 여건에도 불구하고 히든 챔피언들은 자신들의 시장을 비교적 잘 알고 있다. 72퍼센트의 기업이 세계시장 규모와 관련하여 구체적인 수치를 언급했다. 이때 제시한 수치는 일반적으로 여러 가지 자료를 근거로 하여 산출된 것이다. 여기서 잠시 자료구성 현황을 살펴보면 주관적인 평가가 46퍼센트, 외부 통계자료가 54퍼센트, 세심한 독자적인 조사가 61퍼센트로 대략 균형 잡힌 비율을 이루고 있다. 그러나 위에서 제시한 예를 통해 짐작했겠지만, 시장 규모와 시장점유율에 대해서 신빙성 있는 정보를 제공하지 못하는 회사들도 무수히 많다. 많은 시장, 그중에서도 특히 새롭게 생긴 시장의 경우에는 시장 규모에 관한 정확한 데이터를 얻기가 불가능하다. 또한 개발도상국에 있는 수많은 시장도 확보 가능한 데이터가 빈약한 데다 신빙성도 없다.

그렇다고 해서 그런 시장이 매력이 없다는 말은 결코 아니다. 역으로 시장통계자료를 쉽게 확보할 수 있다고 해서 그 시장이 크게 매력적인 것으로 혼동해서도 안 된다. 정보가 빈약하고 파악하기가 힘든 시장이라고 해도 자세히 살펴보면 아주 매력적인 시장으로 판명되는 경우도 꽤 있다. 불투명성도 장점이 될 수 있다. ABS 품펜 ABS Pumpen 설립자인 알버 블룸Alber Blum은 언젠가 내게 이런 말을 했다. "시장 규모와 시장점유율을 모르는 상황에서는 일본 사람들을 두려워할 필요가 없습니다."

그러나 중국인에게는 이런 말이 별로 해당되지 않을 것 같다. 일본인과 달리 중국인은 신빙성 있는 통계자료가 없는 시장도 과감하게 공략한다. 구체적인 수치로 작성된 객관적인 시장 정보가 없는 상황에서 이를 극복할 수 있는 단 한 가지 방법은 시장과 고객 곁으로 가까이 다가가는 것뿐이다. 9장에서 다룰 이런 고객친밀성은 히든 챔피언들의 두드러진 특징들 가운데 하나다. 따라서 그들은 정교한 통계자료가 없는 상황에서도 시장의 트렌드를 정확하게 인식하고 그에 맞추어 대비할 수 있다.

다양한 시장 정의 기준

하나의 시장이나 사업을 정의하는 방법은 무수히 많다. 그 가운데 가장 오래된 방법은 제품을 기초로 정의하는 것이다. "우리는 식기세척기 시스템 시장에서 활동합니다" 하는 식으로 말이다. 그러나 시어도어 레빗은 1960년에 발표한 획기적인 논문〈마케팅 근시안Marketing Myopia〉에서 이처럼 제품 위주로 시장을 정의하는 것을 혹독하게 비판했다.[2]

그의 논문이 유명하게 된 것은 미국 철도회사에 대한 비판 때문이었다. 그는 미국 철도회사가 자신의 시장을 '여객 운송'이 아닌 '철도 사업'으로 정의함으로써 새롭게 생긴 항공사와의 경쟁을 회피했다고 주장했다. 항공사들은 철도를 시장에서 몰아내고 마침내 파산 지경까지 몰고갔는데, 왜냐하면 사실상 철도회사와 항공사가 동일한 시장, 즉 여객 운송 부문에서 경쟁을 벌였기 때문이다. 만약 시장을 제대로 정의했다면, 다시 말해 고객의 욕구를 제대로 파악하고 시장에 대처했다면 철도회사는 항공사업에 뛰어들었거나 아니면 일찌감치 고속철도 구간 건립에 박차를 가했어야 맞다는 말이다. 덧붙여 한 가지 일화를 소개하면, 1934년 최초로 제정된 미국 항공사 관련법은 '철도법'에 속해 있었다고 한다. 참으로 아이러니한 일이다.

레빗이 요구한 시장 정의는 고객의 욕구나 용도를 바탕으로 한다. 예컨대 식기세척기 제작업체가 고객의 욕구를 중심으로 자신의 시장을 정의한다면 아마도 "우리 회사는 더욱 더 깨끗한 식기세척을 추구합니다"라고 할 것이다. 여기서 한 걸음 더 나아가 고객집단이나 목표집단에 따라 시장 정의가 달라질 수도 있다. 예를 들면, "우리 회사는 호텔과 레스토랑에 사용되는 식기세척기 시스템을 제공합니다"라고 표현할 수 있을 것이다. 그 밖에 비슷한 가격대나 품질 수준에 의해 시장의 경계를 설정할 수도 있다. "우리 회사는 가

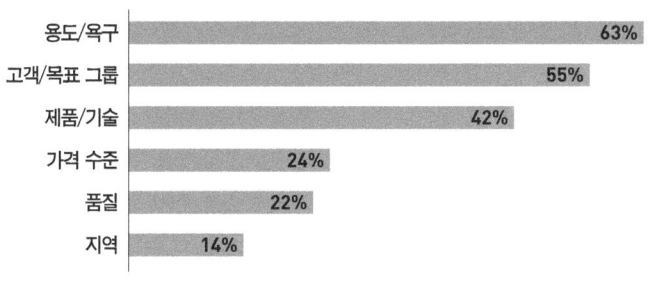

〈표 6.2〉 시장 정의 기준의 비중

격대가 1,000유로 이상인 제품만 제공합니다"혹은 "우리 회사는 최상급 수준의 품질을 갖춘 제품만을 취급합니다"처럼 말이다. 특히 실무에서는 "우리 회사는 유럽시장을 타깃으로 삼고 있습니다" 처럼 지역에 따른 시장 정의가 큰 의미가 있다.

〈표 6.2〉는 히든 챔피언들이 자신들의 시장을 정의할 때 사용하는 기준의 중요도를 보여준다. 용도 혹은 고객의 욕구가 63퍼센트로 가장 상위에 위치한다. 시어도어 레빗이 매우 흡족해했을 만한 결과다. 그 뒤를 이어 두 번째는 고객집단이나 목표집단을 중심으로 하는 고객 중심적인 기준이다. 제품/기술도 42퍼센트로 상당한 비중을 차지한다. 반면 가격 수준, 품질, 특히 지역은 히든 챔피언들의 시장 정의 기준으로서 그리 큰 역할을 하지 못하는 것으로 나타났다.

히든 챔피언들이 자신들의 시장에 대해서 내린 정의를 살펴보면, 전반적으로 시장에 대한 이해가 매우 뛰어나다는 것을 알 수 있다. 고객의 욕구와 목표 그룹이 명백하게 우위를 점하고 있으며, 그 밖에 많은 히든 챔피언들이 제품/기술 및 그 뒤를 잇는 핵심적인 역량들을 시장 정의에 포함시키고 있기 때문이다. 반면 세계를 무대로 활동하고 있는 기업들의 입장에서 보면 지역에 의거한 시장경계 설정은 그다지 의미가 없는 작업이다. 히든 챔피언들은 이미 오래 전에 자신들의 협소한 본거지를 훌쩍 뛰어넘어 성장했으며, 최선봉에 서서 글로발리아를 향해 나아가고 있기 때문이다. 그들은 그들의 나라나 지역이 아닌 세계를, 혹은 적어도 유럽을 그들의 시장으로 간주한다.

〈표 6.2〉에 제시된 백분율을 모두 더하면 100을 훌쩍 뛰어넘어 220이 된다. 이는 히든 챔피언들이 시장을 정의할 때 한 가지 기준만을 사용하는 것이 아니라 평균 2.2가지 기준을 사용한다는 것을 의미한다. 따라서 그들의 시장 정의는 1차원적이 아니라 다차원적이다.

세계 굴지의 플라스틱 사출성형기 제조업체인 스위스 회사 네트슈탈Netstal은 페트병 시장을 (용도) 핵심 주력 분야로 설정하고,[3] 이와 함께 무엇보다도 음료 산업을 주요 타깃으로 삼아 (고객집단에게) 합당한 사출 능력을 갖춘 (품질) 비교적 고가의 제품만을 판매하고 있다. 이 회사의 경우, 시장의 경계를 설정하는 데 지역을 제외한 모든 기준들이 동원되었다. 이 경우는 하나의 시장이 얼마나 작게 쪼개질 수 있는지, 그리고 전형적인 히든 챔피언이 자신이 종사하는 시장 부문에서 우월한 입지를 확보하기 위해 시장을 얼마나 목적지향적이고 능동적으로 정의할 수 있는지를 보여준다. 플라스틱 사출성형기 시장처럼 복잡한 시장에서는 PC 표준 소프트웨어 시장에서 마이크로소프트Microsoft가 보유하고 있는 '보편적인' 시장지배권을 획득하는 것이 불가능하다. 이질적이고 파편적인 시장에서 시장지배권 획득 전략을 수립하려면 시장에 대한 세분화된 경계 설정이 필수적이다.

"우리는 전문가다"

무작위로 선택된 한 히든 챔피언에게 단 한 문장으로 자신을 표현해달라고 부탁한다면 아마도 "우리 회사는…… 전문가입니다"라고 답할 가능성이 매우 높다. 지금까지 나는 아래에 소개된 것과 비슷한 말들을 수백 번도 넘게 들어왔다.

- "우리는 우리가 할 수 있는 일에 집중합니다."
  게르하르트 크롬메Gerhard Cromme는 크룹Krupp 이사회 의장으로 재직하던 시절에《히든 챔피언》초판에 수록된 이 문구에 착안해서 거기에 약간 살을 붙여 크룹의 모토로 삼았다. "우리는 우리가 할 수 있는 일에 집중한다. 전 세계를 무대로." 이 사례는 대기업조차도 히든 챔피언들을 본받고 그들에게 배울 준비가 되어 있다는 것을 보여준다. 집중과 세계화 전략을 결합시키는 것은 히든 챔피언 전략만의 결정적인 특징이다.
- "우리는 틈새시장을 공략합니다."
  이것은 히든 챔피언들이 가장 빈번하게 하는 말로, 그 뒤에 "…… 그리고 앞으로도 계속 그렇게 할 것입니다"라는 말을 덧붙이곤 한다.
- "우리는 깊이를 추구할 뿐 넓이를 추구하지 않습니다."
  이 말은 자체적인 가치창출비율이 높지만, 넓은 시장이 아닌 좁은 시장만을 공략한다는 뜻이다.
- "우리는 지금까지 해온 일을 계속 할 것입니다." 또는 "다각화는 고려하지 않습니다."

이 금언은 예나 지금이나 대부분의 히든 챔피언들에게 적용되는 말이다. 그들은 다각화의 필요성을 느끼지 못했거나 혹은 다각화의 유혹에 강하게 저항했다. 그러나 비교적 규모가 큰 히든 챔피언들의 경우에는 협소한 시장에서 성장 한계에 부딪히면서 '가벼운 수준'의 다각화를 시도하고 있다.

"우리는 의도적으로 어려운 기술 영역에 집중합니다. 우리는 까다롭지 않은 것을 다루는 데는 그다지 뛰어나지 않은 것 같습니다."[4] 식기제작 전문기업 코닝Corning의 재무이사 제임스 플로James Flaw의 말이다. 실제로 어려운 일에 집중할수록 경쟁업체들이 살아남을 가능성도 그만큼 희박해진다.

일반적으로 집중과 전념이 무엇보다도 중요하다. 모든 히든 챔피언들은 각자의 시장에서 전문적인 역량을 갖추고 자신의 영역에 충직하게 전념한다. 그 결과 히든 챔피언들은 평균 22년 전부터 세계시장을 선도해왔다. 히든 챔피언 기업의 3분의 2가 최소한 5~10년 전에 이미 시장 설정에 관한 결정을 마무리했으며, 기초 기술에 대한 최종적인 결정이 내려진 것도 이와 비슷한 시기다. 히든 챔피언의 절반 이상이 이미 10년도 훨씬 이전에 기초 기술에 대한 최종적인 결정을 내린 것이다.[5]

하나의 시장만을 고집하는 이런 태도는 히든 챔피언들이 고도의 집중과 연속성을 유지할 수 있도록 한다. 그 결과 고객은 히든 챔피언들이 그들의 일에 전념하고 있음을 신뢰할 수 있다. "우리는 언제나 약제 산업이라는 한 분야의 고객만을 위해서 일해왔고, 미래에도 언제나 이 한 고객만을 위해서 일할 것입니다." 약품포장 부문 세계시장 선도기업인 울만의 말이다. 그들은 이런 집중 전략을 다음과 같은 간략한 모토로 표현했다. "오직 그것만 하되, 제대로 하자." 플렉시의 모토도 명확하다. "우리는 오직 한 가지만 할 것이다. 그러나 최고로 뛰어나게 할 것이다." 플렉시는 오로지 개 목줄만을 생산하는데, 그 종류만 해도 자그마치 300가지에 이른다. 이 기업은 다른 경쟁업체들을 큰 차이로 따돌리면서 세계시장 선도기업으로 확고하게 자리매김했다.

본인이 원하지 않는 것을 아는 것도 전략에 포함된다. 그것은 원하는 것을 아는 것만큼이나 중요하다. 마이크로소프트 창립자인 빌 게이츠Bill Gates는 인터뷰를 할 때마다 거듭하여 절제의 필연성을 주장했다. 쿠키 부문 유럽시장 선도기업인 그리슨-드 뵈켈레어의 대주주이자 경영자인 안드레아스 란트Andreas Land는 이것을 다음과 같이 간추려 표현했다.

"우리는 모두를 가질 수는 없습니다. 'No'가 의도를 규정합니다. 제일 먼저 우리가 원하지 않는 일이 무엇인지 곰곰이 생각해야 합니다. 그렇게 하고 나면 'Yes'라고 말한 것에 대해서 한층 더 효과적으로 집중할 수 있습니다. 우리의 독립성과 함께 채무가 전혀 없는 현재 상태를 지켜나가려면 우리의 자금으로 살림살이를 해야만 합니다. 우리의 유전자 한 부분에는 슈바벤 주부의 유전자가 자리 잡고 있습니다."[6]

이런 자기절제에 대한 권고는 다른 누구보다도 바로 중소기업들이 지켜야 할 권고다. 대부분의 히든 챔피언들은 지속저으로 이 권고를 따르고 있다.

가치창출 단계에 대한 집중

히든 챔피언들 가운데는 특정한 가치창출 단계에 강도 높게 집중하는 기업들이 있다. 대기업과 무관하게 독립적으로 활동하는 세계 최대의 칫솔 제작업체인 M+C 쉬퍼M+C Schiffer도 그런 기업 중 하나다. 비트Wied 강변에 접한 노이슈타트Neustadt에 자리 잡은 쉬퍼는 오직 칫솔만을 제작하는 기업, 즉 단일제품 기업이다. 게다가 이 기업은 활동 범위를 단 하나의 가치창출 단계, 즉 생산 단계로 제한하고 있다.7 물론 생산은 대규모로 이루어진다. 독일, 오스트리아, 인도에 있는 공장에서 매일 100만 개의 칫솔이 제작된다. 제품생산에 이어 프록터&갬블Procter&Gamble, 헨켈Henkel 같은 유명 소비재 회사들이 칫솔 마케팅을 담당한다.

에노바는 다양한 가치창출 단계 중에서 제작 단계로 활동 범위를 제한하고 있는 또 다른 기업이다. 이 회사는 독일 중소기업인 드라게노팜Dragenopharm과 스위스 기업인 스위스 캡스Swiss Caps가 합병되어 탄생한 기업으로, 유럽 최대의 약품 주문제작 기업이다. 에노바는 연간 100억 개의 알약과 180억 개의 캡슐을 생산하지만, 약품 포장 그 어디에서도 기업의 이름을 찾아볼 수 없다. 당연히 소비자들에게도 알려지지 않았다. 에노바는 약 400개의 제약 기업에 제품을 납품하고 있으며, 매출액 규모는 2억6,200만 유로에 이른다. 이는 히든 챔피언들의 전형적인 매출액 규모다.

히든 챔피언 루도 팩트도 실내용 게임 제작과 물류 분야로 활동 범위를 제한하고 있다. 게임 개발과 마케팅 업무는 각 출판사들이 담당한다.[8] 프라이베르거는 식료품 주문 생산업체로, 유럽 최대의 피자 제조업체다. 이런 회사들의 전략 구성에서 가장 본질적인 요소는 바로 다수의 소비재 생산업체가 생산하는 물량을 한꺼번에 묶어서 생산하는 것이다. 이런 묶음 전략은 결과적으로 거대한 생산 물량으로 이어지고, 이와 함께 규모가 선사하는 이점(규모의 경제)을 누리는 것이 가능해진다. 개별 소비재 생산업체들은 이런 이점을 누리는 것이 사실상 불가능하다. 쉬퍼, 에노바, 루도 팩트, 프라이베르거 같은 주문생산업체들은 다른 업계, 특히 전자 업계에도 널리 보급되어 있다. 히든 챔피언들 사이에서 이런 기업들은 예외에 속한다. 그러나 하나의 특정한 가치창출 단계로 활동 범위를 제한한 기업들의 사례는 가치창출사슬 내부의 어느 한 단계에 집중하는 방법을 통해서 우월하면서도 생존 능력이 뛰어난 시장 입지와 경쟁 입지를 확보할 수 있다는 사실을 보여준다.

재집중과 포기

많은 히든 챔피언들에게서 우리는 소위 다각화의 반대 개념인 재집중 전략을 접할 수 있다. 예컨대 변속장치 제조업체인 게트라크는 2011년에 접어들어 온전히 변속장치에만 전념하기 위해서 매출액의 6분의 1을 차지하는 차축 사업을 매각했다. 그리고 홍보자료에서 "우리는 전 세계를 무대로 활동하는 순수한 변속장치 전문기업이 되겠다는 목표에 부합하고자 결연한 자세로 계속해서 앞으로 나아갑니다"라고 말한다. 신장투석장비 부문 세계 2인자인 스웨덴의 히든 챔피언 갬브로Gambro도 핵심 사업에 온전히 집중하기 위해서 주변 분야를 밀쳐냈다. 때로 재집중은 기업의 원천이 되었던 사업 분야에 대한 포기를 의미하기도 한다. 유럽시장을 이끄는 쿠키 생산업체인 그리슨-드 뵈켈레어의 원래 사업 분야는 생과자였다. 그러나 이 기업은 불충분한 수익성을 이유로 그 분야를 단호하게 포기했다.

빈터할터 가스트로놈Winterhalter Gastronom의 사례는 재집중을 심도 깊게 설명하기에 적합하다. 보덴제Bodensee 근교에 있는 이 기업은 산업용 식기세척 시스템을 제작하는 업체다. 식기세척 시스템은 무수한 하위시장을 거느리고 있는 분야인데, 예를 들면 학교, 병원, 구내식당, 공공 관청, 병영, 교도소, 호텔과 레스토랑이 그런 시장에 해당된다. 시장이 넓은 만큼 잠재 가능성도 매우 크다. 그런데 그와 함께 다양한 시장 부문에 포진한 고객들의 요구도 매우 다양하다. 몇 년 전 빈터할터는 이런 상황에 대해 다음과 같이 말했다. 다음의 인용문이 모든 것을 말해준다.

"산업용 식기세척기 시장 전체를 분석한 결과 우리 회사의 세계시장점유율이 5퍼센트를 크게 밑돈다는 사실을 발견했습니다. 우리는 보잘것없는 어중이떠중이에 불과했습니다. 이를 계기로 우리는 우리의 전략을 전면적으로 수정했습니다. 우리는 전적으로 호텔과 레스토랑만을 타깃으로 삼았습니다. 심지어 회사 이름까지 '빈터할터 가스트로놈'으로 바꾸었습니다. 현재 호텔/레스토랑 부문에서 우리 회사의 세계시장점유율은 15~20퍼센트이며, 계속해서 상승일로에 있습니다. 이 부문에서 우리는 언제나 첫 번째로 선택받는 기업입니다."

BHS 테이블톱BHS Tabletop도 빈터할터와 비슷한 집중 전략을 선택했다. BHS란 예로부터 유명한 도자기 브랜드인 바우셔Bauscher, 후첸로이터Hutschenreuther, 쉔발트Schönwald를 의미한다. 1990년대 중반 이 기업은 극단적인 집중화 전략을 실행에 옮기고, 기업이 운영하는 사업 부문 가운데 가장 알려지지 않은 부문을 핵심사업 부문으로 천명했다. 즉, BHS 테이블톱은 전적으로 레스토랑에만 집중했다. 단, 활동 범위는 전 세계로 설정했다. 이 같은 집중을 통해서 BHS는 도자기 부문에서도 세계시장 선도기업으로 등극했다. 그리고 빈터할터와 유사하게 제품 정책에서부터 판매에 이르기까지 모든 전략이 이 부분에 맞추어졌다. 오늘날 2억 명이 넘는 사람들이 날마다 테이블톱 도자기로 식사를 하고 있으며, 100개가 넘는 나라에서 이 회사의 제품이 판매되고 있다.

빈터할터와 BHS의 사례에서 분명하게 알 수 있는 것처럼 집중은 한편으로는 포기를 의미한다. 좁은 범위에 초점을 맞추고 특정한 시장에만 주력하다 보면 불가피하게 다른 시장이 제공하는 상당히 매력적인 기회들을 놓칠 수밖에 없다. 풍력에너지 부문에서 독일 시장을 선도하는 기업이자 세계적인 기술선도기업인 에네르콘은 그 같은 포기를 의식적이고도 대규모로 단행하고 있다. 요컨대 에네르콘은 역외시장Offshore Market에서는 활동하지 않는다. 따라서 중국과 미국 시장에는 설비도 납품하지 않는다.[9] 바로 이런 자기절제가 지금까지 이 기업에게는 매우 효과적으로 작용한 것처럼 보인다. 또 기업의 성장과 수익성에도 전혀 해가 되지 않은 것 같다. 역내시장Onshore Market에서 에네르콘이 보여주는 강인한 면모는 무엇보다도 앞서 언급한 거대한 시장 부문에 대한 포기가 반영된 결과다.

신규 틈새시장에 대한 집중

지난 몇 년간 많은 대기업들이 그들의 주력사업에 집중하면서 부수적인 사업들을 포기했다. 이런 전략적인 방향 쇄신은 스핀오프 Spin-off(파생상품)로 이어졌고, 그 결과 새롭고 독립적인 히든 챔피언들이 생성되었다. 지로나Sirona도 그런 기업들 중 하나다. 한때 지멘스의 계열사였던 이 회사는 현재 치과장비 부문에서 세계시장을 선도하는 기업들 중 하나다. 대기업들은 흔히 그다지 매력적이지 않은 틈새시장에서 후퇴하곤 하는데, 이렇게 되면 그 시장에서 활동하던 히든 챔피언들이 새롭게 생긴 자유로운 공간에 한층 더 강도 높게 집중할 수 있게 된다.

여러 부문에 걸쳐 세계시장을 선도하고 있는 윤활제 생산기업이자 47개의 해외지사를 거느린 푹스 페트로룹Fuchs Perolub의 회장 슈테판 푹스Stefan Fuchs는 2012년 광산업 및 자동차 산업에 사용되는 오일과 윤활제에 한층 더 강도 높게 집중하겠노라고 밝혔다. 그런데 그 이유는 바로 대형 석유기업들이 이 틈새시장에서 후퇴했기 때문이다. 리퀴 몰리의 경우에도 이와 유사하게 대형 석유기업들이 틈새시장에서 후퇴하면서 추가로 생긴 자유 공간에 대해 강도 높게 집중한 것이 기업 성장의 동력이었음을 밝혔다. 어쨌거나 이 기업은 지난 수년간 업계 평균을 크게 웃도는 성장률을 기록했다.

초특급 틈새시장과 시장지배기업

수많은 히든 챔피언들은 시장을 한층 더 세분화하여 정의하고, 극도로 좁은 틈새시장만을 전문적인 활동 무대로 삼는다. 심지어 어떤 기업은 스스로 시장을 '만들어낸다'. 이런 기업들은 실질적인 경쟁업체 없이 100퍼센트의 시장점유율을 확보한다. 이런 유형의 기업들을 간추려 목록을 작성해보면 수백 개도 넘는다. 이 자리에서는 예시적으로 몇몇 기업만을 선별해 짤막하게 조명해보자.

베르크노이슈타트Bergneustadt에 있는 PWM은 90퍼센트의 시장점유율을 자랑하는 전자식 가격계기판 생산업체로, 독일에 있는 거의 모든 주유소에 이 회사의 장비가 설치되어 있다. "우리 회사는 세계시장 선도기업이자 전 세계에 제품을 납품하는 유일한 회사입니다." 사장 막스 페르디난트 크라빙켈Max Ferdinand Krawinkel의 말이다. 주유소 이야기가 나왔으니 말인데, 독일 주유소에서 사용되는 모든 주유기는 히비Hiby의 제품이다. 이 히든 챔피언은 독일뿐만 아니라 유럽 전역을 통틀어 확실한 'No.1'이다. 식료품 분석과 환경 분석 부문에서 세계시장을 선도하는 프랑스 기업 유로핀스Eurofins는 '유럽에서는 경쟁자가 없을 정도로 막강한 시장선도기업'이라는 평판을 듣고 있다.[10]

폴라-모어Polar-Mohr는 제지 산업에 사용되는 고속절단 시스템만을 전문적으로 생산한다. 전 세계적으로 이 틈새시장에서 활동하는 기업은 고작해야 6개에 불과하다. 프랑크푸르트에 있는 폴리 클립Poly Clip은 소시지 포장용 클립 및 그와 관련된 기계를 생산하여 9,000만 유로의 매출액을 올리면서 이 특수 분야에서 세계시장 선도기업으로 지리매김하고 있다. 고트샬크는 유럽 유일의 제도용 압핀 제작기업으로, 전 세계에 2개밖에 없는 압핀 제작기업 중 하나다. 하이-콘Hi-Cone은 소위 멀티팩 캐리어를 생산하는 세계 유일의 업체로, 이 부문에서 사실상 독과점을 형성하고 있다. 여러 개의 플라스틱 고리로 이루어진 멀티팩 캐리어를 이용하면 여섯 개들이 코카콜라 팩이나 맥주 팩을 한꺼번에 모아 편안하게 들고 갈 수 있다. 쾨르버 그룹Körber Gruppe 계열사 가운데 하나인 쿠글러-보마코 Kugler-Womako는 여권제작기계 전문업체다. 그리고 전 세계에서 사용되는 모든 화폐인쇄기의 90퍼센트가 쾨니히&바우어Koenig&Bauer의 제품이다. 하일브론Heilbronn에 있는 카를 마르바흐Karl Marbach는 포장용기 절단금형 부문에서 세계시장을 선도하는 기업이다.

콜부스Kolbus는 전적으로 서적 제본기계에만 집중하는 기업으로, 사장 카이 뷘테마이어Kai Büntemeyer가 살짝 알려준 바에 따르면 "50퍼센트를 훌쩍 뛰어넘는 매우 만족할 만한 세계시장점유율을 보유하고 있다"고 한다. 그는 "우리 회사는 규모가 작습니다. 따라서 한 가지 일에만 집중하고 있습니다"라는 말로 회사의 전략을 설명했다. 이 회사의 홈페이지를 방문하면 다음과 같은 문구를 발견할 수 있다. "세상에 있는 모든 책 가운데 제작 과정에서 콜부스 기계와 접촉하지 않은 책은 거의 없습니다."

로베&베르킹Robbe&Berking은 오직 은제 식기만을 제작하는 기업이다. 독일에서만 제품을 생산하는 이 기업은 40퍼센트의 세계시장점유율을 보유하고 있다. 케스보러Kässbohrer도 사실상 한 가지 제품, 즉 제설차량이 매출액의 전부를 차지하고 있다. 케스보러는 이 틈새시장에서 확고부동한 세계시장 선도기업으로 자리매김하고 있다. 회사 관계자의 말에 따르면, 이 회사는 무절제한 제품 개발을 감당할 능력이 없다고 한다. 실제로 제품 개발에서 '집중'이라는 주제는 굉장히 중요한데, 특히 규모가 작은 회사들의 경우에는 빠듯한 개발 예산을 집중적으로 사용할 것을 권한다. 이렇게 하는 것만이 혁신을 주도하는 기업, 세계 정상급 기업으로 발돋움할 수 있는 유일한 방법이다.

'시장지배기업' 가운데는 규모가 작은 히든 챔피언들도 많다. 그런데 이런 기업들은 문외한의 경우에는 아예 그런 것이 존재한다는 사실조차 모르는 제품을 생산하거나, 이따금 이국적이고 기괴한 특징을 지닌 제품들을 생산하기도 한다. 예컨대 미텍 그룹Mitec Gruppe은 '연소 엔진 소음 경감을 위한 균형 시스템' 부문에서 세계시장 선도기업으로 두각을 나타내고 있다. 나사 제작업체인 아우구스트 프리트베르크August Friedberg는 표준형 나사를 제품 품목에서 모조리 빼버리고 '풍력에너지 업계에 사용되는 특수나사'에만 역점을 둠으로써 오늘날 세계시장을 선도하고 있다. 베르멜스키르헨Wermelskirchen에 있는 텐테Tente는 병원용 침상 바퀴에 집중하여 그 부문에서 세계시장 선도기업이 되었다. 이처럼 규모가 극도로 작은 틈새시장도 전 세계를 대상으로 삼으면 그 규모가 상당해진다.

스웨덴 회사 포크Poc는 시장 규모가 훨씬 큰 오토바이용 보호헬멧을 타깃으로 삼는 대신 그보다 규모가 작은 스키용 보호헬멧 부문에 만족하고 있다. 만약 오토바이용 헬멧 시장에 뛰어들었더라면 아마도 한국의 HJC 같은 강력한 시장선도기업에게 참패를 당했을 것이다. 그러나 스키용 보호헬멧 부문에서 포크는 세계 넘버원을 향해 달려가고 있다. 루프&후브라흐 옵틱Rupp&Hubrach Optik은 스포츠용 안경에 사용되는 유리 제작에 집중하여 세계시장을 선도하는 기업들 가운데 하나가 되었다. 3장에서 언급한 바 있는 스위스 히든 챔피언 니바록스(손목시계용 제어장치 부문 세계시장점유율 90퍼센트)와 우니베르소(시계바늘 제작 부문 세계시장 선도기업)도 '시장지배기업' 범주에 속하는 기업들이다.

심지어 히든 챔피언의 전형적인 특징을 갖춘 영국 방직기업 BBA는 다음과 같은 기업 철학을 지니고 있다. "우리의 전략은 존재감이 전혀 없는 일반 시장에서 우리의 존재감이 빛을 발하는 틈새시장으로 옮겨감으로써 그 틈새시장에서 세계시장을 지배하는 기업이 되는 것입니다!" 이 문구는 시장을 선도하는 위치에 오르고자 하는 기업이라면 기존의 시장 정의와 시장 경계를 수용해서는 안 된다는 사실을 설득력 있게 설명하고 있다. 시장을 새롭게 정의하거나 바꾸어 정의할 수 있는 가능성은 경우에 따라서 각각 달라진다. 그러나 기존의 시장 정의를 그대로 수용하는 대신 스스로 시장을 정의하겠다는 단호한 결단력은 시장지배권 획득을 위한 첫 번째 전제조건이다.

우리는 소비재 부문에서도 규모가 극도로 협소한 시장을 공략하는 기업과 시장지배기업을 발견할 수 있다. 아이들의 사랑을 한 몸에 받고 있는 푸스테픽스Pustefix 비눗방울을 생산하는 하인Hein도 그런 기업 중 하나다. 사장 게롤트 하인Gerold Hein은 이렇게 말한다.

"푸스테픽스는 다른 회사에서 생산하는 비눗방울 제품들과 경쟁을 벌이는 것이 아니라 아이들이 구입하는 다른 제품, 즉 초콜릿바, 과자 등 다른 종류의 제품들과 경쟁을 벌입니다."

이 비눗방울은 현재 50개가 넘는 나라에 수출되고 있는데, 그중에서도 미국과 일본이 가장 중요한 시장이다. 다른 경쟁업체들은 그런 초미니 틈새시장의 보잘 것 없는 규모 때문에 그 시장을 별로 매력적으로 여기지 않는다. 그뿐만 아니라 다수의 특허가 이 제품을 단단하게 보호하고 있다.

푀슬Pöschl(코담배), 뮐러Müller(면도솔) 혹은 에록손 같은 세계시장 선도기업들도 이와 비슷한 유형에 속한다. 에록손은 90년 전부터 파리잡이 끈끈이를 주력 제품으로 고수해왔는데, 현재 이 제품의 세계시장점유율은 50퍼센트에 이른다. 한때 세계 정상급 승마 기업이었던 파울 쇽케묄레Paul Schockemöhle는 성공적인 초미니 틈새시장 정책에 대한 흥미로운 사례를 보여준다. 그 기업은 최정상급 기량의 경주용 말과 공연용 말을 전문적으로 사육하며 해당 시장에서 전 세계적으로 독보적인 입지를 확보했다. 일반적으로 경매시장에서는 기량이 탁월한 말이 5만 유로에 팔려나간다. 반면 쇽케묄레의 최상급 말은 가격이 수십만 유로를 호가한다. 그중에서도 특히 기량이 뛰어난 말은 심지어 가격이 100만 유로에 이르기도 한다.

독자적으로 시장을 만들고 시장지배기업이 된 기업들 가운데는 컬렉션 시스템을 제공하는 기업들도 있다. 1992년 마르스베르거 글라스베르케 리첸호프Marsberger Glaswerke Ritzenhoff는 한 가지 특별한 부탁을 받았다. 우유조합 NRW가 당시 대량으로 유리컵을 생산하던 이 업체에게 우유 광고용 유리컵을 제작해달라고 부탁한 것이다. 그 일을 계기로 이 기업은 독자적인 시장을 개척했다. 우선 유리컵에 세계 최고 디자이너들이 만든 장식용 무늬를 넣어 우유의 위상을 높이는 데 이바지하는 것이 첫 번째 목표가 되었다. 오늘날 리첸호프 유리컵은 전 세계 50개가 넘는 나라에서 판매되고 있으며, 알

레산드로 멘디니Alessandro Mendini, 로저Roger, 필립 프티-룰레Philippe Petit-Roulet를 비롯한 280명의 저명한 디자이너들이 유리컵 제작에 공동으로 참여하고 있다. 그 사이 컬렉션 품목도 70개 이상으로 늘어났다. 현재 이 회사는 우유컵 외에도 샴페인 잔, 시계, 에스프레소 잔, 크리스마스 장식품, 재떨이, 램프 등을 제작하고 있다. 이 회사는 전 세계 수백 만 명에 이르는 리첸호프 팬들을 위해서 회사 홈페이지에 교환 장터를 자체적으로 마련해두기도 했다.

크리스털 장신구 부문 세계시장 선도기업인 오스트리아의 스와로브스키Swarovski도 소비자들의 컬렉션 충동을 이용하여 기업의 시장 입지를 공고히 다져나가고 있다. 이 기업은 1957년에 이미 '스와로브스키 크리스털 소사이어티Swarovski Crystal Society(SCS)'를 창설함으로써 전 세계적인 컬렉터 클럽을 구축했다. 오늘날 SCS는 125개가 넘는 나라에 32만5,000명의 회원을 보유하고 있다. 마찬가지로 메르클린Märklin의 철도 모형도 열광적인 수집 대상으로 자리 잡고 있다. 저 유명한 홈멜 인형 수집가들은 1977년에 인형제작사 괴벨이 설립한 M. I. 홈멜 클럽M. I. Hummel Club을 중심으로 활발히 활동하고 있다. 봉제인형 생산업체인 마르가레테 슈타이프Margarethe Steiff에도 인형 수집가들의 모임인 '슈타이프 클럽Steiff-Club'이 있다.

시장지배를 목표로 삼아 초특급 틈새시장에서 활동하는 기업이나 그런 시장을 점유하고 있는 기업들의 전략을 일반 기업들이 모방하기란 매우 어렵다. 마치 평범한 재능을 지닌 바이올린 연주자가 안네-조피 무터Anne-Sophie Mutter와 경쟁을 펼치는 것이 무의미하듯 말이다. 하나의 시장을 점유하기 위한 가장 간단한 방법은 처음부터 스스로 시장을 만드는 것이다. 새로운 제품을 통해서 과거에는 존재하지 않았던 시장이 새로 만들어진다거나, 아니면 시장 정의가 새롭게 이루어지는 경우는 매우 이상적일 것이다. 여기에 덧붙여 반드시 제품의 독창성이 지속적으로 유지되어야 한다. 제품에 대한 모방이나 비슷한 브랜드가 생기는 사태는 반드시 막아야 한다. 그 밖에도 제품이 지닌 탁월한 입지를 장기간에 걸쳐 쇄신하고 방어해야만 한다. 이 같은 독창성을 유지하기 위해서는 다음과 같은 다양한 수단들을 사용할 수 있다.

- 특허권 보호
- 강력한 브랜드 상표나 로고
- 고객과 각별한 관계 및 신뢰 구축하기
- 예술적인 디자인과 주기적인 디자인 업데이트

그 밖에도 가끔은 제품생산을 의도적으로 부족하게 하는 전략도 필요하다. 모두 알다시피 이것은 사치품 제작업체들이 종종 따르는 전략이다. 예컨대 고가 시계 제작업체인 A. 랑에&죄네는 연간 5,000개 정도의 시계만을 제작한다. 한정판은 제품의 가치를 더욱 높게 유지해주는 가장 중요한 수단이기 때문이다. 의도적으로 제품을 손에 넣기 힘들게 만드는 것이다. 희소성은 해당 제품에 대한 충성도가 가장 높은 고객들 사이에서 높은 가치를 지닌다. 그러나 희소성을 고수하려면 그만한 대가가 필요하다. 초특급 틈새시장 공략기업이나 시장지배기업들이 그들이 지닌 성장 잠재력을 마음껏 발휘하지 못하는 것도 그런 대가에 해당된다. 왜냐하면 배타성을 위협하는 최대의 적은 바로 강력한, 혹은 지나치게 빠른 양적 팽창이기 때문이다.

관계 마케팅과 관련해서도 시장지배기업들에게서 몇 가지 배울 점이 있다. 그들은 수많은 마케팅 서적들이 클럽이나 수집가 단체 같은 개념을 발견하기 훨씬 이전부터 이미 이런 것들을 설립함으로써 오랜 세월 동안 높은 충성도를 유지한 고객들의 욕구를 만족시켜주었다. 그들은 많은 사람들이 갖고 싶어하는 유서 깊은 제품들을 거래할 수 있는 교환시장을 만들었다. 그런가 하면 마르가레테 슈타이프 같은 경우에는 경매기록 목록을 낱낱이 작성하고 있는데, 지금까지 가장 고가에 팔려나간 슈타이프 테디 베어의 가격을 살펴보면 2000년에 무려 21만3,760유로에 낙찰되었다고 한다. 이런 기업들은 흔히 그들의 제품을 손에 넣기를 열망하는 동시에 아주 많은 돈을 지불할 준비가 되어 있는 충성스런 추종자 집단을 보유하고 있다.

지속적으로 성공을 이어나가는 시장지배기업들은 현명하게도 전문적이고 폐쇄적인 구조를 고수하는 한편 시장 규모를 작게 유지하는 전략을 펼친다. 이것은 다른 기업들에게도 중요한 교훈이 될 수 있다. 초특급 틈새시장은 성장 가능성을 제한하고, 기업들에게 '성장 금욕주의'를 권고한다. 왜냐하면 규모가 커지다 보면 자칫 틈새시장과 갈등을 빚을 수 있기 때문이다. 그런 동시에 초특급 틈새시장은 그곳에서 활동하는 기업을 경쟁업체들로부터 효과적으로 보호해준다.

집중에 따르는 위험

강도 높은 집중은 위험을 수반한다는 것도 자명한 사실이다. 요컨대 '모든 계란을 한 바구니에' 넣는 꼴이기 때문이다. 히든 챔피언들은 협소한 시장과 소수의 고객 그리고 피해갈 수 없는 경기 사이클에 지나치게 종속되어 있는 것이 아닐까?

사실상 히든 챔피언들은 그들의 주력 시장에 지나치게 종속되어 있다. 평균적으로 그들은 매출액의 70퍼센트를 주력 시장에서 확보한다. 그뿐 아니라 그들의 수익에서 주력 시장이 차지하는 비율은 이보다 훨씬 더 높다. 따라서 응답 기업의 93퍼센트가 그들의 기업에게 주력 시장이 차지하는 중요성이 매우 크다고 평가한 것은 결코 놀랄 일이 아니다. 심지어 응답 기업의 56퍼센트는 앞으로 이런 중요성이 더 커질 것이라고 예상했다. 10년 전과 비교했을 때 종속성이 훨씬 더 커진 것이다. 당시 응답 기업의 절반 이상이 핵심 시장의 중요성이 더욱 커질 것이라고 예측했는데, 이런 예측이 실제 사실로 드러났다.

히든 챔피언들은 그들의 시장과 운명을 함께 한다. 이로부터 비롯되는 위험성을 결코 과소평가해서는 안 된다. 과잉 전문화Overspecialization의 위험성에 대한 우려에 대해서는 기업의 상황에 따라 답변이 다를 수 있다. 협소한 시장에 집중하는 것은 회사가 강해질 수 있는 기초인 동시에 리스크의 원인이기도 하다.

근본적으로 집중에 따른 리스크에는 세 가지 종류가 있다.

- 단일시장에 대한 종속성(모든 계란을 한 바구니에 넣는다).

- 일반 제품이 흔히 높은 가격을 특징으로 하는 틈새시장을 공략해 들어올 수 있다(프리미엄 포지션의 상실).
- 틈새시장의 규모가 지나치게 보잘 것 없거나 임금 수준이 높은 지역에서 제품생산이 이루어지는 경우에는 자칫 비용이 지나치게 높아져 고객들이 높아진 제품가격을 수용하지 않거나 가격경쟁력이 상실될 수 있다(높은 가격으로 인한 시장 퇴출).

뒤에 언급한 두 가지 리스크에 대해서는 나중에 상세하게 살펴보기로 하고, 먼저 첫 번째 리스크에 대해 알아보자. 단일시장에 대한 종속성이 리스크를 수반한다는 것은 명백한 사실이다. 히든 챔피언들이 일반적으로 보유한 것과 동일한 수준의 시장점유율을 지닌 기업은 주력 시장에 위기가 닥치면 매우 큰 어려움에 봉착할 수밖에 없다. 경우에 따라서는 생존을 위협당하는 상황에 처할 수도 있다. 제아무리 세계 최고의 증기기관차를 제작한다고 해도 고객들이 구매를 거부해버리면 아무 소용이 없다. 슈미츠 카고불이나 푸츠마이스터가 그런 예에 해당한다.

또 다른 리스크는 히든 챔피언들과 동일하거나 유사한 기술 분야에서 최고 수준을 보유한 경쟁업체들의 위협이다. 주력 분야를 명확하게 설정하면 십중팔구 이런 위험성을 줄일 수 있다. 〈표 6.3〉은 두 가지 리스크, 즉 시장 리스크와 경쟁업체 리스크를 서로 관련시켜 설명하고 있다. 표를 보면 총체적인 리스크가 높거나 낮은 것이 아니라, 상대적으로 높은 시장 리스크와 상대적으로 낮은 경쟁 리스크(그리고 그 반대 경우) 가운데 어느 한 가지를 선택해야 한다는 것을 분명하게 알 수 있다. 이런 의미에서 집중화 전략과 다각화 전

〈표 6.3〉 집중화에 의존할 때 생성되는 양자택일적 리스크

략, 둘 중 무엇도 근본적으로 더 뛰어나다고 할 수 없다.

이때 히든 챔피언들은 대부분 집중화 전략으로 기우는 경향이 있다. 곰 모양의 젤리로 세계시장을 선도하고 있는 하리보Haribo의 사장 한스 리겔Hans Riegel은 이렇게 말한다. "본인이 정말로 잘하는 일에 집중하면 실제로 위험성이 줄어듭니다." 또 다른 누군가는 이렇게 말했다. "작은 물고기가 커다란 연못 속에서 수많은 상어들과 함께 있는 것보다는 그래도 커다란 물고기가 작은 연못 속에 혼자 있는 것이 덜 위험하지 않을까요?" 실패로 돌아간 수많은 다각화 시도를 되돌아보면, 어쩌면 집중화 전략이 다각화 전략보다 덜 위험한 것은 아닐까 하는 생각이 들기도 한다.[11]

히든 챔피언들이 거둔 성공의 바탕이 되는 것은 바로 단순한 구조다. 이런 구조는 제품뿐만 아니라 고객과 관련된 측면에도 똑같이 적용된다. 이런 단순함 덕분에 히든 챔피언들은 핵심 사업에 대한 집중력이 약해질 수 있는 위험을 피할 수 있었다. 집중력 상실은 흔히 다각화를 시도하는 기업들이 맞게 되는 큰 재앙이기도 하다. 그러나 히든 챔피언들은 한눈을 팔지 않는다. 따라서 사업 부문을 매각하는 경우도 매우 드물다. 핵심 사업에 대한 강도 높은 집중과 그와 결부된 리스크는 히든 챔피언들이 항상 그들의 시장을 정확하게 주시하면서 고객의 욕구 변화에 발 빠르게 대응하거나 신기술을 개발함으로써 자신들의 입지를 지켜내도록 한다. 시장에 대한 종속성이 그들을 결연한 방어자이자 혁신가로 만들고 있다.

금속판 및 금속절단기 부문에서 세계시장을 선도하고 있는 트룸프가 바로 그런 경우에 해당한다. 전통적으로 금속판은 기계로 절단해왔지만, 1980년대에 접어들어 이 분야에 레이저 기술이 침투해 들어온 것이다. 트룸프에게는 그야말로 심각한 도전이 아닐 수 없었다. 이 기업은 자신의 핵심 부문을 고수하면서 독자적인 레이저 기기를 개발해냈고, 그 결과 트룸프는 금속판 절단 부문에서 시장 주도기업이라는 입지를 성공적으로 지켜냈을 뿐 아니라, 나아가 산업용 레이저를 생산하는 최정상급 기업 가운데 하나가 되었다.

두 번째 사례는 펠베르트와 하일리겐하우스에 집중되어 있는 열쇠 산업과 쇠 장식품 산업이다. 이들 지역에는 순수하게 기계공학적인 전통에서 탄생한 약 150개의 기업이 포진하고 있는데, 그중에는 세계시장 선도기업도 다수 포함되어 있다. 시간이 지나면서 이 기업들 대부분이 잠금 시스템에 전자기술을 도입함으로써 그들의 시장지배권을 지켜냈다. 그들은 전적으로 잠금장치 분야에 집중하는 전략과 그 분야를 고수하는 태도를 바탕으로 하여 기계공학과 전자공학을 성공리에 결합시켰다. 사실상 그들에게는 다른 선택의 여지가 없었다. 살아남기 위해서는 이런 기술적인 비약을 이루어낼 수밖에 없었던 것이다.

이처럼 급박한 상황은 믿을 수 없을 정도로 어마어마한 에너지를 불러일으켰고, 그 결과 무수한 혁신이 이루어졌다. 목표가 명확한 기업은 결코 쉽게 포기하지 않는다. 그들은 새로운 도전에 직면하면 다른 기업들보다 훨씬 더 능숙하게 대처해나간다.

핵/심/요/약

대부분의 히든 챔피언들은 글로벌리아를 향해 나아가는 길에서 명확한 목표를 유지하면서 시장을 협소하게 정의한다. 시장에 대한 정의 및 그와 결부된 집중과 관련해서 다음과 같은 사항들을 명심해야 할 것이다.

- 히든 챔피언들은 일반적으로 그들의 시장을 협소하게 정의하고, 시장 내부에서 강력한 시장 입지를 구축한다.
- 시장에 대한 협소한 정의는 히든 챔피언들의 세계시장 규모를 비교적 작은 수준으로 유지시키는 결과를 초래한다.
- 그럼에도 불구하고 세계화를 통해서 이들 시장은 강력하게 성장했으며, 앞으로도 계속해서 성장할 것이다.
- 이런 시장들 가운데 다수가 파편화와 모호함을 특징으로 한다. 그러나 히든 챔피언들은 그들의 시장에 대해서 비교적 많은 정보를 가지고 있다. 이것은 전문화와 고도의 시장접근성에서 비롯된 결과다.
- 히든 챔피언들은 시장을 정의할 때 용도와 목표집단 같은 고객 지향적인 기준들을 우선적으로 사용한다. 그러나 제품과 기술도 시장 정의를 위한 기준으로 함께 활용한다. 일반적으로 그들은 시장을 정의하는 데 여러 가지 기준을 활용한다.
- 히든 챔피언들은 업계에서 통상적으로 통용되는 시장 정의를 수용하지 않는다. 대신 그들은 그것을 전략적인 매개변수로 간주하여 독자적으로 활용한다.

- 적지 않은 히든 챔피언들이 극도로 좁은 틈새시장에서 70~100퍼센트에 이르는 높은 시장점유율을 기록하며 활동하고 있다. 이것은 성장을 제한하는 요인이 되기도 하지만, 동시에 효과적인 시장 진입장벽 역할을 하기도 한다.
- 히든 챔피언들은 그들의 핵심 시장과 운명을 같이 한다. 그러나 이런 종속성은 일방적인 것이 아니라 고객들에게도 마찬가지로 적용된다. 시장에 대한 종속성은 시장 리스크를 고조시키지만, 모든 자원을 한곳에 완전히 집중함으로써 경쟁 리스크를 감소시킨다. 두 가지 효과를 어떻게 조화시킬 것인지는 경우에 따라서 달라진다.
- 히든 챔피언들은 일단 하나의 시장을 선택하고 나면 장기간에 걸쳐 매우 헌신적인 자세로 이 시장에 전념한다. 시장을 근본적으로 새롭게 정의하는 일은 매우 드문데, 기술 단절과 유사하게 대략 10년에서 15년에 한 번꼴로 일어날 뿐이다.

시장을 올바르게 정의하고, 올바른 집중 대상을 찾는 것은 매우 어려운 과제다. 히든 챔피언들은 협소한 시장 정의와 집중을 통해서 시장선도기업이 되었고, 또 그 자리에 계속 머물러왔다. 세계 정상급 기업이 되려면 자원을 방만하게 분산할 것이 아니라 지속적으로 집중해야 한다. 이것은 모든 기업이 독자적으로 전략을 개발할 때 반드시 유념해야 할 점이다. 모르긴 해도 과도한 전문화에 따른 위험성보다는 본인의 재능과 에너지를 잘게 분산할 때 수반되는 위험성이 더 클 것이다. 대부분의 경우, 전문가(specialist)들이 다방면에 걸친 지식을 가진 사람(generalist)들을 누르고 승리를 거둔다.

Chapter 07

독창성은
깊이에서 나온다
Hidden Champions

HIDDEN CHAMPIONS

경영에서 '깊이'라는 말은 무엇보다도 자체적인 가치창출비율의 깊이나 자체적인 제작비율의 깊이 같은 개념과 관련되어 있다. 또한 우리는 깊이 있는 지식, 문제에 대한 깊이 있는 검토, 깊이 있는 통찰, 정신적인 깊이 같은 말들을 사용한다. 우리는 여러 가지 측면에서 히든 챔피언들에게 딱 들어맞는 특징을 기술하기 위해서 '깊이'라는 공간적인 개념을 사용하고자 한다.

프랑스 철학자 앙리 베르그송Henri Bergson은 저서 《시간과 자유 Zeit und Freiheit》[1]에서, 인간이 추상적인 내용에 공간적인 개념을 덧씌우는 까닭은 오직 공간만이 인간의 지각에 접근할 수 있기 때문이라고 설명한다. 히든 챔피언들에게 사용되는 '깊이'라는 개념도 마찬가지다. 깊이는 앞쪽으로 고객을 향하거나 뒤쪽으로 납품업자를 향해 있을 수 있다. 전방통합Forward Integration 및 후방통합Backward Integration 개념도 이와 유사한 의미를 지니고 있다.

많은 히든 챔피언들이 고객에게 깊이 있는 서비스를 제공하는 한편, 평균을 뛰어넘는 심도 깊은 자체가치창출비율과 생산비율을 몸소 실천하고 있다. 이를 통해서 그들은 아웃소싱 같은 현대적인 경영 수단에 등을 돌린다. 그들은 전략적인 합병보다는 오히려 자신의 고유한 능력을 신뢰한다. 심지어 자체적으로 기계를 제작하고 그것을 이용하여 제품을 생산하는 경우도 빈번하다.

'깊이'는 다양한 양상을 지니고 있다. 깊이는 흔히 제품의 독창성과 히든 챔피언들이 지니고 있는 우월함의 근간을 이룬다. 동시에 깊이 및 그와 결부된 과묵함은 노하우 유출과 경쟁업체의 모방을 효과적으로 막아주는 보호장치 역할을 한다.

서비스의 깊이

시장에 대한 정의를 구성하는 다양한 측면들 중에서 집중과 밀접한 관계를 이루는 것은 바로 제공된 서비스의 깊이와 관련된 측면이다. 반면 제품의 폭은 한 기업이 생산하는 다양한 제품 품목의 수를 말한다. 이런 의미에서 깊이는 문제해결의 완벽함이나 가치창출사슬 가운데 자체적으로 담당하는 부분의 비율과 관련이 있다. 요컨대 중요한 것은 가치창출사슬 중에서 어떤 부분을 기업이 자체적으로 담당하는가 하는 것이다. 히든 챔피언들을 살펴보면 대부분 깊이 있는 서비스를 제공하고 있다는 것을 알 수 있는데, 이것은 협소한 시장 정의와 밀접하게 관련되어 있다.

먼저 이 전략을 설명하기에 적합한 사례를 한 가지 들어보겠다. 보덴제에 위치한 기업 빈터할터 가스트로놈은 상업용 식기세척 시스템을 제작하는 기업이다. 〈표 7.1〉에 빈터할터의 전략이 소개되어 있다.

앞 장에서 소개한 바와 같이, 빈터할터 가스트로놈은 몇 년 전에 전략을 새롭게 수립하고 호텔과 레스토랑에서 사용되는 상업용 식기세척기 시스템 시장에 '재집중'하면서 급기야 회사명도 빈터할터 가스트로놈으로 바꾸었다. 이런 조치와 더불어 빈터할터는 상업용

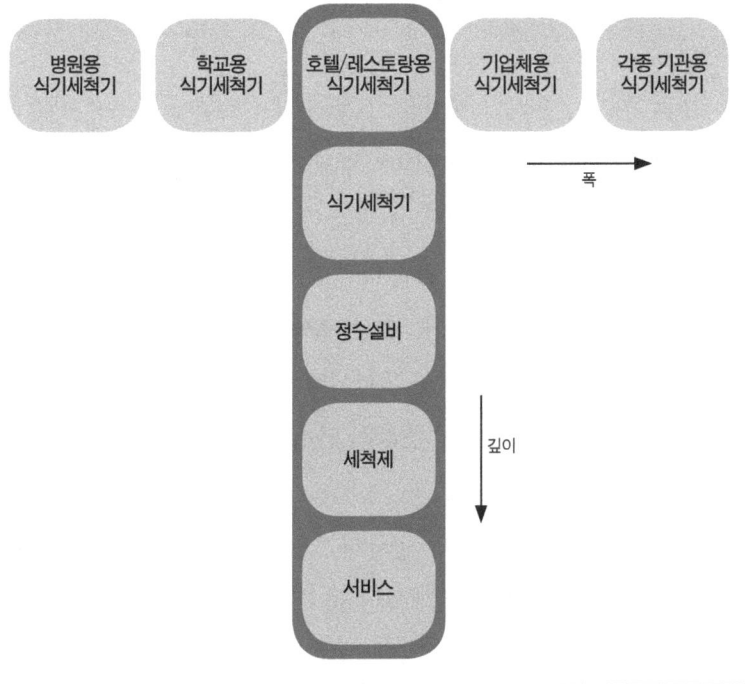

〈표 7.1〉 빈터할터 가스트로놈의 서비스 제공 깊이

식기세척기 시스템과 관련된 다른 하위시장이 지닌 엄청난 시장 잠재력을 포기했다. 그렇다면 이로 인해 발생한 매출액 결손은 어떻게 할까? 다른 방법으로 상쇄하는 것이 과연 가능할까? 무엇보다도 중요한 것은 회사가 선택한 핵심 부분에서 경쟁력을 강화하고 고객을 단단히 묶어두는 일이다. 빈터할터는 제품을 심화함으로써 두 가지 목표를 모두 달성했다. 그런데 이 같은 심화 전략으로 인해 전문적인 역량에 대한 요구도 확연하게 달라지고 있다. 이는 기술뿐만 아니라 마케팅에도 적용되는 사실이다.

집중은 빈터할터가 추구하는 전략의 첫 번째 단계에 불과하다.

왜냐하면 호텔과 레스토랑에 대한 집중은 궁극적으로 제품심화 전략과 결합되어 있기 때문이다. 이와 관련하여 빈터할터는 이렇게 말한다.

"현재 우리는 우리의 사업을 '호텔과 레스토랑에 있는 유리컵과 식기를 청결하게 유지하는 서비스업체'로 정의하고, 그에 대해 전적으로 책임을 지고 있습니다. 우리는 정수시스템 품목을 확장하고 독자적인 세척제 브랜드를 보유하고 있으며, 24시간 내내 탁월한 서비스를 제공하고 있습니다. 현재 호텔/레스토랑 부문에서 우리 회사의 세계시장점유율은 15~20퍼센트이며, 계속해서 상승일로에 있습니다. 이 부분 시장에서 우리는 언제나 첫 번째로 선택받는 기업입니다."

빈터할터는 식기세척기만 공급하는 것이 아니라 정수된 물, 전용세제, 24시간 서비스도 함께 제공하고 있다. 이 회사는 고객들에게 단순히 제품만 공급하는 것이 아니라 깊이 있는 문제해결책도 함께 제공한다. 이 같은 집중과 깊이의 결합을 통해서 빈터할터는 이 부문에서 시장을 선도하는 기업으로 등극했다.

함부르크의 노이만 그룹은 협소한 영역에 대한 집중 전략과 높은 가치창출비율을 결합시킨 또 다른 예다. 노이만은 커피 생두 부문에서 세계시장을 선도하는 기업이다. 그러나 노이만은 커피만 판매하는 것이 아니라, 커피 농장을 관리하고 커피 생두를 가공 및 분류하고, 자금을 조달하고 수출과 수입 물류를 관리하고, 커피 소비국가에 로스팅 하우스를 공급하는 일도 함께 하고 있다. 노이만은 이렇게 말한다. "우리는 광범위한 서비스를 제공함으로써 고객들의 다양한 욕구를 충족시키고 있습니다."

제품의 깊이를 심화하는 전략은 많은 히든 챔피언들에게 중요한 성장원동력이 되었다. 그들은 핵심상품을 필두로 하여 '가치사슬'의 전방부나 후방부를 고객이나 납품업자들로부터 추가로 넘겨받았다. 그 과정에서 새로운 사업 부문을 개발하는 일이 중요한 역할을 수행했다. 예컨대 크로네스는 처음에는 유리병 상표부착기계를 전문으로 했지만, 지금은 보틀링 설비 전체를 공급하고 있다. 비르트겐도 처음에는 도로 밀링머신만 생산했지만, 지금은 도로 표면 제작과 리사이클링을 모두 아우르는 통합 서비스를 제공하고 있다. 현재 이 기업은 밀링머신, 도로 제작 기계, 롤러, 리사이클링 머신을 제공하고 있다.

고도의 자체가치창출비율

히든 챔피언들은 가치창출 과정을 어떻게 조직할까? 그들의 자체제작비율은 얼마나 되고, 자체제작이나 아웃소싱에 대한 선호도는 어떠할까? 이런 항목에서 그들은 현대적인 가르침을 따르지 않는다. 오히려 그들의 태도는 '매우 보수적인' 것으로 입증되고 있다. 〈표 7.2〉에는 자체가치창출비율 및 자체제작비율과 관련된 주요 지표들이 제시되어 있다.

가치창출이란 구입한 재료와 서비스가 지닌 가치에 추가로 덧붙인 가치를 측정한 것이다. 따라서 그것은 임금, 세금, 이자, 이윤의 총합과 일치한다. 가치창출지표는 매출액 대비 비율로 표현된다. 히든 챔피언들의 자체가치창출비율은 42퍼센트로, 현대 산업 기업치고는 상당히 높은 수치를 기록하고 있다. 독일 산업계의 평균적인

〈표 7.2〉 자체가치창출비율과 관련 지표

항목	비율
매출액 중 자체가치창출이 차지하는 비율	42%
전체 제작 과정에서 자체제작이 차지하는 비율	50%
자체제작비율 70% 초과인 회사 비율	24%
자체제작비율 40~70%인 회사 비율	44%
자체제작비율 40% 미만인 회사 비율	32%

자체가치창출비율은 30퍼센트다.[2] 그러므로 히든 챔피언들은 이례적으로 높은 수준의 자체가치창출비율을 보유하고 있다고 할 수 있다. 이런 결과가 나온 근본적인 배경을 살펴보면 그들이 아웃소싱을 거의 하지 않기 때문이기도 하고, 또 그 직원들이 하는 일이 유달리 가치창출 효과가 높은 일이기 때문이기도 하다. 아마도 두 가지 모두가 원인으로 작용할 것이다.

자체제작비율과 아웃소싱

자체제작비율은 제품 생산과정 가운데 기업이 직접 담당한 부분을 나타낸다. 히든 챔피언들의 평균 자체제작비율은 50퍼센트다. 지난 몇 년 사이 이 수치가 다소 줄어들기는 했지만, 현대적인 기업치고는 여전히 매우 높은 수치다. 거의 4분의 1에 해당하는 기업들의 자체제작비율이 예나 다름없이 여전히 70퍼센트를 웃돈다. 이 정도 수준이면 좀 건방지게 말해서 '모든 것을 스스로 만든다'고 해도 무방할 정도다. 전체적으로 보았을 때 극도로 높은 자체제작비율을 보유한 히든 챔피언의 비율은 아주 조금 줄어들었을 뿐이다. 전통적으로 자체제작 문화를 보유한 기업들은 그 입장을 계속 고수하면서 새로운 제품에도 그 문화를 적용하고 있다.

자체제작비율이 경쟁업체보다 낮은 것 아니냐는 질문에 대한 히든 챔피언들의 답변을 통해서 그들의 아웃소싱에 대한 저항은 사실로 입증되었다. 응답 기업의 절반 이상이 질문에 대해 강하게 부인했다. 분명하게 "예"라고 대답한 기업은 고작해야 13퍼센트에 불과했다. 응답 기업의 42퍼센트는 다른 업체에 제품 제작을 최대한 위탁하는 조치에 대해서 단호하게 반대 입장을 취했다. 12퍼센트에 해당하는 기업만이 강도 높은 아웃소싱을 시인했다. 전체적으로 히든 챔피언들은 자체제작을 크게 선호하고 아웃소싱을 반대했다. 히든 챔피언들의 세계는 일반적인 기업들의 세계와는 판이하게 다르다. 실제로 일반적인 기업들 사이에서는 "우리는 최대한 많은 부분을 외부에 위탁하고 있습니다"라는 이야기를 아주 자주 듣는다.

아웃소싱은 현대 경영학과 경영 관련 서적에서 흔히 만병통치약으로 칭송받곤 한다. 많은 기업들이 자체적으로는 거의 아무것도 제작하지 않는 방법을 통해서 한편으로는 인건비로부터, 그리고 다른 한편으로는 고정비용으로부터 크게 자유로워졌다며 자랑처럼 떠벌리고 다닌다. 아웃소싱 여부를 결정할 때는 비용이 압도적인 비중을 차지한다. 가장 낮은 비용을 제시하는 업체가 주문을 수주하는 것이다.

그러나 히든 챔피언들의 생각은 다르다. 품질에 대한 요구가 높은 그들은 핵심부품 생산을 다른 업체에게 위탁하기를 주저한다. 그들은 그 과정에서 그들의 독창성이 상실되어버리는 것을 두려워한다. 이렇듯 아웃소싱이 안고 있는 또 다른 위험성은 바로 노하우 유출이다. 이것은 생산 영역보다도 연구와 개발 영역에서 한층 더 심각하다. 연구와 개발 영역에서 히든 챔피언들은 유달리 폐쇄적인 태도를 취한다. 따라서 이 분야에서 협력이나 아웃소싱 태세를 갖춘 기업을 찾아보기란 더욱 어렵다. 이런 모든 이유 때문에 히든 챔피언들은 설령 비용 면에서 얼마간 손해를 보더라도 핵심적인 활동들은 기업 내부에서 처리하는 것을 선호한다. 비록 10년이나 20년 전보다는 그 정도가 덜하지만, 기본적인 태도는 조금도 변하지 않았다.

자체가치창출비율과 자체생산비율이 살짝 줄어든 것은 비핵심적인 역량들을 강도 높게 아웃소싱한 결과로 풀이된다. 비핵심적인 역량에 있어서는 히든 챔피언들은 예전부터 강력하게 아웃소싱을 추진해왔다. 예컨대 히든 챔피언들 가운데 상당수가 법률 부서나 세금 부서가 없다. 그런 비핵심적인 업무들은 외부 전문가를 동원하여 처리한다. 고유한 핵심역량에 포함되지 않는 업무와 관련해서는 외부에서 더 뛰어난 전문가들을 찾을 수 있다고 확신하기 때문이다. 그러나 그들의 핵심역량과 '요체'에 관한 한, 아무도 자신들보다 더 뛰어나게 그 일을 해낼 수 없다고 확신한다.

명확하게 설명하기 위해 몇 가지 사례들을 들어보기로 하자. 쇼핑 카트 및 화물운반용 카트에서 세계시장 선도기업인 반츨은 다음과 같이 말했다. 그의 말은 히든 챔피언들의 전형적인 태도를 그대로 반영하고 있다.

"자체제작비율이 높은 우리 회사는 거의 모든 부품과 구성요소를 자체 품질기준에 입각하여 자체 생산하고 있습니다. 독자적인 갈바닉 설비 덕분에 반츨 제품은 표면이 타의 추종을 불허할 정도로 매끄럽고 불순물이 적습니다."

일본 사람들이 공항용 화물카트처럼 겉보기에 아주 단순해 보이는 제품을 굳이 독일에서 구입하는 일이 도대체 어떻게 가능했을까? 그만큼 반츨의 제품이 독보적이라는 것이다. 반츨 제품이 지닌 독보적 위상은 극도로 높은 자체제작비율과 품질기준 설정에 이르기까지 "모든 것을 우리 손으로 직접 한다"라는 태도로 설명할 수 있을 것이다.

예술품 운반 부문에서 세계시장을 선도하는 운송업체 하젠캄프Hasenkamp도 같은 방식으로 모든 것을 스스로 처리한다. 하젠캄프의 사장 한스-에드발트 슈나이더Hans-Edwald Schneider는 다음과 같이 말했다.

"우리는 어떤 것도 손에서 내려놓지 않습니다. 우리는 처음부터 끝까지 모든 것에 책임을 집니다. 바로 이런 점이, 예술품 운송 부문을 부수적으로 운영하면서 많은 부분을 아웃소싱에 의존하는 대형 운송업체들에 대항해서 우리가 질적 우월성을 갖고 그것을 유지하는 바탕이 됩니다."

세계 굴지의 사치품 기업에서도 우리는 자체제작이라는 특징적인 철학과 마주친다. 예컨대 까르띠에Cartier와 몽블랑Montblanc을 비롯하여 피아제Piaget, IWC, 예거-르꿀뜨르Jaeger-LeCoultre, 랑에&죄네 등의 최고급 시계 브랜드를 소유한 리슈몽Richemont 그룹에서는 모든 핵심제품을 해당 브랜드가 자체적으로 생산한다. 일례로 몽블랑은 시계 사업에 뛰어들 당시에 곧장 자체 시계제작 공장을 추가로 마련했다.

칼데바이Kaldewei는 철제욕조 부문 유럽시장 선도기업이다. 칼데바이는 과거에 보편적으로 사용되던 1.5밀리미터 금속판 대신 3.5밀리미터 두께의 강철판으로 욕조를 제작한다. 그 과정에서 1.5밀리미터 금속판으로 작업했던 제작사들은 모두 떨어져 나갔다. "칼데바이는 모든 일을 직접 한다"라는 말은 거의 진실이나 다름없다. 강철판을 구부려 욕조 모형을 만드는 작업은 물론이고, 욕조에 덧칠할 에나멜을 배합하는 작업을 할 때에도 동일한 원칙이 적용된다. 에나멜 배합 작업은 욕조의 표면 상태를 결정하는 동시에 품질에 대한 고객의 인식도 함께 결정한다. 칼데바이의 비결은 고유한 배합 방식에 있다. 칼데바이는 '진주 에나멜'을 이용하여 사실상 표면에 때가 전혀 타지 않는 욕조를 공급하는 유일한 강철욕조 제작업체다. 그 회사를 방문했을 때 회사 소유주이자 경영자인 프란츠 칼데바이Franz Kaldewei는 내게 이렇게 말했다.

"물론 다른 곳에서 에나멜 배합물을 좀더 싼 가격에 구입할 수도 있을 겁니다. 그러나 우리 회사가 다른 회사들과 경쟁할 때 독보적인 위상과 우월함을 보유할 수 있는 이유는 바로 우리가 그것을 자체적으로 만들기 때문입니다. 이렇게 하는 경쟁업체는 사실 단 한 곳도 없습니다. 오직 우리 회사뿐입니다."

경쟁에서 독보적인 위상을 획득하는 데 자체제작이 수행하는 역할을 이보다 더 정확하게 설명할 수는 없을 것이다. 혹독한 경쟁에 내던져진 칼데바이 같은 기업은 이 같은 특수성에도 불구하고 비용을 소홀히 할 수가 없다. 이는 자명한 사실이다. 따라서 베스트팔렌 주에 있는 이 히든 챔피언이 이룩한 성공의 두 번째 요인은 바로 최고의 효율성과 생산성이다.

풍력에너지 업계에서 기술선도기업으로 자리매김하고 있는 에네르콘도 거의 노이로제를 방불케 할 만큼 극단적으로 자체제작을 고집하는 기업이다. 전 세계를 통틀어 가장 까다로운 시장인 독일에서 에네르콘은 가격대가 경쟁사보다 약 15~25퍼센트 더 높은데도 불구하고 60퍼센트의 시장점유율을 보유하고 있다. 어떻게 그런 일이 가능할까? 다시금 높은 자체제작비율이 비결로 떠오른다.

전문가들은 에네르콘의 자체제작비율을 75퍼센트 이상으로 추정한다. 에네르콘도 "업계에서 유례를 찾아볼 수 없는 높은 자체제작비율"을 언급한다.[3] 에네르콘의 경쟁업체들은 대부분의 부품을 외부에서 구입한다. 따라서 그들의 활동 범위는 근본적으로 조립으로 한정되어 있다. 반면 에네르콘은 실제로 모든 일을 자체적으로 처리한다. 이 회사는 터빈과 타워, 회전날개만 자체적으로 제작하는 것이 아니라, 제품 운송까지도 자체 선박을 이용하여 해결한다. 여기서 한 걸음 더 나아가 에네르콘은 '이-쉽E-Ship'이라는 독자적인 선박을 개발하기까지 했다. 앞서 제시한 사례들과 마찬가지로 에네르콘의 월등하게 뛰어난 품질도 구조적인 요소들과 더불어[4] 근본적으로 모든 제작 단계에 대한 이처럼 철저한 관리에서 비롯된다.

고급 세탁기와 식기세척기 공급업체인 밀레에서도 이와 비슷한 태도를 발견할 수 있다. 밀레는 "가능한 한 많은 부품을 자체적으로 제작하되, 무엇보다도 한눈에 꿰뚫어 볼 수 있는 지역에서 그 지역 출신 주민들을 동원하여 모든 일을 처리한다"라고 말한다. 언뜻 듣기에는 꼭 중세에서 전해오는 금언처럼 들리는 말이다. 그러나 2011년 가을에 밀레의 소유주이자 경영자인 라인하르트 친칸Reinhard Zinkann 박사가 직접 나서서 이 말이 예나 지금이나 변함없이 유효하다는 사실을 새롭게 증명해주었다. 이때 유념할 것은 이 것이 핵심역량에만 적용된다는 사실이다. 비핵심적인 활동의 경우, 밀레는 전체적으로 강도 높은 아웃소싱을 추진하고 있다.

다수의 전자기기 영역에서 세계시장 선도기업으로 활동하는 브라운Braun은 이렇게 말한다. "브라운은 제품생산에 사용되는 특수용도의 기계와 면도기의 모든 핵심 부품에 이르기까지 모든 것을 거의 자체적으로 제작합니다. 소비자의 품질 기준은 매우 높습니다. 시장에서 더 유리한 조건으로 그런 기준을 충족하기는 사실상 불가능합니다." 브라운은 한꺼번에 6개 상품군(남성용 면도기, 구강 세정기, 귀 체온계, 제모기, 전동 칫솔, 핸드 믹서)에서 시장을 선도하고 있다.

이에 대해 좀더 깊이 생각해보자. 이른바 '스키드 스티어 로더Skid Steer Loader'로 불리는 미니 굴삭기 부문에서 세계시장을 선도하는 미국 기업 보브캣Bobcat의 한 매니저는 내게 이렇게 말했다.

"우리는 가능하면 언제나 회사 안에 일감을 남겨둡니다. 저는 시장에서 부품 가격을 확인한 다음 직원들에게 그 부품을 같은 비용으로 혹은 조금 더 저렴한 비용으로 생산할 것을 요청합니다. 보통 직원들은 그 일을 거뜬히 해냅니다. 그걸 보면 우리의 품질 수준이 어느 정도인지 정확하게 가늠할 수 있지요. 우리는 가급적이면 외부에 일감을 주지 않습니다."

추측컨대 아마도 보브캣이 노스다코타North Dakota 주 그위너Gwinner에 자리 잡고 있다는 점도 중요한 역할을 했을 것이다. 그런 지방에서는 누구라도 직원 해고만은 무조건 피하려고 할 것이다. 직원 해고는 아웃소싱을 강화한 결과물일 수도 있다.

흥미롭게도 우리는 개발도상국의 히든 챔피언들에게서도 이와 유사한 태도를 접할 수 있다. 컨테이너 크레인 부문 세계시장점유율 78퍼센트로 명실상부한 1등 기업인 히든 챔피언 상하이 포트 머시너리 컴퍼니Shanghai Port Machinery Company(ZPMC)는 극도로 높은 수준의 자체제작비율을 실천하고 있다. 이 회사의 경우에는 납품업자들에 대한 독립성이 중요한 역할을 차지한다. 올라프 푀트너Olaf Pötner는 이에 대해서 이렇게 말한다.

"ZPMC는 약간의 부가가치가 발생하는 활동에 집중하는 대신 납품업자들로부터 가능한 한 독립성을 유지하기 위해서 모든 것을 자체적으로 해결하는 것을 목표로 합니다."[5]

고도의 자체제작비율은 수익률에도 영향을 미치는 것으로 보인다. 한편으로는 독보적인 위상을 획득함으로써 간접적으로 수익률을 높이고, 다른 한편으로는 개개의 가치창출 단계들을 더 조화롭게 결합함으로써 직접적으로 수익률을 높일 수도 있다. 예컨대 진공포장 시스템 부문 세계시장 선도기업인 물티팍의 사장 한스-요아힘 뵈크슈테거스Hans-Joachim Boekstegers는 이렇게 말한다.

"우리는 지난 몇 년간 핵심 상품의 높은 시장점유율과 디자인 공정 및 제작 공정의 통합에 힘입어 자체제작비율을 크게 높일 수 있었습니다. 이를 통해서 지속적으로 수익률을 높일 수 있는 전제조건을 마련했습니다. 매우 긴밀하게 맞물린 디자인 공정과 높은 자체제작비율을 통해서 우리는 고객들이 다양한 제품들을 한층 더 확실하게 구별하도록 하는 데 성공했습니다."

자체 기계제작

앞서 설명한 것처럼 히든 챔피언들은 깊이와 자체제작을 선호한다. 그런데 그들 가운데 적지 않은 기업들이 여기서 한 걸음 더 나아가 가치창출 단계의 앞부분까지도 자체적으로 해결하기를 바란다. 브라운에 관한 인용문에서 이미 언급된 것처럼, 이 회사들 중 상당수가 이미 자체적으로 기계를 제작한다. 도어와 창호 기술 부문에서 시장을 선도하는 호페Hoppe의 관계자는 나에게 이렇게 말했다.

"우리 회사 직원의 약 10퍼센트 정도는 극도로 비밀리에 진행되는 자체 기계제작에 전념하고 있습니다. 우리는 자체적으로 기계를 개발하고 생산합니다. 그러나 다른 업체에 이 기계를 판매하지는 않습니다. 우리의 본질적인 노하우가 바로 이 기계들 속에 담겨 있기 때문이지요."

식탁용 정수기 필터 부문 세계시장 선도기업인 브리타도 기계제작 부서를 보유하고 있다. 창립자 하인츠 한캄머Heinz Hankammer는 다음과 같이 말했다.

"다른 회사가 이 기계를 더 뛰어나게 제작하리라는 법이 어디에 있습니까? 브리타가 왜 세계시장 선도기업이겠습니까? 바로 독보적인 제품을 보유하고 있기 때문이고, 또 이 제품을 독보적인 기계로 제작하기 때문입니다."

원예장비 부문 유럽시장 선도기업인 가르데나Gardena의 상황도 이와 비슷하다. 제품 개발과 동시에 자체적인 기계제작이 이루어지는데, 이렇게 하면 그에 따른 부수적인 효과로 시간을 엄청나게 절약할 수 있다. 오스트베스트팔렌 지방에 있는 인터페이스 클러스터를 구성하는 기업이자 시장선도기업인 바이트뮐러Weidmüller는 도구들을 독자적으로 제작한다. 4,400명의 바이트뮐러 직원 가운데 200명이 공구 제작에 전념하고 있다. 이에 대해서 사장 롤프 호페Rolf Hoppe는 이렇게 말한다.

"바이트뮐러는 매우 의식적으로 각종 공구들을 자체제작합니다. 우리는 연결장비를 개발하고, 자체 공구들을 이용하여 그것을 생산합니다. 이것은 무엇보다도 품질과 관련 있는 일입니다. 우리는 최상의 품질을 제공하고자 합니다. 최상의 제품을 공급하려면 이미 공구에서부터 단 한 치의 오차도 허용해서는 안 됩니다."[6]

개 목줄 부문에서 세계시장을 선도하는 플렉시는 거의 전적으로 자체제작한 기계를 이용하여 제품을 생산한다. 플라스틱 사출 기계만 예외다. 제도용 압핀 부문 세계시장 선도기업인 고트샬크도 마찬가지로, 이 회사도 자체제작한 기계로만 제품을 제작한다.

흔히 찾아볼 수 있는 또 다른 패턴은 기계를 구입하되, 구입한 뒤 기계를 재정비하고 개선하는 것이다. 로렌츠 발젠 스낵-월드Lorenz Bahlsen Snack-World는 소금기가 있는 브레드 스틱(가는 막대 모양의 빵-옮긴이) 제작 설비를 특수 제작업체에서 구입한 다음 자사 엔지니어의 도움을 받아 기계 및 그와 결부된 공정 과정을 변형함으로써 월등하게 개선된 성과를 만들어낸다. 로렌츠 발젠은 경쟁에서 우위를 점한 근본적인 이유가 바로 여기에 있다고 본다.

"이런 식으로 우리는 경쟁업체들보다 일시적으로 앞서 나갑니다. 그리고 그런 이점을 활용하여 우리의 브랜드를 강화합니다. 독자적인 기계 개발 및 개선은 기술적인 우위를 창출하지요. 우리는 그것을 브랜드 우위로 전환합니다. 기술적인 우위는 언제나 일시적일 수밖에 없습니다. 그러나 거기에서 비롯된 브랜드 우위는 훨씬 더 지속적인 성격을 지니고 있지요."

그리슨-드 뵈켈레어도 이와 유사하게 행동한다. CEO 안드레아스 란트의 말에 따르면, 이 회사는 구입한 기계와 설비를 제작업체가 가져다준 상태 그대로 사용하는 것이 아니라, 그것을 독자적인 개발의 출발점으로 삼는다고 한다. "우리는 제품을 생산할 때 언제나 조금 더 앞서 나가려고 합니다."[7] 하리보 젤리 혹은 페레로 초콜릿처럼 겉보기에는 아주 간단해 보이는 제품을 제작하는 수많은 다른 소비재 생산업체에서도 이와 유사한 태도를 발견할 수 있다. 추측컨대 조립식 다목적 기계를 이용하면 아마도 이 모든 제품들을 가장 효과적으로 생산해낼 수 있을 것이다.

그 밖에도 여러 단계에 걸친 높은 자체제작비율은 또 다른 중요한 부수 효과가 있다. 자체제작은 거의 자동적으로 경쟁사들의 모방을 막아준다. 세계에서 가장 많이 팔려나간 권총 글록 17Glock 17을 제작하는 오스트리아 회사 글록은 극도의 비밀유지 정책과 자체제작 철학을 보여주는 또 하나의 사례다. 회사는 이렇게 말한다.

"글록은 무기 제작업체로서는 최초로 자동화 제작시스템을 도입했습니다. 여기에 덧붙여 글록은 권총 제작에 사용되는 모든 개별 부품뿐만 아니라 제작기계까지도 자체 생산하는 것을 사업 원칙으로 삼고 있습니다. 이런 식으로 글록은 제작 과정에 관한 그 어떤 정보도 회사 담장을 넘어가지 않도록 만전을 기하고 있습니다."[8]

전문가용 카메라 삼각대를 제작하는 세계시장 선도기업 자흐틀러는 동일한 사안에 대해서 이렇게 말한다.

"몇몇 국가에 있는 경쟁업체들이 우리 회사 제품을 모방하려고 시도하고 있습니다. 그러나 그들의 시도는 번번이 실패로 돌아가고 맙니다. 왜냐하면 그들에게는 우리가 사용하는 것과 동일한 도구가 없기 때문입니다. 우리는 우리가 사용할 기계를 독자적으로 제작합니다. 시장에서는 이 기계를 구입하는 것이 불가능하지요."

내가 강연회 도중에 강연장을 녹화하고 있는 카메라팀에게 삼각대를 들고 강단 위로 올라와달라고 부탁을 할 때면 언제나 청중 사이에서 강렬한 '아하 효과'가 일어난다. 물론 카메라팀이 사용하는 삼각대가 정말 자흐틀러 제품인지 미리 확인하기는 한다. 2012년 3월 한국 기업가들을 대상으로 한 강연회가 끝난 후, 한국의 기업은행 조준희 행장은 이렇게 말했다. "사실 저는 정말 그럴까 하고 의심했습니다. 그러나 그 삼각대가 정말 자흐틀러 제품인 것을 보고 히든 챔피언이라는 콘셉트에 크게 공감했습니다." 그 후 그는 기업은행의 주요 고객인 한국 중소기업들에게 히든 챔피언 이념을 전파하는 전도사가 되었다.

많은 회사들이 아시아권 모방자들에 대해 불평을 늘어놓는다. 이런 시기에 노하우 보호는 그 어느 때보다도 중요하다. 자체제작 비율은 성급한 아웃소싱이나 그저 비용 절감만을 고려하여 경솔하게 자체 기계제작을 중단하는 행위에 대한 깊은 성찰을 불러일으킨다.

원료의 깊이

로렌츠 발젠 스낵 월드에서 우리는 자체적인 가치창출의 또 다른 형태를 찾아볼 수 있다. 로렌츠라는 브랜드와 뚜렷한 가격 프리미엄을 보유한 발젠은 소금기가 도는 브레드 스틱 부문에서 시장을 주도하는 기업이다.[9] 이 기업이 시장에서 성공한 주된 이유는 완제품의 탁월한 품질에 있다. 이런 뛰어난 품질의 배경은 바로 발젠이 원료를 포함한 가치창출사슬 전체를 직접 관리한다는 점이다. 회사 소유주인 로렌츠 발젠은 이렇게 말한다.

"우리의 비결 중 하나는 예컨대 감자칩에 사용할 감자 하나만 하더라도 거름, 품종 선별, 파종용 씨앗, 재배에 이르기까지 모든 것을 꼼꼼하게 관리 감독하는 데 있습니다. 땅콩 같은 다른 원료도 마찬가지지요. 심지어 해외에서도 그렇게 하고 있습니다. 우리 제품의 독보적인 품질은 원료의 독보적인 품질에서 시작됩니다."

로렌츠 제품과 다수의 경쟁업체 제품들에 대해 아는 사람이라면 누구나 이 말이 뜻하는 바를 공감할 수 있을 것이다.

연간 약 20억 자루의 색연필과 연필을 제작하는 파버-카스텔은 이 분야에서 세계시장을 선도하는 기업이다. 파버-카스텔의 자체가치창출 과정은 이 회사가 브라질에 소유한 100평방킬로미터 규모의 어마어마한 대농장에까지 닿아 있다. 그 농장에서는 파버-카스텔 연필 원료로 사용되는 특수한 목재가 자란다. 그 밖에 다른 수많은 히든 챔피언들에게서도 우리는 이와 유사한 심층 관리체제 혹은 원료와 중간 생산물을 자체적으로 제작하는 모습을 찾아볼 수 있다.

연구개발의 깊이

스스로 해결하려는 경향은 연구개발 분야에서 가장 두드러지게 나타난다. 응답 기업의 5분의 4 이상이 R&D 영역에서 높은 수준

혹은 매우 높은 수준의 자체가치창출비율을 달성하기 위해 노력을 기울이고 있다고 말한다.

그들이 이렇게 하는 데는 두 가지 결정적인 이유가 있다. 하나는 전문화고, 다른 하나는 고유한 노하우 보호다. 고도의 전문화와 좁은 영역에 대한 집중은 대상에 대한 깊이 있는 몰두로 이어져 결국 가치창출에 기여하는데, 이때 그 어떤 기업도 이런 깊이를 따라가지 못한다. 제3자 입장에서 보았을 때 담배 가공 분야에서 혁신적인 면모를 선보이고 있는 하우니와 생선 가공 분야에서 혁신을 일으키고 있는 바더 또는 혁신적인 편직기계를 생산하는 카를 마이어를 물리치기란 여간 어려운 일이 아닐 것이다. 80퍼센트가 넘어서는 세계시장점유율을 보유하고 있는 이 히든 챔피언들은 최정예 전문가들로 구성된 R&D팀을 갖추고 있으며, 다른 모든 경쟁기업과 납품업체 그리고 고객들이 지닌 노하우를 모두 합한 것보다 훨씬 더 많은 전문적인 노하우를 보유하고 있다.

히든 챔피언들은 R&D 협력 체제에 대해서 매우 소극적인 태도를 보인다. 부품 산업에 종사하는 어느 시장선도기업의 대표는 이렇게 말했다.

"언젠가 다른 기업과 R&D 협력 체제를 구축한 적이 있습니다. 우리 회사는 그로부터 추가로 배운 것이 거의 없습니다. 그러나 다른 기업은 저희가 보유한 노하우의 많은 부분을 넘겨받았습니다. 그 후 우리 회사는 극비리에 R&D를 추진하고 있습니다. 바로 그것이야말로 우리가 보유한 우월한 지식을 안전하게 보호할 수 있는 유일한 길이라고 생각하기 때문입니다."

물론 예나 지금이나 이런 종류의 소극적인 태도가 주류를 이루고 있기는 하지만, 특정한 지식 영역에 한해서 자신들의 고유한 역량만으로는 역부족인 기업들을 중심으로 개방적인 태도가 점차 증가하고 있다. 예컨대 기계학과 전자공학을 기반으로 전통적인 정형외과용 제품들을 생산하는 오토 보크는 새로운 영역으로 진출하여 그 영역에서 전문적인 역량을 보유한 다른 파트너들과 공동으로 연구 작업을 수행하고 있다. 그런 협력 체제에 대해서는 '전략적인 제휴' 부분에서 더 심도 깊게 살펴볼 것이다.

깊이와 전문 역량

한 사업에 심도 깊게 지속적으로 몰두하다 보면 그 분야에서 고도의 전문 역량을 갖추게 된다. 이것은 따로 근거를 제시할 필요가 없는 자명한 사실이다. 일반적으로 히든 챔피언들은 각각의 분야에서 전 세계를 이끄는 전문 기업들이다.

일반적인 경영 역량과 업계 특유의 전문 역량 사이에 잠재적으로 갈등의 소지가 있다는 인식은 대기업에서도 널리 만연되어 있다. 얼마 전부터 이런 인식이 초래한 구체적인 결과들이 뚜렷하게 나타나고 있다. 그중 하나는 핵심 사업에 대한 집중 및 그와 결부된 주변 사업의 분리다. 아울러 대기업 내부의 커리어 모형도 바뀌고 있다. 예컨대 잭 웰치의 지휘 하에 일반 경영 역량을 그 어떤 다른 역량보다도 강조하고 발전시켰던 GE는 2012년에 접어들어 경영 개발의 근본적인 변화를 천명했다.

"기업 철학에 변화가 일어나고 있습니다. GE는 수년간에 걸쳐 최고 매니저들이 경영 전문가가 되기를 원했습니다. 그런데 이제는 점점 그들이 각자의 활동 분야에서 깊이를 갖춘 전문가들이 되기를 기대하고 있습니다."[10]

향후 GE의 관리자들은 2년마다 새로운 업무 분야로 옮겨가는 대신 동일한 업무 분야에서 훨씬 더 오랫동안 머무르게 될 것이다. GE의 경영개발 책임자인 수전 피터스Susan Peters는 이처럼 새롭게 방향을 설정한 이유를 다음과 같이 설명했다. "세상은 복잡합니다. 우리에게는 꽤 깊이 있는 사람들이 필요합니다."[11] 한층 더 복잡해진 세상에 더 심화된 깊이로 대응한다는 설명은 꽤 설득력 있어 보인다. 아마도 히든 챔피언들도 이 생각에 동의를 표할 것이다.

전략적 평가

최적의 자체가치창출비율을 묻는 질문에 대한 포괄적인 평가는 결코 간단하지 않다. 히든 챔피언들의 자체제작 선호 현상의 배후에는 더 심오한 일반적인 진리가 숨어 있다. 독보성과 경쟁우위는 오직 내부에서만 창출될 수 있다는 인식이 바로 그것이다. 오픈 마켓에서 구매할 수 있는 모든 것은 다른 업체들도 마찬가지로 구매할 수 있다. 이런 점에서 그것들은 기업의 독보적인 위상 확립에 조금도 도움이 되지 않는다. 이 같은 통찰은 수많은 히든 챔피언들이 활동 폭을 가치사슬의 최종 산물로 제한하지 않고 한 단계 더 깊이, 심지어 몇 단계나 더 깊이 다가가는 이유를 설명해준다. 이처럼 다양한 단계에 걸쳐 그들은 독창적인 공정과 기계, 도구 혹은 중간 산물을 만들어내는데, 이런 요소들은 결과적으로 최종 산물의 우월성으로 귀결된다. 많은 히든 챔피언들이 내게 말하기를, 만약 그들이 활동의 폭을 최종 산물 제작으로만 제한했더라면 결코 이 같은 우월성을 이루어낼 수 없었을 것이라고 했다. 이것은 심오하고도 보편적인 진리다.

그러나 이런 진리에도 숨겨진 이면이 있다. 그것은 생산 영역뿐만 아니라 R&D 영역에서도 중요하므로 절대 과소평가하지 말기 바란다. 과도한 자체제작 철학은 생산 과정에서 심각한 비용 손실을 초래할 수 있다. 이런 점을 고려한다면, 적어도 핵심 부품이 아닌 경우에는 편견에 사로잡히지 말고 아웃소싱도 가능성을 열어두고 검토해보는 것이 좋다. 실제로 많은 히든 챔피언들이 핵심역량에 포함되지 않는 활동의 경우 강도 높은 아웃소싱을 추진한다. 반면 핵심역량 부문에서는 앞으로도 계속해서 독보성을 유지해 결정적 요소로 자리 잡도록 해야 할 것이다. 이 부문에서는 일방적으로 비용 상의 이점에만 방점을 둘 것이 아니라, 경쟁에서 질적인 우위를 획득하는 데 역점을 두어야 한다.

R&D는 한 기업의 독보적인 위상 창출에 기여하는 가장 중요한 요인이다. 많은 히든 챔피언들이 매우 높은 수준의 R&D 효율성을 입증해 보이고 있으며, 그에 상응하여 각종 도전들을 훌륭하게 극복해내고 있다. 이 같은 능력은 고도의 전문화 및 적극적인 노하우 보호와 더불어 히든 챔피언들이 독자적인 행보를 선택하는 또 다른 이유가 된다.

그러나 이 부분에서도 우리는 상대적으로 유연하게 사고하고 편견 없이 판단하기 위해서 노력해야 한다. 새로운 영역으로 진출하여 고유한 역량의 한계에 도달했을 때, 고집을 부리면서 독단적으로 행동한다면 자칫 기회를 놓쳐버릴 위험이 있다. 역으로 자신이 섭렵하지 못한 신기술이 자신의 핵심 사업을 위협한다면, 이것도 위험 신호라고 할 수 있다. 이런 경우 모든 것을 스스로 처리하는 것이 좋을지 아니면 협력하는 것이 좋을지 결정하기란 결코 쉬운 일이 아니다. 이런 상황에서는 반드시 열린 사고로 문제에 접근해야 한다.

히든 챔피언들 대부분은 생산과 R&D 영역에서 독자적으로 행동하는 것을 크게 선호한다. 핵심역량과 관련된 부분에서는 아웃소싱이 기피되지만, 핵심적인 활동 영역이 아닌 경우에는 아웃소싱이 매우 보편화되어 있다. 그러나 R&D 영역은 일반적으로 고도의 폐쇄성을 특징으로 한다. 지난 10년 사이에 이런 기본적인 태도에 약간의 변화가 일어난 것처럼 보이지만, 원칙적으로는 그대로 유지되고 있다. 많은 정황들이 말해주듯이 히든 챔피언들이 지닌 이런 원칙들은 그들의 독보적인 위상과 우월함의 기반이 되는 중요한 뿌리다.

그럼에도 불구하고 현재의 분위기를 살펴보면 이런 원칙들을 과도하게 사용하면 불이익이 발생할 수 있다는 의식이 과거에 비해 크게 강해졌다. 그 결과, 아웃소싱과 전략적 제휴를 바라보는 태도가 과거에 비해 좀더 개방적으로 바뀐 것을 관찰할 수 있다. 그러나 이와 관련된 히든 챔피언들의 입장은 각종 서적의 주장이나 많은 대기업이 실행에 옮기는 것들과는 한참 동떨어져 있다.

2007년 이후 찾아온 위기도 원가 유연성이라는 주제와 관련해 얼마간의 여지를 주었다. 왜냐하면 히든 챔피언들도 그 어느 때보다 위기였던 2009년에서 비롯된 경험, 즉 고정비용을 최대한 줄이고 불안정한 수요에 대응하여 최대한 적응 능력을 확보해야 한다는 경험을 건성으로 흘려보내지 않았기 때문이다.

전략적 제휴

전략적 제휴는 아웃소싱과 마찬가지로 많은 자본을 투입하거나 대규모로 투자를 하거나 시장 진출 등을 하지 않아도 가치창출사슬의 상당 부분을 커버 또는 광범위한 업무의 다양성을 확보할 수 있는 방법이다. 전략적 제휴는 자체적인 깊이를 줄이고 다른 방법으로 그것을 획득하는 방법으로 이해할 수도 있다. 언뜻 생각하기에는 대기업보다도 훨씬 제한된 자원을 가진 중소기업들이 이 방법을 더 자주 사용할 것이라고 추측할 수 있다. 그러나 실제 상황은 그 반대다. 대기업들은 곧잘 다수의 전략적 제휴를 추진한다. 그러나 히든 챔피언들에게는 그런 상황이 오히려 예외에 속한다. 오히려 히든 챔피언들은 집주인 자격으로 결정권을 갖는 편을 선호한다.

히든 챔피언의 4분의 3 이상이 해외시장에 진출할 때 독자적인 행보를 선호한다. 해외시장 진출을 목적으로 제휴를 하는 경우는 고작해야 6분의 1에 불과하다. 그리고 설령 제휴를 한다고 하더라도 대부분은 이것을 그저 일시적인 진입 수단으로 생각할 뿐이다. 전체적으로 보았을 때 히든 챔피언들이 전략적인 제휴를 추진하는 경우는 매우 드문 편이다. 그들은 "가장 강한 자는 홀로 있을 때 가장 막강하다"라고 말했던 빌헬름 텔Wilhelm Tell의 신조나 "독수리는 혼자서 하늘을 난다"라는 금언을 훨씬 더 좋아한다.

그럼에도 불구하고 지난 10년 동안 전략적 제휴의 중요성이 강조되었고 그 빈도도 증대되었다. 이렇게 된 데에는 두 가지 이유가 있는데, 하나는 공급 체인이 위계적인 공급 시스템 쪽으로 새롭게 재편되었기 때문이며, 또 다른 하나는 사업활동 영역이 확장되었기 때문이다. 공급 체인의 재편은 자동차 부품 산업에서 가장 큰 영향력을 발휘하고 있다. 이 분야에서는 전체 모듈이나 하위 시스템이 개별 기업이 보유한 역량을 넘어서는 경우가 흔하다. 따라서 어떤 납품업체가 계속해서 제1납품업체로 남고 싶으면, 불가피하게 공동 작업을 선택할 수밖에 없는 상황으로 내몰린다.

지금부터 전략적인 제휴와 관련된 두 가지 사례를 제시하겠다. 첫 번째는 제논 자동차 램프 생산 부문에서 세계시장을 선도하는 헬라와 냉각시스템 부문 세계시장 선도기업 베어가 공동으로 참여한 전략적 제휴다. 합작기업인 베어-헬라 테르모콘트롤Behr-Hella Thermocontrol(BHTC)은 차량 에어컨 및 조절 장치 부문에서 시장을 선도하는 기업 중 하나다. 두 번째 합작기업은 프랑스 회사 플라스틱 옴니엄Plastic Omnium이 참여하여 만들어진 HBPO로, 이 회사는 조명기술, 에어컨, 보행자 보호, 충돌 관리를 모두 포괄하는 통합 프런트 모듈을 생산한다. 이처럼 복합적인 해결책을 실현하기 위해서는 오직 전략적 제휴밖에 방법이 없다.

고성능 분말야금 소재 부문에서 세계시장을 선도하는 오스트리아의 히든 챔피언 플란제Plansee는 3개 사업 분야 가운데 2개를 전략적 제휴 형식으로 운영하고 있는데, 두 분야 모두 플란제 홀딩Plansee Holding이 50퍼센트의 지분을 소유하고 있다. 그중에서 룩셈부르크 회사 세라메탈Cerametal과의 합병을 통해서 설립된 세라티치트Ceratizit는 경질 소재 제품을 생산하는 기업으로, 시장에서 주도적인 입지를 보유하고 있다. 그리고 자동차 산업에 초점을 맞춘 PMG는 자동차 소결 부품을 판매하는 회사로, 미츠비시와 공동으로 운영하고 있다. 이 같은 전략적 제휴는 자동차 부품업체이자 기계제작 부품업체로서 플란제가 지니고 있는 위상을 강화시켜주는 한편 성장 동력을 마련해주었다.

플란제의 CEO 미하엘 슈바르츠코프Michael Schwarzkopf의 말에 따르면, 합작 파트너들과의 협력 작업이 마찰 없이 순조롭게 진행되고 있다고 한다. 분말야금 분야에 대한 집중에도 전혀 문제가 없고, 조직적으로도 매우 일관성 있게 목표 업종에 방향을 맞추고 있다는 것이다. 나는 이런 지적이 매우 중요하다고 생각한다. 전략적 제휴가 좁은 영역에 대한 집중, 고도의 혁신, 철저한 세계화 같은 히든 챔피언들의 원칙에 저해가 되지 않는다거나, 플란제의 경우에서처럼 그런 원칙들을 한층 더 강화시켜주는 역할을 한다면 그것은 전적으로 흥미로운 전략이 될 수 있다. 어쨌거나 히든 챔피언 사장들의 입장에서 보면 권력을 분산하는 일은 상당한 자제력을 요하는 일이다.

판매 영역에서도 전략적 제휴가 증가하고 있다. 이때 제휴는 주로 협력의 형태로 이루어지며, 합작회사의 형태로 이루어지는 경우는 드문 편이다. 여기서는 새로운 목표 그룹이나 새로운 판매 경로로 접근하는 형태의 유연한 다각화가 주류를 이룬다. 젤리타는 콜라겐 단백질 제작 부문에서 세계시장을 선도하는 기업이다. 과거에 이 회사는 전통적으로 산업체에 제품을 납품해왔고, 따라서 최종 소비자 및 약국에 제품을 직접 판매할 수 있는 역량을 갖추고 있지 못했다. 따라서 젤리타가 자체개발한 관절보호제 CH-알파를 크비리스 헬스케어QUIRIS Healthcare 같은 기존의 약국 판매조직과 공동으로 판매하기로 한 것은 충분히 이해가 되는 일이다. 그런가 하면 오토 보크는 전통적으로 뇌졸중을 치료하는 의사들에게 접근할 통로가 없었다. 따라서 오토 보크는 뇌졸중 환자에게 사용되는 신제품을 판매할 때 크라우트&팀머만Krauth&Timmermann과 협력 체제를 구축했다. 이 회사는 특히 전기자극 기기를 전문으로 하는 회사로, 해당 분야 의사들을 대상으로 영업을 한다.

 규모가 유달리 작은 히든 챔피언들은 해외 영업을 할 때 흔히 동일한 목표 그룹을 타깃으로 하는 기존 기업들과 공조 작업을 펼친다. 예컨대 외과용 위치설정 소프트웨어 부문에서 세계시장을 선도하는 브레인랩이 이런 방법을 활용하고 있다. 브레인랩은 자체적으로 설립한 자회사가 없는 나라에서 활동을 펼칠 때 그 나라에 있는 의료기기 제작업체와 협력을 한다. 단, 이때 협력사는 외과 의사들을 타깃으로 삼는 동시에 브레인랩에 거의 근접한 역량을 갖춘 회사여야 한다. 브레인랩의 CEO 슈테판 필스마이어는 그 같은 제휴는 '결혼생활에서 요구되는 것과 같은' 지속적인 헌신을 요구한다고 강조한다. 이런 이유로 아마도 브레인랩은 장기적인 관점에서 자체적인 영업 체제 구축을 더 선호할 것이다.

 혁신의 주요 방향들 가운데 한 가지는 기계학, 전자공학(기계전자학), 화학/물리학, 나노기술, 의학기술, 약학, 생물학/유전공학 같은 다양한 학문 영역들을 한데 통합하는 것이다. 이런 형태의 결합은 기회와 위기를 동시에 만들어낸다. 이런 영역들을 결합시키는 데 성공한 사람에게는 큰 기회를 품고 있는 새로운 시장이 열린다. 반면 본인의 기술적인 역량에 만족하면서 우물 안 개구리처럼 계속 그 자리에만 머무르는 사람들은 자칫 시장 맨 구석으로 내몰릴 수 있다. 어쨌거나 히든 챔피언들 혼자서는 도저히 감당할 수 없는 새롭고 광범위한 R&D 역량에 대한 요구가 꾸준히 제기되고 있는 것이 현실이다. 이런 이유로 수년 전부터 전략적 R&D 제휴의 중요성이 크게 부각되었다. 그리고 미래에는 그 중요성이 한층 더 강하게 부각될 것이다.

의수나 의족 등 인공장구 제작 부문에서 세계시장을 이끌고 있는 오토 보크는 이런 발전 상황을 예시적으로 보여준다. 전통적인 인공장구와는 달리 오토 보크는 가장 최근에 도입한 혁신적인 방법을 이용하여 '피부 아래'로 파고 들어간다. 신경신호를 인공장구의 움직임으로 변환시키는 일은 학문적으로 극도로 까다로운 일이다.[12] 이런 이유로 오토 보크는 오스트리아의 메드-엘Med-El 같은 기업과 합작회사를 설립하는 형태로 R&D 제휴 체제를 구축하고 있다. 메드-엘은 신경신호를 조작·가공하는 작업을 전문으로 하는 기업이다. 제휴 체제 구축 외에도 오토 보크는 합당한 역량을 갖춘 회사들을 인수했는데, 예컨대 미국 전역에 영업망을 갖추고 있는 신체교정기 제작사인 미국의 오소리헙OrthoRehab도 그중 하나다. 아인베크Einbeck에 있는 히든 챔피언 KWS는 연 매출 8억5,000만 유로를 자랑하는 세계에서 네 번째로 큰 종자 생산업체다. 특히 사탕무 종자 부문에서 세계시장을 선도하는 이 회사는 바이엘 크롭 사이언스Bayer Crop Science나 몬산토Monsanto 같은 굴지의 병충해 방제약품 생산업체들과 협력하여 품종 개량 작업을 수행하고 있다. 이렇게 하는 목적은 이 기업들이 생산한 특정 종류의 제초제에 내성을 갖춘 품종을 개량하기 위해서다.

미래에는 이런 형태의 협력이 더욱 증가할 것이다. 여기서 핵심적인 문제는 R&D 기간 동안 우선순위를 어떻게 설정할 것인가 하는 문제다. 예를 들면, 보쉬와 삼성의 배터리 제휴는 4년 만에 의견 조율 문제로 인해 좌절되고 말았다. 이에 대해서 보쉬는 한마디로 결정 과정이 너무 길었다고 말했다.[13] R&D 결과물이 누구에게 귀속될 것인지 혹은 그것을 어떻게 분배할 것인지를 명확하게 하는 문제도 이와 비슷하게 어려운 문제다. 가장 간단한 해법은 장기적인 계획에 입각하여 공동회사를 설립하고, 이 회사가 결과물을 사용하는 것이다. 그러나 이것은 장기간에 걸쳐 단독 지배권을 포기하고 성과물을 나누어야 한다는 것을 의미하기도 하는데, 많은 히든 챔피언들은 이런 상황을 그리 달갑게 여기지 않는다.

두 번째 대안은 양쪽 파트너가 결과물을 각각 사용하는 것이다. 이것은 비슷한 기술 기반을 갖춘 경쟁업체가 애초부터 존재한다는 전제 하에서 가능하다. 이것도 시장지배권을 획득하기 위해서 노력하는 히든 챔피언들이 좋아할 만한 해법은 아니다. 히든 챔피언들은 흔히 전면적인 인수를 선호한다. 그러나 이런 경우에는 적절한 연구 성과를 도출하는 데 드는 비용이 더 커질 수 있다. 이 모든 방법들이 대안이 될 수 없다면, 어떤 방법으로라도 반드시 합의를 도출해내야만 한다. 그리고 이런 경우에 대비하여 미리 대비책을 강구해둔다면 매우 이상적일 것이다.

대기업들이 전략적 제휴를 하는 가장 빈번한 이유 가운데 하나는 바로 독자적으로 회사를 운영하여 이익을 남기지 못한다는 문제 때문이다. 그러나 히든 챔피언들은 이런 문제에 부딪히는 경우가 매우 드물다. 합작기업인 노키아 지멘스 네트웍스Nokia Siemens Networks가 그 대표적인 예다. 텔레커뮤니케이션 장비 부문에서 수익을 올리지 못한 두 회사는 이런 상황을 타개하기 위해 제휴를 선택했다. 휴대전화기를 생산하는 소니 에릭슨Sony Ericsson도 비슷한 경우다. 그러나 그런 경우 종종 이런 합자회사들조차도 좀처럼 적자의 늪에서 벗어나지 못하곤 한다. 히든 챔피언들은 자신들이 능수능란하게 다루지 못하는 사업을 전략적 제휴의 형태로 추진하기보다는 차라리 그것을 포기하는 편을 선택한다. 이렇게 하는 이유는 아마도 다른 곳에 한눈파는 일을 의식적으로 방지하고 핵심 사업에 온전히 집중하기 위해서일 것이다.

유럽시장을 이끌고 있는 과자류 제조 기업인 그리슨-드 뵈켈레어도 그런 기업 중 하나다. 이 회사는 "이익 없이는 사업도 없다"라는 말을 핵심 원칙으로 내세우고 있다. 그리슨-드 뵈켈레어의 원천은 생과자 사업이다. 그러나 몇 년 전 회사 관계자들은 짧은 판매성수기와 극단적인 가격경쟁 때문에 생과자 사업 분야에서 지속적으로 이익을 올리기가 불가능하다는 사실을 깨닫고, 그 분야의 매출액이 당시 전체 매출액의 30퍼센트를 차지했음에도 불구하고 가차 없이 그 분야를 폐쇄해버렸다. 그리고 이를 통해서 생긴 여유 자금을 다른 곳에 투입하여 훨씬 더 효율적으로 활용하고 있다. 그것은 그 이후로 이 기업의 수익이 지속적으로 성장하고 있는 것을 통해 알 수 있다.

히든 챔피언들 사이에서 전략적 제휴는 예전과 다름없이 예외적인 현상으로 남겨져 있지만, 그 중요성만큼은 점차 커져가고 있다. 시스템을 통합한다거나 R&D 부문에서 불거지는 전통적인 역량의 한계를 극복하려면 어쩔 수 없이 다른 기업들과 공조해야만 하는 경우도 있을 수 있다. 전략적인 제휴가 히든 챔피언들이 전통적으로 고수하는 입장과 갈등을 일으킬 소지가 있는 것은 사실이지만, 그럼에도 불구하고 그들은 반드시 열린 자세로 그것을 검토해보아야 할 것이다. 물론 핵심인물(들)의 성격적인 특징 때문에 앞으로도 영영 그런 형태의 제휴를 생각조차 하지 않을 히든 챔피언들도 상당수에 이른다.

핵/심/요/약

깊이는 수많은 히든 챔피언들의 골수와 심장에 맞닿아 있는 측면이다. 다음과 같은 사항들을 분명하게 확인하고 넘어가도록 하자.

- 히든 챔피언들은 좁은 시장에서 활동하면서 심도 깊은 서비스를 제공한다. 요컨대 그들은 고객의 가치창출사슬 가운데 여러 단계를 충족시킨다.
- 고객의 가치창출사슬을 따라서 이루어지는 이 같은 확장은 히든 챔피언들의 중요한 성장동력으로, 이때에는 가치창출사슬의 앞부분이나 뒷부분을 담당하는 업체를 인수하는 일도 중요한 역할을 수행한다.
- 히든 챔피언들의 자체가치창출비율은 42퍼센트로 산업계 평균을 크게 웃돈다. 자체제작비율은 그보다 더 큰 차이를 보인다. 히든 챔피언들의 자체제작비율은 50퍼센트에 이르는 반면, 산업계 평균은 30퍼센트에도 미치지 못한다.
- 많은 히든 챔피언들이 70퍼센트가 넘는 자체제작비율을 보유한 자체제작의 달인이다. 그리고 바로 이런 기업들일수록 자체제작에 대한 신념도 더욱 굳건한 듯하다. 그들은 새로운 상품을 제작할 때도 자체제작을 고수한다.
- 핵심역량과 관련된 부분에 관한 한 히든 챔피언들은 전반적으로 아웃소싱에 회의적인 태도를 취한다. 반면 핵심역량이 아닌 부분에서는 강도 높게 아웃소싱을 추진한다.
- 기계를 자체제작하거나 구입한 기계를 개조하여 최종 제품을 생산하는 히든 챔피언들도 적지 않다. 그들은 이런 심도 깊은 자체제작 관행을 그들의

최종 제품이 지닌 독보성의 중요한 뿌리이자 노하우 보호 수단으로 간주한다.
- 마찬가지로 원료와 중간 소재에서도 그처럼 심오한 깊이를 빈번하게 찾아볼 수 있다. 그 밖에 상품이나 일련의 공급 과정에서 이루어지는 다수의 가치창출 단계에 대한 엄격한 관리에도 이런 깊이가 적용된다.
- 히든 챔피언들은 생산 부문보다도 R&D 부문에서 한층 더 강도 높게 깊이와 독립성, 폐쇄성에 유의한다. 그들이 이렇게 행동하는 것은 한편으로는 그들이 고도로 전문화되어 있기 때문이고, 다른 한편으로는 노하우 보호가 매우 중요하기 때문이다.
- 히든 챔피언들은 전략적 제휴를 기피하고 단독으로 행동하는 편을 선호한다. 그러나 전통적인 지식의 한계와 역량의 한계를 뛰어넘어야 하는 경우에는 좀더 개방적으로 행동한다. 히든 챔피언들은 자율성을 부분적으로 포기하는 일을 결코 가볍게 여기지 않는다.

히든 챔피언들이 지닌 깊이를 그들의 집중 전략과 연관시켜 바라보는 것이 중요하다. 이 두 가지가 합쳐져야 세계 정상급 기업이 되기 위한 전제조건이 마련된다. 깊이를 갖추지 않고도 히든 챔피언이 될 수 있다고 생각한다면, 그것은 착각이다. 원료나 기계 등을 다른 업체에서 구입하는 기업이 경쟁에서 우위를 점하는 경우는 매우 드물다. 독보성의 기초는 바로 자체제작과 깊이에 있다.

Chapter 08

글로벌 마케팅
Hidden Champions

HIDDEN CHAMPIONS

앞서 설명한 바와 같이 좁은 영역에 대한 집중은 깊이와 함께 히든 챔피언 전략을 구성하는 첫 번째 기둥이다. 이것은 세계 정상급 수준에 도달하여 그 위치를 고수하기 위한 전제조건이다. 그러나 집중 전략을 구사하다보면 불가피하게 시장 규모가 작아질 수밖에 없다. 어떻게 하면 시장 규모를 키울 수 있을까?

답은 바로 전 세계를 시장으로 삼는 것이다! 이 방법은 히든 챔피언 전략의 두 번째 기둥이 된다. 히든 챔피언들이 공략할 세계시장은 내수시장보다 규모가 몇 배는 더 크다. 집에 가만히 웅크리고 앉아서 고객이 문을 두드리기를 기다리는 기업은 결코 세계시장을 선도하는 기업이 될 수 없다. 세계시장 개척은 히든 챔피언들의 가장 중요한 성장동력이며, 히든 챔피언들은 매우 단호한 자세로 글로발리아로 향해 걸어가고 있다. 그들은 전 세계로 나아가 목표시장에 자체적으로 자회사를 설립하고, 이런 방법으로 고객들이 언제 어디에서나 그들의 제품과 서비스를 이용할 수 있도록 하고 있다.

세계화 과정은 여러 세대에 걸쳐 진행되며, 따라서 굉장한 끈기를 요하는 일이다. 이 과정에서 개별 지역의 매출액 지분과 직원 수가 큰 폭으로 변동된다. 히든 챔피언들은 지금까지의 환대서양 위주의 기업에서 탈피하여 진정 세계적인 기업으로 변신하고 있는 중이다. 그리고 이 과정에서 아시아의 중요성은 점점 더 커지고 있다.

미래 시장에 대한 우선순위를 현재 시점에서 올바르게 설정하기는 어렵다. 국제화 전략을 도입하면 한편으로는 기업이 부담하는 리스크가 커지고, 다른 한편으로는 지역별 시장의 주기가 각기 다를 경우 리스크 관리가 시작된다. 인터넷은 세계화에 따른 부담을 덜어주었다. 그중에서도 특히 중소기업들의 부담을 덜어준다.[1] 과거에는 흔히 실용적인 '돌진 작전'으로 시장에 진입했다면, 새로운 경영자 세대는 전문적이고 체계적인 준비를 한층 더 중요시한다.

세계화, 성장의 두 번째 기둥

집중 전략을 사용하면 시장 규모가 작아질 수밖에 없다. 빈터할터가 개척한 호텔 식기세척기 시스템 시장은 상업용 식기세척기 시스템 전체를 포괄하는 시장보다 훨씬 더 규모가 작다. 스웨덴 회사 포크처럼 스키헬멧에만 집중하는 회사는 전체 보호용 헬멧 시장의 극히 일부분밖에 커버하지 못한다. 이와 유사하게 오스트리아의 히든 챔피언 KTM의 주특기인 트레일 바이크도 전체 바이크 시장의 1퍼센트에도 채 미치지 못한다. 협소한 시장 정의가 지닌 그 같은 영향력은 초특급 틈새시장에서 활동하는 기업들과 시장점유기업들에게 한층 더 혹독하게 작용한다. 이런 경우, 규모가 비교적 큰 나라에서조차도 시장이 매우 작을 수 있다.

그렇다면 히든 챔피언들은 영원히 소규모로 머물러야만 하는 저주받은 운명일까? 만약 전 세계를 대상으로 한 마케팅이 두 번째 전략적인 기둥으로 추가되지 않았다면 저주받은 운명임을 인정해야 했을지 모른다. 그런데 이 두 번째 기둥에서 어마어마한 성장동력이 뿜어져 나온다. 따라서 용도, 기술, 목표 그룹 혹은 그 밖에 다른 범주로 시장을 협소하게 정의한다는 것은 지역적인 면에서 시장을 넓게 정의한다는 것과 연관되어 있다. 이것이 바로 히든 챔피언 전략을 떠받치는 두 개의 기둥이다. 용도, 제품, 노하우에서의 전문화와 깊이가 지역적인 차원에서의 광범위한 넓이와 결합되는 것이다. 세계에서 가장 규모가 큰 독립 윤활제 제조업체인 푹스 페트로룹Fuchs Petrolub의 만프레트 푹스Manfred Fuchs는 이 전략을 다음과 같이 설명한다.

"오직 전문화 전략과 틈새 전략을 통해서만 수직적으로 통합된 대형 석유회사와의 경쟁에서 진정한 우위를 점할 수 있습니다. 우리는 이 사실을 조기에 인식했고, 이를 바탕으로 개발을 추진했습니다. 이런 전략을 통해서 잠재 수요가 줄어들었고, 그 결과 제품 전문화와 국제화가 필연적으로 짝을 이루게 되었습니다. 이렇게 국내 틈새시장과 서유럽 틈새시장의 규모가 제한된 상황에서 연구개발 비용을 충당하려면 규모가 더욱 큰 세계적인 틀이 필요합니다."[2]

정형외과용 장비 부문에서 세계시장을 선도하는 오토 보크도 이와 유사한 방식으로 세계화 전략을 설명한다. "오토 보크는 전 세계적인 판매망 및 서비스망과 결합된 탁월한 혁신력과 기술주도권을 바탕으로 지탱되고 있습니다." 세계 굴지의 평철Flat Steel 제작기업인 SMS의 CEO 하인리히 바이스Heinrich Weiss는 "설비 건설 부문에서 활동하는 중소기업이 성공할 수 있는 길은 단 한 가지뿐입니다. 틈새시장에 집중하여 전 세계를 무대로 활동하면서 가능한 한 시장에서 1인자가 되려고 노력하는 것이지요."라고 말한다.[3]

〈표 8.1〉은 이 두 개의 기둥을 일목요연하게 설명해준다. 두 기

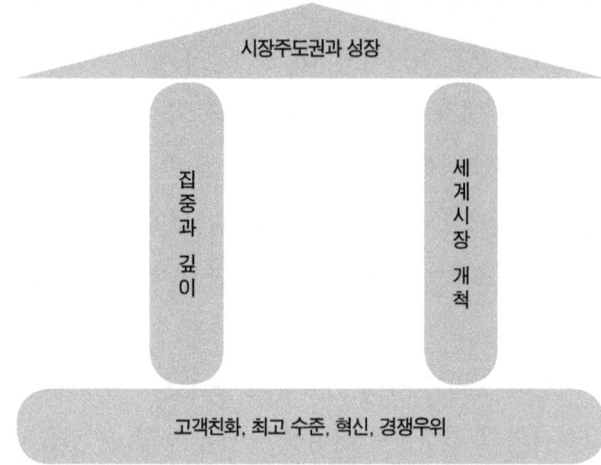

〈표 8.1.〉 히든 챔피언 전략을 떠받치는 두 개의 기둥

둥은 한편으로는 내용적인 면에서 그리고 다른 한편으로는 공간적인 면에서 시장을 겨냥하고 있다. 이 두 기둥은 고객 친화, 최고 수준, 혁신, 경쟁우위라는 탄탄한 기반 위에 서 있다. 히든 챔피언 전략의 초석이 되는 이런 요소들에 대해서는 앞으로 이어지는 장에서 더 상세하게 다룰 것이다. 이런 전략을 성공적으로 실행에 옮길 때 그토록 바랐던 성장과 시장주도권 획득이라는 목표를 달성할 수 있다.

세계로 나아가는 기업만이 세계시장 선도기업이 될 수 있다. 과거에는 세계를 대상으로 한 영업이 사실상 대기업들에게만 해당되는 사항이었다. 무역장벽, 복잡한 법률 체계, 여행의 어려움, 자금조달 문제와 운송 문제 그리고 불충분한 텔레커뮤니케이션 수단 때문에 전 세계적인 사업 체계를 구축하기가 힘들었을 뿐 아니라 비용도 많이 들었다. 그러나 현대 세계에서 글로벌 마케팅은 모든 규모의 기업이 채택할 수 있는 현실적인 선택안이 되었다. 물론 이렇게 되기까지는 인터넷이 중요한 기여를 했지만, 현대적인 물류시스템 및 금융시스템의 중요성도 결코 과소평가되어서는 안 될 것이다. 세계 최대의 물류 운송업체 UPS의 CEO 마이크 에스큐Mike Eskew는 이런 발전 과정을 다음과 같이 기술했다.

"세계화는 처음에 대형 다국적 기업들을 위한 트렌드로 출발했지만, 점차 중소기업들을 위한 트렌드가 되어가고 있습니다. 우리는 중소 규모의 기업들이 더욱 열심히 세계화를 추진하는 모습을 지켜보고 있습니다. 인터넷 상에서 그들은 다른 모든 기업과 마찬가지로 큰 기업입니다."4

세계적인 산업용 플러그 커넥터 생산기업 하르팅Harting은 회사의 비전을 한마디로 표현한다. "우리는 세계적인 기업이 되고자 합니다."

놀라운 사실은 이런 두 개의 전략적 기둥이 시간이 흐르면서 서서히 생긴 것이 아니라, 기업 초창기부터 이미 모습을 드러냈다는 점이다. 대부분의 히든 챔피언들이 그렇다. 그 결과 응답 기업의 74퍼센트가 '처음부터' 수출을 했다고 답했고, 40퍼센트가 회사 설립 직후에 독자적인 해외지점을 가동했다고 말했다. 푹스 페트로룹의 만프레트 푹스는 이렇게 말한다. "만약 우리 회사가 조기에 단호하게 국제화 전략을 도입하지 않았더라면, 아마도 오늘날 이렇게까지 큰 성공을 거두지는 못했을 것입니다."5 현재 푹스 페트로룹은 53개의 지사를 앞세워 전 세계에 있는 모든 중요한 산업국가에 진출해 있다.

재봉용 바늘 부문에서 세계시장을 선도하는 그로츠-벡케르트는 1960년대에 이미 인도에 공장을 열었다. 실을 제작하는 기계를 생산하는 폴크만은 이 부문에서 35퍼센트의 시장점유율을 보유한 세계시장 선도기업으로서, 1981년에 인도 시장에 진출했다. 이처럼 발 빠른 국제화 행보 속에서 앞서 논의한 비전과 목표의 구체적인 영향력이 뚜렷하게 가시화된다.

해외 진출 현황과 과정

지금까지 실시된 연구와 기록을 바탕으로 추정할 때, 현재 히든 챔피언들은 평균 30개의 해외지사를 보유하고 있으며, 그중 약 3분의 1이 제품생산을 담당하고 있다. 전체 해외지사의 3분의 2는 제품판매와 서비스로 업무가 제한되어 있다. 히든 챔피언들은 해외시장에 진출할 때 명백하게 독자적으로 행동하는 것을 선호한다. 77퍼센트에 해당하는 히든 챔피언들이 해외 진출을 목표로 다른 회사와 제휴하는 것을 거부했다. 지속적으로 다른 회사와 제휴하고 있다고 답한 회사는 6분의 1에 불과했다. 해외지사는 거의 100퍼센트 모기업이 소유하고 있다. 독자적인 영업지사가 없는 곳에서는 유통 파트너를 통해서 마케팅이 이루어진다. 그러나 이런 간접적인 유통에는 점진적으로 유통 파트너를 인수하려는 의도가 수반된 경우가 많다. 히든 챔피언의 3분의 2는 자기 회사가 해당 시장에서 가장 높은 해외 진출 비율, 즉 가장 많은 해외지사를 보유하고 있다고 생각한다.

이 같은 해외 진출의 배후에는 탁월한 기업 성과가 숨겨져 있다.

어떤 기업이 세계에 진출하여 마찰 없이 잘 굴러갈 때 사람들은 흔히 이것을 별로 힘들지 않은 일, 당연한 일로 여긴다. 마치 아무 일도 일어나지 않을 것처럼, 혹은 예전부터 늘 그랬던 것처럼 생각한다는 말이다. 그리고 정보기술이나 통신 혹은 인터넷 시장을 중심으로 이른바 '태생적 국제화Born global' 기업이나 제품들이[6] 우후죽순처럼 쏟아지는 오늘날에 이르러 사람들은 글로발리아에서 탄탄한 입지를 구축하려면 얼마나 많은 노력과 끈기 그리고 좌절을 극복하는 인내심이 필요한지 쉽게 잊곤 한다.

그 같은 과정을 명확하게 설명하기 위해서 〈표 8.2〉에서 고압 청소기 부문 세계시장 선도기업인 케르허의 국제적인 확장 과정을 일목요연하게 제시하도록 하겠다. 이 회사는 1935년에 설립되었지만 설립 27년이 지난 1962년에 이르러서야 비로소 프랑스에 최초의 해외지사를 개설했다. 그 후로도 십여 년 동안은 국제화와 관련해서 그리 많은 일이 일어나지 않았다. 1974년까지 오스트리아, 스위스, 이탈리아에 새로운 지사 3곳이 추가된 것이 전부였다.

1959년에 회사 창립자가 세상을 떠난 후 미망인 이레네 케르허Irene Kärcher가 회사 경영을 넘겨받았다. 이런 맥락에서 케르허 부인이 5개 국어를 구사할 수 있었다는 점과 과거에 그녀가 메르세데스-벤츠 영업이사의 비서로 일했다는 점은 매우 의미심장하다. 요컨대 그녀는 국제적인 사업 실무에 능통했다. 1972년부터 그녀는 당시 31세였던 새로운 사장 롤란트 캄Roland Kamm과 더불어 단호하고 일관성 있게 세계화 과정을 추진했다. 그 후 케르허는 거의 매년 1개 이상의 새로운 시장에 진출했다. 2001년 36세의 나이로 경영권을 넘겨받은 새로운 CEO 하르트무트 옌너Hartmut Jenner의 지휘 하

〈표 8.2〉 히든 챔피언 케르허의 세계화 과정

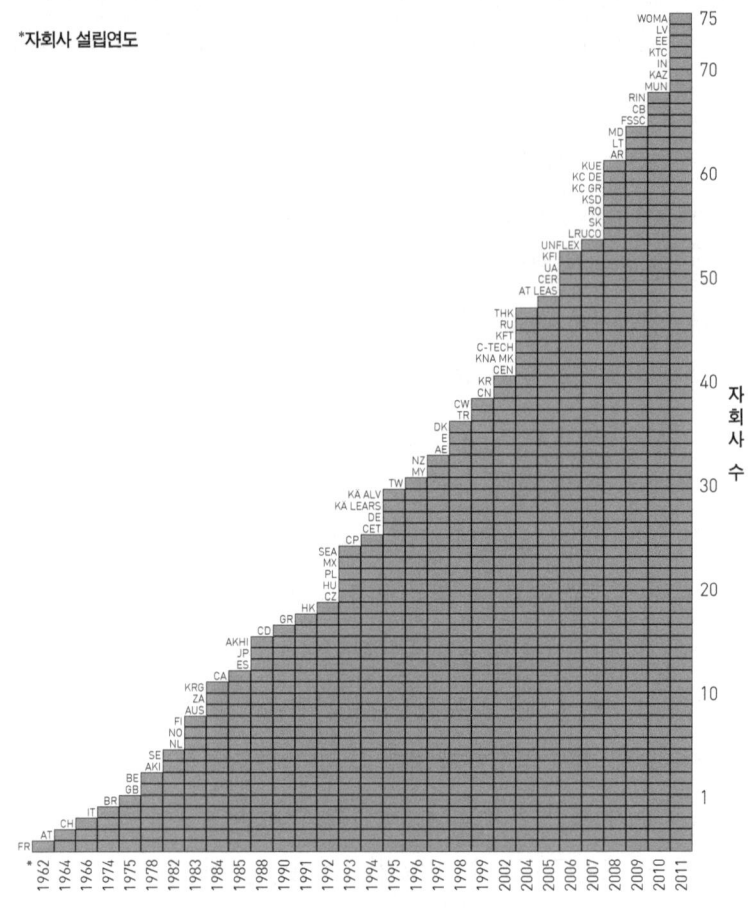

에 이 회사는 부단히 확장을 거듭해왔다. 심지어 2007년에 몰아닥친 위기에도 케르허의 세계화 과정은 중단되지 않았으며, 그 후 중단은커녕 오히려 더 가속화되었다.

오늘날 케르허는 전 세계에 75개의 지사를 두고 있다. 그러나 케르허의 세계화 과정은 50년이 흐른 지금도 좀처럼 멈출 줄을 모른다. 왜냐하면 지구상에는 200개가 넘는 국가가 있기 때문이다. 하르트무트 옌너는 이렇게 말한다.

"우리 회사는 언젠가 세계 모든 나라에 진출할 것입니다. 해마다 우리는 최대 10개국에 진출하여 독자적으로 영업 활동을 수행해나가고 있습니다."7

진정한 히든 챔피언이라면 누구나 중요한 모든 나라에 진출하려는 장기적인 목표를 가지고 있다. 압력 및 온도 계측장비 부문에서 세계시장을 선도하는 WIKA도 비슷한 길을 걷고 있는데, 다만 케르허보다 출발이 조금 늦었을 뿐이다. 현재 WIKA는 이미 75개가 넘는 나라에 진출해 있으며, CEO 알렉산더 비간트Alexander Wiegand가 강조하는 바와 같이 앞으로도 계속해서 매년 새로운 해외지사를 설립할 계획이다.

이런 사례들은 세계시장에 진출하여 탄탄한 입지를 구축하는 일이 여러 세대에 걸쳐 이루어지며, 그칠 줄 모르는 끈기가 필요한 일이라는 사실을 보여준다. 세계시장에 진출하는 길은 오직 단 하나 '험난한 길per aspera'8밖에 없다. 매끈하고 평탄한 길이 아니라 거친 길을 걸어갈 수밖에 없는 것이다. 후퇴와 좌절, 그중에서도 특히 최전선에서 활동하는 직원들이 겪는 후퇴와 좌절은 결코 예외적인 일이 아니라 일상적인 일이다. 독일과 한국에 진출을 시도한 월마트의 사례처럼 심지어 거대 기업들조차도 항복하는 경우도 있다. 하물며 중소기업이 세계시장에 진출하여 탄탄한 입지를 구축하기까지 그 과정이 얼마나 어려울지는 가히 짐작이 가고도 남는다. 비전과 야심찬 목표는 그처럼 긴 시간에 걸쳐 성공적으로 세계화를 추진하기 위한 토대, 아니 필수적인 전제조건이다.

히든 챔피언들이 독자적으로 설립한 자회사를 통해서 세계시장을 개척하기를 선호한다는 사실은 '깊이'라는 주제가 지닌 또 다른 측면이다. 그들이 생산하는 제품과 서비스의 복잡한 특징은 전 세계 고객들과 직접적인 교류를 권장한다. 이런 직접적인 접촉은 고객친밀도와 혁신을 장려하는 동시에 서비스, 컨설팅, 시스템 통합 부문에서 경쟁우위를 획득하는 데도 기초가 된다. 역으로 아래 사례에서 보듯이 그런 업무를 판매대리점이나 대리인에게 위탁하는 일은 곧잘 일을 불리하게 몰고가기도 한다.

언젠가 나는 말레이시아 최대의 건물청소 기업 소유주와 대화를 나눈 적이 있다. 그 기업가에게 혹시 독일 히든 챔피언들 중 한 기업이 생산한 기계를 사용하는지 물어보았다(참고로 밝혀두면 케르허 제품의 사용 여부를 물은 것은 아니었다). 그가 대답하기를, 과거에는 실제로 독일 히든 챔피언의 제품을 사용한 적이 있다고 했다. 그러나 제품 관련 서비스는 독일 기업이 아닌 말레이시아 기업이 제공했는데, 그 서비스에 만족하지 못해서 다시 일본 제품으로 대체했다는 것이다. 만약 독일 제조업체가 말레이시아 자회사를 통해서 서비스를 제공했더라면, 그리하여 제품 품질에 부합하는 서비스 품질을 제공했더라면 아마도 그 기업은 지금까지도 말레이시아에서 사업을 계속하고 있을 것이다. 이에 대해서 공기역학 부문 세계시장 선도기업인 페스토Festo 사장 에버하르트 파이트Eberhard Veit는 이렇게 말한다. "아시아 고객들은 유럽에서 제공되는 것과 동일한 서비스와 뛰어난 제품을 공급받기를 기대합니다."[9]

해외지사 수를 세계화의 척도로 삼는다면, 케르허는 30개의 해외지사를 보유한 평균적인 히든 챔피언들보다도 단연 세계화의 길에서 앞서나가고 있다. 그러나 결코 세계화 최첨단 그룹에 끼지는 못한다. 게르마니셔 로이드Germanischer Lloyd(컨테이너 선박 인증), 크나우프Knauf(깁스), GfK(시장조사), 안드리츠Andritz(종이 및 펄프 산업에 사용되는 설비) 혹은 RHI(불연 시스템) 같은 히든 챔피언들은 100개가 넘는 자체 해외지사를 보유하고 있다. 130개 선적 국가로부터 전권을 위임받아 주권 관련 업무를 대행하는 게르마니셔 로이드는 전 세계에 200개가 넘는 지사를 보유하고 있다.

또 한 가지 놀라운 사실은 규모가 작은 히든 챔피언들조차도 매우 강도 높게 해외 진출을 추진하고 있다는 것이다. 뉘른베르크에 있는 회계회사 뢰들&파트너Roedl&Partner는 63개의 독일 사무실과 함께 39개국에 지사를 보유하고 있다. 그러나 전 세계를 대상으로 한 마케팅은 독자적인 자회사를 통한 방식에 한정되지 않는다. 히든 챔피언들은 다양한 방식으로 그들의 제품을 전 세계에 판매한다. 세계 굴지의 직물·카펫 도매업체인 빌레펠트의 JAB 안슈퇴츠JAB Anstoetz는 70개가 넘는 나라에 쇼룸을 갖추고 있다. 와인과 주류 운송 부문 1인자인 힐레브란트는 세계에 있는 모든 주요 국가에 73개의 사무소를 두고 있는데, 그 가운데 56개 사무소를 자체적으로 운영한다.

요약하면, 히든 챔피언들은 그 규모에 상관없이 세계시장에 강도 높게 진출하여 활발한 활동을 펼치면서 글로벌리아로 향한 길을 상당 부분 걸어왔다. 그럼에도 불구하고 대부분의 기업들은 아직도 할 일이 많이 남아 있다. 히든 챔피언들이 평균적으로 30개 국가에 진출해 있다고 한다면, 이것은 곧 그들이 아직 진출하지 않은 시장이 170개가 넘는다는 사실을 의미한다. 이 모든 시장에 독자적인 자회사를 설립할 필요는 없다. 그러나 고객들에게 최대한 직접적으로 다가가려는 히든 챔피언들의 노력은 결과적으로 거의 모든 나라에 독자적인 영업지점을 구축하는 일로 이어질 것이다. 이런 예측이 결코 터무니없지는 않을 듯하다. 많은 히든 챔피언들이 시장 진출과 기업문화 측면에서 전형적인 대기업보다도 글로발리아에 한층 더 가깝게 다가가 있다. 그들의 시장은 세계다. 그리고 그들은 점점 더 강도 높게 독자적인 자회사를 이용하여 이 시장에 진출하고 있다.

성장원동력으로서의 세계화

세계화는 히든 챔피언들의 성장에 실제로 얼마만큼 기여하고 있을까? 이것은 상당히 흥미로운 의문이다. 사실 수많은 해외지사 가운데 상당수가 이미 골칫거리로 전락했을 수도 있다. 두 번째 전략 기둥인 '글로벌 마케팅'은 어떤 경제적인 의미를 지니고 있으며, 이 과정에서 히든 챔피언들의 매출액 포트폴리오는 어떻게 바뀔까?

세계화의 중요성은 아무리 강조해도 지나치지 않다. 1장에서 우리는 수많은 통계자료와 도표를 통해 글로발리아로 향한 행진 대열에 합류하면 얼마나 어마어마한 성장 기회가 생겨나는지 살펴보았다. 그중에서도 특히 〈표 1.1〉에 제시된 인구 1인당 세계무역량의 폭발적인 성장을 기억해보자.

히든 챔피언들은 독일어권 국가들의 수출에 믿을 수 없을 만큼 크게 기여하고 있다. 히든 챔피언들의 평균 수출 비율은 62퍼센트

〈표 8.3〉 세계화의 틀 안에서 이루어지는 시장의 확장(독일 시장=100)

로, 평균 2억200만 유로에 상당하는 제품을 수출하고 있다. 우리가 파악한 1,533곳의 독일, 오스트리아, 스위스의 히든 챔피언들이 이 세 나라의 수출에 기여하는 액수를 모두 합하면 약 3,100억 유로에 이른다. 이것은 독일, 오스트리아, 스위스 전체 수출액의 약 4분의 1에 해당한다.[10] 이 수치는 독일어권 국가들의 수출 실적에서 히든 챔피언들이 매우 큰 비중을 차지하고 있다는 사실을 말해준다.

〈표 8.3〉을 보면 유럽시장과 세계시장 진출을 통해서 히든 챔피언들의 시장이 얼마나 크게 확장되는지 알 수 있다. 표에서는 시장 규모를 지수로 명시했는데, 이때 독일 시장 지수를 100으로 잡았다.

〈표 8.3〉은 유럽화와 세계화를 통해서 시장이 어마어마하게 확장되는 모습을 명시적으로 보여준다. 독일에서 유럽으로 발걸음을 옮기면 시장 규모가 거의 4배 가까이 커진다. 세계시장으로 진출하면 11배 더 높은 시장잠재력을 확보할 수 있다. 개발도상국들이 계속해서 높은 수준의 성장률을 기록하면서 이 수치는 지속적으로 높아질 것이다. 시장이 좁더라도 세계를 기준으로 설정하면 시장 규모가 매우 커진다는 명제를 이보다 더 명시적으로 뒷받침할 수는 없다.

오스트리아나 스위스를 내수시장으로 삼는 기업이라면 상승 효과는 그에 상응하여 더욱 커질 것이다. 스위스 시장의 보잘 것 없는 규모는 스위스 기업들이 일찌감치 국제화 전략에 착수하는 원인으로 작용했다. 국제화에 관한 한 스위스 기업들은 독일 기업들을 크게 앞질러 있다. 오스트리아 기업들은 '철의 장막'이 무너지기 전까지 변두리라는 입지 조건과 사회주의 정책으로 인해 고통받았지만, 철의 장막이 무너진 이후로 크게 만회했다.

간단한 수치 관찰을 통해서 시장 확장이 갖는 중요성을 설명해보겠다. 지금까지 독일에서만 활동을 펼치면서 2억 유로 규모의 시장에서 시장점유율 50퍼센트를 확보하고 1억 유로의 매출을 올리는 기업이 있다고 가정해보자. 만약 이 기업이 시장을 유럽 국가들로 확장한다면, 시장잠재력은 7억 4,000만 유로로 늘어날 것이다. 현재 매출액이 1억 유로라는 점을 감안한다면, 이 회사의 유럽시장점유율은 고작해야 13.5퍼센트에 불과하다. 이는 곧 이 회사가 유럽시장의 86.5퍼센트를 활용하여 추가로 성장할 수 있다는 것을 의미한다.

다시 발걸음을 세계로 돌린다면 시장 규모는 22억 7,000만 유로로 늘어날 것이고, 계산상으로 이 회사의 세계시장점유율은 4.4퍼센트라는 보잘 것 없는 수준으로 줄어들 것이다. 이 기업이 국제적인 경쟁력을 갖추고 있다면(독일시장점유율이 50퍼센트라면 당연히 그러할 것이다)[11], 글로벌 마케팅은 이 기업에게 거의 무제한적인 성장 가능성을 열어줄 것이다. 협소한 독일 시장이 거대한 국제시장으로 변모하는 것이다. 오스트리아와 스위스 기업들은 두말할 나위도 없다.

국제화는 무수한 히든 챔피언들의 결정적인 성장동력이 되었다. 베르트 블라이허Bert Bleicher는 1990년대 중반에 그의 장인으로부터 호프만Hoffmann 그룹 경영권을 물려받았다. 현재 이 그룹은 10억 유로의 매출을 기록하면서 유럽 내 고급 공구 시장을 이끌고 있다. 블라이허는 "저는 사업을 국제화하는 데 아주 큰 매력을 느꼈습니다"라고 말한다. 그리하여 그는 장인의 반대를 무릅쓰고 새로운 전략을 관철시켰다. 블라이허는 미래에도 지속적인 세계화가 가장 중요한 성장동력이 될 것으로 보고 있다.[12]

도색설비 제작사인 뒤르Dürr에서는 시장을 개발도상국으로 확장하는 전략이 첫 번째 성장인자로 꼽히고 있다. 이 회사는 1960년대에 브라질을 시작으로 하여 현재는 전체 주문의 40퍼센트를 차지하는 중국을 대상으로 시장확장 전략을 추진하고 있다. 의료용품 제작사인 파울 하르트만Paul Hartmann은 러시아, 중국, 인도, 남아프리카에서 높은 성장률을 기록하고 있다. 하르트만은 부피가 큰 기저귀처럼 운송비용이 높은 제품을 제작하기 때문에 전 세계적으로 판매를 강화하는 동시에 새로운 생산시설을 건설하고 있다. 농기계 제작업체인 클라스는 중국과 태국에 공장을 추가로 건설하는 한편 인도와 러시아에 있는 기존 공장들을 확장하겠노라고 선언했다.

지역별 매출액 지분 변화

새로운 시장으로의 진입과 기존 시장의 다양한 성장률은 위기가 시작되기 전에 이미 큰 폭의 지역별 매출액 지분 변화를 야기했다. 그럼에도 불구하고 위기가 발발하기 전까지는 독일어권 히든 챔피언들을 환대서양 위주의 기업으로 부를 수 있었다. 왜냐하면 서유럽과 미국이 매출액 비중이 가장 큰 지역이었기 때문이다. 위기 이

전에는 전체 매출액의 약 3분의 2를 이 두 지역이 차지했다. 물론 이것도 서유럽과 미국이 전체 매출액의 80퍼센트를 차지하던 1990년대 중반과 비교하면 크게 낮아진 수치다. 그러나 1995~2005년 사이에 이미 전체 매출액에서 동유럽과 아시아 지역이 차지하는 비율이 각각 125퍼센트와 67.3퍼센트로 성장했다. 이런 경향은 위기 진행 기간과 위기 이후에 눈에 띄게 강화되었다.

한 기업의 사례는 이처럼 신속한 변화를 특징적으로 보여준다. 위기가 닥쳐오기 전에 이 기업은 아시아 매출액이 유럽 매출액을 뛰어넘는 시점을 2020년으로 잡았는데, 실제로는 예상과 달리 2012년에 이미 그런 상황이 펼쳐졌다. 상황이 계속해서 이런 식으로 전개된다면, 히든 챔피언들은 2015년이 되면 매출액의 절반을 동쪽 지역, 그러니까 아시아와 동유럽에서 얻게 될 것이다. 많은 기업들이 현재 이런 상황에 봉착해 있다. 헤레우스의 경우, 아시아 지역 매출액이 전체 매출액의 55퍼센트를 차지한다. 현재 히든 챔피언들은 환대서양 위주의 기업에서 유라시아 위주의 기업으로 변신하는 중이다.

아시아 지역의 강력한 성장은 총합 불변의 효과(총합=100) 덕분에 필연적으로 다른 지역의 매출액 지분 감소로 이어질 수밖에 없다. 비록 그 지역의 매출액이 절대적으로 성장했다고 해도 말이다. 그러나 아마도 이것은 일시적인 현상에 불과할 것이다. 왜냐하면 중기적인 관점에서 보았을 때 아프리카나 남아메리카 같은 지역들이 과거에 아시아가 보여주었던 수준에 상응하는 성장률을 기록할 것으로 보이기 때문이다.

글로벌 마케팅은 인적자원 및 금융자원 면에서 히든 챔피언들에게 어마어마한 요구를 하고 있다. 현재 이런 요구들은 중소기업이 극복해낼 수 있는 한계 수준까지 치닫고 있다. 아시아와 아프리카, 남아메리카로의 방향 이동 현상과 환대서양 지역 탈피 현상은 앞으로도 계속될 것이다. 글로벌 마케팅 체제가 구축됨에 따라 전체 가치창출사슬이 이동하는 사례가 점점 더 늘어나고 있다.

개별 국가 시장이 지닌 전략적 중요성

규모와 매출액 기여도는 시장이 지닌 전략적 중요성의 한 단면에 불과하다. 각각의 국가별 시장에서 만나는 고객의 종류와 경쟁 방식 그리고 환경의 종류는 시장 선택과 자원 투입에 매우 큰 영향을 미친다. 국제화는 일종의 트레이닝 과정이다. 기업은 그 과정을 거치면서 세계적인 경쟁에 대비하여 자신을 단련한다. 정형외과용 장비 부문에서 세계시장을 선도하는 오토 보크는 이렇게 말한다.

"우리 회사가 보유한 세계성은 경쟁에서 아주 큰 장점으로 작용합니다. 왜냐하면 그것은 안정적인 관계망 구축을 가능하게 하는 동시에 우리의 유연성을 증대시켜주고, 각 지역별 경기 추세의 균형을 잡아주기 때문입니다. 우리는 모든 시장에서 동반자적인 관계에 입각하여 고객들과 밀접하게 접촉하고 있습니다. 지역적으로 각기 다른 고객들의 요구와 우리 제품 사용자들의 욕구를 이해하기 위해서는 이런 시장접근성이 매우 중요합니다."

많은 부문에 걸쳐 고객들의 욕구는 나라마다 다르다. 세계화는 순수한 수출 활동에서 벗어나 해외 개발 역량과 생산 역량 구축을 위해 투자를 하는 것을 의미하기도 한다. 이렇게 해야만 각 나라 고객들이 지닌 욕구에 부합하는 생산 프로그램을 구축할 수 있다. 예컨대 가구경첩 부문에서 세계시장을 선도하는 헤펠레Häfele의 경우, 미국판 카탈로그에 실린 제품의 85퍼센트가 독일 제품과 형태가 다르다. 에어컨 부품 생산업체인 트록스Trox는 제품 소음을 최소한의 수준으로 낮추었다. 그러나 미국 시장에서는 이런 특성이 진가를 인정받지 못했는데, 왜냐하면 미국 사람들은 이미 에어컨 소음을 '듣는 데' 익숙해져 있기 때문이다. 그리하여 트록스는 미국 고객들의 취향에 맞게 제품을 다시 고쳤다.

그렇다면 히든 챔피언의 고객이 가장 많은 곳은 어디이고, 규모가 가장 큰 고객이 있는 곳은 어디이며, 가장 까다로운 고객이 있는 곳은 어디일까? 〈표 8.4〉에 그 답이 있다.

히든 챔피언 고객이 가장 많이 운집해 있는 곳은 독일어권과 나머지 유럽 지역이다. 반면 히든 챔피언들의 최대 고객은 미국에 자리 잡고 있다. 질적으로 가장 까다로운 요구를 제기하는 고객이 많은 곳을 살펴보면 독일어권이 한발 앞서 있다. 아시아 고객, 그중에서도 특히 일본 고객도 독일어권 고객과 마찬가지로 매우 까다롭다. 미래에는 중국이 이런 도표에서 독자적인 역할을 떠맡게 될 것이다. 지금도 이미 적지 않은 히든 챔피언들이 중도中道의 제국인 중국에 최대 고객을 보유하고 있다.

다양한 지역에서 사업 활동을 펼치는 것은 전략적으로 유리한 일이다. 유럽은 시장근접성과 함께 많은 고객에게 다가갈 수 있는 통로를 갖추고 있기 때문에 어쨌거나 필수 코스라고 할 수 있다. 미국 시장도 포기해서는 안 될 것이다. 왜냐하면 그곳에는 대형 고객들이 자리 잡고 있기 때문이다. 일본은 품질관리에 크게 기여할 수

〈표 8.4〉 지역별 고객들의 특징(순위)

순위	고객이 가장 많은 지역	규모가 가장 큰 고객이 있는 지역	가장 까다로운 고객이 있는 지역
1	독일/ 오스트리아/ 스위스	미국	독일/오스트리아/스위스
2	나머지 유럽 지역	독일/오스트리아/스위스	아시아, 특히 일본
3	미국	아시아	나머지 유럽 지역
4	아시아	나머지 유럽 지역	미국

있는 시장이다. 일본 고객들이 품질과 관련된 측면에서 유달리 까다롭게 굴기 때문이다. 서비스와 관련된 일본 고객들의 요구사항은 한층 더 까다롭다. 도요타Toyota 납품 업체로 승인받는다는 것은 곧 세계 정상급 수준에 대한 지표로 간주된다. 매출액이나 성장률과 직접적으로 관련되어 있지 않은 이런 효과들은 세계화가 지닌 중요한 측면들이다. 각각의 시장에 있는 고객들은 각기 다른 특징들과 요구사항을 지니고 있다. 히든 챔피언들은 이런 상황을 자신의 능력에 대한 도전으로만 여길 것이 아니라, 배움의 기회로 인식해야 한다.

히든 챔피언들이 세계 곳곳의 주요 시장에 진출해야만 하는 또 다른 이유가 있다. 세계시장 선도기업으로 남고자 한다면, 가능한 한 가장 중요한 시장에서 주도적인 공급업체로서 입지를 구축해야만 한다. 이런 통찰은 산이중공의 푸츠마이스터 인수를 계기로 생성되었다. 이 인수 사례에 대해 속속들이 알고 있는 디 뎅Di Deng 교수는 푸츠마이스터가 싸움에서 끝내 패배하고 만 이유를 다음과 같이 설명한다.

"사람들은 금융위기가 푸츠마이스터의 부실을 불러온 주요 요인이라고 생각합니다. 그러나 제 생각은 다릅니다. 실제로는 지난 10년간 문자 그대로 폭발적으로 성장한 중국의 콘크리트 시장이 푸츠마이스터의 부실을 불러온 주요 요인이라고 할 수 있습니다. 푸츠마이스터의 경쟁력 상실과 시장지배권 상실이 결국 산이중공이 푸츠마이스터를 인수하는 결과로 이어진 것입니다. 사실 1990년대 후반만 하더라도 독일 기업인 푸츠마이스터와 슈빙이 중국 콘크리트 펌프 시장의 3분의 2를 차지했습니다. 그러나 2005년에 이르러 그들의 시장점유율은 5퍼센트 아래로 떨어졌습니다. 현재 중국은 전 세계에서 생산되는 콘크리트의 60퍼센트를 사용하고 있습니다. 이런 중요한 시장에서 패배한 기업이 세계시장을 손에 넣는다는 것은 불가능한 일이지요."[13]

달리 표현하면, 가장 규모가 큰 시장에서 시장지배권을 지켜내지 못하는 기업은 세계시장지배권을 상실하게 된다. 과거 바스프 CEO를 지낸 위르겐 함브레히트Jürgen Hambrecht는 그와 관련하여 다음과 같이 말했다. "현지에서 경쟁의 말뚝을 땅 속에 단단히 박아 넣지 못하면 바로 그런 일이 일어나는 법입니다." 이 말 한마디가 모든 것을 설명해준다.

세계화와 리스크

앞서 이미 리스크의 다양한 측면에 대해 살펴보았다. 그 결과 우리는 집중 전략을 사용하면 협소한 시장에 대한 고도의 종속성 탓에 리스크가 높아지기는 하지만, 다른 한편으로는 경쟁 리스크가 줄어든다는 사실을 확인했다. 세계화도 그처럼 양면적인 리스크 효과를 발생시킨다. 세계화가 필연적으로 다수의 불확실성을 추가적으로 유발하며, 그로 인해 리스크를 고조시키는 작용을 한다는 것은 자명한 사실이다. 실패 위험성과 노하우 유출 및 도난의 위험성이 그것이다. 해외 매출액이 점점 늘어나면서 환율 리스크와 금융 리스크도 함께 커진다.

그러나 다른 한편으로는 세계화로 인해 더 광범위한 리스크 관리가 이루어지고 개개의 국가별 시장에 대한 종속성이 감소되는 결과가 초래되기도 한다. 단, 이런 효과는 지역별 시장의 사업 주기가 시기적으로 맞물려 있지 않을 때에 한해서 나타난다. 예컨대 자동차 도색설비 부문에서 세계시장을 선도하는 뒤르 주식회사는 유럽과 미국 그리고 아시아 지역의 자동차 산업 투자 주기가 시기적으로 조금씩 다르게 진행된 덕분에 여러 번에 걸쳐 톡톡히 덕을 보았다. 그런 비동시적인 특징으로 인해 아시아는 위기 기간 동안 위험 분산에 크게 기여했다. 2009년 위기가 정점에 달했을 때 아시아 지역, 특히 중국에서 막강한 영업 구조를 보유하고 있던 기업들은 그곳에서 입지가 약했던 다른 기업들보다 훨씬 더 효과적으로 위기에 대응했고, 그 결과 더욱 신속하게 위기에서 벗어날 수 있었다.

그러나 전 세계에 걸쳐 위기가 동시적으로 진행되는 시장들도 있다. 전자부품 조립 시장이 그 대표적인 예다. 2000년대 초에 접어들어 전 세계 자동 부품장착기계 시장이 거의 70퍼센트 가량 붕괴되었는데, 세계 진출 전략조차도 리스크 완충 역할을 하지 못했다. 일반적으로 전자기기 시장이 다른 전통적인 부문보다도 한층 더 전 세계적인 사이클에 종속되는 경향이 큰 것으로 보인다. 국제적인 확장이 리스크 관리에 미치는 영향을 고려할 때 이런 종류의 관련성들은 매우 의미심장하다.

인터넷과 글로벌 마케팅

글로벌 마케팅과 히든 챔피언들의 전략에서 인터넷의 중요성은 아무리 강조해도 지나치지 않다. 전 세계적인 네트워크는 지금까지 꿈에만 그리던 마케팅 기회들을 활짝 열어주었는데, 특히 중소기업들에게는 더욱 그랬다. 기업은 시간이나 장소의 제약을 받지 않고 실질적인 고객들과 잠재적인 고객들에게 자신의 상품과 서비스에 대한 정보를 제공할 수 있다. 반대로 고객들은 시간과 장소에 구애받지 않고 해당 기업의 정보를 '뽑아올 수' 있다. 전통적인 방법과 비교했을 때 이때 들어가는 비용은 무시해도 좋은 수준이다. 그 밖에도 스카이프나 화상회의를 이용하면 세계 어디에서나 1대 1 대화가 가능하기 때문에 많은 비용을 들여가며 힘겹게 여행을 할 필요가 없다. 매체를 이용한 커뮤니케이션의 질과 비용은 앞으로 한층 더 호의적인 방향으로 개선될 것으로 예상된다. 마케팅 효과와 효율성은 인터넷을 통해서 비약적인 발전을 경험하고 있다.[14]

산업용 제습기 부문에서 세계시장을 선도하는 문터스Munters의 CEO를 지낸 레나르트 에브렐Lennart Evrell은 인터넷 판매의 장점을 다음과 같이 요약한다. "인터넷을 이용하면 과거에 5명의 고객에게 제품을 판매하기 위해 들였던 비용으로 100명의 고객에게 제품을 판매할 수 있습니다."[15]

그러나 인터넷은 마케팅, 판매, 검색엔진 최적화 등의 측면에서 새로운 과제들을 안겨주기도 했다. 세계적인 맥락에서 제기되는 명백한 과제들 가운데 하나는 바로 홈페이지를 비롯해 각종 정보들을 해당 고객의 언어로 제공하는 것이다. 세계 굴지의 가구경첩 제작 기업인 오스트리아의 블룸Blum은 자사 홈페이지를 무려 40개 언어로 운영한다. 도어시스템 부문 세계시장 선도기업인 도르마는 국가별로 38개의 홈페이지 버전을 보유하고 있다. 병원 침상용 바퀴제작 부문 1인자인 텐테처럼 규모가 작은 전문 기업들조차도 35개 언어로 무장하여 인터넷에 진출했다. 당연한 이야기지만 다중 언어는 전통적인 인쇄매체에서도 필수적인 요소로 자리 잡았으며, 앞으로도 계속 그러할 것이다.

예컨대 보틀링 설비 부문 세계시장 선도기업 크로네스 주식회사는 〈크로네스 마가진Krones Magazin〉이라는 잡지를 발행한다. 그런데 연간 4회에 걸쳐 각각 4만 부씩 발행되는 이 잡지는 독일어, 영어, 스페인어, 중국어, 러시아어, 일본어로 제작된다. 센서 제작기업인 지크의 고객 잡지는 27개 국가에서 12개 언어로 발행된다. 중소기업에게는 그처럼 다양한 언어를 관리하는 일이 큰 노력이 필요한 일일 뿐 아니라 조직적인 면에서 진정한 도전을 의미하기도 한다.

글로벌 마케팅에서 인터넷이 지닌 가장 큰 장점은 거의 비용을 들이지 않고 디지털 콘텐츠를 전 세계 고객들에게 필요한 수만큼 배포할 수 있다는 점이다. 구글, 애플, 아마존 등 주도적인 인터넷 기업들은 인터넷이 지닌 이런 가능성을 이미 대규모로 활용하고 있다. 세계 어디에서나 아이튠즈iTunes를 통해 배포된 음악이나 영화를 이용할 수 있다. 전자책도 마찬가지다. 단 몇 분이면 아마존 킨들 Amazon Kindle을 이용하여 전자책 한 권을 전송할 수 있다. 이처럼 지금 우리는 콜센터, 원격 서비스, 의학 진단 같은 수많은 서비스들을 디지털 채널을 통해서 전 세계적으로 제공한다.

이와 함께 중소기업들에게 새로운 마케팅 기회가 활짝 열렸다. 물리적인 제품을 판매하는 인터넷 상점들도 마찬가지로 전 세계를 무대로 정보를 제공하고 제품을 판매한다. 다만 운송만큼은 여전히 물리적으로 이루어진다. 경제적인 측면에서 보았을 때, 이런 식의 운송은 무게 대비 가치가 높은 제품들에 한해서만 실행 가능하다. 비록 아직까지는 세계가 완전히 평평해지지 않았지만, 인터넷을 통해서 한 단계 더 평평해진 것만큼은 분명한 사실이다.

가치창출의 세계화

사람들은 종종 내게 얼마나 많은 히든 챔피언들이 이미 중국에 진출했느냐고 묻는다. 그때마다 나는 늘 전형적인 답변을 내놓곤 한다. "모두가 다 진출해 있습니다!" 이것은 비록 완전한 진실은 아니지만, 상당히 진실에 근접한 대답이다. 대부분의 시장선도기업들에게 중국은 결코 포기할 수 없는 매출 시장이 되었다. 그러나 히든 챔피언들 사이에서 중국은 단지 매출 시장으로서만 중요한 것이 아니라, 생산거점으로서도 점점 더 중요해지고 있다. 중국에 진출한 히든 챔피언의 절반 정도가 그곳에서 생산도 겸하고 있는 것으로 추정된다. 이런 기업의 비중은 지난 10년 사이에 어마어마하게 증가했으며, 지금도 계속 증가하고 있다.

세계 굴지의 편직기계 생산기업인 카를 마이어는 매출액의 50퍼센트 이상을 중국에서 올리고 있으며, 또한 그곳에서 거대한 공장을 운영하고 있다. 수년 전에 FAZ는 "중국은 난쟁이들을 끌어들이는 거인이다"[16]라는 기사를 내보낸 적이 있다. 독일 상공회의소는 이렇게 말했다. "기본적으로 이제는 어떤 중소기업도 중국에서의 사업을 활발하게 진행하지 않을 수 없게 되었습니다."[17] 독일 제조업체들의 중국 진출은 매우 인상적이다. 현재 독일 자동차 제조업체들이 중국에 건설한 생산공장은 190개로, 지난 15년간 그 수가 3배로 늘어났다.[18]

그러나 그런 규모로 중국에서 활동을 펼치는 회사들이 단지 대기업만이 아니다. 히든 챔피언들도 역시 중국에 여러 개의 생산공장을 건설하여 많은 수의 직원들을 고용하고 있다. 펌프 및 분쇄 장비와 광선 분산장비 부문에서 세계시장을 선도하는 독일 젤프Selb의 네취Netsch는 중국에 16개의 생산거점을 보유하고 있다. 파손방지 포장제 제조기업인 슈토로파크Storopack는 중국에 세 곳의 생산거점을 마련하여 그곳에서 제품을 생산하고 있다. 스토로파크 직원 2,600명 가운데 족히 1,000명 정도가 중국에서 일하고 있다. 용접장비 부문에서 세계시장을 선도하는 쾰른의 IBG는 중국에 세 곳의 생산거점을 보유하고 있으며, 트레일러 차대를 생산하는 세계적인 기업 AL-KO 코버AL-KO Kober는 중국에 네 곳의 생산공장을 보유하고 있다.

제조업체들뿐만 아니라 서비스 기업과 소프트웨어 기업들도 점차 중국으로 진출하고 있다. 예컨대 산업 서비스업체인 두스만 그룹은 중국에 있는 10개의 지점에 3,000명의 직원을 고용하고 있다. 도이체 메세 주식회사는 이미 1999년에 중국 상하이에 하노버 페어스 차이나를 설립하고 현지 출품자들을 모집하여 박람회를 조직했다. 다른 독일 박람회 조직업체들도 비슷한 방식으로 중국에서 활동한다.

이런 현상의 배후에는 한 가지 거대한 트렌드가 숨겨져 있다. 그것은 바로 사업 전체와 가치창출사슬을 신흥국으로 이전하는 것이다. 〈파이낸셜 타임스〉 특파원 피터 마쉬는 2012년 출간한 저서《새로운 산업혁명The New Industrial Revolution》에서 수많은 사례 연구를 통해 전 세계적으로 진행되는 이런 혁명적인 트렌드를 상세하게 설명하고 있다. 단, 이때 그가 사례 연구 대상으로 삼은 기업은 주로 대기업이다.[19]

그러나 히든 챔피언들도 점점 더 강도 높게 이 길을 걸어가고 있다. 산업 계측기술과 공정기술 부문에서 세계시장을 선도하는 다름슈타트Darmstadt의 히든 챔피언 쉔크 프로세스Schenck Process는 광산업과 광산 가공 공정을 전담하는 광산 사업 분야를 베이징으로 이전했다. 현재 광산업의 중심지는 중국이다. 이런 이유로 쉔크는 이 사업 분야의 본부를 중국에 두는 것이 유리하다고 판단한 것이다.

연구개발 분야가 개발도상국으로 이전되는 사례도 점차 증가하고 있다. 다방면에서 세계시장을 선도하고 있는 포이트Voith는 중국에 법률, 인력, 구매 방면 전문가들을 보유한 통합 서비스센터를 설립했다. 회장 후베르트 린하르트Hubert Lienhard는 이런 조치를 취한 이유를 다음과 같이 설명했다. "이렇게 하면 그 지역에 깊이 침투하여 마치 그 지역 기업인 것처럼 활동할 수 있습니다." 유압장치 부문에서 세계시장을 선도하는 보쉬 렉스로트는 2012년부터 중국 우진Wujin에서 연구센터를 운영하고 있다. 이 회사는 이미 1990년대부터 그곳에 공장을 운영하면서 진출했다. 이와 관련하여 렉스로트

CEO 카를 트라클Karl Tragl은 이렇게 말한다. "그것은 핵심역량 이전이 아니라 핵심역량 개발입니다."

몇몇 히든 챔피언들은 한층 더 멀리까지 나아가고 있다. 예컨대 과학기기 제작 분야에서 시장을 선도하는 미국 기업 퍼킨 엘머Perkin Elmer는 중국인에게 최대한 많은 것을 배우기 위해 자사 최고 연구원을 중국에 배치하는 조치를 단행했다. 첨단기술 설비 부문에서 세계시장 선도기업으로 자리매김하고 있는 슈투트가르트의 M&W 그룹은 싱가포르에 두 번째 본사를 운영하고 있다. 볼보는 유압굴착기 본부를 한국의 서울로 이전했다. 인조 다이아몬드 생산 부문 세계시장 선도기업인 룩셈부르크의 엘리먼트 식스Element Six는 중국에 공장을 운영하고 있는데, 2008년 이 회사 CEO를 지냈던 크리스티안 훌트너Christian Hultner는 이 공장에 대해서 이렇게 말했다.

"대부분의 제작업체들은 중국인이 아이디어를 훔쳐갈까봐 걱정합니다. 그러나 우리는 정확하게 그 반대로 하고 있습니다. 중국 공장에서 우리는 중국식 관리 방식과 중국 노동자 그리고 중국 기계를 이용하고 있습니다. 우리는 이 공장에 중국 기술이 아닌 것은 단 하나도 투입하지 않았습니다. 그러나 우리는 중국인에게 아주 많은 것을 배웠습니다."

이것은 일반적으로 통용되는 시각과는 확연히 다르다. 그리고 이런 시각은 향후 중국의 계속된 상승과 함께 중요해질 것이다.

가치창출사슬 전체를 이전하는 데서 비롯되는 리스크는 당연히 한층 더 치명적이다. 그렇다고 해서 개발도상국에서 제품을 생산하거나 R&D를 수행하지 않는다고 해도 온 사방에는 치명적인 모방의 위험이 도사리고 있다. 경우에 따라서는 모방자가 제품을 구입하여 재설계할 수도 있기 때문이다. 또한 생산공장 설립은 리스크를 큰 폭으로 고조시킨다. 왜냐하면 공장 시설을 염탐하기가 용이해지는 데다가 직원들을 빼내가는 일이 생길 수도 있고, 또 직원들이 스스로 독립할 수도 있기 때문이다.

플라스틱 장난감을 만드는 게오브라 브란트슈테터는 중국을 생산거점으로 삼는 일을 금기사항으로 간주한다. R&D가 해당 국가에서 진행되고 있는 경우에는 이런 위험성이 한층 더 커진다. 그뿐만 아니라 그곳에서 지적재산권이 충분하게 보호되지 않는다면 이런 문제들은 한층 더 첨예화된다. 실제의 경우를 보면, 에긴하르트 피츠Eginhard Vietz 같은 회사는 쓰라린 경험을 해야만 했다. 파이프라인 건설에 사용되는 기계를 제작하는 이 회사 사장은 아시아에서 대재앙을 경험했다. 중국에 있는 합자회사 파트너가 하이테크 제품을 그대로 모방하면서 피츠에 막대한 손실을 안겼기 때문이다. 결국 이 회사는 수백 개의 일자리를 중국에서 독일로 다시 이전했다. 에네르콘도 인도에서 좋지 못한 경험을 한 후로는 중국 시장에는 아예 발을 들여놓을 생각도 하지 않는다. 세계적인 센서 제작업체인 지크는 노하우 유출을 방지하기 위해서 R&D센터를 중국이 아닌 싱가포르에 마련했다. 회장 로베르트 바우어Robert Bauer는 말한다. "중국에서는 우리의 노하우를 보호할 수가 없습니다." 반면 싱가포르는 안정적인 법적 환경을 제공해주었다.

지몬-쿠허&파트너스도 중국에서 1대 1 모방의 대상이 된 일이 있다. 어느 중국 컨설턴트가 우리 회사의 이름과 로고를 도용하고 홈페이지까지 그대로 모방하여 우리 고객들에게 접근한 것이다. 베이징에 있는 어느 법원에서 인터넷 도메인을 포함한 우리 회사의 명칭사용권을 모두 되찾고 그곳에 사무소를 개설하기까지는 몇 년의 시간이 소요되었다. 더디게 개선되는 제반 여건들 때문에 예나 지금이나 수많은 히든 챔피언들이 자신들의 핵심역량을 문제성이 다분한 나라로 이전하기를 꺼린다.

세계시장 진출을 위한 준비

히든 챔피언들은 새로운 시장에 진입할 때 구체적으로 어떻게 행동할까? 아직 국제적인 경험이 없는 기업이 발전 초창기에 해외시장에, 그러니까 일반적으로 외국어를 사용하는 환경에 발을 들여놓는 것은 거대한 도전이라고 할 수 있다. 내 경험에 비추어 말하면, 어느 사이에 지몬-쿠허&파트너스가 약 20개 나라에서 다양한 경험을 축적했음에도 불구하고 해외시장 진입은 지금도 여전히 매번 모험으로 남겨져 있다.

기업 설립자들이 전형적으로 사용하는 시장 진입 방식은 '돌진 작전'으로, 전후 시기에 특히 빈번하게 출현했다. 1960년대에 있었던 두 가지 사례가 이런 방식을 명확하게 설명해준다. 보틀링 설비 부문 세계시장 선도기업인 크로네스 주식회사를 설립한 헤르만 크론제더Hermann Kronseder는 자신의 미국 시장 진입에 대해 다음과 같이 묘사했다.

"1966년에 어느 미국 사업가가 내게 전화를 걸어왔습니다. 그로부터 4주 후에 나는 영어를 할 줄 아는 내 조카를 통역으로 대동하고 미국으로 날아갔어요. 그것이 나의 첫 미국 방문이었고, 나는 압도당했습니다. 우리는 뉴욕, 시카고, 디트로이트 그리고 마지막으로 밀워키를 방문했습니다. 나는 미국 땅에 독자저인 지점이 필요하다는 결론에 도달했고, 이틀 후 우리는 밀워키에 있는 니커보커Knickerbocker 호텔 방에서 크로네스Krones Inc.를 설립했습니다."

이 지점이 제대로 굴러가기까지는 몇 년이 걸렸고, 여러 번에 걸쳐 직원들을 교체해야만 했다. 브리타 정수필터의 미국 시장 진입도 마찬가지로 '돌진 작전'으로 이루어졌다. 창립자 하인츠 한캄머는 이렇게 말했다.

"솔트레이크 시티Salt lake City에 있는 누군가가 우리 제품에 관심을 보였습니다. 나는 브리타 정수필터가 과연 미국에서 팔려나갈 수 있는지 확인하기 위해서 미국으로 날아갔습니다. 잡화점으로 가서 그곳에 책상을 하나 세워두어도 되는지 물어보았지요. 나는 브리타 필터로 정수한 물로 차를 끓였습니다. 그러고는 지나가는 여성 소비자들과 대화를 나누면서 우리 회사 필터를 판매했어요. 사흘이 지난 후 나는 미국에서 먹혀들어가는 것과 그렇지 않은 것이 무엇인지 깨달았습니다. 그때가 10년 전이지요. 현재 우리 회사의 미국 매출액은 1억5,000만 달러입니다. 그리고 4주 전에 나는 상하이에서 똑같은 일을 했습니다. 지난 주에는 알바니아 수도 티라나Tirana를 찾았어요. 나는 바로 가까이에서 시장을 알고 싶습니다."

기업을 국제화하고야 말겠다는 확고한 의지는 만반의 준비를 하게 하고, 이것은 결국 우연한 기회까지도 모두 포착하는 결과로 이어진다. 브리타 창립자인 하인츠 한캄머는 또 다른 경험을 우리에게 들려주었다.

"나는 어느 축구클럽을 후원하고 있는데, 언젠가 러시아 축구팀이 이 클럽을 방문했습니다. 그때 나는 한 러시아 선수의 어머니를 알게 되었어요. 영어를 할 줄 알았던 그녀는 내가 보기에 기업가 기질을 갖춘 인물 같았습니다. 그녀는 러시아에 우리 사업체를 개설했습니다. 1년 후에 이미 그 회사는 25명의 직원을 두었고, 100만 달러가 넘는 매출을 올렸습니다. 결코 나쁘지 않은 시작이었지요!"

전후 시기에 회사를 설립한 히든 챔피언 창립자들은 흔히 고등학교 졸업장도 없었고, 외국어를 할 줄도 몰랐다. 그러나 그것은 이런 '돌진 유형'들이 고국의 국경을 넘어 세계 제국을 건설하는 데 전혀 걸림돌이 되지 못했다. 그 후 지난 수십 년 동안 교육 수준이 현저하게 개선되었다. 신생 히든 챔피언 창립자들 가운데 대부분이 대학교육을 받았을 뿐만 아니라 해외에서 학업과 실습 혹은 직업활동을 수행한 경험을 보유하고 있다. 따라서 새로운 나라를 대상으로 한 시장 진입도 그에 상응하여 더욱 더 체계적이고 전문적으로 계획되어 실행에 옮겨지고 있다.

그러나 언제나 리스크는 남아 있다. 왜냐하면 인재가 세계화 과정에서 장애요인이 되고 있기 때문이다. 우리는 반드시 적합한 사람들을 확보하거나 또는 그런 사람들을 찾아내야만 한다. 짐 콜린스는 이것을 다음과 같이 표현했다. "뛰어난 협력은 전략에 관한 결정에서 비롯되기보다는 사람에 대한 결정에서 비롯된다."[20] 이 말은 국제화의 정곡을 찌르고 있다. 나라에서 나라로 이어지는 히든 챔피언들의 증식 과정은 시스템이나 전략보다는 오히려 핵심적인 업무를 수행하는 직원들에게 훨씬 더 크게 의존한다. 이런 사실은 이 과정을 진행하기까지 그토록 오랜 세월이 걸리는 이유를 설명해준다. 초기 단계에서는 국제적인 경험이 크게 제한될 수밖에 없다. 처음에는 해외지사를 건설하기 위해 해외로 나갈 수 있는 직원들조차

극소수에 불과하다. 그러나 시간이 흐르면서 이런 활동을 믿음직하게 수행할 직원들이 서서히 늘어난다. 그리하여 진행 속도에 가속이 붙는다. 경험 수준이 높은 단계에 도달하면 히든 챔피언들의 국제화 속도는 점점 더 빨라진다.

오늘날 케르허는 연간 5개 이상의 자회사를 개설할 수 있는 능력을 갖추고 있는데, 이는 무엇보다도 그간에 축적된 국제적인 경험 덕분이다. 세계화 과정은 아무런 난관 없이 평탄하게 진행되지 않는다. 각 나라에 진출을 시도할 때마다 거의 언제나 심각한 문제를 경험하거나 심지어 위기를 겪기도 한다. 특히 미국이나 일본처럼 정복하기 아주 까다로운 시장일수록 더욱 그러하다. 그러므로 국제화의 초기 동력이 어디에서 비롯되는지는 결정적으로 중요한 문제가 아니다. 궁극적으로 국제화 과정은 목표와 의지에 의해서 추진된다. 중요한 것은 한번 피 맛을 본 히든 챔피언들이 단호한 태도로 힘 있게 국제화 전략을 앞으로 밀고 나가는 것이다. 초기 단계에는 모든 과정이 더디게 진행된다. 왜냐하면 경영상의 애로점들과 빠듯한 가용 자본이 국제화 과정에서 걸림돌로 작용하기 때문이다. 그러나 시간이 흐르면서 진행 속도에 가속이 붙는다.

그런데 진정으로 세계적인 문화를 추구하는 히든 챔피언들은 직원들에게 높은 수준의 조건을 제시한다. 예컨대 세계적인 홉 생산 업체인 뉘른베르크의 바르트Barth는 경영진들에게 세 가지 외국어를 구사할 것을 요구한다. 당시 사장이었던 페터 바르트Peter Barth는 이렇게 말했다.

"우리는 모든 매니저들이 적어도 세 가지 외국어를 구사할 줄 알아야 한다는 철학을 가지고 있습니다. 정신적인 측면에서 이것은 매우 중요한 요소입니다. 사람이 한 가지 외국어를 배우면 그때부터 낯선 문화를 이해합니다. 이것은 세계 곳곳에 흩어져 있는 우리의 고객들과 좋은 관계를 유지하기 위한 중요한 밑거름입니다. 이것은 두말할 필요도 없이 경쟁상의 중요한 장점이 됩니다. 우리는 우연히 독일에 자리를 잡았습니다. 그러나 정신적인 면에서 우리는 국제적인 기업입니다."

여기에서 우리는 진정한 세계성의 모태가 되는 토대와 씨앗을 발견할 수 있다. 재봉용 바늘 제작업체인 그로츠-벡케르트의 CEO 토마스 린트너Thomas Lindner는 심지어 이렇게 말했다. "아마도 저는 영어로 임시변통을 하는 마지막 경영자 세대일 것입니다."21 그러나 외국어 구사능력에 대한 요구는 단지 경영진에게만 국한되어서는 안 될 것이다. 서비스 직원들과 정비 및 보수 업무를 담당하는 직원들도 늘 국제적으로 투입되어 업무를 수행하고 있다. 세계시장을 선도하는 센서 제작업체 발루프Balluf는 전 직원을 대상으로 한 독자적인 어학 프로그램을 개발하여 다수의 혁신 상을 수상했다. 그로츠-벡케르트는 여기서 한 걸음 더 나아가 회사 본거지인 알프슈타트에 있는 슐로스베르크Schlossberg 상업학교에 개설된 중국어 수업을 재정적으로 뒷받침해준다. 그로츠-벡케르트 인사개발 담당자 니콜라이 바이트만Nicolai Weidmann은 이렇게 말했다.

"학생들 중 하나가 우리 회사로 오면 우리는 제대로 보상을 받는 셈입니다. 우리가 그 학생을 교육하면, 나중에 그 학생이 우리를 위해서 중국으로 가는 거지요."

세계화, 참으로 현대적이고 근사하게 들리는 말이다. 그러나 그것을 실현하려면 국제적으로 생각하고 느끼고 외국어를 자유자재로 구시할 줄 아는 직원들이 필요하다. 직원들의 정신적·문화적 세계화는 글로발리아 선봉대의 필수불가결한 식량이다. 우리는 그것을 세계화를 향해 본격적으로 나아가기 몇 년, 아니 몇십 년 전에 미리 서둘러서 준비해두어야만 한다.

핵/심/요/약

히든 챔피언들은 단호하고 결연한 자세로 글로발리아를 향해 나아가고 있다. 그들 가운데 적지 않은 수가 진정한 세계적인 기업으로 변모했다. 그들의 시장은 세계. 그들은 매우 끈기 있는 태도로 그들이 보유한 주도적인 시장 입지를 가능한 한 많은 나라로 확장하는 일에 전념하고 있다. 이 과정에서 그들은 수많은 기업들로부터 매우 소중하고 유익한 경험들을 축적했다.

- 세계화는 히든 챔피언 전략의 두 번째 기둥이다. 그것은 협소한 시장조차도 크게 만든다. 세계시장은 독일 시장보다 규모가 평균 11배 더 크다. 비록 시장 규모가 협소하다고 하더라도 시장을 전 세계로 확장하면 규모의 경제를 실현할 수 있다.
- 세계화는 히든 챔피언들의 가장 중요한 성장동력으로 입증되고 있다. 성장을 원하는 기업이라면 반드시 이런 기회를 활용해야 할 것이다.
- 세계화 전략의 성공을 뒷받침하는 내용적인 토대는 바로 고객들이 국경을 뛰어넘어 유사한 욕구를 지니고 있다는 것이다. 히든 챔피언들의 경험은 한 지역에 있는 다양한 시장에 뛰어드는 것보다는 내용적으로 협소한 시장을 지역적으로 확장하는 것이 훨씬 더 효과적이라는 사실을 암시해준다.
- 히든 챔피언들은 일찍부터 해외시장 진출에 뛰어들었는데, 이때 그들은 독자적인 행보를 선호한다. 그들은 개척자가 갖는 이점과 더불어 자회사를 통해 고객들과 직접적으로 관계를 맺는 일을 중요한 성공 매개변수로 간주한다.

- 세계화는 몇 세대에 걸쳐 진행되는 일로, 매우 장기적인 목표와 엄청난 끈기를 요구한다. 중간에 찾아오는 후퇴는 지극히 정상적인 일이다. 따라서 좌절을 극복할 수 있는 강인한 인내심이 필수적으로 요구된다.
- 세계화가 진행되는 과정에서 지역별 매출액 비율이 변동되고 있다. 지금까지 매출의 대부분을 환대서양 지역에서 올렸던 기업들이 유라시아 지역에 큰 비중을 둔 국제적인 기업으로 서서히 탈바꿈하고 있다. 이로 인해 문화 및 직원 측면에서도 대규모의 방향 전환이 요구된다.
- 이런 중심 이동과 결부된 우선순위 재설정에는 큰 어려움이 따른다. 왜냐하면 다수의 매력적인 미래 시장들이 빠듯한 자원을 차지하기 위해서 동시에 경쟁에 돌입하기 때문이다. 다른 시장으로 옮겨가기 전에 먼저 어떤 한 시장에서 상당한 규모를 확보해야 할 것인지 아니면 동시에 다수의 시장에 접근해야 할 것인지를 묻는 질문에 대해서는 보편적인 답변이 불가능하다. 이것은 심사숙고하여 선택할 수밖에 없는 문제다.
- 히든 챔피언들이 일찍부터 그리고 강도 높게 중국에 진출했다는 사실은 매우 인상적이다. 히든 챔피언들을 기준으로 삼는다면, 국제적으로 활동하는 기업치고 중국을 빼놓은 기업은 단 한 곳도 없다. 인도도 점차 의무사항이 되어가고 있다.
- 글로벌 마케팅은 다수의 추가적인 위험을 수반하지만, 일반적으로 위험을 분산하는 기능을 수행하기도 한다. 적어도 지역별 사업 주기가 시기적으로 다를 때 그 효과가 나타난다.

- 인터넷은 중소기업들의 국제화 부담을 크게 덜어준다. 그러나 글로벌 인터넷 마케팅은 한층 더 높은 수준의 요구를 수반하기도 한다.
- 과거에는 새로운 시장을 정복할 때 '돌진 작전'이 널리 사용되었지만, 지금은 전문적이고 체계적인 방식이 점차 이것을 대체하고 있다. 우리는 국제화 자체를 일종의 학습 과정으로 이해해야 한다.
- 문화적·정신적 역량의 확장은 국제화의 전제인 동시에 결과다. 일반적으로 인력 문제가 국제화의 가장 큰 걸림돌로 작용한다.

세계가 곧 시장이다. 히든 챔피언들은 이 말이 대기업뿐만 아니라 중소기업들에게도 똑같이 적용된다는 사실을 입증했다. 시야를 넓히면 예상하지 못했던 성장 기회가 활짝 열린다. 그리고 이 기회를 거머쥐는 기업들은 새로운 규모로 돌진한다. 그러나 세계화는 끈기를 요구하는 장기적인 과정이다. 세계화의 중심에는 국가적인 문화를 극복하고 세계시민으로 변신한 기업가와 직원들이 자리 잡고 있다. 히든 챔피언들은 같은 길을 걸어가는 다른 기업들에게 귀감인 동시에 자극제가 되고 있다.

CHAPTER 09

마케팅 전략으로서의 고객친화
HIDDEN CHAMPIONS

Hidden Champions

히든 챔피언들의 최대 강점은 고객친화적인 태도로, 이것은 심지어 기술보다도 우선시된다. 대기업보다도 5배나 많은 직원들이 정기적으로 고객들과 접촉하는데, 고객과 기업 간의 '조직적인 거리'를 따져보면 중소기업이 훨씬 더 짧다. 히든 챔피언들과 고객의 관계는 유별나게 친밀하다. 기업 규모가 비교적 작고 분업의 강도가 상대적으로 약하며, 복합적인 서비스를 제공한다는 점 등이 이런 친밀한 관계 형성에 일조하고 있다.

히든 챔피언의 4분의 3이 직접판매direct marketing를 실행하고 있다. 그런데 히든 챔피언들은 마케팅 전문가들이 아니다. 히든 챔피언들 사이에서는 마케팅 부서나 시장조사 부서 그리고 마케팅과 관련된 직함을 거의 찾아볼 수 없다. 그러나 규모가 큰 히든 챔피언들을 중심으로 마케팅 전문성을 증대시키는 방향으로 발전해나가는 모습을 관찰할 수 있다.

히든 챔피언은 상당 부분을 소수의 고객들에게 의존한다. 이런 의존성은 일방적인 것이 아니라 상호적인 것이 특징이다. 많은 히든 챔피언들이 그들의 최대 고객들과 밀접하게 공조하면서 이들을 성공의 원동력이자 일종의 추천서로 활용하고 있다. 고객들의 요구사항을 살펴보면 저렴한 가격보다도 뛰어난 성능을 원하는 경우가 더 많다. 히든 챔피언들은 하이테크를 바탕으로 한 최고의 품질뿐만 아니라 점차 광범위한 서비스와 시스템 솔루션까지도 제공함으로써 이런 고객들의 요구에 효과적으로 대응하고 있다.

고객친화라는 주제에 접근하려면 세부적이고도 심도 깊은 관찰이 필요하다. 고객친화가 비록 유행처럼 퍼지고 있지만, 그렇다고 해서 이 주제를 단순히 '유행처럼' 다루는 것은 적절치 못하다. 왜냐하면 히든 챔피언들과 고객들의 관계는 매우 세분화되어 있고 복잡하기 때문이다. 이 주제를 일반화하는 데는 신중을 기해야한다.

고객과의 친밀한 관계

히든 챔피언들은 고객과 밀접하고 상호적인 관계를 유지하기 위해서 노력한다. 그 이유는 그들이 복합적인 제품과 서비스 프로그램, 그리고 경우에 따라서는 시스템 솔루션까지도 제공하기 때문이다. 그런 서비스와 제품들은 기성품 형태로 판매되는 것이 아니라, 세부적인 협의 과정을 필요로 한다. 히든 챔피언들은 개개의 고객들을 위해 주문제작 상품을 생산한다. 비디오 감시시스템 부문에서 세계시장을 선도하는 카타리나 고이테브뤼크Katharina Geutebrück 회장 카타리나 고이테브뤼크는 이렇게 말한다. "우리가 생산한 설비의 95퍼센트 정도가 특정 고객을 위한 주문제작 상품입니다."[1]

개인화된 요구에 걸맞게 직접 판매가 주류를 이룬다. 히든 챔피언의 83퍼센트가 직접판매를 실행하고 있다고 말했으며, 그 밖에 29퍼센트가 중간 상인을 통해서 제품을 판매하고 있다고 했다. 이 둘을 합치면 112퍼센트로 100퍼센트를 넘어서는데, 그 까닭은 몇몇 회사들이 두 가지 판매 형태를 병행하기 때문이다. 어쨌거나 히든 챔피언의 70퍼센트 정도가 전적으로 직접판매를 실행에 옮기면서 고객과 강도 높고 지속적인 관계를 유지하고 있다는 사실을 확인할 수 있다.

이런 이유로 그들은 해외시장도 수입업자나 대행업체가 아닌 독자적인 자회사를 통해서 개척하는 편을 선호한다. 공정자동화 부문에서 시장을 선도하는 Ifm 일렉트로닉Ifm Electronic은 제품의 90퍼센트를 70개국에 있는 독자적인 지점을 통해서 판매하고 있다. 판매 중개인을 통해서 판매하는 제품은 고작 10퍼센트에 불과하다. 히든 챔피언들에게 직접판매는 고객친화를 도모하기 위한 핵심적인 요소다. 그것은 단지 고객들에게만 득이 되는 것이 아니라, 고객들로부터 제품 제작업체로 원활하게 정보가 흘러갈 수 있도록 하는 수단이 되기도 한다. 인터페이스 히든 챔피언인 하르팅에서 핵심 부서를 이끌고 있는 안드레아스 슈타르케Andreas Starke는 다음과 같이 핵심을 지적한다. "하르팅은 직접판매를 추구합니다. 사용법에 대한 고객의 지식은 곧 하르팅의 지식이 됩니다."[2]

고객의 시각에서 보면 다음과 같은 인자들이 공급자와의 관계를 알려주는 지표가 된다. 고객의 약 3분의 2는,

- 제품 구입을 중요한 사안으로 생각한다.
- 공급업자와 장기적인 관계에 돌입한다.
- 제품에 매우 정통해 있다.
- 정보에 대한 요구가 매우 높다.

정기구매 대 특별구매 항목을 살펴보면 두 가지가 엇비슷하게

분포되어 있음을 알 수 있다. 그 이유는 히든 챔피언들의 제품 범위가 정기납품 품목에서부터 구입 빈도가 낮은 투자재에 이르기까지 모든 영역을 포괄하기 때문이다. 이런 특징은 공급 제품의 수명에서도 드러난다. 히든 챔피언의 절반 정도가 수명이 10년 이상에 이르는 제품들을 공급하고 있다. 순수 소비재를 판매하는 기업은 고작 13퍼센트밖에 되지 않는다.

이 모든 측면들은 고객들과 관련해 히든 챔피언들이 보유한 강인한 면모에 그대로 반영되어 나타나는데 〈표 9.1〉을 보면 그것을 알 수 있다(각 항목별로 총 7단계 중 6/7단계에 오른 기업의 비율). 히든 챔피언들은 '다년간에 걸친 고객과의 관계 및 고객친화'를 자신들의 가장 큰 장점으로 꼽았다. 이것은 여기에 제시된 시장과 관련된 특징들과 비교했을 때뿐 아니라 기술 역량이나 직원들의 자질과 충성도 같은 내부적인 장점들과 비교했을 때도 가장 큰 장점으로 꼽힌다. 재봉용 바늘을 생산하는 세계시장 선도기업 그로츠-벡케르트는 이렇게 말한다.

"우리의 고객 철학은 바로 고객 중심입니다. 기업 철학을 이야기한다는 것은 사실상 고객에 대한 철학을 이야기하는 것입니다. 왜냐하면 우리는 무엇보다도 고객의 기대와 성공을 중심에 두기 때문이지요."

〈표 9.1〉을 보면 '이미지'가 두 번째에 자리 잡고 있는데, 이것은 지금까지 쌓아온 성과에서 비롯된 효과로 해석될 수 있다. 이를 테면 브랜드 같은 것들이 여기에 포함된다. 히든 챔피언들은 비록 세간에는 거의 알려지지 않았지만, 그들과 직접 거래하는 고객들 사이에서는 높은 인지도와 탁월한 명성을 보유하고 있다. 대부분의

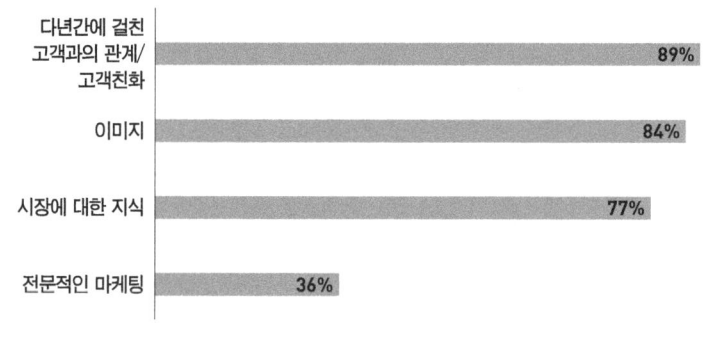

〈표 9.1〉 고객과 관련된 히든 챔피언들의 강인한 면모

경우, 이것은 국내는 물론이고 전 세계적으로도 두루 통용되는 사실이다. 히든 챔피언들 가운데 다수가 그들이 활동하는 협소한 시장에서 강력한 세계적인 브랜드를 구축했다.

히든 챔피언들은 시장에 대한 그들의 지식 수준이 높다고 평가했다. 시장에 대한 지식은 단지 양적인 데이터에 관한 지식뿐만 아니라 시장과 시장 트렌드 그리고 고객들의 욕구를 감지해내는 '감각'까지도 포괄한다. 센서기술 부문에서 세계시장을 이끄는 지크는 이렇게 말한다. "우리는 미래의 발전 상황을 예측하기 위해서 고객의 요구와 관련된 우리의 노하우를 활용합니다. 우리가 최정상에 머무를 수 있는 이유는 고객의 기대를 앞질러 가기 때문입니다." 콜라겐 단백질 부문 세계시장 선도기업인 젤리타도 이렇게 말한다. "우리는 우리 고객이 반드시 극복해야만 하는 도전 과제가 무엇인지 정확하게 알고 있습니다." 바스프 CEO를 지낸 위르겐 함브레히트가 한 말도 이와 맥을 같이 한다. "성공적인 혁신가는 고객이 할 수 있는 것뿐만 아니라 고객이 아직 할 수 없는 것까지도 정확히 알고 있습니다." 비록 그들이 활동하는 시장이 파편화되어 있고 수치로 파악하기조차 힘들지만, 그럼에도 불구하고 히든 챔피언들은 고객과의 밀접한 관계와 높은 고객친밀도를 바탕으로 하여 스스로 시장을 깊이 이해하고 있다고 자신한다.

이런 항목들과는 대조적으로 '전문적인 마케팅' 부문에 대한 평가는 크게 뒤쳐져 있다. 히든 챔피언들은 (아직까지는) 스스로 마케팅 전문가로 여기지 않는다. 그들 가운데 다수가 체계적인 시장조사를 실시하지 않으며, 마케팅 부서나 마케팅 직함을 보유한 직원도 없다. 이와는 대조적으로 대기업은 일반적으로 고도로 발전된 마케팅 부서를 보유하고 있지만, 흔히 고객에 대한 친밀함이 결여되어 있다.

고객과 정기적으로 접촉하는 직원의 비율을 근거로 고객친밀도를 측정해보면 다음과 같은 평가 결과를 얻을 수 있다. 대기업에서는 이런 직원의 비율이 보통 5~10퍼센트 정도다. 반면 히든 챔피언들의 경우에는 이 비율이 25~50퍼센트다. 그 가운데는 직원의 절반 이상이 외근을 하는 빅 챔피언 뷔르트 같은 극단적인 예도 있다. 그뿐만이 아니다. 뷔르트의 경쟁기업인 베르너는 심지어 8,500명의 직원 가운데 3분의 2가 외근을 한다. 보프로스트나 포어베르크 Vorwerk 같은 다이렉트 마케팅 기업의 상황도 이와 유사하다. 공정자동화 부문에서 세계시장을 이끌고 있는 에센의 히든 챔피언 Ifm 일렉트로닉은 총 4,300명의 직원 가운데 1,600명이 판매담당 엔지니어다. 여기에 서비스 직원들과 외부에서 일을 하는 다른 직원들을 추가하면, 이 하이테크 기업에서조차도 모든 직원의 절반 이상이 지속적으로 고객과 접촉을 하고 있는 것으로 추정된다.

서비스 집약적인 기업에서도 고객과 직접적으로 접촉하는 직원의 비율이 매우 높다. 예컨대 데마크 크레인스는 서비스 부문에서 일하는 직원이 2,200명에 이르는데, 직원의 약 3분의 1에 해당하는 수다. 데마크 크레인스의 전체 매출액 가운데 서비스 부문이 차지하는 비율은 31퍼센트다. 이런 의미에서 우리는 히든 챔피언들의 고객친밀도가 대기업보다 약 5배가량 더 높다고 말할 수 있다. 이에 상응하여 응답 기업의 61퍼센트가 "우리가 가장 즐겨 사용하는 정보는 현장에서 고객과 나눈 대화에서 나온다"는 진술에 동의를 표했다.

히든 챔피언들의 규모가 점점 더 커지면, 고객친밀도와 마케팅 전문성은 과연 어떻게 바뀔까? 이것은 매우 흥미로운 문제다. 일반적으로 히든 챔피언들의 규모가 점점 커질수록 마케팅도 점차 전문화된다. 이 같은 발전은 지극히 합리적이며 동시에 불가피하다. 급속도로 진전되는 세계화 과정에서 시장은 점점 더 복잡해지고 그 수도 많아지고 있으며, 그것도 제각각 천차만별이어서 전체적으로 통찰하기가 점점 더 어려워지고 있다. 유연한 다각화 전략의 틀 안에서 새로운 시장이나 제품들이 추가되면 이런 추세는 한층 더 심화될 것이다. 복합성이 더욱 고조됨에 따라 기업가들이나 소수의 최고경영자들이 시장을 직관적으로 파악하기도 점차 힘겨워지고 있다. 다양한 미래 시장들 사이에서 우선순위를 설정하는 일도 점점 더 어려워지고 있다. 그리고 이제 더는 직감에 맡겨두기 어렵게 되었다. 그런 종류의 결정을 내리려면 확실한 데이터와 결정 근거가 필요하다.

그렇다면 이런 전문화는 히든 챔피언들의 전통적인 강점인 고객친화를 위협하는 요소로 작용하게 될까? 그런 위험성도 물론 존재한다. 그리고 수많은 히든 챔피언 사장들도 이런 리스크를 아주 잘 알고 있다. 그들은 시장을 확장하는 와중에도 고객에 대한 긴밀한 관계와 신속한 대응, 고객의 욕구에 대한 부응, 시장과 고객을 가까이에서 몸소 체험하는 일을 결코 소홀히 해서는 안 된다는 점을 거듭 강조한다. 이렇게 하기 위해서 많은 기업들이 분권화를 방패막이로 끌어들인다. 분권화는 유일하게 효과를 발휘하는 아주 바람직한 수단이다. 그러나 예전과 다름없이 모든 중요한 결정들을 중앙에서 내리거나 심지어 한 사람이 단독으로 처리하는 관행이 지속됨에 따라, 기업 규모가 점차 커짐에 따라 고객과의 친밀한 관계는 오히려 위험에 처하는 경우도 심심찮게 찾아볼 수 있다.

대기업에서는 오래 전부터 이런 위험에 대처하려는 움직임이 있었다. 고객과의 친밀한 관계가 결핍되어 있다는 사실을 잘 알고 있는 대기업 사장들이 그에 대처하기 위한 시도를 지속해왔기 때문이다. GE의 CEO 제프리 이멜트는 2011년 사업보고서에서 다음과 같이 밝혔다. "장기적인 관점에 기반을 두고 쌓아올린 고객과의 심도 깊은 관계는 매우 중요하다."[3] 모든 대기업에는 고객친밀도를 높이기 위한 프로그램이 있다. 그러나 분명한 사실은 전문적인 역량에 대한 진정한 분권화가 동반되지 않는 한 그런 프로그램들이 아무런 효과도 발휘하지 못한다는 것이다. 거대한 조직은 넓은 사다리꼴 대형으로 고객들을 마주할 수밖에 없다. 이것은 불가피한 일이다. 고객과 직원 간의 평균 거리가 중소기업보다 더 길 수밖에 없고, 광범위한 분업체제가 고객 접촉과 통합적인 고객지원 서비스를 제공하는 데 걸림돌로 작용하게 된다. 대기업들은 이런 사실을 반드시 직시해야만 한다. 그리고 히든 챔피언들은 성장과 함께 '고객과의 소원함'이라는 함정에 빠지지 않도록 주의를 기울여야 할 것이다.

잠정적으로 결론을 내리면, 히든 챔피언들과 고객들 사이에는 밀접한 관계가 형성되어 있다. 히든 챔피언들은 고도의 친밀함에 방점을 둔 고객 서비스를 몸소 실천하고 있으며, 고객과의 장기적인 관계를 그들이 지닌 최대 장점으로 여긴다. 성장은 그런 그들에게 새로운 도전을 제기한다. 그 새로운 도전이란 바로 점점 더 커지는 규모에도 불구하고 고객에 대한 이런 친밀함을 계속 유지하는 것이다.

고객의 요구사항과 중요도

히든 챔피언의 고객들은 매우 까다로운 요구를 제기한다. 또한 그들의 요구사항은 복합적인 특징을 띤다. 〈표 9.2〉를 보면 열네 가지 항목의 중요도가 제시되어 있다.

제품 품질이 다른 항목을 큰 차이로 따돌리고 1위 자리를 차지하고 있다. 히든 챔피언의 91퍼센트가 제품 품질을 가장 상위에 위치한 두 단계(7단계 중 6/7단계)로 편입시켰다. 이런 결과는 히든 챔피언의 고객들이 극도로 까다롭다는 사실을 증명해준다. 그 뒤를 이어 경제성 항목이 두 번째 자리를 차지하고 있는데, 납품기한 엄수도 이것과 거의 비슷한 수준을 기록하고 있다. 판매 전 상담, 애프터세일즈 서비스, 납품 유연성 등과 같은 추가 서비스들도 평균 이상으로 중요한 것으로 드러났다. 가격과 시스템 통합 항목은 전체 항목의 평균치를 살짝 웃도는 수준이다.

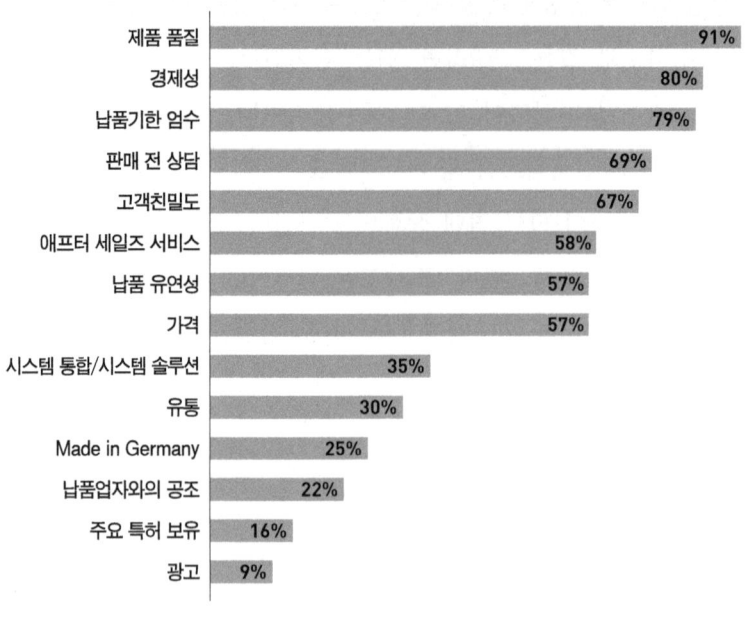

〈표 9.2〉 고객의 요구사항과 중요도

그런데 이 모든 것은 히든 챔피언들이 가격 위주의 경쟁을 펼칠 필요가 없다는 사실을 보여준다. 왜냐하면 히든 챔피언들의 고객은 가격보다는 품질과 경제성을 훨씬 더 중요하게 생각하기 때문이다. 광고, 납품업자와의 공조, 유통이 그리 큰 역할을 수행하지 않는다는 것은 전혀 놀라운 사실이 아니다. 왜냐하면 고객 서비스가 거의 직접적으로 이루어지고 있기 때문이다. 고객들이 관심을 갖는 부분은 서비스 내용이지 서비스 전달 방식이 아니다.

〈표 9.2〉에 제시된 다양한 항목들은 전체적으로 매우 중요하다. 따라서 히든 챔피언들은 쉽게 충족시킬 수 없는 요구사항에 직면해

있는 셈이다. 그들이 이런 요구사항에 얼마나 뛰어나게 부응하느냐 하는 것은 단순히 절대적인 능력의 문제라기보다는 경쟁업체와 비교한 상대적인 능력의 문제다. 앞으로 12장에서 살펴보겠지만, 히든 챔피언들은 고객이 특별히 중요시하는 항목들을 중심으로 탁월한 경쟁우위를 보유하고 있다. 그러나 가격 면에서는 상대적으로 불리한 위치에 서 있다.

고객의존도와 리스크

'집중'이라는 주제에서 명확하게 드러난 것처럼, 히든 챔피언들은 흥하든 망하든 간에 그들이 활동하는 협소한 시장과 이미 단단하게 결합되어 있다. 이로 인해 시장 리스크가 더 커질 수도 있다. 그러나 이와 동시에 집중 전략이 경쟁 리스크를 감소시켜줄 수도 있다. 마찬가지로 세계화도 리스크 강도에 영향을 미친다. 한편으로 세계화는 위험 분산 작용을 하며(지역별 시장주기 사이에 상관관계가 없을 경우에 한해 그렇다), 다른 한편으로는 추가적인 리스크(환율 변동, 실패, 노하우 유출 등)를 몰고 오기도 한다.

각각의 리스크 요인을 살펴볼 때에는 각각 다른 시각이 필요하다. 고객구성을 살펴볼 때도 마찬가지다. 고객구성은 의존성과 관련된 또 다른 중요한 측면으로서, 또 한 가지의 리스크 요인이 된다. 만약 매출액의 대부분이 소수의 고객들에게서 비롯된다면, 추측컨대 매출액이 다수의 고객들에게 분산되어 있을 때보다도 의존도와 리스크가 더욱 커질 것이다. 극단적인 경우에는 하나밖에 없는 고객이 빠져나가면 회사가 어려움에 처할 수도 있다.

〈표 9.3〉 가장 규모가 큰 5대 고객에 대한 매출액 비율

가장 규모가 큰 5대 고객에 대한 매출액 비율	히든 챔피언의 비율
50% 초과	10%
20~50%	28%
5~20%	37%
1~5%	19%
1% 미만	6%

고객별 매출액 분포와 관련하여 히든 챔피언들은 각각 다른 모습을 보여준다. 〈표 9.3〉은 가장 규모가 큰 5대 고객에 대한 매출액 분포를 보여준다.

히든 챔피언들의 10퍼센트가 전체 매출액의 50퍼센트 이상을 5대 고객을 상대로 올리는 것으로 나타났다. 예컨대 인쇄장비 납품업체인 테크노트란스Technotrans는 주요 인쇄기계 제작업체인 하이델베르거 드룩마쉬넨Heidelberger Druckmaschinen과 쾨니히&바우어를 상대로 매출액의 60퍼센트를 올리고 있다. 항공 전자공학장비와 기내부품 제작 부문에서 세계시장을 선도하는 딜 에어로시스템즈Diel Aerosystems 같은 항공우주 납품업체의 경우에도 매출액의 대부분을 가장 규모가 큰 양대 항공기 제작사인 에어버스와 보잉Boeing을 상대로 올리고 있다. 이런 기업들은 개별 고객에 대한 의존도가 매우 높을 수밖에 없지만, 이것은 앞에서 언급한 바와 같이 반드시 일방적인 것만은 아니다. 이 그룹에 속하는 기업들은 주로 자동차, 항공우주, 풍력발전기, 화장품, 음료(맥주, 소프트드링크)처럼 집중도가 높은 업종에 납품하는 기업들이다.

두 번째 그룹은 전체 매출액의 20~50퍼센트를 5대 고객들에게서 올리는 그룹으로, 첫 번째 그룹보다 규모가 훨씬 더 크다. 히든 챔피언의 28퍼센트가 이 그룹에 속한다. 여기에서도 소수의 주요 고객에 대한 의존도가 첫 번째 그룹과 마찬가지로 높은 수준을 기록하고 있다. 고객들의 업종이 첫 번째 그룹보다 훨씬 더 세분화되어 있다는 점이 눈에 띈다. 이 그룹 고객들이 종사하는 전형적인 업종은 기계제작, 산업 분야 전반, 의학기술, 전자 혹은 화학 분야다. 또한 이 그룹에서는 많은 수의 소비재 생산업체도 찾아볼 수 있다. 어떻게 보면 이것은 다소 놀라운 일이다. 그러나 이런 업체들의 직접적인 고객은 최종 소비자가 아니라 상점이다. 상점은 수많은 부분 영역(식료품, 건축 시장, 잡화점, 가전제품)에 걸쳐 강도 높게 집중되어 있다. 소비재 생산업체들이 흔히 소수의 대형 상점에 크게 의존하는 것도 바로 이런 이유 때문이다.

전체 매출액 가운데 5대 주요 고객이 차지하는 비율이 20퍼센트 미만인 히든 챔피언들은 제품과 서비스의 폭이 매우 광범위하고 다양하다. 이런 기업들은 하나의 목표 그룹에 납품하는 것이 아니라, 다수의 목표 그룹에 납품하는 것이 특징이다. 그들은 목표 그룹 대신 제품과 기술 혹은 전문적인 역량을 기반으로 하여 집중 전략을 펼친다. 그들의 고객들이 활동하는 시장은 크게 다각화되어 있다. 예컨대 다음과 같은 기업들이 이 범주에 속한다.

- GfK 주식회사는 유럽 제1의 시장조사업체로서 다양한 업계에 서비스를 제공하고 있다.
- 에페르츠Effertz는 모든 종류의 산업용 건물과 사무용 건물에 설치되는 방화셔터 제작 부문에서 유럽시장을 선도하는 기업

이다.
- SGL 카본은 다양한 완제품에 사용되는 탄소 제품을 생산하는 세계시장 선도기업이다.
- 플란제는 분말야금 소재 전문 기업으로서 자동차, 전자, 기계제작 업계를 고객으로 확보하고 있다. 플란제의 고객 가운데 전체 매출액의 2퍼센트 이상을 차지하는 기업은 단 한 곳도 없다.

전체 매출액 가운데 5대 고객이 차지하는 비율이 5퍼센트 미만인 그룹에 속하는 히든 챔피언들은 대부분 고객 수가 아주 많다. 이 그룹에 속하는 전형적인 예로는 다음과 같은 기업들이 있다.

- 브룬스-플란첸-엑스포르트Bruns-Pflanzen-Export. 수목원용 식물 부문에서 유럽시장을 이끌고 있는 기업. 원예업, 꽃가게, 정원용품 시장, 건축 시장, 각종 조직 등 식물을 구입하는 모든 업종이 이 기업의 고객이다.
- B. 브라운 멜중엔B. Braun Melsungen은 무수하게 많은 종합병원과 개인병원에 들어가는 주사액 제품 부문 시장선도기업이다.
- 쉥크 로텍Schenck RoTec은 밸런싱 머신Balancing machine 부문 세계시장 선도기업이다. 모든 자동차 정비공장과 모든 타이어 판매상뿐만 아니라 자동차 부품 교체가 이루어지는 곳이라면 어디에서나 필요한 기계다.
- 스미스 하이만은 전 세계 공항에 도입된 수화물 검사 시스템 부문 세계시장 선도기업이다.
- 케이블을 매설하는 모든 건설 회사가 트랙토-테히닉Tracto-

Technik이 제작한 비개착식 케이블 매설용 드릴을 이용한다.
- 고급 공구 제작 분야에서 유럽시장을 선도하고 있는 호프만 그룹은 50개 나라에 12만5,000명이 넘는 고객을 보유하고 있다. 회사 대표인 베르트 블라이허는 자신의 회사를 '사실상 산업 분야 전체에 납품하는 기업'으로 여기고 있다.
- Ifm 일렉트로닉은 공정자동화 부문에서 세계시장을 선도하는 기업들 중 하나다. 이 기업은 10만 명이 넘는 고객을 보유하고 있는데, 그들은 세계 70개 나라의 다양한 산업 분야에서 활동하고 있다.

지금까지 열거한 기업의 예는 고객의존도와 그와 결부된 리스크를 동일시해서는 안 된다는 것을 보여준다. 소수의 주요 고객에게 의존하는 기업들도 주요 부분을 차지하지만, 히든 챔피언들의 상당수는 고객 분포가 매우 다각화되어 있다. 심지어 한 기업의 내부에서도 고객 분포가 크게 달라질 수 있다. 예컨대 데마크 크레인스를 구성하는 두 부문의 상황을 살펴보면 다음과 같다.

항구에서 사용되는 모빌 크레인 부문에서 시장점유율 45퍼센트를 확보하면서 세계시장을 이끌고 있는 고트발트 포트 테크놀로지Gottwald Port Technology는 매출액의 39퍼센트를 10대 주요 고객을 상대로 올리고 있다. 세계 각지에 있는 대형 컨테이너 항구와 규모가 아주 큰 컨테이너 운송회사가 바로 그 고객들이다. 산업용 크레인을 담당하는 데마크는 다양한 업계에 걸쳐 10만 명이 넘는 고객을 보유하고 있다. 그 가운데 전체 매출액의 3퍼센트 이상을 차지하는 고객은 단 한 명도 없으며, 가장 규모가 큰 10대 고객에게서 올리는 매출액도 전체 매출액의 9퍼센트에 불과하다. 뒤르-콘체른에 소속된 두 히든 챔피언들도 이와 유사한 구조적인 차이를 보여준다. 자동차 도색설비 부문에서는 5대 고객이 차지하는 매출액 비율이 두 번째로 높은 범주(20~50퍼센트)에 속해 있고, 밸런싱 머신 부문에서는 5대 고객이 차지하는 매출액 비율이 10퍼센트 이하다.

데마크 크레인스와 경쟁업체인 콘크레인스Konecranes는 강도 높은 집중 전략에도 불구하고 리스크를 감소시킬 수 있는 또 다른 측면을 보여준다. 데마크는 11억 유로에 이르는 전체 매출액 가운데 3분의 1 이상을 서비스 부문에서 올리고 있다. 그 배후에는 자그마치 66만 대에 이르는 크레인이라는 거대한 기반 설비가 존재한다. 경쟁업체인 콘크레인스의 경우에는 심지어 매출액의 43퍼센트를 30만 대에 이르는 크레인 정비를 통해서 올리고 있다. 이 기업은 크레인 정비 부문에서 7억800만 유로의 매출을 기록하면서 세계 1위 자리에 올라섰다. 자신을 가리켜 '완벽한 서비스를 제공하는 기업'이라고 부르는 콘크레인스는 어떤 회사가 제작한 크레인이건 간에 '초특급 정비 서비스'를 제공하고 있다. 세계 50개국에 500개의 지점을 갖춘 이 회사는 크레인과 항구에서 사용되는 각종 장비와 공구기계를 담당하는 서비스 기술자를 3,500명 이상 보유하고 있다. 콘크레인스는 서비스를 상품에 부수적으로 따라가는 일종의 부록으로 이해하는 것이 아니라, 하나의 독자적인 사업으로 생각한다.

그런데 이렇듯 서비스가 차지하는 비율이 높으면 리스크 감소에도 큰 도움이 될 수 있다. 왜냐하면 서비스 사업은 특정 제품을 이용한 신규 사업보다 경기변동 주기를 덜 타기 때문이다. 크레인 사업은 특히 더 그러한데, 바로 법적으로 정기 점검이 지정되어 있기 때문이다. 많은 히든 챔피언들이 서비스 집약적인 산업 분야에서 활동을 하고 있다. 그 덕분에 그들은 경기변동 주기에 따른 기복을 완화하고 리스크를 감소시킬 수 있는 기회를 얻는다. 이런 종류의 위험 분산은 2007년 이후에 찾아온 위기 속에서 크게 빛을 발했다. 서비스 부문 비율이 높은 기업들이 그렇지 않은 기업들보다 매출액 감소폭이 훨씬 더 적었다.[4]

유통 시스템도 리스크를 감소시키는 작용을 할 수 있다. 경기 주기가 각기 다른 다양한 판매 채널을 통해서 제품을 판매하는 기업은 리스크를 크게 완화시킬 수 있다. 케르허의 CEO 하르트무트 옌너는 이렇게 말한다.

"예컨대 자동차 제작기업 같은 곳과는 달리 우리의 판매 채널은 단 하나가 아닙니다. 우리는 각양각색의 시장과 다양한 고객 그룹을 위해 준비한 수많은 제품과 수많은 판매 채널을 보유하고 있습니다. 이처럼 폭넓은 기반은 큰 장점입니다. 따라서 우리는 2009년의 위기 상황에서도 거의 타격을 받지 않았습니다."[5]

이런 멀티채널 공략법은 현재 히든 챔피언들 사이에서 점점 더 중요한 역할을 수행하고 있다. 위험 분산은 이때 나타나는 바람직한 부수 효과다. 그런데 이때 중요한 것은 목표 부문 속으로 더욱 더 깊이 파고드는 것이다.[6]

촘촘한 유통 네트워크와 서비스 네트워크도 비슷한 방식으로 고객 관련 리스크를 감소시켜줄 수 있다. 이와 관련하여 진공포장 부문에서 세계시장을 이끌고 있는 물티팍의 CEO 한스-요아힘 뵈크슈테거스는 이렇게 말한다.

"우리는 단호한 태도로 판매망, 특히 서비스망을 계속 확장해나가고 있습니다. '공장 하나보다 시장 하나의 가치가 더 크다'는 모토에 입각하여 우리는 이런 조치를 리스크 제한 전략으로 간주하고 있습니다. 동시에 이를 통해서 우리는 고객 편익을 증대하고 있습니다."

그러나 의존성의 또 다른 측면도 잊어서는 안 된다. 많은 경우 고객들은 납품업체인 히든 챔피언들에게 의존한다. 한 기업의 시장점유율이 매우 높은 경우 고객들은 필연적으로 이 기업에 크게 의존할 수밖에 없다. 설령 이런 종속성이 순수하게 생산 능력과 관련된 것이라고 해도 말이다. 이것도 일종의 리스크 안전장치 역할을 하는데, 왜냐하면 이런 경우에는 고객들이 납품업자를 떠나기가 매우 어렵기 때문이다.

몇 년 전 자동차 사이드미러 부문 세계시장 선도기업인 쉐페나커Schefenacker가 재정적인 위기에 봉착하자, 이것은 단순히 이 기업과 자본 출자자들만의 문제가 아니라 자동차업계 전체의 문제가 되었다.[7] 전 세계에서 유통되는 자동차 사이드미러 3개 중 1개가 쉐페나커 제품이었기 때문이다. 사이드미러용 유리 부문에서는 바이에른 주 퓌르트Bayerischer Wald Furth에 있는 또 다른 독일 기업이 세계시장을 이끌고 있는데, 세계시장점유율 60퍼센트를 자랑하는 플라베크 유한회사Flabeg GmbH가 바로 그 기업이다.[8] 비록 사이드미러가 기술이나 가치 면에서 현대적인 자동차의 주요 부품이 아니라고 할지라도 사이드미러 없는 자동차를 고객에게 인도할 수는 없는 노릇이다. 그리고 전 세계 생산물량의 3분의 1이 누락되면서 생긴 구멍을 단기간에 메우기란 불가능한 일이다. 따라서 대형 자동차 제작업체들도 해결책을 모색하는 데 동참할 수밖에 없었다.[9]

자동차 부품 납품업계의 상황을 살펴보면 자기 공장 컨베이어벨트를 계속 가동시키기 위해서 자동차 제작업체가 직접 문제해결에 뛰어들어야만 하는 경우를 심심치 않게 찾아볼 수 있다. 이런 맥락에서 납품업자에게 지나친 가격 압력을 행사하는 행위는 자칫 탄환이 총신을 벗어나지 못하고 그 안에서 폭발해버리는 것과 같은 사태를 유발할 수도 있다. 비록 알디가 협상에서 매우 가혹하게 구는 것은 사실이지만, 그래도 납품업자들에게 살아남는 데 꼭 필요한 만큼의 마진은 허용한다는 측면에서 그나마 공정하다는 말이 나오는 것도 이런 이유 때문이다.

2012년 마를Marl에 있는 에보니크Evonik 공장에서 화재가 발생했다. 이때 한 업계 전체가 단 하나의 히든 챔피언에게 얼마만큼이나 크게 의존할 수 있는지 여실히 드러났다. 그 공장은 연료 파이프 제작 재료로 사용되는 불연성 특수소재 PA12를 생산하는 공장이었다. 이 공장 하나가 자동차업계 전체 수요의 절반을 담당하고 있었다.[10] 그처럼 어마어마한 규모로 생산 차질이 빚어지면, 도저히 부족 사태를 막을 재간이 없다.

많은 히든 챔피언들이 고객들에게, 심지어 규모가 큰 고객들에게도 결코 '없어서는 안 될 존재', 대체 불가능한 존재로 자리매김하는 전략을 의식적으로 추진하고 있다. 그것도 성공리에 말이다. 이탈리아 히든 챔피언이자 수직선반 제작 부문에서 세계시장을 이끄는 피에트로 카르나기Pietro Carnaghi의 CEO 팔비오 라디체Falvio Radice는 이렇게 말한다.

"규모가 작은 틈새 공급업체는 대형 사업체에 없어서는 안 될 필수불가결한 존재가 되기 위해서 노력해야 할 것입니다. 보통 대형 사업체는 그런 틈새 공급업체의 가장 큰 고객들입니다. 우리 세품은 우리 고객들의 전략적인 도구입니다. 우리 제품을 이용하면 다른 방법으로는 도저히 해낼 수 없는 금속 작업을 수행할 수 있습니다."[11]

나는 트룸프의 사장 니콜라 라이빙어-캄뮐러와 점심식사를 함께 하면서 이 주제에 대해 매우 유익한 대화를 나눈 적이 있다. 누군가가 전형적인 일본 수출기업과 전형적인 독일 수출기업의 차이점이 무엇이냐고 물었다. 우리는 전형적인 일본 기업으로는 도요타를, 전형적인 독일 기업으로는 트룸프를 예로 들었다. 그러자 다음과 같은 질문이 날아왔다. "만약 이 두 회사의 제품이 한꺼번에 없어진다면 어떤 일이 일어날까요?" 대화에 참가한 사람들은 도요타 제품의 경우에는 소비자들이 간단하게 다른 브랜드로 대체할 수 있다는 데 의견을 같이 했다. 왜냐하면 자동차 산업은 어마어마한 과잉 생산 능력을 갖추고 있기 때문이다. 반면 모든 트룸프 기계가 일시에 사라져버린다면, 세계에 있는 금속가공 공장의 상당수가 가동을 멈추게 될 것이다.

히든 챔피언들이 생산하는 많은 제품들이 이런 범주에 속한다. 그들은 (적어도 중단기적으로는) 대체가 불가능하거나 '필수불가결한' 존재들이다. 이런 현상은 고객들의 의존도를 끌어올린다. 그리고 이를 통해서 히든 챔피언들의 리스크를 감소시키는 데 기여한다. 고객들은 구매를 잠시 뒤로 미룰 수 있을지는 몰라도, 궁극적으로는 제품을 계속 구매할 수밖에 없다. 왜냐하면 한마디로 말해서 그들에게는 히든 챔피언들의 제품이 필요하기 때문이다.

고객의존도 및 그와 결부된 리스크라는 주제와 관련하여 종합적으로 확인할 수 있는 사실은, 이 주제에 관한 한 매우 세분화된 시각이 필요하다는 것이다. 히든 챔피언들은 이 주제와 관련해서 매우 이질적이고 다양한 모습을 보여준다. 심지어 한 기업 내부에서도 부문별로 서비스 방식이 크게 달라질 수 있다. 리스크 감소에 기여하는 고객의 의존도를 추가로 고려하면, 전반적으로 대기업이나 집중도가 약한 기업보다 히든 챔피언들이 고객구조에 따른 리스크가 더 크다고 말할 수 있다. 그렇다고 해서 집중 전략과 시장지배권 획득이 자동적으로 강도 높은 리스크를 의미하는 것은 아니다. 결코 그렇지 않다. 고객과 관련된 리스크를 정확하게 판단하려면 더욱 심도 깊게 파고들어가 개별적인 사례들을 분석해야만 한다.

고객친화의 실현 방법

《초우량 기업의 조건In Search of Excellence》이 출간된 이후로 '고객친화'라는 개념보다 더 많이 언급되고 더 빈번하게 다루어진 개념은 아마도 거의 없을 것이다.[12] 그러나 대부분의 기업에서는 예나 지금이나 이 일을 제대로 실행에 옮기지 못하고 있다. 이번 장 도입부에서 우리는 고객친화적인 태도가 히든 챔피언들의 특징적인 강점이라는 사실을 확인했다. 특히 대기업들과 비교했을 때 더욱 그렇다. 그렇다면 히든 챔피언들은 도대체 어떻게 이런 태도를 실천해서 고객에게 더욱 가까이 다가갈 수 있었을까?

이와 관련하여 우리는 여러 가지 견해와 사례들을 수집했다. 히든 챔피언들은 한눈에 파악할 수 있는 규모를 지니고 있다. 명백하게 이것은 타고난 장점이라고 할 수 있다. 물론 중소기업이라고 해서 모두가 자동적으로 고객과 친밀한 것도 아니고, 대기업이라고 해서 모두 고객과 거리가 먼 것은 아니다. 그럼에도 불구하고 그런 경향이 있는 것만큼은 부인할 수 없는 사실이다. 규모가 크고 고도로 분업화된 조직체계를 갖춘 기업들이 몸소 고객친화 정책을 실천하기란 매우 어렵다. 단위가 작은 기업일수록 그것을 실천하기가 더 용이하다. 앞서서도 언급했지만, 정기적으로 고객과 접촉하는 직원의 비율이 높다는 사실 자체가 이에 대한 명백한 지표다. 그러나 문제는 규모만이 아니다. 히든 챔피언들은 온갖 조직적·과정적·문화적 수단을 총동원하여 높은 수준의 고객친밀도를 실현하고 있으며, 기업이 성장해도 여전히 이런 친밀도를 계속 유지하기 위해서 고군분투하고 있다.

책임 분산을 통한 고객친화 실천

조직 단위의 분권화는 특히 중요하면서도 효과적인 방법이다. 아주 많은 수의 히든 챔피언들이 조직을 좀더 작은 부서들로 나눈다. 심지어 형식상 독자적인 회사를 설립하여 특수한 고객 그룹을 타깃으로 삼는 경우도 있다. 예컨대 분말야금 분야에서 세계시장을 이끌고 있는 플란제 그룹은 세 가지 사업 부문으로 이루어져 있다. 이런 구조는 조직적인 측면에서 목표 그룹에 최대한 가까이 접근하는 데 도움이 된다. 내장형 전자기기 부문 유럽시장 선도기업인 엑시트 그룹Exceet Group은 일단 사업 부문이 세 가지로 나누어져 있다. 이차적으로 엑시트 그룹은 법적으로 독립된 13개의 회사로 이루어져 있는데, 각기 특수한 제품을 생산하는 이 회사들은 의료공학, 자동화, 에너지 등과 같은 목표 업계를 타깃으로 삼고 있다. 각 회사는 고객을 가장 잘 아는 인물이 자체 사장으로 포진하고 있다.

이상적인 분권 조직은 수많은 업무 기능을 (예컨대 개발, 생산, 판매 등) 모두 포괄할 수 있도록 구상된 조직이다. 이렇게 하면 전체 가치창출사슬과 고객 간의 거리를 좁힐 수 있고, 모든 역량을 고객의 욕구를 충족하는 데 온전히 쏟아부을 수 있게 된다. 이런 분권화는 흔히 기업 발전 초기 단계에 수행된다. 뷔르트는 1980년대에 이미 목재, 건설, 금속, 자동차 사업 부문을 만들었다. 왜냐하면 각 부문에서 활동하는 고객의 요구가 각기 다르다는 사실을 일찌감치 인식했기 때문이다. 지몬-쿠허&파트너스는 1990년대 초에, 그러니까 회사를 설립한 지 5년쯤 지난 후에 업계별로 담당 사업부를 도입했다. 그 후 목표 고객집단을 더욱 정확하게 겨냥하기 위해 거듭하여 조직을 분할하고 있다. 15장에는 '유연한 다각화'라는 주제와 관련하여 단호하게 분권화를 단행한 무수한 사례들이 제시되어 있다.

분권화의 적용 범위는 프로젝트 차원에까지도 이를 수 있다. 이것은 어떤 프로젝트를 비교적 자율적인 작은 기업처럼 이끄는 것을 말한다. 생산 시스템을 제작하는 그로만 엔지니어링Grohmann Engineering의 창립자이자 CEO인 클라우스 그로만Klaus Grohmann은 그 기업의 행동 방식을 다음과 같이 설명한다.

"우리는 의도적으로 영업사원을 두지 않습니다. 우리 매니저들은 프로젝트에 대해 전적으로 책임을 집니다. 그들은 제품을 판매하고, 각종 서비스를 제공하고, 솔루션을 개발하고, 프로젝트를 총괄적으로 실행에 옮깁니다. 프로젝트를 이끌어가는 이런 사람들은 프로젝트에 관한 한 전권을 부여받게 됩니다. 각 프로젝트마다 하니의 팀이 꾸려지고, 그 팀은 작은 기업처럼 행동합니다. 팀원 모두가 프로젝트를 총체적으로 파악하고 있어야 합니다. 이런 방식은 놀라울 정도의 고객친밀도를 보장해줍니다."

세슘과 리튬 부문에서 세계시장을 이끌고 있는 케메탈도 비슷한 시스템을 운용한다. 판매 담당 엔지니어가 고객 협상과 관련하여 기술적·상업적으로 모든 책임을 진다. 우리는 지몬-쿠허&파트너스를 운영하면서 그처럼 고객친화적인 히든 챔피언들로부터 많은 것을 배웠다. 그리하여 우리는 파트너들에게 고객 교류에 대한 전권을 부여하고 있다.

이렇듯 기업의 책임을 고객과 직접 접촉하는 지점으로 분산하면 고객친밀도를 크게 높일 수 있을 뿐만 아니라, 각종 과정을 효율적으로 진행하는 데도 크게 도움이 된다. 또 이렇게 하면 본사나 경영진에게 일일이 문의하느라 시간을 낭비하는 일도 크게 줄일 수 있다. 그러나 이런 분권적 고객친화 시스템이 제대로 작동하려면 한 가지 필수적인 전제조건이 있다. 그것은 바로 모든 참여자들이 종합적이고 기업가적인 시각을 가져야 한다는 것이다.

히든 챔피언의 최고경영자들 가운데 다수가 고도의 고객친화적인 태도와 더불어 고객에 대한 세부 지식을 갖추고 있는데, 이런 모습을 볼 때마다 나는 깊은 감명을 받는다. "우리 회사 최고경영진은 고객들과 개인적으로 강도 높게 접촉합니다"라는 설문 항목에 대해서 응답 기업의 4분의 3 이상이 그렇다고 대답했다. 그들은 고객과의 직접적인 접촉을 경영진이 맡은 중요한 책임 가운데 하나로 이해하고 있다. 물론 이렇게 하려면 늘 출장을 다녀야 하지만 말이다.

세탁 시스템 부문에서 세계시장을 이끌고 있는 마르틴 카네기서Martin Kannegiesser 사장인 마르틴 카네기서는 장거리에도 불구하고 몸소 텍스케어Texcare 박람회에 참석한다. 그는 "진열 부스 주변을 돌아다니는 미국 사람들과 프랑스 사람들은 분명히 회사 사장을 보고 싶어할 겁니다"라고 말한다.[13] 그것이 바로 사장인 그가 거기에 참석하는 이유다. 또 다른 히든 챔피언 경영자는 이렇게 말했다. "저는 전 세계에 있는 우리 고객들을 모두 알고 있을 뿐만 아니라 그들을 모두 방문하기도 했습니다. 이런 방문을 통해서 구축되는 직접적인 관계는 이루 말할 수 없이 소중합니다."

언젠가 나는 미국 중서부의 어느 지역신문에서 그 지역에 있는 자동차 도색 공장에 곤란한 일이 발생했다는 기사를 읽었다. 직원들이 금속조각이 함유된 헤어스프레이를 사용하는 바람에 그 금속조각들이 래커 속에 가라앉았다는 것이다. 나는 그 기사를 오려낸 다음 자동차 도색설비 부문 세계시장 선도기업인 뒤르 회장에게 보냈다. 그러자 CEO가 내게 이런 답변을 보내왔다.

"저는 이 문제를 잘 알고 있습니다. 왜냐하면 직접 현지 공장에 가보았기 때문입니다. 지금 그곳에서 사용되고 있는 설비는 금속조각 문제를 해결할 능력을 갖추지 못한 경쟁업체에서 제작한 제품입니다. 우리 회사는 해결책을 개발했습니다. 다음 번에는 우리 회사가 그 공장에 진출할 수 있으리라고 낙관합니다."

이것은 최고경영진의 고객친화적인 태도를 보여주는 전형적인 본보기다. 수십 억 유로의 매출액을 올리는 슈투트가르트의 기업 CEO는 미국 어딘가에 있는 고객의 도색 공장에 문제가 발생했다는 사실을 잘 알고 있었을 뿐만 아니라, 그 공장의 설비가 경쟁업체 제품이었음에도 불구하고 해결책을 마련하여 몸소 그 공장을 찾아갔다. "중소기업에서 브랜드에 대한 신뢰를 구축하는 일은 언제나 사장의 몫이다." 이것은 중소기업가들의 고객친화적인 태도를 다룬 한 기사에 실린 문구다.[14]

대기업에서는 경영진의 고객지향적인 태도나 고객친화적인 태도를 개선하는 프로그램이 큰 인기를 얻고 있다. 이런 프로그램은 예컨대 경영자에게 매년 특정한 일수를 고객과 함께 보내거나 특정한 빈도로 고객을 만날 것을 요구한다.

몇 년 전에 도이체 텔레콤Deutsche Telekom도 그런 프로그램을 도입한 적이 있다. 이에 따라 해당 매니저들 모두가 1년에 5일을 고객들과 함께 보내야 했다. 회사는 매니저들이 고객들과 5일을 보내는 규정을 충족했는지에 따라 보너스 지급 여부를 결정했는데, 이런 조치를 통해서 프로그램의 진지함이 한껏 강조되었다. 또한 몇 년 전 아랄ARAL은 매니저들을 며칠 동안 주유소로 파견근무를 보내기도 했다. 도이체 반Deutsche Bahn은 2012년에 최고경영자들의 보수 가운데 일부분을 고객만족도에 따라 지급하는 프로그램을 도입했다.[15]

이런 종류의 프로그램들은 나름대로 큰 의미가 있다. 근본적으로 그런 프로그램들은 두 가지 목적을 달성하는 데 도움이 된다. 우선, 일상생활에서 고객들로부터 멀리 동떨어진 매니저들이 고객과의 접점에서 무슨 일이 일어나는지 더 효과적으로 감지할 수 있다. 직접적인 체험은 추상적인 데이터나 시장조사보다도 행동에 더 큰 영향을 미치는데, 이것은 직접적인 고객 방문을 통해서 얻을 수 있는 중요한 효과들 중 하나다.[16] 직접적인 고객 접촉을 강력하게 옹호하는 라인홀트 뷔르트는 이렇게 말한다.

"제 경험에 비추어보면 똑똑한 사람들이 모인 회의에 일주일 내내 참석하는 것보다 하루 외근을 하는 것이 100배는 더 가치가 있습니다. 고객들과 접촉을 하다보면 무수한 아이디어와 창의력을 얻을 수 있습니다."

직접적인 고객 접촉의 두 번째 효과는 고객과 접촉하는 자리에 최고경영진이 모습을 드러냄으로써 직원들에게 긍정적인 신호를 전달할 수 있다는 것이다. 이렇게 함으로써 경영자들은 자신들이 고객지향 정책과 고객친화 정책을 매우 진지하게 받아들이고 있다는 것을 알리고, 이를 통해서 직원들의 동기의식을 고취할 수 있다. 그러나 다각화된 대기업의 최고경영자들은 고객 개인에게 양질의 정보를 거의 제공해주지 못한다. 왜냐하면 그들은 제품과 기술 혹은 해당 사업과 관련된 세부 사항들을 충분히 알지 못하기 때문이다.

근본적으로 강도 높은 집중 전략을 펼치는 히든 챔피언들에게는 일반적으로 그런 고객친화 프로그램이 필요하지 않다. 대부분의 히든 챔피언 최고경영자들은 고객들과 지속적으로 접촉하고 있을 뿐 아니라, 고객들과의 접촉을 내용적으로 한층 더 가치 있게 만들어주는 세부적인 지식을 보유하고 있다. 이미 설명한 바와 같이, 그 밖에도 히든 챔피언들은 고객과 정기적으로 접촉하는 직원의 비율이 대기업보다 약 5배나 더 높다. 이처럼 전 영역에 걸친 고객친화적인 태도는 히든 챔피언들의 사업 과정 속에 고스란히 녹아들어가 있다.

그러나 히든 챔피언들 중에는 이런 규칙에서 벗어나는 예외적인 경우도 있다. 그들의 다양한 면모를 하나로 통일하는 것은 불가능한 일이다. 예컨대 플란제의 CEO 미하엘 슈바르츠코프는 안타깝게도 고객과 접촉하는 일이 매우 드물다고 한다.

"우리 회사는 소형 건축 자재나 절단 공구 같은 제품을 납품합니다. 그런데 우리 고객들의 최고경영진은 그런 제품에는 별로 관심이 없습니다. 반면 전문 고객들에게 저는 기술적인 측면에서 그리 능력이 뛰어난 대화 상대가 되지 못합니다."

이 예는 고객과의 교류에 관해 이상적인 해결책이 존재하지 않는다는 사실을 다시 한 번 증명한다. 사업 과정에 대한 심도 깊은 이해는 언제나 필수사항이다. 고객지향적인 태도와 고객친화적인 태도 같은 너무나 일상적인 주제에서도 표준 처방은 전혀 도움이 되지 못한다.

행동 규범을 통한 고객친밀도 향상

많은 히든 챔피언들은 고객친밀도와 고객지향적인 태도를 함양할 목적으로 각종 규칙과 원칙을 사용한다. 예컨대 에너지 체인과 플라스틱 플레인 베어링, 두 가지 부문에서 세계시장을 이끌고 있는 이구스에는 상관의 동의를 받지 않은 상태에서 고객에게 "아니오"라고 말하는 것을 금하는 규칙이 있다. 일상적으로 흔히 볼 수 있는 전형적인 상황을 예로 들어서 이 규칙이 적용되는 방식을 설명해보겠다.

한 고객이 전화로 부품을 주문하면서 극도로 짧은 납품기한을 요구한다. 기존의 생산 계획을 고려할 때 그렇게 짧은 납품기한을 지키는 것은 불가능하다. 이런 경우, 주문을 받는 직원의 일반적인 반응은 그렇게 빨리 제품을 납품하는 것은 불가능하다고 응대하는 것이다. 그러니까 짧은 납품기한을 이유로 들어 "아니오"라고 말하는 것이 지극히 정상적인 반응일 것이다. 그러나 이구스에서는 직원에게 그런 부정적인 답변을 금하고 있다. 이런 경우 직원은 반드시 상관에게 조언을 구해야만 한다. 상관도 고객의 요구사항에 부정적인 답변을 제시하는 경우에 한해서만 직원은 고객에게 그 사실을 전달할 수 있다. 그러나 사장 프랑크 블라제Frank Blase의 말에 따르면, 직원 차원에서는 부정적으로 답변할 수밖에 없는 요구사항이라고 하더라도, 그중 80퍼센트 정도는 상관이 무리 없이 충족시킬 수 있다고 한다. 이런 규칙 하나만으로도 직원들 사이에서 상관에게 문의하기 전에 스스로 문제를 해결하려는 자세를 이끌어낼 수 있다. 이런 식으로 진정한 고객지향적인 태도가 실행에 옮겨진다.

금속가공 전문 업체인 아르놀트 주식회사Arnold AG의 기업 모토는 "모든 것의 척도는 제품이 아닌 고객이다"다. "안 되는 것은 없다"라는 문구도 큰 사랑을 받는 슬로건이다. 아르놀트는 건축 프로젝트를 실행하는 한편 디자인 건축 부품과 금속조각 작품 그리고 고층빌딩, 공항, 박람회장에 전시되는 금속구조물을 제작한다. 아르놀트가 담당하는 거의 모든 프로젝트는 새롭고 독창적인 특징을 지니고 있다. 이런 경우 무엇보다도 전면적으로 고객지향적인 태도를 취하는 것이 중요하다.

제과제빵 첨가물 세계시장을 이끄는 IREKS의 사장 슈테판 소인 Stefan Soin은 직원들에게 "고객과의 관계를 유지하는 데 전력을 다해 집중하고, 그러는 가운데 즐거움을 느낄 것"을 요구한다. 이처럼 야심찬 원칙을 제시할 수 있는 핵심 근거는 바로 IREKS에서 일하는 (총 2,300명의 직원들 가운데) 400명의 외근 직원들이 모두 제과제빵 전문가들이기 때문이다. 요긴대 그들 모두가 성장 과정에서부터 이미 강도 높은 고객친화적인 태도를 몸에 익히는 것이다. 그러나 중요한 것은 근사한 모토를 내세우는 것이 아니라(많은 기업이 이렇게 하고 있다), 고객친화적인 태도를 일상생활에서 실제로 실행하느냐 하는 것이다.

고객과의 다양한 상호작용

고객과의 관계는 두 파트너, 즉 납품업자와 고객 간의 관계로만 한정되지 않는다. 그 외에도 또 다른 영향 주체와 판매중개인 혹은 확대 재생산 매체들이 개입될 수 있다. 고객친화적인 태도의 실현이라는 관점에서 그런 네트워크를 관리하는 일은 특별히 중요하다. 조명기술 부문 세계시장 선도기업인 춤토벨Zumtobel에서 일하는 한 관리자는 이런 복잡한 상호관계에 대해 다음과 같이 설명했다.

"우리 회사는 고객들과 특별히 가까운 관계를 유지하고 있습니다. 왜냐하면 그들과 다양한 방식으로 협력하고 있기 때문이지요. 국제적으로 인정받는 한 건축가가 우리 회사를 위해 조명기구를 설계합니다. 그러면 우리는 디자이너의 이름을 밝히고 그 제품을 시장에 출시합니다. 우리는 혁신적인 발상을 기술적으로 실현하려는 고객을 돕기도 합니다. 이런 시제품이 성공하면 회사의 정규 상품이 되기도 하지요. 또한 우리는 건축가의 구상을 기술적으로 실현한 제품들로 공동 전시회를 개최하기도 합니다. 다른 고객집단과 교류하는 방식도 이와 유사합니다. 고객들의 특수한 상황과 욕구에 따라 움직이는 것이지요."

춤토벨은 이런 방식의 네트워크를 매우 의식적으로 관리한다. 그리하여 이 회사 홈페이지에는 무수하게 많은 협력 파트너들과 단체의 목록 그리고 연결 링크가 구축되어 있다.

가구 경첩제작 부문 세계시장 선도기업인 헤티히Hettich도 구매 과정에 참여하는 모든 주체들과 강도 높은 공조 작업을 추진한다. 이 회사는 건축가, 설계자, 가구 기술자, 가구 제작자, 소매 상인과 최종 소비자들 모두 끌어들인다. 특히 스웨덴 학파는 복잡한 시장의 네트워크적인 특징에 대해 힘주어 강조하며, 그것을 연구하고 있다.[17] 많은 히든 챔피언들이 복합적인 사업을 영위하고 있다는 점을 감안할 때, 고객친화성과 관련된 이런 네트워크적인 특징은 매우 큰 의미가 있으며, 또 그런 만큼 많은 주목을 받고 있다.

최고 고객을 타깃으로 삼다

그로만 엔지니어링의 창립자이자 CEO인 클라우스 그로만과 대화를 나누던 중에 나는 히든 챔피언들의 고객지향적인 태도가 가진 특수한 측면에 주의를 기울이게 되었다. 그것은 바로 특별히 요구사항이 많고 다루기 어려운 고객, 즉 최고 고객을 타깃으로 삼는다는 점이었다. 그런 고객들은 극도로 까다롭다. 그들은 가장 높은 수준의 요구사항을 제시하면서 늘 더 뛰어난 성과물을 내놓도록 납품업자들을 몰아댄다. 사실 그런 고객들은 탁월한 추천인이라고 할 수 있다. 그로만은 항상 세계 어느 곳에서든 업계 최고 고객들에게 납품하는 기업이 되겠다는 목표를 명시적으로 추구한다. 그런 고객들과 지속적인 납품관계를 유지함으로써 세계에서 가장 까다로운 고객들까지도 만족시킬 수 있는 능력을 갖추었다는 사실을 증명해낸다면 나머지 시장에 진출하는 일이 훨씬 더 수월해지기 때문이다.

과거에 전자 산업에 집중했던 그로만은 실제로 그 분야에서 주도적인 기업들을 모두 고객으로 확보했다. 그로만은 인텔Intel의 'Continuous Quality Award(지속적인 품질 향상을 치하하는 상)'를 수상한 극소수의 유럽 기업 가운데 하나다. 현재 자동차업계와 가전업계 그리고 바이오테크닉업계에도 그로만이 제작한 고객 맞춤 생산 시스템이 도입되어 있다.

〈표 9.4〉에 규모는 작지만 최고의 고객들에게 서비스를 제공하는 또 다른 히든 챔피언들의 목록이 열거되어 있다. '최고의 고객'이란 다루기 쉬운 고객이 아니라, 오히려 별로 유쾌하지 않은 고객, 결코 만족할 줄 모르는 고객, 언제나 더 낳은 결과물을 요구하는 고객이다. 그러나 서비스 개선의 원동력을 제공해주는 것도 바로 그런 고객들이다. 최고의 고객은 혁신의 파트너다. 한 경영자는 이런 고객에 대해 다음과 같이 묘사했다.

"우리는 그들을 사랑하지 않습니다. 그러나 우리를 채근하여 더욱 뛰어난 능력을 갖추도록 하는 것이 바로 그들이라는 사실을 잘 알고 있습니다."

의식적으로 내부의 능력을 개발하기 위한 원동력으로 고객을 활용한다는 것은 주목할 만한 대목이다. 물론 덜 까다로운 고객에게 서비스를 제공하는 것이 훨씬 더 쉽다. 그러나 그렇게 해서는 결코 정상에 오를 수 없다. 최고의 고객들을 구매자로 확보하고 유지할 때에만 세계시장 선도기업이 될 수 있고, 또 그 자리를 지킬

〈표 9.4〉 최고 고객을 타깃으로 삼은 사례

회사	주요 제품	최고 고객
그로만 엔지니어링	생산 시스템	인텔, 보쉬, 지멘스, 티코 일렉트로닉스Tyco Electronics, 보스턴 사이언티픽Boston Scientific, 화이자Pfizer
M+C 쉬퍼	칫솔	산업계: 프록터&갬블, 유통업계: DM, 로스만Rossmann, 알디, 플루스Plus
벡커 마린 시스템즈Becker Marine Systems	방향타 시스템	현대, 대우, 삼성 등 세계 굴지의 조선소
도펠마이어Doppelmayr	로프웨이, 케이블카	라스베이거스 카지노스, 베니스, 멕시코시티, 토론토
BWT	정수시설	인텔, AMD, 인피네온Infineon
퀴아젠Qiagen	분자분석기	미국 군대(생화학 공격 방어용)
슈텡엘	롤러코스터	디즈니월드, 식스 플래그, 환타지아랜드
란탈Lantal	항공기 내부설비	싱가포르 에어라인, 루프트한자, 보잉, 에어버스
쉐르델	밸브 스프링, 피스톤 스프링	도요타, 포르쉐, BMW, 혼다, 아우디
빈터할터	호텔, 레스토랑용 식기세척시스템	맥도널드, 버거킹, 하겐 다즈, 치보, 힐튼 호텔, 마레도Maredo
엑시트	내장형 전자기기	유럽핵입자물리연구소CERN, 지멘스, 제너럴 일렉트릭
히어로-글라스Hero-Glas	유리 구조물	런던 헤롯 백화점, 뉴욕 CNN 스튜디오, 마이어 조선소 선박, 빌 게이츠 요트
아르놀트	금속가공	예술가 제프 쿤스Jeff Koons를 위해 제작한 다수의 특수강 조각상, 도이체 방크 쌍둥이 탑, 알리안츠 그룹 본사, 모스크바 세레메티예보Sheremetyevo 공항, 두바이 박람회 취리히 신(新) 증권거래소
고이테브뤼크	고가의 카메라 감시시스템	프랑크푸르트 유럽 중앙은행, 모스크바 크렘린, 쿠루Kourou 우주정거장, 아프가니스탄 연방군대 진영

수 있다. 덜 까다로운 고객들과는 그 후에 사업을 하면 된다. 또는 경우에 따라서는 포기해도 무방하다. 최고의 고객들을 타깃으로 삼는 전략에는 그 고객들을 따라 온 사방으로 뛰어다니는 것도 함께 포함되어 있다. 그들이 중국으로 향하면 우리도 같이 중국으로 가야만 한다.

핵/심/요/약

히든 챔피언들은 고객친화적인 태도를 몸소 실천하고 고객들과 긴밀한 관계를 유지한다. 고객친화적인 태도는 그들이 보유한 전략의 핵심적인 부분을 형성한다. 이 장에서 다룬 내용과 권고사항을 개별적으로 소개하면 다음과 같다.

- 고객과의 친밀한 관계는 모든 지표에 두루 반영되어 나타난다. 히든 챔피언들이 전형적으로 만들어내는 복잡한 제품들은 그처럼 긴밀하고 상호적인 관계를 요구한다.
- 이런 요구사항을 충족하기 위한 최선의 방법은 직접 판매다. 히든 챔피언들의 4분의 3 이상이 이런 판매 형태를 실행한다.
- 히든 챔피언들은 대기업과 비교했을 때 정기적으로 고객과 접촉하는 직원들의 비율이 약 5배 정도 더 높은 반면, 대기업과는 달리 마케팅 전문가들이 아니다. 그러나 규모가 커질수록 마케팅 전문화도 점점 더 중요하다. 히든 챔피언들은 이런 때에도 고객에 대한 친밀도를 유지하기 위해 계속 주의를 기울여야 할 것이다. 대기업들도 고객친밀도를 높이기 위해 노력을 기울여야 한다.
- 히든 챔피언들의 경우, 비교적 규모가 작고 업무 분할 강도도 상대적으로 낮기 때문에 고객친화 정책을 실행하기가 더 수월하다. 여기에 덧붙여 수많은 히든 챔피언들이 목표 그룹에게 더 효과적으로 다가가기 위해서 분권화를 단행하고 있다.

- 히든 챔피언들의 최고경영진은 직접적이고 정기적인 고객 접촉을 중시한다. 이런 태도는 자체적인 정보 획득뿐만 아니라 직원들의 동기의식 함양에도 긍정적인 영향을 미친다.
- 고객과 관련된 리스크를 파악하려면 세분화된 관찰이 필요하다. 비록 많은 히든 챔피언들이 소수의 고객에게 의존하고 있기는 하지만, 이런 의존성은 결코 일방적인 것이 아니다. 고객들도 히든 챔피언들에게 의존하고 있다. 일종의 공생관계라고 부를 수 있다.
- 고객들은 낮은 가격보다는 주로 고도의 능력을 요구한다.
- 시장선도기업이 되려 하거나 계속해서 그 자리에 머무르고자 한다면 반드시 최고의 고객들을 확보하고, 지속적으로 그들을 만족시키고, 그들을 고객으로 유지해야만 한다. 여기에 성공할 경우 두 가지 장점이 있다. 우선 최고 고객들은 내부적으로 능력 향상의 원동력 역할을 하며, 둘째로 그들은 추천인으로서 높은 가치를 지니고 있다. 많은 히든 챔피언들이 최고 고객들을 타깃으로 삼는 이유도 바로 그 때문이다. 시장지배권을 손에 넣으려면 반드시 최고 고객들에게 제품을 납품하는 기업이 되어야만 한다.

이런 통찰과 권고사항들은 이성적으로 맞는 말이긴 하다. 그러나 실제로 그것들을 실행에 옮기기는 결코 쉽지 않다. 아마도 고객과의 교류, 고객과의 관계, 고객친화성에서 중소기업과 대기업, 좋은 기업과 나쁜 기업의 차이가 가장 극명하게 드러날 것이다. 히든 챔피언들은 한눈에 파악 가능한 작은 규모와 목적지향적인 조치들 덕분에 고객과의 관계를 고객 및 자기 자신에게 유익한 방향으로 만들어나갈 수 있다. 이것은 직원들의 태도와 경영 그리고 조직 전반에 두루 적용되는 사실이다. 고객친화라는 주제에 관한 한 히든 챔피언들은 위대한 본보기다.

CHAPTER 10

최고 수준의
제품과 서비스

HIDDEN CHAMPIONS

HIDDEN CHAMPIONS

앞서 살펴본 바와 같이 히든 챔피언의 고객들은 저렴한 가격보다는 고품질의 제품과 서비스를 요구한다. 이 장에서 우리가 다룰 대상은 히든 챔피언들이 고객에게 제공하는 서비스에 관한 것이다. 히든 챔피언들이 제공하는 서비스는 하이테크를 이용한 최고의 품질이 특징인데, 여기에는 구매 전후에 제공되는 탁월한 서비스도 포함된다.

최근에 이루어진 가장 중요한 발전 양상을 짚어보면, 점점 더 많은 히든 챔피언들이 광범위한 시스템 솔루션을 제공한다는 것이다. 과거 제품생산에 주력하던 사업체들이 복합적인 문제해결책을 제공했고, 덕분에 납품업자와 고객 간의 관계는 더욱 긴밀해졌다. 히든 챔피언들의 서비스 품목에는 브랜드도 포함되어 있다. 많은 히든 챔피언들이 그들이 활동하는 협소한 시장에서 세계적인 브랜드 구축에 성공했다.

일반적으로 히든 챔피언들이 제시하는 가격은 시장 평균 수준을 크게 웃돈다. 히든 챔피언들이 제공하는 최고의 서비스를 감안한다면 이 같은 가격 위치 선정은 지극히 논리적이고 충분히 받아들일 만한 수준이지만, 현재 경쟁이 점차 고조되고 있기 때문에 (예컨대 중국 기업들의 경쟁) 지속적으로 검토하고 비판적인 관점에서 꼼꼼히 따져보아야 할 것이다. 또한 히든 챔피언들은 가격이 더 저렴한 새로운 부문이 생성되는 현상도 눈여겨보아야 할 것이다. 서비스를 평가할 때는 결코 단독으로 평가하거나 절대적인 의미에서 평가할 것이 아니라, 언제나 경쟁업체와의 비교 하에서 평가해야 할 것이다.

경쟁우위와 경쟁열세에 대해서는 다음 장에서 살펴볼 것이다. 지금부터 주제를 세분화하여 제품, 서비스, 시스템 통합, 브랜드, 가격을 각각 따로 살펴보겠다.

제품

히든 챔피언이라고 하면 사람들은 당연히 하이테크 제품을 기대한다. 과연 이런 기대가 맞을까? 히든 챔피언들의 제품을 하이테크 high-tech와 로우테크low-tech로 분류하면 어디에 속할까? 이에 대해서 히든 챔피언들은 매우 명확하게 답변했다. 그리고 그들의 답변은 대부분 사람들의 기대치와 일치했다. 전체의 79퍼센트, 그러니까 응답 기업 5곳 가운데 4곳이 자신들의 제품을 하이테크 부문으로 분류했다. 그런데 놀라운 것은 응답 기업의 70퍼센트가 아직 개발 단계에 있는 기술을 성숙된 기술로 평가했다는 사실이다. 전형적인 히든 챔피언 제품들은 높은 기술 수준을 특징으로 하지만, 제품의 기본이 되는 기술이 아직 실험 단계에 있다는 의미에서 새로운 제품이라고는 할 수 없다.

하이테크를 '신기술' 혹은 '획기적인 혁신'에 대한 동의어로 보는 시각이 널리 퍼져 있다. 그러나 여기에서는 이런 관념을 수정하는 것이 바람직해 보인다. 현실을 들여다보면 그 반대인 경우가 대부분이기 때문이다. 〈파이낸셜 타임스〉 특파원인 피터 마쉬도 2012

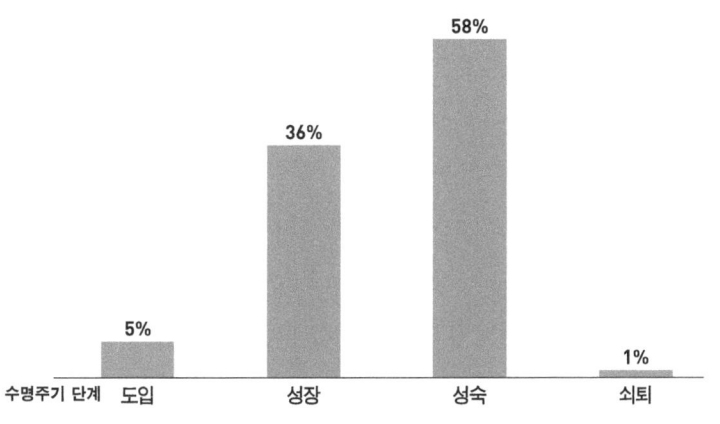

〈표 10.1〉 수명주기에서 제품이 차지하는 위치

년에 출간한 저서 《새로운 산업혁명The New Industrial Revolution》에서 그런 사실을 명시적으로 지적했다.

"대부분의 새로운 기술적인 아이디어는 오래 전부터 존재해왔던 제품에서 발전된다. 세대를 이어 연속적으로 생겨나는 새로운 아이디어를 동반한 체계적인 개선은 과거에 이미 사라진 것을 기반으로 한다."[1]

경제 실무에서 하이테크와 성숙된 기술의 결합은 예외라기보다는 오히려 규칙이며, 미래를 위한 탄탄한 기반이라고 할 수 있다. 제품이 수명주기에서 어떤 단계에 위치하는지에 대한 평가도 이런 기술적인 분류와 일치한다. 〈표 10.1〉은 수명주기 단계별 제품의 비율을 보여준다.

극단적인 두 단계, 즉 도입 단계와 쇠퇴 단계는 점유율이 매우 낮다. 90퍼센트 이상의 제품이 성장 단계와 성숙 단계에 포진하고 있다. 이런 결과는 일단 완전히 새로운 시장에서 활동하는 히든 챔피언의 수가 상대적으로 적다는 것을 의미한다. 이와 관련된 기업의 예를 들면, 카셰어링 시스템 분문에서 활동하는 인버스와 클라우드 컴퓨팅Cloud Computing을 타깃으로 삼고 있는 스콥비전Scopevision이나 doo.net 같은 기업들이 있다. 완전히 새로운 시장에서 활동하는 히든 챔피언들의 비율이 낮다는 것은 히든 챔피언에 대한 정의를 생각해보아도 알 수 있는 사실이다. 왜냐하면 아주 새로운 시장에서는 대부분 명확한 시장지배기업이나 세계시장 주도기업이 아직 존재하지 않기 때문이다. 그리고 그처럼 전적으로 새로운 시장은 의미 있는 정의나 명확한 경계 설정 자체가 불가능한 경우가 많다.

그 밖에도 〈표 10.1〉은 히든 챔피언들이 그들이 활동하는 시장에서 사라질 위험에 처하지 않았음을 보여준다. 관련 서적에서 일반적으로 말하고 있는 것과는 달리, 우리는 제품 수명주기 개념을 필연적인 쇠퇴의 법칙으로 해석해서는 안 될 것이다. 성숙 단계에 자리 잡은 히든 챔피언들의 제품은 결코 쇠퇴 직전 단계에 있는 것이 아니다. 히든 챔피언들의 제품 리스트를 살펴보면, 없어도 무방한 제품은 극소수에 불과하다. 아주 많은 제품들이 시장에 지속적으로 유통되면서 좀처럼 쇠퇴 단계에 접어들지 않는다. 바스프에서는 그런 제품들을 가리켜 '불멸의 제품Immortal'이라고 부르는데, 늘 사용되면서 '죽지' 않는 제품이 그런 제품들이다. 물론 어느 날 갑자기 또 다른 기술이 등장하여 그때그때 고객의 문제나 욕구를 해결해주는 경우도 배제할 수는 없다. 이런 경우에는 기존의 히든 챔피언들이 새로운 기술로의 이행을 성공리에 마무리하는 것이 관건이 될 것이다. 트룸프는 기계학에서 레이저 기술로 이행하는 과정에서 이 일을 모범적으로 완수해냈다. 그런가 하면 기술 단절로 인해 실패를 경험한 기업들도 있는데, 한때 환등기 부문에서 세계시장을 이끌었던 리플렉타 같은 기업이 그렇다.

점점 가속화되는 세계화 과정에서 우리는 한 가지 중요한 결론을 내릴 수 있다. 그것은 바로 세계화가 기술적으로 이미 성숙한 시장은 물론이고 산업 선진국에서는 거의 포화 상태에 이른 시장에서조차도 지속적인 성장 기회를 가져다준다는 사실이다. 글로발리아에는 포화된 시장 같은 것은 존재하지 않는다. 〈표 10.1〉에 제시된 수명주기 포트폴리오는 수명주기 리스크가 상대적으로 작다는 사실을 보여준다. 쇠퇴 단계에 접어든 제품의 비율은 1퍼센트로 무시해도 좋을 정도다. 히든 챔피언들은 시장 쇠퇴에 위협받지 않을 뿐더러, 도입 단계에서 발생하는 리스크에 노출될 가능성도 매우 낮다. 다수의 히든 챔피언들이 상대적으로 안정적인 기반 위에서 활동하며, 3분의 1이 넘는 히든 챔피언들은 자신들이 뚜렷한 성장 단계에 있는 것으로 보고 있다.

'제품 품질'이라는 주제에 대해서는 '경쟁'을 다루는 장에서 살펴보겠다. 왜냐하면 제품의 품질에 관한 문제는 경쟁업체가 내놓는 제품과 비교해서 판단해야 하기 때문이다.

서비스

서비스는 히든 챔피언들 사이에서 점점 더 중요하게 인식되는 부분이다. 내가 대화를 나눈 모든 상대들의 공통된 의견이다. 제품에 동반되는 서비스의 전체적인 중요성을 양적으로 파악하기란 거의 불가능하다. 그러나 품질과 서비스에 대한 고객들의 요구가 점점 더 까다로워지는 것만은 분명하다. 고객친화성을 다룬 장에서 이미 우리는 구매 전 상담, 애프터 세일즈 서비스, 납품 정책 등과 같은 서비스 요소들이 상위를 차지하고 있음을 확인했다. 이런 서비스 변수의 중요성은 최근 몇 년 사이에 전반적으로 더욱 증가했다. 서비스가 중요한 이유는 바로 제품만으로 차별화하는 일이 점점 더 어려워지고 있기 때문이다. 게다가 서비스는 다음 장에서 살펴볼 시스템 솔루션의 본질적인 부분을 형성한다.

서비스의 중요성을 나타내는 한 가지 지표는 서비스가 전체 매출액에 기여하는 비중이다. 그런데 서비스의 경우에는 따로 분리되어 계산되지 않으므로 서비스 매출액도 기록되지 않는다. 서비스 매출액을 장부에 기재하지 않는 약 10퍼센트의 회사를 제외하고 계산해보면, 히든 챔피언의 전체 매출액 가운데 서비스와 부품 부문에서 올린 매출액이 차지하는 비율은 평균 15퍼센트다. 3억2,600만 유로의 평균 매출액 가운데 꼭 5,000만 유로쯤 되는 금액이 서비스 부문에서 비롯되었다. 여기서 중요한 것은, 경험에 비추어볼 때 서비스가 제품 판매보다 훨씬 더 높은 수익을 창출한다는 사실이다.

풍력발전 설비 부문에서 세계시장을 이끌고 있는 에네르콘은 현대적인 서비스의 전형적인 본보기다. 에네르콘 파트너 콘쳅트Partner Konzept(EPK)는 풍력발전 설비 구매 고객들에게 최초 12년 동안 한결같이 높은 수준의 설비가동률을 보장해준다. 단 한 장의 계약서가 정비에서부터 안전 서비스를 거쳐 관리 및 수리에 이르기까지 모든 만일의 경우를 보장해주는 것이다. 전 세계에 흩어진 1만3,000명의 에네르콘 직원들 가운데 3,000명 이상이 서비스 분야에서 일한다. 그리고 설비를 새롭게 판매할 때마다 미래 서비스 매출액의 원천이 되는 설치 기반이 늘어난다.

전문 청소장비 판매 부문 세계 2인자이자 유럽 1인자인 하코 Hako의 경우에는 전체 매출액 중 청소장비 판매가 차지하는 비율이 고작 20퍼센트밖에 되지 않는다. 장비 대여, 서비스, 설계, 상담으로 이루어진 통합 서비스를 통해서 올리는 매출액이 이것보다 훨씬 더 큰 부분을 차지한다. 하코는 고객들에게 대상별 비용계산 프로그램을 제공하고, 그렇게 해서 산출된 비용을 보장한다. 요컨대 기업 리스크를 함께 부담하는 것이다. 사장 베른트 하일만Bernd Heilmann이 말하는 것처럼 근본적으로 하코는 이제 더는 산업 기업체가 아니라 '서비스 기업에게 편의를 제공하는 서비스 기업'이다.

서비스의 한 부분으로서 교육이 점점 더 중요해지고 있다. 그 이유는 한편으로는 제품이 점점 더 복잡해지기 때문이고, 다른 한편으로는 제품을 다루는 직원들의 교육 수준이 비교적 낮은 국가들로 진출하는 기업들이 점점 늘어나기 때문이다. 히든 챔피언들은 매년 많은 교육과정을 개설하고, 전 세계적으로 수천 개의 교육센터를 운영하고 있다. 몇몇 기업들은 그런 교육활동을 따로 분리하여 독자적인 사업 부문으로 만들기도 했다.

공기역학 부문에서 세계시장을 이끌고 있는 페스토는 1967년에 이미 페스토 다이덱틱Festo Didactic을 설립했다. 현재 이 회사는 자신을 '세계적인 직업교육 및 연수교육업체'로 부르면서 생산자동화 분야와 공정자동화 분야에 중점을 두고 있다. 페스토 다이덱틱은 전 세계 70개가 넘는 나라에 진출해 있다. 교육 내용은 페스토 제품에만 국한되지 않고 다양하게 세분화되어 있으며, 페스도 고객이 아닌 다른 기업들도 타깃으로 삼고 있다. 한스그로헤Hansgrohe는 상파울루 중심가인 아베니다 파울리스타 근처에 있는 오래된 빌라에 '아쿠아데미Aquademie'라는 교육센터 겸 전시센터를 개설했다. 매년 라틴아메리카에서만 1만 명이 넘는 고객들과 영업 파트너들이 이곳에서 교육을 받는다.

서비스 분야의 세계 진출은 국제적인 서비스 네트워크 구축 능력과 마찬가지로 점차 필수사항이 되어가고 있다. 1970년대에도 이미 까다롭기로 유명한 시장을 중심으로 탁월한 서비스를 제공하는 본보기들이 있었다. 예컨대 인쇄기 부문에서 세계시장을 선도하는 하이델베르거 인쇄기나 목재 가공기계 부문에서 세계시장을 이끌고 있는 바이니히 주식회사 같은 기업들은 일찌감치 일본에 통합 서비스망을 구축하여 탁월한 명성을 획득했다. 재봉용 바늘 제작 부문에서 세계시장을 이끌고 있는 그로츠-벡케르트는 이렇게 말한다. "신속하고 직접적이고 믿음직한 서비스를 약속합니다. 그것도 세계 모든 대륙에서 말입니다. 고객들이 일하고 있는 곳이라면 어디든 달려가겠습니다." 오늘날 이런 서비스망은 고도로 발달된 시장에서 성공을 거두기 위한 필수조건으로 자리 잡았다.

그러나 중국과 인도에 그런 서비스망을 구축하기 위해서는 여러 해가 소요된다. 히든 챔피언들만 그런 것이 아니라 대기업들도 마찬가지다. 중국에서 24개의 서비스 지점을 운영하는 데마크 크레인스가 대표적인 사례다. 21세기에 접어든 지금 서비스에 대한 요구는 해외 진출에 대한 요구를 훌쩍 뛰어넘는다. 어디에서건 고객들에게 서비스에 대한 접근성을 보장하는 것이 무엇보다도 중요하다.

가구용 경첩 제작 부문 세계시장 선도기업 가운데 하나인 헤펠레와 도어 잠금장치 부문 세계시장 선도기업인 도르마는 영업제휴 관계를 구축하여 높이가 800미터가 넘는 세계 최고층 빌딩인 두바이의 부르즈 할리파의 도어 잠금 시스템을 수주했다. 도르마는 잠금장치를 납품했고, 헤펠레는 '제작사와 무관하게 대상별 컨설팅 서비스를 제공하는 국제적이고 전문적인 문제해결 역량'을 제공했다. 한국 기업인 삼성이 이 초고층 빌딩 공사를 총괄적으로 지휘했기 때문에 헤펠레 코리아, 헤펠레 두바이 지사, 홍콩 지사가 서로 협력하여 계약을 실행에 옮겼다. 이처럼 국경을 초월하여 서비스를 제공할 수 있는 기업은 한마디로 말해서 세계적인 경쟁에서 좀더 유리한 카드를 손에 쥘 수 있다.

다국적 기업들은 흔히 특정 서비스에 있어서 전 세계적으로 동일한 수준의 서비스를 받기를 기대한다. 광고 회사와 회계 회사들은 이미 오래 전부터 그 같은 기대를 인식하고 있다. 다른 시장에서도 이런 종류의 기대가 점차 늘어나고 있다. 여기에 네트워크가 제공하는 장점들이 추가로 덧붙여진다면, 어떤 한 기업이 글로벌이아 곳곳에 서비스를 제공하고 그것들을 서로 연결할 수 있다. 다음에 제시된 예들은 그처럼 새로운 서비스와 그로부터 고객들이 얻을 수 있는 장점 그리고 경쟁업체에 대한 진입장벽을 상세하게 조명한다.

- 세계 95개국에 1,200개의 서비스센터를 보유한 레구스Regus는 고객들이 여러 나라에서 사무실을 임차하는 경우가 많기 때문에 전 세계에 걸쳐 포괄적인 계약을 체결하고 있다.
- 싱가포르를 거점으로 활동하는 응급구조 부문 세계시장 선도기

업 인터내셔널 SOSInternational SOS는 세계 어디에서나 곤경에 처한 고객들을 돕거나 항공기로 대피시킨다.
- 화재, 수재, 폭풍으로 인한 피해를 복구하는 기업인 벨포르는 전 세계를 대상으로 해당 서비스를 수행하는 유일한 기업이다.
- 마이크로스 피델리오는 접객업계와 소매업계, 여행업계 그리고 크루즈업계를 대상으로 세계 정상급 소프트웨어를 제공하는 기업이다. 당연한 일이지만, 이런 영역에서 활동하는 고객들과 직원들은 완벽한 IT 솔루션과 표준화를 높이 평가한다.
- 이른바 항공기 분할 소유 부문에서 세계시장을 선도하는 넷제츠Netjets는 전 세계 고객들에게 750대의 자가용 비행기를 제공하고 있다. 이처럼 거대한 함대를 거느린 넷제츠의 규모는 가장 큰 경쟁업체 4곳을 모두 합한 것보다도 자그마치 3배나 더 크다. 넷제츠는 투자자 워렌 버핏Warren Buffet의 버크셔 해서웨이 콘체른Berkshire Hathaway Konzern에 소속된 기업이다. 이 회사 자가용 제트기의 장점은 비행기 1등석 가격으로 이용이 가능하다는 점이다. 매년 170개가 넘는 나라에서 35만 대가 넘는 비행기가 운항되고 있다. 넷제츠는 전 세계 5,000개 공항을 대상으로 비행기를 운항하는데, 그중 독일 공항이 88개에 이른다. 2012년부터 중국에도 진출했다.

이 모든 서비스는 새로운 종류의 서비스 내용을 세계 전 지역과 결합시킨 것으로서, 네트워크 경제를 이용하여 고객의 이익을 극대화하고 비용을 최적화한다. 21세기형 서비스는 품질이 뛰어나고 내용이 광범위해야 할 뿐만 아니라, 전 세계적으로 연계되기도 해야 한다. 바로 여기에서 세계화의 필연성과 함께 모든 중요한 시장에 진출해야 할 필연성이 제기된다.

중소기업의 입장에서 보았을 때, 전 세계에 신속하고 일관된 서비스를 제공할 준비를 갖춘다는 것은 문자 그대로 거대한 도전이라고 할 수 있다. 대기업들과는 대조적으로 중소기업들은 모든 나라에 완벽하고 전문적인 능력을 갖춘 서비스팀을 투입하기 어렵다. 경우에 따라서 그들은 신속함과 유연성으로 이런 단점을 해소해야만 한다. 크로네스 창립자인 헤르만 크론제더는 이 같은 도전에 대해 다음과 같이 아주 생생하게 묘사했다.

"우리는 어느 때든 세계 각지에 투입할 수 있는 250명의 고객서비스 기술자들과 설치 기술자들을 보유하고 있습니다. 가끔 그들은 몇 주 혹은 몇 달 동안 집에 돌아오지 못할 때도 있습니다. 고객서비스 부서와 그 부서를 이끄는 팀장의 입장에서 보면, 그 직원들 모두를 조화롭게 조정하는 일은 해결이 불가능한 문제와 같을 겁니다. 하지만 저는 매우 자랑스럽습니다. 왜냐하면 늘 우리 서비스팀이 세계 최고라는 찬사를 듣기 때문이지요. 서비스는 우리가 이룩한 성공을 떠받치는 기둥입니다. 우리가 성공할 수 있었던 것은 250명의 고객서비스 전문가들 덕분입니다."

이어서 크론제더는 그 회사의 부품 납품 시스템에 관한 이야기를 들려주었다.

"우리는 각각의 기계와 관련된 모든 데이터를 중앙컴퓨터에 저장해두었습니다. 이 데이터는 세계 어디서나 활용이 가능합니다. 디지털 방식으로 조작되는 기계에 데이터를 직접 입력하면 밤낮을 가리지 않고 즉시 부품 제작이 이루어집니다. 아침 7시 이전에 부품을 주문하면 대개 그날 오후에는 부품을 실은 화물차가 프랑크푸르트 공항으로 이동합니다. 공항에 도착하면 항공화물 편으로 같은 날 저녁에 지정된 나라로 부품이 운송되어 즉각적으로 납품에 필요한 통관 절차가 이루어집니다."

요즘은 이런 일들이 일반적인 것이 되었을지 모르지만, 기업 창업자 헤르만 크론제더가 이 말을 한 것은 1993년의 일이었다. 그는 이미 오래 전에 고인이 되었다. 당시 크로네스에는 이미 이런 시스템이 확립되어 있었다.[2] 크론제더는 시대를 훨씬 앞서 나간 인물이었다.

오늘날에는 전 세계를 대상으로 한 원거리 진단과 원거리 정비가 기본사항으로 자리 잡고 있다. 그중에서도 중국 기업 산이중공은 지금까지 내가 본 것 중에서 가장 현대적인 시스템을 갖춘 기업이다. 중국 후난성 수도 창사 중심부에 자리 잡은 이 회사에는 우주 비행 지휘본부를 연상시키는 거대한 홀이 있다. 거대한 전자식 세계지도 위에는 지금 막 서비스 엔지니어와 연결된 기계의 위치가 나타나 있다. 서비스 시스템에 가입된 모든 기계는 온라인으로 연결되어 있어서 진단은 물론이고 부분적으로는 문제를 제거하는 것도 가능하다.

오직 대기업만이 그 같은 기술적인 가능성을 제공할 수 있는 것은 아니다. 히든 챔피언들도 어마어마한 서비스 가능성을 제공한다. 오늘날에는 규모가 아주 작은 기업조차도 전 세계에 서비스를 제공할 수 있는 능력을 갖추고 있다. 클라이스 오르겔바우를 생각해보자. 이 회사는 비록 직원이 65명에 불과하지만, 세계 각지에서 오르간을 설치하고 정비하고 수리할 수 있는 능력을 갖추고 있다. 주문 상황에 따라 직원 4명 중 1명이나 5명 중 1명이 세계 어딘가에 파견되어 일을 하고 있다. 수개월에 걸쳐 일하는 경우도 흔하다. 고객은 납품업체가 어디에 있건 전혀 관심이 없다. 글로벌 기업들이라면 반드시 명심해야 할 사실이다. 고객은 서비스를 원한다. 그것도 서비스를 필요로 하는 바로 그 장소에서 말이다. 현대 정보기술과 커뮤니케이션 기술 덕분에 이처럼 수준 높은 고객들의 요구에 부응하기가 점점 더 수월해지고 있으며, 비용도 점차 저렴해지고 있다.

시스템 통합

시스템 통합은 히든 챔피언들의 서비스 품목 변화에서 찾아볼 수 있는 가장 중요한 트렌드다. 그런데 시스템 통합이란 다양한 특징들을 모두 포괄하는 다소 모호한 개념이다. 그래서 그 대안으로 '포괄적인 문제해결'이라는 개념을 고려할 수 있다. 시스템 통합의 중요성이 점차 커지는 배후에는 많은 원인이 있다.

- 납품업자 수 감소: 개별 제품 대신 모듈이나 하위 시스템이 도입되면서 납품업자 수가 감소하고 있다. 그 결과 위계질서 구조를 띤 공급 체인이 생성된다(1급, 2급 등). 1급 납품업자가 되고자 하는 사람은 반드시 시스템을 제공해야만 한다. 이것은 오늘날 자동차 산업에서 찾아볼 수 있는 지배적인 모델로서, 항공우주, 기계제작, 에너지 등 다른 부문에서도 이런 모델이 점차 증가하고 있다.
- 생산과 공급 체인의 개편: 과거에 직접 제품을 생산했던 기업들

이 순수한 엔지니어링 서비스 기업으로 변모하고 있다. 이들 기업은 생산은 다른 기업에게 위탁하고 자신들은 시스템 통합자 역할을 떠맡는다. 알루미늄 압연 설비제작 부문에서 세계시장을 이끌고 있는 아헨바흐 부쉬휘텐이나 제철 부문 세계시장 선도기업인 SMS은 이미 오래 전부터 이 길을 걷고 있다.

- 원스톱 서비스로 모든 것을 (혹은 많은 것을) 해결: 재봉용 바늘 제작 부문 세계시장 선도기업인 그로츠-벡케르트의 홈페이지를 보면 "(우리 회사는) 순수하게 편물기계 바늘과 방직기계 바늘을 제작하던 기업에서 가장 핵심적인 정밀부품 시스템을 제공하는 기업으로 발전했습니다. 재봉틀 바늘, 펠트 바늘, 패턴제작 바늘, 보풀제작 바늘 등 다양한 사업 분야를 단계적으로 개척해온 우리 회사는 마지막으로 직조기 부품 분야를 인수함으로써 부족한 부분을 보완했습니다"라는 설명이 있다. 직조기 부품 분야에서 시스템 솔루션을 공급하기 위해서 이 회사는 스위스의 세계적인 직조기 부품기업 그롭 호르겐 주식회사Grob Horgen AG와 독일 기업 슈마잉Schmeing을 인수했다.

- 복합성 고조: 여기에서는 하드웨어와 소프트웨어 셋업 같은 기술적인 복합성의 고조가 관건이 된다. 예컨대 IT 서비스 기업 베히틀레는 두 가지 요소를 모두 포괄하는 솔루션을 제공하고 있다. 그러나 기술적인 복합성이 증대되면 그 결과 다른 영역이 영향을 받을 수도 있다. 예컨대 산업자동화는 직업교육 수요를 증가시키는데, 페스토 같은 기업은 제품 및 직업교육 시스템을 제공함으로써 이에 부응하고 있다. 순수한 서비스 기업에서도 이와 유사한 현상을 찾아볼 수 있다. 커피 생두 부문에서 세계

시장을 이끌고 있는 노이만 그룹은 커피 생두를 가공하는 동시에 수출입 물류도 함께 담당하고 있다.

- 고객이익 확대: 시스템 구성요소들을 좀더 효율적으로 조정하면 고객의 이익을 증진시킬 수 있다. 빈터할터는 요식업계에 종사하는 고객들에게 특수한 식기세척기를 제공할 뿐만 아니라, 정수 시스템과 독자적인 세척제 브랜드 그리고 서비스도 함께 제공한다. 젤라틴 업계 세계 1위 기업인 젤리타는 자신을 단순한 납품업자가 아니라 '혁신적인 제품의 개발·실현·마케팅 과정에서 고객을 광범위하게 지원하는 통합 솔루션 제공자'로 간주한다. 젤리타의 시스템 서비스는 혁신지원, 적용기술 컨설팅, 공정분석, 생산 최적화, 전 세계 인허가 업무 및 관청접촉 업무를 포괄한다. 세탁설비로 세계시장을 주도하는 카네기서는 1980년대에 이미 세탁업을 '통합 시스템'으로 이해했다. 이와 함께 이 회사는 다림질기계 제작업체와 부속기계 제작업체가 따로 분리되어 활동하던 시대의 종말을 알렸다. 그 대신 카네기서는 산업 세탁설비에 적용되는 조화로운 통합 프로그램을 개발하여 세계시장 지배기업으로 등극했다. 세계 최대의 칫솔 제작기업 M+C 쉬퍼는 고객들에게 칫솔과 관련된 모든 문제를 해결하는 통합 솔루션을 제공한다. 여기에는 안전하고 위생적인 포장뿐만 아니라 2차 포장과 포장 솔루션 개발 그리고 광고 효과를 발휘하는 디스플레이도 포함된다. 여객기 객실장비 부문에서 세계시장을 이끌고 있는 란탈은 항공사들에게 광범위한 시스템 서비스를 제공한다. 란탈의 서비스는 고객의 특수한 요구에 따른 전체 인테리어 디자인과 좌석 커버, 커튼, 벽 외

장제, 머리 보호대와 양탄자를 포괄한다.³ 뢰들&파드니는 회계 업무와 세금 및 법률자문 통합 서비스를 바탕으로 세계화를 추진함으로써 전 세계적으로 입지를 공고히 했다. 특히 중소기업들은 기업을 세계화하는 과정에서 원스톱 서비스를 중요하게 생각한다.

- 지금까지 해결되지 못했거나 해결이 불충분했던 고객들의 문제 해결: 바이오메트Biomet는 인공관절과 혁신적인 관절보조물을 생산하는 세계 굴지의 정형외과 관련 기업이다. 인공관절 이식은 수술, 입원, 재활과 결부되어 있다. 비오메트는 유럽 전 지역에 서비스 브랜드로 등록된 '조인트 케어Joint Care' 프로그램을 통해 다양한 병원과 보험사들에게 최적화된 과정을 제공하고 있다. 이에 따라 모든 치료와 재활 단계는 사전에 꼼꼼한 계획 과정을 거쳐 진행된다. '조인트 케어' 프로그램을 통해서 평균 입원일수가 14일에서 7일로 줄어들었고, 재활기간도 마찬가지로 짧아졌다. 이렇게 하면 병원들은 수술 건수를 늘일 수 있고, 이에 상응하여 병원 설비완전가동률과 경제성도 함께 향상된다. 전통적인 절차에 비해서 비용이 적게 들기 때문에 의료보험조합도 비용을 절약할 수 있다. 또 환자들은 기존 병원비의 절반만 지불하면 된다. 비오메트는 자사가 생산하는 인공무릎과 인공좌골을 사용하는 병원에 한해서 이 프로그램을 무상으로 제공한다. 이 같은 시스템 솔루션은 관련자 모두에게 윈-윈 효과를 가져다줄 수 있다.

- 인증과 보증: 이 경우에도 란탈이 적합한 예가 될 수 있다. 왜냐하면 항공기 내부 장식은 고도의 안전성을 요하는 일이기 때문

이다. 란탈은 유럽항공안전국EASA과 미국 감독관청인 FAA로부터 자재와 카펫에 대한 공식 테스트 인증서를 발부할 수 있는 권한을 위임받은 업체다. 컨테이너 선박 인증 부문에서 세계시장을 선도하는 게르마니셔 로이드도 매우 광범위한 시스템 솔루션을 제공한다. 이 기업은 이렇게 말한다. "게르마니셔 로이드는 선주, 조선소, 납품업체에게 총체적인 기술 서비스를 제공합니다. 등급 구분에서부터 자문 및 엔지니어 서비스, 인증, 교육을 거쳐 소프트웨어 솔루션에 이르기까지 광범위한 서비스를 포함합니다." 특히 인증이나 그와 결부된 보증 문제 같은 민감한 영역일수록 고객들은 다수의 공급업체가 아닌 단 하나의 공급업체와 관계를 맺고 원스톱 서비스를 제공받기를 선호한다.

- 안전과 효율성: 고객들의 입장에서 원스톱 서비스를 제공받는다는 것은 안전과 효율성이 증대된다는 것을 의미한다. 세계 굴지의 상업용 폭약 생산기업인 오스트레일리아의 오리카Orica는 채석업자들에게 문제해결을 위한 원스톱 솔루션을 제공한다. 오리카는 폭약만 공급하는 것이 아니라, 암석 성분을 분석하고 굴착 작업과 폭파 작업도 함께 수행한다. 오리카는 이런 시스템 모델을 이용하여 고객들에게 분쇄 과정을 거친 돌을 제공하고, 추후에 서비스 비용을 산정한다. 고객의 상황에 따라 맞춤식 해법을 제공하기 때문에 비용 면에서 투명성은 다소 떨어지지만 각 고객의 매출액과 효율성 그리고 안전성은 증대된다. 고객들은 더는 폭파 과정에 신경을 쓸 필요가 없다. 따라서 계속 이 회사와 거래할 수밖에 없으며, 다른 업체로 갈아타기가 점점 더 어려워진다.

- 새로운 사업 모델: 제트추진엔진 부문 세계시장 선도기업인 제너럴 일렉트릭 에어크래프트 엔진스General Electric Aircraft Engines는 항공사들에게 제트추진엔진을 제공하고 운항시간에 따라 비용을 계산하는 사업 모델을 도입했다. 이 회사는 이런 모델을 실행에 옮긴 최초의 기업이다. 이때에는 GE가 모든 부분에 신경을 쓴다. 이와 비슷한 사업 모델로는 수행 성과에 따라 비용을 계산하는 방식이 있다. 예컨대 자동차 도색설비 부문 세계 1인자인 뒤르는 자동차 도색 부문에서 세계시장을 이끌고 있는 바스프와 공조하여 자동차 제작사들에게 고정가격으로 도색 서비스를 제공하고 있다. 지난 몇 년 동안 수많은 업계에서 사용한 만큼 비용을 지불하는 '사용량별 지불Pay per use' 모델이 크게 증가했다.

이런 다양한 원동력과 사례들이 보여주는 것처럼, 시스템 통합은 다양한 제품의 결합이나 제품과 서비스의 결합, 가치창출사슬 내부의 위치 변동 혹은 완전히 새로운 사업모델을 기반으로 하여 이루어질 수 있다. 히든 챔피언들은 이 모든 옵션을 빠짐없이 활용하고 있다. 서비스 확대가 갖는 전략상의 중요성은 아무리 강조해도 지나치지 않다.

- 일반적으로 시스템 통합은 자체가치창출비율 증대와 관련되어 있다. 시스템 통합을 통해 생성된 잠재적인 성장 가능성이 그 사실을 분명히 암시해준다. 노이만의 사장 페터 질만Peter Sielmann은 이렇게 말한다. "우리는 가치창출사슬 전체를 커버

하고 있습니다."

- 시스템 통합은 고객의 이익은 물론 특히 고객에 대한 결속력을 확연하게 증대시킬 수 있는 기회가 된다. 한 공급업체로부터 다수의 제품 혹은 시스템을 통째로 구입하는 고객들은 한 가지 제품만 구입하는 고객들과 비교했을 때 공급업체를 교체하기가 더 어려울 뿐만 아니라 교체 빈도도 훨씬 더 낮다.
- 개별 제품을 제공할 때보다도 시스템을 제공할 때 신생 경쟁업체들의 진입장벽이 훨씬 더 높아진다. 시스템 통합은 시장 진입 장벽을 높이고, 이를 통해 자체 시장 입지를 보호하기 위한 효과적인 수단이다.
- 시장지배기업들을 보면 마치 처음부터 시스템 서비스를 제공할 운명이었던 것처럼 보인다. 시스템 통합은 고도의 조정 능력과 함께 복합적인 극복 능력을 요구한다. 매우 복합적인 시스템을 능수능란하게 다뤄야 하므로 최소한 이 분야에 있어서는 사람들은 규모가 작은 경쟁업체들보다는 시장지배기업을 신뢰한다.

이런 이유로 히든 챔피언들은 시스템 통합과 시스템 솔루션을 제공하는 일에 있어서 그들의 강력한 시장 입지를 안전하게 보호하고 더욱 확장하는 데 훨씬 유리하다. 그러나 시스템 통합에는 필연적으로 어두운 이면과 함께 다양한 리스크가 동반된다. 시스템 솔루션을 제공하는 일은 조직에 아주 큰 어려움을 안겨줄 수 있다는 사실을 반드시 명심해야 한다. 분할적인 배치 구조를 갖춘 기업이 고객들에게 각 영역별로 경계를 초월하는 통합적인 서비스를 제공하고자 한다면, 조직 구조 또는 각종 과정과 인센티브 지급 체제가 제아무리 구체적이리고 헤도 필연적으로 매트릭스 조직이 안고 있는 문제점에 봉착할 수밖에 없다.

제품 사업과 서비스 사업은 예컨대 중앙집중화 정도나 계획 가능성의 면에서 각기 다른 과정을 거친다. 전문 청소장비 업계에서 시장을 지배하는 하코는 더는 전형적인 산업 기업체가 아니다. 현재 이 기업 직원들 대부분이 고객 서비스 지점에서 일을 하고 있다. 시스템 판매system selling와 교차 판매cross selling는 흔히 직원교육이나 직원 동기의식 부족으로 인해 실패로 돌아가곤 한다. 결론적으로 말하면, 시스템 솔루션을 제공하는 일은 히든 챔피언들에게 큰 위험을 안겨줄 수 있다. 왜냐하면 명확한 목표와 그에 대한 집중을 위협할 수 있기 때문이다. 그러므로 아무 생각 없이 유행을 뒤쫓을 것이 아니라, 최대한 꼼꼼하게 심사숙고하여 시스템 솔루션 제공 여부를 결정하고 그것을 조직적으로 실행하는 단계에서 최대한 주의를 기울이기 바란다.

브랜드

히든 챔피언들은 그들이 활동하는 협소한 시장 외부에서는 거의 알려져 있지도 않고, 또 그 존재도 숨겨져 있다. 반면 그들과 관련이 있는 목표 그룹 내부에서는 그들의 이름과 브랜드가 높은 인지도와 명성을 누리고 있다.

세계화가 진행되는 과정에서 브랜드 정책과 커뮤니케이션에 대한 요구가 몇 배로 증가하고 있다. 국내에서 하나의 브랜드로 확고하게 자리매김하는 일과 글로발리아에서 그런 위치를 확보하는 일은 완전히 별개의 문제다. 세계시장 지배자로 등극하여 그 자리를 유지하겠다는 야심 속에는 하나 혹은 다수의 브랜드를 확립하려는 목표가 포함되어 있다. 그런데 이런 측면을 논의할 때는 반드시 다양한 시장을 각각 세분화하여 관찰해야 한다. 세계시장 고객이 소수에 불과한 (예컨대 자동차 산업이나 항공기 산업) 히든 챔피언들에게 브랜드 세계화는 크게 문제가 되지 않는다. 어쨌거나 그들은 소수의 고객들과 직접 접촉할 수 있다. 그리고 고객들은 그들과 거래하는 납품업체의 능력을 확실하게 평가할 수 있다. 이런 경우, 국제적인 브랜드를 구축하는 데 드는 시간과 금전적인 비용은 그리 대단하지 않다.

반면 목표 그룹이 클수록, 세분화되어 있을수록, 그리고 판매방식이 간접적일수록 국제적인 브랜드를 구축하기가 더욱 힘들어지고, 비용과 시간도 더 많이 소요된다. 이런 경우에는 다시금 집중 전략이 도움이 된다. 대규모 시장이 아니라 좁게 제한된 부문에서 활동하는 소비재 생산기업들은 국제적인 브랜드를 만들기가 훨씬 더 용이하다. 소비재 생산기업들이 세계적으로 획득한 위상은 그야말로 인상적이다. 밀레의 사장 라인하르트 친칸은 이렇게 말한다.

"우리는 우리를 아는 사람이 아무도 없었던 다양한 시장에 브랜드 가치를 수출하는 데 성공했습니다. 오늘날 밀레는 세계 어디에서나 최고급의 대명사입니다. 우리 브랜드는 품질의식의 상징이자 지위의 상징이기도 합니다."

현재 고급 아파트에 밀레 가전제품을 설치하는 오스트레일리아, 중국, 일본 프로젝트 개발자들과 친칸의 만남이 점점 더 잦아지고 있다. 거대한 가전제품 시장 규모를 고려할 때 매출액 30억 유로의 밀레는 비교적 규모가 작은 업체라는 사실을 기억하라(비교해보면 월풀의 매출액 규모는 134억 유로이고, 엘렉트로룩스의 매출액은 113억 유로, 보쉬-지멘스 하우스게레테의 매출액은 91억 유로에 달한다).

칼데바이, 빌러로이&보흐Villeroy&Boch, 그로헤, 한스그로헤 같은 기업들은 세계 혹은 유럽 전역의 위생용품 업계에서 높은 인지도를 보유하고 있다. 케르허는 지금도 이미 전 세계적으로 높은 인지도를 보유하고 있는데, 무엇보다도 포뮬러 1 광고가 글로벌 브랜드를 확립하는 데 큰 도움이 되었다. 한스그로헤 라틴아메리카 지역 사장 루이스 바일러Luis Weiler는 자신이 담당하고 있는 지역과 관련하여 다음과 같이 말한다. "브랜드는 우리의 최고 자산입니다." 테트라민Tetramin은 취미로 물고기를 기르는 전 세계인에게 널리 알려진 브랜드다. 그리고 전문적인 카메라팀이라면 누구를 막론하고 모두가 ARRI 카메라와 자흐틀러 삼각대를 잘 알고 있다. 마찬가지로 가수와 음향기술자라면 누구나 젠하이저&노이만Sennheiser&Neumann의 마이크를 잘 알고 있다. 농업에 종사하는 사람치고 클라스라는 브랜드를 모르는 사람은 없다. 감자 재배업자라면 누구나 세계적인 감자수확기 제작업체인 그림메Grimme을 알고 있을 것이다. 모든 치과의사들은 지로나, 카보Kavo(치과용 설비) 혹은 코멧Comet(치과용 드릴) 같은 브랜드 네임이 구체적으로 의미하는 바를 역시 잘 알고 있다.

납품업체에게도 브랜드는 중요한 의미를 지닌다. 특히 부품 사업에서 그러하다. 작스Sachs는 대중에게 높은 인지도를 보유한 몇 안 되는 자동차 부품 납품업체들 가운데 하나다. 이것은 부품 사업에서 매우 유리하게 작용한다. 이 분야에서는 공장에서 제품을 선택할 때 장인들이 매우 강력한 영향력을 행사하는데, 이 목표 그룹 내부에서 작스는 탁월한 이미지를 보유하고 있다. 다수의 판매 대리인이나 수공업자 혹은 서비스업체가 개입되는 곳이라면 어디에서나 브랜드가 매우 중요한 역할을 수행한다. 많은 히든 챔피언들이 세계적인 브랜드를 구축하는 부분에서 크게 앞서 있다. 긴 시간과 함께, 즉 평균적으로 22년 전부터 지켜온 시장지배권이 강력한 브랜드의 결정적인 구성요소로 작용한다는 것은 명백한 사실이다. 브랜드와 이미지는 궁극적으로 '응결된 시간'과 같다.

높은 시장점유율을 보장하기 위한 한 가지 효과적인 방법은 바로 복수 브랜드 전략이다. 이것은 히든 챔피언들 사이에서 크게 사랑받는 방법이기도 하다. 두 번째 혹은 세 번째 브랜드는 우선 다양한 가격대를 제공하는 데 활용될 수 있다. 예컨대 이비스 그룹Iwis-Gruppe은 최고급 자동차에 장착되는 정교한 타이밍체인(내연기관 점화 시간 조절체인)을 이비스라는 브랜드 네임으로 판매하고 있다. 반면 (농기구처럼) 정교함에 대한 요구가 조금 떨어지는 기기에는 제작비용과 가격대가 훨씬 저렴한 유로체인Eurochain이라는 두 번째 브랜드를 사용하고 있다.

조명기술 부문에서 세계시장을 이끌고 있는 춤토벨은 토른Thorn, 춤토벨, 트리도닉Tridonic, 레돈Ledon 등 네 가지 브랜드로 세계시장에 진출해 있다. 이 브랜드들은 각기 특수한 전문 역량을 갖추고 있다. 전문 선탠기구를 제작하는 세계시장 선도기업 JK 그룹은 주력 브랜드인 에르고라인Ergoline과 더불어 더 저렴한 가격대와 더 젊은 세대를 타깃으로 삼는 두 번째 브랜드 졸트론Soltron을 운영한다. 투틀링엔에서 의학 및 생물학 연구에 사용되는 열 캐비닛을 생산하는 기업인 빈더는 저가 경쟁업체에 맞서기 위해서 어드밴티지 랩

Advantage Lab이라는 자회사를 설립했다. 위생용품 부문 세계시장 신도기업인 그로헤는 현재 장래가 촉망되는 새로운 시도를 수행하고 있다. 그로헤는 중국의 시장지배기업인 조유Joyou의 지분을 과반수 이상 확보하고 있다. 그뿐만 아니라 그로헤는 조유라는 브랜드를 좀더 가격이 저렴한 두 번째 브랜드로 내세워 유럽시장에서 활용할 계획인데, 이를 위해서 브랜드 운영의 엄격한 분리를 추진하고 있다.[4]

두 번째 브랜드라고 해서 언제나 다른 가격대를 목표로 삼는 것은 아니다. 때로는 첫 번째 브랜드와 정면으로 맞붙어 경쟁을 벌일 수도 있다. 이런 위치 설정은 전체적으로 더 높은 시장점유율을 획득하기 위한 효과적인 수단이 된다. 예컨대 메디아 마르크트Media Markt와 자투른Saturn은 모두 메디아 자투른 홀딩Media Saturn Holding 및 간접적으로는 메트로Metro 그룹에 소속된 기업이다. 이 둘은 가격에서 비슷한 수준일 뿐만 아니라, 심지어 동일한 장소에 자리를 잡은 경우도 빈번하다. 어떤 고객이 제품과 가격을 서로 비교할 목적에서 여러 상점을 방문할 경우, 모기업인 미디어 자투른 홀딩에 소속된 상점들 가운데 한 곳에서 물건을 구매할 가능성이 높아진다. 지게차 부문 세계 2인자인 키온Kion도 이와 유사한 복수 브랜드 전략을 추진하고 있다. 이 기업의 최고급 브랜드인 린데Linde와 슈틸Still은 서로 긴밀한 경쟁관계를 형성하고 있다. 그밖에도 키온은 가격대가 좀더 저렴하거나 특정한 지역만을 대상으로 하는 OM(주력시장 이탈리아), 펜위크Fenwick(주력시장 프랑스), 바올리Baoli(주력시장 중국) 같은 또 다른 브랜드를 제공한다.

스위스 시계 산업은 브랜드가 지닌 어마어마한 가치를 가장 확실하게 증명해준다. 전 세계에서 제작된 모든 시계 가운데 스위스에서 제작된 시계는 고작해야 2퍼센트에 불과하다. 그러나 스위스 시계가 전 세계 시계 매출액에서 차지하는 비율은 자그마치 53퍼센트에 이른다. 그만큼 가치가 높기 때문이다. 스위스 시계 1개의 평균 가격은 430유로지만, '전 세계 시계'(여기에는 모조품까지 모두 포함되어 있다)의 평균 가격은 약 10유로 정도로 추정된다. 스위스 시계 산업은 해외에서 160억 유로의 매출을 올리고 있다. 주로 히든 챔피언 유형의 기업들로 구성된 스위스 시계 산업은 제약/화학과 기계제작에 이어 스위스에서 세 번째로 규모가 큰 산업 분야를 형성하고 있다. 고객들이 인식하는 유익함과 그로 인해 기꺼이 비용을 지불하는 것은 대부분 브랜드 정책을 통해서 생성된다. 그리고 이때에는 뭐니 뭐니 해도 'Swiss Made'라는 인장이 큰 역할을 수행하는데, 이런 인장을 받으려면 전체 제작비용 중 적어도 60퍼센트가, 오토메틱 시계의 경우에는 심지어 80퍼센트가 스위스에 귀속되어야 한다는 전제조건이 붙는다.[5]

히든 챔피언들이 중요하게 생각하는 또 다른 브랜드 트렌드는 이른바 성분 브랜딩Ingredient Branding이다. 인텔Intel의 마이크로프로세서를 사용하는 모든 컴퓨터에서 찬란하게 빛을 발하는 'Intel Inside'가 바로 이 전략의 가장 대표적인 예다. 히든 챔피언들이 생산하는 제품의 많은 부분이 다른 최종 제품의 부품이나 재료로 사용되어 시야에서 사라져버리는 특징이 있다. 이런 이유로 히든 챔피언들은 성분 브랜딩에 특별한 관심을 보인다. 고어-텍스Gore-Tex는 수십 년에 걸쳐 확립된 브랜드로 매우 큰 성공을 구가하고 있다. 이것은 테플론 소재의 얇은 막으로, 이것을 사용하면 외부적으로는 방수가 되고 내부적으로는 통기가 되는 옷을 만들 수 있다. 거의 100퍼센트 이 소재를 이용하여 최종 제품을 만들어내는 의류업체나 신발업체의 브랜드보다 '고어'라는 브랜드가 더 유명하다. 이 같은 브랜드의 힘은 시장점유율은 물론이고 가격에도 긍정적으로 반영된다.

히든 챔피언들이 강력한 브랜드를 보유하고 있다는 사실을 간접적으로 알려주는 한 가지 중요한 증거가 있으니, 그것은 바로 일반적으로 규모가 더 큰 다른 기업이 히든 챔피언들의 브랜드들을 인수하여 계속 운영한다는 사실이다. 예컨대 보쉬는 사업의 한 부분을 렉스로트, 부데루스Buderus, 융커스Junkers라는 브랜드로 운영하고 있다. 보쉬는 특수한 목표집단들 사이에서 이 브랜드들이 탁월한 명성을 보유하고 있다는 사실을 알아차리고, 그 브랜드를 계속 유지하는 현명한 전략을 구사했다.

가격

대부분의 히든 챔피언들이 구사하는 서비스 전략은 저렴한 가격이 아니라 높은 수준의 고객 편익이다. 많은 기업인들과 대화를 나누어본 결과, 극소수의 예외를 제외하고는 모두 이런 위치 설정을 기업 전략의 본질적인 부분으로 강조했다. 일반적으로 그들은 "우리는 낮은 가격에 입각한 제품을 판매하는 것이 아니라, 고도의 성능에 입각한 제품을 판매합니다" 혹은 "우리가 중요하게 생각하는 것은 가격이 아니라 품질입니다"라고 말했다.

많은 시장에서 (예컨대 자동차 부품 납품업체, 전자업체, 식료품 도매상) 극단적인 가격 압박을 받으면서 지속적인 가격 하락을 유도하고 있지만, 많은 히든 챔피언들이 가격 압박의 영향을 그다지 심하게 받는 것 같지는 않아 보인다. 지난 10년간 가격 변화 추이를 문의했더니 63퍼센트가 근본적으로 가격 수준이 동일하다고 대답했다. 4분의 1 정도에 해당하는 24퍼센트가 가격이 확연하게 하락했다고 답했다. 가격이 확연하게 상승했다고 대답한 기업의 비율은 그보다 낮은 13퍼센트에 불과했지만, 그럼에도 불구하고 이것은 여덟 곳 중 한 곳 꼴로 현저한 가격 상승을 관철시킬 수 있었다는 것을 의미한다. 히든 챔피언 사장들은 보통 구체적인 가격 프리미엄을 밝히기를 원하지 않는다. 이는 충분히 이해가 가고도 남는 일이다.

전체적으로 정리해보면 다음과 같다. 히든 챔피언들이 제시하는 가격은 일반적으로 시장 평균 수준을 10~15퍼센트 정도 웃도는데, 20퍼센트 더 높은 경우도 드물지 않다. 예컨대 풍력발전설비 부문 기술선도기업인 에네르콘은 경쟁업체보다 15~25퍼센트 높은 가격을 관철했다. 그럼에도 불구하고 에네르콘은 높은 시장점유율을 (독일 시장에서는 약 60퍼센트) 유지하고 있다. 치열한 경쟁이 펼쳐지는 시장에서 가격 차이가 이처럼 큰 폭으로 벌어질 수 있는 이유는 경제적인 면에서 보았을 때 합당하게 받아들여지기 때문이다. 그리고 궁극적으로 이 같은 가격 차이는 에네르콘 풍력 터빈이 보유한 기술적·구조적 우월성에 근거한다. 밀레 제품의 가격도 이와 비슷한 수준으로 시장 평균을 웃도는데, 그럼에도 재구매 비율이 자그마치 90퍼센트가 넘는다. 그 어떤 경쟁업체도 밀레 제품의 품질과 수명을 따라올 수 없기 때문이다. 심지어 가격에 민감한 제품이나 목표 그룹 사이에서도 가격 프리미엄이 5~15퍼센트에 이른다. 시장지배기업들이 가격에서 평균을 넘어서는 것은 결코 새로운 일이 아니다.

대부분의 시장에서는 원자재가 아니라 다양한 제품들이 서로 경쟁을 펼친다. 이에 따라 고객의 비용지불 태세도 달라진다. 가격차이는 일반적인 현상이다. 제품이나 서비스 품질이 우월하면 그것은 가격에 고스란히 반영되어 나타난다. 요컨대 그런 제품이나 서비스는 가격이 조금 더 비싸다. 고객이 저렴한 가격보다 높은 품질에 더 큰 비중을 둔다면 (혹은 고객 다수가 이렇게 행동한다면), 높은 시장점유율은 자연히 높은 가격을 동반한다. 이것은 히든 챔피언들이 전형적으로 처한 상황이다. 이것은 가격-판매량 곡선이 하향곡선을 그리는 것과 전혀 모순되지 않는다.

가격 수준이 평균을 상회한다고 해서 히든 챔피언들이 가격 경쟁에 노출되어 있지 않다는 말은 아니다. 비록 히든 챔피언들이 '고객유치 잠재력'과 더불어 가격-판매량 함수에서 구텐베르크Gutenberg가 말한 의미에서의 '독과점적 영역'을 점유하고 있긴 하지만, 만약 이 영역을 떠나면 그때부터 통상적으로 적용되는 가격 메커니즘이 영향력을 발휘한다. 예컨대 과거에 히든 챔피언들을 대상으로 실시한 연구에서 우리는 가격 차이가 28퍼센트에 이르면 고객들이 이탈한다는 사실을 확인했다. 이 영역에서는 가격탄력성이 1.78(=50/28)이다. 그러니까 판매감소비율이 가격차이비율보다 1.78배 더 높다는 말이다. 이런 가격탄력성 수치는 평균적이다.

이미 언급한 가격 프리미엄에도 불구하고 히든 챔피언들은 가격책정과 관련하여 그들이 지닌 자유를 과도하게 남용하지 않는다. 아니, 심지어 그런 자유를 충분히 활용하지 못하는 것 같다. 이와 관련하여 무엇보다도 가격 책정의 기초가 되는 고객의 이익 증대와 가격차별화 측면에서 잠재적인 개선 가능성이 존재한다. 가격 책정 과정도 더욱 주목받아야 마땅할 것이다. 대부분의 히든 챔피언들이 B2B 사업 분야에서 활동하고 있기 때문에 흔히 협상을 통해서 거래가격이 책정된다. 이 영역에서는 논증과 정보, 상대적인 권력의 확충, 게임이론 활용, 영업사원에 대한 인센티브 지급 측면에서 현저한 개선 가능성이 존재한다.

비록 소수이긴 하지만 지금 막 설명한 가격 프리미엄을 타깃으로 삼는 대신 낮은 가격, 부분적으로는 공격적인 가격으로 공세를 펼치는 히든 챔피언들도 있다. 안경 유통 부문에서 유럽시장을 이끌고 있는 필만Fielmann은 전통적인 안경점과 비교하여 가히 공격적이라 할 만한 가격 전략을 구사하여 지속적인 성공을 거두고 있다. 자동차 서비스업체인 A.T.U.는 이렇게 말한다.

"우리는 자동차 애프터 세일즈 시장에서 가장 저렴한 가격으로 뛰어난 품질을 제공하는 업체들 가운데 하나입니다. 우리는 '비싼 것을 제외한 모든 것'이라는 모토를 내세워 광고를 하고 있습니다."

사무용 의자에 사용되는 가스 스프링 제작사인 주스파Suspa는 '저렴한 가격'과 '가격우위'를 전면에 내세운다. 마찬가지로 해부학 교구로 세계시장을 이끌고 있는 3B 사이언티픽도 '성능 대비 극도로 경쟁력 있는 가격'을 내세워 고객들을 확보하고 있다. 강철욕조를 생산하는 유럽시장 선도기업 칼데바이는 뛰어난 효율성과 저렴한 가격을 자랑스럽게 생각한다. 나사 생산업체인 뵐호프Böllhoff도 고도의 자동화 설비 덕분에 비용과 가격 면에서 아시아 업체들과 비교하여 전적으로 경쟁력을 갖추고 있다고 자평한다. 의학연구용 열 캐비닛을 제작하는 빈더는 두 번째 브랜드인 어드밴티지 랩을 통해서 첨예한 가격 경쟁에 대비하고 있다. 시장 페터 미히엘 빈더Peter Michael Binder는 "아무도 그런 기구를 더 싼 가격에 제작할 능력을 갖추어서는 안 될 것입니다"라고 힘주어 말한다.

그러나 전체적으로 보았을 때 지나치게 싼 가격으로 제품을 공급한다거나 그런 제품으로 광고를 하는 히든 챔피언들은 어디까지나 예외에 속한다. 저가 전략으로 돈을 벌려면 전체 서비스를 다른 경쟁업체들보다 지속적으로 저렴하게 제공할 수 있어야만 한다. 일반적으로 이런 조건을 충족하는 기업은 얼마 되지 않는다. 특히 히든 챔피언들 사이에서 그런 기업은 극소수에 불과하다.

'가격 전쟁'이라는 주제는 대부분의 히든 챔피언들에게 금기시되는 주제다. 2011년 지몬-쿠허&파트너스는 전 세계 가격 책정에 관한 연구를 실시하면서 4,000명의 매니저들에게 문의했다. 이들 가운데 46퍼센트가 자신의 회사가 현재 가격 전쟁을 치르고 있는 중이라고 대답했다.[6] 그러나 전형적인 히든 챔피언들은 그렇지 않다. 그들은 공격적인 가격 행보나 지나친 가격 할인 혹은 그와 유사한 행위 자체를 회피한다. 이런 조치들은 경쟁업체들의 보복을 유발하고 마진을 파괴한다. 히든 챔피언들이 평균 이상의 수익을 거두는 이유는 두말 할 것도 없이 파괴적인 가격 후려치기 때문이 아니라 서비스지향적인 경쟁 덕분이다. 왜냐하면 가격 전쟁은 문자 그대로 이윤 킬러이기 때문이다.[7] 그러나 다른 한편으로는 히든 챔피언들조차도 경쟁업체들이 야기한 가격 공격을 완전히 피해갈 수는 없다.

이런 면에서 가격과 가격의 역동성을 예리하게 주시할 필요가 있다. 부분적으로 이것은 위기의 결과물이다. 모르긴 해도 위기가 낳은 가장 심각한 결과물은 신뢰 상실과 그로부터 비롯된 리스크 혐오감의 고조일 것이다. 의사소통과 보증 강화 그리고 판매자와 구매자 간의 리스크를 새롭게 분할하는 결과를 가져오는 가격 정책들을 도입한다면 이처럼 변화된 상황에 효과적으로 대응할 수 있다. 에네르콘은 혁신적인 가격 정책을 도입하여 이런 상황을 기회로 활용한 모범적인 사례다. 풍력발전기 구입 고객들은 흔히 에네르콘 파트너 콘챕트EPK와 풍력발전기 정비, 보증 서비스, 수리 계약을 체결한다. 이때 에네르콘이 지급받는 보수는 풍력발전기 수익에 따라서 좌우된다. 요컨대 에네르콘은 풍력발전기 가동에 따른 리스크를 운영자와 분담한다. 이런 제안은 고객들이 감수해야 할 객관적인 리스크를 현저하게 감소시킨다. 이 제안은 고객들의 마음을 탁월하게 사로잡은 듯하다. 왜냐하면 고객의 85퍼센트가 EPK와 계약을 체결하기 때문이다.

리스크를 부담하거나 보증할 때면 언제나 그렇듯이 이 경우에도 비용을 고려하지 않을 수 없다. 그러나 에네르콘은 그 정도쯤은 거뜬히 통제할 수 있다. 그렇게 할 수 있는 이유는 바로 기술에 바탕을 둔 탁월한 품질력 덕분이다. 에네르콘은 규모가 큰 풍력발전기 제작사들 가운데 변속기가 장착되지 않은 제품을 생산하는 유일한 업체다. 변속기는 대부분 고장에 취약하고 강도 높은 정비가 필요한 부분이다. 고장의 진원지인 변속기를 제거함으로써 에네르콘은 고객들에게 97퍼센트라는 매우 높은 설비완전가동률을 보증해줄 수 있게 되었다. 실제 설비완전가동률은 98퍼센트가 넘는다. 중요한 것은 이처럼 높은 설비완전가동률을 보장하는 데 전혀 돈이 들어가지 않는다는 것이다. 에네르콘의 예는 납품업자와 고객 간의 리스크 분할을 최적화한 이상적인 사례로서, 이 같은 리스크 분할은 위기 이후에 팽배하고 있는 구매 저항을 확연하게 감소시키는 효과를 발휘하고 있다.

세계화의 틀에서 보았을 때, 히든 챔피언들의 가격 정책과 관련하여 두 가지 측면이 중요해진다. 첫째로, 전문적인 역량, 제품 품질, 납품 능력, 서비스 영역에서 개발도상국 출신의 경쟁업체들이 차이를 크게 만회했다는 점이다. 중국 텔레커뮤니케이션 장비업체인 화웨이와 ZTE 혹은 과거 콘크리트 펌프 부문 세계시장 지배기업이었던 푸츠마이스터를 인수한 산이중공 같은 예들이 그 사실을 분명하게 말해준다. 이런 새로운 경쟁업체들의 서비스가 히든 챔피언들이 제공하는 서비스에 바싹 다가갈수록 관철시킬 수 있는 가격 차이와 운신의 폭이 점점 더 좁아진다.

이에 대처할 수 있는 방법은 단 두 가지뿐이다. 우선 혁신을 통해서 서비스 격차를 새롭게 벌리고 그것을 계속 유지함으로써 기존의 가격 차이를 지켜나가는 것이다. 가격 상위 부문에서 시장지배권을 방어하는 것, 바로 이것이야말로 대부분의 히든 챔피언들이 최우선 순위를 두어야 할 부분이다. 그러나 대부분 이 방법 하나만으로는 지속적인 성공을 거두기 어렵다. 왜냐하면 새로운 경쟁자들이 재빠른 속도로 따라붙어 전문적인 역량을 갖출 것이기 때문이다. 이렇게 되면 남은 방법은 가격을 낮추는 방법밖에 없다. 이렇게 하려면 일반적으로 제품의 군살을 빼고 더 비용이 저렴한 지역으로 생산거점을 이전해야 한다. 중국 기업들과 계속해서 성공적으로 경쟁을 벌이려면 히든 챔피언들 자체가 중국 기업이 되어야만 한다. 이 말은 곧 이런 신생 기업들과 비슷한 경쟁조건 하에서 경쟁을 펼쳐야 한다는 것을 의미한다. 한 걸음 더 나아가 비용 면에서 중국인을 공격할 방법을 모색할 수도 있을 것이다. 중국보다 인건비가 현저하게 저렴한 지역(예컨대 인도, 방글라데시 혹은 베트남)으로 간다면 충분히 그렇게 할 수가 있다.

글로벌 마켓에서 일어나고 있는 중요한 발전 상황이자 히든 챔피언들의 가격 책정에 영향을 미치는 또 한 가지 현상은 바로 개발도상국을 중심으로 초저가 부문이 생성되고 있다는 사실이다. 인도 출신으로 미국에서 활동하는 교수 두 사람이 이런 새로운 부문의 생성을 지적했다. 오스틴 텍사스 주립대학의 비제이 마하잔 Vijay Mahajan 교수는 저서 《86% 시장에 도전하라 86% Solution》에서 이 분야를 가리켜 '21세기의 가장 큰 시장 기회 Biggest Market Opportunity of the 21st Century'라고 말한다.[8] 책 제목에 있는 86%는 인류 86%의 연간 수입이 1만 달러 이하라는 것을 가리킨다. 수입이 그런 수준에 있는 사람들은 고도로 발달된 나라에서 사용되는 전형적인 제품들을 (예컨대 자동차, 신체관리제품 등) 구입할 수 있는 여유가 없다.

2010년에 고인이 된 전략 전문가 C. K. 프라할라드 C. K. Prahalad는 저서 《저소득층 시장을 공략하라 The Fortune at the Bottom of the Pyramid》에서 강력하게 성장하는 하위가격 부문이 제공하는 기회를 깊이 파고들었다.[9] 중국, 인도 그리고 발전을 추구하는 그 밖의 다른 국가에서 지속적으로 진행되는 성장은 수백만 명에 이르는 소비자들의 수입을 위로 끌어올리는 한편, 그들을 최저가 산업 제품의 주요 목표 그룹으로 탈바꿈시키는 결과를 낳았다. 뭄바이 독일 상공회의소 소장 베른하르트 슈타인뤼크 Bernhard Steinrück는 인도 시장에 형성된 매우 낮은 가격대를 명시적으로 지적한다. "유럽 가격으로는 결코

성공할 수 없습니다."¹⁰

새롭게 생성된 초저가 가격 부문은 히든 챔피언들이 제시하는 높은 가격 부문을 크게 능가하는 성장세를 보이고 있으며, 향후 수치에서 그 규모가 매우 커질 것으로 추측된다. 이런 상황에서 기업들은 과연 이 부문에 참여할 것인지, 또 어떻게 참여할 것인지 독자적으로 결정해야만 한다. 극도로 낮은 가격에도 불구하고 돈을 벌어들이려면 철저하게 차별화된 전략을 구사해야만 한다.

아시아뿐만 아니라 동유럽에서도 이에 상응하는 발전 현상이 나타나고 있다. 예컨대 르노Renault는 루마니아에서 제작된 저가 자동차 브랜드 다시아 로간Dacia Logan으로 매우 큰 성공을 구가하고 있다. 이 자동차의 판매가는 7,200유로부터 시작하는데, 어느새 르노는 다양한 모델명으로 출시되는 이 저가 자동차를 연간 100만 대 이상 판매하고 있다.¹¹ 전형적인 폭스바겐 골프VW Golf의 경우, 한 대 가격이 이 자동차보다 두 배 이상 비싸다. 프랑스 사람들이 사용하는 말 중에 'Loganisation'이라는 말이 있는데, 이것은 독일 사람들이 사용하는 'Aldisierung(알디화)'이라는 개념과 유사한 의미를 지니고 있다. 그러나 개발도상국의 초저가 자동차는 가격 측면에서 다시아 로간보다도 훨씬 더 아래에 있다.

특히 인도의 자동차 제조업체인 타타Tata의 소형 자동차 나노Nano는 전 세계적으로 큰 관심을 불러일으켰다. 이 자동차의 가격은 대략 2,500달러 정도다. 현재 전 세계적으로 이미 1,000만 대에 이르는 각양각색의 초저가 소형 자동차가 판매되고 있다. 향후 10년 안에 이 수량은 2,700만 대로 늘어날 것이다. 이 부문은 전체 자동차 시장보다 2배 더 빠른 속도로 성장하고 있다. 심지어는 최고급 제품으로 유명한 독일 자동차 제작업체들과 자동차부품 납품업체들조차도 초저가 부문을 결코 무시할 수 없게 되었을 정도다.

독일 자동차부품 납품업체들은 이런 필연성에 발맞추어 나노 제작 과정에서 매우 중요한 역할을 수행한다. 보쉬는 인도에서 나노를 위해 극도로 가격이 저렴하고 극도로 단순화된 커먼 레일 기술을 개발했다. 나노 제작비용 가운데 이 부품이 차지하는 비율이 10퍼센트가 넘는다. 보쉬, 콘티넨탈Continental, 프로이덴베르크Freudenberg, 쉐플러, 말레, ZF, 베어, 바스프, FEV 등 모두 9개의 독일 납품업체가 나노에 부품을 납품한다. 이런 사실은 독일 기업들이 초저가 부문에 충분히 참여할 수 있다는 것을 보여준다. 어쨌거나 매출액만 올리는 것이 아니라 이익도 함께 창출해야 하는 것이 중대 과제다.

일본 자동차 기업 혼다Honda도 마찬가지다. 아래의 예는 혼다 같은 세계적인 회사가 과연 가장 저렴한 경쟁업체들을 (예컨대 중국 업체) 물리칠 수 있는 능력이 있을까라는 의문에 대한 답을 제시한다. 혼다는 모터사이클 부문 세계시장 선도기업인 동시에 연소 모터 부문 세계 1인자다(이 기업은 연간 2,000만 개 이상의 모터를 생산하는데, 소형 모터가 주류를 이룬다). 1990년대에 혼다는 90퍼센트의 시장점유율을 앞세워 베트남 모터사이클 시장을 압도했다. 그 당시 혼다는 주력 모델이었던 드림Dream을 2,100달러에 상당하는 가격으로 제공했다. 중국 경쟁업체들이 초저가 제품을 내세워 베트남 시장을 밀고 들어왔다. 그들은 자신들의 제품을 550달러에서 700달러, 그러니까 혼다 가격의 4분의 1에서 3분의 1 가격에 판매했다. 그 결과 중국 기업들은 모터사이클 100만 대를 판매할 수 있었다. 반면 혼다의 판매 대수는

17만 대로 줄어들었다.

이런 상황이라면 아마도 대부분의 기업들이 백기를 들고 항복을 하거나 고급 틈새시장으로 후퇴했을 것이다. 그러나 혼다는 그렇게 하지 않았다. 혼다는 단기적인 대응책으로 드림의 가격을 2,100달러에서 1,300달러로 낮추었다. 그러나 이 가격도 여전히 중국 제품 가격보다 2배나 높은 수준이었다. 따라서 혼다는 위치를 전면적으로 재설정하고, 가격이 극도로 저렴하고 크게 단순화된 모델을 개발하여 거기에 '웨이브Wave'라는 명칭을 부여했다. 그것은 적당한 수준의 품질과 극도로 낮은 제작비용을 한데 결합한 모델이었다. 혼다는 새로운 모델을 가리켜 이렇게 말한다.

"혼다의 웨이브는 현지에서 제작한 저렴한 부품과 혼다의 글로벌 구매 네트워크를 통해서 구입한 부품을 이용함으로써 가격은 저렴하지만 고도의 품질과 신뢰성을 갖출 수 있었다."

732달러라는 초저가에 출시된 새로운 제품은 베트남 모터사이클 시장을 혼다에게 다시 되돌려주었다. 그 후 몇 년에 걸쳐 대부분의 중국 업체들이 베트남을 떠났다. 이 사례는 혼다 같은 최정상급 기업들이 중국의 최저가 업체들과 맞붙어 경쟁을 벌일 수 있다는 사실을 증명해준다. 그러나 기존의 제품을 가지고서는 결단코 그렇게 할 수가 없다. 이것은 전면적으로 새로운 방향 설정과 제품의 단순화, 현지 생산, 극도의 비용 절감 의식을 요구하는 일이다.

독일 제조업체들도 저가 부문 및 최저가 부문에 진출하는 것을 진지하게 고려해보아야만 한다. 이것은 중국이나 다른 이머징 마켓에 생산공장뿐만 아니라 개발거점도 건설해야 한다는 것을 의미한다. 팔렌다 경영대학WHU Vallendar의 홀거 에른스트Holger Ernst 교수는 독일에서 최저가 제품을 개발하는 것이 망상임을 단호한 태도로 지적한다.[12] 에른스트 교수는 저서에서 이미 이런 단계를 거친 경험이 있는 다양한 업계에 종사하는 수많은 기업의 예를 제시한다. 베를린에 있는 유럽경영기술학교ESMT의 올라프 플뢰트너Olaf Plötner는 2012년에 출판된 저서 《세계시장에서의 대응-전략Counter Strategies in Global Markets》에서 각종 도전들을 깊이 분석하고 있다.[13]

비제이 고빈다라잔Vijay Govindarajan과 트렘블Tremble은 여기서 한 걸음 더 나아간다. 그들은 '역혁신Reverse Innovations', 그러니까 개발 수준이 낮은 국가에서 개발 수준이 높은 국가로 거꾸로 유입되는 혁신을 기존 기업들은 물론이고 지멘스나 GE 같은 대기업들을 위협하는 최대 위험인자로 간주한다. 고빈다라잔은 이렇게 말한다. "중소기업들은 가난한 나라의 고객들에게 집중하면서 그들을 위한 혁신제품을 개발하여야 할 것이다."[14] 수많은 히든 챔피언들의 경우, 현저하게 낮은 가격대에서 경쟁을 펼치려면 신흥국에 있는 목표시장으로 가치창출사슬을 이전하는 것만이 유일한 방법이다. 고가 부문과 중간가격대 부문에 적용할 수 있는 가장 효과적인 방어전략은 해당 부문에서 경쟁력을 갖추는 것이다.

초저가 부문 진입을 위한 또 다른 방법은 저렴한 가격으로 작업을 수행하는 현지 공급업체를 인수하는 것이다. 예컨대 밀링기술에서 세계시장을 이끌고 있는 스위스의 히든 챔피언 뷜러Bühler는 낮은 가격대와 단순한 제품으로 중국 시장에 발을 들여놓기 위해서 다수의 중국 회사를 인수했다. CEO 칼뱅 그리더Calvin Grieder의 말에 따르면, 이 회사는 이런 방법으로 제품과 고객의 기대를 한층 더 조화롭게 일치시킬 수 있었다고 한다. 값이 더 비싸고 더 복잡한 스위스 원제품을 사용했더라면 아마도 그 같은 성과를 이룩하지 못했을 것이다. 정형외과용 장비 부문 세계 1인자인 오토 보크 같은 탁월한 히든 챔피언조차도 브라질과 중국에서 기업을 인수함으로써 같은 길을 선택했다. 오토 보크의 사장 한스-게오르크 네더는 이런 조치를 통해서 시장지배권이 더 확실하게 보장될 것으로 기대한다고 말했다. 펌프 부문 세계시장 선도기업인 KSB도 2012년에 접어들어 '표준 펌프와 표준 밸브를 동원하여 대규모 사업에 훨씬 더 강도 높게 초점을 맞추어야 할' 필연성을 역설했다.[15]

궁극적으로 이런 행동의 이면에는 거의 언제나 이중적인 전략이 숨어 있다. 요컨대 최상급 서비스 부문 및 가격 부문에서 차지하고 있는 위상을 고수하는 동시에, 지금 막 생성되는 저가 부문이 제공하는 어마어마한 성장 기회를 활용하고, 이를 통해서 경쟁업체들과 거리를 유지하는 것이다.

세계시장점유율 75퍼센트를 자랑하는 세계 굴지의 편직물 기계 생산업체인 히든 챔피언 카를 마이어는 지난 몇 년간 매우 명시적으로 그런 이중 전략을 추구했다. 고가 기계 부문은 물론이고 날이 갈수록 중국 기업과의 경쟁이 점점 더 치열해지던 저가 표준기계 부문에서도 시장 입지를 확실하게 보장하기 위해서였다. 이를 위해서 카를 마이어는 다음과 같은 제품을 개발하라는 지시를 내렸다. 표준 기계 부문에서는 25퍼센트 저렴한 가격으로 동일한 성능을 갖춘 기계를 생산하고, 고가 기계 부문에서는 동일한 가격으로 성능을 25퍼센트 향상시킨 제품을 생산하라는 것이었다. CEO 프리츠 마이어Fritz Mayer의 말에 따르면, 회사는 극도로 야심찬 이 목표들을 달성하는 데 성공했다고 한다. 이를 통해서 카를 마이어는 가격 및 성능 측면에서 경쟁의 범위를 위아래로 크게 확장했다. 이 같은 제품 개발에 발맞추어 중국 생산 역량이 크게 확충되었다. 지난 2년 동안 카를 마이어는 제품 라인 쇄신과 현대적인 공장 설비를 통해서 중국 경쟁업체가 빼앗아갔던 시장점유율을 되찾아올 수 있었다.

2010년에 고인이 된 스와치Swatch 시계 고안자이자 스와치 CEO를 지낸 니콜라스 하예크Nicolas Hayek는 이미 오래 전에 저가 부문을 저임금 국가의 경쟁업체들에게 넘겨주는 행위에 대해 경고를 하고 나섰다. 하버드 비즈니스 스쿨 소속의 혁신 전문가 클레이튼 크리스텐슨도 저서 《혁신기업의 딜레마The Innovation Dilemma》에서 아래쪽에서부터 비롯되는 위험을 엄중하게 지적한 바 있다.[16] 그리고 역사는 독일 기업들에게 아래쪽에서부터 공격을 해오는 경쟁업체들을 진지하게 받아들여야 한다는 교훈을 전달해준다. 아래에 제시된 예는 모든 히든 챔피언들이 가슴 깊이 명심해야 할 이런 권고사항들을 다시 한 번 강조하고 있다.

- 1957년 당시 네카줄름Neckarsulm에는 NSU의 세계 최대의 모터사이클 공장이 있었다.
- 100년 전 융한스Junghans가 슈바르츠발트 슐로프로흐Schopfloch에서 세계 최대의 시계 공장을 운영했다.
- 1960년대에 이르기까지 독일 카메라 산업이 전 세계 시장을 주도했다. 롤라이Rollei, 보이크트랜더Voigtländer, 아그파Agfa 같은 브랜드가 세계적으로 명성을 날렸다.
- 트리움프 아들러Triumph Adler, 올림피아Olympia 같은 독일 타자기 제작사들이 1970년대까지 세계시장을 이끌었다.

당시에는 이들 업계에서 수많은 독일 히든 챔피언들이 활동하고 있었다. 그러나 오늘날 독일은 이 4개 시장 전체에서 아무런 역할도 수행하지 못하고 있다. 다만 시계 산업만큼은 사정이 다르다. 시계 산업에서는 무엇보다도 하예크의 스와치 전략 덕분에 독일어권이 그나마 주도권을 쥐고 있다.

핵/심/요/약

히든 챔피언들은 최고의 서비스를 제공하는 한편, 서비스와 제품을 철저하게 고객의 욕구에 맞춘다. 아래에 제시한 사항들을 반드시 명심해야 할 것이다.

- 히든 챔피언들은 제품 품질과 서비스에 대한 고객들의 까다로운 요구사항을 집중적으로 처리하고 해결한다.
- 히든 챔피언들의 제품은 성숙된 기술과 더불어 높은 기술적 수준을 자랑한다. 제품의 90퍼센트 이상이 성장 단계와 성숙 단계에 위치해 있다. 이런 사실은 긍정적인 향후 성장 전망과 안정성을 대변해준다. 쇠퇴 단계로의 진입을 두려워하는 기업은 전체 응답 기업의 1퍼센트에 불과했다.
- 히든 챔피언들은 늘 서비스를 중요시한다. 통합 서비스, 연수교육, 세계 진출, 네트워킹 같은 확장된 서비스가 점점 더 필수불가결한 요소로 자리 잡고 있다. 몇몇 히든 챔피언들은 이런 과정을 거치면서 산업 기업에서 서비스 기업으로 탈바꿈했다.
- 수많은 히든 챔피언, 그중에서도 특히 신생 히든 챔피언들은 세계 진출과 더불어 이익도 함께 증가하는 서비스들을 제공함으로써 네트워크 경제학을 활용한다. 히든 챔피언 고객들 중에서 전 세계를 무대로 활동하는 고객들이 그런 통합 서비스를 요구하는 경우가 점점 증가한다. 중소기업에게 세계적인 서비스 네트워크를 구축하는 일은 조직적·재정적인 측면에서 거대한 도전과도 같다.
- 현재 가장 두드러지는 트렌드는 시스템 통합 트렌드다. 많은 히든 챔피언

들에게서 이런 트렌드를 관찰할 수 있다. 일반적으로 시스템 솔루션은 고객의 이익을 증대시키고 경쟁업체의 진입장벽을 고조시키는 효과를 발휘한다. 시스템 솔루션을 제공하는 일은 시장지배기업의 숙명처럼 보인다. 그러나 시스템 서비스로 이행할 경우, 조직의 복합성이 고조되고 히든 챔피언들의 집중 전략이 위험에 처할 수도 있음을 잊지 말아야 한다. 따라서 이런 종류의 서비스 확장을 꾀할 때는 언제나 심사숙고해야 할 것이다.

- 히든 챔피언들은 그들이 활동하는 협소한 시장에서 강력한 브랜드를 보유하고 있다. 그들 가운데 다수가 세계적인 브랜드 건설에 성공을 거두었다. 그런가 하면 여전히 이 과제에 직면한 기업들도 있다. 히든 챔피언들은 높은 시장점유율을 안전하게 유지하기 위해서 혹은 다수의 가격 부문을 커버하기 위해서 복수 브랜드 전략을 강도 높게 활용한다. 그런데 이런 기업들 가운데 다수가 납품업체이기 때문에 성분 브랜딩 전략이 중요하다.
- 일반적으로 히든 챔피언들은 가격 위주의 경쟁을 펼치지 않는다. 그들이 제공하는 최고의 서비스에 걸맞게 그들이 제시하는 가격도 시장 평균을 크게 웃돈다. 그러나 그런 그들도 반드시 주의를 기울여야 할 사항이 있다. 개발도상국 출신의 경쟁업체들이 서비스 면에서 그들을 따라잡으면서 전통적인 가격 차이를 위협하고 있다는 사실이다. 그 밖에도 신흥국을 중심으로 초저가 부문이 생성되어 향후 어마어마한 성장을 약속하는데, 히든 챔피언들도 이 부문을 결코 무시해서는 안 될 것이다. 이 부문에 참여하려면 제품정책, 연구개발, 생산, 마케팅 영역에서 완전히 새로운 전략이 요구된다.

전체적으로 요약하면, 히든 챔피언들이 제공하는 서비스와 제품은 지속적인 변화 상황에 놓여 있다. 한편으로 모든 제품의 90퍼센트 이상이 성장 단계와 성숙 단계에 있다는 점에서, 그리고 아직까지 쇠퇴 단계로의 진입이 예상되지 않는다는 점에서 그것들은 수명주기상 비교적 안전한 단계에 있다고 할 수 있다. 다른 한편으로는 제품과 서비스/서비스 통합 사이의 무게중심이 변하고 있으며, 브랜드 정책이 중요성을 획득하고 있다. 가격 전선에서는 새로운 경쟁업체들, 그중에서도 특히 개발도상국 출신의 경쟁업체들로부터 비롯된 압력이 점차 높아지고 있다. 높은 가격 프리미엄을 지켜내는 일은 가장 어려운 도전 가운데 하나로, 궁극적으로 서비스 차별화를 통해서만 가능한 일이다. 요컨대 서비스에서 충분한 격차를 유지할 수 있을 때에 한해서만 가격 프리미엄이 계속 유지될 수 있다.

지금 막 생성되는 초저가 부문에서 새로운 기회들이 생겨나고 있다. 그러나 히든 챔피언들에게 그곳은 신세계나 다름없다. 따라서 거기에 참여하려면 기존에 보유한 강점과 구별되는 또 다른 전문적인 역량을 반드시 개발해야만 한다. 상대적으로 최상급 서비스를 제공하는 일은 미래에도 모든 부문에서 시장 지배권을 방어하기 위한 가장 효과적인 처방으로 남겨질 것이다.

Chapter 11

끈질기게
혁신에 매달려라
Hidden Champions

HIDDEN CHAMPIONS

모방이 아닌 혁신을 통해서만 세계시장 선도기업이 될 수 있다. 그리고 혁신을 추구하는 불굴의 자세와 지속적인 개선을 통해서만 최정상에 머무를 수 있다. 히든 챔피언들은 탁월한 혁신가들이다. 그들이 연구개발에 투자하는 규모는 일반 기업의 2배에 이른다. 그러나 무엇보다도 중요한 사실은 히든 챔피언들의 직원 1,000명당 특허 수가 특허에 집중하는 대기업들보다도 5배나 더 많다는 것이다. 이때 특허 1건당 소요비용은 대기업의 5분의 1에 불과하다. 특허신청 실적과 비용을 서로 관련시켜보면, 히든 챔피언들은 혁신 측면에서 대기업들보다 25배나 더 효율적이다.

중요한 것은 획기적인 혁신이 아니다. 이런 종류의 혁신은 대략 10년에서 15년에 한 번꼴로 일어날 뿐이다. 그보다는 하나씩 떼어놓고 보면 보잘 것 없을지 모르지만 하나하나가 합쳐져서 최고 수준을 만들어내는 그런 점진적인 개선이 오히려 더 중요하다. 히든 챔피언들의 혁신 과정은 대기업의 혁신 과정과는 차이가 있다. 히든 챔피언들은 고객의 욕구와 기술을 한층 더 효과적으로 통합한다. 또한 그들은 대규모 예산 대신 작고 헌신적인 팀을 투입하여 문제를 해결한다. 최고경영진이 몸소 연구개발에 신경을 쓴다. 이처럼 다른 종류의 과정을 도입한 결과 개발 시간이 단축된다. '시장진입 기간Time to Market' 단축이 매우 중요시되는 요즘 같은 시대에 이것은 결정적인 장점으로 작용한다.

히든 챔피언들의 혁신은 결코 기술과 제품에만 국한되지 않는다. 이런 기업들은 각종 공정과 시스템, 마케팅, 서비스에서도 고도의 혁신력을 과시한다. 이것은 히든 챔피언들의 지난 세월 동안 절대적·상대적 시장점유율을 측정해보았을 때, 그들의 경쟁 입지를 크게 향상시킬 수 있었던 결정적 요인으로 추정된다.

혁신이란 무엇인가

혁신은 반드시 고객의 이익을 증대하거나 기존의 혜택을 더 저렴한 가격으로 제공해줄 수 있어야만 한다. 이상적인 경우, 혁신은 이 두 가지 효과를 모두 창출하는 데 기여한다. 일상적으로 혁신이라고 하면 우리는 주로 기술과 새로운 제품을 연상한다. 실제로 히든 챔피언들에게 기술은 혁신력의 핵심적인 요소를 형성한다. 산업용 체인 부문 세계시장 선도기업인 RUD는 이렇게 말한다. "기술혁신 주도권은 예로부터 우리의 사업 전략과 비전의 중요한 요소로 자리매김해왔습니다." 기술 주도권은 종종 경쟁업체들보다 시간적으로 앞서나갈 수 있는 시간적인 우위를 선사한다.

54퍼센트가 넘는 세계시장점유율을 자랑하며 대형 주방요리기구 부문 1인자로 우뚝 선 라치오날의 CEO 귄터 블라쉬케Günther Blaschke는 경쟁업체들이 라치오날이 보유한 기술적인 우위를 따라잡으려면 6~7년 정도가 걸릴 것이라고 추정한다. 주사 터널링 현미경과 탐침형 원자 현미경 부문에서 세계시장을 이끌고 있는 오미크론의 CEO 노르베르트 놀트Norbert Nold는 이렇게 말한다.

"단지 제품생산을 통해서만 가치창출이 이루어지는 것이 아니라, 혁신과 개발을 통해서도 가치창출이 이루어집니다. 우리 고객들은 우리 회사의 기술적 우월함에 깊은 경의를 표합니다."

오미크론에서는 전체 직원의 약 40퍼센트 정도가 직·간접적으로 연구개발에 몰두하고 있다. 바로 미래에도 이런 기술적인 우월함을 유지하기 위해서다. 심지어 피셔베르케Fischerwerke는 다음과 같은 기업 모토를 내세우고 있다. "혁신을 추구하는 사람이라면 피셔를 발견하게 될 것이다." 이런 모토가 결코 빈말이 아니라는 것은 2,000개가 넘는 특허가 증명한다.

그러나 혁신은 기술과 제품에만 국한되는 것이 아니라, 히든 챔피언들의 사업활동 전 영역을 포괄한다. 히든 챔피언들은 공정혁신에 큰 의미를 부여한다. 이때 중요한 것은 단지 비용적인 측면만이 아니다. 공정혁신은 흔히 품질 개선이나 소요시간 단축 혹은 편의성 증대로 귀결되어 결과적으로 고객의 이익을 증진시킨다. 심지어 많은 히든 챔피언들은 제품혁신보다도 공정혁신을 더 중요하게 여길 정도다. 히든 챔피언 투만&하이트캄프Thumann&Heitkamp는 배터리 케이스 부문에서 세계시장을 주도하는 기업이다. 위르겐 투만Jürgen Thumann은 공정혁신이 그의 회사에서 수행하고 있는 역할을 다음과 같이 설명한다. "우리 회사의 원동력은 공정혁신입니다. 우리의 진정한 노하우는 제품기술보다는 오히려 공정개발에 있습니다."

고객의 비용을 줄여주는 혁신은 시장에서 성공할 확률이 높다. 에너지 체인과 플라스틱 플레인 베어링 부문 세계시장 지배기업인 이구스가 추진하는 혁신 활동의 대부분은 그 같은 비용 절감을 목표로 삼고 있다. 이구스는 매우 혁신적인 기업이다. 이구스는 매년

1,500~2,000개의 신제품을 개발하면서 제품군을 확장해나가고 있다. 이구스가 비용을 극도로 의식하면서 작업을 한다는 것은 자명한 사실이다. 이런 사실은 "가장 뛰어난 중국인은 쾰른 출신이다"라는 문구에도 반영되어 나타나는데, 이구스는 이 문구를 상표법으로 보호하는 조치를 취하기도 했다.

유통과 판매, 마케팅 혁신도 마찬가지로 중요하다. 상당수의 히든 챔피언들이 그런 혁신을 바탕으로 하여 탄생했거나, 그것을 기반으로 하여 성장했다. 뷔르트의 경우에는 고도로 효율적인 판매 시스템과 물류 시스템이 핵심적인 부분을 차지한다. 이때 ORSYMAT라는 명칭의 기계가 한 몫을 담당하고 있는데, 뷔르트는 이 기계를 규모가 큰 고객들의 공장에 설치해준다(이 기계의 명칭은 질서, 시스템, 그리고 자동장치에서 비롯되었다). 뷔르트 지점과 온라인으로 연결된 ORSYMAT는 고객이 필요로 하는 항목들로 채워져 있다. 고객이 그 기계에 설치된 서랍을 당기기만 하면 자동적으로 주문과 견적 작업이 처리된다. 뷔르트 직원은 다음 번에 그 회사를 방문할 때 해당 칸을 다시 채워놓는다. 이제는 고객들이 수백 가지에 이르는 소형 부품에 신경을 쓸 필요가 없다. 뷔르트가 이런 혁신적인 기계를 이용하여 고객 대신 재고관리를 해주기 때문이다. 냉동식품 다이렉트 마케팅 부문 유럽시장 선도기업 보프로스트는 제품을 소비자의 냉동고로 직접 배달하는 방법으로 냉동 체인이 중간에 끊기는 일이 없도록 보장해준다. 그리고 이를 통해서 고객 편익을 극대화한다.

엔네 부르다는 또 하나의 획기적인 혁신을 불러일으킨 인물이다. 1952년부터 그녀는 그보다 2년 먼저 설립된 패션잡지 〈부르다 모덴Burda Moden〉에 옷본을 부록으로 끼워 넣어 판매했는데, 그 덕분에 여성 독자들은 잡지에 소개된 옷을 옷본대로 오려서 집에서 재단할 수 있게 되었다. 옷본 자체는 19세기부터 널리 알려져 있었지만, 잡지와 옷본을 결합시킨 것은 그야말로 획기적인 일이었다. 그 결과 〈부르다 모덴〉은 1961년에 이미 세계 최대의 패션잡지가 되었다. 현재 〈부르다 모덴〉은 90개가 넘는 나라에서 17개가 넘는 언어로 발행되고 있다.

공기역학 부문 세계시장 선도기업 페스토는 기술뿐만 아니라 마케팅에서도 매우 혁신적인 면모를 보여준다. 예컨대 이 회사는 조직을 고객지향적인 방향으로 재편하는 과정에서 업계 구분 없이 공통적으로 제작되던 기존 카탈로그를 업계의 특수성을 고려한 카탈로그로 교체했다. 이런 조치를 통해서 이 회사는 각기 다른 업계에서 활동하는 기업들에게 훨씬 더 효과적으로 다가갔다. 왜냐하면 그때부터 고객들이 페스토를 업계 전문가로 받아들였기 때문이다. 그뿐만이 아니다. 현재 페스토는 고객들의 주문 방식과 수요를 고려하여 고객별 맞춤 카탈로그를 제공한다. 오늘날에는 현대 정보기술의 도움으로 큰 비용을 들이지 않고서도 그런 해법을 실행에 옮길 수 있게 되었다. 또한 인터넷은 이런 종류의 마케팅 혁신을 위한 다양한 기회를 열어준다.

혁신은 흔히 가치창출사슬을 연장하는 데도 도움이 된다. 예컨대 전자공구 부문 세계 1인자인 보쉬 파워 툴스Bosch Power Tools는 대형 건축시장에 **숍인숍**Shop-in-Shop(매장 안에 또 다른 매장을 만들어 상품을 판매하는 매장 형태) 개념을 도입하고, 이런 종류의 상점을 700개 이상 운영하고 있다. 2011년 보쉬가 이런 상점들을 통해서 올린 매출액은 14퍼센트 증가한 반면 이런 혁신적인 모델이 결여된 건축시장에서 올린 매출액은 고작 6퍼센트 증가히는 데 그쳤디. 이 개념은 전지상거래 분야로도 확대되었다. 그리하여 보쉬는 2011년부터 온라인 숍인 숍을 운영하고 있다. 판매혁신과 제품혁신은 보쉬 파워 툴스의 성장에 크게 기여했다. 보쉬의 무선 드라이버 IXO는 현재 전 세계에서 가장 많이 판매된 전자공구다. 2011년 유럽 건축시장에서 대량으로 판매된 전자공구 20개 중 16개가 보쉬 제품이었다. 심지어 독일에서는 20개 중에 19개가 보쉬 제품이었다. 2002년 25퍼센트였던 유럽시장점유율이 2011년에 이르러 35퍼센트로 늘어났다.[1]

히든 챔피언 글로브트로터Globetrotter도 매우 혁신적인 기업으로 입증되었다. 유럽 전역에서 아웃도어 장비를 판매하는 이 기업은 상점 안에 새로운 종류의 모험 체험 구역을 별도로 설치하여 고객들에게 은연중에 모험에 대한 기대감을 불어넣는다. 글로브트로터는 아웃도어 활동에 대한 열정이 있는 사람들만을 직원으로 채용한다.

혁신을 떠올릴 때 일반적으로 가격 정책을 생각하는 사람은 없다. 그러나 그 부분에서도 혁신은 일어날 수 있다. 예컨대 저가항공 부문 유럽시장 선도기업인 린에어는 항공사 최초로 수화물 개수를 기준으로 요금을 부과하는 정책을 도입했다. 전통적인 항공사들 중에서도 이런 가격 정책을 도입하는 항공사가 점점 늘어나면서 지난 몇 년 동안 수화물 요금이 지속적으로 상승했다.

에네르콘은 기술과 서비스뿐만 아니라 가격 정책에서도 비범한 혁신가라고 할 수 있다. 에네르콘 파트너 콘쳅트를 통해서 체결된 서비스 계약 가격은 풍력발전기 수익에 따라서 좌우된다. 그 밖에도 에네르콘은 12년의 계약기간 중에서 처음 6년간 발생한 서비스

요금의 절반을 부담한다.

디자인이 가장 중요한 혁신 변수로 작용하는 히든 챔피언들도 상당수에 이른다. 이때에는 기능성과 외관을 통합하는 문제가 중대한 도전 과제로 떠오른다. 세계적인 밸브 제조업체 한스그로헤 이사회 의장인 클라우스 그로헤Klaus Grohe는 이렇게 말한다. "우리의 과제는 기술과 디자인을 조화롭게 통합하는 것입니다." 한스그로헤는 필립 스탁Philippe Starck, 안토니오 치테리오Antonio Citterio, 부홀렉 Bouroullec 형제 같은 최고의 디자이너들을 영입했다. 2010년 한스그로헤는 295개의 특허와 디자인 특허 그리고 상표권을 등록했는데, 이것은 3,200명의 직원과 6억9,300만 유로의 매출액을 보유한 회사치고는 매우 높은 수준이다.

시스템 통합도 비범한 혁신의 단초를 제공한다. 베어, 조명 전문기업 헬라, 프랑스 기업 플라스틱 옴니엄이 공동으로 설립한 합자회사 HBPO는 프런트 엔드 모듈Front End Module 개발 업무와 조립, 물류를 모두 담당하는 세계 유일의 시스템 통합 사업자System Integrator(SI)다. 이 같은 혁신은 조명기술과 냉각기술, 기체역학, 보행자 보호 그리고 충돌관리 영역의 기능적인 결합을 특징으로 한다. 이것은 고객의 이익 증대와 공정 간소화 그리고 비용 절감을 동시에 가능하게 한다. 2004년에 설립된 HBPO는 2011년에 이미 440만 개의 모듈을 생산함으로써 매출액 경계 10억 유로를 넘어섰다.

또 다른 합자회사인 베어-헬라 테르모콘트롤은 자동차 실내온도조절기 부문에서 혁신을 주도하고 있다. 이 회사는 포괄적인 온도조절 시스템을 통해 실내온도를 개인의 취향에 맞게 조절할 수 있게 함으로써 전에 경험하지 못한 쾌적함을 선사했다. 현재 이 회사는 혁신적인 솔루션을 앞세워 유럽, 미국, 중국, 인도, 일본에 진출했다. 이 경우에는 고객 편익 및 이익 증대가 중심에 자리 잡고 있다. 헬라는 그 자체로서 독일에서 가장 혁신적인 기업 가운데 하나로 손꼽힌다. 2010년 독일 특허청 통계자료에서 헬라는 115건의 특허를 신청하여 교부받음으로써 44위를 차지했다.

단순화는 다양한 형태의 혁신으로 이어지는 또 다른 길이다. 이케아는 소비자들이 직접 조립할 수 있을 정도로 제품을 크게 간소화한다. 이렇게 하면 생산비용이 절감되는데, 절감된 비용은 최종 소비자들에게 고스란히 전달된다. 공격적인 가격에도 불구하고 이케아는 거의 10퍼센트에 이르는 매출 수익률을 올리고 있는데, 이것은 상업 부문에서는 이례적으로 높은 수준이다.

태양광 발전설비 투자자들은 지금까지 주로 태양전지의 효능과 가격에 관심을 기울였지만 설치 및 조립 문제에는 거의 관심을 보이지 않았다. 이 문제가 전체 비용에서 큰 부분을 차지할 뿐만 아니라 공정을 복잡하게 만드는 주범인데도 말이다. 불칸아이펠ulkaneifel 지역의 발샤이트Wallscheid에 있는 RBB 알루미늄 주식회사는 알루미늄 성형건축재를 통합적으로 관리하는 혁신적인 기업이다. 이 기업은 RWTH 아헨, TÜV 라인란트와 공조하여 평평한 지붕에 설비를 설치할 때 설치 과정을 극도로 간소화하는 시스템을 개발했다. '퀵픽스quickFix'라는 브랜드 네임으로 출시된 이 혁신적인 방법은 기체역학 효과를 이용하여 설비를 고정한다. 이 방법을 이용하면 지붕에 구멍을 뚫을 필요도 없고 나사를 연결할 필요도 없다. 공구 하나만 있으면 설비 전체를 거뜬하게 조립할 수 있다. 이 모든 것은 조립 과정을 크게 간소화하는 한편 조립시간도 단축하는 결과로 이어진다. "2010년 시장에 도입되어 세계 최대 태양광 박람회인 인터솔라Intersolar에 소개된 이후로 수요가 지속적으로 증가하고 있습니다." 기업 창립자 라이너 보이Reiner Beu의 말이다.

문제해결의 단순화가 전체적으로 중요해지고 있다. 조사 과정에서 우리는 조작 방법의 단순화가 점점 더 중요해지고 있다는 것을 분명하게 확인했다. RWTH 아헨 공작기계연구소 소장 귄터 슈Günther Schuh 교수는 '린 엔지니어링Lean Engineering' 프로그램을 창안한 인물이다. 이 프로그램의 목적은 '린 제조방식Lean Manufacturing'과 유사하게 복잡한 설비에 견줄 만한 성능을 발휘하되, 비용이 적게 들고 고장도 적은 동시에 훨씬 더 간단하게 조작과 정비를 할 수 있는 극도로 간소화된 제품을 제작하는 데 있다. 바로 이런 영역에서 히든 챔피언들에게 광범위한 혁신의 기회가 제공된다. 편물기계 부문에서 세계시장을 선도하는 카를 마이어는 단호하게 이 길을 걸어왔고, 그 결과 가장 중요한 시장인 중국에서 아주 크게 성공했다. 그런데 간단한 문제해결책보다 오히려 복잡한 문제해결책 쪽으로 기울어지는 경향이 있는 독일의 엔지니어 문화Overengineering가 '린 엔지니어링'을 실행하는 데 애로사항으로 작용하고 있다.[2]

서비스 영역에서도 혁신은 비록 특허로 보호받기가 매우 어렵기는 하지만, 그럼에도 아주 중요하다. 벨포르는 전 세계에 화재, 수해, 폭풍우 피해복구 시스템을 구축하여 오늘날 세계시장 선도기업으로 등극했다. 싱가포르 출신의 히든 챔피언 인터내셔널 SOS는 세계 최대의 의료보조 기업으로 구급헬기, 경보센터, 병원으로 이루어진 전 세계적인 네트워크를 운영하고 있다. '자가용 비행기' 부문 세계시장 선도기업 넷제츠는 자가용 비행기 분할소유권을 도입하여 새로운 시장을 개척했다. 벤포르, 인터내셔널 SOS, 넷제츠 같은 히든 챔피언들이 제공하는 서비스들은 획기적인 혁신으로 분류될 수 있다.

지금까지 소개한 사례들은 히든 챔피언들이 매우 다양한 혁신의 단초들을 활용하고 있다는 사실을 보여준다. 히든 챔피언들의 혁신 활동은 그 형태가 유달리 이질적이다. 시장을 선도하는 이 기업들은 오래 전에 고도의 혁신활동 단계에 접어들었다. 의심할 여지없이 이런 추세는 앞으로 더욱 확대될 것이다.

활발하게 돌아가는 혁신의 기계

한 기업의 혁신 능력은 연구개발 비용, 특허 수, 전체 매출액에서 신제품이 차지하는 비율 등 다양한 지표에 의거해 측정할 수 있다. 그런데 경제에 정통한 사람들 사이에서조차도 기업의 혁신 활동에 대한 그릇된 관념이 떠돌고 있는 듯하다. 이것과 관련해 독일 경제연구소IW가 실시한 조사에서 상황을 명확하게 설명해준다.[3]

업계 전체에서 활동하는 3,171개 기업을 대상으로 설문조사를 실시했다. 그런 다음 조사 대상 기업들을 혁신기업과 비혁신기업으로 분류했다. 이때 지난 3년 동안 새로운 제품이나 공정을 도입한 적이 있는 기업을 혁신기업 범주에 포함시켰다. 설문에 참여한 기업 가운데 약 30퍼센트가 비혁신기업 범주에 속했다. 지난 3년 동안 새로운 제품이나 공정을 도입하여 혁신기업으로 인정받은 기업은 고작해야 70퍼센트밖에 되지 않았다. 경제계 전반에 걸쳐 혁신이 결코 자명한 일이 아니라니, 그야말로 정신이 번쩍 드는 사실이 아닐 수 없다. 경제계의 약 3분의 1은 혁신을 꾀하는 대신 케케묵은 방식과 오래 전부터 내려오는 제품을 이용하여 계속 사업을 이끌어가고 있다. 비혁신기업 가운데 4분의 3은 R&D 활동을 전혀 하지 않는 것으로 드러났다. 이른바 혁신기업 중에서도 26퍼센트는 이따금씩만 연구개발을 추진할 뿐이다. 지속적으로 연구개발을 추진하는 기업은 고작해야 40퍼센트에 불과했다.

R&D 강도

독일경제연구소 조사에 따르면 전체 기업의 매출액 대비 R&D 비용은 평균 1.8퍼센트였다. 실제로 R&D를 추진하는 기업들만을 대상으로 하여 R&D 강도를 산출하는 것이 훨씬 더 유의미한데, 그런 기업들의 R&D 강도를 산출해보았더니 평균 3퍼센트에 달했다. 독일의 기계제작업체를 대상으로 한 프라운호퍼 연구소의 조사에서도 이와 유사하게 R&D 강도가 3.5퍼센트로 산출되었다.[4] 기업컨설팅 회사 부즈&컴퍼니Booz&Company는 2011년에 전 세계 증시에 상장된 기업들 가운데 R&D에 가장 많은 비용을 지출하는 1,000개 기업을 대상으로 연구조사를 실시했다.[5] 이 기업들은 평균적으로 매출액의 3.6퍼센트를 연구개발에 투입하는 것으로 나타났다.

이런 수치들은 히든 챔피언들에게 중요한 비교 근거가 된다. 히든 챔피언들은 평균적으로 매출액의 6퍼센트를 R&D 비용으로 지출한다. 그러니까 독일경제연구소 조사에서 혁신기업으로 분류된 기업보다 2배 더 많은 비용을, 그리고 세계 1,000대 R&D 기업보다 1.66배 더 많은 비용을 연구개발 비용으로 지출하는 것이다. 〈표

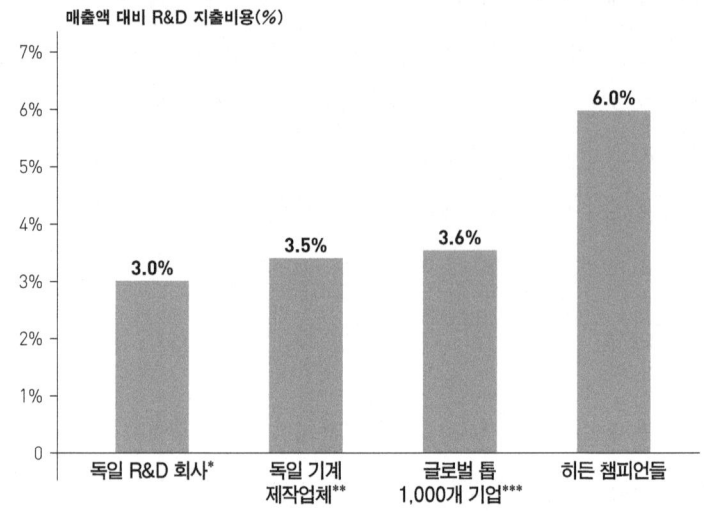

〈표 11.1〉 히든 챔피언들의 R&D 투자 규모 비교

*독일경제연구소 조사, **프라운호퍼 조사, ***Booz 조사

11.1〉에 이런 관계가 상세하게 제시되어 있다.

여기서 우리는 히든 챔피언들의 R&D 강도가 경제계 평균과 크게 차이가 난다는 사실을 확인할 수 있다. 시장을 선도하는 중소기업들이 평균적으로 R&D에 투자하는 비용을 살펴보면 다음과 같다.

- R&D를 추진하는 여타 독일 기업보다 매출액 대비 R&D 투자 비율이 2배 더 높다.
- 독일 기계 제작업체보다 68퍼센트 더 많은 액수를 투자한다.
- 글로벌 톱 1,000대 기업보다 66퍼센트 더 많은 액수를 투자하고 있다.

적지 않은 수의 히든 챔피언들이 10퍼센트를 넘어서는 R&D 강도를 기록하고 있다. 그럼에도 불구하고 절대적인 R&D 예산을 항상 합당한 수준으로 유지해야 한다는 점을 반드시 명심해야 할 것이다. 왜냐하면 R&D 강도 산출의 기초가 되는 매출액 규모가 대기업보다 훨씬 더 작기 때문이다.

특허

R&D 비용은 인풋 지향적인 관점을 반영한다. 이것보다 더 중요한 문제는 아웃풋, 그러니까 얼마만큼의 혁신이 창출되느냐 하는 것이다. 이와 관련해서 특허 건수가 중요한 척도가 된다. 특허 통계 분석은 업계마다 특허가 지닌 의미가 완전히 다르다는 사실을 말해준다.

독일경제연구소 조사에 따르면, 전체 기업의 3분의 1만이 특허를 보유하고 있으며, 특허 4개 중 3개가 상업 활동에 활용되는 것으로 나타났다. 특허 활용도는 기술을 중심으로 하는 업계에서조차도 크게 차이가 나는 것으로 나타났다. 유럽특허청 조사에 따르면 활발하게 연구개발을 추진하는 중소기업의 3분의 2가 그들이 이룩해낸 혁신을 특허를 통해 보호한다고 한다.[6] 규모가 작은 기업일수록 특허를 획득하는 과정에서 맞닥뜨리는 관료주의와 비용 그리고 소요시간 때문에 어쩔 수 없이 발길을 돌리는 경우가 많다. 규모가 큰 경쟁업체나 외국 재판관할권을 상대로 특허를 관철시킬 수 있을까 하는 의구심이나 노하우 공개에 대한 거부감도 특허 신청을 포기하는 또 다른 이유가 된다. 매우 혁신적인 기업으로 손꼽히는 그로만 엔지니어링의 클라우스 그로만이 한 말은 이런 입장을 대변하는 전형적인 예다.

"우리는 특허 신청을 하지 않습니다. 우리 회사에는 그 일을 담당할 만한 사람이 없습니다. 더구나 우리는 관료주의를 혐오합니다. 어차피 우리 업계의 혁신 속도는 특허 절차 진행기간에 비해 매우 빠른 편입니다. 따라서 특허를 획득한다고 하더라도 아마 도움이 되지 않을 것입니다. 또 특허를 관철시킬 수 있을지도 미지수입니다. 그리고 특허를 획득하기 전에 이미 훨씬 더 멀리까지 개발이 진척되어 있을 것입니다. 특허는 뛰는 말과 같지만, 우리는 제트기 속도로 날아가고 있습니다."

수많은 중소 히든 챔피언들이 이런 입장을 공유하고 있다. 매우 혁신적인 기업들도 마찬가지다. 다수의 히든 챔피언들에게 특허출원 속도는 매우 중요한 사안이다. 미국특허청의 특허결정 대기시간은 평균 2.1년이다. 독일특허청의 경우에는 심지어 2.3년이나 된다.

알다시피 특허를 신청하는 목적은 자신의 이익을 도모하기 위해서 뿐만 아니라 경쟁을 차단하기 위해서이기도 하다. 독일에서 실시된 한 조사에 따르면 이 두 가지 동기가 비슷한 비중을 차지했다. 응답 기업의 60.2퍼센트가 배타적인 상업적 사용 권리를 중요하게 생각했고, 56.4퍼센트가 경쟁기업 차단을 특허 정책의 주요 동기로 간주했다.[7] 특허 사용료와 교차특허Cross License 취득도 특허 취득의 중요한 목표다. 추측컨대 히든 챔피언들에게는 후자가 더 중요할 것이다. 그밖에도 비교적 새로운 측면이 한 가지 있는데, 이것은 특히 미국에서 자주 관찰된다. 제품에 사용할 목적으로 특허를 출원하거나 매입하는 것이 아니라, '특허 침해자'를 상대로 상환청구권을 관철하기 위해서 특허를 출원하는 것이다. 이런 사업을 체계적으로 운영하는 기업을 가리켜 '특허 괴물Patent Troll'이라고 부른다.

현재 주도적인 IT 기업 및 인터넷 기업들(삼성, 마이크로소프트, 애플, 구글 등) 간에 치열한 특허 전쟁이 벌어지고 있다. 그러나 특허 전쟁은 다른 영역에서도 주요 현안으로 자리 잡고 있다. 예컨대 풍력에너지 부문의 경우, 제너럴 일렉트릭과 미츠비시가 서로 난타전을 벌이고 있다. 구글의 모토롤라Motorola 인수나 마이크로소프트의 AOL 특허 패킷 인수 등 현재 이루어지는 수많은 인수합병의 배후를 들여다보면 지식재산권IP 권리를 둘러싼 전투에 더 효과적으로 대비하기 위한 목적이 동기로 작용하는 경우가 점차 더 빈번해지고 있다는 것을 알 수 있다. 스마트폰 업계 하나만 하더라도 2010년에서 2011년에 걸쳐 150~200억 달러를 특허구입 비용으로 지출했고, 이 전투를 수행했던 특허 변호사들의 보수는 5억 달러에 이르렀다.[8]

상대적으로 규모가 작고 재정 능력이 빈약한 히든 챔피언들은 이 영역에서 대기업들보다 훨씬 더 위협에 민감하고 취약할 수밖에 없다. 그렇다고 해서 모두 다 그런 것은 아니다. 몇 년 전 GE가 에네르콘에 맞서 한 가지 특허를 관철한 적이 있다. 그에 대응하여 에네르콘은 18건의 특허를 이용하여 앙갚음을 했고, 그 결과 유럽 내 GE의 사업 규모가 자그마치 9배나 줄어들었다. 지금은 감히 아무도 히든 챔피언 에네르콘과 특허 전선에서 맞붙을 엄두도 내지 못한다.

지금까지 특허가 그리 큰 역할을 수행하지 못했던 업계에서 그런 종류의 다툼이 늘어나고 있다는 사실도 매우 흥미롭다. 예컨대 네슬레Nestlé는 2012년 유럽특허청에 네스프레소Nespresso 시스템에 사용되는 캡슐을 무단으로 제작한 기업 3개를 상대로 특허침해소송을 제기하여 승소했다.[9] 이 기업들은 이름만 대면 알만한 유명 기업들이었다.

　서비스업계에서는 전통적으로 특허가 그리 중요한 역할을 차지하지 못했다. 서비스 특허의 도입도 그런 상황을 크게 바꾸지는 못했다. 특허의 역할에 대한 이런 상대적인 견해는 차별화된 시각이 필요하다는 것을 분명하게 말해준다. 이런 견해 차는 특허의 중요성을 묻는 우리의 설문조사에 대한 답변에도 반영되어 나타난다. 응답 기업의 17퍼센트가 특허에 큰 비중을 두지 않았던 반면, 29퍼센트는 특허를 기업이 보유한 특별한 강점으로 여기는 것으로 나타났다.

　상당수의 히든 챔피언들이 특허를 매우 중요하게 생각하며, 그에 따라 매우 높은 특허 강도를 보유하고 있다. 전체 기업 가운데 이런 기업이 차지하는 비율은 약 3분의 1 정도다. 예컨대 클라스 같은 기업은 이렇게 말한다. "1913년 회사가 설립된 이후로 우리는 평균 매주 1개의 특허를 신청했습니다." 오스트리아 티롤 남부의 히든 챔피언 두르스트Durst는 잉크젯 기술 부문 시장선도기업으로, 76년 전 회사가 설립된 이래로 1,400개의 특허를 획득했다. 그러니까 연간 약 20개의 특허를 획득한 셈인데, 직원 수 200명인 회사치고는 굉장히 높은 수치다. 2010년 독일특허및상표청DPMA에 특허를 가장 많이 신청한 50대 기업 가운데 12개가 히든 챔피언이다.

　특허를 가장 많이 신청하는 기업들의 특허 강도와 히든 챔피언들의 특허 강도를 절대적인 수치로 비교해보면 매우 인상적이다. 특허 강도가 높은 히든 챔피언들의 특허신청 건수와 대기업의 특허

신청 건수를 해당 기업의 종업원 수 및 R&D 비용과 연관하여 계산하면 〈표 11.2〉에 제시된 것과 같은 수치가 산출된다.[10]

이 수치는 기술적으로 주도적인 위치에 있는 대기업들과 비교하여 히든 챔피언들이 탁월한 혁신 능력을 보유하고 있다는 사실을 증명해준다. 규모가 작은 기업의 1인당 특허 강도가 대기업보다 더 높다는 사실은 근본적으로 그리 새로운 일이 아니다. 그러나 차이의 폭은 매우 놀랍다. 대기업은 직원 1,000명당 특허신청 건수가 6건인 반면, 히든 챔피언들의 특허신청 건수는 31건이다. 따라서 히든 챔피언들의 특허 강도가 5배나 더 높다. 물론 직원 1,000명당 특허 건수가 그보다 훨씬 더 높은 히든 챔피언들도 몇몇 존재한다. 공정자동화 부문에서 주도적인 위치를 점한 기업인 Ifm 일렉트로닉은 직원 4,300명에 580건의 특허를 보유하고 있다. 그러니까 직원 1,000명당 특허 수가 135건인 셈이다. 쾰른의 로마르Lohmar에 있는 에미텍Emitec은 배기가스정화용 금속촉매변환기 부문 세계시장 선도기업이다. 이 기업은 전 세계에 1,000명의 직원과 1,800건의 특허를 보유하고 있다.

특허 한 건당 R&D 비용도 매우 상이하다. 선별된 히든 챔피언들은 특허 관련 R&D 비용이 52만 9,000유로인 반면, 대기업들은 그보다 약 5배 정도 많은 270만 유로다. 각각의 특허가 얼마만큼의 시장잠재력을 보유했는지는 알려져 있지 않다. 흔히 대기업의 특허가 더 높은 시장잠재력을 보유했을 것이라고들 추측하지만, 이런 추측은 그 어떤 문헌에서도 사실로 증명된 바 없다. 코펠Koppel은 "흔히 그렇게 추측하지만, 규모가 큰 기업이라고 해서 결코 더 가치가 높은 특허를 보유한 것은 아니다"라고 잘라 말한다.[11]

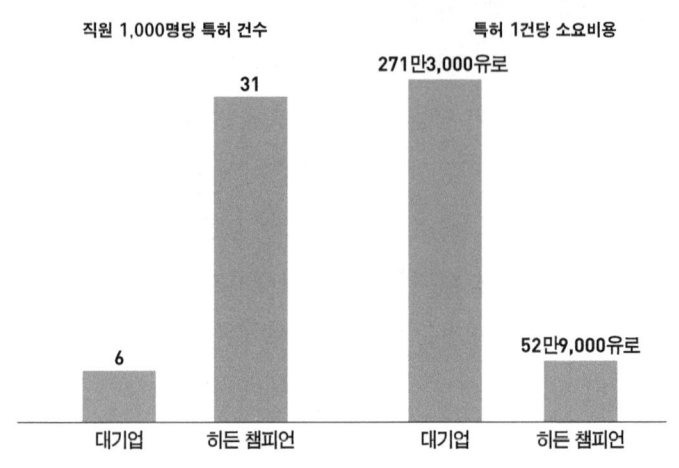

〈표 11.2〉 선별된 히든 챔피언들과 대기업의 특허지수

　히든 챔피언들의 특허신청 건수와 독일의 대형 연구시설 및 대학의 특허신청 건수를 비교해보면 매우 흥미롭다. 그들이 2010년에 신청한 특허 건수는 다음과 같다.

- 헬름홀츠Helmholz 협회(대형 연구시설 18개): 365건
- 프라운호퍼 협회(대형 연구시설 85개): 368건
- 독일 항공우주센터: 241건
- 전체 독일대학 합산: 661건

　수치로 따져보았을 때 루크(2010년 한 해 동안만 특허신청 건수가 392건이었다), 포이트 페이퍼Voith Paper(특허신청 건수 294건), 크로네스(특허신청 건수 237건) 등 몇몇 히든 챔피언들은 수만 명의 직원을 거느린 이런 대형

연구시설들과 비슷한 개수의 특허를 신청했다. 히든 챔피언들의 탁월한 혁신 능력과 세계 정상급 기술 역량을 이보다 더 확실하게 알려주는 지표가 과연 있을까?

유럽특허청 통계수치는 특허의 출처를 업종별, 국가별로 알려준다. 〈표 11.3〉을 보면 독일, 오스트리아, 스위스에서 특허 건수가 많은 핵심 업종들이 제시되어 있다.

독일과 스위스의 경우 히든 챔피언들이 주도권을 잡고 있는 업계에서 아주 많은 수의 특허가 발생한다는 것을 알 수 있다. 계측기술, 의학기술, 기계 부품, 컨버터, 펌프, 터빈 등이 그 대표적인 예다. 비록 대기업들의 전형적인 활동 영역이라고 할 수 있는 몇몇 부문이 끼어 있긴 하지만, 덩치가 큰 이런 업종(예를 들면 화학, 약품)의 특허 건수는 어디까지나 제한적이다. 단, 자동차 산업은 예외다. 오스트리아는 특허와 관련하여 특별히 두각을 드러내는 업종이 없으며, 특허 건수도 현저하게 적다(독일 12,553건, 스위스 2,389건, 오스트리아 667건). 이런 식의 부문별 관찰은 특허 건수에 비추어보았을 때 히든 챔피언들이 극도로 능동적인 투자자들이라는 사실을 재차 증명해준다.

다수의 히든 챔피언들은 혁신과 더불어 그런 혁신을 특허로 보호하는 것을 핵심적인 역량으로 간주한다. 에네르콘이 그 대표적인 예다. 에네르콘 창립자인 알로이스 보벤Aloys Wobben은 1984년에 회사를 설립한 뒤 전적으로 혁신에 전념했다. 그 사이에 에네르콘 직원이 1만3,000명으로 늘어났지만, 보벤은 예나 지금이나 제품 개선과 개발에 몸소 참여한다. 에네르콘의 홈페이지는 기술안내서를 연상시킨다. 풍력에너지 생산 영역에서 전 세계 특허의 대부분을 보

〈표 11.3〉 독일, 오스트리아, 스위스의 국가별·업종별 특허 건수(2010년)[12]

국가	업종	특허 건수
독일	자동차	1,468건
	전자 기계	868건
	기계 부품	798건
	계측기술	643건
	컨버터, 펌프, 터빈	624건
	공작기계	616건
	보관 및 운송 기술	569건
	건축 기술	512건
	의학 기술	495건
	유기 정밀화학	488건
	특수 기계	485건
스위스	의학 기술	294건
	계측 기술	244건
	유기 화학	229건
	보관 및 운송 기술	205건
	전자 기계	115건
	약품	114건
오스트리아	건축 기술	53건
	보관 및 운송 기술	52건
	자동차	49건

유한 에네르콘은 자타가 공인하는 기술선도기업이다. 세계시장 선도기업인 베스타스나 지멘스, GE 같은 대기업들조차도 에네르콘의 특허를 사용할 수밖에 없다.

특히 눈에 띠는 점은 에네르콘이 다른 경쟁업체들과는 달리 변속기 없이 작동하는 설비를 개발하고, 이를 통해 기술적인 해법 측면에서 독자적인 행보를 이어간다는 것이다. 이것은 많은 히든 챔피언들에게서 전형적으로 찾아볼 수 있는 현상이다. 변속기가 없다는 것은 스타트업 시간이 단축된다는 것과 함께 고장 및 파손 가능성이 낮다는 것을 의미한다. 이런 이유로 에네르콘 제품은 풍력발전 설비들 가운데서도 '메르세데스'급으로 간주된다.

에네르콘은 풍력발전 설비를 운반하기 위해서 독자적인 특수 선박 군단을 운영하고 있다. 이 부분에서도 에네르콘은 높은 수준의 기술 역량을 투입하고 있다. 이른바 이-쉽이 대표적인 예인데, 현재 이 선박은 일상적으로 사용하기에 적합한지 여부를 가리기 위해 테스트를 받고 있다. 에네르콘은 풍력발전 설비부품을 전 세계로 운반하는 데 이-쉽을 우선적으로 투입할 예정이다. 이-쉽은 전통적인 디젤엔진 외에 에네르콘이 개발한 4개의 플레트너 회전날개를 추가로 갖추고 있다. 높이 27미터에 지름 4미터인 이 회전날개의 내부에서는 여러 개의 실린더가 돌아간다.[13] 플레트너 회전날개는 동일한 면적의 돛보다 10~14배나 더 강력한 추진력을 생성시킨다. 환경과 대기오염 문제 측면에서 이-쉽은 새로운 차원을 열었다. 에네르콘과 공조체제를 구축하여 이 혁명적인 선박 운영에 참여하고 있는 아르콘-쉬핑 유한회사Arkon-Shipping GmbH 사장 토르스텐 베스트팔Torsten Westphal은 "이-쉽과 더불어 화물 운송의 새로운 장이 열렸습니다"라고 말한다.

무대용 마이크로 세계시장을 이끌고 있는 젠하이저는 극도로 혁신적인 기업으로, 매우 전문적인 특허 전략을 추진하고 있다. 젠하이저의 경우 최소한 1개, 심지어는 5개 이상의 특허로 보호받고 있는 제품들이 매출액의 대부분을 차지하고 있다. 반면 최고급 제품이 아닌 대중적인 제품을 생산하는 필립스Philips나 소니 같은 대형 제조사들의 경우에는 특허로 보호받는 제품의 비율이 20퍼센트를 밑돈다. 이런 제품들은 모방하기가 쉽다. 실제로 특허가 없는 제품의 경우에는 효과적으로 보호하기가 여간 어려운 일이 아니다. 몇 년 전 치보Tchibo와의 분쟁에서 분명하게 드러난 것처럼 젠하이저는 특허침해자를 가차 없이 응징한다. 당시 젠하이저는 치보가 출시한 헤드폰을 특허침해로 간주하고, 즉각적으로 판매금지 조치를 취했을 뿐만 아니라, 5만 개의 헤드폰을 압류하기도 했다. 치보는 니더작센 출신의 이 기업이 단행한 가혹하고 전문적인 조치에 맞서서 거의 아무런 저항도 하지 못했다. 만약 치보 매니저들이 이 히든 챔피언을 조금 더 상세하게 알았더라면, 그들의 놀라움도 조금은 덜했을 것이다. 왜냐하면 그곳에서는 기술 전선에서 단 한 치의 양보도 허용하지 않는 세계 정상급 특허 전문가들이 활동하고 있기 때문이다.

기술 중심적인 히든 챔피언들 사이에서 특허가 수행하는 중요한 역할은 특허관할권에서도 분명하게 드러난다. 이런 기업들 중 다수가 CEO에게 특허관할권을 부여하고 있다. 특허변호사 클라우스 괴켄Klaus Goeken의 말에 따르면, 히든 챔피언들과는 대조적으로 규모가 큰 독일 주식회사 가운데 지적재산권 혹은 산업재산권을 대표의 소관사항으로 지정한 곳은 단 한 곳도 없다고 한다. 괴켄의 평가에 의하면, 대기업에서는 특허부서 팀장과 대표가 직접 만나는 경우도 매우 드물다고 한다. 특허의 유효기간은 최대 20년에 이른다. 이것은 히든 챔피언들이 계획을 입안하고 모양을 갖추어 나가는 데 걸리는 시간과 일치한다.

특허는 혁신을 향한 노력이 빚어낸 기술적인 결과물을 측정하는 지표일 뿐 경제적인 성공을 측정하는 지표가 아니다. 특허 건수는 실질적인 활용도나 경제적인 의미와는 전혀 무관하다. 창작이나 발명이 곧 혁신을 의미하는 것은 아니다. 코펠의 연구에 따르면, 전체 특허 가운데 76퍼센트가 실제로 활용되는 것으로 나타났다.[14] 코펠은 특허 한 건의 가치를 약 15만 유로로 추정한다. 미국 전문가들의 견해도 이와 유사하다. 요컨대 그들도 전형적인 산업특허 한 건의 가치를 10만 달러에서 20만 달러로 추정한다.[15]

실제로 활용되지 않는 특허가 전체 특허의 4분의 1을 차지하는데, 규모가 작은 기업들의 경우 경제적인 어려움이 가장 중요한 원인이다. 반면 규모가 큰 기업에서는 성숙된 제품이나 브랜드의 결핍이 특허 미사용의 주요 원인이 된다. 경험이 풍부한 특허 변호사들은 규모가 작은 기업의 특허 활용비율이 대기업의 경우보다 훨씬 더 높다고 평가한다. 이런 사실은 특허 강도와 특허비용에서뿐만 아니라 R&D 및 특허의 경제적인 가치 면에서도 히든 챔피언처럼 규모가 작은 회사들이 대기업보다 훨씬 더 효율적이고 효과적으로 일하고 있다는 추측을 뒷받침해준다.

신제품

혁신이 시장에서 통했을 때, 그때 비로소 그것은 성공적인 것으로 평가받을 수 있다. R&D 강도와 특허 강도가 높다고 해서 그것이 반드시 경제적인 성공에 대한 보증수표는 아니다.

소니와 애플을 비교해보면 이런 사실이 극명하게 드러난다. 소니는 매출액의 5.9퍼센트를 R&D에 지출하는 반면 애플은 고작해야 2.2퍼센트밖에 지출하지 않는다. 소니는 1993년부터 2011년까지 약 7,500개의 특허를 획득했지만, 애플이 같은 기간 동안 획득한 특허는 약 800개에 불과했다. 회계연도 2011년을 기준으로 애플은 1,080억 달러의 매출을 올렸고, 340억 달러의 이익을 거두었다. 소니는 매출액 870억 달러에 64억 달러의 적자를 감내해야만 했다.[16]

히든 챔피언들의 신제품은 시장에서 과연 어떤 성적을 거두고 있을까? 신제품의 의미를 수량에 의거하여, 그리고 다른 것들과 비교하여 파악하기란 매우 어려운 일이다. 전체 매출액 가운데 출시된 지 3년, 4년 혹은 5년이 되지 않은 제품들이 차지하는 비율에 관한 통계자료들은 시중에 널리 유포되어 있다. 이런 자료들을 기준으로 살펴보면, 많은 히든 챔피언들이 극도로 혁신적인 면모를 보여준다는 사실을 알 수 있다. 독일 기업들의 단면을 보여주는 독일 경제연구소 조사에 따르면, 신제품 매출액이 전체 매출액의 23퍼센트를 차지하는 것으로 확인되었다. 반면 혁신적인 히든 챔피언들은 그 비율이 훨씬 더 높다.

예컨대 케르허는 전체 매출액 중 출시된 지 5년이 되지 않은 제품들이 차지하는 비율이 85퍼센트라고 밝혔다. 기계전자공학 구동시스템 부문 세계시장 선도기업인 비텐슈타인 주식회사Wittenstein AG도 지난 4년 동안 생산된 신제품을 이용하여 이와 동일한 비율을 달성했다. 잉크젯 기술 부문에서 유럽시장을 이끌고 있는 두르스트는 3년 이하의 제품이 전체 매출액에서 차지하는 비율이 68퍼센트에 이른다. 심지어 이 가운데 3분의 1은 출시된 지 1년도 채 되지 않았다. 전자공구 부문 세계시장 선도기업인 보쉬 파워 툴스는 매출액의 48퍼센트를 출시된 지 2년이 되지 않은 제품들을 통해서 벌어들인다. 위생용품 업계 세계시장 선도기업인 그로헤Grohe CEO 다비트 하이네스David Haines는 전체 매출액의 67퍼센트가 5년 이하의 제품에서 비롯되고 있다고 밝히면서, 자기 회사의 포트폴리오를 일컬어 업계에서 가장 '싱싱한' 포트폴리오라고 칭했다. 머신 비전을 생산하는 비트로닉은 최근 3년 동안 시장에 출시된 제품이 전체 제품의 절반 이상을 차지하고 있다.

그러나 그런 혁신 지표들을 비교한다고 해서 명확한 결과를 얻을 수 있는 것은 아니다. 왜냐하면 '신제품'에 대한 정의 자체가 불분명하기 때문이다. 예컨대 설비 제작기업처럼 제품을 시리즈로 생산하는 것이 아니라 개별적으로 생산하는 기업들은 신제품 비율이 거의 의미가 없다. 그런 기업에서 진행되는 프로젝트는 다소 정도의 차이는 있지만 과거의 프로젝트와 크게 구별된다. 이런 의미에서 그 프로젝트들은 모두 새로운 프로젝트로 정의될 수 있다. 그런 기업에서는 일반적으로 모든 제품을 신제품으로 불러도 무방할 정도로 제품에 대한 개선 작업이 지속적으로 이루어진다. 이런 관점에서 본다면 매출액의 100퍼센트가 '새로운' 제품으로부터 비롯된다고 할 수도 있다. 그러나 이런 생각은 사안의 본질에 부합하지 않는다. 신제품의 매출액 기여도를 측정하는 것이 이렇듯 매우 어려운 일임에도 불구하고 히든 챔피언들이 제품 측면에서 매우 혁신적이라는 것만큼은 분명한 사실이다. 이것은 성장 단계에 있는 시장은 물론이고 이미 성숙한 시장에도 적용되는 사실이다.

다음에 제시된 예는 발전 단계가 각기 다른 시장에서 선별한 혁신 사례들을 상세하게 설명하고 있다. 칩 제조업체에 광학 리소그래피를 제공하는 칼 자이스 SMT 주식회사Carl Zeiss SMT AG는 세계에서 가장 현대적인 리소그래피 시스템 공장을 운영한다. 이 기업은 네덜란드 히든 챔피언 ASML과 협력 체제를 구축하고 이 회사 기계에 자이스 제품을 장착함으로써 지난 몇 년간 세계시장지배권을 획득했다. 과거에 시장을 이끌었던 일본 기업 니콘Nikon과 캐논Canon의 시장점유율은 그 사이에 큰 폭으로 줄어들었다.

젠하이저는 마이크로폰과 헤드폰 그리고 무선 전송 시스템 부문에서 이룩한 탁월한 혁신을 바탕으로 미국과 아시아의 다양한 경쟁 업체들을 물리치고 세계시장지배권을 손에 넣었다. 현재 젠하이저의 세계시장점유율은 약 25퍼센트에 이른다.[17]

카본 스포츠Carbon Sports가 만들어낸 이른바 초경량 휠은 혁신의 산물이다. MTU에서 일한 경력이 있는 노련한 공구제작자인 하인츠 오버마이어Heinz Obermayer와 한 명의 파트너가 이 제품을 개발했다. 카본 스포츠 홈페이지에는 다음과 같은 문구가 적혀 있다.

"그들은 극비리에 휠을 완성했다. 모든 창문을 불투명하게 처리했을 뿐만 아니라, 단 한 번이라도 문을 그냥 열어둔 적도 없었다. 단순한 외형만 보고는 아무도 그 벽 뒤에 '경주에 사용되는 무기 제작공장'이 숨겨져 있으리라고는 짐작조차 하지 못했을 것이다. 그럼에도 불구하고 작업장은 대외적으로 완전히 봉쇄되어 있었다. 어쨌거나 이 작업장은 절대적인 하이테크 제품을 생산하는 장소로서 수많은 전설의 단초가 되었다."

1996년 제1회 로드 월드 챔피언십Road World Championship 우승자가 초경량 임펠러로 우승을 거머쥐었고, 1997년에는 얀 울리히Jan Ullrich가 이 휠을 이용하여 투르 드 프랑스Tour de France에서 우승했다. 그 후 이 제품 고안자들에게는 자전거 전문가들의 주문이 물밀듯이 쇄도했다. 홈페이지에 실린 문구는 이렇게 이어진다.

"……그러자 세계 최고의 자전거 선수들이 그들에게 달려들었다. 납품기간이 1년이나 되는 데다가 전문가들은 물론이고 세계 챔피언이나 투르 드 프랑스 우승자조차도 휠 세트 가격을 고스란히 지불해야만 한다는 사실마저도 전 세계에서 몰려드는 구매자들의 발길을 멈출 수가 없었다."

한 마디 더 덧붙이면, 당연한 일이지만 지난 몇 년간 투르 드 프랑스 우승자 전원이 카본 스포츠 휠을 타고 달렸다. 그리고 혁신은 지금도 계속되고 있다. 이 회사는 2012년에 도입된 아우토반AUTOBAHN이라는 새로운 휠에 대해서 이렇게 말한다.

"우선 몇 가지 핵심적인 단어로 시작하면 추진력, 스피드, 공기역학, 가벼움, 견고함, 민첩함 그리고 타협을 허락하지 않는 단호한 태도. 이쯤이면 충분할 듯하다. 아우토반은 휠이 아니다. 아우토반은 무기다. 시간에 맞선 무기."

아마도 세계 최정상급 사이클 선수들은 미래에도 카본 스포츠의 획기적인 혁신에 큰 기대를 걸 것이다.

메탈 패브릭 부문 세계시장 선도기업인 뒤렌의 GKD 쿠퍼라트가 개발한 혁신제품은 새로운 가능성을 열어주었다. 바로 건물을 광고 목적으로 활용할 수 있도록 해준 것이다. 건물 외벽에 특수강으로 제작된 천을 부착하고 그 위에다 하나하나 개별적으로 통제되는 발광 다이오드LED를 설치한다. 이렇게 하면 24시간 내내 비디오나 그래픽을 보여줄 수가 있다. 또한 특수강으로 제작된 천은 바람과 태양을 차단하는 보호막 역할을 하는 동시에 완벽한 투명성을 제공할 뿐만 아니라 불에도 타지 않는다. 알러 강 유역의 베르덴에 있는 프레리히스 글라스도 '온리글라스 메디아파사드Onlyglass Mediafacade'라는 신제품으로 이와 유사한 고객들의 욕구에 호소하고 있다. 이 기업은 세계 최초로 탄생한 이 제품을 전담하는 회사를 따로 설립했다. 프레리히스 글라스는 브라운슈바이크 공과대학과 협력하여 투명한 미디어 파사드Media Facade를 개발했다. 유리 속에 광고매체를 탑재함으로써 건물 외벽에 따로 미디어 파사드를 내걸 필요가 없어졌다. 2012년 제품이 도입된 직후에 이미 세계 5개 대륙에서 관련 프로젝트가 진행되고 있다.[18]

정형외과 기술의 발전속도도 급속하게 빨라졌다. 니더작센 주 두더슈타트Duderstadt에 자리 잡은 세계 1위 기업 오토 보크는 최근 들어 근전전동의수(모터가 내장된 전기로 움직이는 의수-옮긴이)나 새로운 의족 시스템 등 수많은 획기적인 혁신 제품들을 출시했다. 근전전동의수는 '어떻게 하면 인간이 자신의 의지로 의수를 조절할 수 있을까'라는 물음에서 탄생한 제품이다.

심지어는 성숙한 시장에서도 기준을 새롭게 설정하는 혁신의 물결을 관찰할 수 있다. 클라스는 '렉시온Lexion'이라는 세계에서 가장 혁신적이고 가장 성능이 우수한 콤바인 모델을 도입했다. 커팅 반경이 12미터에 이르는 렉시온은 단 한 시간 만에 인구 35만 명의 대도시 하나가 하루에 필요로 하는 양의 곡식을 수확할 수 있다. 이 기계는 하이테크로 완전무장하고 있으며, 보드 컴퓨터가 탑재되어 있어 인공위성 항법장치를 통해 자체 조정된다. 운전자는 그저 감독을 하기만 하면 된다. 그 밖에도 이 제품은 전 세계적으로 진행되는 혁신의 방향을 분명하게 증언해준다. 이 기계는 북아메리카와 동유럽에 있는 거대한 경작지에 적용할 목적으로 구상되었다. 독일 평야에 사용하기에는 덩치가 너무 크다. 러시아만 하더라도 EU 전체를 합한 것보다 더 많은 가용 농지를 보유하고 있다.

클라스가 시장에 내어놓는 혁신적인 제품들은 흔히 새로운 기준이 되곤 한다. 클라스가 세계시장을 주도하는 목초수확용 기계와 잔디깎기 기계 및 건초포장기 부문도 마찬가지다. 이렇듯 클라스는 세계시장을 겨냥한 제품들을 개발하고 있다. 다수의 히든 챔피언들도 이런 방향성을 추구하고 있다. 히든 챔피언의 56퍼센트가 해외시장에 초점을 맞추어 제품을 개발하고 있다고 응답했다. 반면 주로 내수시장에 방향을 맞춘다고 응답한 기업은 10퍼센트에 불과했다.

헤렌크네히트도 매우 인상적인 혁신 성적을 보여준다. 1975년 마르틴 헤렌크네히트Martin Herrenknecht가 설립한 이 회사는 단 25년 만에 터널굴착기 부문에서 자타가 공인하는 세계시장 선도기업이자 기술선도기업으로 올라섰다. 이 기업은 2015년에 완공될 예정인 고트하르트 터널이나 세계 최대의 터널굴착기가 사용된 상하이 양쯔대교 건설 공사 등에 참여함으로써 기계가 동원된 터널 공사의 기준을 끊임없이 새롭게 설정하고 있다. 자회사인 헤렌크네히트 버티컬Herrenknecht Vertical은 혁신적인 구상안에 의거하여 지하 6,000미터까지 파고들어가는 지구열학용 딥 드릴 생산에 몰두하고 있다.

독일어권 히든 챔피언들은 기계 및 설비 제작, 자동차 부품산업, 의료기술 혹은 화학 같은 전통적인 분야에서만 성공적인 혁신가로서의 면모를 보여주는 것이 아니다. 새로운 시장에서도 젊은 기업들이 주도적인 위치를 거머쥐는 경향이 나타나고 있다. 예컨대 IP 랩스는 아직 초기 단계인 디지털 앨범 시장에서 사용자 친화적인 발빠른 혁신을 통해 주도적인 위치를 획득했다. 지겐의 인버스는 획기적인 혁신을 통해서 카셰어링 부문 세계시장 선도기업으로 등극했다. 프랑크 텔렌, 마르크 지버베르거Marc Sieberger, 알렉산더 코흐Alexander Koch가 2011년에 설립한 doo.net은 사무실에서 종이를 제거하는 혁명적으로 새로운 시스템을 개발하여 그것을 전 세계적인 기준으로 확립하겠다는 야심을 가지고 시장에 첫발을 내디뎠다. 그후 고작 몇 달 만에 doo.net은 애플, 구글(안드로이드), 마이크로소프트(윈도우 8)의 세계에 입성하는 데 성공했다.

위에 제시한 선별된 사례들은 히든 챔피언들이 강력한 혁신 단계에 접어들었다는 느낌이 실제 사실임을 입증해준다. 이런 혁신의 동력은 앞으로도 지속될 것이다. 이를 반박하는 정황은 그 어디에서도 찾아볼 수 없다. 몇 년 전부터 혁신의 정신이 새롭게 불붙고 있다. 많은 분야에서 히든 챔피언들이 기술 주도권을 되찾아왔다. 예컨대 일본 기업으로부터 그리고 부분적으로는 미국 기업으로부터 말이다. 역으로 산이중공의 푸츠마이스터 인수 사례가 보여주는 것처럼, 특히 중국을 중심으로 새로운 경쟁업체들이 생겨나고 있다. 이런 상황에서 만약 혁신 노력을 게을리한다면 그것은 극도로 위험한 일이 될 것이다.

1990년대부터 R&D 분야에 기울여온 어마어마한 노력이 시장에서 결실을 맺고 있다. 혁신은 히든 챔피언들의 절대적·상대적 시장점유율을 설명해주는 핵심적인 요인이다. 2007년 이후에 찾아온 위기가 부분적으로 후퇴를 가져오기는 했지만, 그래도 전반적으로 긍정적인 트렌드를 꺾지는 못했다. 히든 챔피언들은 매우 혁신적이며 글로벌리아에 대비하여 최적의 무장 태세를 갖추고 있다. 그들의 기술적인 전문 역량은 미래를 낙관적인 시각으로 바라보게 하는 근거다.

혁신의 원동력

혁신 원동력을 분류하는 가장 간단한 방법은 자극의 출처에 따른 분류다. 요컨대 자극이 외부에서 비롯되느냐 아니면 내부에서 비롯되느냐에 따라서 분류하는 것이다. 가장 중요한 외부적인 자극은 고객이다. 그 밖에 납품업자, 경쟁업체, 협력 파트너들도 때때로 의도와는 무관하게 혁신적인 아이디어 창출에 기여한다. 내부적으로는 최고경영진, R&D 부서 그리고 그 밖에 다른 영역들이 아이디어 제공자로 물망에 오를 수 있다.

독일경제연구소는 한 조사를 통해서 이처럼 다양한 위치에 있는 사람들이 자극 제공자로서 얼마나 중요한 역할을 하는지 분명하게 보여주었다.[19] 〈표 11.4〉를 보면 조사 결과가 제시되어 있다.

결과는 외부 자극과 내부 자극, 양쪽 모두 혁신을 위한 자극 제공 요인으로서 필수적인 역할을 수행하고 있음을 입증하고 있다. 우리는 자체적으로 조사를 실시하여 혁신이 기술 또는 시장/고객들의 욕구에 의해서 추진되는지, 아니면 두 가지 원동력이 똑같은 중요성을 지니고 있는지를 질문했다. 비교를 위해 우리는 선별된 대기업들에게도 같은 질문을 던졌다. 위에서 언급한 R&D 강도나 특허 통계치 같은 지표들을 고려하면 기술이 히든 챔피언들의 핵심적인 원동력일 것이라는 추측을 해볼 수 있다. 그러나 〈표 11.5〉는 이런 가정이 틀렸다는 것을 말해준다.

대기업의 경우, 정확하게 절반이 시장을 핵심 원동력으로 꼽았다. 소위 '정치적으로 공정한' 대답이라고 할 수 있다. 반면 꼭 3분의 1(31퍼센트)에 해당하는 대기업들은 기술을 주요 원동력으로 간

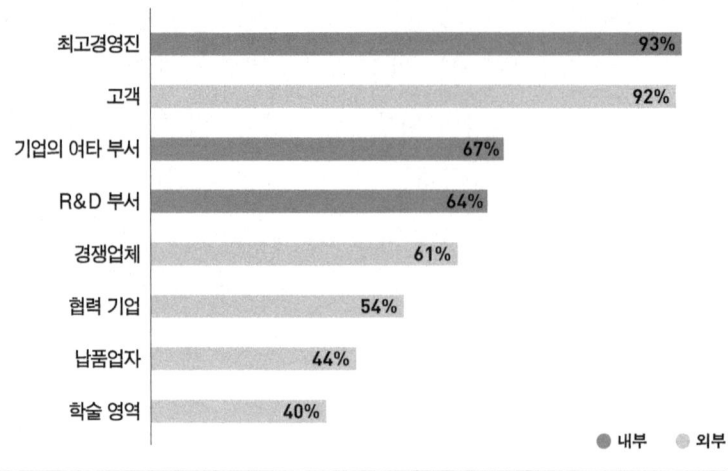

〈표 11.4〉 혁신을 위한 자극 제공자들의 중요도

주했다. 두 가지 모두가 똑같이 중요하다고 답한 기업은 19퍼센트에 불과했다. 그러나 히든 챔피언들은 완전히 다른 모습을 보여준다. 히든 챔피언의 약 3분의 2가 시장과 기술을 똑같이 중요한 원동력으로 간주한다. 시장을 주요 원동력으로 꼽은 기업은 21퍼센트에 불과했고, 기술을 주요 원동력으로 꼽은 기업도 14퍼센트에 그쳤다.

1950년대부터 기업 전략에 관한 서적을 중심으로 '자원중심학파'와 '시장중심학파' 사이에 지속적으로 논쟁이 이어져왔다. 이들 학파의 현황을 더 심도 깊게 알고 싶다면 2012년에 출판된 바니Barney와 헤스털리Hesterly의 《전략적 경영과 경쟁적 이익Strategic Management and Competitive Advantage》을 참조하라.[20] 자원중심학파는 한 기업의 전략이 내부적으로, 그러니까 자체적인 자원에 의해서 추진되어야 한다고 강조한다. 이에 따라 이 학파는 전문적인 역량과 능력 그리고 그것을 구축하고 계속 발전시키는 것을 무엇보다도 중요

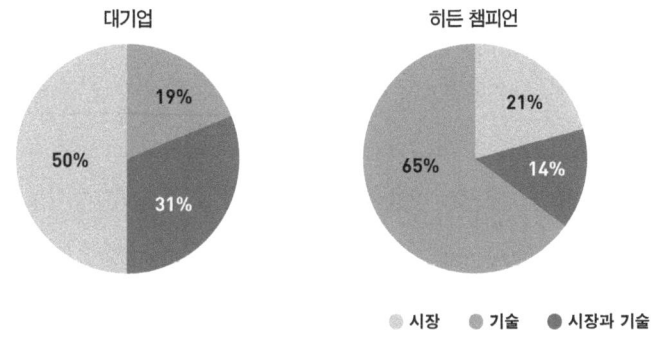

〈표 11.5〉 대기업과 히든 챔피언의 혁신 원동력

● 시장　● 기술　● 시장과 기술

시한다.[21] 반면 시장중심학파는 시장에서 제공되는 다양한 기회들을 직시하고 시장을 중심으로 전략을 발전시켜나갈 것을 요구한다. 시장에서 제공되는 기회를 파악하는 일과 고객의 욕구를 더 효과적으로 충족시키는 일 그리고 경쟁우위를 구축하는 일이 전면으로 대두된다.

경쟁 관계에 있는 이 두 학파에 대해서 히든 챔피언들은 어떤 태도를 취하고 있는가? 대기업의 81퍼센트가 두 학파 중 어느 한쪽을 행동지침으로 삼은 것과는 달리, 히든 챔피언들의 3분의 2는 양자택일적인 사고를 거부한다. 그 대신 그들은 '이것뿐만 아니라 저것도 전략'을 구사하면서 시장과 기술을 똑같이 중요한 원동력으로 끌어안고 있다. 쇼핑 카트 부문 세계시장 선도기업 반츨은 양쪽 모두를 끌어안는 이런 전략을 다음과 같이 이상적으로 표현하고 있다. "확장과 성장을 위해서 우리는 제품지향적인 정책과 고객지향적인 정책에 의지하고 있습니다." 수성 페인트 부문 유럽시장 선도기업 알버딩크 볼라이Alberdingk Boley는 이렇게 말한다. "시장과 기술을 통합함으로써 우리는 내부적인 전문 역량과 외부적인 시장 기회가 만들어내는 최적의 시너지 효과를 창출하고 있습니다."

많은 정황들이 그처럼 통합적인 관점이 시장이나 기술 어느 한쪽만을 일방적으로 지향하는 관점보다 우월하다는 것을 말해준다. 시장지향적인 태도와 기술지향적인 태도는 상호 배척적인 대립요소가 아니라 상호 보완적인 차원으로 해석되어야 할 것이다.[22] 펌프와 분쇄기술 부문에서 시장을 선도하는 네취의 노르베르트 갭하르트Norbert Gebhardt는 이런 조화로운 상태를 다음과 같이 절묘하게 기술했다.

"고객들과 사업을 해나가려면 시장지향적인 태도와 기술지향적인 태도, 두 가지 모두가 필요합니다. 기술적인 세부사항에 관한 한 영업자 혼자서는 속수무책입니다. 반대로 기술자는 커뮤니케이션 전문가가 아닙니다. 우리는 양쪽의 황금 조합을 목표로 삼고 있습니다."

시장이나 내부적인 자원, 어느 한 가지를 일방적으로 지향하는 태도와 통합적인 시각의 결여는 무수한 전략적 대재앙의 진원이다. 오늘날의 시각에서 보면 어떻게 바스프가 음악 산업에 뛰어들 수 있었고, 코닥Kodak이 제약시장에 뛰어들 수 있었는지, 폭스바겐이 컴퓨터 사업에, 다임러Daimler가 전자제품 사업에 발을 들여놓을 수 있었는지 도무지 이해할 수가 없다. 여기서 문제는 시장이 아니었다. 당시 이 시장들은 성장하고 있었고, 그곳에서 성공한 기업들은 많은 돈을 벌어들였다. 전문적인 역량의 결핍이 이 기업들의 취약점이었다. 이 사례 기업들 가운데 단 한 곳도 전문적인 역량에서 당시 시장을 주도하던 경쟁업체의 수준에 미치지 못했다.

일방적으로 내부적인 자원이나 전문적인 역량을 지향하는 태도도 위험하기는 매한가지다. 사장된 기업들이 묻혀 있는 기업 공동묘지를 살펴보면 탁월한 전문 역량을 갖추고 있었지만, 어처구니없게도 시장 자체가 사라져버린 기업들이 우글거리고 있다. 증기기관차를 구입하는 사람이 아무도 없다면, 제아무리 최고의 성능에 가격까지 가장 저렴한 증기기관차를 만든다고 한들 무슨 소용이 있겠는가? 오토바이 생산업체였던 NSU[23], 계산자를 생산했던 파버-카스텔, 환등기 업체였던 레플렉타, 카메라 확대기를 생산했던 두르스트, 모두 전문적인 역량이 제아무리 탁월하다고 하더라도 시장과 관련되었을 때만 높은 가치를 지닐 수 있다. 이렇게 몇 가지 예만 간단히 떠올려보아도 히든 챔피언들이 실행에 옮기고 있는 통합적인 시각이야말로 필수적인 동시에 우월한 시각이라는 것을 알 수 있다.

그런데 통합적인 시각은 전략 개발을 한층 더 복잡하게 한다. 일방적으로 어느 한쪽을 지향하는 경우에는 시장이나 전문적인 역량을 중심으로 삼아 똑바로 전진할 수 있지만, 통합적인 전략을 구사하는 경우에는 빈번하게 양쪽 노선을 갈아타야 한다. 전략 개발의 출발점이 한쪽 혹은 다른 쪽이 되는 경우도 배제할 수 없다. 어쨌거나 어느 경우든 분석 초기 단계에 다음과 같은 질문을 반드시 던져보아야 한다.

- 과연 우리는 아주 매력적으로 보이는 이 시장과 관련된 전문 역량을 갖추었거나, 전문 역량을 개발할 수 있는가?

- (또는 역으로) 우리의 전문 역량을 활용할 수 있는 시장이 존재하거나, 우리가 그런 시장을 개발할 수 있는가?

아래에 소개된 혁신 사례들을 살펴보면 처음에는 전형적으로 특정한 관점이 우선시되지만, 머지않아 통합적인 시각이 더욱 빛을 발한다는 사실을 확인할 수 있을 것이다. 제시된 예들 가운데 몇 가지는 창업 이념과 관련되어 있다. 히든 챔피언들은 과연 어떻게 생겨날까? 이것은 매우 흥미로운 질문이 아닐 수 없다.

혁신의 탄생

혁신과 히든 챔피언의 탄생 역사는 그 자체로서 너무나도 다채롭다. 따라서 그것을 분류하기란 불가능하다. 물론 드물지 않게 우연이나 행운이 작용하는 경우도 있었다. 이따금씩은 해결되지 않은 고객의 욕구를 인식하는 것이 출발점이 되기도 했다. 또 다른 경우에는 문제를 찾아내어 해결할 수 있는 기술이나 전문적인 지식이 발단이 되기도 했다. 그러나 히든 챔피언들은 언제나 시장과 기술을 최종적으로 그리고 매우 신속하게 한데 결합시켰다. 바로 이런 결합이야말로 혁신적인 기업 성과의 핵심을 형성한다.

1972년 당시 미국 공작기계 회사 신시내티 밀에이크론Cincinnati Millacron에서 일하던 엔지니어 페터 벡케를레는 (트룸프의 베르톨트 라이빙어도 그보다 몇 년 앞서서 그 회사에서 일을 했다) 화장품 회사 에이본Avon이 운영하는 공장 한 곳을 개인적으로 방문했다. 이때 그는 립스틱 생산 과정에서 수작업이 차지하는 비율이 높다는 점을 발견했다. 립스틱 생산 과정을 더 효율적으로 조직할 수 있다고 확신한 그는 립스틱 생산기계 구상에 착수했다. 에이본이 그가 만든 이 시제품을 구입했다. 그러던 차에 1980년 모스크바 올림픽을 대비하여 립스틱 생산을 증대하려고 했던 러시아 사람들이 에이본 공장을 방문했고, 하루아침에 눈부신 성공이 찾아왔다. 그곳에서 벡케를레 기계를 본 러시아인들은 그 기계를 20대 주문했다. 오늘날 전 세계에서 유통되는 립스틱의 85퍼센트가 벡케를레 설비를 통해서 생산되고 있다. 벡케를레는 립스팁 기계만 제작하는 것이 아니라 오래 전부터 많은 양의 립스틱을 독자적으로 생산하고 있다. 이 사례는 고객들이 안고 있는 문제에 대한 인식과 기술적인 전문 역량이 서로 조화롭게 결합된 경우다. 기업가 페터 벡케를레라는 인물을 통해서 한데 결합된 이 두 가지 요소는 오늘날 그의 아들 토마스 벡케를레Thomas Weckerle에 의해서 계속 이어지고 있다.

1960년대에 접어들어 화학 기업 바이엘이 이온교환기를 개발했다. 그러나 사람들은 그것을 판매할 만한 시장을 찾지 못했다. 그런데 당시 가구 판매상으로 일하고 있던 하인츠 한캄머가 어느 지인을 통해 이 혁신적인 제품에 관한 이야기를 들었다. 그는 이 제품을 배터리액 제작 용도로 주유소에 판매했다. 이것이 바로 오늘날 식탁용 정수필터 부문에서 세계시장을 선도하는 브리타 정수필터의 시작이었다. 이 경우에는 제일 먼저 기술적인 혁신이 있었다. 그에 이어서 기업가 한캄머가 단계적으로 다양한 시장을 발굴하여 개척해나갔다.

고어도 기술적인 전문 역량과 제품이 출발점이 되었다. 이 회사의 창립자인 빌 고어Bill Gore는 한때 대형 화학 기업인 듀퐁DuPont

연구실에서 일하면서 테플론(PTFE) 개발에 참여했다. 1958년 그는 PTFE를 판매할 시장과 활용법을 개척할 목적으로 자기 회사를 설립했다. 그 후로 고어는 PTFE를 기반으로 한 끊임없는 혁신의 물결을 통해서 레저 의류(고어-텍스 상표), 전자제품, 환경기술, 의료기술 등등의 분야에서 두각을 드러냈으며, 이 영역들 가운데 다수의 분야에서 세계시장 선도기업으로 활약하고 있다. 현재 고어는 전 세계 30개가 넘는 나라에서 9,500명의 직원을 고용하고 있으며, 연간 30억 달러의 매출을 올리고 있다.

히든 챔피언들이 이룩한 수많은 혁신은 회사 창립자들이 직접 경험한 문제에서 비롯되었다. 그러니까 본인의 사적인 영역에서 특정한 문제를 경험했지만, 그 문제에 대한 해결책을 찾을 수 없었던 상황이 혁신의 단초가 된 것이다. 예컨대 유아식 제조업체이자 그 분야에서 독일 시장을 이끌어가는 클라우스 힙Claus Hipp 사장은 이 기업이 필연적으로 탄생할 수밖에 없었던 과정에 대해 이렇게 이야기한다.

"제 할머니는 쌍둥이에게 젖을 먹일 수가 없었습니다. 그러자 할머니의 남편이자 파펜호펜Pfaffenhofen의 제과 명장이었던 요제프 힙Josef Hipp이 조금도 주저하지 않고 우유와 바싹 구운 식빵 그리고 물을 한데 섞어 걸쭉한 죽을 만들었습니다. 이렇게 해서 쌍둥이는 살아남았습니다. 바싹 구운 식빵을 섞어 만든 죽은 소비자들에게 큰 호응을 얻었습니다. 아마도 두 분은 이렇게 우연히 만들어진 제품을 바탕으로 세계 제1의 유아식 제조업체가 탄생할 것이라고는 상상조차 못하셨을 겁니다."[24]

테트라Tetra의 탄생 스토리도 이와 유사하다. 테트라 설립자 울리히 벤쉬Ulrich Baensch는 열대어를 주제로 박사학위 논문을 쓴 인물이다. 그때 그는 열대어를 기르기가 극도로 어려운 일임을 절감해야만 했다. 왜냐하면 시장에서 적당한 사료를 구할 수가 없었기 때문이다. 그리하여 그는 물고기 사료를 스스로 개발하기에 이르렀다. 이어서 그는 1955년에 테트라-베르케Tetra-Werke를 설립했다. 현재 수족관 부문에서 세계시장 선도기업으로 활약하는 이 기업은 최대 경쟁업체보다 3.6배나 높은 시장점유율을 보유하고 있다. 힙과 마찬가지로 테트라도 해결되지 않은 문제가 발단이 되었다. 이 두 기업의 설립자들은 제과업자 및 생물학자로서 자신들이 지닌 전문적인 역량을 바탕으로 문제에 대한 혁신적인 해결책을 발견했다. 이것도 고객의 욕구와 전문적인 역량이 서로 결합된 경우다.

플렉시의 창립자이자 오늘날까지 회사를 경영하고 있는 만프레트 보그단의 상황도 이와 유사했다. 보그단은 개를 뻣뻣한 목줄에 묶어서 끌고가거나 그냥 마구 뛰어다니게 내버려둘 수밖에 없다는 사실이 늘 못마땅했다. 그렇다면 유연한 목줄을 만들어 두 가지를 조화롭게 결합시키면 될 것 아닌가? 이것은 다름 아닌 욕구에 대한 인식이었다. 체계적인 교육을 받은 엔지니어였던 보그단은 당시 전기톱 제작사인 돌마르Dolmar에서 일하고 있었다.[25] 그는 전기톱에 시동을 거는 줄에 착안하여 해결책을 떠올렸다. 그 줄은 길게 잡아당겨도 나선형 스프링에 의해서 다시 원위치로 되돌아가도록 되어 있었다. 이렇듯 욕구에 대한 인식과 기술이 결합되어 플렉시가 탄생했다. 현재 이 기업은 개 목줄 부문에서 약 70퍼센트의 세계시장 점유율을 자랑하는 1등 기업이 되었다.

혁신 관리에서 가장 힘겨운 도전은 아마도 근본적인 기술 변혁일 것이다. 이런 경우 기업들은 시장은 있지만 우선적으로 새로운 기술 역량을 개발해야만 하는 상황에 봉착한다. 앞 장에서 나는 이미 여러 가지 예를 들어 (트룸프, 오토 보크, 베르기쉐스 란트에 있는 잠금장치 제작업체들) 어떻게 하면 그런 도전을 성공적으로 완수할 수 있는지 상세하게 설명했다.

유럽 시장을 주도하는 사진 서비스업체 CEWE 컬러CEWE Color도 극적인 구조 붕괴를 경험했다. 이 기업의 전통적인 사업 분야는 사진 인화였다. 그런데 디지털카메라가 밀고 들어오면서 사진 인화를 의뢰하는 고객들이 점점 줄어들었다. 그들은 사진을 아예 인화하지 않거나 아니면 집에서 프린터로 직접 사진을 출력했다. 2005년에 43억 장이었던 인화 사진이 2010년에는 고작해야 8억 장에 불과했다. 자그마치 81퍼센트나 급감한 것이다. CEWE의 입장에서 보면 이것은 기업 존립을 위협하는 일이었다. 그러나 CEWE는 수많은 혁신을 통해 디지털 앨범과 디지털 사진달력 및 그와 유사한 새로운 제품들을 생산함으로써 시장지배권을 획득했다. 이때 히든 챔피언 IP 랩스가 CEWE의 혁신 과정에서 한몫을 담당했다. 2005년 사실상 제로였던 디지털 앨범 판매량이 2006년에 이르러 53만 개로 늘어났고, 2010년에는 급기야 430만 개로 껑충 뛰어올랐다. 이와 더불어 2010년 매출액도 2005년에 작성된 기존 신기록인 4억3,100만 유로를 가볍게 뛰어넘었다.

오스트리아 티롤 남부의 히든 챔피언 두르스트는 지난 30년간 그런 종류의 변신을 한 번도 아니고 여러 번 경험해야만 했다. 1936년에 설립된 이 기업은 카메라 확대기 부문 세계시장 선도기업으로 올라섰다. 그러나 소규모 현상소와 디지털 카메라가 속속 등장하면서 CEWE와 유사하게 매출이 70퍼센트 급감했다. 이처럼 어려운 상황에서 1,400개의 특허로 입증된 두르스트의 혁신 능력이 회사를 구했다. 두르스트는 1995년에 최초의 디지털 확대기를 출시했는데, 지금도 여전히 전 세계에 있는 다양한 기업과 정부, 비밀첩보기관들이 이 기계를 사용하고 있다. 이 기구를 이용하면 70킬로미터나 떨어진 자동차를 사진에 담을 수 있을 뿐만 아니라 자동차 번호판도 읽을 수 있다.

그 후 두르스트는 도자기, 목재, 플라스틱, 직물을 대상으로 한 잉크젯 기술 혁신에 몰두했다. 오늘날 두르스트는 이 영역에서 유럽 1인자이자 세계 3위 기업으로 자리 잡았다. 이 회사의 혁신 비율은 계속해서 극도로 높은 수준으로 유지되고 있다. 이 회사 제품의 평균 수명은 18개월이다. 지속적으로 혁신 프로젝트를 추진하고 있는 두르스트는 현재 태양전지에 색깔을 입혀 지붕기와나 타일 혹은 벽에 보이지 않게 장착할 수 있도록 하는 작업에 몰두하고 있다. 두르스트는 트룸프와 유사하게 심각한 기술 변혁을 혁신 역량을 통해서 극복해낸 모범적인 사례라고 할 수 있다. 두르스트는 이렇게 말한다.

"기술 변혁으로 인해 시장에서 지속적으로 변화가 일어나고 있지만, 우리는 그 변화를 유감스럽게 생각하지 않습니다. 오히려 그 반대입니다. 우리는 변화를 사랑합니다. 왜냐하면 변화는 전 세계에서 일어나는 기술 변화에 우리가 능동적으로 참여할 수 있는 기회를 부여해주기 때문입니다. 지나치게 느리거나 지나치게 혁신이 부족한 상태에 빠지게 될지도 모른다는 위기의식은 정체되지 않도록 채근하는 원동력입니다."[26]

그러나 역사는 새로운 기술로의 이행이 실패로 끝나고 만 사례들을 더 많이 간직하고 있다. 슈바르츠발트에 있는 벨테&죄네 Welte&Söhne는 1904년에 이른바 미뇽 자동연주 피아노를 도입하여 세계적인 선풍을 불러일으켰다. 회사는 이 제품을 가리켜 이렇게 말했다.

"이 악기는 예술가와 청중 사이에서 유례없는 큰 성공을 거두었다. 이것은 대담하기 이를 데 없는 꿈을 실현했다. 실제로 한 예술가의 피아노 연주를 고스란히 담아두었다가 다시 재연할 수 있다. 그것도 언제 어디에서나 말이다. 리하르트 슈트라우스Richard Strauss, 에드바르드 그리그Edvard Grieg, 클로드 드뷔시Claude Débussy, 구스타프 말러Gustav Mahler 등 음악계의 수많은 유명인사들이 이 악기에 압도당해 온통 찬사를 늘어놓았다."27

1912년에 이르러 벨테는 심지어 미국에서도 이 제품을 생산했다. 그러나 음반의 등장과 함께 서서히 몰락이 다가왔다. 다양한 혁신을 시도해보았지만 모두 실패로 돌아가고 말았다. 1952년에는 최종적으로 공장 가동이 중단되었다. 오늘날에는 고작해야 프라이부르크에 있는 기념 현판 하나가 한때 세계를 제패했던 그 기업을 기억하고 있을 뿐이다.

그밖에 1990년대까지 환등기 부문 세계시장 선도기업이었던 리플렉타, 독일 타자기 제조회사인 올림피아와 트라움프 아들러도 기술 변혁을 극복해내지 못한 과거 히든 챔피언들의 대표적인 예다. 나중에 언급한 두 기업은 1960년대에 세계시장에서 주도적인 위치에 올랐지만, 전자공학 및 퍼스널 컴퓨터로의 이행을 극복해내지 못했다. 시장도 있었고 그 시장에서 강력한 입지를 보유하고 있기도 했지만, 전자공학 영역에 대한 전문적인 지식이 결여했던 것이다. 이런 사례 연구는 혁신을 성공시키려면 언제나 내부적인 전문 역량과 외부적인 시장 기회가 한데 결합되어야만 한다는 사실을 입증해준다.

그 어떤 기업도 그들이 활동하는 시장에서 기술 변혁이 일어나는 상황을 배제할 수 없다. 이런 경우, 오직 획기적인 혁신을 통해서만 그 같은 변혁을 극복할 수 있다. 두르스트의 시장 리하르트 피오크Richard Piock는 이와 관련하여 다음과 같이 권고한다.

"우리는 거듭 한 영역이 폐쇄되는 지점에 도달하는 경험을 하고 있습니다. 사진기가 그랬고, 확대기가 그랬습니다. 잉크젯 제품 영역에서도 언젠가는 그런 일이 일어날 것입니다. 그렇게 되면 우리는 다시금 완전히 새로운 사업을 구축해야만 합니다. 그렇게 하는 데는 우선 활력과 열정 그리고 다른 직원들을 함께 이끌어나갈 힘을 가진 새로운 사람들이 필요합니다. 그리고 다른 한편으로는 오랫동안 우리와 함께 해온 직원들이 지닌 사고의 유연성과 민첩성도 필요합니다."[28]

지속적인 개선과 획기적인 혁신

'혁신적인 사고'라고 하면 곧잘 철저하게 새로운 제품이나 과정을 연상한다. 그런 획기적인 혁신은 뜨거운 관심의 대상이 되어 각종 매체에 소개된다. 그러나 실제로 그처럼 획기적인 혁신은 매우 드문 편이다. 예컨대 트룸프의 베르톨트 라이빙어는 그가 몸담고 있는 업계에서 그런 일이 일어나는 경우는 고작해야 15년에 한 번 정도에 불과하다고 말한다. 사실상 전형적인 혁신 과정은 신문지면에 대서특필되지 않는 작은 개선책들로 이루어져 있다. 수치상으로 증명하기는 어렵지만, 대부분의 히든 챔피언들이 획기적인 혁신보다는 지속적인 개선에 더 크게 의존하고 있다. 이런 특징은 "끈질기게 혁신에 매달려라"라는 이 장의 제목에서도 표현되고 있다.

쇼핑 카트와 수화물 카트 부문 세계시장 선도기업 반츨은 "반츨의 역사는 끊임없는 혁신의 역사다"라고 말하는데, 이 말은 다름 아닌 지속적인 개선의 과정을 의미한다. 왜냐하면 쇼핑 카트나 수화물 카트의 경우, 획기적인 혁신은 예외적인 일이기 때문이다. 그런가 하면 젠하이저는 이렇게 말한다. "회사를 강하게 만드는 것은 혁명이 아니라 진화입니다. 왜냐하면 수많은 기술적 혁신도 소규모 개발정책이 이루어낸 결과물이었기 때문입니다."[29] 오스트리아 티롤 출신의 기업이자 크리스털 가공 부문 세계시장 선도기업인 스와로브스키는 오늘날까지도 창립자의 좌우명을 그대로 지키고 있다. "좋은 것을 지속적으로 개선하라." 콜라겐 단백질 부문 세계시장 선도기업인 젤리타는 명시적으로 '열정'을 강조하면서, "우리 모두는 언제나 최정상만을 고집한다"라는 말로 열정을 표현한다.

밀레의 좌우명은 "언제나 더 훌륭하게"인데, 이 말은 세계의 모든 시장에서 절대적인 최강자로 인정받으려는 욕구를 표현하고 있다. 밀레에서는 지속적인 혁신이 기업 활동의 기초가 된다. 밀레 브랜드의 재구매 비율을 살펴보면 자그마치 90퍼센트에 이른다. 불활성 가스 글러브박스 시스템 부문 세계시장 선도기업인 가르힝의 M. 브라운도 이와 유사한 야망을 품고 있다. M. 브라운은 고도로 혁신적인 OLED 기술 분야에서 주도적인 위치를 점하고 있는 기업으로,

2011년에 영국 국립인쇄기술센터의 위탁을 받아 세계에서 유일무이한 설비를 제작했다.[30] 이 회사는 경쟁업체가 극소수에 불과하다. 이 회사의 모토는 다음과 같다. "매일 조금씩 나아지자."

많은 정황들을 바탕으로 짐작해볼 때 지속적이고 끈질긴 혁신이야말로 일상에서 찾아볼 수 있는 지배적인 본보기라는 것을 확인할 수 있다. 경제사학자 너새니얼 로젠버그Nathaniel Rosenberg는 1976년에 이미 산업연구 및 개발이 주로 '이미 존재하는 기술을 살짝 개선하는 방법' 위주로 진행되고 있다는 사실을 발견했다.[31] 혁신을 이루는 데 있어서 결코 나쁜 방법 같아 보이지 않는다. 또한 히든 챔피언들의 우월함은 수많은 작은 일들을 경쟁업체들보다 조금 더 훌륭하게 해내는 데 바탕을 둔 경우도 많다. 그들의 제품과 서비스는 우리가 완벽하다고 지칭하는 상태에 좀더 가까이 접근해 있다. 이런 상태는 결코 끝날 줄 모르는 일련의 개선이 만들어낸 결과물이다. 획기적인 혁신이 이런 결과물을 만들어내는 경우는 매우 드물다.

경영 혁신과 조직 혁신

히든 챔피언들의 혁신 활동은 경영 및 조직 측면과 관련된 무수한 특수성을 특징으로 한다. 지금부터 하나씩 사례를 들어 그런 특수성에 대해서 짤막하게 살펴보자.

최고경영진의 역할

최고경영진은 혁신 추진력 제공자로서 탁월한 역할을 수행한다.

히든 챔피언들의 경우에는 더욱 그렇다. 이들 가운데 다수의 기업에서 혁신은 사장의 몫이다. 그것도 출발 단계와 초기 단계에서만 그런 것이 아니라, 지속적으로 사장이 그 역할을 떠맡아야 한다. 이런 특징은 집중 전략을 펼치는 단일제품 기업에서 가장 강하게 나타났다.

만프레트 보그단만 하더라도 개 목줄 부문 세계시장 선도기업 플렉시의 첫 번째 혁신 원동력으로서 모든 세부사항에 관여하고 있다. 제도용 압핀 부문 세계 1인자인 고트샬크의 롤프 고트샬크도 마찬가지다. 다양한 제품을 생산하는 규모가 큰 히든 챔피언들의 경우에도 사장들이 혁신 과정에 깊숙이 관여하고 있다. 예컨대 밀레의 사장 페터 친칸은 수십 년 동안 탁월한 혁신 동력으로서 활약했다. 66년이 넘는 세월 동안 하리보를 이끌어온 한스 리겔은 예나 지금이나 혁신 동력을 제공하는 핵심적인 인물이다. 알로이스 보벤은 에네르콘을 풍력에너지 업계의 기술선도기업으로 만들어놓았을 뿐만 아니라 지금도 지속적으로 새로운 아이디어 창출에 기여하고 있다.

지금부터 보틀링 설비 부문에서 세계시장을 이끌고 있는 크로네스 주식회사 설립자인 헤르만 크론제더의 전기 가운데 한 부분을 발췌하여 소개하겠다. 이 부분은 혁신에 관해 사장이 수행하는 역할을 매우 이상적으로 기술하고 있다.

"만약 기계 조립기사들이 기계 설계자들을 향해 그들이 얼마나 바보 같이 설계했는지 신랄하게 따지고 들면, 조립기사들도 기분이 썩 좋지는 않을 것입니다. 우리 회사에서는 몇 년 전부터 조립기사가 돌아갈 때 반드시 설계자들과 나에게 기계를 조립하는 과정에서 나타난 문제점들을 낱낱이 이야기하도록 하고 있습니다. 어떤 결함이 나타났으며 무엇을 바꾸어야 할지, 어떻게 하면 기계 성능을 향상시킬 수 있을지 말해주는 거지요. 일반적으로 조립기사들은 머릿속에 분명한 생각이 있지만 그것을 실행에 옮기지 못합니다. 다시 말하면, 구체적으로 그림을 그리지는 못하지만 일반적으로 문제점이 어디에 있는지 정확하게 알고는 있다는 거지요. 그리고 많은 공장에서 실제로 바로 그 지점에서 결함이 발생합니다. 하지만 조립기사들은 자신들의 경험을 설계자들에게 이야기할 기회가 거의 없습니다.

우리 회사에서는 그런 대화가 오갈 때 원칙적으로 제가 그 자리에 함께 합니다. 그렇게 하지 않으면 조립기사들이 가차 없이 궁지에 몰리니까요. 설계자들의 입지가 조립기사들보다 훨씬 더 강력한 데다가 일반적으로 말도 훨씬 더 잘합니다. 상황이 이렇게 되면 조립기사들은 할 말을 하지 못한 채 뒤로 물러나면서 속으로 이렇게 생각합니다. '니들 마음대로 한번 해봐!' 크로네스 주식회사에서는 그런 일이 일어나지 않습니다! 그뿐만 아니라 조립기사들은 장문의 보고서까지 작성해야 합니다. 그들에게는 아주 고역이지요. 왜냐하면 그들은 흔히 맞춤법을 어려워 하기 때문입니다. 그들은 작성한 보고서를 조립팀장에게 제출합니다. 그러면 우선 여직원들이 보고서를 읽고 학교에서 선생님들이 하는 것과 같이 문법상의 오류를 수정합니다. 그것도 대부분 빨간색 색연필로 말이지요. 이것은 조립기사들에게 독이나 다름없는 일로, 그들을 분노하게 하는 동시에 당혹스럽게 만듭니다. 그 결과 그들은 다시는 조립 보고서를 쓰려고 들지 않습니다."

이처럼 문제는 사소한 데 숨어 있다. 크론제더의 경험은 고객들을 직접 접촉하는 부서에서 일하는 사람들과 R&D 부서에서 일하는 사람들 간의 커뮤니케이션 과정이 온통 문제로 가득 차 있다는 사실을 증명해준다. 크론제더가 선택한 방법, 즉 사장 자격으로 이 과정에 개입하는 방법은 한 기업이 성공적인 혁신기업이 되느냐 마느냐를 판가름하는 결정적인 요인이다.

고객이 일하고 있는 모습을 관찰할 때 문득 혁신적인 아이디어가 떠오르는 경우도 빈번하다. 나사와 결합 기술의 대가인 라인홀트 뷔르트가 어느 건설 현장을 방문했을 때, 바로 그런 아이디어가 머릿속에 떠올랐다. 그곳에서 그는 인부 한 사람이 공구와 나사 사이즈 번호를 들여다보면서 읽기가 얼마나 어려운지 투덜대는 소리를 들었다. 과거에는 전통적으로 이 번호를 금속에 곧바로 새겨 넣었기 때문에 읽기가 여간 힘들지 않았다. 이에 따라 뷔르트는 번호를 색깔 표시로 대체하여 노동자들이 색깔에 따라 간편하게 나사와 공구를 찾을 수 있도록 했다. 실용신안으로 등록되어 법적 보호를 받고 있는 이 시스템은 대성공을 거두었다.

또 뷔르트는 공장 견학을 갔다가 노동자들이 특정한 근육과 인대에 부담이 간다고 불평하는 모습을 보았다. 그때까지는 아무도 집게나 드라이버 같은 일반적인 공구가 인체공학적으로 최적화되었는지 곰곰이 생각해본 적이 없었다. 뷔르트는 몇몇 공구들이 100년도 넘게 똑같은 형태로 제작되었음을 알았다. 그는 슈투트가르트 대학교와 함께 연구 프로젝트를 출범하여 새로운 공구 디자인 세트를 개발했다. 새롭게 제작된 공구들 가운데 몇 가지는 신체에 미치는 심각한 부담을 30퍼센트 이상 줄여주었다. 새로운 디자인의 공구 세트도 대성공을 거두었다.

　기업 사장이 혁신 과정에 능동적으로 참여하기 위해서는 한 가지 전제조건이 붙는다. 사장 본인이 심도 깊고 세부적인 지식을 갖추고 있어야 하는 동시에 다년간의 경험을 바탕으로 각종 문제에 정통해야 한다는 것이다. 이처럼 고객과 기술에 가까이 다가갈 수 있는 방법은 오직 집중과 깊이뿐이다. 사업 분야가 다양한 대기업에서는 CEO가 그런 역할을 수행하는 모습을 상상하기 힘들다. 히든 챔피언들도 마찬가지다. 규모가 점점 커지고 사업 분야가 지속적으로 확장되면서 CEO의 이런 개입도 점점 줄어들 것이다. 모르긴 해도 이것은 불가피한 일일 것이다. 히든 챔피언들은 이런 경향에 맞서서 의식적인 분권화를 내세우고 있다. 분권화된 각 계열사의 수장들은 다시금 충분한 집중력을 발휘할 수 있고, 그 결과 혁신을 위한 중요한 동력 제공자로 남아 있을 수 있다.

혁신을 이끄는 사람들

　히든 챔피언들이 소규모 R&D 예산과 팀을 이용하여 얼마나 뛰어난 혁신을 이룩했는지 생각하면 거듭 깊은 감명을 받는다. 대기업들이 '문제를 해결하는 데 큰돈을 쏟아붓는' 경향이 있는 것과는 대조적으로 규모가 작은 기업들은 대부분 제한된 자금과 소수의 인원으로 어떻게든 난국을 타개해야만 한다. 작은 기업이 지닌 이런 강인함이 인정받는 사례가 늘어나고 있다. 제약기업 헥살Hexal의 창립자이자 오늘날 광범위하고 탄탄한 입지를 구축한 투자자로 인정받는 토마스 슈트륑만Thomas Strüngmann은 이렇게 말한다.

"나는 이제 더는 대규모 공룡 연구부서를 믿지 않는다. 대규모 조직에서는 혁신이 탄생하지 않는다. 오직 소규모 단위만이 뛰어난 생산성을 발휘한다."[32]

비록 히든 챔피언들이 매출액의 많은 부분을 연구개발 비용으로 지출하기는 하지만, 그 배후에 가린 절대적인 예산의 규모를 따져보면 상대적으로 보잘 것 없다는 것을 알 수 있다. 비트로닉은 산업용 머신 비전 영역에서 주도적인 위치를 점하고 있는 기업들 가운데 하나다. 예컨대 화물차용 통행요금 부과 시스템인 톨콜렉트 TollCollect가 설치된 교량에 이 회사 시스템이 장착되어 있다. 비트로닉은 5,500만 유로의 매출액 가운데 10퍼센트를 R&D에 투자하고 있지만, 아무리 그래봐야 예산 규모가 고작 600만 유로밖에 되지 않는다. 그러나 창립자 노르베르트 슈타인은 "비트로닉은 추측컨대 우리 업계에서 가장 많은 전문가들을 집중적으로 확보하고 있다"라고 말한다.

특허 분석은 R&D 비용을 1유로 투입했을 때 히든 챔피언들이 대기업보다 훨씬 더 많은 혁신을 창출해낸다는 사실을 보여주었다. 직원들의 우수한 자질은 결과에만 영향을 미친 것이 아니라, 혁신 속도에도 영향을 미쳤다. 기업 컨설팅업체인 부즈는 다음과 같이 결론을 내렸다. "우수한 결과는 혁신 비용의 규모가 만들어낸 결과라기보다는 조직 혁신 과정의 우수한 질이 작용한 결과로 보인다."[33]

히든 챔피언들에게 혁신은 예산 규모의 문제라기보다는 오히려 직원 및 팀의 자질과 관련된 문제다. 도대체 어떻게 몇 사람 혹은 소수의 인원이 한 기업을 세계적인 기술선도기업으로 만들 수 있을까? 우리는 그 해답을 한편으로는 집중과 깊이, 다른 한편으로는 연속성에서 찾을 수 있다. 오랜 세월 동안 트룸프 사장으로 재직하고 있는 베르톨트 라이빙어는 '혁신, 국제화, 연속성'을 이 기업의 세 가지 성공요인으로 꼽는다. 대기업에서는 흔히 연구실에서 일하는 것이 직업적으로 더 높은 지위에 오르기 위한 중간 단계 역할을 한다. 그러나 히든 챔피언들 가운데는 흔들림 없는 자세로 평생을 제품 개선과 개발에 바치는 '구루guru'들이 허다하다. 혁신을 이끌어나가는 그런 핵심적인 인물을 다른 사람으로 대체하는 일은 기업 총수 자리를 승계하는 일과 마찬가지로 매우 어려운 일이다.

팀 전체가 똘똘 뭉쳐 하나의 전략을 뒷받침하면 마찰에 의한 손실이 최소화된다. 중소기업 경영진에게 내부적인 저항을 극복하는 일에 얼마만큼의 에너지를 소모하는지 물었더니 보통 20~30퍼센트 정도라는 답변이 돌아왔다. 대기업 경영진들에게 같은 질문을 던지면 전형적으로 50~70퍼센트 정도가 거론된다. 과거에 젠하이저 개발팀장을 지낸 볼프강 니호프Wolfgang Niehoff는 이 문제에 대해서 다음과 같이 말한다.

"자만심과 부서 간의 힘겨루기 같은 것은 절대 허용되지 않습니다. 우리는 소니나 필립스 같은 회사와 경쟁을 해야만 합니다. 따라서 우리에게는 그런 시시한 짓거리를 할 여유가 없습니다."

실천이 전략 성공의 90퍼센트를 좌우하는 것이 사실이라면, 히든 챔피언들은 바로 이 부분에서 혁신 능력 함양에 도움이 되는 매우 중요한 강점을 보유하고 있다. 히든 챔피언들은 물론이고 대기업들과도 일을 한 경험이 많은 특허 변호사 클라우스 괴케는 이렇게 말한다.

"히든 챔피언들은 대부분 다른 기업들보다도 중·장기적으로 자신들이 정말로 하고자 하는 일을 더 잘 알고 있습니다. 이렇듯 방향성이 한결같으면 기업에 적합한 혁신 전략을 수립하기가 한층 더 수월합니다. 그 결과 효율이 크게 향상되어 경쟁업체들과의 격차가 더욱 큰 폭으로 벌어집니다."

기술부서와 영업부서에서 일하는 모든 직원들이 전략을 충분히 이해하고 수용하면, 양쪽에서 비롯되는 다양한 자극들을 좀더 너그럽게 받아들일 수 있는 개방적인 태도가 생성된다. 본사와 분권화된 계열사 간의 관계도 마찬가지다. 엄격한 업무분할 체제를 갖춘 대기업을 들여다보면 각 부서들이 문자 그대로 서로 싸움을 벌이는 모습을 심심치 않게 관찰할 수 있다. 영업부서는 기술부서, 생산부서 그리고 그밖에 다른 내부 부서들을 적으로 간주한다. 그 다른 부서도 마찬가지다. 또한 본사와 외국 자회사 간에 전쟁과 유사한 상황이 펼쳐지는 경우도 드물지 않다. 이런 상황이 혁신에 전혀 도움이 되지 않는다는 것은 두말할 필요도 없는 일이다. 반면 모두가 수긍하는 전략은 내용적으로 더욱 훌륭한 해결책을 만들어내는 결과로 이어질 뿐만 아니라, 해결책을 더 신속하게 실행에 옮기도록 해준다.

히든 챔피언 사장들은 혁신의 성공 여부가 연구개발부서와 다른 부서들 간의 협력에 달려 있다는 점을 거듭 강조한다. 생산 과정이나 판매 과정과 관련된 혁신은 특히 더 그렇다. 6,000명의 직원을 보유한 케른-리버스Kern-Liebers는 안전벨트 스프링 부문 세계시장 선도기업이다. 이 회사의 첫 번째 계명은 다음과 같다. "성공은 결코 우연의 산물이 아니다. 그것은 모든 직원의 협력을 통해서 만들어진다." 배터리 케이스 부문 세계시장 선도기업 투만&하이트캄프의 위르겐 투만은 이렇게 말한다.

"세계시장 선도기업의 자리를 지키기 위해서는 늘 생산과 연구개발의 공조가 필요합니다. 특별한 경우에만 조용한 방 안에 들어가 연구를 할 수 있을 뿐, 대개는 생산 현장에 가까이 있어야 합니다."

기술부서와 영업부서의 협력도 마찬가지다. 이것은 혁신의 방향을 고객의 욕구에 최대한 맞추기 위해서 반드시 필요한 일이다. 젠하이저에서 마케팅 이사를 지낸 주잔네 자이델Susanne Seidel은 다음과 같이 논평한다. "연구에서부터 개발, 생산, 마케팅, 영업으로 넘어가는 과정에 조금이라도 지체되는 일이 있어서는 안 됩니다." 과거 GE에서도 일한 경험이 있는 자이델은 두 회사를 서로 비교할 수 있는 입장에 있다. 볼프강 니호프가 그런 그녀를 거들고 나선다. "그렇게 하려면 연구개발과 마케팅 및 영업이 긴밀하게 맞물려 돌아가야 합니다."[34]

전기톱 부문에서 세계시장을 이끌고 있는 슈틸Stihl은 해마다 수많은 혁신제품을 개발하고 있는데, 그 수가 얼마나 많았던지 과거 그 회사 영업이사를 지낸 로베르트 마이어Robert Mayr는 그 모든 제품을 출시하는 것을 불가능한 일로 여길 정도였다. 그는 이렇게 말했다.

"혁신제품이 너무 많아서 고객들이 그것을 필요로 하고 원하는지 혹은 받아들일지 도무지 모를 지경입니다. 우리 회사는 기술적으로 매우 혁신적인 회사입니다. 바로 그렇기 때문에 그만큼 더 고객지향적인 태도를 취해야만 합니다. 하이테크 기업이 그렇게 하기란 결코 쉬운 일이 아닙니다."

부즈가 실시한 연구조사는 혁신을 성공으로 이끌려면 내부 부서들 간의 협력이 매우 중요하다는 사실을 입증한다.

"성공적인 혁신은 R&D, 마케팅, 판매, 서비스, 제조 부문 간의 부서를 초월한 고도의 상호 협력을 요구합니다. 협력 실패는 혁신 과정의 성공에 파괴적인 영향을 미칠 수 있습니다."[35]

히든 챔피언들은 한눈에 규모를 파악할 수 있고 업무 분할 강도가 약하기 때문에 당연히 규모가 큰 기업에 비해서 이런 협력을 실천에 옮기기가 더 유리하다. 앞서 언급한 높은 수준의 고객친밀도와, 생산 직원이나 개발 직원들을 현장에 투입하는 조치가 이런 통합에 크게 기여한다.

고객과 함께하는 제품 개발

고객은 매우 소중한 혁신 아이디어를 제공해주는 아이디어의 보고가 될 수 있다. MIT 교수 에릭 폰 히펠Eric von Hippel은 이미 수십 년 전부터 이런 메시지를 설파했다.[36] 그가 외치는 주문은 다음과 같다. "고객이 원하는 것을 주의 깊게 들은 다음, 그들의 요구에 부응하거나 그것을 초월하는 신제품으로 대응하라." 고객과 공동으로 제품을 개발하는 일은 많은 히든 챔피언들에게 크게 중요하다. 설비 제작업계나 산업부품 생산업계에서는 거의 모든 프로젝트에 공동개발 활동이 포함되어 있다. 높은 수준의 고객친밀도와 다년간에 걸친 관계, 그것을 바탕으로 자라난 신뢰는 이런 협력을 촉진하는 작용을 한다. 긴밀한 R&D 협력은 단지 공급자에게만 유리한 것이 아니라 고객들에게도 이익이 된다. 왜냐하면 협력을 하면 제품의 품질이 개선되고 개발시간이 단축되기 때문이다.

J. D. 파워J. D. Power가 실시한 한 연구에 따르면, 실무에서도 정

확하게 이런 효과가 나타나는 것으로 밝혀졌다.[37] 순수 실리콘을 소재로 웨이퍼를 생산하는 기업 실트로닉Siltronic은 이와 관련하여 다음과 같이 단언한다.

"신제품을 개발할 때 우리는 처음부터 고객들과 긴밀하게 협력합니다. 이처럼 긴밀한 협력체제는 웨이퍼 시리즈를 완성할 때까지 지속됩니다."

스위스의 히든 챔피언 디아메탈Diametal은 고객에게 최대한 개발 초기 단계에 '방문해줄 것'을 요구한다. 디아메탈은 시계 톱니바퀴 동력장치를 만드는 데 사용되는 초정밀 연삭공구 부문 기술선도기업이다. 고객이 제때에 문의를 해오면, 디아메탈은 시계 구조와 디자인 혹은 생산공정에 적합한 혁신적인 해결책을 만들어낼 수 있다. 이런 경우 디아메탈은 프로세스 오너 자격으로 심지어 사이클 타임과 공구 수명에 대한 책임까지 진다. 향수와 방향제 부문 세계시장 선도기업인 지보단은 다음과 같은 회사 비전을 제시한다.

"고객의 제품을 개발하고 제작하고 개선하는 동안 우리 고객을 협력적인 대화에 끌어들여 지속 가능한 향을 창조함으로써 고객의 필수적인 파트너가 되는 것."[38]

오스트리아의 히든 챔피언이자 건초 운반용 수레 부문에서 60퍼센트의 세계시장점유율을 보유한 세계 1위 기업 푀팅어Pöttinger는 이렇게 말한다. "우리는 고객과의 친밀한 관계에 전적으로 의존하며, 고객을 제품 개발에 끌어들입니다." 실제로 푀팅어 직원들 중 다수가 농업에 종사하고 있기 때문에 사실상 고객들이 늘 기업 활동에 참여하는 셈이다.[39] 기계제작에 필요한 모듈이나 조립부품 전체를 생산하는 도이체 메카트로닉스Deutsche Mechatronics는 이렇게 말한다. "조립부품 개발에 일찌감치 동참하면 고객의 비용을 20퍼센트 이상 절감해줄 수 있습니다." 여기서는 개발과 생산의 통합이 핵심적인 요인으로 작용하는데, 이를 위해서는 공급자와 고객 간의 긴밀한 협력이 요구된다. 쇼트Schott는 세란Ceran이라는 제품으로 조리용 세라믹 핫플레이트 부문에서 세계시장을 선도하고 있다. 현재 수천 가지 형태의 세란 제품이 출시되어 있다. 쇼트의 R&D팀은 가전제품 제작사와 냄비 제작사, 세제 회사, 디자이너들과 협력하여 지속적으로 제품을 개선한다. 세란의 역사는 관련된 모든 사람들이 함께 참여하여 만들어낸 끊임없는 혁신의 사슬과 다름없다.

조명기술 부문에서 유럽시장을 이끌고 있는 오스트리아 기업 춤토벨은 주력 브랜드 춤토벨의 위치를 (이 회사는 또 다른 3개의 브랜드를 보유하고 있다) '빛과 건축의 조화를 체험할 수 있게 하는 통합 조명 솔루션을 제공하는 브랜드'로 설정했다. 이 원칙에 따라 춤토벨은 건축가들과 매우 긴밀하게 협력하고 있다. 예컨대 이 기업은 건축가들과 협력하여 조명의 형태를 최대한 유연하게 변형할 수 있도록 하는 시스템을 개발했다. 현대 건축물에서는 공간을 극도로 유연하게 활용할 수 있도록 하는 것이 중요하다. 왜냐하면 해당 건물이 사무실로 사용될지 아니면 상점 혹은 피트니스센터로 사용될지 확실하지 않기 때문이다. 건축기술은 다양한 모듈을 이용하여 이런 고객의 욕구에 부응해왔지만 조명만큼은 예외였다. 춤토벨은 이런 문제점을 기회로 인식하고 설계자 및 건축가들과 공동 워크숍을 진행하여 '주문형 조명Dimming on Demand'라는 솔루션을 개발했다. 이 솔루션의 배후에는 수많은 다양한 욕구를 모두 충족시켜줄 수 있는 조명조절 모듈이 숨겨져 있다. 기본적인 기능만 사용하는 경우에는 적절한 가격대에서 해결이 가능하다. 나중에 공간을 특별한 용도로 사용하는 경우에도 기능 스위치만 추가로 설치하면 되는데, 이 일은 기술적으로 전혀 복잡한 일이 아니기에 추가비용만 지불하면 언제나 설치가 가능하다.

청소기 부문 세계 2인자인 하코는 기획 단계와 공급 단계에서부터 이미 청소 전문 회사들을 지원하고, 디아메탈과 유사하게 추가비용 없이 견적 단계에서 산출된 비용만큼만 대금을 지급받는다.

고객과 공동으로 제품을 개발하려면 전제조건으로서 파트너들 간에 고도의 신뢰가 구축되어 있어야 한다. 그래야 노하우 유출을 방지할 수 있기 때문이다. 바로 여기에서 히든 챔피언들의 최대 장점, 즉 고객들과의 다년간에 걸친 돈독한 관계와 고도의 고객친화도가 빛을 발한다.

신속한 R&D 속도

많은 히든 챔피언들은 반드시 규모가 큰 경쟁사들보다 혁신속도가 더 빨라야 한다는 점을 강조한다. 그리고 실제로도 그렇게 하고 있다. 그렇게 할 수 있는 이유는 다양한 부서들 간의 마찰 없는 공조 작업과 집중 전략, 경미한 업무 분할, 짧은 협의 과정 그리고 수뇌부의 신속한 결정 덕분이다. 직원들의 우수한 자질도 마찬가지로 큰 역할을 차지한다. 오랜 세월에 걸쳐 칼 자이스 CEO로 재직하고 있는 디터 쿠르츠Dieter Kurz는 반도체 부분을 담당하는 칼 자이스 SMT에 대해서 이렇게 말한다.

"우리는 정밀광학 부문에서 축적한 오랜 경험 덕을 톡톡히 보고 있습니다. 칩 상치 부문의 어마어마한 혁신 속도를 따라잡으려면 뛰어난 직원들을 확보하는 것 외에는 달리 방법이 없습니다. 새로운 시장은 언제나 시장지배자로서의 입지를 구축할 수 있는 새로운 기회를 열어줍니다."

이때에는 흔히 신속함과 정확한 타이밍 공략이 결정적인 요인으로 작용한다. 예컨대 베스트팔리아 제파라토어Westfalia Separator는 신속함을 바탕으로 하여 새롭게 생긴 바이오디젤 원심분리기 시장에서 세계시장점유율 80퍼센트를 확보했다. 이것은 이 회사가 다른 시장에서 확보한 시장점유율을 크게 웃도는 수치다. 이 회사는 '적절한 시기에 적절한 혁신을 시장에 제공하는 능력'을 성공비결로 내세웠다.

전동공구 부문에서 세계시장을 이끌고 있는 보쉬 파워 툴스는 2004년을 기준으로 24개월이 소요되었던 신제품 개발기간을 2011년에 그 절반인 12개월로 단축했다. 정원 관개시설과 정원 장비 부문 유럽시장 선도기업인 가르데나도 신속한 개발에 자부심을 가지고 있다. 가르데나의 특이점은 제품 개발과 동시에 그 제품을 생산할 기계를 자체적으로 제작한다는 데 있다. 이렇게 하면 많은 시간을 절약할 수 있다.

핵/심/요/약

혁신은 히든 챔피언들이 보유한 시장지배권의 바탕이 되는 요소들 가운데 하나다. 히든 챔피언들은 지속적으로 유지되는 높은 수준의 혁신 능력을 통해서 두각을 드러낸다. 그들은 매우 끈기 있는 자세로 혁신을 추진한다. 혁신은 최근 들어 시장점유율 상승의 주요 원인으로 자리 잡았다. 고도의 효율성과 결합된 고도의 R&D 강도는 미래를 낙관적으로 바라볼 수 있는 근거를 제공한다. 이 장에서 우리는 다음과 같은 사실들을 확인할 수 있었다.

- 오직 혁신을 통해서만 세계시장 선도기업이 될 수 있고, 또 그 자리를 지킬 수 있다. 순수한 모방만으로는 결코 그렇게 할 수 없다.
- 혁신은 반드시 고객 편익 향상이나 비용 절감에 기여해야 한다. 이렇게 하기 위해서는 혁신 활동을 제품과 기술에만 국한해서는 안 된다. 고객들과 관련된 각종 과정도 혁신 활동에 포함시켜야 한다. 사업 활동의 모든 측면이 개선의 단초를 제공하는데, 실제로 히든 챔피언들은 이것을 훌륭하게 활용하고 있다.
- 제품개선 및 그와 결부된 R&D 그리고 특허가 특히 중요한 역할을 수행하는 업계와 관련된 각종 지표들을 살펴보면 히든 챔피언들이 업계 전반이나 대기업에 비해서 탁월한 혁신 성과를 올리고 있다는 것을 알 수 있다.
- 장치 산업(Process industry)과 서비스 영역에서도 히든 챔피언들은 혁신가로서의 면모를 드러내고 있다. 그러나 이 부문에서는 제품 혁신처럼 명료한 지표가 없다.

- 성공적인 혁신을 위해서는 시장과 기술이라는 원동력을 한데 통합해야 한다. 히든 챔피언의 3분의 2가 이런 통합을 완수했다. 그러나 대기업의 경우에는 고작 20퍼센트만이 그렇게 하고 있다.
- 세간의 관심을 끄는 획기적인 혁신만을 추구해서는 안 될 것이다. 많은 히든 챔피언들이 그토록 큰 성공을 구가하는 이유는 바로 그들이 매우 끈기 있는 태도로 사소하고 단계적인 개선을 지속적으로 이어나가기 때문이다. 그리고 이런 작은 개선들이 한데 모여 최고의 수준과 우월함으로 귀결된다.
- 기술 변혁은 한 기업에게 극도의 혁신 능력을 요구한다. 기업들 가운데는 그런 급변 사태를 고도의 테크닉을 통해서, 그것도 여러 번씩 극복한 기업들이 있다. 그러나 그런 기업보다는 기술 급변으로 인해 실패를 경험하는 기업이 더 많다.
- 반드시 사장이 혁신을 주도해야 한다. 최고경영진이 능동적인 자극 제공자가 되어 혁신을 이끌고 관철해야 한다. 이렇게 하려면 반드시 집중과 깊이가 한데 결합되어야 한다. 이런 때에 한해서 사장은 온갖 세부사항을 충분히 인지하고 혁신을 효과적으로 추진할 수가 있다.
- 모두가 수긍하는 전략과 부서들 간의 순조로운 공조 작업은 혁신 과정에 따른 부담을 덜어주고 혁신 과정을 가속화한다. 이것은 특히 공정 혁신에서 뛰어난 결과를 가져온다.
- 혁신을 성공으로 이끌기 위해서는 예산보다도 인력과 전문적인 능력이 훨씬 더 중요하다. 연속성은 지속적인 개선을 위한 요소, 궁극적으로는 완벽

에 도달하기 위한 필수 요소다.
- 고객은 매우 중요한 아이디어 원천이다. 따라서 혁신 과정에 고객을 최대한 끌어들여야 한다. 이를 위해서는 신뢰가 전제되어야 한다.

히든 챔피언들은 제한된 인적·재정적 역량에도 불구하고 탁월한 혁신가로서의 면모를 보인다. 그들의 혁신 효율성은 대기업보다 몇 배나 더 높다. 그들이 이렇게 할 수 있는 까닭은 혁신 과정의 형태 자체가 다르기 때문이다. 히든 챔피언들의 최대 성장원동력은 세계화다. 반면 그들의 경쟁 입지 강화는 무엇보다도 혁신에 근거하고 있다. 히든 챔피언들은 글로발리아에서 펼쳐질 혁신 경쟁에 대비하여 최적의 무장 상태를 갖추고 있다.

Chapter 12

경쟁우위를 관철하라
Hidden Champions

HIDDEN CHAMPIONS

히든 챔피언들이 탁월한 경쟁상의 장점을 창출하고, 이것을 시장에서 관철시켜나가는 것은 전혀 놀라운 일이 아니다. 경쟁업체들과 비교했을 때 이런 우월함이 없었다면 그들은 최고의 위치에 오를 수 없었음은 물론이고, 그 자리를 고수할 수도 없었을 것이다. 그렇다면 히든 챔피언들의 경쟁 상황과 경쟁 구조는 과연 어떤 형태를 취하고 있을까? 히든 챔피언들은 경쟁 상황에서 어떻게 대처해나갈까? 그들의 전략적인 경쟁상의 장점은 과연 무엇일까?

히든 챔피언들은 주로 소수 독점시장을 무대로 활동한다. 심지어 전 세계를 통틀어도 그들의 경쟁업체 수는 손에 꼽을 정도다. 그럼에도 불구하고 경쟁 강도는 매우 높다. 그러나 그들은 가격 영역이 아니라 주로 성능과 혁신 영역에서 경쟁을 펼친다.

10장에서 살펴본 바와 같이 히든 챔피언들은 낮은 가격이 아니라 최고의 성능을 타깃으로 삼는 전략을 펼친다. 전통적인 경쟁상의 장점인 우수한 품질 외에도 히든 챔피언들은 컨설팅, 시스템 통합, 직원들의 능력 같은 '유연한' 매개변수에서도 우월한 위치를 점하고 있다. 이것은 예나 지금이나 히든 챔피언들이 보유한 시장지배권의 핵심을 형성하는 요소다. 이런 매개변수들은 제품에 흡수되는 성질의 것이 아니라, 내부적인 전문 역량에 바탕을 두고 있기 때문에 모방하기가 매우 어렵다. 따라서 이런 변수들은 새로운 경쟁업체의 접근을 차단하는 높은 진입장벽을 구축한다.

그러나 이처럼 강력한 경쟁 입지에도 불구하고 히든 챔피언들은 반드시 비용 문제에도 관심을 기울여야만 한다. 더 뛰어난 성능과 가격 프리미엄의 균형을 조절하는 문제는 매우 중요하다. 개발도상국 출신의 경쟁업체들이 성능에서의 격차를 서서히 줄이면서 바싹 뒤쫓아오고 있기 때문이다. 이미 여러 번 암시한 바와 같이 새롭게 생성된 초저가 부문을 공략하려면 더 간단하고 파격적으로 낮은 가격의 제품을 개발해야만 한다.

경쟁이 점차 전 세계적인 영역으로 확대되고 있지만 수많은 히든 챔피언들은 가까이에 있는 경쟁자를 전략의 핵심적인 요소로 삼고 있다. 왜냐하면 예나 지금이나 가까운 지역에 있는 강력한 경쟁자들과의 강도 높은 경쟁이 성능을 향상시키는 작용을 하기 때문이다(2장에서 클러스터를 다루면서 이와 관련된 수많은 예를 제시했다). 그러나 이따금씩 히든 챔피언들 사이에서도 그런 태도가 발견되곤 하는데, 지나치게 경쟁지향적인 태도는 금물이다.

시장구조와 경쟁에 임하는 태도

전형적인 히든 챔피언들은 경쟁업체 수가 제한적이다. 〈표 12.1〉에는 경쟁 상황과 관련된 중요한 지표들이 반영되어 있다. 히든 챔피언들이 심각한 경쟁자로 여기는 업체의 수를 따져보면, 평균적으로 세계시장에서는 6곳, 유럽시장에서는 4곳, 독일 내에서는 3곳이다.[1]

〈표 12.1〉 히든 챔피언들의 시장구조와 경쟁구조

	시장선도기업	시장점유율	진지하게 받아들여지는 경쟁업체 수	경쟁업체 수 10개 이하	경쟁업체 수 20개 이상
세계	66%	33%	6	60%	13%
유럽	79%	38%	4	79%	7%
독일	90%	47%	3	89%	3%

요컨대 대부분의 히든 챔피언들은 소수 독점시장에서 활동을 펼치고 있는데, 그런 시장에서는 경쟁업체들 간에 상호의존적인 관계가 형성되어 있다. 경쟁업체 수가 20개가 넘는 히든 챔피언들, 그러니까 다수의 기업이 참여하는 시장에서 활동하는 히든 챔피언들의 비율은 아주 미미한 수준이다. 실제로 소수가 시장을 독점하는 상황은 결코 이례적인 일이 아니다. 자동차, 항공기, 발전소, 텔레커뮤니케이션 장비 혹은 컴퓨터 등 규모가 큰 시장에서조차도 진지하게 받아들여지는 경쟁업체 수가 전 세계적으로 10개 혹은 20개 이상인 경우는 매우 드물다.

히든 챔피언들의 뛰어난 경쟁 입지는 다음과 같은 사실에서도 반영되어 나타난다.

- 히든 챔피언의 84퍼센트가 지난 10년간 시장점유율이 증가했다고 답변했다. 시장점유율이 감소했다고 답변한 기업은 12퍼센트에 불과했다.
- 단지 8퍼센트만이 시장점유율이 심하게 요동친다고 답변한 반면, 30퍼센트는 시장점유율이 안정적이라고 답변했다.

- 히든 챔피언의 62퍼센트는 언제나 동일한 경쟁업체들과 맞부 딪힌다.
- 히든 챔피언의 절반 정도(46퍼센트)가 가장 강력한 경쟁업체보다 시장에서 훨씬 더 오래 버티고 있다.
- 새로운 경쟁업체의 등장을 빈번하게 경험하는 히든 챔피언은 전체의 8퍼센트에 불과하다.
- 28퍼센트는 가까운 장래에 새로운 업체가 등장할 가능성이 있거나, 그럴 가능성이 매우 높다고 대답했다.
- 히든 챔피언 13개 중 하나(8퍼센트)는 그런 새로운 업체의 등장이 자기 회사에 위협이 되는 것으로 간주했다. 반면 38퍼센트는 전혀 그런 위협을 느끼지 않았다.

히든 챔피언들은 그들의 가장 강력한 적수가 어느 나라에 있다고 생각할까? 매우 흥미로운 질문이다. 히든 챔피언들 가운데 3분의 2는 외국 기업이 그들의 적수라고 대답했다. 이런 시장선도기업들의 경쟁은 독일에만 국한되어 있는 것이 아니라, 실제로 전 세계에서 펼쳐지고 있다. 〈표 12.2〉에 지역별 데이터가 제시되어 있다.

히든 챔피언의 3분의 1은 그들의 가장 강력한 경쟁업체가 독일에 있다고 생각한다. 2장에서 설명한 바와 같이, 이것은 높은 경쟁강도로 귀결되는 동시에 (마이클 포터의 말에 따르면) 세계적인 경쟁력을 갖추는 데 훌륭한 전제조건이 된다.[2] 미국과 유럽에 있는 나머지 지역도 강력한 경쟁업체가 위치한 지역으로서 중요한 비중을 차지하고 있다. 이들 지역의 비중은 독일과 거의 동일하다고 할 수 있다.

미국은 결코 만만히 볼 경쟁상대가 아니다. 우선 미국 중소기업

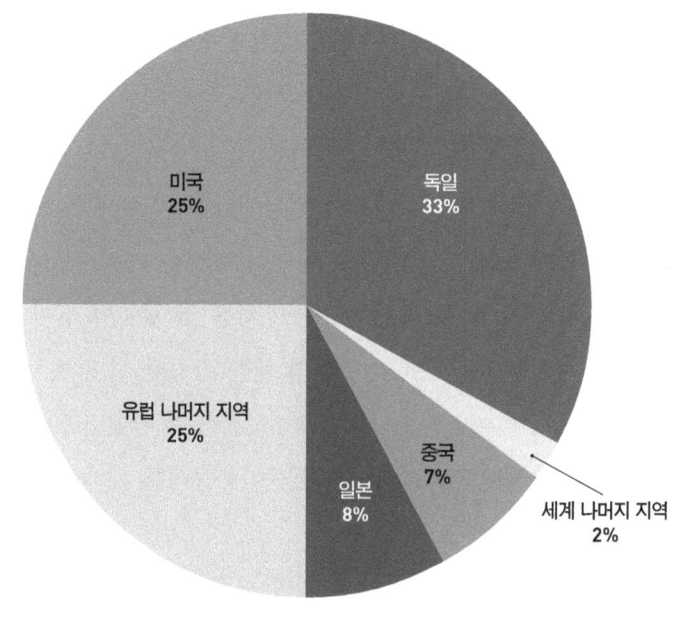

〈표 12.2〉 히든 챔피언들의 가장 강력한 경쟁업체의 지역별 분포

들은 매우 강도 높게 국제화되어 있다. 따라서 이들은 히든 챔피언들과 치열한 경쟁관계에 돌입한다. 둘째로 히든 챔피언들 자체가 하이테크 시장으로 진출하는 경우가 점차 늘어나면서, 그곳에서 불가피하게 미국 회사들과 맞닥뜨리게 된다. 미국은 단지 시장 규모 때문만이 아니라 경쟁 훈련의 장으로서도 결코 포기할 수 없는 시장이다. 그러나 예나 지금이나 다수의 히든 챔피언들이 이 시장을 회피하고 있는데, 그 이유는 다름 아닌 경쟁 때문이다. 반면 일본 기업들은 그리 큰 역할을 수행하고 있지 않다. 일본 기업을 대신하여 중국 기업들이 더욱 중요한 비중을 차지하게 되었으며, 이런 경향

은 앞으로도 지속될 것이다. 그 밖에 다른 지역에 주요 경쟁업체가 자리 잡고 있는 경우는 어디까지나 예외적인 경우로, 근본적으로 오스트레일리아, 남아프리카, 브라질 정도가 고작이다.

히든 챔피언들은 경쟁의 관점을 점차 글로발리아로 맞추어야 할 것이다. 최고 고객들의 뒤를 쫓아 전 세계를 뛰어다녀야 하는 것과 마찬가지로, 세상 그 어디에서도 다른 경쟁자가 아무 방해도 받지 않고 편안하게 요새를 건설하고 이어서 그곳을 기점으로 세계시장을 정복하는 일이 없도록 확실하게 조치를 취해야 할 것이다. 이와 관련하여 산이중공-푸츠마이스터의 예는 강력한 경고 메시지를 전달해준다. 푸츠마이스터는 한때 세계시장을 호령했던 기업이지만, 세계 최대의 시장인 중국 시장에서 산이중공에게 패배한 후 세계시장을 잃어버렸다.[3]

지금까지 경쟁과 관련하여 설명한 사실들을 감안할 때, 두 가지 추측이 가능하다. 첫째, 히든 챔피언들은 그들의 경쟁업체들과 큰 유사성을 지니고 있다. 둘째, 히든 챔피언들이 활동하는 시장의 경쟁 강도는 오히려 경미한 편이다. 그러나 이 두 가지 추측은 경험적인 사실들과 일치하지 않는다.

〈표 12.3〉은 경쟁업체와의 유사성을 묻는 질문에 대한 히든 챔피언들의 답변을 보여준다. 결과는 놀랍기 그지없다. 네 가지 범주 모두에서 경쟁업체와 '매우 유사하지 않다'라고 평가한 기업이 '매우 유사하다'라고 평가한 기업보다 비율이 훨씬 더 높다. 이것을 어떻게 설명할 것인가? 히든 챔피언들이 흔히 매우 유별난 상황에 처해 있다는 점과, 그들이 뭔가 '다르고', '특별하고', '비교 불가능하고', '독창적'인 존재감을 지니고 있다는 점이 이런 답변 결과에 대

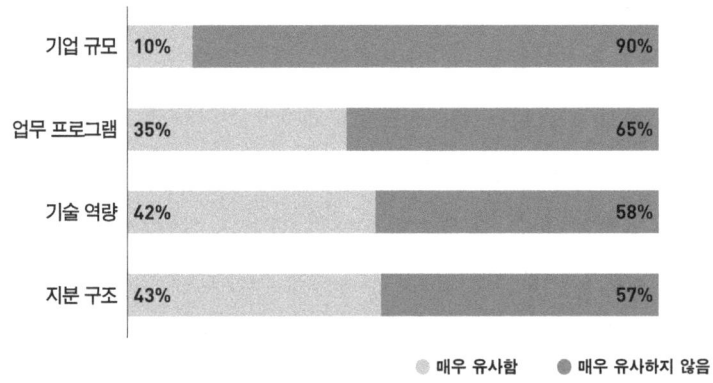

〈표 12.3〉 주요 경쟁업체들과의 비교

한 설명이 될 수 있을 듯하다. 어쨌거나 히든 챔피언들을 모두 똑같은 부류로 취급해서는 안 된다는 사실만큼은 분명해 보인다. 실제로 동종 업계에서 활동하는 히든 챔피언들이라고 하더라도 각기 매우 독자적인 특징을 지니고 있다.

경쟁 강도의 실상도 놀랍기는 매한가지다. 경쟁업체 수가 손에 꼽을 정도인데다 새로운 경쟁업체의 위협이 매우 경미함에도 불구하고 히든 챔피언들이 활동하는 시장에서는 매우 강도 높은 경쟁이 펼쳐지고 있다. 3분의 2에 해당하는 히든 챔피언들이 경쟁 강도가 매우 높다고 이야기한다. 경쟁 강도가 매우 낮다고 판단한 기업은 고작해야 5퍼센트밖에 되지 않는다. 히든 챔피언들과 대화를 나누어본 결과, 그들은 경쟁업체들도 그들과 마찬가지로 강력하기 때문에, 아니 심지어는 탁월한 경우도 흔하기 때문에 미래에도 계속해서 시장지배권을 유지할 수 있을지 확실하게 장담하기가 매우 어렵다고 거듭 강조했다.

송이봉부 제삭기계를 만드는 빈트뮐러&횔서Windmöller&Hölscher 는 이 부문에서 약 70퍼센트의 세계시장점유율을 확보한 기업이다. 그러나 그런 기업조차도 이렇게 말한다. "경쟁업체의 수는 한눈에 들어올 정도로 적습니다. 그렇다고 해서 시장점유율을 둘러싼 싸움이 결코 녹녹한 것은 아닙니다."

내가 만난 히든 챔피언들 중에서 자신의 시장지배력과 관련하여 오만한 태도를 보이는 기업은 매우 드물었다. 그러나 대기업을 방문할 때면 곧잘 다른 경험을 한다. 히든 챔피언들 사이에서는 시장지배권이란 매일 새롭게 투쟁하여 손에 넣어야 하는 대상인 동시에, 빼앗기지 않도록 철저하게 방어해야 하는 대상이라는 의식이 팽배하다.

다섯 가지 경쟁요인

마이클 포터의 '다섯 가지 경쟁요인'의 관점에서 히든 챔피언들의 경쟁 전략을 평가해보면 매우 인상적이다.[4] 포터의 관념은 기존 기업들 간에 벌어지는 경쟁 이외에 새로운 기업 및 대체재Substitute를 통해서 야기되는 잠재적인 경쟁까지도 모두 고려하는 관점을 기초로 삼는다. 이런 관점은 산업경제학에서 '잠재적인 경쟁'이라는 말로 널리 사용되고 있다. 그러나 마이클 포터는 여기서 한 걸음 더 나아가 수직적인 가치창출사슬을 따라 이루어지는 '경쟁'도 포함시키는데, 그 까닭은 납품업자뿐만 아니라 고객들도 전체 가치창출 지분을 둘러싸고 기업과 경쟁을 벌이기 때문이다. 요컨대 포터의 견해에 따르면, 모두 다섯 가지의 경쟁요인이 있다. 기존 기업과의 경쟁, 새로운 기업과의 경쟁, 대체재와의 경쟁, 납품업자와의 경쟁, 고객과의 경쟁. 이 다섯 가지 경쟁요인이 한데 모여 한 기업이, 특히 이익 면에서 거두는 성적을 결정한다.

히든 챔피언들은 다섯 가지 경쟁요인과 관련하여 다음과 같은 면모를 보여준다.

- 기존 기업들 간의 경쟁이 매우 치열하다.
- 새로운 경쟁업체와 대체재는 결정적인 역할을 수행하지 못한다.
- 마찬가지로 대부분의 경우, 납품업자들도 지배적인 세력이 되지 못한다.
- 고객과 관련해서는 각기 다른 그림이 펼쳐진다. 9장에서 상세하게 설명한 바와 같이, 히든 챔피언들은 전적으로 고객들에게 의존하지만, 이런 종속성이 무조건 일방적인 것만은 아니다.

'다섯 가지 경쟁요인'의 관점에서 전형적인 히든 챔피언들을 조명해보면 대략 위와 같은 그림이 그려지는데, 이익 상태가 좋으면 이런 그림이 지속적으로 유지된다. 그러나 이처럼 긍정적인 모습에서 구조적으로 벗어나는 경우도 있다.

자동차부품 납품업체들이 그 대표적인 예다. 그들은 매우 강력한 고객들과 관계를 맺고 있을 뿐만 아니라 기존 경쟁업체들 간에도 매우 혹독한 경쟁이 펼쳐지고 있다. 이런 경쟁은 과잉생산력으로 말미암아 한층 더 뜨겁게 달아오른다. 게다가 일본과 개발도상국 출신의 새로운 경쟁자들이 서구시장으로 진출하고 있다. 원료나 강철, 알루미늄 같은 중간재intermediate product의 공급 부족과 가격 상승도 납품업체에 가해시는 압력을 한층 더 높이고 있다. 이처럼 여러 가지 부정적인 영향들이 한데 합쳐져 있는 상황을 감안한다면, 강력한 시장 입지에도 불구하고 수많은 자동차부품 납품업체들의 수익이 히든 챔피언들의 평균 수익에 한참 못 미친다는 것은 그리 놀라운 일도 아니다. 이런 상황을 개선하려면 자동차부품 납품업계 전체가 생산력을 더 효율적으로 조절하고, 물량 중심에서 수익 중심으로 태도를 전환해야만 한다.[5]

그런가 하면 포터가 설명한 세력 게임의 또 다른 끝에 자리 잡고 있는 업계들을 둘러보면 상황이 완전히 달라진다. 그런 업계에서는 기존 기업들이 생산정책과 가격정책 면에서 현명한 전략을 펼치고 있으며, 개별 고객들과 개별 납품업자들이 전혀 힘을 쓰지 못할 뿐만 아니라 새로운 경쟁업체나 대체재도 전혀 위협이 되지 못한다. 히든 챔피언들이 50퍼센트 이상의 세계시장점유율을 확보하고 있는 시장들 가운데 다수가 이 범주에 속한다. 이런 곳에서 활동하는 시장지배기업들은 그에 상응하여 많은 돈을 벌어들일 수 있다. 그리하여 결과적으로 R&D에 투자할 여력과 주도적인 지위를 확장할 수 있는 여력을 갖춘다. 그렇다고 해서 그런 시장에서 펼쳐지는 경쟁이 경미하다는 말은 아니다. 그런 곳에서는 무엇보다도 능력 중심의 경쟁이 펼쳐진다. 따라서 수익을 파괴하는 공격 행위와 가격전쟁은 어디까지나 예외적인 현상에 불과하다.

잠정적으로 결론을 내리면, 전형적인 히든 챔피언들은 전 세계적으로 경쟁업체 수가 그리 많지 않다. 그들이 활동하는 시장을 들여다보면 전 세계를 기준으로 삼는다고 해도 일반적으로 소수 독점 시장이 주류를 이룬다. 그럼에도 불구하고 그곳에서 펼쳐지는 경쟁은 매우 치열하다. 다만 가격보다는 오히려 능력과 혁신을 중심으로 경쟁이 이루어진다.

가장 강력한 경쟁업체들은 전 세계로 고루 분산되고 있다. 아마도 이런 현상으로 인해 국지적인 경쟁 상황은 얼마간 그 의미를 상실하게 될 것이다. 그러나 지역적으로 가까운 곳에서 펼쳐지는 긴밀한 경쟁은 여러 모로 효율성의 원동력으로 작용한다. 세계시장에서 최정상에 오르고자 한다면, 세계 최고 기업들과의 경쟁을 회피할 것이 아니라 적극적으로 모색해야만 한다. 세계 정상급 자리에 오르고 그 자리를 지키려면, 최고의 기업들을 상대로 경쟁을 벌여야만 한다. 그 기업들이 어디에 있든 간에 말이다.

경쟁우위 구축을 위한 조건

경쟁우위를 구축하려면 다음과 같은 세 가지 기준을 충족시켜야 한다.[6]

1. 고객들에게 중요한 것이어야 한다.
2. 고객들이 실제로 인지할 수 있는 것이어야 한다.
3. 지속적이고 쉽게 모방할 수 없는 것이어야 한다.

예컨대 고객들이 제품 포장을 별로 중요하게 생각하지 않는다고 한다면, 제품 포장은 경쟁우위를 구축하는 수단으로서 그리 적합하지 않다. 어떤 제품의 수명이 유별나게 길다고 해도 고객이 이것을 장점으로 인지하지 않는다면, 이런 장점은 구매결정에서 중요한 역할을 수행하지 못하게 되고, 공급업체에도 거의 도움이 되지 않는다. 또 어떤 기업이 이익을 포기하고 가격을 낮춘다고 해도 지속적으로 그처럼 낮은 가격을 고수하기는 매우 어렵다.[7] '중요성, 인지, 지속성'이라는 세 가지 기준을 동시에 만족시킨다는 것은 거대한 도전과도 같다.

경쟁우위 항목의 빈도와 중요도

히든 챔피언들은 어느 정도의 경쟁우위를 보유하고 있을까? 이와 관련하여 우리는 히든 챔피언들에게 폐쇄형 질문과 개방형 질문을 함께 던졌다.

〈표 12.4〉는 각각의 항목에서 경쟁우위를 보유하고 있다고 답변한 기업의 비율을 보여준다. 여기에서는 특정 항목들을 미리 제시했다(폐쇄형 질문). 응답 기업의 58퍼센트가 제품 품질을 경쟁우위로 꼽았다. 이와 함께 이 항목은 다른 항목들을 큰 차로 따돌리고 가장 빈번한 경쟁우위 항목으로 자리 잡았다. 이런 사실은 5장에서 히든 챔피언들의 자아상을 구성하는 요건들 가운데 하나로 설명한 '품질 주도권'에 대한 요구와 일치한다. 그 뒤를 이어서 제품과 직결된 항목들이 아닌 서비스나 제품 소프트웨어와 관련된 매개변수들이 자리를 잡고 있다. 마케팅 수단인 광고와 가격은 10퍼센트 이하로 경쟁우위 항목 가운데 최하위를 차지했다. 이 두 가지 매개변수에서 자신들이 경쟁업체보다 더 뛰어나다고 생각하는 히든 챔피언들은 극소수에 불과했다.

경쟁우위 항목과 지난 10년간 그 중요도의 변화를 묻는 개방형

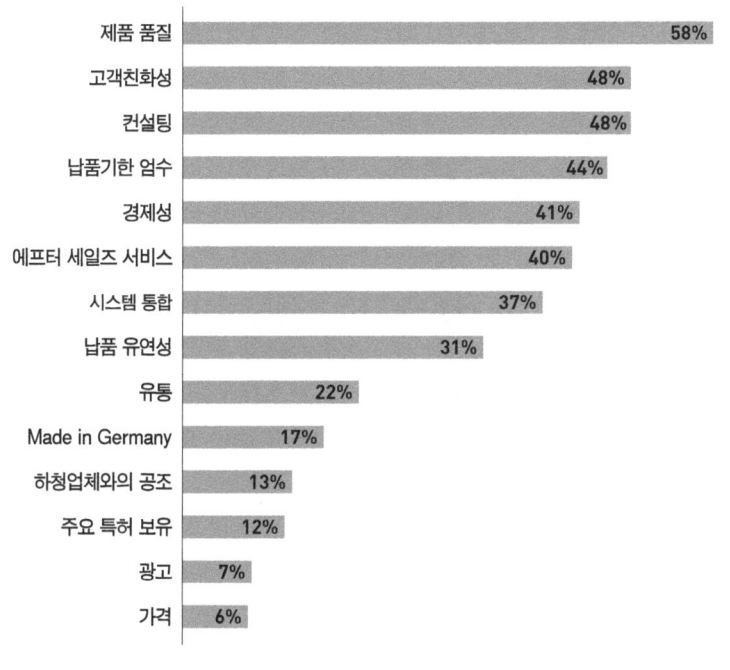

〈표 12.4〉 히든 챔피언들이 경쟁우위로 꼽는 항목의 빈도

질문(항목을 미리 제시하지 않고 던진 질문)에 대한 답변도 마찬가지로 시사하는 바가 크다. 〈표 12.5〉를 보면 지난 10년간 중요성이 가장 큰 폭으로 상승한 서비스 항목들이 제시되어 있다.

'컨설팅' 항목이 10퍼센트의 상승폭을 보이며 중요도가 가장 크게 상승했다. '시스템 통합'과 '사용 편이성'의 비중이 각각 8퍼센트 포인트씩 늘어났다. 기술의 중요성은 6퍼센트 증가했다. 레빗은 1980년대에 '확장제품augmented product'이라는 개념을 제안한 바 있다.[8] 우리말로 옮기면 '확장된 제품' 혹은 '확장된 서비스' 정도로 부를 수 있다. 이것은 제품에 수반된 서비스, 소프트웨어, 정보를 모

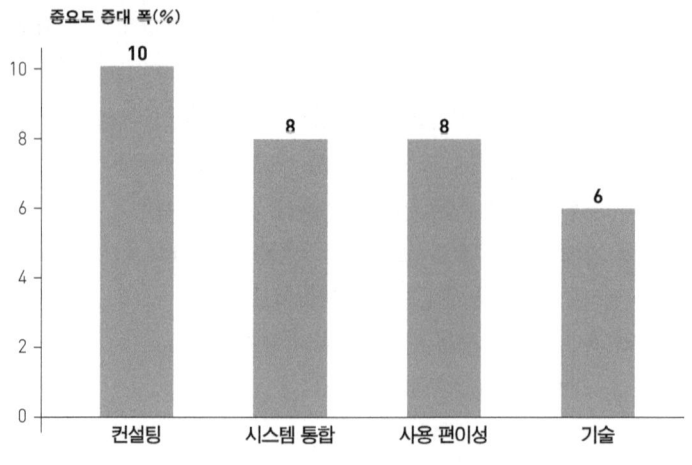

〈표 12.5〉 실적측정 변수의 중요도 상승폭(개방형 질문)

두 포괄하는 개념이다. 시스템 통합도 제품의 확장을 의미한다. 이 같은 변화는 매우 중요한데, 그것은 경쟁우위가 좁은 의미의 제품에서 '확장제품'으로 옮겨가고 있다는 것을 말해준다. 그렇다고 해서 품질 같은 전통적인 항목들이 갖는 중요성이 낮아졌다는 말은 아니다. 그런 항목들은 고객만족을 위한 필수조건이다(의무 기준).

그러나 제품을 둘러싼 또 다른 무형의 변수들이 새로운 차별화 기회를 제공해주기도 한다. 그런 변수들은 제품 자체에 '삽입되어 있는' 변수, 그래서 쉽게 따라할 수 있는 변수들보다 모방하기가 훨씬 더 힘들다는 장점이 있다. 그 밖에도 그런 변수들을 따라잡기 위해서는 시간이 훨씬 더 오래 걸린다(예를 들면, 직원들의 우수한 자질). 컨설팅, 시스템 통합, 사용 편의성 같은 무형의 경쟁우위는 진입장벽을 더욱 더 높이는 결과를 초래한다.

경쟁우위 매트릭스

경쟁우위 매트릭스는 고객의 시각에서 본 중요도와 상대적인 경쟁능력을 서로 결합시킨 것이다. 이 매트릭스의 세로 축에는 고객의 입장에서 본 중요도가 표시되어 있으며, 가로 축에는 경쟁능력이 표시되어 있다. 중앙을 기준으로 왼쪽에 위치한 항목들은 가장 강력한 경쟁업체보다 약한 항목들이고, 중앙에서 오른쪽에 위치한 항목들은 가장 강력한 경쟁업체보다 우세한 항목들이다. 오른쪽 상단의 정사각형 안에 있는 항목들, 그러니까 고객의 시각에서 보았을 때 평균 이상의 중요성을 지닌 항목인 동시에 경쟁능력도 우월한 항목들은 '전략적인' 경쟁우위의 토대가 된다.

〈표 12.6〉에 제시된 경쟁우위 매트릭스는 높은 정보 밀도를 보유하고 있다. 따라서 히든 챔피언들의 경쟁 입지를 한눈에 포괄적으로 전달해준다. 이것은 조사대상으로 삼은 모든 히든 챔피언들의 평균치를 표시한 것이다. 당연한 말이지만, 이 매트릭스는 각 기업별로 그 모양이 각기 달라진다.

히든 챔피언들의 경쟁 입지는 그야말로 탁월하다고 평가할 수 있다. 시장을 선도하는 이 기업들은 한 가지가 아닌 다수의 전략적인 경쟁우위를 동시에 보유하고 있다. 이와 관련하여 물티팍의 CEO 한스-요아힘 뵈크슈테거스는 이렇게 말한다. "대부분 한 가지가 아닌 다수의 경쟁우위가 한데 모여 경쟁업체와의 차이점을 고객들에게 명확하게 인지시킵니다."

특히 제품 품질, 고객친화성, 납품기한 엄수, 컨설팅, 경제성 등 적어도 다섯 가지 항목은 중요도가 평균을 크게 넘어서는 동시에

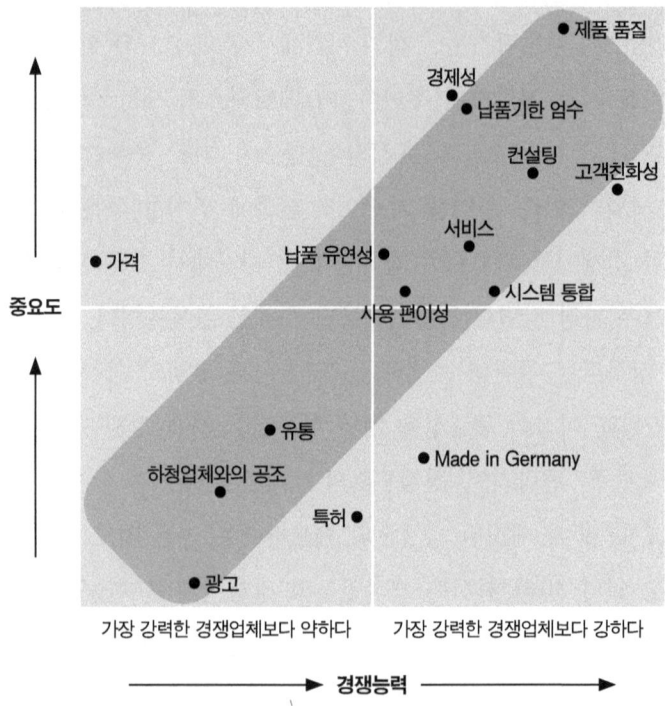

〈표 12.6〉 히든 챔피언들의 경쟁우위 매트릭스

경쟁능력도 우월하다. 서비스와 시스템 통합에서도 히든 챔피언들은 경쟁업체들을 크게 앞질러 있다. 다만 이런 특징들은 중요도가 다소 떨어진다. '사용의 편의성'은 추정에 근거한 것이다.[9] 이 항목은 기술적인 복합성이 증가함에 따라 중요성이 점점 더 커지고 있는데, 여전히 잠재적인 개선 가능성이 있다. 애플이 아이팟, 아이폰, 아이패드에서 거둔 성공은 상당 부분 사용 편이성 증대에 기인한다. 히든 챔피언들도 이런 교훈을 충분히 고려해야 할 것이다.

주요 경쟁 항목들 가운데 히든 챔피언들이 취약한 면모를 보이는 항목은 단 하나, 가격뿐이다. 가격은 중요도 측면에서 평균을 살짝 웃돌지만, 경쟁력은 극도로 떨어지는 것으로 나타난다. 요컨대 히든 챔피언들의 '전략적' 경쟁 취약점은 바로 가격이다. 이미 언급한 바와 같이 히든 챔피언들은 가격을 통해서 경쟁하는 것이 아니라, 주로 프리미엄 전략을 추구한다. 가격 측면에서 히든 챔피언들이 보유한 취약한 경쟁 입지는, 비록 어떤 경우나 규모를 막론하고 무조건 그런 것은 아니지만, 근본적으로 용인할 수 있는 부분이다. 왜냐하면 이에 대적할 수 있는 능력과 관련된 경쟁우위가 수두룩하기 때문이다. 가격과 성능의 관계를 나타내는 경제성 항목에서의 경쟁 입지가 긍정적으로 평가되고 있다는 사실도 훌륭한 균형 상태를 암시하는 대목이다.

그럼에도 불구하고 가격 측면에 대한 각별한 주의가 요구된다. 한편으로는 저가에 제품을 공급하는 경쟁업체나 저가 제품과의 가격차이가 지나치게 커질 위험성이 있기 때문이고, 다른 한편으로는 새로운 경쟁업체가 다른 항목들에서 격차를 줄임으로써 지금까지의 가격 프리미엄을 유지하기가 힘들어질 수도 있기 때문이다.

그 밖의 다른 항목들은 중요도도 떨어지고 경쟁력도 그다지 강하지 않다. 'Made in Germany'라는 항목은 독일에 둥지를 틀고 있는 기업이라면 특별히 힘들이지 않고 손에 넣을 수 있는 특징으로, 마찬가지로 독일에서 제품을 만드는 다른 경쟁업체들(이미 살펴본 바와 같이 이런 기업들이 가장 큰 그룹을 형성하고 있다)에 대해서 전혀 경쟁우위를 창출하지 못한다. 특허와 관련된 경쟁 입지도 당연히 모든 개별 기업에 해당되는 사항이 아니다. 여기에서 우리가 관찰하는 대상은 어디까지나 평균적인 기업들이나. 특허활동이 활발한 산업군에서는 특허의 위치가 완전히 달라질 것이다. 11장에서 논의한 바와 같이 몇몇 업종에서는 특허가 매우 중요한 역할을 수행하지만, 다른 업종에서는 그 역할이 매우 미미하다. 이런 사실은 〈표 12.6〉에 제시된 매트릭스의 근간이 되는 평균치에 잘 반영되어 나타난다. 광고도 마찬가지다. 많은 히든 챔피언들은 광고를 그다지 중요하게 생각하지 않는다. 왜냐하면 그들은 고객들과 직접 교류를 하기 때문이다. 반면 소비재 상품의 경우에는 광고가 매우 중요한 역할을 수행한다.

경쟁 전략의 일관성 원칙이란 어떤 한 가지 매개변수와 관련된 경쟁력이 해당 매개변수의 중요도와 일치해야 한다는 것을 의미한다. 중요한 매개변수에서는 최고의 능력을 발휘하기 위해 노력을 기울여야 한다. 반면 소비자들이 그다지 중요하게 생각하지 않는 매개변수라면 경쟁력이 경미해도 무방하다. 그런데 만약 그런 변수와 관련된 경쟁력을 최고조로 끌어올리기 위해 많은 돈을 투자한다면, 그것은 오히려 반생산적인 일이 될 것이다. 그 돈을 평균 이상의 중요도를 지닌 실적측정 변수에 투자한다면 한층 더 효과적일 것이다.

〈표 12.6〉의 어둡게 표시된 대각선은 일관성 원칙을 분명하게 설명해준다. 히든 챔피언들이 이 원칙을 얼마나 충실하게 준수하고 있는지 확연하게 알 수 있다. 전체적으로 중요도와 경쟁능력이 서로 매우 뛰어나게 조화를 이루고 있다. 가격에서만 유일하게 심한 차이가 난다. 그러나 앞서서 설명한 것처럼, 이미 다른 항목에서 뛰어난 능력을 갖추고 있기 때문에 이것은 근본적인 문제가 될 수 없다. 다만 일관성 원칙에서 이탈한 정도는 분명 눈에 띄는 대목이다.

이것은 반드시 경고 신호로 해석되어야 한다. 따라서 히든 챔피언들은 가격과 관련된 경쟁상의 취약점에 관심을 가지고 지속적으로 지켜봐야 할 것이다.

경쟁우위의 지속성과 근원

지속성은 고객의 시각에서 본 중요성, 우월한 성능에 대한 인식과 더불어 전략적 경쟁우위의 세 번째 범주를 형성한다. 그렇다면 이런 측면과 관련된 히든 챔피언들의 경쟁 입지는 어떨까? 〈표 12.7〉은 경쟁우위의 지속성과 그 근원을 서로 연결시켜서 보여준다.

제품에 삽입되어 있으면서 특허로 보호되어 있지 않은 경쟁우위는 모방하기가 아주 쉽다. 이런 제품의 경우, 경쟁업체가 제품을 '역설계Reverse Engineering'하고 모방하는 데 몇 주 혹은 몇 달밖에 걸리지 않는다. 반면 제품이 특허로 보호되어 있고, 해당 특허를 시장에서 관철시키는 것이 가능한 경우에는 훨씬 더 오랜 기간 동안 경쟁우위를 지킬 수 있다. 생산 공정과 조직 과정을 비밀스럽게 유지하면 보호효과가 한층 더 오래 지속된다. 예컨대 미국의 건설·토목기계 제작업체인 캐터필러Caterpillar의 경쟁업체들은 캐터필러의 최신 불도저를 모방하기보다 전 세계에 구축된 캐터필러의 부품 물류망 성능을 모방하는 데 더 많은 시간과 비용을 소모한다.

가장 모방하기가 어렵고, 또 그런 만큼 가장 오래 지속되는 경쟁우위는 다름 아닌 직원들의 자질과 가치체계에 바탕을 둔 경쟁우위다. 내적인 능력과 가치 시스템은 모방하기가 매우 어렵다. 위에서 설명한 히든 챔피언들의 새로운 경쟁우위, 즉 컨설팅이나 시스템

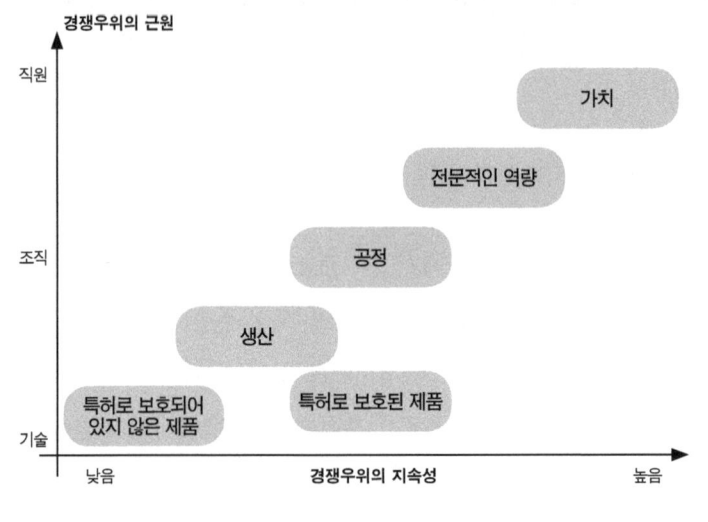

〈표 12.7〉 경쟁우위의 지속성과 그 근원

통합 같은 것이 이 범주에 속하는데, 그 이유는 직원들의 더 우수한 자질 및 조직적인 능력이 바탕이 되기 때문이다.

지속성의 측면에서 〈표 12.6〉에 제시된 경쟁우위 매트릭스와 그 변화를 평가해보면 다음과 같은 사실을 확인할 수 있다. 제품 품질이 차지한 위치는 그대로 유지되었다. 제품 품질이라는 경쟁우위의 지속성이 전반적으로 위협당하고 있다고는 말할 수 없다. 그러나 개별 기업들을 살펴보면 이런 인상이 살짝 흐려지는 감이 없지 않다. 향후 품질 주도권과 관련된 목표를 달성하기가 더 쉬워질 것인지 아니면 더 어려워질 것인지를 묻는 질문에 대해서 응답 기업의 25퍼센트가 더 어려워질 것이라고 답변한 반면, 더 쉬워질 것이라고 답한 기업은 고작 4퍼센트밖에 되지 않았다. 그럼에도 불구하고 압도적인 다수를 차지하는 71퍼센트의 기업은 중간 범주, 그러니까 '크게 어려워지지도, 크게 쉬워지지도 않을 것'이라고 답했다.

11장에서 엄청난 혁신의 물결을 소개한 바 있는데, 많은 히든 챔피언들은 바로 이것이 그들이 확보한 경쟁우위의 지속성을 강화해 줄 것이라고 기대하고 있다. 많은 히든 챔피언들이 경쟁업체와의 격차를 더 크게 벌려놓는 데 성공했다. 그러나 특히 미국과 중국의 경쟁업체들이 격차를 크게 줄이며 바싹 뒤쫓아 오고 있다고 말하는 기업도 상당수에 이른다.

경쟁우위 항목 가운데 서비스 확장에 대한 평가결과는 한층 더 명확하다. 무엇보다도 컨설팅과 시스템 통합 부문의 중요성과 경쟁 능력이 증가했다. 이런 경쟁우위는 직원들의 전문적인 역량과 기업문화에 뿌리를 두고 있는 만큼 특히 높은 지속성을 자랑한다. 납품기한 엄수 및 고객친화성 항목에서 이루어진 경쟁력 향상도 경쟁우위의 지속성을 증대시키는 결과로 이어진다. 히든 챔피언들은 이런 무형의 요소들과 관련된 능력을 개선함으로써 새로운 경쟁업체에 대한 진입장벽을 높여왔다. 따라서 오늘날의 상황을 전체적으로 따져보면, 10년 전과 비교했을 때 히든 챔피언들이 활동하는 시장에 진입하기가 더 어려워졌다고 할 수 있다.

그러므로 우리는 히든 챔피언들의 경쟁 입지가 과거보다 더 큰 위협에 직면해 있다는 견해에 동의할 수 없다. 우리가 내린 결론은 그 반대다. 그러니까 많은 히든 챔피언들의 경우, 경쟁우위의 지속성이 증가했다는 것이 우리의 결론이다. 과거와 비교했을 때, 경쟁업체들이 쉽게 모방할 수 없는 요소들이 이런 우월함의 바탕이 되는 경우가 더욱 늘어났다.

우월한 경쟁력 과시

세계시장주도권은 한 기업에 대한 기대감을 높인다. 우리는 흔히 '세계 최고의 기업'에게 우월한 경쟁력과 최고 수준, 선구자적 행보 그리고 지금까지 해결하지 못했던 문제에 대한 해결책을 기대한다.

히든 챔피언들은 다른 기업들보다 더 빨리 등대 프로젝트(독일에서 실시된 국가에서 선정하는 시범 프로젝트)에 참여하여 탁월한 전문 역량을 입증할 기회를 얻는다. 이런 도전을 탁월하게 극복해내면, 그 결과 우월한 경쟁력을 매우 효과적으로 입증할 수 있다. 이상적인 경우, 그 기업은 등대 프로젝트에 적합한 '유일한' 기업으로 인식되고, 독보적인 커뮤니케이션 메시지를 확보하게 된다. 그러나 세간의 이목을 끄는 프로젝트에는 각종 리스크도 함께 내포한다는 사실을 명심해야 한다. 왜냐하면 그런 프로젝트는 업계와 고객들의 관심을 한 몸에 받기 때문이다. 만에 하나 그런 등대 프로젝트가 실패로 돌아가면, 이미지에 엄청난 타격을 입을 우려가 있다. 이것이 바로 영광의 이면이다.

히든 챔피언들은 다수의 등대 프로젝트를 통해 그들의 우월한 경쟁력을 과시한다. 최고, 넘버원, 시장지배기업, 이런 말들은 시장 참여자들뿐만 아니라 직원들에게도 탁월한 커뮤니케이션 메시지를 전달한다. "우리가 최고다"라는 말은 누구에게나 확실하게 인식된다. 등대 프로젝트는 목표 그룹에게 자기 기업이 최고라는 사실을 확실하게 증명해보이는 역할을 하며, 직원들도 자부심을 가지고 그 프로젝트를 완수한다. 그런 기회는 오직 최고의 기업에게만 열려 있다. 그 기업을 제외한 다른 어떤 기업도 'No. 1'이라는 메시지를 사용할 수 없다.

우월한 능력에 대한 과시와 커뮤니케이션의 효율성은 선순환을 야기한다. 오직 능력을 바탕으로 할 때에 한해서만 최고의 프로젝트에 접근할 수 있는 통로를 확보할 수 있다. 이런 프로젝트들은 다시금 커뮤니케이션 효과와 경쟁우위에 대한 인식을 강화시킨다. 그리고 이를 통해서 또 다시 새로운 기회들이 열린다. '능력-커뮤니케이션-기회'의 사이클은 히든 챔피언들이 경쟁에서 그들의 우월함을 지켜낼 수 있는 한 계속해서 유지된다. 〈표 12.8〉을 보면 등대 프로젝트를 통해서 우월한 경쟁력을 과시한 사례들이 선별 등재되어 있다.

그러나 그런 등대 프로젝트가 바람직한 커뮤니케이션 효과를 얻기 위해서는 그것의 토대가 되는 능력과 시장 입지가 서로 조화를 이루어야 한다. 만약 이런 요소들이 훼손되면 등대 프로젝트도 무용지물이 되고 만다. 푸츠마이스터의 사례는 이런 측면을 명시적으로 설명해준다. 2011년 3월, 일본에서 지진해일로 인한 대재앙이 발생한 후 과열된 후쿠시마 원자로를 냉각시키기 위해 푸츠마이스터의 최대 용량 콘크리트 펌프가 투입되었다.[10] 그러나 이런 최고의 프로젝트도 다른 뛰어난 기록들과 마찬가지로 산이중공의 푸츠마이스터 인수를 막아주지는 못했다. 시장 입지나 경쟁력이 약화되면 세간의 주목을 끄는 떠들썩한 행동도 아무런 도움이 되지 못한다.

〈표 12.8〉 등대 프로젝트를 통한 우월한 경쟁력의 과시

기업	주요 제품	등대 프로젝트
오르겔바우 클라이스 Orgelbauklais	파이프오르간 제작	세계 유일의 필리핀 대나무 파이프오르간, 쿠알라룸푸르 페트로나스 콘서트 홀, 쾰른 성당, 베이징 국립극장, 교토 콘서트 홀, 쾰른 및 뮌헨 필하모니 파이프오르간 제작
요제프 가르트너	고층빌딩 외관	타이베이 101, 부르즈 할리파(828미터), 코메르츠방크 본사 건물
푸츠마이스터	콘크리트 펌프	고트하르트 터널에 600미터짜리 도관 설치공사로 기록 작성, 바르셀로나 식수 터널 공사에서 1661미터의 펌핑 반경으로 기록 작성, 수직 콘크리트 펌핑 세계기록 작성(532미터), 체르노빌(1986), 후쿠시마(2011) 원자로 사태에 투입됨
벨포르	화재 및 수해로 인한 재해 복구	빈 대학에서 대형 화재가 발생한 후 10만 권의 도서를 복구, 허리케인 카트리나와 리타로 인해 미시시피와 루이지애나에 발생한 피해 복구
헤렌크네히트	터널 굴착기	규모 2×57km로 2015년부터 세계 최대의 교통터널이 될 예정인 고트하르트 터널 공사, 양쯔 대교 건설에 지름 15.43m의 세계 최대 터널굴착기 투입
젠하이저	무대 마이크	비욘세, 네나, 그로네마이어, 슈퍼볼, 리스본 세계 박람회, 토리노 동계올림픽, 오스카 기술상 수상, 에미상 수상, 그래미 기술상 수상
글라스바우 한 Glasbau Hahn	박물관용 유리 진열장	세계에 있는 모든 유명 박물관
슈포르트-베르크 Sport-Berg	스포츠 장비: 원반, 해머	올림픽 경기와 세계 선수권 대회 공급업체.
폰 에렌 Von Ehren	대형 수목	런던 트라팔가 광장과 내셔널 갤러리, 유로 디즈니랜드, 뮌헨 공항, 베를린 쿠어퓌르스텐담
게리츠	무대용 커튼 및 무대 장치	뉴욕 메트로폴리탄 오페라, 파리 바스티유 오페라, 이스탄불 및 타이베이 오페라, 보스턴 왕 센터 Wang Center
오토 보크	인공 신체 장구	장애인 올림픽, 모든 브랜드에 대한 서비스
케르허	고압 청소기	세간의 화제가 된 청소 사례: 리오 데 자네이로 그리스도 상, 뉴욕 자유의 여신상, 러시모어 산에 있는 미국 역대 대통령들의 두상, 벨디즈 항에서 액손 Exxon의 원유 유출 사고가 발생했을 때 알래스카 해안 청소
도르마, 헤펠레	도어 잠금 시스템	세계 최고층 건물 부르즈 할리파
지크	각종 센서	루브르 박물관에 있는 모나리자도 지크 센서의 보호를 받고 있음
로베&베르킹	은제 식기	브루나이 술탄, 독일수상 관저, 고급 레스토랑/고급 호텔
렉스로트	유압장치	베이징 국립극장, 모스크바 볼쇼이 극장, 중국 항저우 서호 극장
카본 스포츠	초경량 휠	무수한 투르 드 프랑스 우승 및 세계 선수권대회 우승

카테고리를 대표하는 이름

제품 이름이나 회사 이름이 고유명사로 고착화되거나 제품 카테고리를 대표하는 개념으로 자리 잡는 경우가 있다. 이는 우월한 경쟁력과 높은 인지도를 말해주는 매우 이례적인 지표다. 독일어의 경우에는 동사 '뢴트겐röntgen(뢴트겐 사진, 즉 'X레이 사진을 찍다'라는 뜻의 동사다)'이 그 예에 속하고, 영국에서는 진공청소기를 사용할 때 'to hoover'라는 표현이 그렇다. 그리고 인터넷 세계에서는 검색을 한다는 의미로 'google'이라는 표현이 사용된다. 고압청소기 부문 세계시장 선도기업인 케르허는 심지어 프랑스어로 공식 편입되었다. 엄격하기로 유명한 프랑스학술원Académie Française의 언어 수호자들이 'karcher'라는 동사를 공식적으로 인정한 것이다. 니콜라 사르코지는 (프랑스 대통령으로 재직하던 당시) 파리에 폭동이 일어났을 때 그런 상황을 깔끔하게 정리해야 한다는 취지에서 시 외곽 거리를 'kärchern(말끔하게 청소하다)'해야만 할 것이라고 언급한 바 있다. 이것이 과연 케르허에 대한 칭찬인지 아닌지는 미심쩍지만, 어쨌거나 그 브랜드의 인지도에 대한 명백한 증거임은 틀림없는 사실이다.

오스트베스트팔렌에 있는 인터페이스 제작업체 하르팅이 제작한 '하르팅 플러그'는 전문 오디오 엔지니어링 분야에서 하나의 카테고리 명칭으로 자리 잡았다.[11] 인부스-슈라우베Inbus-Schraube도 브랜드 이름이 카테고리 명칭으로 탈바꿈한 유명한 사례다. 인부스Inbus라는 명칭은 'Innensechskantschraube(육각 구멍붙이 볼트) Bauer und Schaurte'에서 비롯되었다. 바우어 운트 샤우르테Bauer und Schaurte는 노이스에 자리 잡은 굴지의 나사 제조업체였다. 지난 몇 년간 변화무쌍한 과정을 경험한 이 회사는 현재 RUIA 글로벌 패스너스RUIA Global Fasteners라는 이름으로 활동하고 있다. 그런가 하면 미국인은 미국 나사 제조업체인 앨런 매뉴팩처링 컴퍼니Allen Manufacturing Company의 명칭을 따서 육각볼트를 앨런 스크루Allen Screw라고 부른다.

고유명사나 카테고리 명칭으로 자리 잡는다는 것은 한편으로는 혁신 능력과 지배적인 시장 입지에 대한 확실한 증거지만, 다른 한편으로는 위험인자가 되기도 한다. 왜냐하면 상점을 찾은 고객이 템포Tempo, 테자필름Tesafilm 혹은 포스트-잇Post-it을 찾을 때, 실제로 그 브랜드 상품을 염두에 두고 말을 하는 것인지 아니면 그저 동일한 부류에 속하는 제품을 말하는 것인지 확실하지 않기 때문이다. 예컨대 오늘날에는 누구나 헤어드라이어를 지칭할 때 '푄Fön'이라는 단어를 사용하는데, 엄밀하게 말하면 상표권자인 AEG를 제외하고는 아무도 이 명칭을 사용해서는 안 된다. 요컨대 해당 제품을 '헤어드라이어'라고 부르거나 아니면 바람의 명칭을 따서 '푄Föhn'이라고 불러야 하는 것이다.

경쟁업체나 고객들에 의해서 시장선도기업으로 거론되는 것도 카테고리 명칭으로 사용되는 것과 비슷한 정도의 신뢰성을 지닌 지표다. 이런 현상에 대한 가장 유명한 예는 아마도 '메르세데스' 브랜드일 것이다. 어떤 제품이 해당 시장에서 최고라는 것을 표현하고자 할 때 사람들은 "밀레는 메르세데스급 세탁기입니다" 혹은 "에네르콘은 메르세데스급 풍력발전기입니다"라고 말한다. 경쟁업체들은 흔히 업계에서 가장 뛰어난 제품을 언급하면서 "우리 제품은 ……만큼 뛰어납니다" 혹은 "거의 …… 만큼 훌륭하지만, 가격은 더 저렴합니다"라고 말한다.

예컨대 생물공학 실험실 시스템과 관련 제품을 생산하는 기업인 함부르크의 에펜도르프 주식회사Eppendorf AG는 경쟁업체 영업직원들로부터 심심찮게 "우리 제품은 에펜도르프 제품만큼이나 우수합니다"라는 칭찬을 듣곤 한다. 인터페이스 제작업체 하르팅이 활동하는 시장에서는 고객들 측에서 '하르팅 제품이나 그 회사 제품에 견줄 만한 제품'을 거론하면서 요구사항을 상세하게 제시하는 일이 다반사다. 이것은 지난 20세기의 컴퓨터 세계에서 떠돌았던 'IBM 호환 가능'이라는 서술어를 상기시킨다. 이런 사례들은 단지 대기업뿐만 아니라 히든 챔피언들도 그들의 시장에서 비록 그 규모가 작기는 하지만 기준, 카테고리 명칭, 벤치마크를 관철시킬 수 있다는 것을 보여준다.

포상과 표창

포상과 표창도 경쟁력 측면에서 유사한 의사소통 효과를 발휘한다. 포상과 표창은 전문가들의 평가를 근거로 하여 한 기업이 업계에서 인정받고 있다는 사실을 공식적으로 증명해주는 역할을 한다.

많은 히든 챔피언들이 풍성한 상복을 자랑한다. 아르놀트&리히터는 필름카메라를 비롯한 다양한 혁신제품들을 앞세워 오스카 기술상을 16회나 받았다. 자동조리기구 부문 세계시장 선도기업인 라치오날은 2003년부터 2012년까지 전 세계에서 59개의 표창을 받았다. 실내용 게임 제작기업이자 유럽 시장 선도기업인 루도 팩트는 지난 16년간 '올해의 게임' 상을 13번이나 수상하는 영광을 누렸다.

레이저 쇼 시장을 선도하고 있는 로보 일렉트로닉Lobo Electronic은 30년의 기업 역사가 흐르는 동안 130개가 넘는 상을 수상하면서, 국제레이저디스플레이협회ILDA가 작성한 수상순위 리스트에서 세계 1위 자리를 차지하고 있다. 오스트베스트팔렌에 있는 산업자동화 분야 히든 챔피언 피닉스 콘택트도 수많은 상을 수상했다.

피닉스 콘택트는 2012년 하노버 박람회에서 세계 최고의 권위를 자랑하는 기술상인 헤르메스 어워즈Hermes Awards를 수상했다[12]. 이 회사는 이런 유명한 상 말고도 직원 건강관리 성적이나 직원 교육 성적 등과 관련해서도 최고의 회사로 선정되어 수많은 상을 받았다. 개 목줄을 생산하는 플렉시는 유럽과 미국 그리고 아시아에서 무수하게 많은 상을 수상했다. 젊은 생물공학자 후원에 각별한 노력을 기울이고 있는 에펜도르프는 그 공로를 인정받아 여러 차례 상을 받았다. 그런 상들은 히든 챔피언들이 그들의 경쟁업체들과 확연한 대조를 이루고 있다는 사실을 입증해준다.

전통도 경쟁상의 장점으로서 강력한 효과를 발휘한다. 1761년에 설립된 세계 굴지의 연필 회사 파버-카스텔은 저명한 고객들의 이름이 실린 장문의 리스트를 보유하고 있다. 비스마르크가 파버-카스텔 연필을 사용했고, 빈센트 반 고흐Vincent van Gogh는 이 회사가 만들어낸 '유명한 검정'을 찬미했으며, 막스 리버만Max Liebermann은 이 회사 제품을 가리켜 한마디로 '최고'라고 일컬었다. 아무리 많은 마케팅 비용이나 홍보 비용을 투입한다고 해도 그처럼 독보적인 위상을 사들일 수는 없다.

지금부터 소개할 파버-카스텔과, 가장 막강한 경쟁업체인 슈테틀러-마르스의 다툼은 그런 전통이 지닌 가치를 명확하게 설명해준다. 슈테틀러-마르스는 1835년에 설립되었다. 1994년 슈테틀러는 회사 창립자 프리드리히 슈테틀러Friedrich Staedtler가 연필을 처음 제작한 지 333주년 되는 날을 기념하여 판매경진대회를 주최했다. 그러자 파버-카스텔이 이의를 제기하고 나섰다. 바로 해당 업계에서 가장 오래된 회사로서의 입지를 방어하기 위해서였다. 그뿐만 아니라 1806년에 설립된 리라 플라이슈티프트-파브리크Lyra Bleistift-Fabrik도 자기 회사가 슈테틀러-마르스보다 역사가 더 오래되었다는 점을 주장하고 나섰다.

시장을 주도하는 명품 브랜드들을 살펴보면 유달리 오랜 역사를 지닌 브랜드들이 많다. 세계에서 두 번째로 규모가 큰 명품 콘체른 리슈몽은 약 20개의 유명 브랜드를 보유하고 있는데, 그들 대부분은 역사가 아주 길다. 몇 가지만 열거해보면, A. 랑에&죄네(1845년 설립), 보메&메르시에Baume&Mercier(1803년), 까르띠에(1847년), 몽블랑(1906년), 바쉐론 콘스탄틴Vacheron Constantin(1755년) 등이 있다. 리슈몽에 소속된 브랜드들 가운데 100년 이하의 역사를 가진 브랜드는 고작 3개에 불과하다.

전통이라는 경쟁상의 장점이 지닌 특수성의 핵심은 바로 모방이 불가능하다는 데 있다. 광고에 제아무리 많은 돈을 쏟아붓는다고 해도 100년의 전통을 살 수는 없는 법이다. 브랜드는 흘러간 시간의 집약체다. 그리고 약 38퍼센트의 히든 챔피언들이 100년이 넘는 역사를 가지고 있다. 따라서 전통은 많은 히든 챔피언들에게 독보적인 경쟁상의 특징으로 자리매김하고 있다.

경쟁력과 원가

포터가 제시한 포괄적인 전략체계에서 히든 챔피언들의 경쟁전략은 대체로 '차별화된 집중화' 범주에 속해 있다. 요컨대 그들은 한 가지 혹은 다수의 매개변수에서 그들이 보유한 우월한 능력을 협소한 목표시장과 결합한 전략을 펼치는 것이다.[13] 가격은 경쟁업체보다 높은 경우가 많다. 히든 챔피언들이 포터가 말한 의미에서의 일반적인 가격주도권을 잡고 있는 경우, 즉 시장 전체를 타깃으로 삼아 가장 낮은 원가나 가격의 서비스를 제공하는 경우가 매우 드물다는 말이다. 안경 유통 부문에서 유럽시장을 선도하는 필만이 이런 모형에 딱 들어맞는 기업이다.

그러나 그런 경우보다는 집중적인 가격주도권 전략을 구사하는 경우가 좀더 흔하다. 이것은 부분 시장을 겨냥하여 원가가 저렴한 제품을 생산하는 전략을 말한다. 약품 주문생산기업인 에노바의 CEO 하이너 호프만Heiner Hoppmann은 이렇게 말한다. "우리는 유럽시장에서 가격을 선도하는 기업입니다."[14] 이 기업은 고도의 자동화와 최고의 능력을 갖춘 직원들 그리고 독일에 위치한 입지를 동원하여 가격주도권을 획득할 수 있었다. 유럽 굴지의 의약품 수입 병행업체인 콜파르마Kohlpharma는 핵심사업 분야에서 가격주도권을 획득하기 위해 명시적으로 노력을 기울이고 있다. 슈미츠 카고불(트레일러), 3B 사이언티픽(해부학 교구), 주스파(가스 스프링), 뷜호프(각종 나사) 같은 기업들은 자신들의 원가경쟁력과 가격경쟁력을 거듭 강조한다.

그러나 이런 경우에도 과연 순수한 가격주도권이 문제의 핵심인지는 의문이다. 왜냐하면 이런 회사들은 가격뿐만 아니라 품질에 대한 요구도 지속적으로 제기하고 있기 때문이다. 그들의 전략과 알디, 이케아 혹은 린에어가 사용하고 있는 극단적인 가격지향 전략을 서로 비교해보면, 히든 챔피언들은 순수한 가격주도권 전략을 거의 사용하지 않는다는 결론에 도달한다.

그렇다고 해서 히든 챔피언들의 경쟁전략에서 원가를 완전히 무시해버려도 좋다는 말은 아니다. 실상은 오히려 그 반대다. 첫째, 히든 챔피언들은 첨예한 경쟁으로 인해 원가에 한층 더 신경을 쓰고, 지속적으로 가격을 합리화할 수밖에 없는 입장에 처해 있다. 둘째, 규모의 경제와 절대적인 가격 수준의 측면에서 계속 프리미엄 가격을 고집하다가는 시장에서 교묘히 퇴출당할 잠재적인 위험이 있다. 성능, 가격, 원가를 생각할 때는 언제나 이 세 가지 요소들을 서로 관련시켜서 보아야 한다. 한 네덜란드 고객이 어느 독일 설비 제조업체의 CEO에게 한 다음과 같은 말은 이런 문제점을 분명하게 보여준다. 결국 그 네덜란드 고객은 이탈리아 제품을 구입했다.

"당신 회사의 제품 가격은 125만 유로입니다. 그런데 이탈리아 회사의 제품 가격은 75만 유로입니다. 물론 당신 회사 제품이 더 뛰어나다는 것은 저도 인정합니다. 그렇지만 60퍼센트나 더 뛰어난 것은 아닙니다. 따라서 60퍼센트나 더 많은 돈을 지불할 생각은 없습니다."

최고의 히든 챔피언들은 언제나 강도 높게 원가 문제에 몰두한다. 슈미츠 카고불의 CEO를 지낸 베른트 호프만Bernd Hoffmann은 이렇게 말한 바 있다.

"독일의 임금 수준을 감안하면 생산성을 향상시킬 수밖에 없습니다. 제조단가가 낮아지면 좀더 저렴한 가격으로 제품을 공급할 수 있습니다. 이런 식으로 우리는 경쟁력을 더욱 강화하고 매출액과 시장점유율을 높여가고 있습니다. 이것은 이윤과 연간수익률에 그대로 반영됩니다."

그러나 호프만은 슈미츠 카고불이 결코 '저가전략'을 따르는 것은 아니라고 강조했다. 그는 '하이브리드 경쟁전략'이라고 표현했는데, 이것은 '혁신과 최고의 품질, 강도 높은 고객지향적인 태도'와 '가격주도권, 규모의 경제, 효율성, 엄격한 고정원가관리'를 서로 결합하는 전략을 말한다. 레이저 기계 부문에서 세계시장을 선도하고 있는 트룸프도 성능의 차별화와 저렴한 원가를 서로 결합시키는 야심찬 계획을 추진하고 있다. 니콜라 라이빙어-캄밀러는 말한다.

"우리는 모든 영역에서 더 빠르고 더 뛰어나야 할 뿐만 아니라 원가도 더 저렴해져야만 합니다. 기계 생산에 소요되는 시간이 12주에서 5주로 단축되었습니다. 우리는 최종 조립과정 전체를 컨베이어 벨트로 완벽하게 전환한 몇 안 되는 기계 제조업체 가운데 하나입니다."

10장에서 이미 설명한 바와 같이, 하위 부문에서 가격경쟁력을 갖추기 위해 두 번째 브랜드 전략을 사용하는 히든 챔피언들이 점점 늘어나고 있다. 노하우 문제 때문에 독일, 오스트리아, 스위스처럼 고임금 국가에서 계속 제품을 생산하려고 하는 기업이나 그렇게 해야만 하는 기업이라면 지속적이고 엄격한 원가관리를 결코 소홀히 해서는 안 된다. 그럼에도 불구하고 그들이 지닌 경쟁상의 장점이 원가와 가격으로 이동하는 것은 아니다. 그보다는 오히려 우월한 성능에도 불구하고 지나치게 높은 원가 탓에 시장에서 퇴출당하는 사태를 방지하는 것이야말로 경영합리화의 핵심적인 과제다.

품질에 대한 요구가 그리 높지 않은 시장에서는 원가에 대한 요구가 첨예화된다. 그런 시장에서 프리미엄 위상을 강조하면서 높은 가격을 고수하는 태도는 두 가지 리스크를 내포하고 있다. 하나는 자칫 시장의 대부분을 놓쳐버릴 수 있다는 것이고, 또 하나는 저가 업체가 품질을 향상하여 아래에서부터 공격을 해 올 수 있다는 것이다. 10장에서 우리는 개발도상국을 중심으로 이른바 초저가 부문이 생성되고 있다는 점을 지적했는데, 이런 초저가 부문은 한편으로는 기회를 제공해주기도 하지만, 장기적으로는 새로운 경쟁을 유발할 수도 있다. 이에 대처한 행동 방안에 대해서는 10장에서 이미 상세하게 설명했기 때문에 여기서 이 문제를 또 다시 파고들 필요는 없을 듯하다.

포터가 요청한 양자택일식 결정, 그러니까 성능의 차별화와 가격주도권, 둘 중 한 가지를 선택해야 한다는 요구는 단순함의 매력과 지적인 명료함을 동시에 갖추고 있는 것처럼 보인다. 그러나 실제 현실은 언제나 그렇게 단순하기만 한 것이 아니다. 히든 챔피언들은 성능 측면에서 그들이 보유한 모든 우월함에도 불구하고 결코 원가를 소홀히 다루어서는 안된다. 그리고 점차 첨예화되어 가는 글로발리아의 경쟁 환경 속에서 세계시장주도권을 지켜내기 위해서는 관행에서 벗어난 전략들도 배제해서는 안 될 것이다.

강력한 경쟁자의 역할

2장에서 '한 산업 부문에서 펼쳐지는 가혹한 국내 경쟁과 경쟁우위의 창출 및 유지'[15] 사이의 관계에 대한 포터의 주장을 살펴본 바 있다. 그때 우리는 독일에 수많은 산업 클러스터가 존재한다는 사실과 히든 챔피언들이 그런 산업 클러스터 내부에서 사업을 영위하고 있다는 사실을 알았다. 경쟁업체들은 뭐니 뭐니 해도 동일한 주문을 놓고 다툼을 벌이고, 그런 의미에서 제로섬 게임zero-sum game(참가자가 각각 선택하는 행동이 무엇이든지 참가자의 이득과 손실의 총합이 0이 되는 게임)에 사로잡혀 있는 적수들이다. 그럼에도 불구하고 그들은 원하든 원치 않든 간에 '경쟁 적합성을 갖추기 위한 트레이닝 파트너' 역할을 수행한다. 그렇다고 해서 그들이 반드시 서로 간에 친근한 관계를 유지해야만 한다는 말은 아니다. 어쨌거나 경쟁관계에 기업들이 있는 치열한 경쟁에서 살아남고자 한다면, 그리고 이익을 창출하고자 한다면 불가피하게 더 뛰어난 기업이 될 수밖에 없다. 이런 관계는 서로 경쟁을 벌이는 최정상급 운동선수들의 관계와 비교할 수 있다. 그들은 비록 함께 훈련을 하지는 않지만 야심을 품고 있는 한 계속해서 새로운 기록을 추구한다.

스포츠 세계에서 우리는 히든 챔피언들과의 또 다른 유사점을 발견할 수 있다. 한 분야에서 최고의 위치에 오른 스포츠 선수들을 보면 한 지역 출신인 경우가 흔하다. 언젠가 쾰른에서 열린 육상경기대회를 본 적이 있는데, 그 대회에서는 800미터와 3,000미터 장애물 경기에서 새로운 세계신기록이 나왔다. 3,000미터 달리기 경주에서는 4명의 선수가 기존 세계신기록을 경신했는데, 그들 모두가 케냐 출신이었다. 그 경기에서는 총 12명의 케냐 선수가 출발선에 섰다. 그 같은 경쟁 밀도는 궁극적으로 최고의 성과로 귀결된다.

미국 인디애나 주 워소Warsaw는 고도의 경쟁 밀도가 세계시장주도권으로 이어진 가장 인상적인 사례들 가운데 하나를 제공해준다. 그곳에는 짐머Zimmer, 듀피Depuy, 바이오메트 등 세계 굴지의 정형외과용 인공장구 기업 세 곳이 자리 잡고 있다. 한번 상상해보라. 인구가 1만2,000명밖에 되지 않는 미국 중서부의 소도시가 기술적으로 극도로 까다로운 영역에서 활동하는 히든 챔피언을 셋이나 보유하고 있고, 또 그런 만큼 '전 세계 정형외과의 수도'로 불린다. 가장 강력한 경쟁업체들이 그처럼 지역적으로 가깝게 자리 잡고 있는 것은 결코 예외적인 현상이 아니다. 히든 챔피언들 사이에서는 그런 일이 허다하다.

서로 치열하게 경쟁을 벌이는 히든 챔피언들 간의 관계는 친밀한 관계에서부터 적대적인 관계까지 그 양상이 아주 다양하다. 과거에 시장개척 기업에서 일했던 직원이 새로운 경쟁자로 등장하는 경우도 드물지 않다. 예컨대 알베르트 베르너Albert Berner도 독립을 하기 전에는 뷔르트 직원으로 일했다. 베르너는 2011년에 처음으로 매출액 10억 유로를 돌파하면서 세계 2인자로 올라섰다. 바르텍 설립자인 라인홀트 바를리안은 과거에 R. 슈탈에서 개발 책임자로 일한 경력이 있다.

히든 챔피언들은 오늘날 세계적인 관점에서 경쟁한다. 그럼에도 불구하고 경쟁 적합성을 갖추기 위한 트레이닝 파트너로서 지역적으로 가까이에 위치한 강력한 경쟁업체들이 지닌 의미를 과소평가해서는 안 될 것이다. 만약 메르세데스, BMW, 아우디 사이에 혹독하고 긴밀한 경쟁이 존재하지 않았다면, 과연 오늘날 그 기업들이 세계 최고가 될 수 있었을까? 만약 로슈와 노바티스Norvatis 사이에 치열한 경쟁이 없었다면, 과연 오늘날 바젤 의약품 산업이 국제적으로 인정을 받을 수 있었을까? 아디다스Adidas도 푸마Puma가 없었다면 그처럼 세계적으로 인정받는 위치에 올라설 수 있었을지 장담하기 어렵다.

힘없는 경쟁자보다는 강력한 경쟁자를 갖는 것이 장기적인 관점에서 기업에게 더 이롭지 않을까? 최고 수준의 선수라고 해도 혼자서만 연습을 한다면 아마도 금메달을 따기 어려울 것이다. 그보다는 최정상급 경쟁자들과 지속적으로 맞붙어야만 하는 신예 선수가 금메달을 딸 가능성이 더 높을 수 있다. 흔히 같은 종목에서 활동하는 최고의 선수들이 한 곳에 모여 훈련하는 모습을 쉽게 볼 수 있는데, 그것은 바로 그들이 그런 법칙을 잘 알고 있기 때문이다.

기업에도 이와 유사한 법칙이 적용될 수 있다. 여기서 결정적인 사실은 경쟁이 성능 영역과 혁신 영역에서 펼쳐져야 한다는 것이다. 만약 가격 영역에서 경쟁하는 경우 흔히 한 기업 혹은 양쪽 기업 모두가 몰락하거나 다른 기업에게 인수당하는 결과를 초래할 수 있다. 치열한 경쟁관계에 있는 히든 챔피언들 사이에서도 이따금씩 이런 일이 일어난다.

예컨대 산업용 체인 부문에서 세계시장을 이끌고 있는 RDU(리거&디에츠)는 1988년에 이르러 무려 100년간에 이르는 치열한 경쟁을 끝내고 경쟁사인 에어라우Erlau를 인수했다. 참고로 이 두 회사 모두 알렌Aalen에 있다. 에어라우는 인수합병된 후로도 여전히 하나의 기업으로서 또 브랜드로서 계속 존속하고 있을 뿐만 아니라, 심지어 타이어 보호용 체인 부문에서 세계시장 선도기업이다. 금속직물 부문 세계시장 선도기업인 GKD 쿠퍼라트도 지역 경쟁업체인 뒤레너 메탈투흐Dürrener Metalltuch를 비슷한 방식으로 집어삼켰다.

방향제 부문에서는 홀츠민덴에 있는 기업인 드라고코Dragoco와 하만&라이머Haarmann&Reimer가 한데 통합되어 새로운 히든 챔피언 짐리제가 탄생했다. 〈표 12.9〉를 보면 서로 그리 멀지 않은 곳에 자리잡고 있는 경쟁업체들의 예가 수록되어 있다.

경쟁업체가 지나치게 적다고 불평하는 회사가 있을까? 분명 매우 드물 것이다. 그러나 히든 챔피언들은 좀 다르다. 예컨대 최근 몇 년 사이에 세계시장점유율을 40퍼센트에서 75퍼센트로 끌어올리면서 엄청난 성공 가도를 달리고 있는 어느 기계 제조업체의 CEO는 내게 이렇게 말했다.

"경쟁업체들이 지나치게 유약하고, 우리 직원들이 너무 오만해진 것이 어느새 문제점으로 작용하고 있습니다. 가끔 입찰가격을 일부러 높이 책정한 적도 있습니다. 경쟁업체들이 기량을 개선하고, 우리 직원들이 다시 겸손함을 배울 수 있도록 말입니다. 차라리 좀 더 강한 경쟁업체가 있었으면 좋겠습니다."

슈바르츠발트에 있는 어느 기업 CEO는 나와 대화를 나누면서 같은 지역에 있는 경쟁업체들이 예전만큼 강하지 않은 탓에 직원들이 중요한 자극요인을 잃어버렸다며 아쉬움을 토로했다. 실제로 (지나칠 정도로 강하지는 않다고 하더라도) 어느 정도 강력한 경쟁자가 있는 편이 기업 입장에서는 더 바람직한 일일 것이다(비록 다소 불편하기는 하겠지만 말이다). 요약하면, 이웃한 히든 챔피언들 간의 긴밀한 경쟁은 경쟁 적합성을 갖추는 데 효과적으로 기여할 수 있다. 왜냐하면 이웃은 경쟁자이기만 한 것이 아니라 스파링 파트너이기도 하기 때문이다. 이는 세계화 시대에도 똑같이 적용된다.

⟨표 12.9⟩ 지역 경쟁업체들과 긴밀한 경쟁관계에 있는 히든 챔피언들

제품	경쟁업체	소재지	참고 사항
롤러	텐테, 롬부스Rhombus	42907 베르멜스키르헨, 42908 베르멜스키르헨	텐테 세계 1위
쇼핑 카트	반츨, 지겔	89340 라이프하임, 89341 예팅엔Jettingen	반츨 세계시장 선도기업, 지겔 강력한 경쟁업체
향수, 방향제	지보단, 피르메니히	CH 1214 베르비어Vervier, CH 1211 제네바Genf	세계 1위, 세계 2/3위
음료 향신료	될러Döhler, 빌트Wild	64295 다름슈타트, 69214 에펠하임Eppelheim	양쪽 모두 유럽시장 선도기업
트레일러	슈미츠, 크로네	48612 호르스트마르Horstmar, 49759 엠스데텐Emsdetten	유럽 1위, 유럽 2위
브러시 제작기계	차호란스키Zahoransky, 에브저Ebser	79674 토트나우Todtnau, 79674 토트나우	차호란스키 세계 1위
에너지 소비량 및 물 소비량 계측기	테켐Techem, 이스타Ista	65760 에쉬보른Eschborn, 45131 에센	모두 매출액 약 7억 유로로 세계시장 선도기업
풍력에너지	에네르콘, 베스타스	26605 아우리히Aurich, 8900 란더스Randers(덴마크)	독일 1위, 세계 3/4위, 독일 2위, 세계 1위
접합 및 고정 소재	뷔르트, 베르너	74653 퀸첼자우, 74653 퀸첼자우	뷔르트 세계 1위, 베르너 세계 2위
폭발방지장치	슈탈, 바르텍, CEAG 지혀하이츠테히닉Sicherheitstechnik	75638 발덴부르크Waldenburg, 97980 바트 메르겐트하임Bad Mergentheim, 69412 에버바흐Eberbach	모두 세계시장 선도기업
유연 포장Flexible Packaging	빈트뮐러&횔셔, 비쇼프+클라인Bischof+Klein	49252 렝어리히Lengerich, 49252 렝어리히	모두 세계시장 선도기업
상업용 식기세척기	빈터할터, 마이코Meiko, 호바르트Hobart	88074 멕켄보이렌Meckenbeuren, 77652 오펜부르크Offenburg, 77656 오펜부르크	모두 세계시장 선도기업
치과용 기기	지로나, 카보	64652 벤스하임, 88400 비버라흐	모두 세계시장 선도기업
인터페이스 기술	피닉스 콘택트, 하르팅, 바이트뮐러, 바고 콘탁트테히닉Wago Kontakttechnik	32825 블롬베르크Blomberg, 32423 민덴Minden 32339 에스펠캄Espelkam, 32758 데트몰트Detmold,	모두 세계시장 선도기업
용접기기	빈첼Binzel, 클로스Cloos	35418 부제크Buseck, 35708 하이거	모두 세계시장 선도기업

과도한 경쟁을 피하라

경쟁자의 면면을 파악하는 것은 필수적인 일이다. 그리고 경쟁 적합성 함양을 위한 트레이닝 파트너로서 경쟁자를 이용하는 것은

매우 유익한 일이 될 수 있다. 그러나 '경쟁 강박관념'에 사로잡혀서는 안 된다. 특히 대부분의 히든 챔피언들이 활약하는 소수 독점 시장에서는 경쟁지향적인 태도와 공격적인 태도를 취할 위험성이 매우 크다. 지몬-쿠허&파트너스가 전 세계 기업을 대상으로 가격 책정 연구를 실시한 결과, 약 4,000개의 응답 기업 가운데 46퍼센트가 가격 전쟁을 치르고 있다고 답했다. 그리고 그 가운데 83퍼센트가 가격 전쟁을 유발한 장본인이 자신이 아니라 경쟁업체라고 주장했다.[16]

실제 경쟁 상황을 들여다보면 공격적인 태도가 널리 만연해 있음을 알 수 있다. 《수익지향적인 매니저, 시장점유율 중심적인 사고에 대한 결별Der gewinnorientierte Manager, Abschied vom Marktanteilsdenken》에서 우리는 '공격 문화'에 대해 다루었다.[17] 경쟁업체에 맞서는 몇몇 기업가들과 매니저들의 격앙된 모습을 보고 있노라면 경쟁이 곧 전쟁이라는 생각이 들기도 한다. 이런 분위기는 《비즈니스 전쟁Business Warfare》[18], 《비즈니스 워 게임Business Wargame》[19], 《게릴라 마케팅Guerrilla Marketing》[20] 같은 호전적인 책 제목들을 통해서 한껏 달아오른다. 경쟁 정보를 수집하는 행위를 가리켜 '경쟁 첩보Competitive Intelligence'라고 하는데, 이것도 군대 은어에서 비롯된 표현이다. 그런데 실상 경쟁은 전쟁이 아니다. 전쟁은 언젠가는 끝이 나지만, 경쟁은 결코 끝이 나지 않는다. 군대가 서로 맞붙어 싸우는 전쟁터에는 고객이 없다. 군사적인 임무는 일상적인 업무와는 거의 공통점이 없다. 사업을 할 때에는 고객을 확보하여 계속 유지하는 것이 목적이다. 따라서 적을 무너뜨리고 승리를 거두려 시도하거나 도주병들을 잡으려고 하지 않는다. 과도한 경쟁지향적 태도나 지나치게 공격적인 태도는 해가 될 수 있다.

이 모든 것은 결코 새로운 깨달음이 아니다. 란치로티Lanzilotti는 1958년에 이미 과도한 경쟁지향적 태도와 기업수익 간에 존재하는 부정적인 상관관계를 증명했다.[21] 비교적 최근에 나온 논문 한 편은 다양한 출처에서 비롯된 지표들을 모두 종합하여 고찰한 결과, 경쟁지향적인 목표를 과도하게 밀어붙이면 해가 될 수 있다는 결론을 도출했다. 그러나 이런 관점이 지금까지 학문적인 연구에 미친 영향은 매우 미미하다. 그뿐만 아니라 이것은 기업 경영진 사이에서도 거의 주목받지 못하고 있다.[22] 《블루오션 전략Blue Ocean Strategy》 저자들은 가능한 한 경쟁을 멀리하는 전략을 옹호한다.[23] 이 같은 성향은 많은 히든 챔피언들이 구사하는 전략에 상당히 근접해 있다. 여러 부문에서 세계시장을 선도하고 있는 포이트의 CEO를 지낸 헤르무트 코르만Hermut Kormann은 극단적으로 경쟁지향적인 태도에 대한 반대 입장을 분명히 하면서, 단호한 자세로 고객지향적인 태도가 중요하다는 입장을 옹호한다.[24]

물론 '경쟁 강박관념'에 사로잡힌 히든 챔피언들과 마주친 적도 있지만, 그런 기업들은 어디까지나 예외다. 대부분의 히든 챔피언들은 경쟁업체들을 응시하는 대신 고객들에게 집중하면서 그들 자신의 길을 걸어간다. 함께 대화를 나눈 히든 챔피언들 가운데 몇몇은 경쟁업체들과 비교 자체가 되지 않기 때문에 경쟁 정보를 체계적으로 수집하는 일을 중단했다고 밝혔다. 어떤 히든 챔피언은 이렇게 말했다. "우리는 경쟁업체와 우리 자신을 비교하지 않습니다. 그저 경쟁업체들이 우리를 예의 주시할 뿐입니다." 또 다른 히든 챔피언도 비슷한 견해를 피력했다. "우리의 기준은 경쟁업체가 아닙니다. 우리는 우리 자신만의 기준을 책정합니다." 경쟁자를 모방하는 것으로는 시장주도권을 손에 넣을 수 없다. 이와 관련하여 과거 프라운호퍼 연구소 소장을 지낸 한스-위르겐 바르네케Hans-Jürgen Warnecke 교수는 이렇게 말한다.

"문제해결책을 자신의 기업에서 찾는 것이 아니라 경쟁업체에서 찾는 악순환에 한번 빠져들면, 기존의 문제해결책을 모방하는 데 집중합니다. 그러면 영원히 2인자로 머무르게 됩니다."[25]

다른 사람이 남긴 발자국을 그대로 따라 걷는 사람은 결코 그 사람을 추월할 수 없는 법이다. 물론 경쟁업체를 관찰하는 행위나 경쟁지향적인 태도가 모방과 동일한 것은 아니다. 그러나 과도한 경쟁지향적 태도는 결코 정상에 이르는 길이 아니다. 그보다는 자기 자신의 전문적인 역량과 고객들에게 우선적으로 관심을 기울이는 편이 훨씬 더 효과적이다. 히든 챔피언들은 이런 방법으로 그들이 활동하는 시장에서 최고 자리에 올랐고, 또 그들의 시장지배권을 방어할 수 있는 가장 탁월한 기회를 손에 넣었다.

핵/심/요/약

히든 챔피언들의 경쟁 전략은 각종 서적에서 자주 접할 수 있는 이상적인 해결책을 따르는 것이 아니라 뚜렷한 독립성을 특징으로 한다.

- 히든 챔피언들이 활동하는 시장은 주로 소수 독점적인 구조다. 전 세계를 기준으로 삼아도 주요 경쟁업체 수가 평균 6개에 지나지 않는다. 전 세계적으로 20개 이상의 경쟁업체가 있다고 생각하는 히든 챔피언은 소수에 불과하다.
- 히든 챔피언들의 경쟁 구조와 경쟁에 임하는 태도는 비교적 매우 안정적이다.
- 마이클 포터가 제시한 '다섯 가지 경쟁요인'의 관점에 비추어보면, 대부분의 히든 챔피언들이 처한 상황은 전체적으로 양호하다. 그러나 '다섯 가지 경쟁요인'에 의거한 평가가 호의적이지 않은 업계를 들여다보면 스스로 자초한 감이 없지 않은데, 기존 업체들 간의 생산 경쟁과 가격 전쟁 그리고 고객들이 보유한 강력한 권력 입지 등이 이런 부정적인 평가의 원인으로 작용하고 있다. 고객의 권력 입지를 변화시키기란 매우 힘든 일이다. 반면 생산량을 조절하는 것은 가능한 일이다. 따라서 그런 업계에서는 생산량을 좀 더 현명하게 조절해야 할 것이다. 일반적으로 그런 시장에서는 이익 대신 시장점유율이나 규모를 강력하게 지향하는 현상이 나타난다.
- 기존 업체들 간의 경쟁 강도가 높다. 경쟁은 가격 영역보다는 주로 성능과 혁신 영역에서 이루어진다.

- 놀랍게도 히든 챔피언들은 자신과 경쟁업체가 서로 비슷하지 않다고 평가한다. 이런 평가는 히든 챔피언들의 강한 고집에 따른 것이다.
- 히든 챔피언들의 경쟁 구도는 매우 복합적이다. 일반적으로 그들은 다수의 전략적 경쟁우위를 보유하고 있으며, 이것들을 시장에서 철저하게 관철시킨다.
- 제품 품질은 경쟁상의 장점으로서 탁월한 의미를 지닌다. 반면 가격은 경쟁에 불리하게 작용한다.
- 확장된 서비스라는 매개변수에서 히든 챔피언들의 경쟁 입지가 크게 개선되었다. 특히 컨설팅과 시스템 통합 부문에서 새로운 경쟁우위가 창출되었다. 사용의 편의성도 경쟁상의 장점으로서 중요성을 획득하고 있다.
- 새로운 경쟁상의 장점들은 모방하기가 한층 더 어렵다. 그것들은 진입장벽을 높이는 작용을 한다. 따라서 경쟁우위의 지속기간이 줄었다기보다는 오히려 더 늘어났다고 추측해볼 수 있다.
- 히든 챔피언들은 수많은 등대 프로젝트를 통해서 그들이 보유한 경쟁상의 우월함을 전 세계에 과시한다. 만약 어떤 기업에 그런 기회가 주어진다면, 그 기업은 반드시 그 기회를 포착하여 대내외적인 커뮤니케이션 메시지로 활용해야 할 것이다.
- 회사명이나 브랜드 명칭이 카테고리 개념으로 탈바꿈하는 경우, 다수의 수상 경력, 다른 기업들이 특정 기업 명칭을 벤치마크 대상으로 이용하는 경우("우리는 ……만큼 훌륭합니다"), 오랜 전통 등은 경쟁상의 우월함을 나타

내는 또 다른 지표들이다.
- 히든 챔피언들도 지속적으로 비용에 관심을 기울이면서 그것을 합리화해야 할 것이다. 비용 합리화의 목적은 비용과 가격을 전략적 경쟁우위로 만드는 데 있는 것이 아니라, 시장에서 퇴출당하는 사태를 방지하는 데 있다.
- 세계화에도 불구하고 인근 지역에 강력한 경쟁업체들이 자리 잡고 있는 것은 앞으로도 계속 장점으로 작용할 것이다. 왜냐하면 그런 업체들은 '경쟁 적합성 단련을 위한 트레이닝 파트너'로서 유익한 기능을 수행하기 때문이다.
- 과도하게 경쟁지향적인 태도와 공격적인 태도는 금물이다. 가장 크게 관심을 기울여야 할 대상은 경쟁업체가 아니라 고객들과 전문적인 역량이다. 시장의 최정상에 서서 위풍당당하게 행진하고 싶다면, 경쟁업체의 기준을 넘겨받을 것이 아니라 반드시 자신만의 고유한 기준을 설정해야 한다.

경쟁은 생존을 위한 영원한 투쟁이다. 히든 챔피언들도 다른 기업들과 동일한 위험에 내던져져 있으며, 다른 기업들과 동일한 수단을 가지고 싸움을 한다. 그들의 무기고에는 비밀 병기나 기적의 무기 같은 것은 없다. 그러나 모르긴 해도 건전한 인간의 이성에서 비롯된 몇몇 규칙들을 다른 기업들보다 더 충실하게 따르는 것 같아 보인다. 그들은 자신들이 보유한 경쟁우위를 철저하게 관철시키며, 고객들에게 월등한 제품 품질과 서비스 품질을 제공한다. 컨설팅, 시스템 통합, 사용의 편의성 등 매우 중요하면서도 모방하기가 어려운 실적측정 변수를 중심으로 경쟁 입지를 강화한다.

고객들은 그처럼 개선된 서비스에 대해서 합당한 가격 프리미엄을 지불할 준비가 되어 있다. 그러나 그런 태도에도 한계가 있기 때문에 늘 원가관리를 게을리해서는 안 된다. 히든 챔피언들의 경쟁상의 우월함은 한 가지 원인에 의한 것이 아니라, 그들이 많은 것을 끊임없이 개선해나간다는 사실에 의거한 것이다. 이처럼 단순한 원칙을 주목하고 단호하게 실행에 옮기는 기업이라면, 경쟁을 지나치게 두려워할 필요가 없다.

CHAPTER 13

유연하게 다각화하라
HIDDEN CHAMPIONS

Hidden Champions

이 책의 앞 장에서 설명한 것처럼 히든 챔피언들은 집중과 깊이를 한데 결합한다. 이런 방식으로 그들은 매우 독창적인 제품들을 만들어내고 이례적으로 강력한 시장 입지를 구축한다. 그러나 다수의 히든 챔피언들은 앞서서 이미 상세하게 논한 바 있는 집중으로 인한 리스크 외에도 또 다른 문제점과 맞닥뜨린다. 협소한 시장과 높은 시장점유율의 조합은 성장 가능성을 제한할 수 있다. 히든 챔피언들이 집중하고 있는 협소한 시장의 성장세가 미미한데다 시장점유율도 더 상승하기 불가능할 정도로 높은 수준이라면, 성장에 제동이 걸릴 수밖에 없다. 계속해서 야심찬 성장률을 기록하려면 새로운 사업 분야로 갈아타는 것밖에 달리 방법이 없다.

과거에 우리가 실시했던 조사에 따르면, 1990년대에는 이런 길을 걸어간 히든 챔피언들이 극소수에 불과했다. 대부분의 히든 챔피언들은 계속해서 집중 전략을 고수했다. 그러나 그 이후로 우리는 사업확장과 다각화 경향이 점차 강화되는 모습을 관찰할 수 있었다. 지난 몇 년간 시장점유율이 점점 상승하고 시장이 점차 포화되면서 이런 경향은 한층 강화되었다. 대략 15퍼센트의 히든 챔피언들이 유연한 다각화 쪽으로 전략을 변경하고, 새로운 사업 분야에 발을 들여놓았다.

그렇다면 그들은 과연 이런 조치를 통해서 복잡한 구조를 갖춘 대기업으로 변신하게 될 것인가? 아니면 집중과 깊이 같은 히든 챔피언들의 전통적인 장점들을 고수하는 데 성공할 수 있을 것인가? 그들은 이런 사업확장과 관련하여 어떤 태도를 취할 것인가? 특히 흥미로운 점은 히든 챔피언들이 지금껏 그들이 고수해왔던 집중 전략에 얼마만큼이나 가까이 다가서고, 또 그 과정에서 어떤 조직 형태를 갖추게 될 것인가 하는 문제다. 이 장에서 우리는 이런 의문점들에 대해서 상세하게 살펴볼 것이다.

집중에서 '유연한 다각화'로

'다각화'라는 개념은 1960년대 중반에 이고르 앤소프Igor Ansoff 에 의해서 도입되었다.[1] 앤소프는 사업확장의 차원을 '제품' 영역과 '시장/고객' 영역으로 구분하고, 각각의 영역에 '오래된 것'과 '새로운 것'이라는 특징을 부여했다. 이렇게 해서 '앤소프-매트릭스'로 불리기도 하는 네 가지 영역을 갖춘 매트릭스가 만들어진다. 고유한 의미에서 다각화란 제품뿐만 아니라 시장/고객까지도 모두 새로운 경우를 말한다. 그러나 이런 조합에서는 리스크가 극대화된다. 왜냐하면 제품과 시장 모두 제대로 신뢰할 수 없기 때문이다. 그 밖에 다른 성장 옵션들은 시장 침투(제품과 시장 모두 오래됨), 시장 개발(제품은 오래되고 시장은 새로움), 제품 개발(제품은 새롭고 시장은 오래됨)로 불린다.

이 책에서 '새로운 시장'이나 '새로운 고객'이라는 말을 할 때는 순수하게 지역적인 확장, 그러니까 고객집단이 동일한 상태에서 새로운 시장으로 진출하는 것을 가리키는 것이 아니다. 세계화 과정에서 히든 챔피언들이 새로운 시장으로 진출하는 것은 결코 특별한 일이 아니라, 전략을 구성하는 지극히 일상적인 요소로 받아들여진다. 8장에서 이런 사실이 분명하게 드러났다. 히든 챔피언들의 다각화 시도는 언제나 앤소프-매트릭스와 정확하게 맞아떨어지는 것이 아니라, 여러 영역들 사이에 걸쳐져 있다. 이런 이유로 우리는 '유연한' 다각화라는 표현을 사용한다.

대기업에 소속된 히든 챔피언들

유연한 다각화에 관한 사례들을 상세하게 살펴보기에 앞서서 대기업에 소속된 히든 챔피언들, 그러니까 예로부터 다각화된 구조 속에서 움직여온 몇몇 히든 챔피언들에 관해서 살펴볼 것이다. 추측컨대 이 부류에 속하는 히든 챔피언들의 비율이 현재 족히 10퍼센트는 될 것이다. 그런데 대기업에 소속된 이런 히든 챔피언들의 비율이 몇 년 전부터 감소하고 있다. 1990년대 중반에는 그 비율이 20퍼센트가 조금 넘었다.

이런 변화를 유발한 주요 동인은 바로 대기업들의 핵심사업 집중 현상이다. 2000년을 기점으로 한층 강화된 이런 새로운 방향 설정의 흐름 속에서 많은 대기업들이 소규모 사업들을 정리했다. 이것은 주로 사모투자자나 전략투자자들에게 주식을 매각을 하거나, 상장기업으로 독립성을 획득하거나, 경영진의 자사주 매입(MBO) 등의 형태로 이루어졌다. 그 같은 스핀-오프Spin-off(기업분할)는 새로운 히든 챔피언의 탄생에 기여했다. 왜냐하면 독립성을 획득하여 대기업 연합체로부터 벗어난 기업들이 새로운 성장동력을 유발하는 경우가 빈번했기 때문이다.

지게차 제조업체인 키온Kion이 한 가지 예인데, 이 회사는 과거 린데-콘체른에 소속된 사업체였다. 독립 기업이 된 키온은 세계시장 선도기업인 도요타를 세계 지게차시장 정상 자리에서 몰아내겠다는 야심만만한 목표에 착수했다. 이에 대해서 키온은 이렇게 말한다.

"키온 그룹은 강력한 시장 입지를 기반으로 시장점유율에서 업계 최고의 기업이 될 것이며, 중기적으로는 확고부동한 시장선도기업이 될 것이다."

이것은 분명 매우 야심찬 목표임에 틀림이 없다. 왜냐하면 2011년부터 중국이 지게차 부문에서 단일 시장으로는 최대 규모의 시장이 되었으며, 중국 경쟁업체들이 날이 갈수록 더욱 더 강해지고 있기 때문이다. 그러나 키온은 바올리라는 독자적인 중국 브랜드로 중국 시장에서 훌륭한 입지를 구축하고 있다.[2] 두 번째 예는 벤스하임 출신 기업인 지로나다. 1997년 지멘스 주식회사가 치과장비 부문을 사모투자자들에게 매각하면서 탄생한 이 기업은 '대기업 자회사에서 치과장비 부문의 독립적인 세계시장 선도기업으로 성공적으로 변신'하면서 발전을 거듭해왔다.[3]

지금 언급한 예들은 이른바 다각화에 대한 대응책이라고 할 수 있는 재집중 전략을 통해서 새롭고 독립적인 히든 챔피언들이 탄생한 사례들이다. 그러나 이번 장의 중심이 되는 다각화와 관련하여 무엇보다도 관심의 대상이 되는 것은 포트폴리오의 한 부분이, 아니 심지어는 대부분이 히든 챔피언들로 구성된 대기업들이다. 우리는 그런 사례들을 근거로 하여 히든 챔피언 전략이 대기업이나 다각화된 기업의 틀 안에서도 여전히 유용하게 성공적으로 작용할 수 있는지 점검해보고자 한다.

예로부터 틈새시장을 유달리 선호해왔던 헤레우스는 이런 틈새시장에서 시장지배권 획득을 시도하고 있다. 헤레우스는 이렇게 말한다. "어떤 사업이 대량화되는 기미가 보이면 우리는 그곳에서 벗어나 가능한 한 틈새 속의 틈새를 탐색합니다." 헤레우스는 세계시장을 선도하는 위치에 있는 수많은 사업체를 가지고 있다. 헤레우스에 소속된 사업 부문이자 철강 산업에 사용되는 센서와 계측 시스템 부문에서 세계 1위를 차지하고 있는 헤레우스 엘렉트로 니테Heraeus Electro Nite도 그중 하나다. 헤레우스 덴탈Heraeus Dental은 세계시장을 이끌고 있는 치과장비 제작업체들 가운데 하나다. 헤레우스 노블라이트Heraeus Noblelight는 특수 램프 부문에서 세계적인 기술선도기업이자 시장선도기업이다. 그리고 헤레우스 메디컬Heraeus Medical은 골 시멘트bone cement 부문에서 세계시장을 이끌고 있다. 이처럼 헤레우스에 소속된 각각의 사업 영역들은 마치 히든 챔피언들처럼 활동을 펼치고 있다. 요컨대 각자의 시장에 온전히 집중하고 있다는 말이다.

이를 위한 전제조건은 바로 분권화다. 분권화는 헤레우스-콘체른의 기업문화 속에 깊이 자리 잡고 있으며, 충실하게 실천에 옮겨지고 있다. 위르겐 헤레우스Jürgen Heraeus는 이 영역의 선구자였다. 그는 1985년에 이미 전략적 지휘기업인 헤레우스 홀딩Heraeus Holding을 설립했는데, 현재 7개의 사업 영역이 여기에 소속되어 독립적으로 일하고 있다. 그는 "우리는 과감하게 이 영역에 발걸음을 내디딘 첫 번째 가족기업입니다"라고 말한다.

함부르크의 쾨르버 그룹은 다각화된 히든 챔피언 대기업에 대한 또 다른 전형적인 예다. 쾨르버는 일찍이 다각화를 시작했지만, 그 과정에서 히든 챔피언 정신을 충실히 지켰다. 이 기업은 핵심기업인 하우니(고성능 담배기계 부문 세계시장점유율 80퍼센트 상회, 담배 가공설비 전체를 취급하는 세계 유일의 공급업체)가 세계시장에서 보유한 매우 강력한 입지와, 언젠가는 담배시장이 정체될 것이라는 인식을 바탕으로 하여 1970년대부터 이미 다각화에 착수했다. 이때 쾨르버는 담배 가공 분야 외에도 종이 가공, 연마기, 포장 등의 분야에서 히든 챔피언 전략을 헌신적으로 추구했고, 그 결과 수많은 세계시장지배권을 획득했다.[4]

쾨르버 그룹에 소속된 기업들이 각자 히든 챔피언 방식에 따라 그들이 활동하는 시장에 온전히 집중하여 그곳에서 우월한 시장 입지를 구축할 수 있었던 것은 분권적인 조직과 경영구조 덕분이었다. 다각화된 체제를 갖춘 대기업치고 쾨르버 그룹만큼 철저하게 히든 챔피언 전략을 따른 기업은 아마도 극소수에 불과할 것이다. 시장을 적절하게 분화할 수 있는 경우라면, 기업 규모가 점점 커지더라도 히든 챔피언의 문화와 장점을 유지하는 것이 효과적이다.

히든 챔피언 콘체른의 세 번째 예는 베스트팔렌 주 젤름Selm에 있는 사리아 바이오-인더스트리즈Saria Bio-Industries다. 직원이 4,000명이 넘고 총매출액이 약 10억 유로에 이르는 이 그룹은 세계 10개국에 110개의 거점을 마련하여 활발하게 활동을 펼치고 있다. 사리아 그룹에 소속된 기업들은 주로 식료품과 동물사료 첨가물을 취급하는데, 특히 음식물쓰레기와 동물 부산물을 처리하는 일에도 관여하고 있다. 〈표 13.1〉을 보면 사리아 그룹의 기업구조가 제시되어 있다.

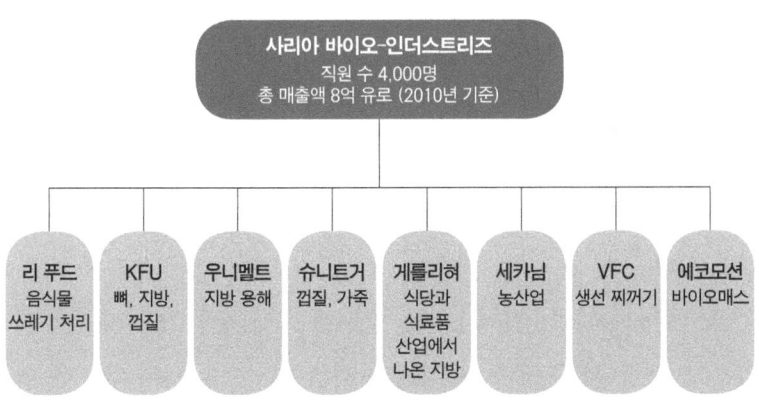

〈표 13.1〉 사리아 바이오-인더스트리즈의 구조

사리아 그룹에 소속된 기업들 가운데 다수가 유럽에서 시장을 선도하는 입지를 보유하고 있다. 목표 그룹이 서로 상반되고, 투입되는 기술이 각기 다르기 때문에 사리아는 분권적으로 조직되어 있다. 따라서 집중이나 고객친화 등의 측면에서 각각의 기업이 히든 챔피언처럼 행동할 수 있다.

위의 사례들이 증명하듯이 히든 챔피언들 사이에서 다각화는 결코 새로운 현상이 아니다. 역사적으로 돌이켜보면, 추측컨대 과거 만네스만-콘체른의 사업 영역에 가장 많은 히든 챔피언들이 밀집해 있었던 것 같다. 유압장비 부문 세계시장 선도기업인 렉스로트, 플라스틱 사출성형기 부문에서 다수의 세계시장 선도 제품을 보유한 만네스만 플라스틱스 머시너리Mannesmann Plastics Machinery, 가스 스프링 부문 세계시장 선도기업인 슈타일루스Stailus, 산업용 크레인 부문 세계 1위 기업인 데마크, 부두에서 사용되는 모바일 크레인 부문에서 세계 최대의 규모를 자랑하는 고트발트, 세계 굴지의 클러치 제작기업 가운데 하나인 작스. 지금까지 열거한 기업들은 과거 만네스만-콘체른에 소속되어 있던 중간 규모의 시장선도기업들 중 일부에 불과하다. 예거-르꿀뜨르, IWC 같은 유명한 사치품 제작기업도 만네스만에 소속되어 있었다. 훗날 사치품 콘체른인 리슈몽 그룹의 일부가 된 이 기업들은 오늘날까지도 매우 큰 성공을 구가하고 있다.

보다폰Vodafone이 만네스만을 인수한 후에 사업 영역이 분할되었는데, 해당 히든 챔피언들에게 이것은 전적으로 나쁘기만 한 일은 아니었다. 위에서 언급한 기업들 중 많은 기업들이 부분적으로 다른 이름을 사용하거나 혹은 새로운 기업연합체에 소속된 상태로, 예나 다름없이 세계시장 선도기업으로 활약하면서 그들의 입지를 대폭 강화했다. 예컨대 렉스로트는 보쉬에 인수되어 보쉬 그룹의 자동화 부문과 합병되었는데, 현재 총 매출액 64억 유로에 직원 수가 약 4만 명에 이르는 이 기업은 유압장비 부문과 구동 및 제어기술 부문The Drive&Control Company에서 세계시장을 선도하는 빅 챔피언으로 자리매김하고 있다. 다각화가 진행되는 과정에서 지난 20년간 상당수의 중간급 '히든 챔피언 콘체른들'이 생겨났다. 헤레우스와 쾨르버 외에 히든 챔피언 특징을 지닌 다각화된 중간급 콘체른의 예를 더 들어보면, 프리트헬름 로 그룹Friedhelm Loh Gorup, 포이트, 쉐퍼-베르케, 플란제 등이 있다.

유연한 다각화의 동인

다른 수많은 다각화의 경우와는 달리 히든 챔피언들이 새로운 사업 분야를 모색할 때 더욱 신중한 이유는 단지 리스크 관리 때문만은 아니다. 그것은 대부분 주된 동기가 되지 못한다. 그보다는 당면한 혹은 앞으로 예상되는 성장한계의 극복이 더욱 중요한 이유가 된다. 어떤 기업이 협소한 시장에서 매우 높은 시장점유율을 보유하고 있다면, 날이 갈수록 점유율을 끌어올리기가 점점 더 어려워질 것이다. 왜냐하면 경쟁업체들의 저항이 점차 거세지고 있기 때문이다. 게다가 지난 몇 년 사이에 많은 히든 챔피언들이 새로운 경쟁업체들(특히 중국 경쟁업체들)로부터 강도 높은 압박을 받고 있기 때문에, 현재로서는 높은 시장점유율을 유지하는 일 자체가 하나의 도전으로 자리매김하고 있다.

서서히 형성되고 있는 가격압박이 기존의 수익성을 위협하고 있다는 사실도 경쟁이 덜한 부문으로 갈아타려는 동기로 작용할 수 있다. 시장점유율이 높은 상황에서 시장의 성장세마저 미약한 경우에는(예를 들면, 담배 산업 부문의 쾨르버/하우니), 벌어들인 돈을 원래의 핵심 시장에 재투자해도 수익이 발생하지 않을 수 있다. 이런 상황에서 계속 야심찬 성장률을 달성하고 적절한 수익을 올리려면 다른 시장이나 다른 제품으로 갈아타는 것 외에는 달리 방법이 없다.

기존의 전문적인 역량과 노하우 속에 숨겨진 잠재 가능성을 더 효과적으로 활용하는 것도 다각화의 또 다른 동인으로 작용한다. 기술적인 전문 역량이나 마케팅 전문 역량은 흔히 다른 사업 분야나 고객그룹으로 옮겨서 적용할 수 있다. 예컨대 세계 굴지의 인테리어업체 가운데 하나인 메트리카Metrica는 사업 범위를 호화 요트에서 자가용 비행기로, 그리고 최근 들어서는 대저택으로까지 확장했다. 고객그룹은 부분적으로 중복되지만, 각각의 분야에서 제기되는 기술적인 요구사항은 각기 다르다. 그런 종류의 사업 확장은 집중전략을 저해할 수도 있지만, 추가적인 성장기회를 열어주기도 한다.

원래 자기 회사 제품에만 사용되던 부품을 다른 회사에 판매하는 것도 이 범주에 포함된다. 예컨대 레이저기기 부문에서 세계시장을 선도하고 있는 트룸프는 자사 레이저를 자기 회사 기계에만 사용하는 것에서 나아가, 레이저기술 부문을 독자적인 사업 영역으로 구축했다. 2010/2011년 회계연도만 하더라도 트룸프 전체 매출액 20억 유로 중에서 이 사업 영역이 차지하는 비율이 26퍼센트에 달했다. 제도용 압핀 부문 세계시장 선도기업인 고트샬크는 무수하게 많은 종류와 브랜드의 자사 압핀을 관리하는 정교한 물류 시스템을 보유하고 있다. 고트샬크는 이런 전문적인 물류 역량을 다른 정교한 부품 영업에도 활용하고 있다.

일련의 히든 챔피언들은 자신들이 사용할 공구와 기계를 자체적으로 제작하고 있다. 예컨대 소형 제품에 사용되는 플라스틱 사출성형기 시장을 이끌고 있는 보이Boy는 세계적인 칫솔제작 기업인 M+C 쉬퍼의 기계제작 부서에서 탄생한 회사다. 메어부쉬Meerbusch에 있는 테파크Teepack도 유사한 기원을 가지고 있다. 테칸네Teekanne의 기계제작 부서에서 탄생한 이 회사는 처음에는 자체적으로 필요한 기계를 제작하다가 오늘날에는 티백포장기계 부문에서 세계시장을 선도하고 있다. 지코르 주식회사Sycor AG도 1988년 세계 굴지의 인공장구 기업인 오토 보크의 컴퓨터 부서를 모태로 설립된 자회사

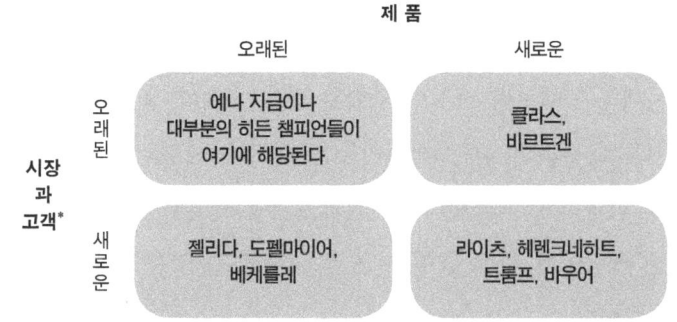

〈표 13.2〉 유연한 다각화에 대한 선별 사례

*지역이 아닌 업계 중심

다. 오늘날 지코어는 440명의 직원과 더불어 세계 3개 대륙에서 활발하게 활동을 펼치는 IT 서비스업체로 발돋움했다. 현재 이 회사는 오토 보크 그룹의 총 매출액 가운데 6퍼센트를 차지하고 있다.

이따금씩은 문제성이 다분한 또 다른 요인이 다각화의 동인으로 작용하기도 한다. 한 시장에서 매우 큰 성공을 거둔 기업가들은 다른 시장에서도 이런 성공을 지속할 수 있을 것이라고 생각하기 쉽다. 성공한 사람들일수록 무엇이든 할 수 있을 것만 같은 순간적인 오만함에 저항하지 못한다. 그리하여 그들은 아주 매력적으로 보이는 새로운 시장을 향해 돌진한다. 그곳에서도 자신의 능력을 세상 사람들에게 보여줄 수 있을 것이라는 희망을 품고 말이다. 그러나 두 가지 분야에서 세계 최고가 될 수 있는 사람은 극도로 드물다. 이때 새로운 활동이 기술적인 측면이나 시장과 관련된 측면에서 핵심사업과 멀리 동떨어져 있을수록 실패의 위험성은 더욱 더 커진다. 그 밖에도 이런 경우에는 전통적인 사업 분야를 등한시할 위험성도 있다.

〈표 13.2〉에 히든 챔피언들의 유연한 다각화 사례들을 선별하여 모아두었다. 앤소프가 말한 의미에서의 진정한 다각화는, 그러니까 새로운 제품과 새로운 시장이 조합된 경우는 예나 지금이나 예외에 해당된다. 대부분의 히든 챔피언들은 새로운 사업 분야에 진출할 때 매우 현명하게 행동한다. 요컨대 그들은 그들이 보유한 기술적인 전문 역량이나 시장 관련 전문 역량과 인접한 분야에 머무르는 편을 선호한다.

클라스는 전통적으로 곡물수확기계에 초점을 두고 있는 회사로, 사료작물수확기 부문에서 세계시장을 이끌고 있는 동시에 곡물 콤바인 부문 유럽 1위 기업이자 세계적인 기술선도기업이다. 그러나 이 부분 시장의 성장 잠재력은 제한되어 있다. 그밖에도 클라스는 세계 굴지의 트랙터 생산업체인 존 디어John Deere, 케이스 뉴 홀랜드Case New Holland, 아르코Arco와의 격차가 지나치게 커지는 것을 위험요소로 판단했다. 그리하여 트랙터 부문에서 캐터필러와 공조하여 활동을 펼쳤다. 그러나 기대했던 성공을 거두지 못하자 전면 통합을 목표로 르노의 트랙터 사업 분야를 인수했다. 최근 몇 년에 걸쳐 통합절차가 마무리되면서 현재 클라스 상표를 단 트랙터가 판매되고 있다.

목표 그룹은 변함없이 농부들과 농경 서비스업체들이지만, 트랙터는 클라스에게 새로운 제품이다. 따라서 앤소프의 용어에 따르면, 여기서는 제품 개발이 중심을 이룬다(새로운 제품, 오래된 고객). 이 같은 사업 확장은 클라스에게 강력한 성장동력을 선사해주었다. 그러나 그에 대한 후속 조치로 클라스는 부차적인 사업 부문들을 포기했다. 그리하여 클라스는 2012년에 항공우주 산업 분야에서 활동하는 세계 굴지의 생산공정 전문기업인 브뢰체Brötje를 매각했다. 자동차 산업에 사용되는 용접설비와 조립설비를 생산하는 클라스 페르티궁스메하닉Claas Fertigungstechnik도 마찬가지로 2012년에 매각되었다. 현재 이 회사는 MBB 페르티궁스메하닉으로 활동하고 있다. 트랙터는 매각된 이 두 영역보다 클라스의 핵심사업 부문과 핵심 고객층에 한층 더 가깝게 다가가 있는 제품이다.

비르트겐도 이와 유사하게 행동해왔다. 비르트겐의 전통적인 핵심사업은 도로 밀링머신 분야다. 이 분야에서는 베스터발트 빈트하겐에 자리 잡은 이 기업이 70퍼센트가 넘는 시장점유율을 확보하며 세계시장을 이끌고 있다. 대부분 건설 기업들로 이루어진 비르트겐의 고객들은 도로 수리를 할 때 밀링머신만 필요한 것이 아니라 도로포장기계와 롤러도 필요하다. 그리하여 비르트겐은 이 분야에서 명성이 자자한 푀겔레Vögele와 함Hamm을 인수했다. 나중에 건설자재 가공 및 리사이클링에 사용되는 기계를 제작하는 클레만Kleemann이 추가로 인수대열에 가담했다. 비르트겐 그룹은 이처럼 유연한 다각화 조치들을 통해서 현재 도로 건설과 도로 개보수에 필요한 완벽한 프로그램을 제공하고 있다.

클라스의 경우와는 달리 비르트겐 그룹에 인수합병된 기업들은 계속해서 원래의 브랜드 명칭을 그대로 사용하고 있다. 〈표 13.3〉은 4개 기업 모두가 공동경영체제 하에서 성장전략을 성공적으로 실행할 수 있었다는 사실을 보여준다. 비르트겐 그룹은 1995년 1억 8,000만 유로였던 매출액을 2011년 17억6,000만 유로로 증대시켰다.[5] 이 기업은 위기의 해였던 2009년에 불가피하게 매출액 감소를

<표 13.3> 비르트겐 그룹: 유연한 다각화를 통한 성장

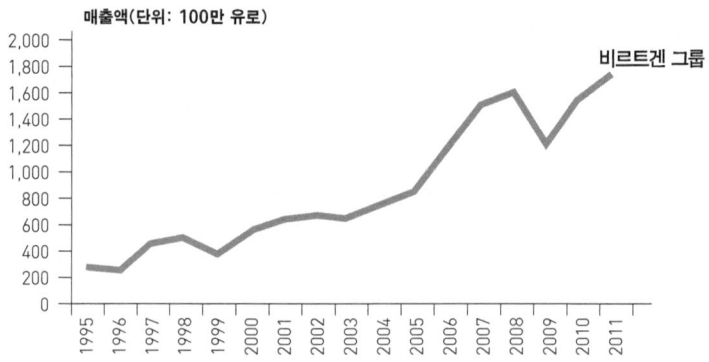

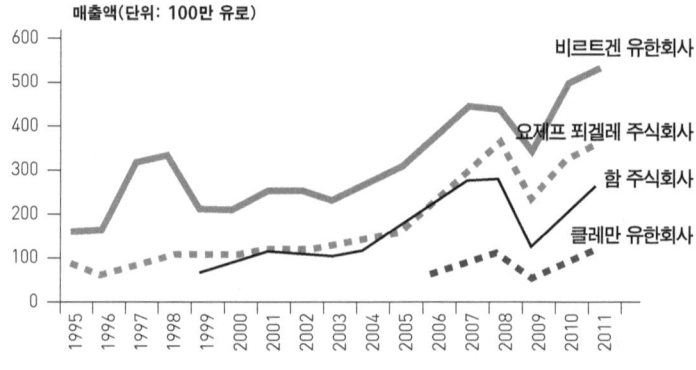

경험할 수밖에 없었지만, 이를 신속하게 극복했다. 만약 제품을 확장하지 않았더라면, 비르트겐은 이처럼 지속적인 매출액 성장을 이루어내지 못했을 것이다.

후프 하우스Huf Haus도 마찬가지로 새로운 제품과 서비스를 가지고 기존 고객들에게 호소하고 있다. 전통적으로 현대식 목골조 건물만 지었던 후프는 이 분야에서 시장을 선도하고 있는 기업이다. 그런데 몇 년 전부터 후프는 자체 금융서비스 기관을 통해서 추가적으로 주택융자서비스를 제공하고 있다. 그밖에도 후프는 기존 납품업체의 지분을 확보하거나 그때그때 목적에 부합하는 독자적인 기업을 설립하는 방법으로 다른 공장들을 체계적으로 인소싱했다. 건축기술을 담당하는 자회사 레드 블루 에너지Red Blue Energy만 하더라도 그룹 전체 직원의 14퍼센트를 고용하고 있다.[6] 이 같은 사업 확장은 지난 몇 년간 이루어진 성장에 크게 기여했다.

〈표 13.2〉 오른쪽 하단에 있는 박스를 보면 앤소프가 말한 의미에서의 진정한 다각화 요건을 충족시키는 사례들이 기입되어 있다. 오버코헨에 있는 라이츠는 오래 전부터 목재가공 공구 부문에서 세계시장을 이끌고 있는 기업이다. 그러나 목재시장은 성장 잠재력이 제한되어 있다. 따라서 라이츠는 두 번째 사업 분야로 메탈워킹 테크놀로지 그룹Metalworking Technology Group을 설립했다. 라이츠 회장 디터 브루크라허Dieter Brucklacher는 "우리는 비교적 규모가 큰 다각화를 원했습니다"라고 말했다. 그러나 다각화를 추진하더라도 중소기업의 유연성은 반드시 유지되어야 한다. 라이츠가 클라스나 비르트겐과는 달리 새로운 목표 그룹, 그러니까 금속 가공업자들을 공략했다는 점에 주목하도록 하자. 이 경우에는 제품뿐만 아니라 (금속가공에는 목재가공에 사용되는 것과는 다른 공구들이 사용된다) 고객들도 새로웠다. 목재가공 분야에서와는 달리 금속 가공업자들 사이에서는 라이츠라는 이름이 거의 알려져 있지 않았다. 이런 이유로 라이츠는 페테Fette, 뵐러리트Boehlerit, 키닝어Kininger, 빌츠Bilz 같은 유명한 전문 업체들을 인수했다. 이 모든 기업들은 현재 라이츠 그룹에 소속된

상태에서 고유한 이름으로 활동을 펼치고 있다.

물론 강도가 다소 약하기는 하지만, 헤렌크네히트의 예에서도 우리는 진정한 다각화를 발견할 수 있다. 헤렌크네히트는 터널굴착기술 부문에서 세계시장을 선도하고 있는 기업이다. 그러나 이 시장에서도 성장한계가 드러나고 있다. 전 세계에서 해마다 새롭게 건설되는 대형 터널의 수는 손에 꼽을 정도다. 그리고 터널 하나가 새롭게 건설될 때마다 미래의 잠재가능성이 줄어든다. 그뿐만 아니라 세계시장점유율이 70퍼센트인 상태에서 시장점유율을 추가로 끌어올리는 일도 점점 더 힘들어지고 있다. 요컨대 헤렌크네히트는 다각화를 고려할 수밖에 없는 전형적인 상황에 처해 있었다.

터널 공사를 할 때에는 수평으로 굴착이 이루어지거나 기껏해야 살짝 경사가 있는 정도에서 굴착이 이루어진다. 헤렌크네히트는 수평굴착기술 부문에서 쌓은 전문적인 역량을 수직굴착으로 이전하여 적용하는 데서 기회를 포착했다. 수직굴착의 최대 시장은 당연히 석유 산업이다. 그러나 그 분야에는 이미 강력한 기존 경쟁업체들이 버티고 있다. 반면 지구열학과 관련된 심부굴착deep drilling, 그러니까 지구 내부에서 열에너지를 획득하기 위한 심부굴착은 새로운 분야다. 심부굴착의 경우에는 최대 지하 6,000미터까지 굴착이 이루어지고 있다. 이것은 어마어마한 기술적인 도전이라고 할 수 있다. 그러나 이처럼 새로운 에너지원은 위대한 미래를 약속해준다. 왜냐하면 그것은 풍력에너지나 태양에너지와는 달리 기저부하base load를 감당할 능력이 있기 때문이다. 헤렌크네히트는 새로 개발한 수직굴착기를 앞세워 이 시장에 진출했다.

당연한 말이지만, 이 부문에서는 터널 사업에서 사용되는 것과는 다른 제품이 사용될 뿐만 아니라 고객들도 다르다. 그럼에도 불구하고 이 새로운 사업 부문은 터널 영역에서 비롯된 전문적인 역량에 비교적 근접해 있는 편이다. 따라서 이런 경우를 가리켜 우리는 유연한 다각화라고 부를 수 있다. 독자적으로 설립된 헤렌크네히트 버티컬이 이 새로운 사업을 운영하고 있다.

트룸프가 의료공학 시장으로 진출한 것도 진정한 다각화로 분류될 수 있다. 트룸프는 자사가 보유한 금속가공 전문 역량을 수술대 제작에 활용하고 있으며, 레이저/조명 노하우를 수술실 조명 제작에 활용하고 있다. 이 분야는 트룸프의 전통사업 분야와 비교했을 때 제품도 다르고 고객(병원)도 다르다. 현재 트룸프 전체 매출액의 7.3퍼센트에 해당하는 1억7,600만 유로가 이 새로운 사업 분야에서 비롯되고 있다.

오스트리아의 히든 챔피언 도펠마이어는 케이블카 부문 세계시장 선도기업이다(이 기업은 세계 86개국에 1만4,200개의 케이블카를 설치했다). 이 사업 분야도 성장가능성이 제한되어 있기 때문에, 도펠마이어는 이미 1990년대부터 새로운 사업 분야를 물색했다. 이때 도펠마이어는 기존의 기술적인 전문 역량을 기초로 삼았다.

"우리는 오직 케이블카와 관련된 일만 합니다. 바로 그것이 우리의 핵심역량이기 때문이지요. 그리고 그것을 넘어선 다른 모든 것은 우리의 관심사가 아닙니다. 그런 것들에 대해서는 아는 바가 전혀 없습니다."

회장 미하엘 도펠마이어Michael Doppelmayr의 말이다. 케이블카를 도시 내부 교통수단으로 도입하는 사업을 운영하기 위해서 자회사인 도펠마이어 케이블카Doppelmayr Cable Car(DCC)가 설립되었다. 로스앤젤레스에서 최초의 관련 프로젝트가 실행에 옮겨졌다. 그것은 카지노 세 곳을 서로 연결하는 프로젝트였다. 그 후 2011년까지 도펠마이어는 무수하게 많은 케이블라인 설비를 판매했다.

벌크 화물운송 시스템은 도펠마이어의 또 다른 신규 사업 분야다. 이 사업을 운영하기 위해서 자회사인 도펠마이어 트랜스포트 테크놀로지Doppelmayr Transport Technology가 설립되었는데, 이 회사도 마찬가지로 성공리에 시장에 진입했다. 도펠마이어는 새롭게 시작한 이 두 분야에서 새로운 고객그룹들과 만났지만, 케이블카와 관련된 전문 역량만큼은 그대로 유지했다. "우리는 케이블카 건설 분야에서는 명성을 얻고 있지만, 다른 사업 분야에서는 아직 그렇지 못합니다." 미하엘 도펠마이어는 앤소프가 말한 시장개발과 관련된 도전을 이렇게 표현했다.

B2B 시장을 B2C 시장으로, 혹은 그 반대로 전환하는 일은 매우 어려운 일이다.7 젤라틴 부문에서 세계시장을 선도하고 있는 젤리타는 원칙적으로 오래된 상품을 가지고 새로운 시장으로 진입한 사례다. 젤리타는 전통적으로 식료품 회사와 제약 회사에만 납품을 해왔다. 그러던 중 몇 년 전에 새로 설립된 젤리타 헬스 프로덕츠Gelita Health Products가 관절보호제 CH-알파를 최종소비제품으로 출시했다. 이와 함께 이 회사는 원래 활동하던 B2B 시장에서 벗어나 B2C 시장으로 향했다. 그러나 이 시장에 접근할 독자적인 판로가 없었던 젤리타는 협력 파트너인 퀴리스 헬스케어를 통해 약국에 CH-알파를 판매했다. CH-알파는 수많은 유럽 국가와 미국 그리고 중동과 아시아에 있는 다수의 국가에 도입되어 성공리에 세계적인 제품으로 변신하고 있는 중이다.

벡케를레의 사업 확장도 B2B에서 B2C로 시장을 개발한 유형에 속한다. 벡케를레는 원래 립스틱 제작기계만을 생산했지만, 이후에 립스틱 주문제작에 뛰어들었다가 마침내 자체적으로 립스틱을 판매하기에 이르렀다. 그 후 벡케를레는 보틀링 머신을 사용하는 업계로 고객그룹을 확장했다. 현재 벡케를레는 전통적인 고객인 화장품업계 외에도 식료품 기업, 제약 기업, 소비재 제작기업을 고객으로 확보하고 있다. 그러나 그런 와중에도 벡케를레는 계속해서 립스틱과 튜브 용기를 채우는 일에 집중했다.

바우어 주식회사는 수직적인 형태의 사업 확장을 추진하고 있다. 이 회사는 지하공사에 사용되는 특수장비만 제작하는 것이 아니라, 그에 상응하는 지하공사 서비스도 함께 제공하고 있다. 2010년, 전체 매출액 13억 가운데 이 부문이 차지하는 비율이 47퍼센트에 달했다. 이런 전방통합forward integration은 근본적으로 시장 확장과 매출액 증대를 가져온다. 이때 회사가 직접 수행하는 건설 작업이 제품 개발 아이디어를 제공해줄 수 있다는 점이 매우 흥미롭다. 이 경우에는 고객이 회사 내부에 자리 잡고 있는 셈이다. 산업용 제습기를 생산하는 스웨덴 회사 문터스도 이와 유사한 방식으로 가치창출 과정을 확장했다. 현재 문터스는 관련 서비스 부문에서 벨포르에 이어 세계 2위를 차지하고 있다. 독립된 2개의 회사가 제품 사업과 서비스 사업을 철저하게 분리하여 운영하고 있다.

고압 청소기 부문 세계시장 선도기업인 케르허의 다각화 전략은 앤소프-매트릭스 중 어느 한 곳에 명확하게 편입시키기 어렵다. 케르허는 2011년에 뒤스부르크Duisburg에 있는 WOMA를 매입했다. '도구로서의 물Water as a Tool'이라는 슬로건을 내건 WOMA의 기계들은 물을 이용하여 잔여물을 제거하고 청소를 하고 절단 작업을 수행하는 데 사용된다. 이 기계들은 최대 압력 4,000바bar로, 케르허 기계보다 훨씬 높은 압력을 갖추고 있다. 물은 두 회사의 공통 요소인 반면, WOMA와 케르허의 기술과 고객은 각기 다르다. 자사 제품 포트폴리오를 거듭 점검하고 포화된 시장에서 기존의 제품 포트폴리오를 이용하여 새로운 사용 영역을 개척하는 것도 유연한 다각화라고 부를 수 있다. 예컨대 진공포장기계 부문 세계시장 선도기업인 물티팍은 소형 기계 쪽으로 다각화 전략을 구사함으로써 완전히 새로운 시장을 개척할 수 있었는데, 현재 이 시장은 기업 성장에 매우 큰 기여를 하고 있다.

클라스, 비르트겐, 라이츠 같은 사례들을 보면 품목이나 시장을 확장한 기존 회사들을 인수하는 편이 새로 회사를 설립하는 것보다 덜 위험한 방법이라는 생각이 들 수도 있을 것이다. 그러나 이런 결론은 부적절하다. 예컨대 자동차 도색설비 부문 세계시장 선도기업인 뒤르는 자동차 산업 시스템 공급업체로 발돋움함으로써 기업의 성장속도를 가속화하려는 야심을 품고 있었다. 이 목표를 달성하기 위해서 뒤르는 다름슈타트에 있는 카를 쉔크Carl Schenck를 인수했다. 카를 쉔크는 자동화 기술과 공정 기술의 다양한 영역에서 활동하면서 자동차 산업이 아닌 다른 업계에도 제품을 판매하는 기업이었다. 쉔크 인수를 통해서 뒤르는 규모 면에서 새로운 등급에 올라섰다. 그러나 그 후 수익 상황이 악화되면서 뒤르는 총체적인 위기를 맞았고, 여러 차례에 걸쳐서 최고경영진이 교체되었다. 마침내 뒤르는 인수한 사업의 대부분을 다시 매각했다. 남겨진 것은 쉔크 로텍 유한회사뿐이었다.

현재 이 회사는 자동차 산업을 비롯한 다양한 업계에 사용되는 밸런싱 머신과 진단기술장비 영역에서 세계시장 선도기업으로 자리매김하고 있다. CEO 랄프 디터Ralf Dieter의 지휘 하에 원래 활동하던 자동차시장으로 돌아가는 데 성공한 뒤르는 2011년에 19억 유로의 매출액을 올리면서 새로운 매출액 신기록을 작성했다. 뒤르의 전체 매출액 가운데 쉔크 로텍이 차지하는 비율은 10퍼센트 이하로, 현재 매출액의 90퍼센트가 다시 자동차 산업에서 비롯되고 있다.

마찬가지로 옌옵틱 주식회사도 다각화와 관련하여 복합적인 경험을 했다. 옌옵틱은 '빛을 도구로' 활용하는 기술, 즉 광자기술 부문에서 주도적인 위치에 있는 기업이다. 이 기업의 사업 부문으로는 레이저&광학 시스템, 계측기술, 방위&민간 시스템 등이 있다. 옌옵틱은 1990년대에 로타 슈페트Lothar Späth의 지휘 하에 급속한 팽창 과정에 접어들어 클린룸(이른바 Clean System) 부문 세계시장 선도기업인 슈투트가르트의 M+찬더M+Zander를 인수했다. 2004년에는 25억 유로가 넘는 총 매출액 가운데 '클린 시스템' 영역이 85퍼센트를 차지하는 기염을 토했다.

그러나 이런 극단적인 팽창 과정이 연이어 진행되면서 기업은 손실 상태에 빠져들었다. 2005년에 접어들어 옌옵틱은 혹독한 가지치기를 단행하여 클린 시스템 영역에 작별을 고했다. 2005년 19억 유로였던 매출액이 2006년 4억9,000만 유로로 줄어들었다. "우리가 활동의 중심으로 삼는 것은 이익을 창출하는 성장이지, 어떤 희생도 불사하는 무조건적인 성장이 아닙니다."[8] 이것은 당시 기업보고서에 기재되었던 내용이다. 옌옵틱은 핵심사업에 재집중함으로써 생존을 보장받았다. 2011년 이 기업은 매출액 5억4,300만 유로에

4,900만 유로의 세전이익을 달성했다. 그뿐만 아니라 2006년부터 부채 규모가 대폭 감소했다. 옌옵틱은 다각화 과정에서 범한 실수를 극복하고 살아남았다. 2012년 옌옵틱 회장 미하엘 메르틴Michael Mertin은 이렇게 말했다. "향후 5년간의 목표는 훌륭한 기업을 매우 훌륭한 기업으로 만드는 것입니다."[9]

뒤르와 옌옵틱의 사례처럼 실패로 끝난 다각화 시도는 애타게 열망했던 신규 사업이 허사로 돌아가버렸다는 측면에서 매우 위험한 일이다. 그뿐만 아니라 그것은 자금력 약화를 야기함으로써 핵심사업의 발전을 저해하기도 한다. 다임러의 사례는 좀처럼 수량으로 표시하기가 힘든 이런 부작용을 극명하게 보여준다.[10] 만약 다임러가 수년 동안 AGE, 포커Fokker, 포괄적인 기술 콘체른 구축, 미츠비시, 크라이슬러Chrysler에 쏟아부은 수십억 유로의 자금을 핵심사업에 투자했더라면, 오늘날 다임러는 과연 어떤 모습을 하고 있을까? 오랫동안 메르세데스에 몸담아 온 직원들에게 이 질문을 던질 때면 그들의 눈이 반짝이는 것을 볼 수 있다. 이 문제는 대형 콘체른보다도 자금원이 제한적인 히든 챔피언들 사이에서 더 큰 관심을 얻고 있다.

다각화는 전통적인 전략을 크게 침해할 수도 있고, 히든 챔피언의 성격을 변화시킬 수도 있다. 고도의 집중력을 자랑하는 단일제품 단일시장 기업이 다각화를 통해 다양한 분야에서 활동을 펼치는 작은 '콘체른'으로 변신한다. 이렇게 되면 집중과 깊이에 기초한 히든 챔피언들의 장점과 매력이 사라져버릴 위험이 커진다. 이때 가장 위험한 일은 핵심사업에서 눈을 떼는 것, 즉 집중력 상실이다.

여러 분야에서 세계 정상이 되는 것 혹은 그 자리를 유지하는 것은 결코 간단한 일이 아니다. 다각화를 시도하는 히든 챔피언들은 이런 위험성을 아주 잘 알고 있다. 그들은 히든 챔피언 정신을 한 차원 더 강도 높게 실현함으로써 그런 위험에 대응한다. 그들은 유연한 다각화 과정에서 새롭게 탄생한 사업 단위 하나하나를 히든 챔피언처럼 경영한다. 이렇게 하기 위해서는 철저한 분권화가 요구된다. 알다시피 철저한 분권화는 헤레우스, 쾨르버, 사리아의 성공 비결이기도 하다. 유연한 다각화 전략에 따른 조직형태는 '군살 없는 조직' 장에서 상세하게 다룰 것이다. 어쨌거나 핵심은 '단호한 분권화'다. 히든 챔피언들은 분권화로 그들의 다각화 전략을 보완한다.

핵/심/요/약

기존 시장에서 성장한계가 뚜렷하게 나타나면, 히든 챔피언들조차도 다각화를 모색하는 것 외에는 달리 방법이 없다. 이번 장에서 살펴본 가장 중요한 사항들을 요약하면 다음과 같다.

- 대부분의 히든 챔피언들은 단일제품 단일시장 기업이다.
- 그러나 시장 포화 사태와 높은 시장점유율로 말미암아 성장한계에 부딪히는 히든 챔피언들이 점점 더 늘어나고 있다. 이런 상황에서 그들의 야심찬 성장목표를 계속해서 실현하려면 새로운 사업 분야로 진출할 수밖에 없다.
- 이때 그들은 일반적으로 그들이 원래 보유하고 있는 전문적인 역량 가까이에 머무르는 편을 선호한다. 이런 전문 역량은 제품과 관계된 것일 수도 있고, 기술이나 시장/고객과 관계된 것일 수도 있다. 이런 이유로 우리는 '유연한 다각화'라는 표현을 사용한다.
- 유연한 다각화의 주된 동기는 리스크 관리에 있는 것이 아니라, 성장한계 극복과 기존의 노하우를 더 효율적으로 활용하고자 하는 소망 그리고 더욱 더 멀리까지 나아가려는 기업가적 야망에 있다.
- 사업을 확장하는 대부분의 히든 챔피언들은 그로 인해 조직이 한층 더 복잡해지는 결과가 초래된다는 것과 그런 복잡성이 그들의 전통적인 강점을 위협할 수 있다는 사실을 잘 알고 있다. 그들은 분권화를 통해서 조기에 그리고 단호하게 이런 위험에 대응한다.
- 전체적으로 보았을 때 히든 챔피언 정신을 충실하게 지키는 기업들이 가장

성공적으로 다각화를 진행하는 것 같다. 다각화를 통해서 생긴 새로운 사업단위들은 가능한 한 독립적으로 행동해야 하는 한편, 각자 소속된 시장에서 주도권을 손에 넣기 위해서 노력해야 할 것이다.
- 상당수에 이르는 중간 규모의 콘체른들이 그들의 사업단위에 히든 챔피언 콘셉트를 철저하게 적용하고 있다. 그들은 이런 방법을 통해서 다수의 히든 챔피언들로 구성된 그룹을 성공적으로 이끌어갈 수 있다는 것을 보여준다.
- 독자적으로 회사를 설립하는 방법과 기존 회사를 인수하는 방법 중 어느 것이 다각화에 더 효과적인지 일반화하여 말하기란 불가능한 일이다. 많은 히든 챔피언들은 지속적으로 성장해나가기 위해서 두 가지 방법을 모두 사용한다.

모든 일에는 한계가 있다. 히든 챔피언들도 그들의 전통적인 시장에서 성장한계에 부딪히는 일을 겪을 수 있다. 이런 상황에서 계속 성장하고자 한다면 방법은 오직 하나, 다각화뿐이다. 다각화를 선택할 경우 가능한 한 지금까지 펼쳐온 사업과 가까운 분야에 머무르는 것이 좋다. 그러니까 유연하게 다각화하는 것이 좋다는 말이다. 그리고 이때 새롭게 생긴 사업단위는 최대한 독자적으로 행동하도록 내버려두는 것이 좋다. 이렇게 하면 신생 기업도 모기업과 마찬가지로 히든 챔피언으로 등극할 수 있는 최고의 기회를 얻을 수 있다.

CHAPTER 14

탄탄한 자금조달
HIDDEN CHAMPIONS

Hidden Champions

자금조달은 기업의 전략을 떠받치는 대들보다. 탄탄한 자금조달은 기업의 생존 가능성에 대한 가장 중요한 전제조건들 가운데 하나로 꼽힌다. 그 반대 경우도 마찬가지다.[1] 자체적으로 자금을 조달하는 것이 가장 좋은 자금조달 방법이다. 이렇게 하기 위해서는 충분한 수익성이 전제되어야 한다. 이런 측면에서 히든 챔피언들은 빛을 발하고 있다. 그들은 높은 자기자본비율을 보유하고 있는데, 이것은 위기에 대응한 효과적인 방어수단이 된다. 강력한 성장세에 직면하여 자금조달 역량에 대한 요구도 늘 높은 수준을 기록하고 있다.

히든 챔피언들은 자금력을 경쟁상의 장점으로 생각할까, 아니면 약점으로 생각할까? 그들에게 자금조달 문제는 어려움을 초래하는 요인일까, 아니면 야심찬 성장목표와 시장주도권 획득이라는 목표를 실현하기에 충분한 여지를 제공해주는 요소일까? 미래에는 다양한 자금조달 형태의 비중이 어떻게 바뀔까? 히든 챔피언들은 사모투자와 증시상장 같은 주제에 대해서 어떤 입장을 취하고 있을까? 이 장에서는 이런 의문점들에 대해 다룰 것이다.

〈표 14.1〉 히든 챔피언들의 수익지표(10년 기준)

지표	수치
총자산수익률	14%
자기자본수익률	25%
세전 매출수익률	11%
세후 매출수익률	8%

수익성

우리는 자체 조사를 실시하여 히든 챔피언들에게 지난 10년간의 평균 총자산수익률을 문의했다. 그 결과 14퍼센트라는 수치가 도출되었다. 이런 총자산수익률을 히든 챔피언의 자기자본비율인 42퍼센트와 결부시키고, 여기에 외부자금조달비용을 6퍼센트로 가정하면, 자기자본수익률이 25퍼센트에 이른다는 결과가 도출된다. 자본이 연간 1회 회전한다고 가정했을 때², 외부자금조달비용(가정: 외부자금 58퍼센트에 대한 6퍼센트)을 제하고 나면 세전 매출수익률이 약 11퍼센트가 된다. 여기에 꼭 30퍼센트쯤 되는 법인세율을 적용하면 세후 매출수익률이 8퍼센트가 된다. 〈표 14.1〉을 보면 이런 수익지표들이 요약되어 있다.

관련 지표를 비교해보았을 때 히든 챔피언들의 수익성은 그야말로 탁월한 수준이다. 2003년에서 2010년까지 제출된 자료의 평균을 내어보면, 이 기간 동안 독일 산업기업들이 달성한 세후 매출수익률은 3.3퍼센트다.³ 히든 챔피언들은 전형적인 독일 산업기업보다 수익성이 2배 이상 높다. 오스트리아 회사들과 비교했을 때도 마찬가지다. 오스트리아 기업들은 2003년부터 2010년까지 4.5퍼센

〈표 14.2〉 세후-매출수익률 비교

비교집단	조사기간(단위: 햇수)	세후 매출수익률
히든 챔피언	10	8.0%
독일 산업기업	8	3.3%
오스트리아 산업기업	8	4.5%
스위스 산업기업	8	9.4%
500대 독일 가족기업	4	6.6%
〈포춘〉이 선정한 세계 500대 기업	7	4.7%

트의 세후 매출수익률을 올렸다. 그런데 스위스 산업기업들은 세후 매출수익률 9.4퍼센트를 기록하면서 이 기간 동안 히든 챔피언들보다 더 높은 수익성을 자랑했다. 또 500대 독일 가족기업들은 2007년에서 2010년까지 평균 6.6퍼센트의 세후 매출수익률을 기록했다.[4] 8퍼센트를 기록한 히든 챔피언들이 그들을 크게 앞지른다. 세계 최대 기업들과 비교했을 때도 히든 챔피언들은 수익성 측면에서 결코 뒤지지 않는다. 2004년부터 2010년까지 〈포춘〉이 선정한 세계 500대 기업의 세후 매출수익률은 평균 4.7퍼센트에 머물러 있었다. 히든 챔피언들의 수익률은 이보다 족히 40퍼센트나 더 높다. 〈표 14.2〉에 이런 수익지표들을 좀더 알아보기 쉽게 정리해두었다.

장기간에 걸쳐 비교해보면 히든 챔피언들이 탁월한 수익성을 자랑한다는 사실을 확인할 수 있다. 세후 수익률을 기준으로 했을 때, 히든 챔피언들의 수익성은 독일 평균치보다 2배 이상 높고, 독일 최대 가족기업들은 물론이고 세계 최대 기업들이 기록한 수익률보다도 훨씬 더 높다. 오직 스위스 기업들만이 히든 챔피언들보다 높은 수익률을 기록했을 뿐이다. 히든 챔피언들의 수익은 지속적인 혁신과 최고의 수준에 기인한다. 중소기업들 사이에서 특징적으로 찾아볼 수 있는 비용의식도 높은 수익률에 기여하는 바가 크다. 높은 수익률은 자기자본 형성의 토대가 된다.

자기자본

온 사방에서 낮은 수준의 자기자본비율이 중소기업의 취약점이라는 개탄의 목소리가 들려오고 있다. 독일경제연구소(IW)가 발표한 수치에 따르면, 독일 기업들은 자기자본비율 24.6퍼센트로 세계 22개 주요 경제국가들 중에서 끝에서 세 번째인 것으로 나타났다.[5] 반면 미국 기업과 영국 기업 그리고 일본 기업은 각각 37.4퍼센트와 35퍼센트의 자기자본비율을 보유하고 있다. 독일 기업보다 자기자본비율이 낮은 기업은 포르투갈 기업과 스페인 기업밖에 없다. 이처럼 취약한 자기자본비율은 중소기업에서 특히 심각한 문제로 작용하고 있다. 독일 중소기업의 자기자본비율은 자료 출처에 따라 6~22퍼센트로 추정되고 있으며, 오스트리아는 16~33퍼센트로 추정되고 있다.[6] 특히 오스트리아는 자기자본비율 차이가 유달리 크다.[7] 영국, 미국, 일본의 중소기업은 자기자본비율이 35~38퍼센트에 육박한다.[8] 2007년 이후에 찾아온 위기는 많은 기업들의 자기자본 토대를 한층 더 잠식하는 결과를 초래했다.

자기자본비율 측면에서 히든 챔피언들은 다른 차원의 리그에서 경기를 펼친다. 그들의 평균 자기자본비율은 42퍼센트에 이른다. 이것은 매우 높은 수치다. 가족기업들을 대상으로 한 INTES/WHU 조사에 따르면, 가족기업들의 자기자본비율은 36퍼센트로 히든 챔피언들과 비슷한 수치를 기록했다.⁹ 뢰들&파트너스가 밝힌 바에 따르면, 500대 가족기업의 자기자본비율은 심지어 54퍼센트나 되는 것으로 나타났다.¹⁰ 히든 챔피언의 3분의 1도 자기자본비율이 50퍼센트 혹은 그 이상이다. 자기자본비율이 20퍼센트 미만인 기업은 16개 중 하나 꼴에 불과했다. 우리의 조사대상 가운데 자기자본비율이 10퍼센트 미만인 기업은 단 한 곳도 없었다.

예컨대 변속기 히든 챔피언인 SEW 유로드라이브Eurodraive는 자기자본비율이 70퍼센트가 넘는다.¹¹ 베어한Werhahn 그룹도 동일한 자기자본비율을 자랑하고 있으며, 포어베르크Vorwerk 같은 경우는 자기자본비율이 61퍼센트에 이른다.¹² 슈틸의 자기자본비율은 68퍼센트다.¹³ 이때 거래채권자의 지분이 항상 외부자본의 일부를 차지하고 있기 때문에 이 정도 비율은 실제로 완벽하게 자체적으로 자금을 조달한다는 것을 의미하는 동시에 은행이나 다른 대출업체에 의존하지 않는다는 것을 의미한다. 밀레 회장 라인하르트 친칸도 "우리는 완벽하게 자체적으로 자금을 조달합니다"라고 말한다. 심지어 에네르콘은 총자산이 현저하게 늘어났음에도 불구하고 2007년 40퍼센트였던 자기자본비율을 2011년에는 55퍼센트로 끌어올렸다.¹⁴

2007년 이후 찾아온 위기의 시간을 거치는 동안 탄탄한 자기자본 조달능력은 히든 챔피언들의 크나큰 장점으로 입증되었다. 이와 관련해서는 나 자신의 경험담을 이야기해도 좋을 것 같다. 위기가 정점에 달했던 2010년 2월에 나는 2명의 파트너와 함께 이른바 SPAC(Special Purpose Acquisition Company, 기업인수 목적회사)를 설립하여 2억 유로의 자기자본을 모을 수 있었다.¹⁵ 증시에 상장된 우리의

SPAC 헬리코스 S.E.SPAC Helikos S.E.의 목표는 어떤 기업을 인수하여 SPAC과 합병함으로써 단번에 그 기업을 증시에 상장시키는 것이었다. 우리는 히든 챔피언을 인수합병 타깃으로 삼았다. 2010년 초에 펼쳐진 극적인 위기 상황에 직면하여 우리는 2억 유로 정도면 신속하게 일을 마무리를 지을 수 있을 것이라고 낙관했다.

그러나 우리의 예상은 보기 좋게 빗나갔다. 주문이 급감했음에도 불구하고 적지 않은 수의 히든 챔피언들이 자기자본 유입을 전혀 필요로 하지 않았던 것이다. 물론 신규 자본을 필요로 하는 회사들도 있었다. 그러나 그런 회사들을 자세히 검토해보면 늘 우리 마음에 들지 않는 부분이 있었다. 그뿐만이 아니었다. 심지어 위기의 정점에서 드러난 히든 챔피언들의 자기자본 상황은 우리가 예상했던 것보다 훨씬 더 양호했다. 어쨌거나 우리는 2011년 여름에 SPAC 프로젝트를 성공리에 마무리지었다. 우리는 2011년 7월 27일에 내장형 전자기기 및 보안 솔루션 부문 유럽시장 선도기업인 엑시트 그룹을 인수하여 프랑크푸르트 증시에 상장했다.

추후에 입증된 바와 같이, 대다수 히든 챔피언들의 자기자본 토대는 놀랍게도 위기 상황에서도 거의 손상을 입지 않았다. 현실은 오히려 그 반대였다. 크레디트레포름Creditreform이 기술한 바에 따르면, 대략 2000년부터 시작된 자기자본 강화 경향은 '위기에도 불구하고 계속해서 중소기업을 중심으로 진행되었다.'[16] 히든 챔피언들의 탄탄한 자기자본 조달능력은 금융비용에 직접적인 영향을 미친다. 자기자본 조달능력은 언제나 큰 중요성을 지니고 있는데, 그 이유는 과거에 비해서 지급능력에 대한 평가가 대출이자에 한층 더 강하게 반영되기 때문이다.

그밖에도 히든 챔피언들은 다른 기업들보다 소위 '신용경색' credit crunch(금융기관들이 위험을 줄이기 위해 시장에 돈을 제대로 공급하지 않아 가계나 기업이 어려움을 겪는 현상)을 당하는 일이 적다. 그런데 실제로 그런 신용경색이 존재하는지 그리고 그 범위가 어느 정도인지에 대해서는 의견이 분분하다. Sal. 오펜하임Sal. Oppenheim 은행이 2012년에 실시한 분석에 따르면, "데이터에 의거할 때 보편적인 신용경색이 존재한다고 결론지을 수 없다"고 한다.[17] IFO 연구소가 정기적으로 조사한 신용공여 규제에 불만을 제기하는 회사의 비율도 이런 경향을 입증해준다. 2009년에 40퍼센트를 웃돌던 중소기업들의 이른바 대출장애는 2012년에 대략 20퍼센트 정도로 낮아졌다.

이렇게 된 데는 독일의 우수한 지급능력도 한 몫을 담당하고 있다. 이와 관련하여 IFO연구소 소장 한스-베르너 진Hans-Werner Sinn 은 이렇게 말한다. "호의적인 자금조달 여건은 앞으로도 계속해서 독일의 긍정적인 경제발전을 떠받치는 대들보 역할을 할 것이다."[18] 세계 최대 신용보험사인 오일러 헤르메스Euler Hermes CEO 빌프리트 페어슈트레테Wilfried Verstraete의 판단도 이와 비슷하다.

"2010년과 2011년의 양호한 성장으로 말미암아 현재 독일 기업들은 2009년보다 상황이 훨씬 더 좋아졌다. 기업들은 위기에서 교훈을 얻었다. 당시에는 신용경색이 가장 큰 문제였다. 지난 2,3년 동안 기업들은 현금을 한층 더 신중하게 관리하면서 그들의 자금조달 원천을 다각화했다. 그들은 직접 자본시장으로 향하거나 아니면 하나의 은행이 아닌 두세 곳의 은행과 협상을 벌인다."[19]

연방은행 부총재 자비네 라우텐슐레거Sabine Lautenschläger도 이 말에 동의를 표한다. "독일 실물경제의 신용공급 상황은 위험한 상황에 처해 있지 않다. 오히려 그 반대인 것 같아 보인다."[20]

열띤 논쟁을 불러일으킨 신용경색이라는 주제는 사실상 국가별, 업계별, 기업별로 각기 세분화하여 판단하는 것이 바람직하다. 어쨌거나 히든 챔피언들은 위기 발발 이후로 거론되고 있는 신용경색에 거의 영향을 받지 않는 것 같아 보인다. 기업가들과 대화를 나눌 때마다 나는 그런 사실을 거듭 확인한다. 인공장구 세계시장 선도기업 오토 보크 회장 한스 게오르크 네더의 다음과 같은 말은 전반적인 상황을 잘 말해준다. "각 은행들이 우리에게 물량공세를 퍼붓고 있습니다. 그러나 우리는 현재 제의가 들어오는 것만큼 많은 외부자금이 전혀 필요하지 않습니다." SEW 유로드라이브 대표 한스 존더만Hans Sondermann도 동일한 주제에 대해서 이렇게 말한다. "은행이 우리에게 문의를 해온다고 하더라도 그것은 그저 시간낭비에 불과할 것입니다." 소위 신용경색은 허약한 기업들의 자금조달 문제를 반영하는 것이지, 히든 챔피언들의 자금조달 상황을 반영하는 것은 아니다.

전략적 자금력

히든 챔피언들의 장기적인 자금조달 전망은 과연 어떨까? 혹시 자금조달 문제가 히든 챔피언들의 전략적인 운신의 폭을 제한하고 있는 것은 아닐까? 히든 챔피언들은 전략적인 요인으로서 그들의 자금능력을 어떻게 평가하고 있을까? 이것들은 전략적으로 매우 중요한 문제들이다. 대부분의 히든 챔피언들은 수년간에 걸쳐 강력한 성장 단계를 경험했고 또 미래에도 그러할 것인데, 이처럼 성장을 거듭하는 단계에서는 드물지 않게 자금조달 문제가 장애요인으로 등장하곤 한다.

많은 기업들, 특히 신생기업들이 자금조달 문제를 성장제한요인으로 간주하고 있다. 국제적인 사업 확장, 세계적인 영업망 구축, 연구개발 및 생산설비 투자를 차질 없이 진행하려면 고도의 자금조달 역량이 요구된다. 이런 상황에 비추어볼 때, 자금력은 실현 가능한 전략을 결정하는 과정에서 중요한 역할을 수행한다. 세계시장주도권을 획득하거나 그것을 방어할 수 있는지, 그리고 어떻게 하면 그렇게 할 수 있는지도 그런 전략에 포함된다. 이것은 히든 챔피언들에게 핵심적인 문제다. 장기적인 관점에서 최고의 관심사는 자금조달 비용이 아니라, 한 기업의 전략적인 운신의 폭이다.

히든 챔피언들에게 그들의 자금력을 약점이라기보다는 오히려 전략적인 강점으로 평가하고 있는지 물었다. 그 결과 응답 기업의 69퍼센트가 그들의 자금력을 경쟁상 강점으로 여기고 있었다. 심지어 40퍼센트는 탁월한 강점으로 여기고 있었다. 전략적인 측면에서 자금과 관련된 운신의 폭이 미미한지 아니면 넓은지를 묻는 질문에 대해서는 족히 3분의 2에 해당하는 기업들이 운신의 폭이 넓거나 매우 넓다고 대답했다. 따라서 대다수 히든 챔피언들은 자금조달 문제를 전략 실행의 걸림돌로 간주하지 않는다. 이런 상황을 감안할 때, 히든 챔피언들이 자금력 측면에서 일반적인 기업 및 언론에 한결같이 그려지는 중소기업들의 모습과 크게 차이가 난다고 결론지어도 크게 과장된 것은 아닐 듯싶다.

미래의 자금조달 원천

히든 챔피언들의 'Do-it-yourself' 정신은 자금조달 측면에도 해당된다. 자체 자금조달은 과거에도 히든 챔피언들의 가장 중요한 자금조달 원천이었고, 미래에도 그러할 것이다. 응답 기업의 79퍼센트가 과거 상황이 그러했음을 확인해주었고, 거의 동일한 수준인 78퍼센트가 미래의 자금조달도 같은 방식으로 이루어질 것이라고 답했다.[21] 반면 은행대출은 그 중요성을 크게 상실하게 될 것이라고 예상했다. 응답 기업의 62퍼센트가 과거에는 은행대출이 큰 중요성을 지니고 있었다고 대답한 것과는 대조적으로, 미래에도 그럴 것이라고 대답한 기업은 44퍼센트에 불과했다.

반면 자본시장의 중요성은 큰 폭으로 성장하고 있다. 과거에는 자본시장에 직접 접근했던 중소기업의 수가 극소수에 불과했다. 그러나 최근 몇 년 사이에 시장에서 직접 외부자본을 조달하는 중소기업의 수가 크게 늘어났다. 비교적 규모가 작은 기업조차도 이 방법을 활용하고 있다. 자금조달 비용이 상대적으로 낮아서 그런 것은 아니다. 왜냐하면 전체 비용이, 심지어 전통적인 은행대출보다 더 높은 경우도 왕왕 있으니까 말이다. 은행에 대한 독립성을 증대하려는 노력이 무엇보다도 중요한 요인으로 작용한다.[22]

사모투자와 증시상장이 자금조달 형태로서 수행하는 역할에 대해서는 논란이 분분하다. 현재 족히 10퍼센트에 이르는 히든 챔피언들이 사모투자자의 소유가 되었다. 독일에 사모투자가 사실상 존재하지 않았던 1990년대에 비하면 이것은 큰 폭의 증가를 의미한다. 그럼에도 불구하고 우리가 확인한 바에 따르면, 많은 히든 챔피언 사장들은 사모투자자들을 의심의 눈초리로 바라본다. 그들은 동종 업계 출신이거나 아니면 동종 업계에서 장기간 활동할 의지가 있는 전략적 투자자들을 더 선호한다. '메뚜기 떼 논쟁'이 그런 입장을 더욱 강화했다. 바로 여기에서 장기적인 방향성을 지향하는 가족기업과 단기적인 방향성을 지향하는 사모투자자들 사이에 존재하는 근본적인 긴장관계가 확연하게 드러난다. 다음과 같은 논평은 이런 잠재적인 갈등요인을 매우 정확하게 표현하고 있다.

"투자회사는 일반적으로 출구전략기간이 5년입니다. 이것은 가족기업의 장기적인 시각과 충돌을 일으킵니다. 가족기업의 왕조적인 시각은 사모투자펀드의 단기적인 수익률 기대와 도저히 조화를 이룰 수가 없습니다."[23]

비록 1995년 이후로 상황이 크게 바뀌었다고는 하지만, 그래도 증시상장은 여전히 히든 챔피언들 사이에서 논란의 대상이 되고 있는 주제다. 당시에는 이들 기업 가운데 증시에 상장된 기업이 약 2퍼센트에 불과했다. 현재는 그 비율이 족히 10퍼센트 정도로, 사모투자와 비슷한 비율이다. 그럼에도 불구하고 여전히 소극적인 태도가 주류를 이루고 있다.

우선 지난 15년 동안 실망감을 불러일으킨 사건들이 무수하게 일어나면서 증시상장에 대한 회의를 증폭시켰다. 1997년 미국 기술주 나스닥NASDAQ을 본보기로 삼아 큰 기대감을 안고 출발한 노이어 마르크트Neuer Markt의 실패도 그중 하나다. 1997년 12월 31일, 노이어 마르크트 인덱스Neue-Markt-Index, 즉 NEMAX 지수가 1,000을 기록했다. 그러나 고작 2년 정도밖에 지나지 않은 2000년 3월 10일에 이르러 지수가 9,666으로, 그러니까 자그마치 9배 이상 뛰어올랐다.

그 후 인터넷 거품이 꺼지면서 NEMAX 지수는 2002년 10월 9일 319포인트까지 미끄러져 내려갔다. 그러니까 2년이 조금 넘는 기간 동안 가치가 95퍼센트 이상 떨어져버린 것이다. 노이어 마르크트는 2003년 6월에 결국 문을 닫았다. 2010년 이후에 한때 시가총액이 수십억 유로에 달했던 코너지Conergy, Q-셀즈, 솔라월드Solarworld 같은 광전지 제조 회사들도 비슷하게 극적인 가치상실을 경험했다.

가치에 대한 이런 부정적인 경험과 더불어 히든 챔피언들의 기본적인 관점도 증시에 대한 소극적인 태도를 유발하는 주요 요인으로 꼽힌다. 투명성, 보고 의무, 주식투자자들은 오직 신속한 이익만을 추구한다는 전반적인 의혹, 투기에 대한 혐오감, 헤지펀드에 대한 두려움 및 그와 유사한 동기들이 이런 소극적인 태도를 부추기는 것이다.

이번 장의 앞부분에서 언급한 SPAC 프로젝트를 진행하면서 우리는 이와 관련된 유익한 경험을 할 수 있었다. 이미 이야기한 바와 같이, 위기가 정점에 도달했던 2010년 초에 우리는 2억 유로의 신규 자기자본을 확보할 수 있었다. 비록 언제나 우리가 원하는 후보들은 아니었지만, 어쨌거나 많은 기업이 그 같은 자본강화에 관심을 보였다. 그러나 자기자본유입이 증시상장과 결부되어 있다는 이야기를 하는 순간 많은 기업들이 일시에 관심을 거두어버렸다. 증시상장이 기업가들의 큰 꿈으로 자리 잡고 있는 다른 나라에서와는 달리 독일에서는 이런 식으로 자기자본을 조달하는 방식에 대한 뿌리 깊은 불신이, 아니 혐오감이 팽배해 있다.

증시상장으로 인해 초래될 결과들 가운데 히든 챔피언 사장들이 특별히 두려워하는 부분이 있으니, 그것은 바로 고객들과 종업원들에 대한 투명성이다. 증시에 상장된 전자 부문 히든 챔피언 CEO가 한 다음과 같은 말은 이런 두려움을 잘 보여준다.

"주요 고객들을 찾아갈 때면 책상 위에 우리 회사의 기업보고서가 놓여 있습니다. 제일 먼저 우리 회사의 높은 수익률이 제 귓전을 때립니다. 일단 그렇게 되면 적당한 가격을 관철시키기가 그리 녹록치 않습니다."

물론 반대의 목소리도 있다. 예컨대 헤르만 크론제더는 크로네스 주식회사의 증시상장과 관련하여 기업공개 IPO가 고객들에 대한 회사의 입지를 강화시켜주었다고 말했다.[24] 그의 말에 따르면, 높은 수익률이 크로네스가 주문 하나하나에 얽매이지 않는다는 사실을 상징적으로 보여주었다고 한다. 또한 고객들의 입장에서 보면 높은 수익률은 무엇보다도 미래를 보장해주는 역할을 한다. 당연한 말이지만, 증시상장과 결부된 보고 의무 및 공개 의무는 조용히 활동하는 편을 선호하는 히든 챔피언들의 성향에 정면으로 배치되는 일이다. 그러나 이 주제에서도 반대 입장을 취하는 히든 챔피언들이 존재하는데, 우리는 그들의 입장을 진지하게 받아들여야 할 것이다.

예컨대 라치오날 주식회사 설립자인 지크프리트 마이스터 Siegfried Meister는 내게 투명성 및 그와 결부된 규칙적이고 전문적인 보고 의무야말로 2000년에 그가 라치오날을 증시에 상장한 이유였다고 말했다. 그 밖에도 그는 이런 행보를 통해서 기업을 자기 자신으로부터 좀더 독립적으로 떨어뜨려 놓으려고 했다. 라치오날은 근래 역사를 통틀어 독일에서 가장 성공적인 증시상장 케이스 중 하나다. 2011년 3억5,000만 유로의 매출액을 기록한 이 기업은 2012

년을 기준으로 20억 유로가 넘는 시가총액을 자랑하고 있다.

    흔히 전형적인 히든 챔피언들이 증시에서 과연 합당한 평가를 받을 수 있을까 하는 의구심에 부딪히게 되는데, 이런 의구심은 부분적으로 충분히 근거가 있는 일이다. 대부분의 히든 챔피언들은 세간의 관심과 투자자들의 관심을 받지 못하는 업계에 종사하고 있다. 틈새 부문과 특수 부문에서 활동하는 기업들은 증시 전문가들의 레이더망에 포착될 기회가 거의 없다. 따라서 적지 않은 히든 챔피언 주식이 비참한 신세를 면치 못하고 있다. 몇몇 회사들은 바로 이런 이유 때문에 증시를 다시 떠나기도 했다. 그러나 라치오날의 예가 증명하듯이 이런 항변은 결코 보편적인 유효성을 지니고 있지는 않다. 어쩌면 이렇게 말할 수도 있을 것이다. 히든 챔피언들이 증시에서 두각을 드러내기 위해서는 대기업보다 크림을 추가로 더 얹어야 한다고 말이다.

    결론적으로 말하면, 히든 챔피언들은 강력한 자체 자금력과 높은 자기자본비율을 갖추고 있기 때문에 증시에 의존하지 않는다. 증시에 참여하지 않을 경우, 어쩌면 성장속도가 조금 느려질지도 모르지만, 명백하게 그들은 신속한 성장이라는 장점보다도 독립성에 더 큰 가치를 부여한다. 이런 각종 제약에도 불구하고 장기적으로는 증시에 상장된 히든 챔피언들의 비율이 더욱 높아질 것으로 예상된다. 그것은 가족기업보다는 상장기업에 더 어울리는 규모의 성장이 예상되기 때문이다. 그밖에도 증시는 사모투자자들 사이에서 출구-옵션으로서 그 중요성이 날로 커져가고 있다. 그리고 사업단위들을 증시에 상장하는 대기업의 트렌드(예를 들면, 지멘스-오스람)도 지속될 것으로 추측된다.

핵/심/요/약

전체적으로 요약하면, 히든 챔피언들은 극도로 탄탄한 자금조달 능력을 갖추고 있다. 자금조달에 관한 한 위기조차도 그들을 몰아세우지는 못했다. 그리고 미래에도 자금조달 문제가 애로사항이 될 것 같아 보이지는 않는다.

- 히든 챔피언들이 갖춘 고도의 자금력은 독일 기업 평균의 2배를 웃도는 탁월한 수익률에 기인한다.
- 자체 자금조달은 가장 중요한 자금조달 원천이며, 앞으로도 그러할 것이다. 이를 위해서는 충분한 수익률이 전제되어야 하는데, 이것은 이익의 엄청난 중요성을 재차 지적하는 대목이다. 이렇게 해서 재정적인 선순환이 생성된다.
- 강력한 성장에도 불구하고 자금조달은 탄탄하고 안정적으로 이루어진다. 히든 챔피언들의 자기자본비율은 평균 42퍼센트로 매우 높은 수준이다. 이것은 앞으로 지급능력 평가와 금융비용에 지금까지 그래왔던 것보다도 한층 더 긍정적인 영향을 미칠 것이다.
- 자금조달 문제는 히든 챔피언들이 미래 전략을 수행하는 데 전혀 애로사항으로 작용하지 않는다. 상황은 오히려 그 반대다. 히든 챔피언들은 그들의 탁월한 자금력을 전략적 강점으로 간주한다.
- 앞으로 자금조달 형태의 비중이 변화될 것이다. 자본시장에서 직접 자금을 조달하는 경우가 늘어나면서 전통적인 은행대출이 감소하고 있다.
- 사모펀드의 투자비율이 지난 10년간 큰 폭으로 증가했음에도 불구하고 히

든 챔피언들은 대체로 이런 자금조달 형태를 회의적으로 바라보거나 거부한다.
- 증시상장이라는 주제에 대해서도 히든 챔피언들은 소극적인 입장을 취한다. 그들 중 대다수는 증시상장을 아예 고려의 대상으로도 삼지 않는다. 그럼에도 불구하고 향후 증시상장 기업이 증가할 것으로 예상된다.

히든 챔피언들의 여러 모로 보수적인 태도는 자금조달 문제에 매우 뚜렷하게 반영되어 나타난다. 본질적으로 강도 높은 리스크가 수반되는 이 영역에서 그들은 견실함을 매우 중시한다. 그렇다고 해서 이런 신중한 태도가 성장의 걸림돌이 되지는 않는다. 왜냐하면 히든 챔피언들은 자체 자금조달 능력이 매우 뛰어나기 때문이다.

Chapter 15

군살없는 조직
Hidden Champions

HIDDEN CHAMPIONS

"조직은 전략을 따른다Structure follows Strategy." 앨프리드 챈들러 Alfred Chandler의 이 유명한 금언은 히든 챔피언들의 조직 지침으로도 사용된다.[1] 대부분의 히든 챔피언들은 단일제품 단일시장 기업들로, 이런 기업에는 하나의 기능적인 조직체계가 적합하다. 그러나 기능적인 방향성의 내부를 들여다보면 뚜렷한 다기능성이 존재한다. 즉, 직원들이 여러 가지 업무를 처리할 능력을 갖추고 있기 때문에 다양한 업무 영역에 그들을 투입하는 것이 가능하다는 말이다.

다양한 목표 그룹이나 용도에 맞추어 서비스를 제공하는 경우가 늘어남에 따라 사업부 조직 형태가 전면에 대두되는 경향이 강화되고 있다. 히든 챔피언들이 '유연한 다각화'의 형태를 빌어 새로운 사업 분야로 진출하는 경우, 그들은 그들의 강점과 초점, 깊이와 고객친화성을 그대로 유지하기 위해서 철저하게 분권화를 추진한다. 히든 챔피언들의 업무 프로세스 재설계BPR는 대기업보다 훨씬 더 간단하고 규칙성이 덜하다. 이 과정에서 히든 챔피언들은 현대 정보기술을 강도 높게 활용한다. 직원들이 지닌 높은 동기의식과 일체감은 부분적으로 '조직을 대체하는 역할'을 수행한다. 히든 챔피언들은 곧잘 놀라울 정도로 간소한 조직으로 사업을 꾸려나간다.

기능적인 조직

　전형적인 히든 챔피언은 하나의 제품과 규모가 협소한 하나의 시장에 집중한다. 요컨대 단일제품 단일시장 기업인 것이다.[2] 평균적으로 히든 챔피언들은 매출액의 80퍼센트를 그들의 주력 시장에서 올린다. 꼭 3분의 1정도의 기업은 매출액의 90퍼센트 이상을 주력 시장에서 올리고 있고, 심지어 4분의 1이 조금 넘는 기업들은 매출액의 100퍼센트를 시장 한 곳에서 올리고 있다. 이때 그들이 취급하는 제품은 다양한 형태를 띨 수도 있는데, 다만 제품 형태가 제아무리 다양하다고 하더라도 그 제품들의 기술적 기반과 생산기반은 모두 동일하다.

　이런 설명에 부합하는 히든 챔피언들의 예를 들어보면, 브라셀러Brasseler(치아 드릴), 고트샬크(제도용 앞핀), 물티팍(딥-드로잉 포장기계), 브룬스-플란첸-엑스포르트(수목원용 식물), GfK(시장조사 서비스), 플렉시(개목줄), 오미크론(나노 기술에 사용되는 주사 터널링 현미경)을 비롯한 수많은 다른 기업들이 있다. 이 같은 집중은 조직구조 측면에서 복잡성을 관리 가능한 수준으로 유지할 수 있다는 큰 장점을 보유하고 있다. 거의 모든 '단일제품 단일시장 히든 챔피언들'이 전통적·기능적 조직을 보유하고 있는 것도 바로 이런 이유 때문이다. 이런 조직 형태는 명확한 책임할당과 단순함을 특징으로 한다.

　지금으로부터 몇 년 전, 당시 슈틸의 CEO이자 현재 전기톱 부문에서 세계시장을 선도하고 있는 이 기업의 자문위원회 회장직을 맡고 있는 한스 페터 슈틸Hans Peter Stihl이 내게 회사 조직을 점검해달라고 부탁해왔다. 다가오는 세대교체의 틀 안에서 향후 이사진이 담당할 관할 영역을 새롭게 정리하는 일이 핵심 과제였다. 간단한 분석과 대화를 통해 그의 주문을 충족시킬 수 있었다. 나는 5명의 이사와 통상적인 부서를 갖춘 기능적인 조직을 추천했고, 그것은 그대로 실행에 옮겨졌다. 매출액 26억 유로에 1만2,000명의 직원을 보유한 규모가 비교적 큰 히든 챔피언인 슈틸의 경영 일선에 기능적인 분업체제가 정착되었다.

물론 중소기업이라고 해서 무조건 경영 일선에 기능적인 분업체제가 정착된 것은 아니다. 왜냐하면 중소기업들은 대부분 경영진의 수가 매우 적기 때문이다. 흔히 최고경영진의 수가 한두 명에 불과하다. 임의표본추출 결과, 응답 기업의 21퍼센트가 단독 경영체제를 갖추고 있었다. 이런 경우에는 경영 2선에서 완전한 기능 분업이 이루어진다. 기능적인 조직은 단일제품 단일시장 기업들에게 흡사 자연적으로 주어진 형태나 다름이 없다. 이런 조직 형태에 대해서는 다른 말이 많이 필요하지 않을 것 같다. 우리는 이 말을 히든 챔피언들의 단순함, 복잡하지 않은 공정, 신속성, 조직적인 파괴력을 나타내는 지표로 이해해도 무방하다.

다기능성

많은 시장에서 제기되는 가장 큰 경영상의 도전 가운데 하나는 바로 동요하는 시장 수요와 경직된 내부적인 자원을 서로 조화롭게 조절하는 것이다. 이런 경직성은 부분적으로 고용보호 같은 국가적으로 지정된 기본 조건들이나 기업의 적응력을 제한하는 그 밖의 다른 규칙들에서 (예를 들면, 부서 이전, 다른 업무 대체, 자동 임금조정 등) 비롯된다. 그러나 기업 자체도 이런 경직성에 대해서 책임져야 할 부분이 있다(예를 들면, 임금협정, 고용협정, 기업정책 및 문화, 엄격한 조직규칙, 분업, 지시에 따른 업무 수행 등). 나는 히든 챔피언들이 주어진 기본 조건 하에서 이례적으로 높은 수준의 유연성을 발휘하고 있다고 생각한다.

가장 눈에 띄는 특징들 가운데 기능적인 조직형태와 밀접하게 관련된 특징을 하나 꼽자면, 직원들을 다양한 기능에 대체 투입할 수 있다는 것이다. 다른 말로 표현하면, 히든 챔피언들은 대기업보다 기능적인 분업 강도가 상대적으로 낮고 경직성도 덜하다. 히든 챔피언 직원들은 다양한 업무에 대비하여 교육을 받았고, 그에 따라 다양한 영역에 투입이 가능하다. 저가항공 부문의 개척자인 사우스웨스트 에어라인즈Southwest Airlines는 처음부터 그런 다기능성을 중심에 두었다. 사우스웨스트 직원들은 티켓판매에서부터 수화물 적재에 이르기까지 최대 14가지 다양한 업무를 담당한다. 저먼 윙즈German Wings나 린에어 같은 유럽 저가항공사들도 마찬가지로 이런 콘셉트에 의거하여 일을 하고 있는데, 이것은 더 신속한 업무수행에 기여할 뿐만 아니라 비용도 큰 폭으로 낮추고 있다.

히든 챔피언들 사이에서는 그런 종류의 다기능적인 업무 투입이 흔한 일이다. 제도용 압핀 세계시장 선도기업인 고트샬크의 롤프 고트샬크 회장은 자기 직원들을 가리켜 회사 내의 갖가지 다양한 업무를 섭렵하고 있는 '만능 직원들'이라고 말한다. 고가 음향 시스템 부문에서 활약하고 있는 마에스트로-바데니아Maestro-Badenia 직원들은 모든 생산 포지션을 소화해낼 수 있는 능력을 갖추어야만 한다. 마에스트로 사장인 토마스 주어Thomas Suer의 말에 따르면, 이렇게 해야만 작업량이 균등해지는 데다가 그 밖에도 이런 형태의 직업적인 강화는 직원들에 대한 동기부여 장려에도 기여한다고 한다. 상업용 식기세척 시스템 부문 세계시장 선도기업인 빈터할터도 직원들에게 다수의 업무를 수행할 수 있어야 한다는 점을 명시적으로 요구하고 있다.

히든 챔피언들 사이에서는 예컨대 비상시에 생산 직원들이 서비스에 뛰어드는 일이 빈번하다. 직무내용설명서의 형태로 된 세부적인 업무규정의 정교함과 노동분업의 강도는 떨어지지만, 그런 만큼 업무에 대한 직원들의 전체적인 이해도와 폭넓은 업무투입 가능성은 한층 더 두드러진다.

위기의 해였던 2009년에도 중소기업들은 이와 관련하여 고도의 유연성을 보여주었다.[3] 예컨대 디자인가구 제작업체인 비트라 인넨딘스틀러Vitra Innendienstler는 전화기 판매에 뛰어들었다. 이 회사 독일 지사장 롤프 퓨츠Rudolf Pütz의 말에 따르면 "심지어 몇몇 직원들은 그때 영업 업무를 수행하면서 내내 즐거워했다"고 한다. 뷔르트는 위기 단계를 거치는 동안 그 같은 유연성이 대기업에서도 가능하다는 사실을 보여주었다. 채 몇 달도 되지 않는 사이에 전체 직원의 10퍼센트가 내근직에서 외근직으로 전환되었다. 한 연구에 따르면, 성공적인 기업은 그렇지 못한 기업보다 업무전환 빈도가 약 5배 정도 높은 것으로 확인되었다.[4]

유연성과 직원들의 해외투입 가능성은 다기능성이 지닌 특수한 측면이다. 세계화 과정이 속속 진행되면서 폭넓은 해외투입 가능성은 점점 더 그 중요성이 커져가고 있다. 그것은 조직의 문제인 동시에 기업문화와 관련된 문제기도 하다. 많은 히든 챔피언들은 세계 어디에서나 차질 없이 업무를 수행할 있는 국제적으로 검증된 직원들을 다수 확보하고 있다. 전 세계를 무대로 활동을 펼치는 기업이라면 그 규모가 제아무리 작다고 하더라도 (예를 들면, 클라이스 오르겔바우처럼) 항상 직원들을 세계 각지로 파견할 수 있어야 하고, 직원들도 종종 몇 달씩 그곳에 머무를 수 있어야 한다.

사업부 조직

히든 챔피언들은 강력한 성장과 새로운 시장 부문의 개척을 복잡해진 조직이 수행해야 할 과제로 꼽는다. 전형적인 역동성의 본질은 시장을 점점 더 광범위하게 커버하고 분화함으로써 요구사항이 제각각인 다양한 목표 그룹들에게 각기 다른 서비스를 제공하는 데 있다. 히든 챔피언들은 그들의 전통적인 강점, 그중에서도 특히 고객친화성이라는 측면에서 그들이 지닌 강점을 어떻게 보존할까? 조직분할이 바로 그 답이다. 히든 챔피언들이 조직적인 측면에서 얼마나 단호하고 신속하게 그 같은 사업 확장에 대응하는지 살펴보면 그야말로 인상적이다.

히든 챔피언들은 무엇보다도 용도와 고객그룹을 중심으로 시장을 정의한다. 기능적인 조직에서 사업부 조직으로 조직체제를 전환할 때 히든 챔피언들은 정확하게 이런 기준을 따른다. 다시 말하면, 조직단위를 일차적으로 고객그룹 및 용도에 맞춘다는 말이다. 반면 제품과 기술은 진정한 다각화 과정에서 조직편성 기준으로 통용된다. 그러나 두 가지 측면이 동시에 겹쳐지는 경우도 드물지 않다. 왜냐하면 목표 그룹마다 요구하는 제품이 모두 제각각이기 때문이다.

뷔르트는 목표 그룹 중심의 사업부 조직을 도입한 최초의 기업

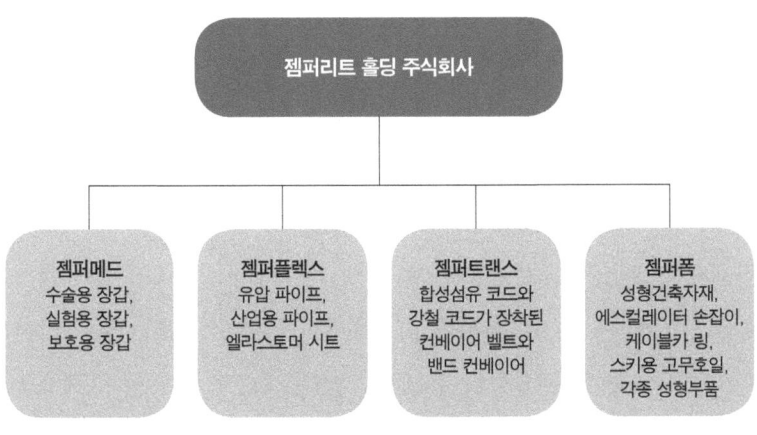

〈표 15.1〉 젬퍼리트 홀딩: 목표 그룹 중심으로 조직을 분할한 사례

들 가운데 하나다. 이 기업은 1980년대 중반에 규모가 큰 나라의 목재, 금속, 건설, 자동차, 산업체 공장 사업부를 각기 분할 배치했다. 이를 통해서 뷔르트는 고객의 욕구에 더욱 효과적으로 부응하고, 고객 서비스 역량을 한층 강화하고, 카탈로그와 팸플릿 같은 독특한 홍보책자를 발행하는 등 수많은 장점들을 획득할 수 있었다. 조직분할은 뷔르트에 어마어마한 성장동력을 선사했고, 궁극적으로는 각각의 부문에서 침투력을 현저하게 높이는 결과를 초래했다.

오스트리아의 젬퍼리트 홀딩 주식회사 Semperit Holding AG도 사업부 조직을 채택한 대표적인 예다. 1980년대 중반 이후로 같은 이름의 타이어 브랜드와 완전히 인연을 끊은 이 회사는 고무제품을 생산하는 특수 기업으로서 여러 분야에서 세계시장을 선도하고 있다. 예컨대 전 세계에 있는 에스컬레이터 손잡이 2개 중 하나가 젬퍼리트 제품이다. 그리고 스키와 스노보드도 2개 중 1개꼴로 젬퍼리트가 생산한 고무밴드를 사용하고 있다. 또한 의료용 고무장갑 10개 중 하나가 빈에 있는 이 히든 챔피언이 생산한 제품이다. 이 기업은 젬퍼메드Sempermed, 젬퍼플렉스Semperflex, 젬퍼트랜스Sempertrans, 젬퍼포름Semperform 등 4개 부문으로 나누어 활동하고 있다. 〈표 15.1〉은 이 기업의 조직구조를 보여준다.

최근 몇 년 동안 수많은 히든 챔피언들이 목표 그룹 중심적인 조직체계를 도입했다. 플란제(고성능 소재), 회르비거Hoerbiger(동력장치 및 압축장치), IBG(용접기술)를 비롯한 수많은 회사들이 그 예다. 케른-리버스도 매우 단호한 분권화를 추진하고 있다. 케른-리버스는 주력제품인 안전벨트 스프링 부문에서 압도적인 세계시장 선도기업이다. 전 세계에서 생산되는 자동차 세 대 중 두 대에 케른-리버스 제품이 장착되어 있다. 그러나 케른-리버스는 다른 제품 분야에서도 강력한 시장 입지를 보유하고 있는데, 전 세계적으로 최대 규모의 공급 프로그램을 갖추고 있는 편물기 및 방직기용 바늘판이나 의료용 메스 부문이 대표적이다. 케른-리버스는 모두 49개의 자회사를 거느리고 있다. 이 회사들은 '역량센터(Comepetence Center)'로 불리는 23개의 조직단위로 나누어져 있다. 이 회사들의 전체 매출액은 '고작해야' 5억2,500만 유로밖에 되지 않는데, 평균을 내어보면 역량센터 한 곳당 2,300만 유로가 되는 셈이다. 이처럼 큰 규모에도 불구하고 고객친화성 및 시장과 기술의 통합이 거의 완벽하게 보장되어 있다.

조직의 역동성

모든 경우에 용도지향적인 조직 형태나 목표 그룹 지향적인 조직형태를 적용시킬 수 있는 것은 아니다. 특히 세계화가 진행됨에 따라 새로운 조직 해법이 요구될 수도 있다. 또한 국제화가 점점 더 강도 높게 진행되면서 각종 문제들이 속출하고 있다. 사업을 분할의 관점에서 바라보면, 전 세계에 사업을 구축할 때에는 분할원칙에 입각하여 절차를 진행해야 한다는 결론이 도출된다. 그러나 분할원칙만을 고집하다가는 거의 필연적으로 각각의 나라에 다수의 부문별 센터나 회사를 설립해야 하는 결과가 빚어지고 만다. 이렇게 되면 업무 중복이 불가피할 뿐만 아니라 비용상으로도 불이익이 발생한다.

집중, 유연성 고조, 고객친화성 증대 같은 장점과 이런 단점 간의 관계에 대한 평가는 개개의 경우마다 달라진다. 그러나 개개의 경우를 들여다보더라도 분석은 쉽지 않다. 왜냐하면 비용 측면은 '견고한' 데이터에 근거하여 평가가 이루어지는 반면, 분할에 따른 장점들은 '소프트한' 데이터에 근거하고 있기 때문이다. 그 결과 히든 챔피언들의 실무를 들여다보면 제각각 처한 입장이 다르다.

헤레우스는 철저하게 분할원칙에 입각하여 행동하고 있다. 심지어는 비용 절감이나 시너지 창출이 가능한 경우에도 시장적응 업무를 각각의 부문에 개별적으로 위임하고 있다. 반면 뷔르트의 경우에는 세계화가 점점 강도 높게 진행됨에 따라 조직분할이 복합성을 증대시키는 요인으로 입증되었다. 뷔르트 해외지사장들은 공식적으로 지사장 역할을 수행해야 했을 뿐만 아니라, 해당 국가에서 진행되고 있는 사업들을 조화롭게 조정해야만 했다. 그 결과 매트릭스 조직이 생성되면서 2중 책임구조, 긴 의견조정 과정 등 그와 결부된 잘 알려진 단점들이 생겨나게 되었다.

뷔르트의 의뢰를 받아 조직 점검을 실시한 결과 한 가지 놀라운 사실을 발견했다. 한 국가의 내부에서는 전통적인 조건으로 말미암아 기술적인 목표 그룹들이 비교적 비슷한 성격을 띠지만, 국가 경계를 넘어서면 크게 달라진다는 사실이다. 말하자면 스페인 가구공은 독일 열쇠공보다는 스페인 열쇠공과 더 비슷한 점이 많다는 것이다.

우리가 발견한 또 다른 사실은 본사에 있는 부서장들은 멀리 떨어진 나라에서 발생한 문제점들을 확실하게 평가하기 어려울 뿐만 아니라 해결책을 찾아내기도 어렵다는 것이었다. 뷔르트 지사장들은 이런 문제점들에 훨씬 더 가깝게 접근해 있으며, 직원들과 고객들의 기질을 더 잘 이해하고 있었다. 따라서 그들은 현지에서 더욱 효과적으로 문제에 개입을 할 수 있었다. 이런 인식을 바탕으로 하여 뷔르트는 조직체제를 사업부 체제에서 지역적인 체제로 전환했다. 이런 체제 속에서 각각의 사업 부문들은 주로 조정 기능을 수행하기는 하지만, 직접적으로 지시를 하달할 권한은 없다.

뷔르트의 큰 장점 가운데 하나는 직접영업인데, 이것은 말 그대로 장소 및 문화와 밀접하게 결합된 영업형태다. 이런 점을 고려한다면, 이 경우에는 분명 지역적인 조직이 더욱 효과적인 해결책이라고 할 수 있다. 조직구조는 언제나 무수한 단위들로 구성된 기업의 조직 현실 가운데 일부분밖에 고려하지 못한다. 뷔르트에서는 경영진들의 의견조정 과정과 회합 그리고 다양한 부문을 포괄하는 활동이 가장 큰 중요성을 점하고 있다. 현재 최고경영진들은 뷔르트 문화의 핵심을 형성하는 이 과정의 틀을 다시 잡는 데 많은 시간과 에너지를 쏟아붓고 있다. 경영진들은 그들에게 주어지는 직접적인 책임 외에도 '부업'의 형태로 담당 부문을 넘어서는 업무들을 떠맡음으로써 여러 부문을 접합시키는 집게 기능을 수행한다. 그러나 아래의 예가 분명하게 보여주는 것처럼, 이와 반대되는 조직 변형도 일어나고 있다.

소형 변압기를 생산하는 에라-엘렉트로테히닉Era-Elektrotechnik은 자동차, 난방장치/에어컨, 대형 가전제품 업계에 제품을 납품해온 기업으로, 전통적으로 지역중심적인 영업조직을 갖추고 있었다. 그러니까 하나의 지점이 업계를 가리지 않고 그 지역에 있는 모든 고객들을 방문했던 것이다. 그러던 차에 고객들의 요구사항이 점점 더 세분화되는 동시에 까다로워지고 있다는 것을 느낀 당시 CEO 에리히 아이헬레Erich Aichele가 우리에게 조직 점검을 의뢰해왔다.[5] 그 결과 영업조직이 업계별로 재편성되었다. 이를 통해서 이 기업은 고객들에게 더 큰 만족을 선사하는 노하우를 획득했을 뿐만 아니라 영업직원들의 역량도 향상되었다. 그렇다고 해서 이런 조직형태가 장점만 있는 것은 아니다. 왜냐하면 고객들과의 거리가 멀어지면서 출장시간이 더 길어졌기 때문이다. 결과적으로 영업직원들의 순영업시간이 줄어들었다. 그러나 개선된 영업성적이 이런 단점을 상쇄하고도 남는다는 사실이 밝혀졌다. 조직형태를 결정할 때는 그런 저울질이 불가피하다.

재빠른 분권화

13장에서 우리는 '히든 챔피언들이 새로운 사업 분야에 진출할 때 어떻게 하면 집중, 깊이, 단순한 조직을 바탕으로 한 그들의 장점을 그대로 유지할 수 있을까'라는 질문을 던졌다. 이 질문에 대한 답은 명확하다. 분권화가 바로 그 답이다. 새로운 사업이나 새로운 목표 그룹을 개발하는 과정에서 히든 챔피언들은 일찌감치 분권적이고 고객친화적인 조직형태에 매진한다. 헤렌크네히트는 이와 비슷한 사례들에 대한 대표적인 예다. 헤렌크네히트는 새롭게 시작한 수직드릴 사업 분야를 기존의 기업조직에 편입시키는 대신 헤렌크네히트 버티컬 유한회사를 따로 설립하여 그 분야를 담당하도록 했다. 새롭게 설립된 이 회사는 목표 그룹만 다른 것이 아니라 기술적인 도전의 종류도 전혀 다른 새로운 분야의 사업에 온전히 집중했다.

립스틱 제작기계를 생산하는 벡케를레도 이와 유사하게 전통적인 기계 사업을 운영하는 벡케를레 머신즈Weckerle Machines와 립스틱 제작과 더불어 립스틱 마케터들에게 다양한 서비스 제공 업무를 담당하는 벡케를레 코스메틱스Weckerle Cosmetics로 기업을 분할했다. 케이블카 부문 세계시장 선도기업인 도펠마이어도 유사한 조치를 취했다. 신규 사업 분야인 케이블카 운행 및 도시 내부 운송 부문과 관련된 프로젝트를 실행에 옮기기에 앞서서 이 기업은 자회사인 도펠마이어 케이블카와 도펠마이어 트랜스포트 테크놀로지를 설립했다. 그러나 도펠마이어는 전 세계에 구축된 영업역량을 모든 사업 분야에 투입하여 활용하고 있다.

유연한 다각화를 추진하는 히든 챔피언 사장들이 말하기를, 신규 사업을 기존 조직단위에 편입시키면 흔히 고아 신세가 되고 만다고 한다. 당연히 신규 사업은 처음에는 그 규모가 작다. 따라서 조직적으로 분리되어 있지 않으면 상대적으로 규모가 훨씬 더 큰 핵심사업에 밀려 궁지에 내몰릴 수밖에 없다. 이런 맥락에서 고객친화라는 주제는 매우 중요하다.

높은 수준의 고객친화성은 히든 챔피언들의 가장 큰 강점이자 경쟁상의 장점 가운데 하나다. 일반적으로 고객친화성은 무엇보다도 직원들의 태도와 관련된 사안으로 받아들여진다. 그러나 이것은 잘못된 생각이다. 고객친화성은 태도와 관련된 문제인 동시에 조직과 관련된 문제기도 하다. 오히려 조직과의 관련성이 더 크다고도 할 수 있다. 어쨌거나 관련성의 정도는 양쪽이 최소한 동일하다. 오직 소규모의 분권적인 단위만이 최적의 고객친화성을 보장해주고, 이를 통해서 히든 챔피언 전략의 성공적인 실행을 위한 기반을 마련해준다. 그런 소규모 단위 하나하나는 히든 챔피언 전략과 관련된 모든 측면을 실행에 옮긴다. 이런 이유로 독자적인 기업을 설립하는 것은 흔히 미래의 시장지배권을 획득하기 위한 첫 걸음이자 결정적인 발걸음이 된다.

업무 프로세스 재설계

지금까지 우리는 주로 조직 구조적인 측면을 살펴보았다. 그런데 히든 챔피언들은 업무 프로세스 재설계에 대해서는 어떤 반응을 보일까? 그들은 대기업에 비해 규모는 작지만 그럼에도 불구하고 복잡한 구조를 갖춘 그들의 조직을 어떻게 운영할까? 전체적으로 프로세스 형식화를 묻는 질문에 대해서는 평균적인 결과가 도출되었다. 응답 기업 가운데 극단적인 수치인 1(형식화 정도가 극도로 미미함)이나 7(형식화 정도가 매우 높음)에 표시를 한 기업은 극소수에 불과했다. 답변의 3분의 2 정도가 중간에 자리 잡고 있었다. 평균치는 3.76으로 7단계 가운데 중간 단계인 4를 살짝 밑돌았다. 이를 근거로 이야기하면, 히든 챔피언들은 프로세스 형식화 정도가 살짝 낮은 경향이 있다고 평가할 수 있다.

    업무 프로세스 재설계가 흥미로운 까닭은 히든 챔피언들의 경우, 무엇보다도 최고경영진 수가 일반적으로 매우 적다는 점 때문이다. 히든 챔피언의 5분의 1 이상이 경영자가 단 한 사람밖에 없다. 만약 히든 챔피언들의 모습을 보고 배웠더라면 '린 경영Lean Management(일본의 도요타 생산 시스템(TPS)을 미국식 환경에 맞춰 재정립한 것으로 자재 구매에서부터 생산, 재고관리, 유통에 이르기까지 모든 과정에 손실을 최소화하여 최적화한다는 개념)'를 굳이 새롭게 고안해낼 필요가 없었을 것이다. 이런 사실을 명확하게 보여주는 몇 가지 사례들을 소개하도록 하겠다.

- 소비재를 생산하는 어느 히든 챔피언은 유럽에만 25개의 영업 지사를 갖추고 있다. 대표 한 사람이 이 모든 지사들을 운영하고 있다. 그 밖에도 그는 무수하게 많은 다른 업무들을 떠맡고 있다.
- 홍보활동을 강도 높게 추진하고 있는 어느 히든 챔피언의 홍보부서는 2명의 간부와 소수의 보조직원들로만 구성되어 있다. 그러나 이 회사는 광고대행업체의 개입을 단호하게 거부한다.
- 수많은 히든 챔피언들이 매우 혁신적인 모습을 보여준다. 그런데 이따금씩 R&D 부서가 1명의 직원과 1명의 보조요원으로만 구성되어 있는 경우를 찾아볼 수 있다. R&D 예산 및 그와 결부

된 부서 인원수가 그 부서가 갖춘 혁신 능력에 비해서 극도로 적은 것이다.

인원수가 적으면 필연적으로 업무부담이 높아질 수밖에 없지만, 의사소통 과정의 복잡함은 확연하게 줄어든다. 상호관계의 수가 참가자 수의 제곱만큼 늘어난다는 점을 떠올려보면 이런 사실을 쉽게 이해할 수 있다.[6] 참가자 수가 4명이면 가능한 의사소통관계가 6개지만, 참자가가 10명이면 그 수가 45개가 되고, 20명이면 자그마치 190개로 늘어난다. 히든 챔피언들은 직원 수가 그리 많지 않은데, 이는 각종 프로세스를 간소화하는 효과를 발휘한다. 복잡함의 감소는 조직효율성을 향상하기 위한 가장 효과적인 방법 가운데 하나다. 이것은 이미 널리 알려져 있는 사실이다. 그럼에도 불구하고 대기업과 관료주의 체제는 이 부분에서 극도의 어려움을 겪고 있다. 반면 히든 챔피언들은 날마다 조직간소화를 몸소 실천하면서 모범을 보이고 있다.

호화 인테리어 부문에서 세계시장을 이끌고 있는 기업 가운데 하나인 메트리카Metrica 사장 보도 쿤헨Bodo Kuhnhenn도 군살 없고 효율적인 업무 프로세스 재설계에 큰 가치를 부여한다. 메트리카의 목표는 각종 프로젝트를 가능한 한 시공업체(GC, general contractor) 자격으로 진행하는 것이라고 한다. 그 이유는 이렇게 해야만 일정과 예산의 예측 불가능성을 최소화할 수 있기 때문이다. 그러나 시공업체 자격으로 일을 하면 불가피하게 복잡함을 감수할 수밖에 없다고 한다. 쿤한은 이렇게 말한다. "현장과 프로젝트 지휘본부 그리고 배후부서 간의 순조로운 프로젝트 진행을 위해서 내부적으로 우리는 각종 공정과 공정 진행순서를 팀 전체와 함께 수정합니다. 지금까지 이 일을 잘 해왔지만, 그래도 매일 같이 뭔가를 새롭게 배우게 됩니다."[7]

그럼에도 불구하고 사업부 조직과 국제화로 인해 많은 것들이 복잡해졌고, 정리되어야 하는 것이 현실이다. 여기에서 우리는 두 가지 사례를 들어 새로운 커뮤니케이션 기술을 적극 활용하는 초현대적인 해결책을 제시하고자 한다. 용접기술 부문에서 세계시장을 이끌고 있는 IBG 그룹[8]은 용접기술, 부품, 건설화학 등 세 부문으로 구성된 사업부 조직을 보유하고 있다. 부품 부문은 용접 장비에 사용되는 부품들을 생산 및 판매한다. 2010년을 기준으로 매출액이 1억7,500만 유로였고, 직원 수는 2,085명이었다. 현재 40개가 넘는 나라에 70개의 IBG 그룹 산하 회사가 진출해 있다. IBG는 경영 지주회사로 활동하고 있는데, 그런 기업치고는 경영진 수가 고작 12명으로 매우 적은 편이다.

전 세계에 거점을 두고 있는 그룹을 운영하기 위해서 IBG는 네트워크 조직을 활용하고 있는데, 이 조직의 가장 큰 특징들로는 다음과 같은 것들이 있다.

- 주요 직원 500명의 (대략 전 직원의 4분의 1에 해당한다) 전문적인 역량skills을 데이터 뱅크에 기록한다.
- 모든 중요한 결정은 간단한 규칙들이 적용되는 이른바 일반 의사결정 과정(GDP, Generic Decision Process)에 의거하여 진행된다.
- 의사결정을 최초로 제안한 사람이 몇 가지 핵심어를 제시하면, 그것을 근거로 모종의 프로그램이 역량-데이터 뱅크를 활용하

- 여 GDP에 적합한 팀을 추천한다.
- 이 팀은 사전에 정해진 시점까지 결정을 내려야만 한다.
- 중립적인 심판관들이 그 과정을 감독한다. 그 밖에도 전체 과정이 면밀하게 기록된다.

이런 네트워크 조직이 제 기능을 수행하기 위해서는 정보기술이 매우 중요하다. IBG는 모든 지사에 화상회의 스튜디오를 설치해 놓고 있는데, 그 가운데 여러 개를 동시에 연결하는 것이 가능하다. 이런 방법을 사용하면 장소와 부문에 관계없이 각각의 전문 역량에 따라 의사결정 팀을 꾸릴 수 있을 뿐만 아니라 팀들 간의 효율적인 협력도 가능하다. 각각의 문제별로 가장 뛰어난 역량을 갖춘 의사결정자들을 전 세계적으로 연결하는 것과 더불어 의사결정을 객관화하는 것은 아주 큰 장점이 된다. 한 설비 제조업체도 이와 유사하게 현대적인 업무 프로세스 재설계를 활용하고 있다. 그 업체는 이렇게 말한다.

"우리는 관제탑에서 공항을 제어하는 것과 비슷한 방식으로 기업을 제어하고자 합니다. 간단하게 말하면, 우리는 모든 고객들에게 비디오 설비 연결장치를 제공합니다. 그리고 우리의 모든 자회사가 이 설비에 연결되어 있습니다. 또한 전 세계에 있는 모든 경영진들이 특수한 PC 장비를 통해서 모든 상황을 들여다볼 수 있는 일종의 관제탑과 인터넷으로 연결되어 있습니다. 우리는 전체 주문처리와 전체 기업운영을 이 관제탑을 통해서 해결하고자 합니다. 이 말은 곧 주문이 확정되면 그 즉시 직원들에게 각각의 작업 단계와 업무가 분배된다는 것을 의미합니다. 그때부터 일어나는 모든 종류의 변화나 쇄신은 전적으로 관제탑을 통해서 관리되어, 업무에 대한 새로운 정의로 귀결됩니다. 이를 통해서 우리는 우리 기업이 신속한 커뮤니케이션 기술을 철저하게 활용하는 데서 그치지 않고, 그로 인해 고통받는 사태를 방지하려고 합니다. 특히 이메일을 통한 커뮤니케이션의 신속성과 개방성은 거래업체 직원들과 우리 직원들이 끊임없이 커뮤니케이션을 하는 상황을 야기합니다. 물론 우리 회사 직원들 사이에서도 마찬가지입니다. 이렇게 되면 커뮤니케이션에 대한 통제권을 쉽게 잃어버리게 됩니다. 이런 맥락에서 우리는 전체 업무를 한곳에 집중시키고 있습니다. 그리고 기업의 핵심 경영진이 매일 관제센터에 자리를 잡고 앉아서 모든 정보와 업무를 조정합니다."

기업과의 일체감은 분권적인 조직의 기능 수행에서 큰 중요성을 지니고 있다. 두말할 필요도 없이 이것은 히든 챔피언들의 강점 가운데 하나다. 이 주제에 대해서는 앞으로 이어질 장에서 심도 깊게 다룰 것이다. 기업과의 일체감은 조직적인 측면에서도 중요성을 지니고 있다. 전 직원이 공동의 가치와 목표를 공유하고, 이를 통해서 하나의 팀이 되어 활동을 펼친다면[9], 그렇지 않은 경우보다 조직에 대한 필요성이 한마디로 '덜할' 것이다. 이런 맥락에서 대부분의 히든 챔피언들은 놀라울 정도로 '빈약한 조직'을 가지고 사업을 꾸려나가고 있다.

예컨대 매출액 약 10억 유로에 세전수익이 2억5,000만 유로에 달하는 화학 분야의 어느 히든 챔피언 CEO가 내게 말하기를, 그의 회사에는 외근직원 감시 시스템이 존재하지 않는 대신 영업사원을 선발할 때 극도의 신중을 기한다고 했다. 그 회사의 영업활동은 조직 시스템을 통해서가 아니라 직원 한 사람 한 사람을 통해서 관리, 운영된다고 했다. 이 기업이 달성한 성공이 그 CEO의 행동이 옳았음을 입증해주었다. 그밖에 다른 조직적인 문제에 관해서는 다른 장에서 이미 언급했다. 예컨대 가치창출조직, 자체제작비율, R&D, 전략적 제휴 같은 측면들이 그런 것들이다. 따라서 이 자리에서는 그런 주제들에 대해 새롭게 다룰 필요는 없을 것 같다.

핵/심/요/약

전략이 조직을 규정한다. 역으로 조직은 전략 실행과 행위 능력, 유연성, 속도, 고객친화성, 비용에 지대한 영향을 미친다. 조직은 기업의 기본적인 뼈대와 기업이 고객들에게 가치를 전달하는 데 도움이 되는 각종 과정들을 포괄한다. 이런 기본 조건들과 과정들을 만들고 이용하는 과정에서 히든 챔피언들은 독자적인 특징들을 내보인다. 그리고 다른 기업들은 이런 그들로부터 가르침을 얻을 수 있다.

- 집중 전략은 간소한 조직체제를 허용한다. 이것은 결코 과소평가할 수 없는 장점이다. 예나 지금이나 히든 챔피언들의 전형이라고 할 수 있는 단일제품 단일시장 기업에게는 무엇보다도 기능적인 조직이 제격이다.
- 히든 챔피언들 사이에서는 업무분할이 대기업만큼 효과를 발휘하지 못한다. 히든 챔피언들의 경우, 일반적으로 직원들이 다양한 기능을 수행한다. 이런 특징은 유연성을 함양하는 동시에 업무량을 균등하게 조정하는 역할을 한다.
- 각기 다른 목표 그룹이 제기하는 다양한 요구로 말미암아 사업이 복잡해질 때면 히든 챔피언들은 흔히 사업부 조직형태로 이행해간다. 이때 고객친화라는 주제가 핵심적인 역할을 수행한다. 그들은 매트릭스 구조를 기피한다. 조직분할 과정에서 그들은 무엇보다도 고객그룹을 지침으로 삼는데, 이때 고객그룹은 용도, 업계 혹은 지역에 따라 정의될 수 있다.
- 유연한 다각화를 추진하면 불가피하게 조직적인 복합성이 증대될 수밖에

없지만, 히든 챔피언들은 이런 상황을 감수한다. 그러나 히든 챔피언들은 이것이 그들의 전통적인 강점들을 위협할 수 있다는 사실을 잘 알고 있다. 그들은 발 빠르고 단호한 분권화로 이런 위험에 대처한다.

- 신규 사업을 추진할 때는 흔히 독자 회사를 설립하여 그 부문을 분리 운영한다. 히든 챔피언들은 매트릭스 구조를 최대한 기피한다. 단호하게 분권화할 준비가 되어 있으면, 사업이 복잡해진다고 하더라도 집중이라는 장점을 그대로 유지할 수 있다.
- 히든 챔피언들은 최고경영진 수가 매우 적다. 그들은 현대 정보기술을 최대한 활용하는 업무 프로세스 재설계의 도움을 받아 전 세계를 무대로 하는 그들의 사업을 제어한다. 이런 새로운 형태의 업무 프로세스 재설계는 규모가 작은 기업뿐만 아니라 큰 기업들에게도 귀감이 될 수 있다.

요약하면, 전형적인 히든 챔피언들은 단일제품 단일시장 기업들이고, 그런 그들에게는 기능적인 조직체제가 거의 당연한 형태라고 할 수 있다. 좀더 복잡한 구조를 지닌 히든 챔피언들은 발 빠르고 철저한 사업부화를 통해서 두각을 드러낸다. 이렇게 하면 복잡한 조직들조차도 집중, 고객친화성, 기업가정신 같은 강점들을 보존할 수 있다. 그 밖에도 히든 챔피언들은 혁신적인 형태의 업무 프로세스 재설계를 실천에 옮기고, 이때 현대적인 정보기술이 제공하는 기회를 활용한다. 경영진과 직원들의 강도 높은 일체감 덕분에 히든 챔피언들은 비교적 '날씬한 조직'을 가지고 사업을 운영해나간다.

CHAPTER 16

직원에게
영감을 불어넣어라

HIDDEN CHAMPIONS

Hidden Champions

여기에서 나는 '영감을 불어넣다'라는 표현을 사용했다. 이 말은 '직원들에게 동기를 부여하다', '직원들을 고무하다' 혹은 그와 비슷한 다른 말들보다도 히든 챔피언 직원들의 전력투구, 동기부여, 역할 이해를 설명하기에 한층 더 적합한 말이다. 직원들에게 영감을 불어넣기, 직원들의 일체감, 직원들에 대한 동기의식 부여가 기업의 성공에 지대한 영향을 미친다는 것은 잘 알려져 있는 사실이다. 그러나 히든 챔피언들과 일반 기업의 차이점은 이런 인식을 실제로 실행에 옮길 때 드러나는 단호함이다. 앞으로 수많은 지표들을 통해서 증명하겠지만, 히든 챔피언 직원들은 '영감으로 충만'하다. 히든 챔피언들은 지속적인 성장을 토대로 하여 늘 새로운 일자리를 창출한다. 이때 성장의 중심점은 내수시장이 아니라 해외시장과, 월등하게 뛰어난 능력을 요구하는 그런 지점들이다.

히든 챔피언들은 성과, 병가율, 이직률 같은 주제에 어떻게 대응하고 있을까? 빠듯한 직원 수는 높은 생산성과 업무성과의 투명성을 도모한다. 히든 챔피언들은 대부분 지방에 자리 잡고 있다. 이런 입지 때문에 경영자와 근로자 사이에는 상호의존적인 관계가 형성되어 있다. 글로발리아의 맥락에서 뛰어난 능력을 갖춘 직원들을 채용하는 문제가 히든 챔피언들이 극복해야 할 새로운 도전으로 제기되고 있다.

고용과 새로운 일자리

히든 챔피언들은 고용주로서 탁월한 역할을 수행하고 있다. 독일어권에 있는 1,540곳의 히든 챔피언들이 전 세계에서 고용한 직원의 수는 320만 명이다. 회사 한 곳당 평균 2,000명 이상의 직원을 고용한 셈이다. 독일 히든 챔피언들이 독일 내에서 고용한 직원 수는 140만 명이다. 이것은 DAX에 상장된 30대 콘체른에서 일하는 근로자 수인 160만 명보다도 결코 적지 않은 수치다.

일자리 창출자로서 히든 챔피언들이 수행하는 역할은 한층 더 중요하다. 그들의 지속적인 성장과 함께 늘 새로운 일자리가 만들어지고 있다. 플라스틱 플레인 베어링과 에너지 체인 부문에서 시장을 선도하고 있는 쾰른의 이구스가 전형적인 예다. 1983년 이구스는 40명의 직원을 고용하고 있었는데, 2011년에는 그 수가 1,900명으로 늘어났다. 그중 950명이 독일에서 일하고 있고, 850명은 전 세계에 흩어져 있는 28개 자회사에서 일하고 있다.

10년 단위로 살펴보았을 때, 히든 챔피언 한 곳당 평균 직원 숫자가 연간 75명 늘어났다. 이 수치를 1,307곳에 이르는 독일 히든 챔피언들에게 적용하면, 이들 회사에서 추가로 생겨나는 일자리가 연간 9만8,025개라는 결론이 도출된다. 이런 결과에 따르면 독일 히든 챔피언들은 지난 10년간 꼭 100만 개쯤 되는 일자리를 창출했다. 116곳의 오스트리아 히든 챔피언들도 그에 상응하여 연간 8,700개, 10년간 8만7,000개의 새로운 일자리를 창출했다. 110곳의 스위스 히든 챔피언들은 연간 8,250개, 10년간 8만2,500개의 일자리를 창출했다. 〈표 16.1〉을 보면 새롭게 창출된 일자리 수를 한눈에 알아

〈표 16.1〉 일자리 창출자로서의 히든 챔피언

국가	히든 챔피언 수	연간 창출된 전체 일자리	10년간 창출된 전체 일자리
독일	1,307	98,025	980,250
오스트리아	116	8,700	87,000
스위스	110	8,250	82,500
룩셈부르크	7	525	5,250
총계	1,540	115,500	1,155,000

볼 수 있다.

1,540곳의 독일어권 히든 챔피언들은 10년 동안 모두 110만 명이 넘는 사람들에게 추가로 일자리를 제공했다. 반면 DAX에 상장된 기업들은 2005년에서 2010년 사이에 약 10만 개의 일자리를 없앴다.[1] 이 수치는 내수시장뿐만 아니라 전 세계에서 창출된 새로운 일자리까지 모두 포함된 수치다.

새로운 일자리가 어디에서 만들어졌는지는 명백하다. 내수시장이 아니라 해외시장이 바로 그 답이다! 그것도 족히 3분의 2가 (회사 한 곳당 연간 새롭게 창출된 일자리 75개 가운데 평균 52개가) 해외 자회사에서 만들어졌다. 그럼에도 불구하고 이것은 히든 챔피언들이 독일 내수시장에서 10년 동안 35만 8,000개의 새로운 일자리를 창출했다는 사실과 그 가운데 독일에서 창출된 일자리 수가 족히 30만 개에 이른다는 사실을 의미한다. 이 수치는 해외 일자리 창출이 결코 국내 일자리 창출에 부담으로 작용하지 않는다는 사실을 입증해준다. 히든 챔피언들은 내수시장뿐만 아니라 해외에서도 엄청난 규모의 새로운 일자리를 마련했다. 이런 사실은 해외투자가 국내입지를 약화하는 것이 아니라 오히려 강화한다는 사실 또한 증명한다.

국내고용과 해외고용 간에 심각한 비중 변화가 일어나고 있다. 1995년만 하더라도 히든 챔피언 직원의 61퍼센트가 국내에서 일을 하고 있었다. 그런데 2005년까지만 따져보아도 이 비율이 이미 51퍼센트로 줄어들었다. 그래도 국내고용이 여전히 아주 근소하나마 앞서고 있었다. 그런데 위기가 닥쳐오면서, 특히 2009년 이후에 양쪽의 비율이 한층 더 신속하게 큰 폭으로 변화되었다. 왜냐하면 유럽 내수시장들이 동시에 붕괴된 것과는 대조적으로 신흥국들은 계속 성장을 이어갔기 때문이다. 우리가 추정한 바에 따르면, 2012년 기준으로 국내에서 일하는 직원들이 전체 직원의 45퍼센트를 차지한다. 다수인 55퍼센트는 히든 챔피언들이 해외에 설립한 자회사에서 일하고 있다. 이 비율은 향후 계속 상승할 것이다. 그리하여 2020년이 되면 거의 3분의 2에 육박할 것이다.

직원들이 국제화되면 히든 챔피언들의 문화와 특성도 불가피하게 변할 수밖에 없다. 직원과 관련된 측면에서 그들은 국가기업에서 세계기업으로 탈바꿈하고 있다. 이미 살펴본 바와 같이, 매출액 부문에서는 이미 오래 전부터 이런 변화가 수행되어 왔다. 매출액의 80~90퍼센트가 해외시장에서 비롯되는 경우가 허다하다.

그러나 직원 현황은 완전히 달랐다. 직원과 가치창출의 세계화는 수십 년이 넘는 기간 동안 매출액 세계화에 비해서 현저하게 지연되었다. 그러나 가속화된 세계화와 지역별로 천차만별의 성장률을 가져온 위기를 통해서 이런 상황에도 변화가 일어났다. 매출액과 직원의 지역적 분포가 점차 비슷해지고 있으며, 지금은 이미 전체 직원의 4분의 3 이상을 해외에서 고용하고 있는 히든 챔피언들이 아주 많다. 고온 시스템 부문의 RHI, 엘렉트로이졸라 Dr. 쉴트바호Elektroisola Dr. Schildbach, GfK, 젤리타 같은 기업들이 그런 예에 해당한다. 이런 히든 챔피언들을 비롯한 다른 수많은 기업들이 현재 세계적인 고용주로 자리매김하고 있다. 경영진의 국제화가 마지막 주자로서, 다시금 엄청나게 뒤처진 상태로 그 뒤를 잇고 있다. 이 측면에 대해서는 다음 장에서 심도 깊게 살펴볼 것이다.

해외직원 비율을 중심으로 한 이런 양적인 관찰은 세계화 현상의 일부분밖에 보여주지 못한다. 세계화 과정에서는 매우 다양한 국적과 문화적 배경을 보유한 사람들로 구성된 팀이 만들어진다. 포르쉐는 현재 슈투트가르트의 추펜하우젠Zuffenhausen에 55개 국가 출신의 직원들을 고용하고 있다. 그것으로도 모자라 포르쉐 CEO 마티아스 뮐러Mathias Müller는 더 많은 수의 중국 엔지니어들을 희망하고 있다.[2] 아디다스에서는 42개 국가 출신의 직원들이 일을 하고 있고, 브라운 마케팅 부서에서는 15개의 다양한 국적을 보유한 직원들을 찾아볼 수 있다. 지몬-쿠허&파트너스 같은 작은 회사에서도 32개의 다양한 국적을 지닌 직원들을 보유하고 있다. 불과 몇십 년 전만 해도 그런 조직은 아예 존재하지도 않았다. 그러나 글로벌리아에서는 일반적인 일이 되었다.

전통적으로 기업 본사나 국내에 자리 잡고 있었던 R&D 같은 부서에서도 국제화가 증가하는 추세다. 예컨대 센서기술 부문 세계시장 선도기업인 지크는 6개 국가에 13개의 R&D 거점을 보유하고 있다. 향수와 방향제 부문에서 세계시장을 선도하는 지보단은 파리, 벵갈루루, 뉴욕, 신시내티, 상하이, 상파울루, 싱가포르, 요하네스버그 같은 전 세계 유명 도시에서 39개의 방향제 제조센터와 23개의 향수 제조센터를 운영하고 있다.

한 기업이 대다수의 직원을 해외에 보유하고 있다는 것은 무엇을 의미하는 것일까? 그런 기업을 가리켜 과연 진정한 의미에서의 독일 기업, 오스트리아 기업 혹은 스위스 기업으로 명명할 수 있을까? 나이스비트Naisbitt가 제안한 대로 경제세계를 국가가 아닌 이른바 도메인Domains을 기준으로 구분하는 것이 더 효과적이지 않을까?³ 기업의 출신 국가보다도 그 기업이 전 세계적인 산업에 소속되어 있다는 사실이 더 중요해지지 않을까? 이런 질문은 뜨거운 논쟁을 유발한다. 비록 우리가 여전히 미국 기업, 일본 기업, 독일 기업이라는 말을 사용하고 있긴 하지만, 8장에서 살펴본 것처럼 현실은 역사적으로 규정된 이런 분류와 멀리 동떨어져 있다. 현재 우리는 국가기업에서 세계기업으로 이행해가는 과도기에 있다. 이 같은 상황에서 히든 챔피언들에게 제기되는 거대한 도전은 바로 이런 변화가 진행되는 과정에서, 또 이런 변화에도 불구하고 전통적인 강점들을 보존하는 것이다. 이 과정에서 어떤 변화가 일어날 것인지는 현재로서는 예측하기 어렵다.

직원의 4분의 3 이상이 다른 나라와 다른 문화에서 일을 한다면 장기적으로 어떤 결과를 초래할까? 단포스나 아우디 같은 기업들이 중국을 '제2의 고향'으로 선포하고 사람들이 이것을 진지하게 받아들인다면, '제2의 고향'이라는 개념은 단지 매출액이나 생산과 관계된 개념만이 아니라 장기적으로 기업 경영의 모든 면을 포괄하게 될 것이다. 단포스는 과연 덴마크-중국 기업이 될 것인가? 그리고 아우디는 독일-중국 기업이 될 것인가? 그렇다면 그것은 구체적으로 무엇을 의미할까? 그런 기업들은 '고향이 없는' 기업이 되는 것일까?

잠정적으로 우리는 독일에서 히든 챔피언들이 고용주로서 갖는 의미가 DAX에 상장된 기업들의 그것과 견줄 만하다는 결론을 내릴 수 있다. 독일어권 히든 챔피언들은 10년 동안 100만 개가 넘는 새로운 일자리를 창출했다. 그중 약 3분의 1이 내수시장에서 만들어졌고, 3분의 2가 해외에서, 특히 아시아에서 만들어졌다. 고용증대는 일자리의 국제적 분포와 가치창출 구조에 큰 변화를 야기했다. 히든 챔피언들은 2009년 이후로 국내보다 해외에서 더 많은 직원들을 고용하고 있다.[4] 일자리의 국제화는 전통적인 강점 유지와 기업문화 측면에서 새로운 종류의 도전을 내포하고 있다. 히든 챔피언들은 글로발리아로 향하는 도정에서 국가중심적인 방향에서 벗어나 세계를 지향하는 새로운 정체성을 키워나가고 있다.

위기와 고용

2007년 이후 시작되어 2009년에 정점으로 치달았던 위기는 경기순환 주기가 늦은 업계에는 2010년에야 비로소 도달했다. 심지어 히든 챔피언들까지도 전대미문의 자기검증 시험대에 올려놓았다. 2012년의 관점에서 보면, 그들이 이 시험을 훌륭하게 극복해내면서 전 세계의 찬사를 받는 본보기가 되었다고 말해도 무방할 것 같다. 매출액 감소폭이 30~40퍼센트 혹은 50퍼센트를 넘어서면서 기업의 생존을 위협하는 상황에서 그들은 신속하게 원가를 줄이는 데 가장 우선순위를 두었다. 장기적인 관점에서 큰 손해를 초래하지 않으면서 원가를 낮추는 것이 관건이었다. 이를 위해서 히든 챔피언들은 수많은 유연한 해결책들을 고안해냈다.

그들은 위기 초기에 이미 첫 번째 조치들을 도입했다. 제일 먼저 계약직 노동자들이 정리 대상이 되었다. 그 다음으로는 공휴일과 신년휴가를 활용하여 기업의 휴가기간을 연장했다. 이를 통해서 기업은 일석이조의 효과를 얻을 수 있었다. 시장을 짓누르던 물량 압박이 사라졌고, 부분적인 임금 저하는 원가 절감을 가져왔다. 호황기에 크게 늘어났던 근로시간계좌 잔고가 줄어들었다. 이어서 두 번째 단계로 많은 기업들이 근로시간을 단축하는 조치를 단행했다.

해고 사태를 가능한 한 피하려는 노력이 계속되었다. 비용 절감과 관련된 모든 조치의 핵심적인 측면은 바로 위기종료 시점 및 예상되는 위기지속 기간이었다. 조업 중단과 해고 같은 신속하고 극단적인 조치는 단기적으로는 의미가 있을 수도 있지만, 장기적으로는 중대한 실수로 판명되고 있다. 히든 챔피언들은 비용을 최대한 유연하게 조정하는 한편 돌이킬 수 없는 극단적인 사태를 막기 위해 노력했다. 그들은 필수적인 비용 절감을 위해서 가능한 한 많은 수단을 동원했다.[5] 그리하여 근무에 투입된 직원 수, 일일 노동시간, 주간 노동일수 등 여러 변수들이 비용 절감에 동원되었다. 여기에 상황에 따른 휴가 협의, 무급 혹은 부분 유급 특별휴가, 안식년, 다양한 형태의 파트타임 근무, 직원 개개인이나 급여 그룹별로 세분화된 방안 등이 추가되었다. 이처럼 다양한 조치들을 조합하는 방법이 '일차원적인' 해고 프로그램보다 덜 혹독한 것으로 밝혀졌다. 또 다른 방법은 제품의 생산 속도를 줄이는 것이었다. 위기 상황에서 자동차 기업들과 하청업체들은 컨베이어벨트가 돌아가는 속도를 늦추었다. 국가 차원에서 이루어진 조업단축 지원도 마찬가지로 중요한 역할을 수행했다.

위기 기간 동안 그런 조치들이 큰 마찰 없이 관철될 수 있었다는 사실에 많은 사람들이 놀라움을 금치 못했다. 고용주, 근로자, 노동조합 모두가 상황의 심각성을 인식했고, 그들 모두가 양보를 할 만반의 준비가 되어 있었다. 특히 중소기업을 중심으로 이미 몇 년 전부터 노동조건 측면에서 유연성이 증가하는 모습이 관찰되어왔는데, 바로 이런 유연성을 바탕으로 하여 다양한 위기대응 조치들이 마련될 수 있었다.

제도용 압편 부문 세계시장 선도기업인 고트샬크는 10년도 훨씬 전부터 근로시간계좌제도를 운영해왔다. 사장 고트샬크는 "우리 직원들은 '고객이 원하는 것이라면 반드시 해야만 한다'라는 모토에 의거하여 사흘간 본격적으로 전면전을 치른 후에 다시 휴식을 취합니다"라고 말한다. 노동조합과의 관계가 호의적인 것도 위기 상황에서 행운으로 밝혀졌다. 남서부금속경영자협회 의장인 요아힘 킨츨레Joachim Kienzle의 다음과 같은 말이 이런 사실을 예시적으로 표현하고 있다. 그는 2008년 말 센서장비 제조업체인 발루프에서 펼쳐진 상황과 관련하여 이렇게 말했다.

"노동조합과 고용주가 동일한 목표를 추구하고 있었는데, 이것은 중소기업의 구조 및 개인적인 신뢰와 크게 관계된 일입니다. 독일은 우리가 생각하는 것보다 훨씬 더 유연합니다. 단 3주 만에 새로운 임금계약이 체결되었습니다."[6]

계절적 주기의 영향을 크게 받는 농기계 제조업체 클라스는 추가수당을 따로 지급하는 일 없이 주당 근무시간을 24~51시간으로 탄력적으로 조정하고 있다. 건설기계 제작업체인 바커 노이존Wacker Neuson 직원들은 호황기가 다가오면 주당 최대 48시간까지 근무를 한다. 트룸프나 헤르믈레 같은 히든 챔피언들은 탄력근무시간계좌제도 도입의 선구자들이다. 그들은 이런 시간조정 메커니즘을 강도 높게 활용했다. 이런 예들은 독일에서는 대형 위기가 닥쳐오기 전에 이미 탄력근무시간제도가 실행되고 있었다는 사실을 보여준다. 심지어 트룸프는 각각의 근로자들이 주당 근무시간을 스스로 설정할 수 있는 새로운 탄력근무시간 모형을 도입했다. 그러나 이 제도를 도입할 때는 반드시 2년간의 정착 과정을 거쳐야만 한다. 그렇게 해야 기업이 계획의 안정성을 유지할 수 있기 때문이다. 탄력적인 근무시간 모형과 다른 나라에 비해서 건설적이고 우호적인 노사 관계는 위기 상황에서도 기대 이상으로 훌륭하게 보존되었다. 해외 강연에서 그런 경험들을 이야기할 때면, 대부분 의심 섞인 놀라움이 터져나온다. 그때 청중은 흔히 "우리나라에서는 그런 일이 불가능합니다"라는 반응을 보인다.

히든 챔피언들은 해고를 기피했다. 바로 뛰어난 자질을 갖춘 직원들을 잃고 싶지 않았기 때문이다. 당시 포르쉐의 CEO였던 벤델린 비데킹Wendelin Wiedeking은 이렇게 말했다. "우리 직원들은 뛰어난 능력과 더불어 탁월한 열정을 갖추고 있습니다. 따라서 고용보장 문제를 경솔하게 다루어서는 안 됩니다." 나사 제조업체인 트비어&뢰젠베크Tweer&Lösenbeck의 사장 마티아스 피탄Matthias Pithan도 그의 의견에 동의를 표했다. "우리의 최대 자산은 바로 직원들입니다. 현 시점에서 노련한 동료들을 해고하는 짓을 할 수는 없습니다. 해고당한 직원들은 아마도 위기가 지나가고 나면 경쟁업체에서 다시 일을 시작할 것입니다."7 트룸프의 회장 니콜라 라이빙어-캄뮐러는 한층 더 정확하게 정곡을 찌른다. "한번 떠난 전문가들은 영원

히 떠나버립니다."⁸

많은 히든 챔피언들이 힘든 시기를 직무능력 향상과 연장교육을 통해서 극복하고 있다. 'hire and fire(고용과 해고)'로 기울어지는 경향이 있는 미국인들조차도 이런 측면에서 뭔가 배움을 얻은 것처럼 보인다. 예컨대 당시 휴렛팩커드Hewlett-Packard CEO였던 마크 허드Mark Hurd는 이런 말을 했다. "우리는 인재를 해고하고는 곧장 인재를 재고용하는 행위를 비용이 많이 들고 위험한 일이라고 생각합니다."⁹

히든 챔피언들은 위기 극복의 본보기로 입증되었다. 나는 그들이 해외지점에서도 유사한 조치를 실행하고 있다는 느낌을 받았다. 위기가 정점에 도달했을 무렵 나는 중국 공장에 갓 입주한 한 독일 챔피언을 방문한 적이 있다. 그곳도 직물 산업 쪽 수요가 참담할 정도로 급감한 상태였다. 정확하게 잘못된 시점에 새로운 공장이 완성된 것이 문제였다. 그 히든 챔피언은 도저히 해고를 피할 방법이 없었다. 그러나 그 회사는 해고된 직원들에게 일감이 들어오면 그 즉시 다시 고용을 하겠노라고 약속했다. 그리고 그 직원들 가운데 80퍼센트가 위기가 한풀 꺾인 후에 다시 회사로 돌아왔다.

해고방지와 고용유지 통보는 위기 이후 수많은 히든 챔피언들과 독일 경제가 신속하게 재도약하는 발판이 되었다. 고도의 원가 유연성에 대한 필연성은 위기가 남긴 가장 중요한 교훈이다. 지금은 모든 히든 챔피언들이 그 같은 필연성을 아주 잘 알고 있다.¹⁰

기업문화

좋은 기업과 나쁜 기업의 진정한 차이는 기계나 시설, 각종 공정이나 조직이 아니라 바로 기업문화에 있다. 라인홀트 뷔르트는 언젠가 이런 사실을 다음과 같이 표현했다.

"최신 기계와 근사한 건물을 가지고 있지만 의욕이 없는 사람들과 일을 할 때보다, 의욕이 충만한 직원들과 함께 오두막집에서 낡은 기계를 가지고 일을 할 때 더 많은 것을 해낼 수 있습니다."

피터 드러커는 경영진에게 제기되는 도전을 다음과 같이 정확하게 표현했다.

"중요한 것은 사람들에게 동일한 목표와 가치 그리고 지속적인 학습 가능성과 개발 가능성을 제공함으로써 그들이 하나의 팀이 되어 성과를 만들어내도록 하는 것입니다."

보청기 부문에서 세계시장을 이끌고 있는 양대 기업 중 하나인 소노바Sonova는 기업문화라는 주제를 "사람 없이는 아무 것도 안 됩니다"라는 말로 요약한다. 기업문화란 한 기업의 목표와 가치 전체를 뜻하는 것으로, 모든 직원들이 그것을 수용하고 그에 대해서 의무감을 느끼는 경우가 가장 이상적이다. 모두의 노력을 공동의 목표와 우선순위에 맞추는 것, 그것이야말로 기업문화가 수행하는 본질적인 기능이다. 기업문화의 중요성은 지금까지 점점 커져왔고, 앞으로도 계속 커질 것이다.

오직 돈 때문에 일을 하는 사람들이 점점 줄어들고 있다. 반면 일에서 의미와 즐거움을 찾고, 더 고차원적인 목표와 가치의 충족을 추구하는 사람들은 점점 더 늘어나고 있다. 고도로 발달된 사회에서는 노동에 대한 동기가 반드시 욕구 피라미드의 상위 영역을

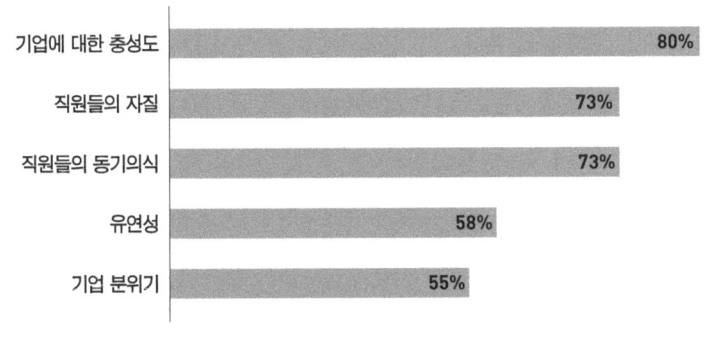

자극하는 것이어야만 한다. 이는 특히 현대 서비스 기업과 정신활동을 중심으로 하는 기업에 가장 강도 높게 적용되는 사실이다. 업무가 까다로우면 까다로울수록 기업문화의 중요성도 더욱 더 커진다! 뛰어난 능력을 갖춘 지식노동자들의 업무성과를 직접적으로 측정하거나 통제하는 것은 불가능한 일이다. 따라서 이런 전문인력들을 효과적으로 이끌어갈 수 있는 유일한 방법은 동기를 부여하고 목표를 지정해주는 것밖에 없다. 반면 전통적인 통제수단으로는 결코 그들을 제대로 이끌어갈 수가 없다. 어떤 측면에서 기업문화는 출퇴근시간을 기록하는 타임리코더를 대신한다.

히든 챔피언들의 기업문화와 업무성과는 과연 어떨까? 기업의 내적 강인함을 묻는 질문에 대해서 우리는 〈표 16.2〉에 제시된 것과 같은 답변을 얻을 수 있었다. 이 표는 각각의 항목별로 높은 수준의 동의 의사를(7단계 중 6/7단계) 표시한 기업들의 비율을 나타낸 것이다. 히든 챔피언의 과반수 이상은 대체로 직원 중심적인 특징을 기업의 강점으로 꼽는다. 〈표 16.2〉가 증명하듯이, 이것은 특히 기업 충성도와 직원의 자질 그리고 동기의식에 적용된다. 히든 챔피언들이 보유한 우월함의 근원적인 뿌리가 기업문화와 직원들의 태도에 놓여 있다는 사실에 대해서는 추호도 의심의 여지가 없다.

기업 관계자와 나눈 대화와 기업 팸플릿에서는 기업문화라는 주제와 관련하여 자기 책임, 자유로운 여지, 팀 정신(아헨바흐 부쉬휘텐 CEO 악셀 바르텐은 이렇게 말한다. "우리는 팀 정신을 실제로 실천에 옮기고 있습니다. 우리는 위계적인 사고보다 팀 정신을 중시합니다."), 신뢰, 친숙한 분위기, 대화, 개방적인 태도, 일에 대한 즐거움, 직원들의 독자적인 생각(브레인랩 CEO 슈테판 필스마이어는 이렇게 말한다. "저는 복제인간을 상대할 생각이 추호도 없습니다.") 그리고 그 외의 다른 문화적인 측면에 관한 이야기들이 다수 거론되었다. 부엌 싱크대 부문에서 세계시장을 선도하고 있는 블랑코 Blanco 관리이사회 의장인 프랑크 슈트라웁Frank Straub은 그런 가치들을 한마디의 짧은 문장으로 요약한다. "우리는 압력을 행사하지 않습니다. 우리는 이끌어냅니다." 어쩌면 혹자는 이런 말들을 허풍으로 치부해버릴 것이다. 그러나 히든 챔피언을 제대로 알고 있는 사람이라면, 이 말이 결코 공허한 빈껍데기에 불과한 것이 아니라 실제로 이런 내적인 힘이 존재한다는 사실을 잘 알고 있다. 그리고 질병으로 인한 결근율과 이직률 같은 구체적인 지표에서 그 힘이 실질적인 영향력을 지니고 있다는 사실이 분명하게 드러난다.

질병으로 인한 결근

기업문화와 직원들의 참여의식은 그저 '있으면 좋은Nice to have' 태도가 아니라 냉혹한 생산성지수에 그대로 반영되어 나타난다.

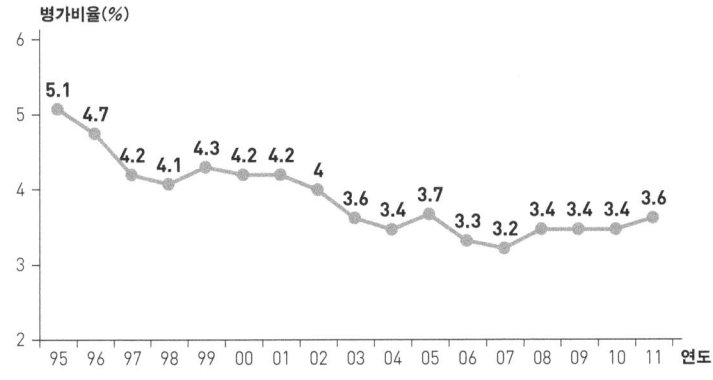

〈표 16.3〉 1995~2011년까지 독일 근로자들의 병가율

〈표 16.3〉은 다년간에 걸친 독일 근로자들의 병가율 추이를 나타낸 것이다. 1995년에서 2011년까지 평균 결근율은 3.9퍼센트로, 2007년까지 낮아지는 경향을 보이다가 그 이후로는 다시 살짝 높아졌다.

히든 챔피언들의 다년간에 걸친 평균 병가율은 3.2퍼센트로 다른 기업보다 현저하게 낮았다. 독일경제계가 이런 수치를 달성하기까지는 자그마치 17년의 세월이 걸렸다. 100곳의 히든 챔피언들 가운데 병가율이 5퍼센트가 넘는 곳은 단 세 곳에 불과했다. 심지어 히든 챔피언 10곳 중 한곳은 다년간에 걸친 병가율이 2퍼센트 미만이었다.

병가율은 업종, 근로조건, 경영 스타일, 인센티브 체계 등 다양한 영향인자가 만들어낸 결과물이다. 병가율 차이는 수량화할 수 있는 경제적인 결과를 만들어낸다. 예컨대 히든 챔피언들의 다년간에 걸친 평균 병가율이 독일 산업계 평균보다 0.7퍼센트 낮다면, 이것은 직원 수를 2,000명으로 가정했을 때 질병으로 인해 결근을 하는 직원들의 수가 매일 14명 더 적다는 것을 의미한다. 직원 1인당 매출액을 16만 유로로 가정했을 때, 연간매출액이 220만 유로 더 많아진다는 결론이 도출된다. 그리고 매출수익률을 11퍼센트로 가정하면, 수익 규모가 꼭 25만 유로 정도 더 많아지는 결과가 초래된다.

이직

전략적인 측면에서 보면 이직률이 병가율보다 더 중요하다.[11] 이직은 해당 근로자가 노동시장에서 찾기 힘든 특수한 능력을 보유하고 있는 경우 특히 더 불리한 영향을 미치는 것으로 나타났다. 반면 회계 같은 일반적인 능력을 보유한 경우에는 이직으로 인한 구멍을 메우기가 한결 수월하다. 함께 대화를 나눈 히든 챔피언들은 거듭하여 그들의 직원들이 최고 수준의 특수 능력을 보유하고 있으며, 그런 이유로 이직 현상이 심하면 손해가 막심하다는 점을 강조했다. 따라서 히든 챔피언들은 뛰어난 능력을 보유한 직원들을 잡아두기 위해서 온갖 수단을 동원한다. 그리고 이런 측면에서 그들은 매우 성공적인 면모를 보여준다. 히든 챔피언들의 다년간에 걸친 이직률은 2.7퍼센트로 극도로 낮은 수준이다. 심지어는 '이직률 0퍼센트'를 거론하는 기업들도 있다.

예컨대 커피 로스팅 설비 부문에서 50퍼센트가 넘는 시장점유율을 자랑하면서 세계시장을 선도하는 프로바트Probat의 슈테판 랑에Stephan Lange는 이렇게 말한다. "커피 바이러스에 한번 감염된 사람들은 결코 거기에서 벗어나지 못합니다." 트룸프의 경우에는 독일 내 이직률이 1.7퍼센트이고, 전 세계적으로는 2.6퍼센트다. 그 같은

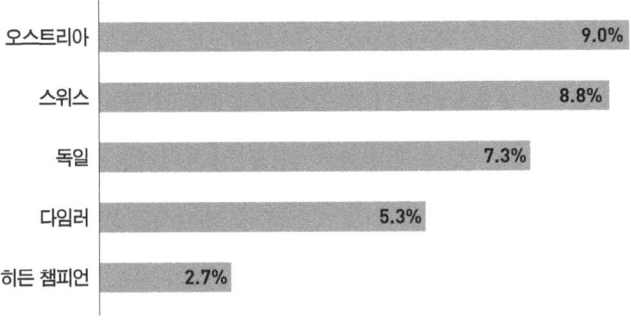

〈표 16.4〉 이직률 비교

출처: 헤른슈타인연구소

이직률을 다른 나라의 이직률과 비교해보면 한층 더 인상적인 그림이 만들어진다. 명확한 설명을 위해서 〈표 16.4〉에 독일어권 국가들의 이직률과 함께 다임러와 히든 챔피언들의 이직률을 추가로 기입해두었다.

기업 규모가 커질수록 이직률도 함께 상승한다는 것은 널리 알려진 사실이다. 헤른슈타인연구소의 연구 결과에 따르면, 직원 수 250명 미만인 기업들의 이직률은 6.7퍼센트인 반면, 직원 수가 1,000명을 넘어서는 기업의 이직률은 10.3퍼센트에 달한 것으로 나타났다. 히든 챔피언들의 이직률은 2.7퍼센트에 불과한데, 이것은 평균 근속연수가 37년에 이른다는 것을 암시한다(=100/2.7). 반면 이직률이 8퍼센트인 경우에는 직원들의 평균 근속연수가 12.5년으로 25년이나 짧다.

히든 챔피언들의 이직률과 독일어권 국가들의 평균 이직률 간의 차이는 수치상으로 5퍼센트에 달한다. 이것이 의미하는 바는 무엇인가? 한편으로 이것은 매년 직원 20명 중 한 명이 직장을 떠난다는 것을 의미한다. 그리고 그 직원과 함께 그가 수집한 모든 노하우가 사라진다는 것을 의미한다. 그리고 다른 한편으로 이것은 해가 거듭될수록 더 많은 수의 신입 직원을 구하고 업무에 투입하고 숙달시켜야만 한다는 것을 의미한다. 평균 직원 수가 족히 2,000명에 이르는 히든 챔피언들에게 이것을 적용시켜보면, 다음과 같은 결과가 도출된다.

- 매년 직원 100명의 노하우가 기업에 그대로 남아 사라지지 않는다.
- 매년 100명의 신규 직원을 투입하고 숙달시키는 데 드는 노력과 비용을 절약할 수 있다.
- 평균적인 기업에서는 8년이 지나면 직원의 절반이 떠나지만, 히든 챔피언들의 경우에는 8년이 지나도 원래 직원의 80퍼센트가 아직 회사에 남아 있다.

비록 공개적인 토론에서는 병가율이 관심의 한가운데에 있지만, 나는 이직률이 전략적으로 더 큰 의미가 있다고 생각한다. 히든 챔피언들이 이직률에 높은 관심을 보이는 것도 바로 그런 이유 때문이다. 뛰어난 노하우를 구축하고 유지하기 위해서는 낮은 이직률보다 더 중요한 것은 없다. 그리고 높은 이직률보다 더 해가 되는 것도 없다. 까다로운 사업 분야에서 활동하는 기업이라면 모두가 이 사실을 반드시 명심해야 할 것이다.

계산상 산출된 37년이라는 히든 챔피언들의 평균 재직기간은 기이할 정도로 길어 보인다. 이런 수치를 마주하는 순간, 즉시 '그렇다면 능력이 떨어지는 직원들은 어떻게 할 것인가'라는 의문이 솟구친다. 업무의욕이 평균 이하인 직원들과 태만한 직원들 그리고 아무짝에도 쓸모없는 밥벌레들을 최대한 오랫동안 회사에 잡아두는 것이 과연 의미 있는 일일까? 결론적으로 말하면 연속성이 목적 그자체는 아니다. 이 한마디가 모든 것을 말해준다. 당연한 말이지만, 제대로 된 직원들을 확보하고 있는 경우에 한해서만 직원들의 높은 충성도와 낮은 이직률이 의미를 가질 수 있다. 이런 이유로 지속적인 기업충성도를 꾀하는 시스템에서는 조직상의 기본 특징으로서 채용 초기 단계에 엄격한 선별 작업이 이루어진다.

몇 해 전 브리타 정수필터 창립자인 하인츠 한캄머와 대화를 나누던 중 나는 정신이 번뜩 드는 체험을 한 적이 있다. 그는 먼저 이런 말로 포문을 열었다. "우리 회사에는 사실상 이직을 하는 경우가 전혀 없습니다." 그러고는 잠깐 생각을 한 후에 다시 이렇게 덧붙였다. "그러나 초기에는 이직률이 매우 높습니다." 그는 수습기간 동안에는 사장인 그가 제대로 된 직원을 선발하는 데 관심을 기울일 필요가 없다면서 계속 말을 이어갔다. 그의 설명에 따르면, 사장이 굳이 관심을 기울이지 않아도 팀원들이 자체적으로 관심을 갖는다는 것이다. 직원들은 일할 의욕이 없거나 일할 능력이 없는 동료들을 팀에 그대로 두었다가는 회사는 물론이고 자기 자신에게도 해가 된다는 사실을 잘 알고 있다.

공작기계 제조업체인 헤르믈레 사장 디트마르 헤르믈레Dietmar Hermle도 이와 비슷한 말을 했다. "우리와 맞지 않는다면, 그 사람이 회사를 떠나야 합니다." 바로 이것이 핵심이다! 테일러리즘의 창시자인 프레드릭 테일러Frederick Taylor는 지금부터 100년도 더 전에 이미 제대로 된 직원을 선발하는 것이야말로 조직, 공정, 직업교육과 관련된 다른 모든 조치보다 더 중요하다고 강조했다.

제대로 된 직원을 선발하는 것이 무엇보다도 중요하다는 통찰은 아웃도어 장비 부문 유럽시장 선도기업인 글로브트로터의 기본 정책이기도 하다. 글로브트로터는 취미를 직업으로 삼는 사람들만을 직원으로 고용한다. 직원들은 모두 열정적인 등반가, 카누이스트 혹은 사이클 리스트들이다. 그들 대부분은 실제로도 과거에 글로브트로터를 찾던 고객들이었다. 창립자인 클라우스 덴아르트Klaus Denart와 페터 레히하르트Peter Lechhart만 하더라도 아웃도어 팬들이다. 그리고 그들의 후계자인 토마스 리프케Thomas Lipke와 안드레아스 바흐만Andreas Bachmann도 개인적으로 캐나다나 노르웨이 등지를 탐험할 때 글로브트로터 장비들을 테스트하고 있다.[12] 따라서 불꽃이 직원들에게 옮겨붙는 것은 그리 놀라운 일이 아니다.

또한 베를린에 있는 매출수익률 25퍼센트를 자랑하는 어느 히든 챔피언 CEO도 내게 말하기를, 자신은 무엇보다도 응시자 선발에 초점을 맞추고 있다고 했다. 이 과정에서 올바르게 판단하려면 엄청난 노력을 기울여야 한다면서, 심지어 응시자를 가르친 교사들의 이름을 알아내 추천서를 받은 적도 있다고 했다. 고도의 연속성, 낮은 이직률, 초기에 이루어지는 엄격한 직원선발 절차는 서로 불가분의 관계에 있다. 히든 챔피언들은 이 사실을 알아차리고, 그들 특유의 철두철미함과 단호함으로 무장하여 그에 입각하여 행동하고 있다.

직원 1인당 업무량 증대

많은 히든 챔피언들은 최고의 생산성과 효율성으로 두각을 드러낸다. 큰 성공을 구가하고 있는 니더작센의 한 히든 챔피언 영업팀장은 내게 이렇게 말했다.

"과거에 저는 큰 무역회사에서 일을 했습니다. 본사 직원만 해도 수천 명이나 되었지요. 그곳에서 하루를 보내다 보면 커다란 사무실에 앉아 할 일이 없어서 잡지를 읽고 있는 동료들이 심심찮게 눈에 띄었습니다. 하지만 누구도 그 모습을 보고 언짢게 생각하지 않았습니다. 지금 제가 다니는 회사에서는 그런 일은 생각조차 할 수 없습니다."

독일 남부에 있는 한 회사의 여사장은 이렇게 단언했다.

"우리 회사는 직원이 120명입니다. 각자 자기 자리에서 팔을 걷어붙이고 전력을 다해야만 합니다. 아무도 게으름을 피울 수 없습니다. 대기업에서야 게으름뱅이도 그럭저럭 해나갈 수 있을지도 모르지요. 그러나 우리 회사에서는 그런 일이 일어날 가능성이 거의 없습니다."

히든 챔피언들은 도대체 어떻게 최고의 능률에 도달할 수 있는 것일까? 이와 관련하여 규모가 큰 기업과 작은 기업의 차이를 어떻게 설명할 수 있을까? 나는 근본적으로 차이를 만들어내는 원인이 직원 수, 기업문화 그리고 조직, 이 세 가지라고 생각한다.

내가 거듭 주시하는 첫 번째 원인은 직원 수다. 히든 챔피언들은 직원 수가 지나치게 적다. 단지 최상부만 '빈약한lean' 것이 아니라 '빈약함leanness'이 모든 영역을 관통하고 있다. 나와 대화를 나누었던 누군가는 자신이 처한 상황을 다음과 같이 기술했다.

"우리는 언제나 직원 1인당 업무량이 비교적 많은 편입니다. 또 마땅히 그래야만 합니다. 이렇게 하면 단지 생산성에만 유익한 것이 아니라 직원들의 실제 만족도도 더욱 커집니다. 직원들을 자극하여 열심히 일하도록 만들지 않으면, 그들은 곧장 메모를 한다거나 이메일을 쓰는 등 비생산적인 활동에 빠져듭니다. 1인당 업무량이 많으면 대기업을 괴롭히는 음모 활동의 대부분과 관료주의적인 번거로움을 방지할 수 있습니다."

빠듯한 인원 배치가 발휘하는 생산성 향상 효과를 이보다 더 정확하게 표현할 수는 없을 것이다.

반대 경우도 마찬가지다. 과도한 인원 배치는 생산성을 말살하는 작용을 하는 한편 갖가지 불만을 유발한다. 파킨슨 법칙Parkinson's law은 직원 수가 지나치게 많을 때에 한해서 효과를 발휘한다.[13] 업무 수행 인원이 지나치게 많으면, 각자가 시간을 때우기 위해서 뭔가 할 일을 모색한다. 일반적으로 직원들은 새로운 일을 고안해내는 일에 관한 한 매우 창의적이다. 이런 새로운 일은 보통 가치창출과는 전혀 무관하거나 혹시 관계가 있다고 하더라도 그 정도가 아주 미미한 내부적인 활동과 관련되어 있다. 조직의 규모가 커질수록 그런 '무효 전력wattless power'이 생성될 위험성도 함께 커진다. "직원 1인당 업무량이 상대적으로 많다"라고 하는 조건은 아마도 가장 효과적인 생산성 향상 동인일 것이다.

업무량과 업무능력 간의 관계는 당연히 매우 민감한 문제다. 따라서 업무량을 지나치게 과도하게 늘리는 것은 금물이다. '일반 사람들보다 업무량이 조금 더 많은' 쪽으로 조건을 구체화하는 것이 바람직해 보이는데, 이때 '조금'의 정도를 정확하게 수량화하기란 불가능한 일이다.

그렇다면 '직원 1인당 업무량 증대'라는 조건을 도대체 어떻게 하면 달성할 수 있을까? 가장 간단한 방법은 바로 '성장'이다. 세심한 직원 채용 정책이 도입되었다는 전제 하에, 기업이 성장하면 거의 자동적으로 직원들의 역량이 업무량을 따라잡지 못하는 상황에 이른다. 위르겐 헤레우스는 이런 상황을 다음과 같이 설명한다. "우리는 세 번째 직원이 필요해졌을 때 비로소 두 번째 직원을 채용합니다." 기업 매출액이 줄어들면 그런 조건을 충족하기가 훨씬 더 힘들어진다. 이런 경우, 노동력 과잉 사태를 방지하기 위해서는 노동력을 조기에 감축하는 것 외에는 달리 방법이 없다. 또 생산성이 향상된 경우, 매출액이 제자리에 머물러 있으면 직원 과잉 사태로 이어질 수 있다. 한 히든 챔피언의 영업이사는 이런 문제점을 다음과 같이 기술했다.

"우리 회사의 생산성은 매년 약 5퍼센트 정도 증가하고 있습니다. 우리는 직원 수를 최대한 안정적으로 유지하고자 합니다. 이 말은 판매량을 매년 5퍼센트 늘려야 한다는 것을 의미합니다. 만약 그렇게 하지 못하면 자동적으로 직원 과잉 사태에 빠져들게 됩니다. 이를 방지하기 위해서는 반드시 성장을 해야만 합니다."

고성과 문화

고도의 성과를 달성하기 위한 두 번째 조건은 기업문화다. 수습 기간 동안 직원 선별이 이루어진다는 사실을 설명할 때 이야기한 것처럼, 저조한 실적과 게으름이 용납되지 않는다는 것은 두말하면 잔소리다. 이것은 단지 기업 경영진만의 문제가 아니라, 전체 팀원의 관심사이기도 하다. 직원들은 저조한 실적이 기업 전체는 물론이고 자기 자신의 일자리까지도 위협한다는 사실을 잘 알고 있다. 축구팀과 비슷하다. 한 축구팀에서 다른 선수들보다 기량이 크게 떨어지는 선수는 일반적으로 팀에 받아들여지지 않는다. 왜냐하면 그런 선수 하나가 팀을 약하게 만들고 팀의 몰락을 야기한다는 사실을 모두가 알고 있기 때문이다. 기업에서도 마찬가지여서, 직원들은 위에서 예로 든 어느 대형 무역기업에서 발생한 것과 같은 상황을 결코 용납하지 않을 것이다. 기업과 일체감을 느끼는 직원이라면 반드시 그런 폐해가 발생하지 않도록 주의를 기울여야 한다.

직원들의 일체감에 관한 한 대부분의 히든 챔피언들은 추호도 의심할 여지가 없다. 저조한 실적과 게으름을 용납하지 않는 자세는 세계 정상급 기업이 되기 위한 전제조건이다. 대기업의 명예를 위해서 한마디 덧붙이자면, 당연히 대기업 가운데도 고성과 기업문화를 보유한 기업들이 존재한다. 예컨대 독일 기업들 중에서는 보쉬와 린데가 그렇다.

지방에 자리 잡은 입지

히든 챔피언들은 대부분 지방에 자리 잡고 있는데, 이 같은 입지는 근본적으로 직원들이 업무에 전념하는 데 크게 기여하고 있다. 그렇다면 세계경제를 이끌어가는 전문가들은 과연 어떤 곳에 자리를 잡고 있을까? 보스턴에 있는 MIT나 하버드대학교, 캘리포니아

공과대학, 도쿄대학교, 파리 에콜 폴리테크니크, 아니면 런던 임페리얼 콜리지? 독일어권에서는 어떨까? 취리히 공과대학, 카를스루에 공과대학KIT 혹은 뮌헨과 빈에 있는 공과대학에 가면 그런 최고 수준을 갖춘 사람들을 찾을 수 있을까? 물론 이 모든 장소에서 우리는 수많은 탁월한 학자들을 만날 수 있다. 그러나 실무 전문가들은 다른 장소, 다른 지역에 자리 잡고 있다. 그리고 그 지명은 오직 극소수의 사람들에게만 알려져 있다.

인공장구 부문의 대가들은 니더작센 주 두더슈타트에서 일을 하고 있다. 그런가 하면 풍력에너지 부문에서 세계를 이끌고 있는 기술자들은 오스트프리스란트Ostfriesland 아우리히에서 그들의 혁신적인 제품들을 조립하고 있다. 그리고 특정한 사람들을 제외하고는 지거란트 부쉬휘텐에 있는 알루미늄 압연설비에 대해서 알고 있는 사람이 거의 없다. 세계에서 가장 성능이 뛰어난 콤바인은 베스트팔렌 주 하르제빙켈Harsewinkel이라는 곳에서 제작된다. 양쯔 강 아래를 통과하고 싶다거나 로스엔젤리스에 지하철을 건설하고 싶다면, 바덴-뷔르템베르크에 있는 슈바나우Schwanau에 전화를 거는 것이 가장 좋은 방법이다. 분말야금과 관련해서라면 아무도 티롤 지방 로이테Reutte에 있는 플란제 연구원들의 용기를 꺾지 못할 것이다. 스키바인딩이라면 스위스 라이헨바흐Reichenbach에 있는 프리취Fritschi에 문의하도록 하라. 이 회사는 전 세계 스키바인딩의 약 3분의 2를 제작하고 있다. 골판지에 관심이 있다면, 바이에리셔 발트에 있는 바이허함머Weiherhammer로 향해야 할 것이다. 전 세계 골판지 전문가들이 해마다 그곳에서 열리는 BHS 코러게이티드BHS Corrugated 고객 총회에 참석하고 있으니까 말이다. 참고로 BHS 코러게이티드

CHAPTER 16 직원에게 영감을 불어넣어라 649

는 골판지 제작설비 부문 세계시장 선도기업이다. 그리고 전 세계 수천 명의 세탁 시스템 전문가들이 2년에 한 번씩 이 부문 세계 1위 기업인 카네기서가 개최하는 사내 전시회를 방문하기 위해서 오스트베스트팔렌 지방에 있는 플로토Vlotho로 향하고 있다.

전체 히든 챔피언의 약 3분의 2가 지방에 본거지를 두고 있다. 맡은 바 사명에 사로잡힌 히든 챔피언 사장들과 직원들은 이처럼 조용한 장소에서 최고의 집중력과 에너지를 동원하여 그들의 업무에 전념하고 있다. 지방이라는 입지는 기업을 특징짓고, 또 기업은 그들이 자리 잡고 있는 지역을 특징짓는다. 이런 상호의존성은 기업문화와 직원들 간의 관계에 지대한 영향을 미친다.

대부분의 경우, 히든 챔피언들은 현지에서 가장 규모가 큰 고용주다. 직원들은 대도시에서 일할 때보다도 다른 직업에 대한 대안이 상대적으로 적다. 다른 한편으로 지방에서는 뛰어난 능력을 갖춘 노동력 풀이 제한되어 있기 때문에 기업은 자기 회사에서 일하는 근로자들과 그들의 선한 의지에 의존할 수밖에 없다. 이런 조건들은 고용주와 근로자 사이에 상호 종속관계를 만들어낸다. 기업은 노동력이 필요하고, 직원들은 기업이 제공하는 일자리가 필요하다. 양쪽이 서로에게 의존하는 것이다. 이런 의존적인 관계를 바탕으로 하여 일체감과 충돌 방지를 특징으로 하는 고용관계가 생성된다. 근로자들은 기업 상황이 나빠지면 자신들이 직접적인 영향을 받는다는 사실을 잘 알고 있다. 그리고 기업주는 직원들의 동기의식에 기업의 성패가 좌우된다는 사실을 잘 알고 있다. 엠스데텐에 있는 크로네Krone 그룹 회장 알폰스 페어Alfons Veer는 이렇게 말한다.

"엠스데텐은 우리에게 매우 이상적인 장소입니다. 여기에서 우리는 부지런하고 열정적인 직원들을 충분히 찾을 수 있습니다. 납득할 수 있는 비용으로 말이지요. 우리는 지방 한가운데에서 제품을 생산하는데, 이 점은 우리의 농기구 산업에 특히 큰 도움이 됩니다. 전 세계에 걸친 영업망도 엠스란트Emsland를 거점으로 아무 문제 없이 거뜬히 제어할 수 있습니다."[14]

소유주이자 경영인이 직원들과 같은 장소에서 태어나 자란 경우도 흔하다. 이런 특징을 바탕으로 대도시에서는 보기 드문 형태의 관계조직망이 형성된다. 한 집안의 여러 세대가 같은 기업에서 일을 하는 것도 특별한 경우가 아니다. 바이에른 브루크뮐Bruckmühl에서 필터, 접착, 연마에 사용되는 공업용 종이를 생산하는 네나 게스너Neenah Gessner의 인사담당자 마티아스 헤프너Mathias Häfner는 이렇게 말한다. "벌써 3대째 우리 회사에서 일을 하는 직원들도 있습니다. 우리 직원들은 우리의 이웃이기도 합니다." 네나 게스너 전체 직원의 90퍼센트가 인근 지역 출신이다. 그러니까 회사가 직원들의 거주지역 내에 있는 것이다. 그런 조건 하에서는 경영진과 직원들 사이의 거리가 매우 가깝다. 히든 챔피언 사장들과 함께 공장을 견학할 때마다 나는 그들이 직원 다수의 이름을 알고 있을 뿐만 아니라, 드물지 않게 서로 반말을 사용한다는 것을 거듭 확인할 수 있었다.

히든 챔피언들과 지역공동체 간의 관계도 매우 특수하다. 지역주민들은 세계시장 선도기업이 그 지역에 있다는 사실을 자랑스럽게 여긴다. 그리고 그 회사가 해당 지자체의 최대 세금 납세자인 경우가 흔하기 때문에, 지자체는 회사의 번영에 큰 관심을 기울인다. "차이스가 기침을 하면, 저희는 폐렴에 걸린답니다." 오버코헨 시장이 한 말이다. 오버코헨 지역은 인구가 7,800명인데, 약 4,000명이 차이스에서 일하고 있다. 지자체들은 그들의 최대 세금 납세자들이 좋은 컨디션을 유지할 수 있도록 각고의 노력을 기울인다. 그리고 기업은 각종 협회와 박물관, 문화활동의 스폰서가 되어 답례를 한다. 예컨대 바이에른 쾨니히스베르크Königsberg에 있는 세계적인 파형 도관 제작업체인 프랭키쉐 로어베르케Fränkische Rohrwerke 사장인 오토 키르히너Otto Kirchner는 이렇게 말한다. "무엇보다도 저는 여기 이 지역에 대해서 책임감을 느낍니다. 이곳에서 우리는 타의 추종을 불허하는 최대 고용기업입니다."

장소의 인접성은 그 지역만의 고유한 특징을 창출한다. 프랑크 슈튀른렌베르크는 오스트베스트팔렌 블롬베르크에 있는 피닉스 콘택트에 대해서 이렇게 말한다. "피닉스 콘택트는 소유주가 경영하는 기업으로, 지속적인 성장과 긴 성공 역사에도 불구하고 단 한 번도 지역 고유의 특징을 잃어버린 적이 없습니다." 이 모든 요소들은 기업에 대한 직원들의 일체감 형성에 기여한다.

지방에 자리 잡은 입지가 지닌 또 다른 효과는 한눈팔기와 집중력 분산을 방지한다는 데 있다. 이런 장점을 처음으로 나에게 알려준 사람은 그로만 엔지니어링 창립자이자 사장인 클라우스 그로만이었다.

"나는 대도시인 뒤셀도르프 출신입니다. 내 첫 회사의 본사도 그곳에 자리 잡고 있었습니다. 당시에 우리는 전 세계에서 성공리에 에너지 사업을 운영하고 있었습니다. 그러나 뒤셀도르프에 계속 있었더라면 아마도 현재 전자 산업 및 다른 업계를 위해서 우리가 하고 있는 일을 지금 형태 그대로 할 수는 없었을 것입니다. 한마디로 대도시에는 우리 회사 최고 전문가들이 한눈을 팔만한 대상이 너무

많습니다. 우리에게는 심도 깊은 집중이 필요합니다. 그리고 오직 조용한 환경 속에서만 그런 집중이 가능합니다. 나는 다분히 의도적으로 회사를 뒤셀도르프에서 아이펠Eifel 지방에 있는 소도시 프륌Prüm으로 옮기기로 결정했습니다. 내가 원했던 것은 직원들과 기업을 영구적으로 결속시키는 것이었습니다. 그리고 그것은 실제로 먹혀들었습니다. 현재 우리 회사의 이직률은 1퍼센트 미만입니다. 우리는 교통정체 속에서 시간을 낭비할 일이 없습니다. 우리는 들판과 숲 바로 가까이에서 살고 있습니다. 일을 마치고 집으로 돌아가면 긴장을 풀고 편안히 휴식을 취할 수 있습니다. 우리 직원들은 쉽게 자기 집을 장만할 수 있습니다. 왜냐하면 여기에서는 건축부지 값이 싸기 때문입니다. 물론 우리에게도 문제는 있습니다. 대도시에서 직원들을 끌어오기가 여간 어렵지 않습니다. 그러나 이 문제는 그렇게까지 심각하지 않습니다."

아이펠-모젤Eifel-Mosel 지역에서 나는 라인-루르Rhein-Ruhr에서 지방으로 본거지를 옮긴 또 다른 히든 챔피언들과 맞닥뜨렸다. 아스팔트 혼합설비 부문 유럽시장 선도기업인 베닝호벤Benninghoven은 과거에 뒤셀도르프 힐덴Hilden에 자리 잡고 있다가 1960년대 말에 본사를 뮐하임/모젤로 이전했다. 그 후 1980년대에 이르러 인근에 있는 비틀리히Wittlich에 두 번째 공장을 지었다. 그렇게 한 이유는 당시 저렴했던 부지 가격과 낮은 임금 때문이었다. 오늘날 베닝스호벤에 가보면 지방이라는 입지가 지닌 명백한 전략적 장점을 분명하게 알아차릴 수 있다.

건축자재시장용 소형부품 부문 유럽시장 선도기업인 SUKI도 비슷한 경우다. SUKI는 1973년에 도르트문트에서 아이펠 지방의 작은 마을 란드샤이트Landscheid로 옮겨왔다. 높은 직원충성도, 상대적으로 낮은 임금 그리고 새로운 유럽의 한가운데에 자리 잡고 있다는 점이 입지적인 장점으로 꼽힌다. 센서기술 부문 세계시장 선도기업인 지크 창립자 에르빈 지크Erwin Sick도 1956년에 기업 본사를 뮌헨에서 바덴 지방의 오버키르히Oberkirch로 옮겼다가, 이후에 다시 인근에 있는 발트키르히Waldkirch로 이전했다. 지크는 바덴 남부 지방이 보유한 높은 여가가치가 직원들과 경영진들에게 매력적인 요소로 작용할 것이라고 생각했다.

지방이라는 입지를 이상적인 세계나 목가적인 이상향과 결부시켜 찬양하는 것은 금물이다. 지방이라는 입지도 다른 모든 것과 마찬가지로 장점과 단점을 동시에 가지고 있다. 문화와 직원들의 일체감과 관련해서는 긍정적인 효과가 발생한다. 그러나 전문인력과 경영진 채용과 관련해서는 상황이 달라진다. 이 주제에 대해서는 다음 장에서 심도 깊게 다룰 것이다. 그러나 그처럼 많은 세계시장 선도기업들이 소도시와 작은 마을에 자리를 잡고 있다는 사실 하나만으로도 이미 이것은 깊이 심사숙고해볼 필요가 있는 문제다.

자질과 직업교육

경쟁에서 승리할 수 있는 요인은 어떤 시장에서 활동하느냐에 따라서 달라진다. 만약 어떤 기업이 차별화되지 않은 일반 제품을 생산한다면, 무엇보다도 낮은 비용이 주안점이 될 것이다. 이런 상황에서는 조달비용, 생산비용, 유통비용을 낮추는 데 핵심역량을 집중해야만 한다. 여기에는 값싼 노동력을 이용한다거나 강도 높은 자동화 조치를 도입하는 것도 포함된다. 그러나 제아무리 혹독한 가격 경쟁이 펼쳐지고 있는 시장이라고 하더라도 최소한의 품질보장은 반드시 이루어져야 한다. 알디가 성공을 거둔 이유는 무조건 가격이 저렴해서가 아니라, 저렴한 가격 수준에 합리적이고 안정적인 품질이 한데 합쳐졌기 때문이다.

앞서 배운 것처럼 히든 챔피언들의 경쟁우위는 저렴한 비용과 낮은 가격에 있다기보다는 오히려 제품 품질과 컨설팅, 서비스, 시스템 통합에서 드러나는 탁월한 능력에 있다. 이처럼 탁월한 능력을 발휘하기 위해서는 값싼 노동력이 아니라 뛰어난 자질을 갖춘 직원들이 필요하다. 고도로 발달된 시장에서 시장지배권을 유지하기 위해서는 교육 수준과 학습능력 같은 역량들이 전제조건으로 작용한다. 앞의 〈표 16.2〉에 의거하면 히든 챔피언의 73퍼센트가 직원들의 자질을 뚜렷한 장점으로 평가하고 있다. 이런 인식에 걸맞게 히든 챔피언들은 지속적으로 직원들의 자질을 추가로 보강해나가고 있다.

히든 챔피언 직원의 거의 20퍼센트가 대학졸업장을 소지하고 있다. 이것은 1990년대 중반보다 2배 늘어난 수치다. 당시에는 히든 챔피언 한 곳당 대학 졸업자 수가 평균 100명 정도였다. 대학 졸업자 비율의 증가와 고용증대로 인해 지금은 히든 챔피언 한 곳당 절대적인 대학 졸업자 수가 거의 400명에 육박한다. 자그마치 4배나 늘어난 수치다. 이런 발전 상황은 결코 놀라운 것이 아니다. 히든 챔피언들 가운데서도 전위적인 기업들은 1995년에 이미 대학 졸업자 비율이 20퍼센트를 넘었다(예를 들면, 하우니 25퍼센트, 트룸프 22퍼센트). 히든 챔피언들은 이런 전위 기업들이 먼저 보여준 것을 광범위하게 재현했다. 심지어 히든 챔피언 10곳 중 한 곳은 대학 졸업자 비율이 50퍼센트 혹은 그 이상인데, 그들 대부분은 자신들의 분야에서 고도의 전문지식을 갖추고 있다. 이런 기업에서는 지식과 지적인 능력이 대규모로 축적된다. 그리고 글로벌리아에서는 저렴한 가격보다는 점차 고도의 능력을 중심으로 경쟁이 펼쳐지고 있다.

대학 졸업자들과 더불어 훌륭한 교육을 받은 전문인력도 히든 챔피언들의 전문적인 역량을 구성하는 중요한 기반이다. 견습생 비율도 10년 전보다 크게 높아졌다. 현재 견습생 비율은 5퍼센트가 넘는다. 절대적인 숫자로 환산해보면, 1990년대 중반에 히든 챔피언 한 곳이 보유한 평균 견습생 수는 약 60명 정도였는데, 지금은 그 수가 100명을 훨씬 뛰어넘는다. 그러니까 거의 2배로 늘어난 셈이다. 히든 챔피언 하나하나를 따져보면 이 수가 훨씬 더 많아진다. 예컨대 데트몰트에 있는 인터페이스 제작업체 바이트밀러는 4,400명의 직원 가운데 500명이 견습생이다. 견습생 비율이 약 11퍼센트에 이르는 셈이다.[15] 플로토에 자리 잡고 있는 세탁 시스템 부문 세계시장 선도기업 카네기서는 그 비율이 10퍼센트에 이른다.

고도의 자체 직업교육 강도가 중요한 이유는 지방에서는 흔히 다른 곳 출신의 전문인력을 확보하기가 어렵기 때문이다. 서적제본기 부문 세계시장 선도기업인 콜부스 사장 카이 뷘테마이어는 이와 관련하여 이렇게 말한다.

"우리는 변두리 도시에 살고 있기 때문에 자체적으로 직업교육을 많이 하는 것 외에는 다른 방법이 없습니다. 왜냐하면 그렇게 하지 않았다가는 전문인력이 부족해지는 사태가 발생할 것이기 때문입니다."

이 회사의 홈페이지에는 "기업 입지상 다른 업체에서 직원들을 채용하는 것은 사실상 배제되어 있다"고 적혀 있다.

향수와 방향제 부문 세계 1위 기업인 지보단은 자체 향수제조학교를 운영하고 있다. 회사는 이 학교에 대해서 이렇게 말한다. "최고 수준의 인재를 지속적으로 공급해주는 원천인 향수제조학교는 지보단의 성공을 떠받치는 초석들 가운데 하나로 간주된다." 그리고 이어서 지보단은 이렇게 말한다.

"지보단의 향수제조학교는 여러 세대에 걸쳐 누적된 지식과 열정, 전문기술을 보유한 내일의 최고 향수 장인들을 양성하고, 그들에게 영감을 불어넣는다. 이 학교는 향수제조 교육의 새로운 기준을 마련했다. 향수제조자들은 조직화된 테크닉을 통해 전체 후각계통 범위를 체계적으로 익히고 1,200가지가 넘는 성분에 대한 후각적인 기억을 향상한다."

많은 히든 챔피언들은 그들의 해외지점에 독일식 이원 직업교육 시스템을 도입하고 있는데, 이렇게 해야만 그곳에서 제기되는 전문인력 수요를 확보할 수 있기 때문이다. 예컨대 전기톱 부문에서 세계시장을 이끌고 있는 슈틸은 미국과 브라질 그리고 중국에 독일식 교육정책을 도입했다. 그리고 슈바르츠발트 출신의 두 히든 챔피언, 안전벨트 스프링 부문 세계시장 선도기업인 케른-리버스와 고정용 맞춤 못을 제작하는 세계 1위 기업 피셔베르케Fischerwerke는 중국에 '독일 공구기술 직업교육센터DAWT'를 개설하고, 그곳에서 이원적인 시스템에 입각하여 전문인력을 양성하고 있다. 수많은 나라에서, 그 중에서도 특히 인도에서 그와 유사한 움직임이 이루어지고 있다.[16]

뛰어난 자질을 갖춘 전문인력의 결핍은 전 세계에 걸쳐 히든 챔피언들의 발전에 걸림돌이 되고 있다. 시장에 쓸 만한 전문인력이 없기 때문에 히든 챔피언들이 자체적으로 이들을 육성하는 것이다. 추가교육도 이와 비슷하다. 그러나 이런 활동에 대한 강도 높은 투자가 빛을 보기 위해서는 직업교육에 이어서 직원들이 충분히 오랜 기간 동안 해당 기업에 머물러 있어야만 한다는 단서가 붙는다. 따라서 직업교육의 강도를 결정할 때는 반드시 이직률과의 관련선상에서 판단해야 한다. 직업교육에 대한 강도 높은 투자와 낮은 이직률이 한데 결합되면 전문인력의 지속적인 공급과 지속적으로 높은 수준의 노하우를 보장받을 수 있다.

히든 챔피언 직원들 가운데 대학 졸업자가 차지하는 비율이 10년 사이에 2배 이상 증가했다는 것을 확인할 수 있다. 이런 기업들은 지식과 능력 수준이라는 사안을 대폭 보강했다. 견습생 비율과 숫자도 10년 전보다 큰 폭으로 증가했다. 직업교육에 대한 강도 높은 투자는 낮은 이직률과 결합하여 지속적으로 높은 수준의 전문적인 역량을 보장해준다. 히든 챔피언들의 업무 포트폴리오가 점점 더 복잡해져가고 있는 상황에 직면하여 그처럼 높은 수준의 전문역량이 그 어떤 때보다도 큰 의미를 지니고 있다는 사실은 따로 설명할 필요가 없을 것이다.

직원 확보

직원들의 자질과 능력이 히든 챔피언들의 핵심적인 자원이라고 한다면, 최고의 재능을 지닌 직원들을 확보하고 유지하는 일은 극도로 중요한 일이다. 직원들을 유지하는 일은 사실상 그리 어려운 일이 아니다. 직원들의 충성도가 매우 높기 때문이다.

그렇다면 뛰어난 재능을 갖춘 직원들을 확보하는 일은 어떨까? 이 부분에서 히든 챔피언들은 많은 어려움을 겪고 있다. 그들이 이런 어려움을 겪는 이유는 다양하다. 첫 번째 원인은 엔지니어가 전반적으로 부족하다는 데 있다. "우리는 엔지니어를 충분히 확보하는 데 큰 어려움을 겪고 있습니다."[17] 다축자동선반multiple spindle lathe 제조업체인 쉬테Schütte의 사장 카를 마르틴 벨커Carl Martin Welcker의 말이다. 굼머스바흐Gummersbach에 있는 엔지니어 서비스업체 페르카우Ferchau는 현재 직원이 5,000명으로, 800명의 엔지니어를 추가로 구하고 있다. 사장 프랑크 페르카우Frank Ferchau는 "채용 부문의 성장에 확실히 제동이 걸렸습니다"라고 말한다.[18]

공과대학 졸업자를 확보하기 위한 첨예한 경쟁 속에서 낮은 인지도는 경쟁상 불리하게 작용한다. 대학생들을 대상으로 설문조사를 실시하면 언제나 잘 알려진 대기업에 대한 선호도가 뚜렷하다. 당연히 일류 브랜드 네임을 제시할 수 있으면 가장 이상적이다. 예컨대 다음과 같은 인용문이 상황을 명확하게 설명해준다.

"BMW가 무슨 일을 하는지는 아이들도 모두 알고 있다. 가장 선호하는 기업 순위에서 그 자동차 회사는 저만치 앞쪽에 자리 잡고 있다. 그로츠-벡케르트 같은 회사를 비롯한 다른 수많은 기계 제조업체들은 아예 거기에 이름을 올리지도 못한다."[19]

그럼에도 불구하고 상황이 그렇게 나쁘기만 한 것은 아니다. "뛰어난 능력을 갖춘 직원들을 채용하는 일과 관련하여 당신 회사가 지닌 매력을 어떻게 평가하는가?"라는 질문에 대해 압도적 다수인 74퍼센트가 7단계 중 상위 3단계에 표시를 했다(7=매우 매력적임). 그러나 가장 높은 단계인 7단계에 표시를 한 히든 챔피언은 고작 8퍼센트에 불과했다. 따라서 히든 챔피언들이 지닌 매력은 전체적으로 무난하게 받아들일 만한 수준이기는 하지만, 탁월한 수준은 아닌 것으로 평가되었다. 뛰어난 능력을 갖춘 인력에 대한 엄청난 수요와 첨예화된 경쟁을 감안할 때, 히든 챔피언들은 결코 이런 상황에 만족해서는 안 된다.

중간 규모의 기업들은 지역을 초월하여 핵심인재들을 끌어당길 매력을 구축하는 데 전반적으로 큰 어려움을 겪고 있다. 이런 상황에서 히든 챔피언들이 특정 대학에 채용활동을 집중한다면 인지도가 높은 대기업과의 경쟁에서 유리한 고지를 점할 수 있다. 일반적으로 기업 본사나 기업 소재지 인근에 있는 대학들이 그 대상이 될 것이다. 이때 히든 챔피언들은 반드시 그들의 장점을 더욱 구체적으로 보여주고 더욱 의식적으로 위치 설정을 해야 할 것이다. 세계시장 선도기업, 기술적 역량, 국제성 같은 장점들과 더불어 무엇보다도 좀더 신속하게 커리어를 쌓을 수 있다는 점과 좀더 일찍 책임을 떠맡을 수 있다는 점을 제시해야 할 것이다. 지보단은 자신만만한 태도로 '세계시장 선도기업을 위해서 일하는 자부심'을 거론한다. 그 말 속에는 기업가정신을 가진 젊은이들 사이에서 그 기업을 매력적으로 만들어주는 잠재적인 힘이 담겨 있다.

지방에 자리 잡은 입지가 기업에 대한 일체감과 더불어 기업에 대한 충성도를 장려하는 것은 사실이다. 그럼에도 불구하고 핵심인재 획득이라는 측면에서 지방이라는 환경은 경쟁상 단점으로 작용하고 있다. 히든 챔피언들은 특정 대학 졸업자들이나 경영진을 지방으로 끌어오는 일이 아주 어렵거나 아니면 아예 불가능하다는 것을 여러 차례 경험했다. 칼 자이스는 자연과학자를 구할 때보다도 영업직 사원을 구할 때 이런 문제가 한층 더 심각하게 대두된다고 말한다. 그러면서 과학자들은 입지보다도 업무에 더 큰 관심을 보인다고 덧붙인다.

그렇다면 이런 상황에서 할 수 있는 일은 무엇일까? 이 문제에 합목적적으로 대처하기 위한 첫걸음은 바로 현실이 바뀌지 않는다는 사실을 인식하는 것이다. 외부 인재의 마음을 움직여 특정 지역으로 옮겨오도록 만들 수 없다면, 그 지역에 있는 인재에 집중하는 것이 한 가지 방법이 될 수 있다. 많은 히든 챔피언들이 이 방법을 이용하여 큰 성공을 거두었다. 왜냐하면 이들 회사는 대부분 협소한 주변 환경 속에서 고용주로서 탁월한 이미지를 보유하고 있기 때문이다. 그리고 핵심인재들은 어디에나 존재한다. 다만 이런 사람들을 조기에 찾아내어 실습이나 그와 비슷한 형태의 협력 작업을 통해서 그들이 회사에 친근감을 느끼도록 만드는 것이 중요하다.

적지 않은 사람들이 학업을 마친 후에 다시 고향으로 돌아온다. 물류 시스템 및 주문 픽킹 시스템order picking system 부문에서 세계시장을 선도하고 있는 기업 가운데 하나인 비트론Witron은 1,250명의 직원과 2억 유로가 넘는 매출액을 기록하고 있다. 이 회사는 오버팔츠Oberpfalz 지방의 파르크슈타인Parkstein에 자리 잡고 있다. 지방에 위치한 입지에 걸맞게 이 회사는 "지역 고유의 특색을 신용과 성공의 발판으로"라는 문구를 기업 모토로 삼고 있다. 창립자 발터 빙클러Walter Winkler는 앞서 말한 채용 문제와 관련하여 이렇게 말한다.

"우리 직원들 대부분은 이 지역 출신입니다. 많은 오버팔츠 사람들이 학업을 끝낸 후에 다시 고향에서 살면서 일하기를 원합니다.

이 지역 출신 직원들은 매우 헌신적으로 일을 합니다."

이 지역 출신의 젊은 직원들은 직업경력 초창기에 몇 년간 해외로 파견되어 글로발리아에서 제기되는 다양한 경영 과제들을 익힌다고 한다. 이런 과정을 거친 경영진들은 추후에 세계지향적인 방향성과 고향에 대한 소속감을 한데 결합시키고, 대체로 오랜 기간 동안 기업에 대한 신의를 지킨다.

지방이라는 환경은 해외 전문인력과 경영진을 채용할 때 한층 더 큰 단점으로 작용한다. 이런 경우에는 국제학교에 접근할 수 있는 가능성이 특수한 문제로 대두된다. 해외에서 채용한 직원들이 가족을 함께 데리고 오는 경우, 그들은 일반적으로 독일어를 하지 못하는 자녀들이 적절한 학교에 다닐 수 있는지 여부에 큰 비중을 둔다. 그러나 그런 학교들은 사실상 대도시와 인구밀집지역에만 존재한다. 〈파이낸셜 타임스〉는 학교 이용 가능성을 최정상급 국제인재를 확보하는 데 중요한 기준들 가운데 하나로 꼽는다.[20]

몇몇 히든 챔피언들은 지방에서 규모가 비교적 큰 도시로 입지를 이전하는 방법으로 채용 문제에 대응하고 있다. 대도시에서 지방으로 회사를 이전하는 것과 반대되는 경우다. 위생장비 부문에서 세계시장을 이끌고 있는 그로헤는 본사를 자우어란트 지방의 헤머 Hemer에서 뒤셀도르프로 이전했다. CEO 다비트 하이네스의 말에 따르면, 이때 경영진 채용 문제가 결정적인 요인으로 작용했다고 한다. 이른바 기업콘텐츠관리Enterprise Content Management 부문 시장선도기업인 SER는 2012년 비트 강변의 노이슈타트에서 본으로 회사를 이전할 것임을 천명했다. 이 경우에도 채용 가능성 향상이 회사 이전 배경으로 거론되었다.

또 다른 특수한 문제는 바로 경영진의 배우자와 관련된 문제다(예나 지금이나 경영진은 주로 남성이다. 따라서 여기에서는 무엇보다도 여성 배우자가 문제가 된다). 경영진 본인은 주로 직업적으로 제기되는 각종 도전과 기업의 매력에 주안점을 두는 반면, 배우자와 가족들은 사회적인 환경, 여가 가치, 지역을 중요하게 생각한다. 히든 챔피언들은 이 문제를 어떻게 다룰까? 티롤 지방 로이테에 자리 잡은 플란제 CEO 미하엘 슈바르츠코프는 자신이 이 문제에 대응하는 방식을 다음과 같이 설명했다.

"우리는 가족이 이곳에서 즐거움을 느끼지 못한다면 경영진을 우리 회사로 데리고 와봐야 아무 소용이 없다는 것을 깨달았습니다. 따라서 우리는 배우자를 대화에 함께 초대합니다. 그러고는 그들이 어떤 생각을 갖고 있는가를 최대한 정확히 파악하기 위해 노력합니다. 가족 구성원 모두가 이 지역을 마음에 들어한다는 확신이 설 때에야 비로소 우리는 일자리를 제안합니다."

엔옵틱도 독일 동부에 위치한 입지에 대한 선입견을 없애기 위해서 같은 방법을 활용하고 있다.[21] 일단 경영진의 마음을 움직여 이주하는 데 성공하기만 하면, 지방에 자리 잡은 입지는 다시금 장점이 된다. 라인 강변 바일Weil에 자리 잡고 있는 무선전력 전송 및 데이터 전송 부문 세계시장 선도기업 밤플러 주식회사Wampfler AG의 크리스토퍼 프리드리히Christopher Friedrich는 이렇게 말한다. "우리 회사는 이직률이 매우 낮습니다. 일단 이곳 생활을 한번 경험해본 사람들은 다시 돌아가려고 하지 않습니다." 오버코헨에 있는 칼 자이스도 이렇게 말한다. "한번 그곳에 가본 사람들은 다시는 그곳을 떠나려고 하지 않습니다."

위에서 설명한 바 있는 낮은 이직률로 이어지는 서클이 바로 여기에서 완성된다. 해외인재 채용은 국내시장에서 인재를 채용하는 것보다 훨씬 힘든 일이다. 이런 이유로 독일산업협회VDMA 중국지사 대표인 슈테파니 하이돌프Stephanie Heydolpf는 인재를 발굴하여 묶어두는 것이야말로 중국에 진출한 독일 기업들에게 제기되는 최대의 도전으로 간주한다.

핵/심/요/약

한 기업의 성과는 무엇보다도 직원들에 의해서 만들어진다. 경영진들은 그저 안내자 역할을 수행할 뿐이다. 기업문화, 직원들의 일체감 그리고 직원들의 동기의식 같은 유연한 요소들의 중요성은 아무리 강조해도 지나치지 않다. 히든 챔피언들의 문화는 곧잘 매우 독특할 뿐만 아니라 우리 시대의 '정치적 공정함'을 따르지 않는 경우도 흔하다. 그들은 오히려 장기간 지속되는 신의, 게으름뱅이를 용납하지 않는 태도, 수습기간 중에 이루어지는 엄격한 직원 선발, 지방지향적인 특징을 통해서 두각을 드러낸다. 이 장에서 소개된 가장 중요한 사항들을 요약하면 다음과 같다.

- 히든 챔피언들은 고용주로서 독일 내에서 DAX 상장기업들과 비슷한 중요성을 지니고 있다.
- 히든 챔피언들은 지속적인 성장을 발판으로 삼아 끊임없이 새로운 일자리를 창출하고 있다. 10년 동안 독일어권에서 그들이 창출한 새로운 일자리를 모두 합하면 100만 개가 넘는다.
- 새로운 일자리의 약 3분의 1이 국내에서, 그리고 3분의 2가 해외에서 만들어졌다.
- 2009년부터 히든 챔피언 직원의 과반수가 해외에서 일하고 있다. 이와 함께 매출액의 세계적인 분포도 고용과 동일한 양상을 보이고 있다. 히든 챔피언들은 직원 측면에서도 세계적인 기업으로 변모하고 있다.
- 위기 기간 동안 현명하고 유연한 정책을 구사함으로써 히든 챔피언들은 능

- 력 있는 직원들을 대규모로 잃어버리는 사태를 방지했고, 2010년부터 재빠르게 성장 속도를 높일 수 있었다.
- 성장은 직원들의 뛰어난 능력과 결부되어 있다. 10년 사이에 대학 졸업자의 비율이 2배 이상 증가하여 20퍼센트로 늘어났으며, 그들의 절대적인 수는 거의 4배로 늘어났다.
- 히든 챔피언들은 직원들의 헌신을 경쟁상 큰 장점으로 여긴다. 제품 품질, 서비스, 컨설팅, 시스템 통합 부문에서 드러나는 외부적인 경쟁우위의 뿌리는 다름 아닌 내부적인 역량에 자리 잡고 있다.
- 질병으로 인한 결근율과 이직률이 매우 낮다. 히든 챔피언들은 낮은 결근율보다 낮은 이직률이 전략적으로 더 중요하다고 생각한다. 그들의 이직률은 국가 평균의 약 3분의 1 수준이다. 낮은 이직률은 노하우를 보존하고, 신규채용 비용을 줄여주고, 직업교육과 추가교육에 대한 투자를 가치 있는 일로 만들어준다.
- 히든 챔피언들은 직원 1인당 업무량이 비교적 많다. 이런 조건은 비생산적인 활동과 무효전력을 최소화하는 동시에 극도로 효율적인 생산성 향상 동인으로 입증되었다.
- 히든 챔피언들은 고성과 문화와 게으름을 용납하지 않는 자세를 고수한다. 실적이 저조한 직원이 있을 경우, 그런 사실이 발각되지 않을 가능성이 대기업보다 훨씬 낮다. 사회적인 통제가 경영진의 관리·감독을 통해서가 아니라, 주로 팀을 통해서 이루어진다는 특징이 이런 결과를 만들어낸다.

- 히든 챔피언의 약 3분의 2는 지방에 자리를 잡고 있다. 이런 상황은 고용주와 근로자 간에 상호의존성을 창출하고 건설적인 협력을 장려한다.
- 히든 챔피언들에게 뛰어난 능력을 갖춘 직원들을 확보하는 일은 그야말로 거대한 도전이다. 왜냐하면 지방에 자리 잡은 입지가 이런 측면에서 단점으로 작용하기 때문이다. 지방이나 지역에 초점을 맞춘 채용활동이 바람직해 보인다.

히든 챔피언들은 근면함, 엄격한 직원 선발, 저조한 실적에 대한 무관용, 낮은 병가율, 기업에 대한 높은 충성도 같은 보수적인 가치들을 통해서 직원들에게 영감을 불어넣고 있으며, 그것도 대부분 지방에 위치하고 있으면서 그렇게 하고 있다. 위에서 열거한 사항들은 모두 하나 같이 현대 세계와는 멀찌감치 동떨어져 있는 것 같은 느낌을 전달한다. 그러나 히든 챔피언들은 바로 이런 방식을 이용하여 뛰어난 능력이 요구되는 수많은 일자리를 창출하고 있다. 그리고 바로 이런 원칙들과 더불어 히든 챔피언들은 글로벌리아에서 펼쳐질 미래의 경쟁에 대비한 최선의 무장체제를 갖추고 있다.

CHAPTER 17

효과적인 리더십
HIDDEN CHAMPIONS

Hidden Champions

히든 챔피언들을 이끌어가는 사람들은 하나의 표준화된 틀 속에 끼워넣을 수 없는 사람들이다. 그러나 그들 중 많은 사람들에게서 찾아볼 수 있는 공통적인 특징도 엄연히 존재한다. 이런 특징들 가운데 가장 중요한 다섯 가지를 꼽자면, 인물person과 사명mission의 일치, 집중적으로 목표에 매진하는 태도, 대담함, 지구력, 타인에게 영감을 불어넣는 능력을 들 수 있다. 젊은 지도자들은[1] 더 광범위한 국제 경험과 그로부터 귀결된 세련된 처세술 그리고 대학교육을 받았다는 점 등을 통해서 나이 든 경영자들과 구분된다.

경영 스타일에는 서로 상반된 두 가지 스타일이 공존한다. 요컨대 각종 원칙이 문제가 될 때면 권위적인 상명하복top-down 스타일이 동원되지만, 실행절차 및 세부사항이 문제가 될 때면 대기업에 비해서 한층 더 참여적이고 유연한 스타일이 동원된다. 히든 챔피언의 약 3분의 2가 가족기업이지만, 가족이 아닌 외부 관리자의 비율도 큰 폭으로 늘어났으며 앞으로도 계속 늘어날 것으로 예상된다. 현재 간부직 승진은 주로 회사 내부의 인물들을 중심으로 이루어지고 있지만, 옆에서 끼어드는 횡적 진입lateral entrant도 조금씩 증가하는 경향이 나타나고 있다.

히든 챔피언들이 보유한 큰 장점들 가운데 하나는 바로 경영진의 연속성이다. 히든 챔피언 경영자들이 정상에 머물러 있는 기간은 평균 20년이다. 반면 독일 대기업 경영자들의 평균 재직기간은 고작 6년에 불과하다. 히든 챔피언 경영자들은 비교적 젊은 나이에 권력을 잡는다. 특히 남성 경영인의 경우에는 가족 구성원이 아니라도 그렇다. 여성 경영인의 경우, 수행하는 역할이 대기업에서보다도 훨씬 더 큰데, 다만 여성 사장들은 대부분 가족 구성원 출신이다. 경영진의 국제화와 관련해서 독일 챔피언들은 스위스나 스칸디나비아의 히든 챔피언들과는 달리 아직 초기 단계에 머물러 있다. 터키나 아시아 출신의 CEO가 몇 명 있기는 하지만, 아직까지는 예외에 해당한다. 히든 챔피언 경영자들에게 제기되는 가장 큰 도전은 바로 후계자 결정 문제다. 이 문제와 관련해서는 다양한 그림이 혼재한다. 적지 않은 히든 챔피언들이 이 도전에서 좌절을 경험하고 있다.

히든 챔피언들이 지속적으로 큰 성공을 구가하는 이유를 설명해주는 요인들은 다양하다. 그러나 성공의 가장 중요한 뿌리는 의심할 여지없이 바로 세계 정상에 우뚝 선 그 기업들을 이끌어가는 경영자들이다. 이것은 단지 설립자에게만 해당되는 사실이 아니다. 그 뒤를 이은 경영자 세대도 탁월한 업적을 이룩해냈다.

히든 챔피언을 이끄는 지도자

독일어로 'Führer(경영자, 지도자, 지휘자)'라는 단어는 역사적인 부담을 안고 있는 말이다. 명백하게 긍정적인 울림이 있는 영어 단어 'Leader'와는 완전히 다르다. 수십 년이 넘는 세월 동안 수많은 독일 언론사 기자들은 'Führer'라는 단어의 사용을 금지당했다. 모르긴 해도 몇몇 언론사늘에서는 지금도 여전히 금지되고 있다.[2] 그러나 이제는 독일 땅에서도 이 용어에 함축된 긍정적인 의미를 다시 사용할 때가 되었다.

인생의 많은 것들(예컨대 지성, 지식, 기술)이 그렇듯이 '지도(지휘)'도 좋은 목적과 나쁜 목적을 위해서 사용될 수 있다. 사람들을 효율적으로 이끄는 능력은 개인의 내면 깊숙한 곳, 인격 깊숙한 곳에서 나온다. 그래서 정상에 위치한 '지도자'의 인격이 더욱 중요한 것이다. 그러나 '경영인', '경영진' 혹은 '경영자' 같은 다소 부담이 덜한 동의어를 사용함으로써 그런 중요성이 얼마간 희석되었다. 지도자는 기업을 효율적으로 이끌어가는 사람을 말하는데, 우리는 히든 챔피언들에게서 이런 유형의 사람들을 아주 많이 찾아볼 수 있다. 비록 스와치 설립자 니콜라스 하예크 같은 사람은 "우리에게 가장 희귀한 자원은 바로 기업가 유형의 최고경영진이다"라고 말했지만, 어쨌거나 이 말은 히든 챔피언들에게는 해당사항이 없는 말이다.

그렇다면 히든 챔피언들을 이끌어가는 사람들은 어떤 사람들인가? 그들은 어떤 성격적인 특징을 지니고 있을까? 그들이 그토록 큰 성공을 이루어낼 수 있는 이유는 무엇일까? 수백 차례의 만남을 통해서 나는 히든 챔피언 사장들을 정해진 틀에 억지로 끼워 맞추는 것이 불가능하다는 사실을 깨달았다. 그들 가운데는 역동적인 기업가의 전형에 정확하게 부합하는 외향적인 유형도 있었지만, 유달리 내성적인 유형도 있었다. 어떤 사람들은 의사소통의 귀재인가 하면, 또 어떤 사람들은 대중 앞에 나서기를 꺼려하고 조용하게 움직이는 편을 더 선호한다. 그들을 방문했을 때, 어떤 사람들은 줄곧 측근들에게 둘러싸여 있었던 반면, 또 다른 사람들은 문자 그대로 사무실에 꽁꽁 숨어 있었다.

〈표 17.1〉 히든 챔피언 사장들의 성격적 특징

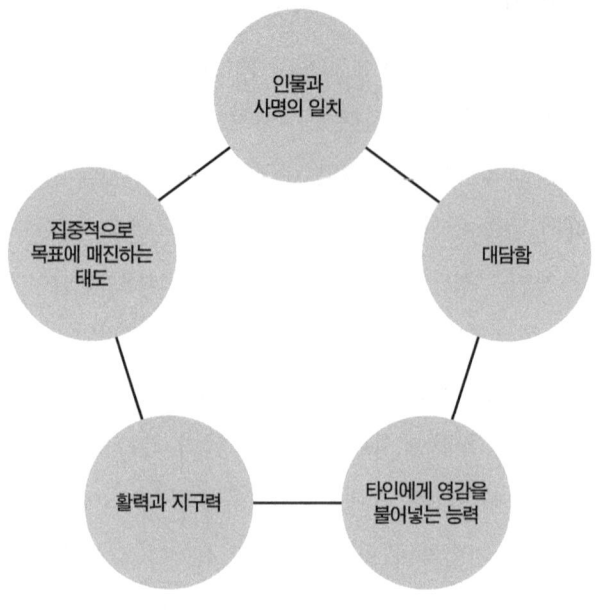

　따라서 다음에 제시된 특징들은 어디까지나 히든 챔피언 경영인들에게서 관찰할 수 있었던 공통점들만을 열거한 것이다. 그렇다고 해서 그들 모두가 여기에 제시된 특징들을 빠짐없이 충족시키는 것은 아니다. 왜냐하면 개인별로 모두 각기 다른 특징을 가지고 있기 때문이다. 〈표 17.1〉은 히든 챔피언 사장들의 성격적 특징을 오각형 모양으로 나타낸 것이다. 이제 이런 특징 하나하나가 경영에 미치는 영향을 간략하게 설명하겠다.

인물과 사명의 일치

한스 리겔, 라인홀트 뷔르트, 하인츠-호르스트 다이히만Heinz-Horst Deichmann, 베르톨트 라이빙어, 귄터 필만Günther Fielmann, 한스-게오르크 네더 같은 기업 경영자들은 그들의 기업과 완전히 하나가 된 사람들이다. 그러니까 인물과 사명이 서로 불가분의 관계로 결합된 경우라고 할 수 있다. 하리보의 한스 리겔에 대해서 사람들은 이렇게 말한다. "그와 그의 회사는 언제나 하나였다." 아버지가 운영하던 제화 공장을 유럽시장 선도기업으로 탈바꿈시킨 하인츠-호르스트 다이히만은 이렇게 말한다. "나는 어머니의 젖을 먹으면서 가죽 냄새를 음미했습니다. 나는 사람들을 사랑합니다. 그리고 나는 신발을 사랑합니다."

그 같은 결합은 예술가와 작업 간의 관계를 연상시킨다. "수많은 창조적인 인간들에게 작업은 곧 삶이다. 그들은 사생활과 작업을 거의 완벽하게 하나로 통합한다. 그들은 이 두 가지 삶의 영역을 분리하지 않는다."[3] 수많은 히든 챔피언 사장들도 이와 같다. 특히 대기업에서 많이 찾아볼 수 있는 고용 경영인들과는 대조적으로 그들은 한 가지 기능만 수행하는 것이 아니라, 그들 본연의 모습과 그들이 되고자 하는 모습을 몸소 실천해 보여준다.

일에 대한 이런 태도는 그들을 움직이는 핵심 원동력이 돈이 아님을 암시한다. 그들의 핵심 원동력은 기업 사명에 대한 일체감과 일을 통한 만족감에서 비롯된다. 그에 비해서 경제적인 성공은 부수적인 역할밖에 수행하지 못한다. 로베르트 보쉬는 언젠가 이렇게 말했다.

"신뢰를 잃느니 차라리 돈을 잃는 편을 선택하겠습니다. 누군가가 내가 만든 제품을 평가하면서 품질이 엉망이라고 이야기할 수도 있다고 생각하면 언제나 참을 수 없는 기분이었습니다."

헨리 포드Henry Ford도 그 말에 동조한다. "내가 만든 자동차 중 하나가 제 기능을 발휘하지 못한다면 그것은 내 잘못입니다." 이처럼 전폭적인 헌신과 책임 덕분에 그들은 직원과 고객 사이에서 어마어마한 신뢰와 설득력을 얻는다. 그들은 일에 대해서 결코 조건을 달지 않는다. 그들은 모든 책임이 자신들에게 있다고 생각한다. 효율적인 경영은 결코 역할 놀이가 아니다. 그것은 언제나 한 인간의 내적인 핵심에서 비롯된다.

집중적으로 목표에 매진하는 태도

피터 드러커는 자신이 개인적으로 알고 있는 2명의 역사적인 인물, 즉 물리학자 버크민스터 풀러Buckminster Fuller와 커뮤니케이션 이론가 마셜 맥루언Marshall McLuhan에 대해서 다음과 같이 썼다.

"그들은 나에게 외골수로 행동하는 것의 중요성을 예시적으로 증명해 보이는 사람들이다. 외골수들, 그러니까 편집광들이야말로 진정으로 무언가를 이루어내는 유일한 사람들이다. 나머지 사람들, 즉 나 같은 사람들은 재미는 더 느낄지는 모르지만, 자신을 낭비하는 삶을 산다. 풀러 같은 사람들 그리고 맥루언 같은 사람들은 '사명'을 수행한다. 우리 나머지 사람들은 그저 흥미를 느낄 뿐이다. 무언가가 이루어져갈 때면 그것은 언제나 사명을 간직한 편집광들의 손에 의해서 진행된다."[4]

이 말은 수많은 히든 챔피언 사장들의 핵심을 꿰뚫는 말이기도 하다. 그들은 바로 자신들이 맡은 임무에 온통 사로잡힌 '편집광들'

이다. 나는 이런 특징을 가리켜 '집중적으로 목표에 매진하는 태도'라고 부른다. 히든 챔피언 사장들 중에는 이렇듯 목표에 매진하는 사람들이 아주 많다. 이런 성격적인 특징은 특히 단일제품 기업에서 가장 뚜렷하게 나타난다. 만프레트 보그단은 개 목줄에 완전히 빠져 있다. 롤프 고트샬크는 제도용 압핀을 '사랑한다.' doo.net의 프랑크를 만나면 몇 시간에 걸쳐 최신 소프트웨어에 관한 이야기를 나눌 수 있다. 그런 '신들린 사람들'이 이 기업들 곳곳에서 일을 하고 있다. 그런 사람들이 당신의 경쟁자가 되지 않도록 경계하라!

나는 그런 사람들을 무수히 많이 알고 있다. 새벽 2시에 그들을 깨워 무슨 생각을 하고 있는지 물어보라. 그들의 대답은 분명 한 가지뿐일 것이다. 제품에 관한 생각, 그러니까 제품을 더욱 좋은 방향으로 개선하는 방법과 그것을 더 효율적으로 사람들에게 공급하는 방법에 관한 생각 말이다. 피터 드러커가 말한 것처럼, 모든 위대한 성공의 배후에는 사명감을 가지고 집중적으로 목표에 매진하는 사람들이 있다. 설령 다른 사람들보다 더 똑똑하지 않을지는 몰라도, 그들은 자기 자신의 아이디어에 완전히 사로잡혀 있다. 집중적으로 목표에 매진하는 태도가 그들을 천하무적으로 만든다.

대담함

용기는 기업가들의 일반적인 특징으로 받아들여지는 항목이다. 심지어 베르톨트 라이빙어 같은 사람은 '위험을 무릅쓸 용기'를 기업가의 가장 중요한 특징으로 꼽았다. 히든 챔피언 사장들에게는 능동적인 용기라는 표현보다도 '대담함'이라는 표현이 더 잘 어울린다. 그들은 "네 자유에 대한 무지가 바로 너를 속박하는 굴레다"라는 중국 격언을 제대로 이해하고, 그것을 가슴 깊이 새겨두는 것 같다. 그들은 일반적인 인간들이 느끼는 것과 같은 압박감과 두려움을 느끼지 않는다. 그들이 능력을 더 효과적으로 활용할 수 있는 것도 바로 이런 이유 때문이다. 그들 중에는 고등교육이나 외국어 지식 없이도 세계시장을 정복한 사람들이 무수하게 많다. 그러나 그들은 결코 카드 한 장에 지나치게 많은 것을 거는 도박꾼이 아니다.

활력과 지구력

히든 챔피언 사장들은 무한한 에너지와 활력, 지구력을 보유하고 있는 것처럼 보인다. 도대체 이런 에너지는 어디에서 솟아나는 것일까? 추측컨대 맡은 사명과의 일체감에서 비롯되는 것 같다. 미국 출신의 한 경영인은 이것을 다음과 같이 표현했다. "명확한 목표와 위대한 목적만큼 한 개인이나 기업에게 에너지를 불어넣는 것은 아무것도 없습니다."[5]

히든 챔피언 설립자의 마음속에서 타오르는 불꽃은 흔히 은퇴할 나이는 물론이고 그 시기를 넘어서서도 좀처럼 꺼지지 않는다. 많은 경영자들이 그칠 줄 모르는 에너지를 원동력으로 삼아 칠순이 훌쩍 넘어선 나이에도 활동적으로 일을 한다. 사람 하나가 '공간을 가득 채우는' 것 같은 느낌, 누구나 그런 느낌을 잘 알고 있을 것이다. 히든 챔피언 경영자들을 만났을 때 나는 빈번하게 이런 느낌을 받았다. 그들이 발산하는 활력과 에너지를 거의 피부로 감지할 수 있을 정도였다. 이런 경험에 비추어 보건대, 극소수의 사람들만이 가지고 있는 일종의 미지의 에너지가 존재하는 것이 틀림없다.

타인에게 영감을 불어넣는 능력

예술가라면 혼자 힘으로 세계적인 명성을 얻을 수도 있을 것이다. 그러나 아무도 세계시장을 이끄는 기업을 혼자서 만들어낼 수는 없다. 세계시장을 이끄는 기업을 만들기 위해서는 무수히 많은 전우들의 지원이 필요하다. 규모가 작은 히든 챔피언들의 경우에는 아마도 그런 전우의 수가 수십 명에 불과할 것이고, 규모가 큰 세계시장 선도기업의 경우에는 그 수가 수천 명에 이를 것이다. 경영자 본인의 마음속에서만 불꽃이 타오르는 것으로는 부족하다. 반드시 다른 사람들의 마음속에도 불꽃이 옮겨붙여야만 한다. 그것도 많은 사람들의 마음속에 말이다.

사실 리더십 전문가 워렌 베니스Warren Bennis 정도쯤 되면 경영의 작동 방식과 본질이 무엇인지 잘 알고 있어야 마땅하다. 그러나 그런 그조차 거듭 지적하는 사실이 하나 있다. 바로 인간들이 왜 특정한 인물은 추종하면서 다른 인물은 그렇게 하지 않는지, 그 이유가 오늘날까지도 파악되지 않고 있다.[6] 히든 챔피언 경영자들이 보유한 가장 중요한 능력은 다른 사람들의 마음을 움직여 각자의 사명에 열광하도록 만들고, 그들이 최고의 능력을 발휘하도록 하는 것이다. 이런 측면에서 히든 챔피언 경영자들은 매우 유능하고 성공적인 면모를 자랑한다. 분명 겉모습 같은 외형적인 요소나 의사소통 능력이 그 원인은 아닐 것이다. 왜냐하면 그들 대다수는 결코 의사소통의 귀재가 아니기 때문이다. 적어도 피상적인 범주에 속하는 사안과 관련해서는 그렇다.

개인적으로 나는 인물과 사명의 일치, 집중적으로 목표에 매진하는 태도, 활력, 에너지 등 위에서 열거한 특징들이야말로 다른 사람들에게 영감을 불어넣는 능력에 대한 결정적인 원인이라고 생각한다. 위에서 기술한 성격적인 특징들은 히든 챔피언 경영자들의 이력이나 전기에 더욱 세부적으로 나타난다. 나는 언제나 그런 인생 이야기에서 값진 통찰을 얻을 수 있었다. 여러분도 한 번쯤 읽어 보기를 권한다.[7]

히든 챔피언을 이끄는 새로운 경영자

앞서 기술한 특징들은 일종의 공통분모를 형성한다. 반면 젊은 세대 경영자들과 1950년대에서 1980년대까지 기업을 설립하고 국제화한 장년 기업가들 사이에는 몇 가지 특수한 차이점이 있다. 10년 전까지만 하더라도 주로 전쟁 세대에 속하는 사람들이 히든 챔피언 수장 자리를 차지하고 있었다. 이런 창립자들 대부분은 대학 교육을 받지 못한 사람들이었다. 라인홀트 뷔르트, 크로네스의 헤르만 크론제더, 도로 밀링머신 부문에서 세계시장을 선도하는 비르트겐의 라인하르트 비르트겐이나 정수필터 제작업체 브리타의 하인츠 한캄머 같은 사람들이 그렇다. 회사 설립자의 바로 다음 세대는 흔히 국제화가 상당 부분 진행된 상태에서 회사를 넘겨받았다. 그들이 맡은 의무는 해외 진출 과정에서 남아 있는 틈을 메우는 일과 지속적인 성장을 관리하는 일이었다. 당연히 이런 단계에서도 나름대로 다양한 도전들이 제기되게 마련이다. 해외 생산거점과 전 세계적인 물류 시스템 구축, 그리고 최근 몇 년 들어 점점 증가하고 있는 해외 R&D 센터 건립이 바로 그런 도전에 해당한다.

장년층 경영자 세대와 젊은 경영자 세대 간에 가장 눈에 띄는 차이점은 바로 젊은 세대의 교육 수준이 더 높다는 것이다. 장년층 세대의 다수가 실무적인 직업교육밖에 받지 못했던 반면, 젊은 사장들은 거의 모두 대학에서 공부를 했다. 지난 20년간 회사를 설립한 사람들도 대부분 대학 졸업자들이다. 심지어는 박사학위 소지자도 드물지 않다. 산업용 머신 비전 부문에서 세계시장을 이끌고 있는 비트로닉의 설립자 노르베르트 슈타인Norbert Stein 박사는 대학에서 전자공학을 공부했다. 1984년 에네르콘을 설립한 알로이스 보벤 박사도 마찬가지다. 주사 터널링 현미경 제작업체인 오미크론 창립자 노르베르트 볼트는 경영학을 공부했다. 한스 J. 랑어 박사는 직접 디지털 가공Digital Direct Manufacturing 부문에서 세계시장을 선도하고 있는 EOS를 설립하기 전에 막스플랑크연구소 플라스마 물리학 부문에서 일했고, 뮌헨에 있는 루트비히-막시밀리안 대학에서 박사학위를 취득했다.

　두 번째 중요한 차이점은 국제적인 경험이다. 많은 젊은 경영자들이 해외에 있는 대학에서 학업을 마쳤거나 부분적으로 해외 대학에서 공부를 했다. 여기에 덧붙여 해외 실습과 해외 근무경력까지 있다. 그들은 이런 다양한 경험을 토대로 세련된 몸가짐과 최소한 영어만큼은 완벽하게 구사하는 능력을 갖췄다. 젊은 경영자들 중에는 여러 가지 언어를 완벽하게 섭렵한 사람도 드물지 않다. 전후세대 기업가들에게는 그런 경험적인 배경이 결여되어 있었다. 새로운 세대의 경영자들은 국제 사업 무대에서 그들의 선배보다 한층 더 자신 있고 여유롭게 움직인다. 그들은 그들이 이끌어가는 기업이 글로벌 플레이어라는 사실을 지극히 당연한 일로 받아들인다. 왜냐하면 그것 말고 다른 것은 본 적도 들은 적도 없기 때문이다. 글로발리아 시대에 접어들어 히든 챔피언 경영자들의 프로필에서 가장 눈에 띄게 강화된 부분이 바로 이 부분이다.

그 밖에 위에서 설명한 인물과 사명의 일치성, 집중적으로 목표에 매진하는 태도 등의 특징들이 젊은 세대의 경영자들 사이에서도 여전히 중요하게 여겨진다는 사실에 주목해야 할 것이다. 젊은 경영자 세대는 히든 챔피언들이 지닌 강점들을 반드시 보존해야 한다는 사실을 잘 알고 있다. 야심찬 목표, 시장지배권, 집중, 해외 진출, 혁신, 직원의 사기진작 같은 주제들은 젊은 경영자들의 우선순위 등급에서도 마찬가지로 상위에 랭크되어 있다. 그들은 이런 주제들을 글로발리아에서 활동하는 기업인에게 요구되는 역량, 즉 국제적인 경험, 세련된 몸가짐 그리고 외국어 구사 능력과 결합시킨다.

리더십 스타일

히든 챔피언 경영자들의 리더십 스타일을 묘사하는 것은 그리 간단한 일이 아니다. 경영은 언제나 지휘를 하는 사람의 권위와 지휘를 받는 사람들의 자기책임이라는 양극 사이를 오간다. 경영자의 권위를 지나치게 강조하는 리더십 스타일은 흔히 권위적인 경영, 중앙통제식 경영 혹은 그와 유사한 명칭으로 불린다. 반면 경영자가 지나칠 정도로 많은 자유를 허용하고 분명한 목표를 제시하지 않을 경우에는, 결과적으로 직원들 간에 협력이 전혀 이루어지지 않을 수 있고, 최악의 경우 무질서한 사태가 야기될 수도 있다. 그렇다고 해서 지나치게 권위적인 리더십 스타일을 구사한다면, 그에 불만을 느낀 직원들이 의욕을 상실하고 오직 지시받은 일만을 수행하며, 내적 혹은 외적으로 회사에 사표를 던져버리는 결과가 초래될 수 있다.

히든 챔피언들은 최고의 효율성을 자랑하는 조직이다. 한 가지 리더십 스타일만 구사해서는 최고의 효율성에 도달할 수 없다. 한편으로는 명확한 목표와 성능요건을 갖추고 있되, 다른 한편으로는 지속적으로 높은 수준의 동기의식을 보장하는 그런 리더십 스타일이 요구된다. 그렇다면 히든 챔피언 경영자들은 언뜻 보기에 서로 모순적인 이런 요소들을 어떻게 조화롭게 조합해낼까? 양면적인 리더십 스타일이 바로 그 답이다. 경영은 권위적이기도 하지만 참여적이기도 하다.

베르톨트 라이빙어는 자신의 리더십 스타일을 가리켜 '계몽된 가부장제'라고 명명했다. SAP 직원들은 회사 창립자 디트마르 호프를 가리켜 '엄하지만 배려심이 풍부한 가부장'이라고 말했다. 어느 히든 챔피언 경영자가 내게 말하기를, 자신의 리더십 스타일은 그룹 중심적이기도 하지만 권위적이기도 하다고 밝혔다. 그는 기업의 원칙과 가치, 목표와 관련된 사안에서는 권위적인 스타일을 사용한다고 했다. 이런 경우, 토론은 없으며 명령 라인이 정확하게 위에서 아래로 이어진다. 그러나 업무를 구체적으로 실행할 때에는 상황이 완전히 달라진다. 그는 업무를 수행하는 직원들에게 영향력을 행사할 수 있도록 하고, 넓은 운신의 폭을 제공한다. 실제로도 히든 챔피언 직원들은 각종 규칙과 형식적인 절차에 구애받는 정도가 대기업 직원들보다 덜하다고 생각하고 있다.

앞에서 살펴 본 분권화도 이런 맥락으로 분류된다. 다양한 시장 부문을 공략하거나 '유연한' 다각화의 길을 걸어가는 히든 챔피언들은 단호한 자세로 분권화를 추진한다. 그들은 각 사업단위에 넓은 운신의 폭을 제공한다. 그러나 분권화가 제 기능을 발휘하기 위해서는 반드시 자유과 더불어 결과에 대한 명확한 책임이 뒤따라야만 한다. 라인홀트 뷔르트는 이것을 다음과 같이 표현한다. "성공의 규모가 커질수록, 자유도 그만큼 더 많아집니다." 분권화와 책무/책임은 (톰 피터스는 'Decentralization and Accontability'라는 말을 사용한다) 서로 불가분의 관계로 결합되어 있다.

여기에 덧붙여 '누가 통제할 것인가'라는 의문이 추가된다. 모두 알다시피 "신뢰는 좋은 것이다. 통제는 더 좋은 것이다"라는 레닌Lenin의 말이 일반적으로 널리 통용되고 있다. 통제는 상부로부터 그리고(또는) 팀을 주축으로 이루어질 수 있다. 히든 챔피언들의 경우에는 익명성이 강한 대기업보다 그룹을 통한 사회적인 통제와 가치관에 기반을 둔 자기통제가 훨씬 더 큰 역할을 수행한다. 예컨대 개목줄 부문 세계시장 선도기업인 플렉시 창립자 만프레트 보그단은 제품제작 과정에서 품질관리를 전적으로 동료 직원들에게 일임한다. 보그단의 말에 따르면, 이런 식의 통제는 정상적인 생산공정의 구성요소이며, 후속 통제 시스템보다 훨씬 더 효율적이라고 한다. 요컨대 오류가 발생하면 마지막에 가서야 그것을 발견하는 것이 아니라, 발생 시점에 즉각적으로 발견할 수 있다는 것이다. 많은 히든 챔피언들에게 그룹에 의한 사회적인 통제는 결코 포기할 수 없는 경영 구성요소다.

리더십 스타일의 양면성은 직원들의 태도에도 반영되어 나타난다. 최고경영자에 대한 직원들의 태도는 드물지 않게 분열된 양상을 보인다. 한쪽에서는 사장의 권위적인 리더십 스타일과 엄격함 혹은 예측 불가능성을 탓하는 불만의 목소리가 들려온다. 그러나 다른 한쪽에서는 똑같은 직원들이 최고경영자에 대한 경이로움을 표현하면서 절대로 다른 회사에서는 일할 생각이 없다고 힘주어 말한다. 이런 분열적인 특징은 엄하고 많은 것을 요구하는 교사에 대한 학생들의 태도를 연상시킨다. 학생들은 이런 교사들을 별로 좋아하지 않는다. 그러나 그런 동시에 그들은 요구사항이 많지 않은 교사보다 이런 교사들에게서 더 많은 것을 배울 수 있다는 사실을 잘 알고 있다. 이와 관련하여 조지 워싱턴George Washington의 전기 작가인 론 처노브Ron Chernov는 이렇게 말한다.

"리더는 지나치게 멀어서도 안 되고, 지나치게 친숙해서도 안 된다. 그들이 당신을 좋아할 필요도 없으며, 당신을 사랑할 필요는 더더구나 없다. 그러나 그들은 당신을 존경해야 할 필요가 있다."[8]

효과적인 리더십이란 바로 이 두 가지 요소를 하나로 결합하는 것이다. 그리고 우리는 수많은 히든 챔피언 경영자들에게서 바로 이런 양극성을 발견할 수 있다.

경영진의 구조

소유권과 경영

중소기업에서는 소유권 구조와 경영진 구조가 서로 긴밀하게 결합되어 있다. 히든 챔피언의 약 3분의 2 정도가 가족이 우선 소유권을 보유하고 있다. 이 말은 가족이 과반수를 차지하고 있으며, 지배권도 가족이 쥐고 있다는 것을 의미한다. 14장에서 설명한 것처럼, 장기적으로 가족기업의 비율은 살짝 감소하는 추세를 보이고 있다.

이것은 무엇보다도 젊은 히든 챔피언 기업가들이 증시상장이나 사모투자자 혹은 전략적 투자자들에게 비교적 큰 호감을 느끼고 있기 때문이다. 해결되지 않은 후계 문제도 가족들이 그들의 기업에서 손을 떼는 데 일조하고 있다.

오늘날 다수의 히든 챔피언들이 가족과는 무관한 경영인들에 의해서 운영되고 있다. 그러나 사모투자 소유 기업과 증시상장 기업에서는 경영인들이 곧잘 상당한 지분을 보유하고 있다는 점, 그러니까 공동 소유주라는 점을 주목해야 할 것이다. 전체적으로 소유권 구조와 경영진 구조에서 가족의 영향력이 감소하고 있음을 확인할 수 있다. 자본 중심의 소유주와 고용된 경영인이 과거보다 훨씬 큰 비중을 차지하고 있다.

앞 장에서 소개한 성장, 시장 입지, 수익성과 관련된 결과가 보여주었듯이, 이런 변화가 히든 챔피언들에게 불리하게 작용한 것 같아 보이지는 않는다. 이런 현상과 히든 챔피언들의 성공은 소유권과 관련된 문제라기보다는 오히려 올바른 전략 및 경영과 관련된 문제다.

직업교육

기업 경영자들의 직업교육 측면을 살펴보면 다음과 같다. 전체 경영자의 약 절반 정도가 상업 관련 직업교육이나 기술 직업교육을 받았다. 약 10퍼센트 정도는 다른 분야의 직업교육을 받았다. 예컨대 트룸프의 CEO 니콜라 라이빙어-캄밀러는 문헌학 박사학위 소지자다. 유럽에서 두 번째로 큰 남성복 제조업체인 알러스 주식회사Ahlers AG 사장 스텔라 알러스Stella Ahlers는 대학에서 신학을 공부했다.

히든 챔피언 경영자의 꼭 20퍼센트 정도가 이중 학위를 소지하고 있는데, 일반적으로 공학과 경영학을 함께 전공한 경우가 많다. 전체적으로 히든 챔피언 사장들은 상업적으로뿐만 아니라 기술적으로도 매우 노련하다. 우리는 그 원인을 직업교육과 더불어 기업 수뇌부의 업무 분할 정도가 매우 미미하다는 사실에서 찾을 수 있다. 실제로 히든 챔피언 사장 가운데 5분의 1 이상이 단독 경영자들이다. 그러니까 한 사람의 경영자가 기업에서 이루어지는 모든 업무에 대해서 책임을 지고 있는 것이다.

내부 승진 또는 외부 영입

대부분의 히든 챔피언들은 미래의 경영자를 회사 내부에서 키우는 편을 선호한다. 히든 챔피언의 약 4분의 3 정도가 이런 태도를 견지했다. 경영진을 주로 외부에서 영입한다고 답변한 기업은 10곳 중 한 곳에 불과했다. 그러나 외부 경영진 영입을 문제로 생각하는 기업은 소수인 14퍼센트밖에 되지 않았다. 꼭 40퍼센트 정도는 이런 외부 영입이 심각한 문제가 아니라는 견해를 보였다. 그러나 그것이 정말로 사실인지 여부는 철저하게 조사해보아야 할 사안이다. 'CEO 승계'에 관한 부즈&컴퍼니 연구 논문의 저자들은 기업 내부에서 승진한 CEO들의 평균 재직기간이 7.1년에 이른다는 사실을 확인했다. 외부에서 영입된 사장들의 평균 재직기간은 4.3년으로 이것보다 크게 낮았다.[9]

장기적으로는 히든 챔피언들 사이에서도 외부 영입 쪽으로 방향을 전환하는 경향이 다소 나타나고 있다. 몇몇 히든 챔피언들은 대기업과 유사하게 그와 관련된 명시적인 지침들을 마련했다. 고성능 분말야금 소재 부문에서 세계시장을 이끌고 있는 플란제는 경영진 10명 중 8명을 내부에서 키울 방침이다. 미래의 회사 간부들 중 5분의 1만을 외부에서 영입할 계획인 것이다. 종이와 펄프 산업에 사용되는 설비를 공급하는 안드리츠 주식회사도 마찬가지로 전략적인 원칙의 일환으로 내부 승진을 강조한다. "간부들 대부분이 우리 회사 직원 출신들입니다."

이 주제와 관련하여 내가 개인적으로 받은 인상은 복합적이다. 전체적으로 보면, 히든 챔피언들은 독자적인 기업문화로 말미암아 외부 경영진을 영입하기가 쉽지 않다. 잠재적인 어려움에 대한 원인은 다양하다. 그중 가장 중요한 원인은 소유주와의 친밀하고 개인적인 관계다. 외부에서 영입된 매니저가 핵심인물들과 문제없이 잘 지내면 만사가 원활하게 흘러간다. 그리고 이를 통해서 장기적인 협력을 위한 기반이 마련될 수 있다. 반면 마찰이 발생하면 대부분 신속하게 결별하게 된다. 이것은 결코 예외적인 경우가 아니다.

이런 점에서 16장에서 설명한 내용은 외부에서 온 경영진에게도 똑같이 해당된다. 고용 초기 단계에는 이직률이 높지만, 이 단계가 지나면 이직률이 매우 낮아진다. 과거에 비슷한 기업에서 일했던 매니저들이 대기업에서 온 매니저들보다 융합 과정에서 일반적으로 덜 어려움을 겪는다. 이것은 그리 놀라운 일이 아니다. 왜냐하면 경영자의 인물 됨됨이에 크게 영향을 받는 히든 챔피언들과 공식적인 절차에 따른 경영이 주류를 이루는 대기업은 경영 과정과 구조가 크게 다르기 때문이다.

그러나 슈틸의 경험이 증명하고 있듯이 이도 보편적으로 통용되는 사실은 아니다. 가족 외부 인사를 CEO로 영입하려던 첫 번째 시도가 실패로 돌아간 후, 가족 외부에서 영입한 두 번째 CEO이자 과거에 대형 콘체른 보쉬에서 일했던 베른트 칸트치오라Bernd Kandziora와 한스 페터 슈틸을 의장으로 한 고문단 간의 협력이 마찰 없이 원활하게 진행되고 있다. 이에 대해서 중소기업 전문가 피터 메이Peter May는 이렇게 말한다. "첫 번째 시도가 실패로 돌아간 것은 지극히 정상적인 일입니다."[10]

지방에 자리 잡은 입지는 외부 경영진 영입뿐만 아니라 그들의 융합 과정에서도 또 다른 문제가 될 수 있다. 이 주제는 직원 채용과 관련하여 이미 다루었다. 경영진의 경우에는 문제가 더욱 더 심각하다. 가족이 그 장소에 제대로 적응하지 못하면, 매니저는 지속적으로 긴장에 노출될 수밖에 없다. 그 밖에 거주지와 직장 간의 거리도 스트레스 인자가 될 수 있다. 많은 경영진이 계속해서 대도시나 인구밀집지역에서 살면서 지방에 있는 직장으로 통근하는 편을 선호한다. 주말 부부를 선택하는 경우도 드물지 않다. 그러나 그런 구조는 불안정한 경향이 있다. 왜냐하면 그것은 순수한 직업의 세계를 넘어선 융합에 걸림돌이 되기 때문이다. 해외에서 온 경영진에게는 곧잘 또 다른 어려움이 추가된다. 지방에서는 독일어를 하지 못하는 자녀들에게 적합한 학교를 찾기가 어렵기 때문이다.[11]

정리하면, 히든 챔피언들 및 그와 유사한 기업들은 자체적으로 충분한 경영 후진을 미리 양성해두는 것이 좋을 듯하다. 그럼에도 불구하고 언제나 외부에서 약간의 신선한 피를 수혈하는 것도 중요하다. 플란제의 80:20 규칙은 모든 측면을 고려했을 때 합리적인 목표로 여겨진다.

경영진의 연속성

우리는 이 책에서 내구성, 연속성, 장기적인 방향성 같은 주제들을 거듭하여 거론했다. 이런 주제들은 주로 성장과 시장지배권을 향한 목표와 관련하여 다루어졌고, 낮은 이직률, 붕괴 위험성이 상대적으로 희박한 구조, 변하지 않는 가치 등을 거론할 때 등장했다.

기업 연속성의 근간이 되는 것은 바로 기업 수뇌부의 연속성이다. 여러 분야에서 세계시장을 선도하고 있는 포이트의 회장을 지낸 헤르무트 코르만은 가족기업의 경우를 가리켜 다음과 같이 논평했다. "장기간에 걸친 전략의 연속성은 전략 수행자들의 연속성과 그들의 재직기간에서 비롯된다."¹² 참고로 말하면, 연속성 그 자체는 좋은 것도 나쁜 것도 아니다. 유약한 사장이 오랫동안 그 자리를 지킨다면 그것은 분명 회사에 해가 되는 일이다. 반면 유능한 기업 경영자가 오랜 세월 동안 기업을 지휘한다면, 그것은 축복이다.

부즈&컴퍼니가 세계 증시에 상장된 2,500대 기업을 대상으로 해마다 실시하는 연구에서 다음과 같은 사실이 밝혀졌다. 2010년을 기준으로 전 세계 CEO의 평균 재직기간은 6.6년이었고, 그보다 10년 전에는 8.1년이었다.¹³ 10년 사이에 재직기간이 현저하게 줄어드는 경향이 나타났다. 2010년 독일어권 CEO의 평균 재직기간은 6.1년으로 세계 평균보다 조금 낮았다.¹⁴

이 부분에서 대기업과 히든 챔피언의 차이가 가장 노골적으로 드러난다. 히든 챔피언 경영자는 평균 20년을 정상에 머무른다. 그러니까 증시에 상장된 주식회사 CEO들보다 3배나 오랜 기간 동안 그 자리를 지키는 것이다. 20년과 6.1년이라는 차이 하나가 이미 장기적인 지속성과 연속성이라는 주제에 대해서 그 어떤 말보다도 많은 것을 이야기해준다. 놀랍게도 연속성이라는 주제가 경영서적에서 다루어지는 경우는 오히려 드문 편이다. 그런 가운데 짐 콜린스와 제리 포라스Jerry Porras는 예외적으로, 그들은 저서 《성공하는 기업들의 8가지 습관Built to Last》에서 성공한 기업, 소위 비전 있는 기업 CEO들의 재직기간과 그다지 큰 성공을 거두지 못한 기업 CEO의 재직기간을 서로 비교했다.[15] 저자들이 '최고 중의 최고'로 칭한 '비전 있는' 기업 CEO들의 평균 재직기간은 17.4년에 달했고, 대조군의 평균 재직기간은 고작 11.7년에 불과했다.

개개의 히든 챔피언들을 살펴보면, 경영자의 재직기간이 어마어마하게 긴 경우를 흔히 접할 수 있다. 한스 리겔은 1946년부터, 그러니까 66년 전부터 하리보를 이끌어왔다. 하인리히 드레거Heinrich Dräger는 같은 이름의 의학장비 및 안전장비 제작업체에서 56년간 사장으로 재직했다. 호르스트 브란트슈테터Horst Brandstätter는 플레이모빌 인형으로 유명한 게오브라를 53년간 이끌었다. 마르크레트비츠Markredwitz에 있는 밸브 스프링 부문 세계시장 선도기업 쉐르델 회장 발터 바흐Walter Bach는 51년 전부터 회사 수장으로 재직해왔다. 마르틴 카네기서는 같은 이름의 세탁 시스템 세계시장 선도기업을 42년 전부터 이끌어왔고 동시에 현재 금속산업고용주협회 회장직을 맡고 있기도 하다. 하려고만 하면 이 목록을 계속 이어갈 수도 있다.

경영자 세대가 이미 여러 번 바뀐 기업을 관찰해보아도 마찬가지로 평균 재직기간이 매우 길다는 것을 알 수 있다. 1889년에 설립된 쉐르델은 경영자 세대가 3번 바뀌었는데, 한 세대의 평균 재직기간이 41년에 달한다. 1931년에 설립된 변속기 히든 챔피언 SEW 유로드라이브도 경영자의 평균 재직기간이 이와 동일하다. 동등한 권리를 가지고 기업 경영에 참여하고 있는 라이너Rainer와 위르겐 블릭클레Jürgen Blickle 형제의 등장과 더불어 마침내 두 번째 경영 세대가 권력을 장악했다. 향과 향초를 생산하는 카를 예거Carl Jäger는 110년 동안 3명의 사장을 거쳤고, 그들은 평균 37년간 그 자리에 머물렀다. 연금속 부품 부문에서 유럽시장을 이끌고 있는 비첸만 Witzenmann은 158년의 긴 역사를 보유한 기업이지만, 이처럼 긴 시간 동안 사장은 고작 4명에 불과했다. 다수의 경영자 세대에 걸쳐서 재직기간이 그처럼 긴 것은 결코 예외적인 현상이 아니다.

성공과 연속성은 긍정적인 상관관계를 지니고 있다. 그렇다고 해서 장기간에 걸친 경영자의 재직기간을 기업 성공의 유일한 원인으로 간주하는 것은 금물이다. 그리고 사장의 나이와 후계의 관점을 고려할 때 극단적으로 긴 재직기간은 당연히 문제가 될 수 있다. 만약 연장자가 적절한 시점에 다음 세대에게 권력을 이양하기를 거부한다면, 회사의 존립이 위태로워질 수도 있다.

한 사람이 오랫동안 회사를 경영해왔기 때문에 그 회사가 장기간에 걸쳐 성공을 거두는 것일까? 아니면 회사가 계속해서 성공을 거두어왔기 때문에 한 사람이 오랫동안 최정상에 머무르는 것일까? 두 가지 인과관계 모두 유효하다. 그러나 성공의 연속성(이 경우에는 경영진의 연속성이 결과다)에 비해서 경영진의 연속성(이 경우에는 성공의 연속성이 결과다)이 원인인자로서 더 큰 비중을 차지한다는 것은 의심할 여지없는 사실이다.

연속성이라는 주제는 반드시 장기적인 목표와의 관련선상에서 검토되어야 한다. 아직 규모가 작은 어느 신생 기업의 사장이 세계 시장 선도기업을 목표로 삼는다면, 그는 반드시 수십 년 후를 생각해야만 한다. 왜냐하면 그것은 단 몇 년 안에 이룰 수 있는 목표가 아니기 때문이다. 물론 분야에 따라서는 몇 년 안에 전 세계 시장을 파고드는 것이 가능한 경우도 있다(예컨대 인터넷이나 신기술 부문처럼 소위 'born global market'이 그런 시장에 해당한다). 그러나 일반적인 시장에서는 세계적인 입지를 구축하는 데 수십 년이 소요된다. 이때 걸림돌로 작용하는 것은 대부분 자금이나 기술적인 종류의 어려움이 아니라, 인적인 종류의 어려움이 문제가 된다. 그런 상황에서 연속성은 지속적인 성공을 이룩하기 위한 필수불가결한 조건이 된다.

연속성과 끈기가 결합되면 세계시장지배권 획득으로 이어질 수도 있다. 반면 단절은 세계시장 지배자로 올라서지 않기 위한 거의 확실한 방법이다. 툭하면 방향성과 우선순위가 바뀌고 몇 년 단위로 경영자가 교체된다면, 히든 챔피언들이 보유한 것과 같은 수준의 효율성과 시장 입지에 도달하기가 거의 불가능하다. 연속성은 대형 콘체른에 소속된 사업단위와 히든 챔피언들 사이의 가장 큰 차이점이다. 대형 콘체른에서 경영진이라는 위치는 더 높은 위치로 향하는 도정에 있는 간이역에 불과하다. 그리고 현재 간부 자리를 꿰찬 사람이라고 하더라도 일이 생각만큼 빠르게 진행되지 않거나 한 직책에 지나치게 오래 머무르면 자연히 불안하고 초조한 마음을 갖게 된다.

젊은 경영진

긴 재직기간과 고도의 연속성은 사장이 비교적 젊은 나이에 경영 일선에 가담할 때에 한해서만 가능한 일이다. 물론 이론적으로는 지긋한 나이에 사장으로 임명된 다음 나이가 아주 많아질 때까지 그 자리에 머무르는 방법도 가능하지만, 그런 경우는 매우 드물다. 젊은 나이에 경영진으로 임명되는 것은 단지 연속성과 장기적인 방향성에서만 중요한 것이 아니라, 기업의 에너지와 활력 면에서도 중요하다. 기업 창립자들을 살펴보면, 이들 대부분이 젊은 나이에 기업을 시작했다는 사실이 눈에 들어온다. 이것은 전후 히든 챔피언들에게도 확실하게 해당되는 사실이다.

라인홀트 뷔르트는 19세의 나이에 돌아가신 아버지를 대신하여 당시 직원이 1명이던 회사를 이끌어가야만 했다. 라인하르트 비르트겐은 18세에 기업을 시작했다. 세계 50개국에서 활동하고 있는 레이저쇼 부문 시장선도기업 로보의 창립자 로타 봅Lothar Bopp도 같은 나이였다. 그 이후에 등장한 기업 설립자들은 대부분 대학에서 공부를 한 사람들이기 때문에, 전형적으로 20대 후반이나 30대 초반에야 비로소 기업 활동을 시작한다. 슈테판 필스마이어는 22세의 나이로 브레인랩을 설립했다. 롤프 돔머무트Rolf Dommermuth는 25세가 되었을 때 유나이티드 인터넷United Internet을 시작했다. 병원용 소프트웨어 부문 유럽시장 선도기업으로 올라선 GWI를 설립했을 당시 외르크 하스Jörg Haas와 뤼디거 빌베르트Rüdiger Wilbert도 마찬가지로 25세였다. 프랑크 텔렌은 28세의 나이로 디지털 앨범 소프트웨어 부문 세계시장 선도기업 IP 랩스를 창립했다. 우베 라취는 30세가 되었을 때 지겐대학교에서 카셰어링 시스템 부문 세계 1위 기업인 인버스를 출범했다. 만프레트 보그단이 선기톱 제작업체인 돌마르를 그만두고 플렉시를 시작했을 때, 그는 32세였다. 알로이스 보벤은 34세에 에네르콘을 설립했다. 기업 설립자들은 일반적으로 젊다. 이것은 그리 놀라운 일이 아니다.

그보다는 오히려 후속 세대의 히든 챔피언 경영자들도 젊은 나이에 사장으로 임명된다는 사실이 더 놀랍다. 대기업 경영진들은 대부분 50세가 넘어서야 비로소 CEO 자리에 오른다. 2010년 부즈&컴퍼니의 연구조사에 따르면 CEO의 평균 취임연령이 52.2세인 것으로 나타났다.16 반면 히든 챔피언 경영진들은 흔히 30대에, 늦어도 40대 초반에 최고의 위치에 오른다. 심지어는 20대에 그런 자리에 오르는 사람들도 드물지 않다. 슈테판과 위르겐 비르트겐Jürgen Wirtgen은 각각 26세, 30세의 나이로 자동차 사고로 목숨을 잃은 아버지의 발자취를 따라 걸어야만 했다. 한스-게오르크 네더는 28세에 오토 보크 경영을 넘겨받았다. 하이너 바이스Heiner Weiss는 그보다 한 살 많은 29세에 냉간 압연기cold rolling mill 부문 세계시장 선도기업인 SMS 사장이 되었다. 마르틴 카네기서도 마찬가지로 29세에 아버지가 설립한 세계 굴지의 세탁 시스템 기업 경영권을 물려받았다.

대체로 20대에 사장으로 임명된 사람들 가운데는 가족 구성원들이 많다. 그러나 30대에 정상에 오른 경영인들 가운데는 가족구성원이 아닌 사람들도 아주 많다. 하르트무트 옌너는 34세에 케르허 CEO가 되었다. 카이 피셔Kay Fischer는 36세의 나이로 슈바르타우어 베르케Schwartauer Werke 경영권을 넘겨받았다. 그리고 로베르트 프리트만은 38세의 나이로 당시 이미 대기업 반열에 올라 있었던 뷔르트의 정상에 올랐다. 히든 챔피언들은 가족 구성원이 아닌 외부 경영자들도 비교적 젊은 나이에 CEO로 임명한다.

당연한 말이지만, 최고경영자의 취임연령에도 연속성과 유사하게 엄연히 양면성이 존재한다. 젊다는 것은 역동적이고 에너지가 충만함과 장기적인 지평을 의미하기도 하지만, 경험 부족, 과부하, 여유의 부재를 의미하기도 한다. 역으로 나이가 지긋한 경영자들은 풍부한 경험, 여유로운 경영, 성숙한 인격이 전형적인 강점이다. 그러나 이런 장·단점들을 모든 사람들에게 일반적으로 적용할 수는 없다. 어디까지나 경영자 개개인의 특성이 중요하다.

일반적으로 대기업에서는 최고경영자들이 지나치게 늦은 나이에 최고 경영 책임을 떠맡는 경우가 빈번한 반면, 히든 챔피언들은 최고경영진을 젊은 나이에 임명함으로써 결과적으로 이익을 본다는 것이 나의 생각이다. 무엇보다도 성장과 세계화라는 측면에서 이런 젊은 세력들이 몰고 오는 에너지는 아주 큰 의미를 지니고 있다. 중요한 결정에서 시행착오를 할 위험성은 더 클지 모르지만, 아마도 기업의 장기적인 발전을 위해서는 전체적으로 긍정적인 측면들이 훨씬 더 많을 것이다. 여기에 언급된 경영자들과 내가 알고 있는 수많은 다른 경영자들이 이 명제가 사실임을 입증해준다.

히든 챔피언의 여성 경영인

'여성 경영인'이라는 표현은 아직까지도 어딘지 어색한 느낌을 준다. 그리고 실제로도 이 단어는 '남성 경영인'이라는 말보다 사용 빈도가 훨씬 낮다. 구글 검색창에 '여성 경영인'이라는 단어를 입력하면 84만2,000개의 항목이 뜨는 반면, '남성 경영인'이라는 단어를 입력하면 그보다 25배나 더 많은 2,140만 개의 항목이 뜬다.

경영진 승진과 관련된 여성의 기회 균등이라는 주제는 열띤 토론 대상이다. 규모가 비교적 작은 기업에서는 여성이 경영인으로서 큰 역할을 수행하고 있다. 직원 수가 50명 미만인 380만 개의 독일 기업 중 29퍼센트가 여성 사장이고, 직원 수 50명 이상의 사업장에서도 여성이 사장인 경우가 적어도 17퍼센트 정도는 된다.[17]

그러나 얼마 전까지만 해도 독일 대기업의 상황은 완전히 달랐다. 2007년만 하더라도 30대 DAX 상장기업 이사회 이사들 중 여성은 단 한 사람도 없었다. 그러다 최근 들어 상황이 급변했는데, 예컨대 지멘스에는 현재 바르바라 쿡스Barbara Kux와 브리기테 에더러Brigitte Ederer라는 두 명의 여성 이사가 있다. 텔레콤Telekom의 클라우디아 네마트Claudia Nemat와 마리온 쉬크Marion Schick, 바스프의 마르그레트 주칼레Margret Suckale, 루프트한자의 지모네 멘네Simone Menne, 도이체 포스트Deutsche Post의 앙겔라 티츠라트Angela Titzrath, 다임러의 크리스티네 호만-덴하르트Christine Hohmann-Dennhardt 혹은 헨켈의 카트린 멩에스Katrin Menges가 이사로 임명된 것은 문자 그대로 혁명을 알리는 신호와도 같다. 그러나 독일 대기업에서 여성 CEO를 찾는 것은 예나 지금이나 부질없는 일이다. 반면 미국이나 프랑스 같은 나라들은 상황이 다르다. 그곳에서는 수많은 여성이 대기업 최정상에 자리 잡고 있다.

마찬가지로 히든 챔피언들의 상황도 일반 기업들과는 다르다. 그것도 오래 전부터 그래왔다. 이곳에서는 여성이 직접적인 기업 운영뿐만 아니라 기업의 지배구조에서도 여러 모로 핵심적인 위치를 점하고 있다. 여성이 히든 챔피언 기업의 운명에 결정적인 영향을 미치면서 기업을 이끄는 상황은 전형적으로 세 가지로 구분된다.

- 남편이 사망한 후 경영권을 물려받는 경우
- 감독위원회 멤버나 회사 고문으로 활동하는 경우
- CEO 자격으로 직접 회사를 경영하는 경우

남편이 세상을 떠난 후에 여성이 기업 경영을 물려받는 예는 수없이 많다. 마리아-엘리자베트 쉐플러Maria-Elisabeth Schaeffler는 1996년 남편 게오르크 쉐플러Georg Schaeffler가 사망한 후부터 회사 소유주 자격으로 세계에서 두 번째로 큰 롤러 베어링 제작업체 INA-쉐플러를 경영하고 있다. 당시 약 15억 유로였던 회사 매출액이 2011년에는 107억 달러로 늘어났다. 쉐플러 부인은 각종 위기와 콘티넨털 주식회사Continental AG 인수로 인한 큰 어려움을 극복하고 이 빅 챔피언을 노련하게 이끌고 있다. 우어줄라 비간트Ursula Wiegand는 남편 콘라트 비간트Konrad Wiegand의 사후인 1967년에 압력계측장비 및 온도계측장비 부문에서 세계시장을 이끌고 있는 WIKA의 경영권을 넘겨받았다. 당시 WIKA의 매출액은 약 1,000만 유로였다. 1996년 우어줄라 비간트가 사망하던 시점까지 이 수치는 24배 증가한 2억 유로로 늘어났다. 그리고 2010년에는 매출이 6억 5,000만 유로에 달했다. 이레네 케르허는 남편이 사망한 후인 1959년에 경영권을 넘겨받았다. 1972년에 이르러 그녀는 당시 서른 살이던 롤란트 캄을 사장으로 임명하고 새로운 전략 방향에 입각하여 철저하게 성장 위주의 전략을 추진했다. 케르허는 1974년에 약 1,900만 유로의 매출액을 달성했는데, 2011년 이 기업의 매출액은 그보다 89배나 증가한 17억 달러를 기록했다.

1962년 기업 창립자인 빌헬름 하르팅Wilhelm Harting이 사망한 후 처음에는 그의 미망인 마리 하르팅Marie Harting이 경영권을 물려받았다가, 1967년 당시 28살이던 아들 디트마르가 그녀의 자리를 대신했다. 그는 자신의 아내 마르크리트 하르팅Margrit Harting과 자녀인 필립 하르팅Philip Harting, 마레사 하르팅-헤르츠Maresa Harting-Hertz와 함께 지금까지 이 회사를 경영하며 산업용 플러그 커넥터 부문에서 세계시장을 선도하고 있다. 1975년 페터 필츠Peter Pilz가 비행기 추락 사고로 목숨을 잃자 그의 아내 레나테 필츠Renate Pilz는 처음에 두 아이를 기르다가 자문위원회를 설립하고 회장 자리를 맡았다. 그러나 기업 경영은 외부 경영인에게 맡겼다. 1994년에 경영 일선에 직접 뛰어든 그녀는 가족기업인 필츠를 세계를 무대로 활동하는 안전장비 공급기업으로 발전시켰다. 불과 몇 년 만에 직원이 400명에서 1,400명 이상으로 늘어났고, 해외지점도 7개에서 28개로 늘어났다. 오늘날까지도 레나테 필츠는 딸 주잔네 쿤쉐르트Susanne Kunschert, 아들 토마스 필츠Thomas Pilz와 함께 기업을 경영하고 있다.

1988년 센서 제작업체 지크 창립자 에르빈 지크가 사망했다. 그 뒤를 이어 그의 미망인 기젤라 지크Gisela Sick가 최대주주로 회사를 계속 경영했다. 그녀는 지금도 여전히 지크 주식회사 감독위원회 명예회장으로 활동하고 있다. 지크 주식회사는 실무상으로도 한 여성의 지휘를 받았다. 1992년부터 이사회 멤버였던 안네-카트린 도이트리히Anne-Kathrin Deutrich가 2002년부터 2006년 9월 은퇴할 때까지 이사회 대변인으로 활동했다. 1997년 불의의 사고로 라인하르트 비르트겐이 세상을ㄹ 떠났다. 그의 미망인 기젤라 비르트겐Gisela Wirtgen이 당시 30살, 26살이었던 두 아들 위르겐, 슈테판과 함께 기업을 계속 경영했다. 그녀는 당시 매출액 4억 유로였던 비르트겐을 2011년에 이르러 약 18억 유로의 매출액을 자랑하는 오늘날의 비르트겐 그룹으로 발진시켰다. 마르디나 회르비거Martina Hörbiger도 장기간에 걸쳐 기업에 뚜렷한 영향력을 행사했다. 1945년 남편이 사망한 후에 그녀는 수십 년에 걸쳐 회르비거를 압축장비, 자동화 장비, 동력장치 부문 세계시장 선도기업으로 키웠다. 회르비거 그룹은 오스트리아·독일·스위스 기업으로 칭할 수 있는데, 그 이유는 가장 핵심적인 공장들이 이 세 나라에 자리 잡고 있기 때문이다. 7,600명의 직원을 보유한 이 회사는 2010년 9억4,800만 유로의 매출액을 달성했다.

위에서 열거한 응급 상황에서는 대부분 여성 경영인이 히든 챔피언 입지 확장에 결정적인 기여를 했다. 미망인이 경영을 맡으면서 비로소 세계화가 시작된 경우도 적지 않다. 이것은 기업 설립자의 업적에 필적하는 위대한 업적이다.

가족기업에서는 감독 기능과 사업수행 기능이 언제나 선명하게 분리되어 있지만은 않다. 예컨대 히든 챔피언 고문단을 살펴보면 비교적 젊은 나이에 이 과제를 넘겨받아 기업 내에서 강력한 영향력을 행사하는 여성을 찾아볼 수 있다. 베티나 뷔르트Bettina Würth는 2006년 44세의 나이로 아버지로부터 뷔르트 그룹 고문단 회장직을 물려받았다. 그에 앞서 그녀는 5년 동안 그룹 경영진의 일원으로 경험을 쌓았다. 카트리나 클라스-뮐호이저Cathrina Claas-Mühlhäuser는 20대 중반이던 2001년에 클라스 주주위원회의 일원이 되어 기업의 방향성에 큰 영향력을 행사하고 있다. 하인츠 뒤르Heinz Dürr는 자신의 딸 알렉산드라Alexandra를 세계적인 도색설비 기업의 감독위원회에 영입했다. 두 아이의 어머니이기도 한 그녀는 의학 박사학위와 인간유전학 박사학위를 소지하고 있으며, 파리에 있는 신경유전학 클리닉을 이끌고 있다. 2011년에 열린 뒤르 주식회사 주주총회에서 그녀는 5년 임기의 감독위원회 일원으로 재차 승인을 받았다.

여성이 설립한 히든 챔피언은 소수에 불과하다. 한 가지 예를 들면 1978년 에바-마리아 뢰어Eva-Maria Roer가 설립한 DT&숍DT&Shop이 있는데, 이 기업은 불과 몇 년 만에 신생 기업에서 치과장비 통신판매 부문 시장선도기업으로 등극하면서 세계 70개 나라로 사업을 확장했다. 에바-마리아 뢰어는 350명이 넘는 직원들에게 일자리만 제공하는 것이 아니라 직장 내 여성의 기회 균등을 후원하는 'Total E-Quality'라는 조직의 이사회 회장으로 활발한 활동을 펼치고 있다.

유명한 장난감 제조업체들 중에도 여성이 설립했거나 공동으로 설립한 곳이 몇 곳 있다. 마르가레테 슈타이프(1847~1909)는 1879년에 플러시 천으로 동물인형을 만들었다. 1902년 '테디 베어'가 제품 목록에 올랐는데, 이 제품은 미국 대통령 '테디Teddy' 루즈벨트Roosevelt의 간접적인 영향력을 통해서 미국 전역에서 혜성처럼 빠른 속도로 인기를 얻었다. 1907년에 이미 97만4,000개의 테디 베어가 판매되었다. '슈타이프 크노프 임 오어Steiff Knopf im Ohr'는 오늘날까지도 강력한 브랜드로 남아 있다. 장난감 인형과 기능성 인형 부문에서 유럽시장을 이끌고 있는 차프 크리에이션Zapf Creation은 1932년에 로자 차프Rosa Zapf와 막스 차프Max Zapf가 설립했다. 저 유명한 훔멜 인형을 제작하는 괴벨도 같은 지역인 코부르크의 뢰덴탈 Rödenthal에 자리 잡고 있다. 프란체스코수도회 수녀였던 마리아 이노센티아 훔멜Maria Innocentia Hummel이 처음으로 이 인형을 만들었다. 엔네 부르다도 준설립자 정도로 명명할 수 있는 인물이다. 그녀는 1949년에 기존의 작은 출판사를 인수하여 전 세계적인 출판사로 키웠다. 〈부르다 모덴〉은 1961년에 이미 세계 최대의 패션잡지가 되었다. 현재 이 잡지는 17개 언어로 출판되어 90개가 넘는 나라에서 판매되고 있다.

그 밖에도 우리는 수많은 히든 챔피언 여성 CEO들을 찾을 수 있다. 오늘날 가장 유명한 독일 히든 챔피언 여성 경영인은 아마도 니콜라 라이빙어-캄뮐러일 것이다. 그녀는 2005년에 아버지 베르톨트 라이빙어로부터 레이저 기계 제작업체 트룸프를 물려받았다. 그녀는 극도로 심각했던 2009년의 위기 상황을 뚫고 트룸프를 노련하고 안전하게 경영했다. 그 밖에도 라이빙어-캄뮐러는 지멘스와 루프트한자 감독위원회 멤버기도 하다. 2006년에 그녀는 CEFEC(Conseil Européen Femmes, Entreprises et Commerce)가 선정한 올해의 유럽 여성 경영인으로 선발되었다. 연마기 부문 세계시장 선도기업인 게링 창립자의 손녀인 도로테 슈타인-게링Dorothee Stein-Gehring은 44세의 나이로 3대째 기업을 물려받았다.

플라스틱 장난감 제조업체 게오브라 브란트슈테터의 단독 소유주 호르스트 브란트슈테터는 가족의 일원이 아닌 여성 경영인 안드레아 샤우어Andrea Schauer를 후계자로 삼았다. 이네스 콜름제Ines Kolmsee는 SKW 메탈우르기SKW Metallurgie 회장으로 취임하여 산업용 플럭스 코어드 와이어flux cored wire를 생산하는 이 세계적인 기업을 이끌고 있다.

의류 제조업체인 알러스에서는 2005년부터 스텔라 알러스가 회장으로 재직하고 있다. 크리스티나 슈트랭어Kristina Strenger는 2002년에 그녀의 아버지로부터 가족기업이자 유럽 최대의 슬라이딩 빗장 제조업체인 슈트랭어를 물려받았다. 1884년 아우구스트 프리트베르크가 겔젠키르헨Gelsenkirchen에 설립한 가족기업은 현재 그의 손녀딸인 잉그리트 브란트-프리트베르크Ingrid Brand-Friedberg의 손에 운영되고 있다. 카타리나 고이테브뤼크는 1999년 당시 32세의 나이로 아버지 토마스에게서 고이테브뤼크의 경영자로 임명되었다. 이어서 토마스 고이테브뤼크는 점진적으로 뒤로 물러나면서 비디오 감시와 동작 감지 경보기를 생산하는 이 기업의 업무를 두 아이를 둔 딸의 손에 넘겼다.

한네로레 라이머Hannelore Leimer는 1977년부터 기업 회장으로서 철도와 컨베이어 벨트에 사용되는 계측장비와 제어장비를 생산하는 에르하르트 운트 라이머Erhard und Leimer의 운명을 이끌고 있다. 그 밖에도 그녀는 아우크스부르크와 슈바벤 상공회의소 회장으로 두 번의 임기에 걸쳐 최고위직에 올랐다. 레나테 쉼머-보트리히Renate Schimmer-Wottrich도 1988년에 아버지가 설립한 기업 트루마TRUMA의 경영권을 물려받았다. 트루마는 캠핑용 자동차에 장착되는 가스난방·온수설비 부문 유럽시장 선도기업이다. 카를 예거 설립자의 증손녀인 일로나 예거-쉼프Ilona Jäger-Schimpf는 2007년부터 향초 부문에서 유럽시장을 선도하고 있는 이 기업을 이끌고 있다. 화초용 배양토 부문에서 세계시장을 이끄는 기업들 가운데 하나인 ASB 그륀란트 창립자 헬무트 아우렌츠Helmut Aurenz의 딸인 미하엘

라 아우렌츠Michaela Aurenz는 2008년부터 이 회사 사장으로 일하고 있다.

하려고만 하면 얼마든지 계속 리스트를 이어갈 수도 있다. 히든 챔피언 경영자로서 여성은 대기업에 있는 여성 동료들보다 훨씬 더 중요하나. 그런데 여성 경영인들은 남성과는 달리 주로 가족 구성원이다. 물론 안드레아 샤우어와 이네스 콜름제처럼 가족 구성원이 아닌 여성 경영인도 있다. 이런 여성 경영진은 세계를 무대로 활동하는 기업에서 여성이 큰 성과를 이루어내고 있다는 사실을 입증하고 있다. 적어도 지금까지는 대기업보다도 히든 챔피언 기업에서 여성이 최고경영진으로 승진할 기회가 더 많았다는 것만은 분명한 사실이다. 이것은 무엇보다도 가족 구성원 출신의 여성 경영진에게 해당되는 사실이다. 이런 결과는 여성을 최고경영진으로 고려하지 않는 관행 때문에 커다란 잠재 가능성이 활용되지 않은 채 그대로 묻혀 있다는 것을 암시한다. 그것도 다른 나라도 아닌 바로 독일에서 말이다.

경영진의 국제화

대규모 다국적 기업을 살펴보면 경영진이 점차 국제화되고 있는 모습을 관찰할 수 있다. 2011년 중반을 기준으로 30대 DAX 상장기업 대표 중 28퍼센트가 독일인이 아니다. 개별적인 대기업들의 상황을 들여다보면 이것보다 훨씬 더 국제적이다. 알리안츠 이사회 멤버들은 6개국 출신으로 구성되어 있다. 프레제니우스 메디컬 케어의 경영진 구성 상황이 가장 다채롭다. 이 회사 이사진은 5개국 출신의 이사 7명으로 이루어져 있다. 네슬레의 최고경영진 13명은 각기 다른 9개 국가 출신이다.

히든 챔피언들은 흔히 매출액의 80~90퍼센트를 내수시장 외부에서 거두어들인다. 그들은 직원의 과반수를 다른 나라에서 고용하고 있다. 이런 지표들을 고려하면 그들은 매우 국제적인 면모를 갖추고 있다. 중간 간부층에서도 강력한 국제화 경향이 나타나고 있다. 나는 수많은 히든 챔피언 경영진 회의에 참석한 경험이 있다. 이때 참석자 수는 대개 50~100명 정도인데, 이것은 전체 종업원의 약 2.5~5퍼센트에 해당하는 수치다. 오늘날에는 이처럼 확대 간부진의 조합도 강도 높게 국제화되어 있다. 회의를 할 때는 거의 언제나 영어가 사용되는데, 대부분 동시통역은 이루어지지 않는다. 그러나 경영진 배치에서는 상황이 달라진다. 다수의 히든 챔피언들이 해외지사 사장들을 그 나라 출신으로 임명하는 정책을 따르고 있다. 종이와 펄프 산업에 사용되는 설비를 생산하는 오스트리아의 안드리츠 주식회사는 이렇게 말한다.

"안드리츠 그룹은 지역별 관리체제를 갖춘 사업부 조직에 의존합니다. 지사장들과 안드리츠 계열사 사장들의 국적은 회사의 지리적인 분포와 직원 상황을 반영합니다. 회사를 하나 인수할 때마다 지역관리체제를 통합하는 데 엄청난 주의를 기울입니다."

산업자동화 분야 세계시장 선도기업 피닉스 콘택트도 해외지사 경영을 그 지역 출신 매니저에게 일임한다. 용접장비 부문 히든 챔피언인 IBG도 마찬가지로 해외에는 독일 출신의 매니저를 투입하지 않는다. 중국에서는 흔히 독일에서 대학 공부를 하고 독일어를 할 줄 아는 중국 사람이 최고 자리에 앉는다.

최고경영진이 이미 강도 높게 국제화되어 있는 히든 챔피언들도 몇몇 있다. 와인과 알코올 음료 운송 부문 세계시장 선도기업인 힐레브란트 주식회사Hillebrand AG도 그렇다. 힐레브란트에는 6명의 이사가 있는데, 그 가운데 독일 출신은 단 한 명도 없다. 그 대신 프랑스 출신이 2명, 네덜란드, 영국, 미국, 남아프리카 출신이 각각 1명씩이다.

최고경영진의 국제화에서는 스위스 히든 챔피언들이 독일 히든 챔피언들을 크게 앞지른다. 예컨대 아로마 제품과 방향제 부문 세계시장 선도기업이자 스위스 기업인 지보단은 6명의 이사회 멤버 가운데 프랑스 사람이 3명, 스위스, 멕시코, 캐나다 사람이 각각 1명씩이다. 제네바에 소재한 세계 2위의 사치품 기업 리슈몽은 8개국 출신으로 구성된 13명의 경영진을 보유하고 있으며, 남아프리카 출신의 요한 루퍼트Johan Rupert가 CEO로 재직 중이다. 보청기 부문 세계 1위 기업 소노바 주식회사의 경영진은 스위스, 미국, 캐나다, 핀란드, 독일, 스페인, 네덜란드 출신으로 구성되어 있다. 스칸디나비아반도의 히든 챔피언들도 매우 국제적인 경영팀을 보유하고 있다. 빅 챔피언인 프레제니우스 메디컬 케어에 이어 신장투석장비 부문에서 세계 2위를 달리고 있는 스웨덴의 갬브로는 6개국 출신으로 이루어진 10명의 경영팀을 보유하고 있다.

독일 히든 챔피언들 사이에서는 외국인이나 외국 출신의 경영자가 아직까지는 다소 예외적인 경우다. 외국인 최고경영진 수가 대기업보다 훨씬 적다. 독일에서 활동하고 있는 외국인 최고경영진의 예를 들어보면 일명 건설용 경량소형장비 부문에서 세계시장을 이끌고 있는 바커 노이존의 터키 출신 CEO 켐 페크사글람Cem

Pecksaglam이 있다. 그는 보쉬에서 빛나는 이력을 쌓은 후 2011년부터 바커 노이존을 이끌고 있다. 마찬가지로 터키 출신인 네딤 켄Nedim Cen은 2010년 3월부터 빌레펠트에 있는 Q-셀즈 CEO로 재직하고 있다. 그러나 그는 과거 태양전지 부문 세계시장 선도기업이었던 Q-셀즈의 파산을 막지 못했다. 과거 폭스바겐 책임 디자이너였던 무라트 귀나크Murat Günak는 오늘날 혁신적인 전기자동차를 생산하는 미아 일렉트릭Mia Electric을 이끌고 있다.

아시아 출신의 인물들도 점점 히든 챔피언 경영진의 대열에 올라서고 있다. 인도 출신 CEO 미히르 코테차Mihir Kotecha가 1만2,500명이 넘는 직원과 30억 유로의 매출액을 보유한 변속기 히든 챔피언 게트락을 이끌고 있다. 또 방글라데시 출신의 조이 라만Joy Rahman은 은퇴할 때까지 현재 자동화 부문에서 세계시장을 주도하고 있는 Ifm 일렉트로닉스를 이끌었다. 인도에서 태어난 쉬리 굽타Shiri Gupta는 히든 챔피언 빈트묄러&휠셔에서 서비스 부문을 이끌고 있다. 그러나 전체적으로 미국인이나 영국인과 비교했을 때 독일 중소기업 최고경영진에 오른 인도인은 매우 드문 편이다.

독일 히든 챔피언들이 최고경영진의 국제화에서 다른 나라에 뒤처지는 데는 여러 가지 원인이 있다. 히든 챔피언들 가운데 꼭 절반 정도는 최고경영진이 가족 구성원들로 이루어져 있다. 그 밖에도 대체로 경영팀 규모가 매우 작은데, 보통 2명이나 3명 정도가 주류를 이룬다. 아무리 많아도 5명을 넘지 않는다. 그러니까 경영진을 기용할 수 있는 자리 자체가 대기업보다 적다. 이처럼 히든 챔피언 기업에서는 작은 규모의 경영진이 서로 협력하여 업무를 수행한다. 이때 그들의 협력은 공통된 문화 기반에 근거한다. 이미 언급한 것처럼 지방이라는 환경이 외국인 경영진과 그 가족의 정착과 통합을 어렵게 하는 또 하나의 원인으로 작용하는 듯하다. 이런 상황이 신속하게 바뀌기를 기대하기란 힘든 일이다.

그렇다면 스위스 히든 챔피언들이 최고경영진의 국제화에서 그처럼 크게 앞서 나가는 이유는 무엇일까? 아마도 내수시장이 훨씬 더 작다는 점, 외국시장 의존도가 더 높다는 점, 스위스 인구 가운데 외국인 비율이 전반적으로 독일보다 높다는 점이 원인으로 작용하는 것 같다.

물론 사업의 성격이 점점 더 국제화되는 상황에 직면하여 최고 경영진을 더 단호하고 신속하게 국제화해야 한다는 요구에 힘이 실릴 수도 있겠지만, 늘 그렇듯 동전에는 양면이 있는 법이다. 소규모 경영팀은 공동의 문화 기반과 가치 기반을 공유하고 있으며 호흡이 척척 맞는다는 장점이 있다. 우리는 이런 장점을 결코 과소평가해서는 안 될 것이다. 재봉용 바늘 제작 부문 세계시장 선도기업 그로츠-벡케르트는 해외 경영진을 임명할 때조차도 (앞서서 제시한 예들과는 대조적으로) 알프슈타트 본사에서 오랫동안 일한 사람들을 가장 선호한다. CEO 토마스 린트너는 이런 정책을 사용하는 이유에 대해 다음과 같이 설명한다.

"그들에게서는 반드시 우리 기업에서 일하는 사람의 기운이 느껴져야만 합니다. 우리는 모든 지점에 우리의 기업 철학인 일대일 방식을 전달하는 데 큰 가치를 두고 있습니다. 성인 한 사람이 기업 문화를 내면화하기까지는 평균 15년이 걸립니다."[18]

사업, 직원, 경영진의 국제화는 동시에 진행되는 것이 아니라 시차를 두고 진행된다. 가장 먼저 매출액의 국제화가 이루어지고, 그 뒤를 이어서 직원이 국제화되고, 확대 간부진이 국제화된다. 그리고 마지막에 가서야 비로소 한 세대나 두 세대 정도의 시차를 두고 최고경영진이 다양한 문화와 다양한 국가 출신의 인사들로 채워진다. 현재 히든 챔피언들의 상황을 보면 처음 세 단계까지는 크게 발전되어 있는 상태다. 그러나 네 번째 단계가 완성되기까지는 아직도 많은 시간이 소요될 것이다. 그리고 그 시간은 회사마다 각각 다를 것이다.

경영의 승계

히든 챔피언들과 가족기업들에게 경영 후계자를 결정하는 일은 가장 큰 도전으로 꼽힌다.[19] 그리고 적지 않은 기업이 그 일에서 실패를 경험한다.[20] 수많은 기업가들과 만나면서 나는 현재 경영자의 성격이 강하면 강할수록 다음 경영 세대에게 권력을 이양하는 일이 더욱 더 힘들어진다는 인상을 받았다. 세계시장 선도기업 브로제를 34년간 이끌어온 미하엘 슈토쉐크Michael Stoschek는 이와 관련하여 다음과 같이 말했다. "유감스럽게도 후계 작업 실패로 인해 강한 기업 경영자의 역사가 끝나버리는 일이 허다합니다." 이것은 특히 기업 설립자들에게서 가장 두드러지게 나타나는 문제점이다. 바로 여기에서 경영진의 연속성과 궁극적으로 불가피한 권력 이양 사이에 존재하는 딜레마가 가장 극명하게 드러난다.

세 가지 익명의 사례를 바탕으로 하여 전형적인 권력 이양 상황을 상세하게 조명해보겠다. 먼저 니더작센에 위치한 어느 성공한 서비스 기업의 사례를 들어보겠다. 이 기업의 창립자이자 단독 대표로 재직하고 있는 인물은 현재 나이가 73세다. 그에게 후계 상황에 대한 질문을 던졌더니 이런 대답이 돌아왔다.

"나는 건강합니다. 아직 10년은 더 기업을 활동적으로 이끌어나갈 수 있다고 생각합니다. 내가 물러나면 경영 업무를 넘겨받을 만한 중간 간부들이 여러 명 있습니다."

나는 20년 전에도 이 기업가에게 같은 질문을 던졌는데, 그때도 그는 똑같은 대답을 내놓았다.

다른 기회에 매출액이 10억을 넘어서는 어느 히든 챔피언 회장과 대화를 나누었을 때에도 분위기가 비슷했다. 이 기업가도 마찬가지로 70대였다. 그는 후계자 결정 작업이 진행 중이기는 하지만, 제대로 검증을 받은 적합한 인물을 구하지 못하는 한은 자신이 계속 경영 업무를 맡을 수밖에 없다고 말했다. 세 번째 사례에서는 결국 여러 번의 대화 끝에 내가 항복하고 말았는데, 그때 나는 80세를 훌쩍 넘긴 그 주인공에게 이렇게 말했다.

"후계 문제에 대한 이야기는 이제 그만두어야 할 것 같습니다. 당신은 권력을 이양할 수가 없습니다. 그것이 현실입니다. 일이 더는 제대로 돌아가지 않을 때까지 그냥 기다릴 수밖에 없을 것 같습니다."

그러자 그가 대답했다. "아마도 당신 말이 옳을 겁니다." 그는 그 후로도 계속 활기차게 회사를 경영하고 있다.

경영 후계자 문제는 모든 기업의 결정적인 약점이다. 가족이 경영권을 소유하려고 하는 가족기업의 경우에는 이런 문제가 특히 심각하다. 도이체 방크가 실시한 한 조사에 따르면 전체 가족기업가의 90퍼센트 이상이 기업과 경영권이 가족 소유이기를 원하는 것으로 나타났다. 그러나 네 번째 세대에게 기업과 경영권을 성공리에 이양한 기업은 채 10퍼센트도 되지 않았다. 전체 가족기업의 3분의 1이 이미 첫 세대교체에서 실패를 경험한다. 그리고 남은 3분의 2가 두 번째 세대교체에서 좌절해버린다.[21] 이번 장의 서두에서 살펴본 것처럼, 1990년대 중반만 하더라도 가족이 경영하는 히든 챔피언의 비율이 60퍼센트가 넘었지만, 지금은 50퍼센트 이하로 줄어들었다. 대부분의 경우에는 가족 내부에 적합한 후계자가 없었기 때문이다. 그런가 하면 잠재적으로 적합한 조건을 갖춘 가족 구성원들이 경영권을 넘겨받으려고 하지 않는 경우도 있었고, 후계자 자리를 둘러싸고 다툼이 일어난 기업들도 있었다.

구세대와 젊은 세대 간의 이해관계를 둘러싼 갈등이나 상속자들 간의 갈등은 히든 챔피언들 사이에서도 예외가 아니다. 나이 든 세대, 그중에서도 특히 기업 설립자들은 전형적으로 가족들이 기업과 경영권을 소유하기를 원한다. 충분히 이해가 되지만, 그래도 이런 입장은 두 가지 이유에서 문제의 소지가 다분하다.

첫째, 아들이나 딸이 한 기업을 이끌어갈 수 있는 능력을 자동적으로 보유하고 있거나 타고났다고 장담할 수가 없다. 많은 히든 챔피언들이 상당히 복잡한 구조를 갖춘 중간 규모의 기업으로 변신했다는 사실이 이런 점을 한층 더 첨예하게 부각한다. 그런 조직을 이끌기 위해서는 다양한 역량들이 조화롭게 조합되어 있어야 하는데, 그런 사람은 극소수에 불과하다. 만약 자녀들이 그런 능력을 가지고 있다면야 더할 나위 없이 좋을 것이다. 그러나 만약 그렇지 않다면, 가족이 아닌 전문경영인에게 경영권을 이양하기로 결심하고 준비해야 할 것이다. 통계수치가 보여주듯이, 최근 들어 이런 사례들이 점점 더 늘어나고 있다. 상황에 떠밀려 어쩔 수 없이 그렇게 한 것인지 아니면 뛰어난 통찰력 덕분인지, 그 배경에 대해서는 알려지지 않았다.

둘째 이유는 자녀들의 독자적인 인생 계획과 관련되어 있다. 전통적인 사회에서는 장자가 농정이나 아버지의 작업장을 물려받는 것이 당연한 일이었다. 이 일과 관련하여 맏이에게는 선택의 가능성이나 자유 같은 것이 아예 주어지지 않았다. 가족의 전통은 무슨 일이 있어도 계속 이어져야만 했다. 많은 기업가들 사이에서는 오늘날까지도 이런 전통적인 세계상이 지배적이다. 따라서 자녀들이 그들의 직업과 인생길을 독자적으로 만들어나가려고 하면 당연히 갈등이 불거질 수밖에 없다.

그 밖에도 많은 기업 설립자들이 능력 있는 후계자를 개발하고 육성하는 데 얼마나 많은 시간이 필요한지 과소평가하곤 한다. '최적의' 퇴임 연령은 분명 기업 경영자 개인의 신체적·정신적 컨디션에 달려 있다. 50대 초반의 사장들과 대화를 나눌 때면 많은 사람들이 후계 문제를 해결하는 데 아직 수십 년의 시간이 남았다고 생각한다는 사실을 거듭 확인한다. 그러나 늦어도 50대 중반부터는 후계자가 될 사람이 누구인지 알고 있어야 한다. 실제로 설문조사에서도 응답자의 80퍼센트가 후계 문제를 생각하고 있다고 대답했다. 그리고 58퍼센트가 최종 후계자 결정을 성공적인 것으로 평가했다. 58퍼센트면 많은 것일까, 적은 것일까? 혹시 이런 비율은 전체의 42퍼센트에서 일이 어긋나버렸다는 것을 의미하는 것은 아닐까?

실질적인 권력 이양 자체도 또 다른 심각한 문제다. 많은 사장들이 자신이 회사에 없어서는 안 될 존재로 여긴다. 따라서 그들은 무의식적으로 온갖 수단을 동원하여 실제로도 자기 자신을 없어서는 안 될 존재로 만들기 위해서 안간힘을 쓴다. 이런 상황에서는 지속성에 대한 욕구가 후계 전쟁의 원인이 된다. 그리고 설령 후계자에게 공식적으로 권력을 이양했다고 하더라도 실제로는 연장자가 뒤로 물러나지 않고 계속 개입하는 경우가 허다하다. 나는 연장자가 예나 다름없이 날마다 사무실에 출근하거나, 문자 그대로 언제든지 하던 일을 계속할 수 있는 곳에 사무실을 마련하는 모습을 자주 관찰했다. 이런 경우, 가장 흔하게 볼 수 있는 후계자의 반응은 일을 내팽개쳐버리는 것이다. 연장자의 입장에서 보면 이것은 자기 자신이 결코 없어서는 안 될 존재라는 사실에 대한 결정적인 증거에 다름 아니다.

최근 들어서 사용 빈도가 점점 증가하는 흥미로운 옵션이 한 가지 있는데, 그것은 바로 후계자에게 기업 지분을 배당하는 것이다. 당사자가 가족 구성원이 아닌 경우에도 마찬가지다. 이런 방법으로 경영자는 진정한 공동 기업가가 되어 고작해야 월급쟁이에 불과한 사장보다 대내외적으로 훨씬 강력한 위치를 보유한다. 그리슨-드 뵈켈레어의 설립자 하인츠 그리스Heinz Gires는 이 방법을 성공리에 실행한 대표적인 예다. 그는 후계자인 안드레아스 란트에게 기업 지분을 할당했는데, 그들의 긴밀한 관계는 지금까지 더할 나위 없이 훌륭하게 유지되었다.[22] 스낵 제조업체 카테스Katjes 설립자인 클라우스 파신Klaus Fassin도 자신의 후계자이자 CEO인 토비아스 바흐뮐러Tobias Bachmüller에게 10퍼센트의 기업 지분을 제공했다. 현재 바흐뮐러는 회사 설립자의 가족인 바스티안 파신Bastian Fassin과 공동으로 기업을 운영하고 있다.

히든 챔피언 사장들과 대화를 나누다 보면 이런 길을 걸어갈 준비가 된 사람들이 크게 늘어난 것을 알 수 있다. 그러나 이것은 이미 여러 세대를 거쳐 내려온 기업보다는 비교적 젊은 기업들에게 해당되는 사실이다. 예로부터 전해져 내려온 가족기업에서는 좀처럼 가족이 아닌 전문경영인에게 지분을 내어주려고 하지 않는다.

그런가 하면 히든 챔피언의 역사를 살펴보면 매니저가 자신이 일하던 기업을 서서히 통째로 넘겨받는 경우도 여럿 찾아볼 수 있다. 베르톨트 라이빙어는 처음에 트룸프 직원으로 시작했는데, 지금은 그의 가족이 그 기업을 소유하고 있다.[23] 병원 침상용 바퀴 부문에서 세계시장을 선도하는 텐테 롤렌Tente Rollen의 디트리히 프리케 Dietrich Fricke는 경영진으로 일하다가 창립 가문의 2세대가 경영 승계를 원하지 않자 그 기업을 인수했다. 가족이 대형 콘체른에 기업을 매각하지 않고 기업의 독립성을 유지하는 데 큰 가치를 두는 경우에는 이것이 후계 문제를 해결하는 흥미로운 해법이 될 수 있다.

사모투자자에게 기업을 매각하는 방법도 후계 문제에 대한 해결책이 될 수 있다. 현재 족히 10퍼센트의 히든 챔피언들이 사모투자자의 손에 들어가 있다. 사모투자자들은 대개 최고경영진에게 기업 지분을 할당해준다. 이런 방법으로 그들은 기업가정신을 보유한 매니저들을 더욱 강력하게 끌어당기는 동시에 투자자들의 목표와 광범위하게 일치하는 방식으로 그들에게 인센티브를 지급한다. 나는 그런 식의 지분 할당 및 그와 결부된 경영 해법이 이런 투자자 그룹의 결정적인 성공 요인이라고 생각한다. 이런 경우, 기업의 장기적인 운명은 불가피하게 미지수로 남겨질 수밖에 없다. 왜냐하면 일반적으로 사모투자자들은 몇 년 지나지 않아 출구 전략을 시행하는 경향이 있기 때문이다. 사모투자자들이 빠져나간 후에도 그 기업이 독립성을 유지할 수 있을지의 여부는 어디까지나 출구 전략의 종류에 달려 있다.

과거에는 많은 히든 챔피언들이 대형 콘체른에 매각되었다. 바로 가족들이 후계 문제를 해결하지 못했거나, 점점 복잡해지는 기업 운영을 감당할 수 없었거나, 혹은 후계자 세대가 기업 경영에 대해 아예 흥미를 잃어버렸기 때문이다. 그런 기업의 운명은 제각각이다. 각각의 사업단위에 충분한 운신의 폭을 보장해주는 콘체른을 만나면, 더 많은 자금력을 바탕으로 회사가 번창하고 큰 폭의 성장을 경험한다. 예컨대 만네스만이 이런 경우에 대한 전형적인 본보기다. 그러나 이런 경우보다는 콘체른 편입이 히든 챔피언을 옭죄어 결과적으로 성장이 중지되어버리는 경우가 더 흔한 것 같다. 예컨대 DAX에 상장된 어느 콘체른 대표는 언젠가 내게 이런 말을 한 적이 있다.

"우리가 그런 기업을 매입하는 이유는 그들의 강점을 보존하고 우리의 약점을 떨쳐버리기 위해서입니다. 그러나 3년 후에 나타난 결과를 보니 우리가 그들의 강점을 파괴하고 우리의 약점을 그들에게 강요한 꼴이 되어버렸습니다."

대형 콘체른에 기업을 매각하는 것도 후계 문제를 해결할 수 있는 한 가지 방법이 될 수 있다. 왜냐하면 대기업은 경영 후진 풀이 훨씬 더 크기 때문이다. 그런데 과연 이런 방법으로 히든 챔피언의 지속적인 성공을 보장할 수 있을 것인지 여부는 판단하기 까다로운 문제다.

경영진 개발의 관점에서 많은 히든 챔피언들이 대형 콘체른들과는 달리 총괄 매니저들을 위한 '실습 포지션'이 소수에 불과하다는 문제에 직면해 있다. 단일제품 단일시장 기업인 전통적인 히든 챔피언들은 총괄-관리 포지션이 소수에 불과하다. 해외지사 경영은 매우 소중한 경험을 전달해준다. 특히 정신적인 국제화의 측면에서 그러하다. 그러나 히든 챔피언들이 운영하는 많은 해외지사들은 영업과 서비스에만 몰두하고 있다. 그런 점에서 히든 챔피언들의 해외지사 경영 범위는 가치창출 단계의 모든 단계를 포괄하는 대형 콘체른 사업 부문의 경영 범위보다 현저하게 제한되어 있다.

유연한 다각화를 실행에 옮긴 히든 챔피언들은 이 부분에서 상황이 좀더 양호하다. 그들은 독자적인 회사 설립의 형태를 빌린 단호한 분권화를 통해서 미래의 총괄 매니저들을 위한 이상적인 트레이닝 포지션을 보유하고 있다. 여기에서 분권화가 지닌 또 다른 장점이 드러난다. 분권화는 단지 현재 진행 중인 사업에만 득이 되는 것이 아니라, 미래의 기업가들을 길러내는 데도 도움이 된다.

핵/심/요/약

히든 챔피언 지도자들의 내면에서 타오르는 불꽃은 그들의 기업이 세계시장 선도기업으로 뛰어오를 수 있도록 만들어준다. '효율적인 경영'이라는 주제와 관련하여 우리는 다음과 같은 사실들을 확인할 수 있었다.

- 히든 챔피언 지도자들은 똑같은 한 가지 부류로 분류할 수 없는 사람들이다.
- 그럼에도 불구하고 그들은 인물과 사명의 일치, 집중적으로 목표에 매진하는 태도, 대담함, 끈기, 타인에게 영감을 불어넣는 능력 같은 공통점을 지니고 있다.
- 젊은 지도자들에게는 세련된 처세술과 양질의 대학교육이라는 특징이 추가된다.
- 리더십 스타일은 서로 상반된 두 가지 스타일이 병존한다. 요컨대 원칙적인 측면에서는 권위적이지만, 실행 과정에 따른 세부사항에서는 참여적이다. 경영은 '이것 아니면 저것'의 문제가 아니라, '이것도 또 저것도'의 문제다. 경영은 겉보기에 도저히 양립할 수 없을 것처럼 보이는 대립 요소들을 서로 조화하는 능력을 요구한다.
- 히든 챔피언의 약 3분의 2가 가족기업이다. 그러나 가족 구성원 출신의 매니저들은 점점 줄어드는 반면, 가족 구성원이 아닌 전문 경영인은 그에 상응하여 점점 늘어나는 추세다.
- 회사가 누구 소유인가 하는 문제는 성공에 결정적으로 영향을 미치는 요인

이 아니다. 그보다는 오히려 올바른 경영과 전략이 중요하다.
- 과거에는 주로 경영진 승진이 회사 내부에서 이루어졌다. 그러나 최근에는 히든 챔피언들도 외부에서 영입한 사람들에게 의존하는 빈도가 늘어나고 있다.
- 경영진의 연속성은 매우 중요하다. 히든 챔피언 사장들은 아주 오랫동안 최정상 자리를 지킨다. 이것은 대기업과 히든 챔피언 사이에서 대단히 눈에 띄는 차이점 가운데 하나다.
- 많은 히든 챔피언 CEO들이 젊은 나이에 정상에 오른다. 남성 경영인의 경우에는 단지 가족 구성원뿐만 아니라 고용된 경영인들도 마찬가지다.
- 여성 경영진은 대기업보다도 히든 챔피언들 사이에서 훨씬 더 큰 역할을 수행한다. 여성 경영인은 대부분 가족의 일원이다.
- 최고경영진의 국제화는 사업 국제화에 시간적으로 크게 뒤쳐져 있다. 독일 챔피언들 가운데 최고경영진이 다국적 인사들로 채워진 경우는 극소수에 불과하다. 이 부분에서는 스위스와 스칸디나비아 회사들이 크게 앞서 있다.
- 경영 후계자 문제는 모든 회사에게 심각한 문제다. 특히 가족기업에게 이것은 그야말로 골칫거리 그 자체다. 강력한 경영자들은 권력을 이양하는 데 어려움을 겪는다.
- 한편으로 경영자들은 히든 챔피언들이 이룩한 성공의 뿌리다. 그러나 다른 한편으로는 다른 모든 사람들과 마찬가지로 그들에게서도 '인간적인 약점'

이 나타난다. 히든 챔피언 경영자들은 결코 초인이나 마법사가 아니다. 그들은 항상 이점을 명심해야 할 것이다.

주

CHAPTER 01

1 Mauro F. Guillén, *Where is globalization taking us?*, Philadelphia: Wharton School 2010.

2 Die Krise hält die Golbalisierung nicht auf(위기는 세계화를 중단하지 못한다), *Frankfurter allgemeine Zeitung*, 2012년 1월 27일, 18면. 그러나 회의적인 목소리도 있다. Rolf Langhammer, Sind die goldenen Jahre der Globalisierung vorbei? Orientierung zur Wirtschafts- und Gesellschaftspolitik(세계화의 황금기는 지나가버렸는가? 경제정책 및 사회정책을 위한 방향제시), Ludwig-Erhard-Stiftung Bonn, 2010년 6월, 41-44쪽.

3 Michael E. Porter, Jan W. Rivkin, *The Looming Challenge to U.S. Competitiveness*, Harvard Business Review, 2012년 3월, 54-62쪽.

4 Ken-Ichi Ohmae, *Macht der Triade - Die neue Form weltweiten Wettbewerbs*, Wiesbaden: Gabler-Verlag 1985.

5 Walter Russell Mead, The Myth of America's Decline, *The Wall Street Journal Europe*, 2012년 4월 10일, 18쪽. 1970년대 초부터 2005년까지를 '3자 시대'로 평가한다.

6 월터 러셀 미드는 일곱 강대국이 영향력을 발휘하는 세상을 떠올린다. 그는 미국, 일본, EU와 더불어 중국, 인도, 브라질, 터키를 이 같은 '7대 강국'으로 명명한다. 러시아가 그 대열에 합류할 것인지의 여부는 미결정 상태로 남겨두었다. 앞의 책.

7 Guy de Jonquièrres, *China's Callenges*, ECPE Policy Briefs, 2012년 1월.

8 Schwellenländer treiben die Globalisierungswelle(개발도상국들이 세계화의 물결을 촉진한다), *Frankfurter Allgemeine Zeitung*, 2012년 1월 28일, 18쪽.

9 Jochen Buchsteiner, Australiens Helmutschmidt, *Frankfurter Allgemeine Zeitung*, 2012년 3월 9일, 7쪽.

10 Mauro F. Guillén, *Where is globalization taking us?*, Phildelphia: Wharton School 2010.

11 Susan J. Matt, The Homesick Citizens of the World, *International Herald Tribune*, 2010 3월 23일, 15쪽.

12 Hidden Champions in CEE and Dynamically Changing Environments, Research Report, Bled: IEDC, 2011.

13 New Poverty Index Unveiled, *Time*, 2010년 7월 26일, 5쪽.

14 Pico Iyer, The Indian Disconnect, *Time*, 2012년 1월 30일, 50쪽.

15 Akash Vapur, *India Becoming: A Portrait of Life in Mordern India*, New York: Riverhead 2012.

16 Akash Vapur, *India Becoming: A Portrait of Life in Mordern India*, New York: Riverhead 2012.

17 지니계수는 분배 불평등을 측정한다. 0은 최대 평등을 의미하고, 1은 최대 불평등을 의미한다. China's Growing Income Cap, *Bloomberg Business Week*, 2011년 1월 27일자도 함께 참조하라.

18 Pico Iyer, The Indian Disconnect, *Time*, 2012년 1월 30일, 50쪽.

19 Small Fish in a Big Pond, *The Economist*, 2009년 9월 10일.

20 Volkswagens Abhängigkeit von China wächst (폭스바겐의 중국 의존도가 커지고 있다), *Frankfurter Allgemeine Zeitung*, 2012년 1월 14일, 17쪽.

21 In China gibt es den Porsche passend zum Lippenstift(중국에는 립스틱 색깔에 어울리는 포르쉐가 있다), *Frankfurter Allgemeine Zeitung*, 2012년 3월 12일, 15쪽, China wichtigster Porsche Markt(중국은 가장 중요한 포르쉐 시장이다), *Frankfurter Allgemeine Zeitung*, 2012년 5월 4일, 19쪽.

22 Zulieferer Getrag geht nach Indien(부품 납품업체 게트라크, 인도로 가다), *Frankfurter Allgemeine Zeitung*, 2012년 5월 9일, 13쪽.

23 Automarkt soll sich wieder erholen(자동차시장이 다시 회복되어야 한다), *Handelsblatt*, 2012년 4월 24일, 21쪽.

24 Die Volks-Wagen-Republik(폭스바겐 공화국), *Süddeutsche Zeitung*, 2012년 4월 24일, 17쪽.

25 Große Pläne mit kleinen Pretiosen(작은 보석으로 치장된 대규모 계획), *Frankfurter Allgemeine Zeitung*, 2012년 3월 12일, 14쪽.

26 Upmarket makeover for 'Made in China', *Financial Times*, 2012년 3월 21

일자, 15쪽 참조.

27 General Electric muss chinesischer als die Chinesen werden(GE는 반드시 중국 기업보다 더 중국적인 기업이 되어야 한다), *Frankfurter Allgemeine Zeitung*, 2010년 7월 16일 참조.

28 Economic Focus, *The Economist*, 2011년 12월 31일, 57쪽 참조.

29 China ist Deutschlands wichtigster Handelspartner(중국은 독일의 중요한 무역 파트너다), *Frankfurter Allgemeine Zeitung*, 2012년 2월 2일, 13쪽 참조.

30 Zulieferer Getrag geht nach Indien, *Frankfurter Allgemeine Zeitung*, 2012년 5월 9일, 13쪽 참조.

31 Finn Mayer-Kuchkuk, Das Netzwerk der Deutschen(독일인의 네트워크), *Handelsblatt*, 2012년 4월 23일, 25쪽.

32 Peking unterstützt eigene Firmen bei Zukäufen(자국 기업의 추가매입을 지원하는 베이징), *Handelsblatt*, 2012년 4월 23일, 24쪽.

33 Georg Giersberg, Der Einzug der Roboter(로봇의 진입), *Frankfurter Allgemeine Zeitung*, 2012년 4월 23일, 13쪽.

34 Christoph Hein, Chinas Unternehmnen fassen Fuß in Deutschland(독일에서 기반을 잡은 중국 기업들), *Frankfurter Allgemeine Zeitung*, 2010년 8월 2일, 15쪽 참조.

35 Chinesen kommen mit Schwing in Schwung(슈빙과 더불어 순항하는 중국인), *Börsenzeitung*, 2012년 4월 24일, 10쪽 참조.

36 2012 wird ein Rekordjahr(2012년은 기록적인 해가 될 것이다), *Süddeusche Zeitung*, 2012년 4월 24일, 20쪽.

37 China ist Deutschlands wichtigster Handelspartner, *Frankfurter Allgemeine Zeitung*, 2012년 2월 2일, 13쪽 참조.

38 Germany Trade and Invest, *Deutschland für ausländische Investoren hochattraktiv*(외국투자자들에게 극도로 매력적인 독일), 보도자료, 2012년 3월 15일.

39 이와 관련해서는 Axel Gloger, Die gelben Gebote(황색 계율들), *Handelszeitung*, 2012년 4월 19일도 함께 참조하라.

40 Upmarket makeover for 'Made in China', *Financial Times*, 2012년 3월 21일, 15쪽 참조.

41 China Exporters to Africa Elbow out Global Rivals with Good Value,

Financial Times, 2012년 3월 29일, 3쪽 참조.

42 아세안 회원국은 브루나이, 캄보디아, 인도네시아, 라오스, 말레이시아, 미얀마, 필리핀, 싱가포르, 태국, 베트남이다.

43 End of Era for Japan's Exports, *Wall Street Journal Europe*, 2012년 1월 25일, 14-15쪽 참조.

44 Gildemeister hängt den Rest des Feldes deutlich ab(길데마이스터는 명백하게 나머지 영역에 의존한다), *Frankfurter Allgemeine Zeitung*, 2012년 5월 9일, 13쪽 참조.

45 나는 다음의 책에서 이 주제에 대해 처음으로 언급했다: Hermann Simon, *Markterfolg in Japan*(일본 시장에서의 성공), Wiesbaden: Gabler-Verlag, 1985년.

46 Schluss mit der Geldvermehrung(돈 불리기는 이제 그만), *Japan Markt*, 2011년 12월, 16-17쪽 참조.

47 Philipp Ehmer, Wachstumstreiber Asien(성장동력 아시아), Verlagsbeilage Elektroindustrie, *Frankfurter Allgemeine Zeitung*, 2010년 6월 23일, B6쪽 참조.

48 여기에서 말하는 것은 헤레우스의 제품 매출액이다. 2007년에는 제품 매출액이 29억1,000만 유로였고, 2011년에는 48억4,000만 유로였다. 그 밖에도 헤레우스는 귀금속 무역으로 두 해에 각각 92억8,000만 유로, 214억3,000만 유로의 매출을 올렸다. 귀금속 무역 부문의 엄청난 성장은 무엇보다도 금 가격의 강력한 상승에 기인한다. 2011년 헤레우스 기업보고서, Hanaus, 2012년 5월 참조.

49 Bosch Rexroth hofft auf Fernost(극동지방에 희망을 건 보쉬 렉스로트), *Frankfurter Allgemeine Zeitung*, 2010년 5월 14일, 16쪽 참조.

50 Christoph Hein, Die dritte Welle(제3의 물결), *Frankfurter Allgemeine Zeitung*, 2010년 7월 17일, 13쪽 참조.

51 *The World Factbook*, Washington D.C.: Central Intelligence Angency, 2011년 참조.

52 Mike Mack, The 'African Century' Can Be Real, *The Wall Street Journal Europe*, 2012년 5월 23일, 13쪽 참조.

53 Uri Dadush und Bennett Stancil, *The World Order in 2050*, Carnegie Endowment for International Peace - Policy Outlook, 2010년 4월 참조.

54 Mike Kack, The 'African Century' Can Be Real, *The Wall Street Journal*

Europe, 2012년 5월 23일, 13쪽 참조.

55 Schwellenländer treiben die Globaliseirungswelle(개발도상국들이 세계화의 물결을 앞으로 밀고 나가고 있다), *Frankfurter Allgemeine Zeitung*, 2012년 1월 28일, 18쪽 참조.

56 *Frankfurter Allgemeine Zeitung*, 2011년 8월 19일, 10쪽 참조.

57 Chnia Exporters to Africa Elbow out Global Rivals with Good Value, *Financial Times*, 2012년 3월 29일, 3쪽 참조.

58 나는 BMW AG 회장 노르베르트 라이트호퍼Norbert Reithofer 덕분에 (2012년 4월 26일 함부르크에서 있었던 저녁식사 자리에서) 이런 사실을 통찰하게 되었다.

59 Niall Ferguson, Wir erleben die finanziellen Symptome eines Weltkrieges(지금 우리는 세계대전의 재정적인 증후를 경험하고 있다), *Frankfurter Allgemeine Zeitung*, 2009년 2월 24일 참조.

60 *Volkswirtschaft aktuell*(국민경제 현황), 2012년 4월, Köln: Sal. Oppenheim, 3쪽.

61 *Frankfurter Allgemeine Zeitung*, 2009년 7월 4일, 13쪽 참조.

62 *Wirtschaftswoche*, 2012년 4월 16일, Agenda 참조.

63 폭스바겐은 1978년에 이미 한 번 미국에서 생산을 시작했지만, 얼마 지나지 않아 공장 문을 닫았다.

64 Thomas Friedman: *Die Welt ist flach: Eine kurze Geschichte des 21. Jahrhunderts*, Frankfurt: Suhrkamp 2005년, 영어 원판 *The World is Flat*, New York: Farrar, Straus and Giroux 2005년.

65 Amazon.com에 이 책에 대한 비평이 1,082건 실려 있다: 2012년 5월 14일 기준.

66 Pankaj Ghemawat, *World 3.0*, Boston: Harvard Business School Publishing 2011. 무수한 경험적 연구에 기초한 '거리의 법칙'은 두 나라 간의 거리가 1퍼센트씩 늘어날 때마다 양국 간의 무역량이 약 1퍼센트 가량 줄어든다는 사실을 말해준다. 달리 말하면, 거리와 관련된 국제무역 탄력성은 약 -1이다.

67 John Quelch und Katherine Jocz, *All Business is Local: Why Place Matters More than Ever in a Global, Virtual World*, London: Portfolio 2012. 켈치는 상하이에 있는 CEIBS 비즈니스 스쿨 학장으로 재직하고 있다. 캐서린 조크스는 하버드 비즈니스 스쿨에서 연구원으로 일하고 있다.

CHAPTER 02

1 Theodore Levitt, The Globalization of Markets, *Harvard Business Review*, 1983년 5-6월호, 92-102쪽 참조. 'Globalization'이라는 표현은 이미 1944년부터 존재했고, 1981년 이후로 널리 사용되었다. 그러나 레빗의 논문에 사용되면서야 비로소 경영학 주류에 편입되었다.

2 End of Era for Japan's Exports, *Wall Street Journal Europe*, 2012년 1월 25일, 14쪽 참조.

3 규모가 작은 나라의 경우, 대체로 수출액이 GDP보다 더 높다. 왜냐하면 이 나라들은 먼저 다량의 상품을 수입했다가 이후에 그것을 수출하기 때문이다. 예를 들면 홍콩과 싱가포르가 그런 경우에 해당한다.

4 회귀 결과 다음과 같은 등식이 도출되었다. 1인당 수출액 = 7,379-5.1* 인구(단위: 100만 명). 이 등식은 1인당 수출액 편차의 약 24퍼센트를 인구 규모를 통해서 설명해준다. 인구와 1인당 수출액 간의 상관계수는 0.49다.

5 〈파이낸셜 타임스〉 독일 특파원을 지낸 데이비드 마쉬David Marsh도 이런 입장을 옹호한다. David Marsh, It's the exports, stupid, Newsletter "The Bigger Picture", 2010년 7월 12일자 참조.

6 General Electric, Annual Report 2011, Fairfield, CT, 2012, 9쪽 참조.

7 외국 언론들도 이 질문을 거듭 제기하면서 답변을 찾으려 시도하고 있다. *The Economist* 2012년 4월 16일자 27-30쪽에 게재된 기사 "What Germany Offers the World"는 그에 대한 전형적인 예다. 이런 기고문들 가운데 다수가 지나치게 부분적인 설명과 반쪽 진실만을 제공한다.

8 *Fortune*, 2011년 7월 25일 참조.

9 Claus-Peter Tiemann, Deutsche Konzerne verlieren an Gewicht(영향력을 상실한 독일 콘체른), *General-Anzeiger Bonn*, 2012년 1월 16일, 6쪽 참조.

10 지난 몇 년간 각 국가별 히든 챔피언들을 확인하는 일련의 프로젝트가 진행되었다. 일본에서는 슈테판 리퍼르트Stefan Lippert가 이 주제를 체계적으로 다루었다. 2011년 다니카 푸르크Danica Purg의 지휘 하에 중부유럽 및 동유럽 19개 국가의 히든 챔피언들을 파악하기 위한 국경을 초월한 프로젝트가 수행되었다. 2011년 11월, 마렉 디틀Marek Dietl과 멜리타 란트Melita Rant가 빈에서 프로젝트 결과를 발표하면서 이들 국가에 165곳의 히든 챔피언들이 있음을 보고했다. 참고로 네덜란드에서는 오노 올데만Onno Oldeman이, 이탈리아에서는

다닐로 차타Danilo Zatta가, 프랑스에서는 스테판 갱샤르Stephan Guinchard가, 그리고 스웨덴에서는 파테 운 딘Fateh un Din이 각각 히든 챔피언 파악 작업에 참여했다.

11 Erich Weede, Ein Vereinigetes Europa der Narren?(바보들의 유럽연합?), *Frankfurter Allgemeine Zeitung*, 2012년 2월 3일, 12쪽 참조.

12 Peter Marsh, *The New Industrial Revolution - Consumers, Globalization and the End of Mass Production*, New Haven/London: Yale University Press 2012 참조.

13 Lewis Munford, *Technics and Civilization*, London: Routledge&Kegan 1934.

14 David Landes, *The Unbound Prometheus: Technical Change and Industrial Development in Western Europe from 1750 to the Present*, Cambridge: Cambridge University Press 1969.

15 이와 관련해서는 다니엘 켈만Daniel Kehlmann의 베스트셀러 *Die Vermessung der Welt*(세계 측량), Reinbeck: Rowohlt-Verlag 2005를 참조하라.

16 Michael Porter, *The Competitive Advantage of Nations*, London: Macmillan 1990 참조.

17 Michael Porter, *The Competitive Advantage of Nations*, London: Macmillan 1990 참조.

18 Hermann Simon, Gewinn(이익), 지겐대학교 강연, 2011년 11월 17일, 그리고 독일경제연구소 강연, Köln 2012년 참조.

19 Eine integrierte Glasfassade als Werbefront(통합 전면 광고유리), *Frankfurter Allgemeine Zeitung*, 2012년 2월 7일, 15쪽.

20 End of Era for Japan's Exports, *Wall Street Journal Europe*, 2012년 1월 25일, 14쪽.

21 IW-Dienst Köln, 독일경제연구소, 2012년 1월 12일.

22 Deutsche Unternehmen inverstieren mehr als andere(독일 기업이 다른 나라 기업보다 투자를 더 많이 한다), *Frankfurter Allgemeine Zeitung*, 2012년 3월 12일, 14쪽 참조.

23 Matthias Kullas, Frankreichs Wirtschaftspolitik unter Druck(곤경에 처한 프랑스 경제정책), *Frankfurter Allgemeine Zeitung*, 2012년 4월 12일, 12쪽 참조.

24 Exportplus nicht durch diedrige Löhne erkauft(저임금으로는 수출 증대를

이룰 수 없다), *General-Anzeiger Bonn*, 2012년 1월 17일, 6쪽 참조.

25 Bertelsmann steigt in den Bildungsmarkt ein(베텔스만, 교육시장에 뛰어들다), *Frankfurter Allgemeine Zeitung*, 2012년 1월 17일, 13쪽 참조.

26 유럽위원회, Europeans and their Languages, Brüssel: Special Eurobarometer 2006, 13쪽.

27 Stand 2010, 독일 연방통계청.

28 Stand 2010, 독일 연방통계청.

29 Daron Acemoglu, James D. Robinson, *Why Nations Fail - The Origins of Power, Prosperity, and Poverty*, New York: Crown Publishers 2012 참조.

30 Herman Simon, *Die Wirtschaftstrends der Zukunft*(미래의 경제 트렌드), Frankfurt: Campus 2011 참조.

31 *Manager-Magazin Online*, 2012년 1월 27일 참조.

32 Peter Marsh, *The New Industrial Revolution - Consumer, Globalization and the End of Mass Production*, New Haven/London: Yale University Press 2012, 118쪽

CHAPTER 03

1 여기에서도 다음과 같은 사실이 적용된다. 내가 '독일'이라고 말할 때면, 그것은 '독일어권'과 같은 의미를 지닌다.

2 중소기업에 대한 명료한 정의나 일반적으로 인정된 정의는 존재하지 않는다. 그러나 중소기업이라고 하면 흔히 매출액 경계 5,000만~1억 유로, 직원 수 250~500명 사이의 기업을 일컫는다(EU, U.S. Small Business Administration). 우리가 설정한 히든 챔피언의 경계는 그것을 훌쩍 뛰어넘어 훨씬 더 넓은 차원의 세계시장을 반영한다.

3 2010년 평균 환율: 1.3268달러/유로.

4 Fortune Global 500, *Fortune*, 2011년 8월 8일 참조.

5 데이터베이스는 각각 다음의 자료를 종합한 것이다:

1) 히든 챔피언 리스트: 25년 동안 취합한 히든 챔피언 리스트에는 2012년 5월 현재, 독일 1,307곳, 오스트리아 116곳, 스위스 110곳, 그리고 룩셈부르크 7곳이 포함되어 있다. 그러니까 독일어권 전체를 통틀어 모두 1,506곳의 기업이 포함되어 있다. 거기에는 회사명, 주력제품, 매출액, 직원 수, 시장(세계 또

는 유럽), 시장 순위, 절대적·상대적 시장점유율이 기록되어 있다. 그러나 모든 데이터를 확보하는 것은 불가능한 일이었다. 왜냐하면 몇몇 히든 챔피언들이 그들의 매출액을 비밀에 붙이기 때문이다. 모두 합쳐서 약 75퍼센트 정도의 조사가 이루어졌다.

2) 공개된 정보: 이 부분에서는 인터넷이 가장 중요한 원천이 되었다. 그중에서도 특히 연방정부 전자관보, 호펜슈테트Hoppenstedt나 크레디트레포름Creditreform 같은 정보회사, 그 밖에도 신문과 잡지 기사, 서적 등등이 중요한 역할을 차지했다.

3) 회사정보: 사업보고서, 홈페이지, 회사 팸플릿, 카탈로그, 기념책자, 연혁 등이 여기에 속한다.

4) 설문조사: 이때 각종 지표, 전략, 경영, 시장 입지 등 중요한 측면들 가운데 다수가 설문대상이 되었다. 답변이 완료되어 회신된 147개의 설문지 가운데 평가에 활용할 수 있었던 설문지는 모두 134개였다. 그러나 활용 가능한 범주에 의거하여 대표성을 평가한다면 우수하다고 할 수 있다. 이상치Outlier 효과를 배제하기 위해 중간치만 활용하면, 전체 리스트와 임의로 추출한 표본 간의 차이가 매출액은 고작해야 1.3퍼센트, 직원 수는 1.9퍼센트에 불과하다. 따라서 임의표본추출에서 얻은 결과는 히든 챔피언 전체를 대표하는 것으로 간주될 수 있다.

5) 컨설팅, 방문, 인터뷰: 지난 25년간 나와 내 동료들은 히든 챔피언들 및 그 경영자들에 대한 개인적인 인상을 획득할 수 있는 기회를 수백 번도 넘게 가졌다. 무엇보다도 컨설팅 프로젝트를 통해서 나는 이 회사들과 그 핵심인물들을 가장 속속들이 알 수 있었다.

6 무기 수출과 관련하여 신빙성 있는 수치를 얻기란 힘든 일이다. 전문가들의 견해에 따르면, 신문과 잡지에 보도된 수치는 크게 과소평가된 수치다.

7 생존의 문제와 관련해서는 다음의 자료도 함께 참조하라. Hermut Kormann, *Gibt es so etwas wie typische mittelständische Strategien*(전형적인 중소기업의 전략 같은 것이 과연 존재하기나 하는 것일까), *Diskussionsbeiträge Nr. 54*, 라이프치히 대학 경영학부, 2006년 11월.

8 Mark P. Mills and Julio M. Ottino, The Coming Tech-Led Boom, *The Wall Street Journal Europe*, 2012년 1월 31일, 18쪽.

9 2012년 5월 15일 기준.

10 Aenova stärkt die Tablettenfertigung in Deutschland(에노바가 독일 내 약품제작을 강화한다), *Frankfurter Allgemeine Zeitung*, 2012년 2월 13일, 12쪽.

11 Jim Collins, *Good to Great, Why Some Companies Make the Leap ... and Others Don't*, New York: Harper Collins 2011; James C. Collins/ Jerry I. Portas, *Built to Last, Successful Habits of Visionary Companies*, New York: Random House 1994 참조, Jim Collins and Morten T. Hansen, *Great by Choice*, New York: Harper Collins 2011도 함께 참조하라.

12 Rita Gunther McGrath, How the Growth Outliers Do It, *Harvard Business Review*, 2012년 1-2월, 111-116쪽.

13 Herman Simon, Gewinn, Working Paper, Bonn: Simon, Kucher&Partners 2012 참조. 2003-2010년까지 독일 기업의 평균 세후 매출이익률(ROS)은 3.3퍼센트였다.

14 Der Vorstand von Kuka hat seine Mission noch nicht völlig erreicht(쿠카 대표는 자신이 맡은 사명을 아직까지 완벽하게 완수하지 못했다), *Frankfurter Allgemeine Zeitung*, 2012년 3월 29일, 14쪽.

15 Stephen Jay Gould, *The Structure of Evolutionary Theory*, New York: Belknap Press, 2002년 참조.

16 개인적인 편지, 2007년 4월 13일.

17 Theodore Levitt, Editorial, *Harvard Business Review*, 1988년 11-12월, 9쪽.

18 Wachstum D-Report 2010, Studie Media Tenor, Berlin: ACAPECH 2010.

19 첫 번째 책《*Hidden Champions - Lessons from 500 of the World's Best Unknown Companies*》는 1996년 보스턴 Harvard Business School Press에서 출판되었다. 1997년에 독일어판인《*Die heimlichen Gewinner (Hidden Champions) - Die Erfolgsstrategien unbekannter Weltmarktführer*》가 Campus 출판사에서 출판되었다. 두 번째 책은《*Hidden Champions des 21. Jahrhunderts. Die Erfolgsstrategien unbekannter Weltmarktführer*》라는 제목으로 Campus 출판사에서 출판되었다. 그에 상응하는 미국 판본이 《*Hidden Champions of the 21st Century*》라는 제목으로 뉴욕 Springer 출판사에서 출판되었다. 히든 챔피언은 지금까지 모두 25개 언어로 출판되었다.

CHAPTER 04

1 Rita Gunther McGrath, How the Growth Outliers Do It, *Harvard Business Review*, 2012년 1-2월, 111-116쪽 참조.

2 상관계수는 극도로 낮다(1995년 매출액: -0.1333; 2005년 매출액: -0.041). 그리고 10퍼센트 수준의 상관계수는 전혀 의미가 없다. 이것도 맥그로스의

연구에서 사실로 입증되었다.

3 500대 가족기업은 같은 기간 내에 국내 직원 수를 10퍼센트 늘렸다. Studie des Bonner Instituts für Mittelstandsforschung(본 연구소의 중소기업에 관한 연구) 2007, *Frankfurter Allgemeine Zeitung*, 2007년 5월 8일, 12쪽 참조.

4 *Hidden Champions des 21. Jahrhunderts*에 열거된 기업들 가운데는 2005년에 이미 10억 유로 이상의 매출을 달성한 기업만도 103개나 된다. 같은 책 55-57쪽 참조.

5 Leoni steckt sich ambitiöse Ziele(레오니, 야심찬 목표를 설정하다), *Frankfurter Allgemeine Zeitung*, 2012년 1월 9일, 14쪽.

6 Cronimet - Vom Schrotthändler zum Weltkonzern(크로니메트-고철상에서 세계적인 콘체른으로), *WIR Das Magazin für Unternehmerfamilien*, 2011년 4월, 33-36쪽.

7 Für mich gilt Ferrero als leuchtendes Vorbild, Interview mit Andreas Land(페레로는 제게 빛나는 모범입니다, 안드레아스 란트와의 인터뷰), *Absatzwirtschaft*, 2012년 4월, 13쪽.

8 Norma will wachsen, *Frankfurter Allgemeine Zeitung*, 2012년 4월 2일, 15면.

9 이와 관련해서도 Rita Gunther McGrath, How the Growth Outliers Do It, *Harvard Business Review*, 2012년 1-2월, 111-116쪽을 참조하라.

CHAPTER 05

1 Warren Bennis, *On Becoming a Leader*, Philadelphia: Perseus 2009 참조.

2 Michael Porter, *Competitive Advantage, Creating and Sustaining Superior Performance*, New York: The Free Press 1985 참조.

3 Hermann Simon und Martin Fassnacht, *Preismanagement*(가격관리), 3판, Wiesbaden: Gabler 2008 참조.

4 Steffen Kinkel und Oliver Som, *Strukturen und Treiber des Innovationserfolges im deutschen Maschinenbau*(독일 기계 제작업계의 성공적인 혁신의 구조와 동력), Karlsruhe: Fraunhofer-Institut für System- und Innovationsforschung ISI, Nr. 41, 2007년 5월, 3쪽 참조.

5 Givaudan.com, Vision, 2012년 5월 18일.

6 Eine Spielanleitung ist in 24Stunden fertig(24시간 안에 게임 안내가 마무

리된다), *Frankfurter Allgemeine Zeitung*, 2012년 4월 30일, 17쪽.

7 Hermann Simon, *Goodwill und Marketingstrategie*(선의와 마케팅 전략), Wiesbaden: Galer 1985 참조.

8 Peter F. Drucker, Management and the World's Work, *Harvard Business Review*, 66, 1988년 9월, 76쪽.

9 "Simon-Kucher is world leader in giving advice to companies on how to price their products.", *Business Week*, 2004년 1월 26일, "Simon-Kucher is the world's leading pricing consultancy." *The Economist*, 2005, "Simon-Kucher is the leading price consultancy in the world." Eric Mitchell, President Professional Pricing Society, 2003, "In pricing you offer something nobody else does." Professor Peter Drucker (개인적인 대화): "No one knows more about pricing than Simon-Kucher." Professor Philip Kotler, "No firm has spearheaded the professionalization of pricing more than Simon-Kucher&Partners." William Poundstone, *Priceless*, New York: Hill and Wang 2010.

10 Henry Mintzberg, *Die stragetische Planung. Aufstieg, Niedergang und Neubestimmung*(전략적 계획, 상승, 하강 그리고 새로운 정의), München/Wien: Hanser 1995, Henry Mintzberg und James A. Waters, Of Strategies, Deliberate and Emergent, *Strategic Management Journal*, 1985, 257-272쪽 참조.

11 Clayton M. Christensen, James Allworth und Karen Dillon, *How Will You Measure Your Life*, New York: Harper Collins 2012 참조.

12 Hermann Simon, Frank Bilstein und Frank Luby, *Manage for Profit, not for Market Share. A Guide to Higher Profitability in Highly Contested Markets*, Boston: Harvard Business School Prees 2006, 독일어판: *Der gewinnorientierte Manager. Abschied vom Marktanteilsdenken*, Frankfurt/New York: Campus Verlag 2006.

13 Hermann Simon, *Die heimlichen Gewinner (Hidden Champions)*, Frankfrut/New York: Campus Verlag 1997, 29쪽 참조.

14 Hermann Simon, Frank Bilstein und Frank Luby, *Der gewinnorientierte Manager. Abschied vom Marktanteilsdenken*, Frankfurt/New York: Campus Verlag 2006, 17-23쪽.

15 Robert D. Buzzel und Bradley T. Gale, *The PIMS Principles. Linking Strategy to Performance*, New York: Free Press 1987 참조.

16 특히 다음의 선별 도서들을 참조하라: Paul W. Farris und Michael J. Moore(발행), *The Profit Impact of Market Strategy. Retrospect and Prospects*, Cambridge(UK): Cambridge University Press 2003, Richard Miniter, *The Myth of Market Share. Why Market Share is the Fool's Gold fo Business*, London: Crown 2002.

17 Hermann Simon, *Beat the Crisis*, New York: Springer 2009, 88쪽.

CHAPTER 06

1 Derek F. Abell, *Defining the Business. The Starting Point of Strategic Planning*, Englewood Cliffs(NJ): Prentice Hall 1980.

2 Theodore Levitt, Marketing Myopia, *Harvard Business Review*, 1960 7-9월, 45-46쪽 참조.

3 네트슈탈은 MPM 그룹(Mannesmann Plastics Machinery) 소속이다. 크라우스 마파이Krauss-Maffei, 데마크 에르코테크Demag Ergotech, 네트슈탈, 빌리온Billion 같은 다양한 브랜드를 보유한 이 그룹은 플라스틱 사출성형기 부문에서 세계시장 선도기업으로 자리매김하고 있다. 방금 열거한 이런 자회사들 가운데 몇몇은 각자 해당 부문에서 세계시장을 선도하고 있다. 오스트리아 기업 엥겔Engel과 독일 기업 아르부르크Arburg도 마찬가지로 선도적인 입지를 보유하고 있다.

4 Peter Marsh, *The New Industrial Revolution - Consumers, Globalization and the End of Mass Production*, New Haven/London: Yale University Press 2010, 95쪽 재인용.

5 이 말은 최근에 설립된 히든 챔피언들에게는 당연히 해당되지 않는다. 그러나 이들 사이에서도 한번 선택한 시장 정의를 장기간에 걸쳐 고수하는 태도가 두드러지게 나타나고 있다.

6 Für mich gilt Ferrero als leuchtendes Vorbild, Interview mit Andreas Land, *Absatzwirtschaft*, 2012년 4월, 14쪽.

7 아래에 제시된 에노바의 예에서 그런 것처럼, 이 경우에는 제품포장도 생산과정에 포함된다.

8 Eine Spielanleitung ist in 24 Stunden fertig, *Frankfurter Allgemeine Zeitung*, 2012년 4월 30일, 17면 참조.

9 그 근거에 대해서는 에네르콘 사장 한스-디터 케트비히Hans Dieter Kettwig와의 인터뷰 in *Sonne, Wind und Wärme*, 2009년 11월, 85-86쪽을 참조하라.

10 *Frankfurter Allgemeine Zeitung*, 2007년 3월 5일, 18쪽.

11 C. K. Prahalad und G. Hamel, The Core Competence of the Corporation, *Harvard Business Review*, 1990년 5-6월, 79-91쪽; G. Hamel und C. K. Prahalad, *Competing for the Future*, Boston: Harvard Business School Press 1994 참조.

CHAPTER 07

1 Henri Bergson, *Zeit und Freiheit*(시간과 자유), Jena: Verlag Diederichs 1911 참조.

2 2005년 총산출 대비 가치창출, 연방통계청.

3 에네르콘 현황, 2012년 4월 26일 참조.

4 에네르콘은 규모가 큰 풍력발전기 제조업체들 가운데 변속기 없이 작동하는 설비를 생산하는 유일한 업체다. 변속기가 사라지면서 중요한 장애요인이 함께 사라졌다. 풍력발전기 변속기는 유달리 고장에 취약하기 때문이다.

5 Olaf Plötner, *Counter Strategies in Global Markets*, Basingstoke: Palgrave Macmillan 2012년 9쪽.

6 *VDI-Nachrichten*, 2007년 4월 13일, 35쪽.

7 Für mich gilt Ferrero als leuchtendes Vorbild, Interview mit Andreas Land, *Absatzwirtschaft*, 2012년 4월, 14쪽.

8 Eine Pistole namens Glock 17(글록 17이라는 이름의 권총), *Welt am Sonntag*, 2012년 3월 11일, 17-20쪽 참조.

9 로렌츠라는 브랜드는 발젠 그룹이 실제로 분할된 이후에 로렌츠 발젠이 넘겨받은 소금과자 사업에 이용할 목적으로 도입되었다. 달콤한 과자 사업 부문은 그의 형제인 베르너 발젠Werner Bahlsen이 발젠이라는 브랜드로 경영하고 있다. 현재 두 회사는 독립적인 관계에 있다.

10 Kate Linebaugh, The New GE Way: Go Deep, not Wide, *The Wall Street Journal*, 2012년 3월 7일, B1쪽.

11 Kate Linebaugh, The New GE Way: Go Deep, not Wide, *The Wall Street Journal*, 2012년 3월 7일, B1쪽.

12 Stroke Victims Move Objects with Minds, *The Wall Street Journal Europe*, 2012년 5월 17일, 8쪽 참조.

13 Batterie-Allianz von Samsung und Bosch vor dem Aus(종말을 앞에 둔 삼성과 보쉬의 베터리 제휴), *Frankfurter Allgemeine Zeitung*, 2012년 3월 20일, 12쪽.

CHAPTER 08

1 Pankaj Ghemawat, *World 3.0*, Boston: Harvard Business School Publishing 2011 참조.

2 Kundennähe auf fünf Kontinenten. Weltmarktführerschaft in strategisch bedeutsamen Nischen(5대륙에서 고객친화 실천하기. 전략적으로 중요한 틈새에서 세계시장지배권 획득하기), *Unternehmer-Magazin*, 2006년 9월, 28쪽.

3 *VDI-Nachrichten*, 2006 12월 22일, 12쪽

4 What's next, *Fortune*, 2007년 2월 5일, 26쪽.

5 Kundennähe auf fünf Kontinenten. Weltmarktführerschaft in strategisch bedeutsamen Nischen, *Unternehmer-Magazin*, 2006년 9월, 28쪽.

6 처음부터 국제적인 특징을 지닌 시장과 기업 혹은 제품을 가리켜 'born global'이라고 칭한다. 국제적인 기준 설정, 인터넷 등을 통해서 거의 '힘들이지 않고' 이루어지는 확장, 막대한 자금 투입을 통한 신속한 세계시장 침투가 그 원인이다. 최근의 예를 몇 가지 들어보면 마이크로소프트, 구글, 위키피디아, 아이폰, 아이패드 등이 있다. 히든 챔피언들의 제품이 'born global' 범주에 속하는 경우는 매우 드물다. 왜냐하면 그들이 만들어내는 제품 대부분은 상세한 설명이 필요하고, 유통 시스템과 서비스 시스템 구축을 요하기 때문이다. 그리고 재정적 인적자원도 제한되어 있기 때문이다.

7 Kärcher expandiert(케르허가 확장하고 있다), *Frankfurter Allgemeine Zeitung*, 2012년 4월 16일, 16쪽.

8 "Per aspera ad astra(별로 이어지는 험난한 길)", 세네카의 유명한 금언.

9 Georg Giersberg, Der Einzug der Roboter, *Frankfurter Allgemeine Zeitung*, 2012년 4월 23일, 13쪽.

10 여기서는 이 세 나라 사이의 수출액을 빼지 않았다. 제시된 수출액이 자국뿐만 아니라 다른 나라의 수출액도 포함될 수 있다는 점에서 이 계산은 얼마간 억측일 수도 있다. 개별 국가별 수출액은 우리도 잘 알지 못한다.

11 실제로 그런 기업들이 존재한다. 그것도 상당한 수가 존재하는 것 같다. 수년

전에 우리의 고객 중에 특수 안전기술 분문에서 80퍼센트의 독일시장점유율을 보유한 기업이 있었다. 오스트리아에서 소규모 매출을 올리는 것을 제외하고는 해외사업 자체가 전무했다. 기업 수뇌부를 설득하여 기업을 국제화하도록 하는 데 진땀을 뺐다. 정신적인 장벽이 아주 높았다. 독일에서 시장을 80퍼센트 정복한 기업이라면 십중팔구 다른 곳에서도 그렇게 할 수 있다. 왜냐하면 독일은 까다롭기로 유명한 고객들과 강도 높은 경쟁을 특징으로 하기 때문이다.

12 Werkzeuge haben sehr viel Charme(공구는 아주 많은 매력이 있다), *Frankfurter Allgemeine Zeitung*, 2012년 3월 12일, 17쪽.

13 2012년 1월 29일 Dr. 디 덩Di Deng이 보내온 개인 편지.

14 Hermann Simon, *Die Wirtschaftstrends der Zukunft*, Frankfurt: Campus 2011 참조.

15 Peter Marsh, *The New Industrial Revolution - Consumers, Globalization and the End of Mass Production*, New Haven/London: Yale University Press, 2012년, 115쪽 참조.

16 *Frankfurter Allgemeine Zeitung*, 2007년 2월 6일, 16쪽.

17 *Frankfurter Allgemeine Zeitung*, 2007년 2월 6일, 16쪽.

18 China ist Deutschlands wichtigster Handelspartner, *Frankfurter Allgemeine Zeitung*, 2012년 2월 2일, 13쪽.

19 Peter Marsh, *The New Industrial Revolution - Consumers, Globalization and the End of Mass Production*, New Haven/London: Yale University Press, 2012년 참조,

20 *Fortune*, 2005년 6월 27일, 50쪽.

21 Elisabeth Dostert, Chinesisch in Schwaben. Die Ausbilder von Albstadt(슈바벤에서 들려오는 중국어. 알프슈타트의 교육자들), *Süddeutsche Zeitung*, 2007년 4월 21일.

CHAPTER 09

1 Technik aus Windhagen für den Kreml(크레믈린을 위한 빈트하겐의 기술), *General-Anzeiger Bonn*, 2011년 11월 12일, 9쪽.

2 Andreas Strake, Das Original ist mehr als ein Patent(오리지널이 특허보다 더 큰 의미가 있다), *Frankfurter Allgemeine Zeitung*, 2012년 4월 16일, 12쪽.

3 General Electric, Annual Report 2011, Fairfield, CT, 2012년 4쪽.

4 Hermann Simon, *33 Sofortmaßnahmen gegen die Krise*(위기에 대처한 33가지 응급처방), Frankfurt: Campus 2009 참조.

5 Kärcher expandiert, *Frankfurter allgemeine Zeitung*, 2012년 4월 16일, 16쪽.

6 뷔르트의 대변인 로베르트 프리트만Robert Friedmann은 미래를 대비한 복합적인 판매채널 및 멀티채널 콘셉트에 큰 의미를 부여한다. 2012년 1월 17일자 서신.

7 이 회사의 현재 명칭은 Samvardhana Motherson Reflectec(SMR)이다.

8 플라베크는 평유리가공회사(Falchgalsbearbeitungsgesellschaft)를 의미한다. 이 회사는 독일, 브라질, 영국, 미국, 중국에서 자동차 거울을 생산하고 있다. 그뿐만 아니라 플라베크는 태양광 반사거울 부문에서도 주도적인 시장 입지를 보유하고 있다. 이 회사는 전 세계 유일의 굴절 태양광 반사거울 공급업체다.

9 *Frankfurter Allgemeine Zeitung*, 2007년 2월 10일, 16쪽 참조.

10 In der Autoindustrie werden Benzinleitung Knapp(자동차 업계의 연료 파이프가 바닥나고 있다), *Frankfurter Allgemeine Zeitung*, 2012년 4월 21일, 그리고 Frank Wiebe, Die Grenzen der Globalisierung und der Arbeitsteilung(세계화와 분업의 한계), *Handelsblatt*, 2012년 5월 9일, 12쪽 참조.

11 Peter Marsh, *The New Industrial Revolution - Consumers, Globalization and the End of Mass Production*, New Haven/London: Yale University Press 2012, 100쪽 재인용.

12 Thomas J. Peters und Robert H. Waterman, *In Search of Excellence. Lessons from America's Best-Run Companies*, New York: Harper&Row 1982년.

13 Hendrik Ankenbrand, Der Versöhner(중재자), *Frankfurter Allgemeine Sonntagszeitung*, 20. 2012년 5월, 12쪽.

14 Annette Mühlberger, Erfolgsmotor Mittelstand(중소기업의 성공엔진), *Sales Business*, 2012년 3월, 8-11쪽.

15 *Welt am Sonntag*, 2012년 4월 29일, 37쪽 참조.

16 Enward F. McQuarrie, *The Customer Visit. A Tool to Build Customer Focus*, San Francisco: Sage Publications 1993년.

17 Hakan Kakansson und Jan Johanson(발행), *Business Network Learning*, Kildington, UK: Elsevier 2001; mats Forsgren und Jan Johanson(발행), *Managing Networks in International Business*, Langhorne, PA: Gordon&Breach 1994년 참조.

CHAPTER 10

1 Peter Marsh, *The New Industrial Revolution - Consumers, Globalization and the End of Mass Production*, New Haven/London: Yale University Press 2012.

2 Hermann Kronseder, *Mein Leben*(나의 생애), Neutraubling: Krones AG 1993.

3 Wohnlichkeit in der Flugzeugkabine(비행기 객실에서 느끼는 아늑함), *Neue Züricher Zeitung*, 2007년 2월 5일, 7쪽 참조.

4 Grohe profitiert von Design und deutscher Technik(디자인과 독일 기술의 덕을 톡톡히 보고 있는 그로헤), *Frankfurter Allgemeine Zeitung*, 2012년 3월 19일, 14쪽 참조.

5 Große Pläne mit kleinen Pretiosen(작은 귀금속 장신구들을 이용한 거대한 계획), *Frankfurter Allgemeine Zeitung*, 2012년 3월 12일, 14쪽 참조.

6 Simon, Kucher&Partners, *Global Pricing Study 2011*, Bonn: Simon, Kucher&Partners 2011 참조.

7 Hermann Simon und Martin Fassnacht, *Preismanagement*, Wiesbaden: Gabler 2008 참조.

8 Vijay Mahajan, *The 86% Solution - How to Succeed in the Biggest Market Opportunity of the 21st Century*, New Jersey: Wharton School Publishing 2006.

9 C. K. Prahalad, *The Foutune at the Bottom of the Pyramid*, Upper Saddle River, N. J.: Pearson 2010.

10 Bernhard Steinrücke, Ich sehe Quantenspünge für Firmen in Indien(나는 인도에서 기업들의 비약적인 발전을 목도하고 있다), *Absatzwirtschaft*, 2010년 10월, 9쪽.

11 Renault's Low-Cost Cars Take Front Seat, *The Wall Street Journal Europe*, 2012년 4월 16일, 19-20쪽.

12 Hoger Ernst, *Industrielle Forschung und Entwicklung in Emerging Markets - Motive, Erfolgsfaktoren, Best Practice-Beispiele*(이머징 마켓에서의 산업 연구와 발전 - 동기, 성공요인, 가장 뛰어난 실행 사례들), Wiesbaden: Gabler 2009년 참조.

13 Olaf Plötner, *Counter Strategies in Global Markets*, London: Palgrave Macmillan 2012년 참조.

14 Der Innovations-Tango(혁신의 탱고), *Frankfurter Allgemeine Zeitung*, 2012년 4월 30일, 12면.

15 Pumpenhersteller KSB steckt ambitionierte Ziele nicht zurück(펌프 제작업체 KSB는 야심찬 목표들을 축소하지 않는다), *Frankfurter Allgemeine Zeitung*, 2012년 3월 31일, 16면.

16 Calyton M. Christensen, *The Innovator's Dilemma*, Boston: Harvard Business School Press 1997.

Chapter 11

1 GfK-Panel DIY Superstores EU, 2011 참조.

2 Günther Schuh, Thomas Friedli und Michael A. Kurr, *Reengineering ist einfach nicht tot zu kriegen*(아무리 힘들어도 포기할 수 없는 리엔지니어링), München: Hanser 2006.

3 독일경제연구소, Forschung und Innovation(연구와 혁신), Panel Report 2/2006, Köln: IdW-출판사 참조. Oliver Koppel, *Das Innovationsverhalten der technikaffinen Branchen. Gutachten für den VDI*(기술친화적인 업계의 혁신태도. VDI 보고서), Köln: IdW 출판사, 2006년 4월도 함께 참조하라.

4 Steffen Kinkel und Oliver Som, Strukturen und Treiber des Innovationserfolges im deutschen Maschinenbau, Karlsruhe: Fraunhofer-Institut für System- und Innovationsforschung ISI, Nr. 41, 2007년 5월 참조.

5 Barry Jaruzelski, John Loehr und Richard Holman, The Global Innovation 1000 - Why Culture is Key, *Booz&Company - Strategy+Business magazine*, 2011년 겨울호, 1-3쪽 참조. Barry Jaruzelski, Kevin Dehoff und Rakesh Bordia의 과거 연구 Money isn't Everything, *Booz Allen Hamilton - Strategy+Business*, 2005년 겨울호 54-56쪽도 함께 참조하라. 과거 연구에서는 1,000대 기업이 매출액의 4.2퍼센트를 R&D 비용으로 지출하는 것으로 나타났다.

6 *Frankfurter Allgemeine Zeitung*, 1994년 12월, 15쪽 참조.

7 Oliver Koppel, *Das Innovationsverhalten der technikaffinen Branchen, Gutachten für den VDI*, Köln: IdW-출판사, 2006년 4월.

8 The Curse of Innovation, *Financial Times*, 2012년 5월 10일, 7쪽 참조.

9 For Nestlè, a Coffee Win, *The Wall Street Journal Europe*, 2012년 4월 20일, 22면 참조.

10 선별된 대기업: 지멘스, 보쉬, 다임러, 폭스바겐, 바스프; 선별된 히든 챔피언: 포이트 페이퍼, 베어, 쾨니히&바우어, 기제케&데브리엔트 Giesecke&Devrient, 지크, 하이덴하인Heidenhain, 브레인랩, 퀴아젠, 트랙토-테히닉Tracto-Technik.

11 Oliver Koppel, *Das Innovationsverhalten der technikaffinen Branchen, Gutachten für den VDI*, Köln: IdW 출판사, 2006년 4월, 22쪽.

12 유럽특허청: 2001-2010년 교부 특허에 대한 기술영역 및 등록자의 (거주) 국가에 따른 분류

13 플레트너 회전날개는 기류에 따라 회전하면서 유입되는 공기를 비스듬히 가로질러 추진력을 만들어내는 대안적인 원통형 공기역학 엔진이다. 선박 엔진용 플레트너 회전날개는 수직으로 우뚝 선 높이가 높은 회전 실린더로 이루어져 있다. 얇은 금속판으로 된 이 실린더의 끝부분에는 커다란 원반이 부착되어 있어 기류를 원통 안에 붙들어둠으로써 회전날개 끝부분의 효율이 저하되는 사태를 방지한다. 회전날개는 전력을 이용하여 현재 풍속에 적합한 속도로 회전한다.

14 Oliver Koppel, *Das Innovationsverhalten der technikaffinen Branchen, Gutachten für den VDI*, Köln: IdW 출판사, 2006년.

15 Shira Ovide und John Setzing, Patents Soar in Value, *The Wall Street Journal*, 2012년 4월 11일, 21면. 특수 특허 포트폴리오에는 (예컨대 통신기술과 인터넷기술 분야) 훨씬 더 많은 비용이 지불된다. 예컨대 마이크로소프트는 2012년 4월에 AOL의 특허 1,100건에 대해서 11억 달러, 그러니까 특허 한 건당 100만 달러를 지불했다.

16 Japans müde Riesen(지친 일본 거인들), *Frankfurter Allgemeine Zeitung*, 2012년 4월 14일, 15쪽 및 Mobi-Test.de, 2012년 4월 15일을 참조하라.

17 *Frankfurter Allgemeine Zeitung*, 2007년 1월 3일 참조. (http://www.promedianews.de/Audio/Business-Sales/Sennheiser-Bilanz-2009-Optimismus-trotz0Weltwirtschaftkrise)

18 Michael O. Kröher, Ein Schlüssel für den Weltmarkt(세계시장을 위한 열

쇠), *Manager-Magazin*, 2012년 3월, 104-105쪽 참조.

19 독일경제연구소, Forschung und Innovation, Panel Report 2/2006, Köln: IdW-출판사. Wirtschaftswoche가 실시한 연구에서도 비슷한 결과가 도출되었다, *Wirtschaftswoche*, 2007년 3월 26일, 94쪽 참조.

20 Jay B. Barney und William S. Hesterly, *Strategic Management and Competitive Advantage*, 4th Edition, Upper Saddle River: Pearson 2012년 참조. Rudi K. F. Bresser und Christian Powalla, Practical Implications fo the Resource-Based View, *Zeitschrift für Betriebswirtschaft*, 2012년 4월, 335-359쪽도 참조하라.

21 Robert Zaugg(발행), *Handbuch Kompetezmanagement. Durch Kompetenz nachhaltig Werte schaffen*(역량관리개론. 전문적인 역량을 통한 지속적 가치창출), Bern: Haupt 2006을 보면 전문 역량 중심의 전략들이 다양하게 설명되어 있다.

22 이와 관련해서는 Barry Johnson, *Polarity Management, Identifying and Managing Unsolvable Problems*, Amherst, MA: HRD Press 1992년을 참조하라.

23 1953년 NSU는 세계 최대의 오토바이 공장을 소유하고 있었지만, 유럽시장에서 오토바이 시장이 무너져 버렸다. 자동차가 주요 교통수단으로 등장하면서 오토바이를 몰아냈다.

24 *Frankfurter Allgemeine Zeitung*, 2007년 1월 27일, C3 참조.

25 돌마르는 자신을 '전기기구 산업 부문에서 전 세계를 주도하는 기업 가운데 하나'로 지칭하고 있다. 이 회사는 1927년에 석유를 동력으로 하는 최초의 전기톱을 도입했다. 이 회사는 1991년부터 일본 마키타Makita 그룹에 소속되어 있다.

26 Homepage Durst.it, 2012년 4월 15일.

27 Siegfrieds-Musikkabinett.de 및 Wikipedia-등재물 "M. Welte&Söhne"를 참조하라. 양쪽 모두 2012년 4월 15일.

28 Eva Fischer, Pioniere damals wie heute(오늘날과 같은 당시의 개척자들), *Wirtschaft im Alpenraum*, 2011년 4월 14일.

29 Thomas Ramge, Klingt gut!(듣기 좋은 소리!), *brand eins*, 2006년 7월.

30 OLED는 Organic Light Emitting Diodes의 약자로, 미래의 조명기술이 될 잠재 가능성을 지니고 있다.

31 Nathaniel Rosenberg, *Perspectives on Technology*, Cambridge:

Cambridge University Press, 1976년, 24쪽.

32 Die Pharmabrache geht durch ein blutiges Tal(제약업계, 유혈이 낭자한 협곡을 통과하다), *Frankfurter Allgemeine Zeitung*, 2012년 4월 10일, 15쪽.

33 Barry Jaruzelski, Kevin Dehoff und Rakesh Bordia, Money isn't Everything, *Booz Allen Hamilton - Strategy+Business*, 2005년 겨울호, 54-56쪽.

34 Thomas Ramge, Klingt gut!, *brand eins*, 2006년 7월.

35 Barry Jaruzelski, Kevin Dehoff und Rakesh Bordia, Money isn't Everything, *Booz Allen Hamilton - Strategy+Business*, 2005년 겨울호, 54-56쪽.

36 Eric von Hippel, *The Sources of Innovation*, Oxford/New York: Oxford University Press 1994; Stephan Thomke und Eric von Hippel, Customers as Innovators. A New Way to Create Value, *Harvard Business Review*, 2002년 4월, 24-81쪽; Eric von Hippel, *Democratizing Innovation*, Cambridge: The MIT Press 2005도 참조하라.

37 *Harvard Business Review*, 1994년 11-12월호, 177쪽 참조.

38 Givaudan.com, Vision, 2012년 5월 18일.

39 Robert Wiedersich, Österreichs unbekannter Weltmarktführer(알려지지 않은 오스트리아의 세계시장 선도기업), *Gewinn*, 2010년 6월, 70-74쪽 참조.

CHAPTER 12

1 여기서는 이상치 효과를 배제하기 위해서 평균치를 사용했다.

2 Michael Porter, *The Competitive Advantage of Nations*, London: Macmillan, 1990 참조.

3 2000년을 기점으로 중국이 전 세계 콘크리트 시장의 약 60퍼센트를 차지하고 있다.

4 Michael Porter, *Competitive Adavantage, Creating and Sustaining Superior Performance*, New York: The Free Press, 1985 참조.

5 Hermann Simon, Frank Bilstein und Frank Luby, *Der gewinnorientiere Manager. Anschied vom Marktanteilsdenken*, Frankfurt/ New York: Capmus, 2006 참조.

6 경쟁우위 개념에 대해서는 Jay B. Barney und William S. Hesterly, *Strategic Management and Competitive Advantage*, 4th Edition, Upper Saddle River: Pearson 2012도 함께 참조하라. 바크하우스Backhaus와 뵈트Voeth는 같은 의미에서 '비교 경쟁우위'라는 말을 언급한다, Klaus Backhaus und Markus Voeth, *Industriegütermarketing*(산업재 마케팅), München: Vahlen 2009 참조.

7 이 원칙 및 전략적 경쟁우위 관리와 관련된 또 다른 원칙들에 대해서는 Hermann Simon, *Strategie im Wettbewerb*(경쟁전략), Frankfurt: FAZ-Buch, 2002를 참조하라.

8 Theodore Levitt, *The Marketing Imagination*, New York: Free Press, 1983 참조.

9 '사용의 편의성' 항목은 개방형 질문에서는 중요성이 크게 증가했지만, 폐쇄형 질문에서는 주요 항목에 포함되지 않았다. 이런 이유로 경쟁우위 매트릭스 위치가 그렇게 추정된 것이다.

10 이때 물을 펌프질하기 위해 미국 푸츠마이스터의 콘크리트 펌프가 투입되었다.

11 Andreas Starke, Das original ist mehr als ein Patent, *Frankfurter Allgemeine Zeitung*, 2012년 4월 16일, 12쪽 참조.

12 Blitzenschläge erkennen und messen(낙뢰를 인식하고 측정하다), *Frankfurter Allgemeine Zeitung*, 2012년 4월 23일, 12쪽.

13 Michael Porter, *Competitive Advantage, Creating and Sustaining Superior Performance*, New York: Free Press 1985 참조.

14 Aenova stärkt Tablettenfertigung in Deutschland, *Frankfurter Allgemeine Zeitung*, 2012년 2월 13일, 12쪽 참조.

15 Michael Porter, *The Competitive Advantage of Nations*, London: Macmillan, 1990 참조.

16 Simon, Kucher&Partners, *Global Pricing Study*, Bonn: Simon-Kucher, 2011 참조.

17 Hermann Simon, Frank Bilstein und Frank Luby, *Der gewinnorientierte Manager. Abschied vom Marktanteilsdenken*, Frankfurt/ New York: Campus, 2006 참조.

18 Quek Swee Lip, *Business Warfare. Management for Market Conquest*, Lewes: Temple House Books, 1995 참조.

19 Benjamin Gilad, *Business Wargames*, Franklin Lakes: Career Press 2009, 그리고 Barrie G. James, *Business Wargames*, Turnbridge Wells: Kent, 1984 참조.

20 Jay Conrad Levinson, *The Best of Guerilla Marketing*, New York: Entrepreneur Press, 2011 참조.

21 Robert F. Lanzilotti, Pricing Objectives in Large Companies, *American Economic Review*, 1958, 921-940쪽 참조.

22 J. Scott Armstrong und Kesten C. Green, Competitor-Oriented Objectives. The Myth of Market Share, *International Journal of Business*, 2007, 411-415쪽 참조.

23 W. Chan Kim udn Renée Mauborgne, *Blue Ocean Strategy. How to Create Uncontested Market Space and make the Competition Irrelevant*, Boston: Harvard Business School Press, 2005 참조.

24 Hermut Kormann, *Nachhaltige Kundenbindung. Gegen den Mythos nur wettbewerbsorientierter Strategien*(지속적으로 고객 묶어두기. 경쟁지향적이기만 한 전략 신화에 대한 반격), Frankfurt: VDMA 2005.

25 Hans-Jürgen Warnecke, *Die fraktale Fabrik*(프랙털한 공장), Heidelberg/ New York: Springer 1992.

CHAPTER 13

1 Igor Ansoff, Checklist for Competitive and Competence Profiles; *Corporate Strategy*, 98-99쪽. New York: McGraw-Hill, 1965 참조.

2 Kion lässt die Börse noch auf sich warten(아직 증시에 입성하지 않은 키온), *Frankfurter Allgemeine Zeitung*, 2012년 3월 20일, 12쪽 참조.

3 Ministerpräsident Koch zu Besuch bei Sirona(지로나를 방문한 코흐 주정부 수상), *Sidexis Online*, Bensheim, 2003년 8월 21일.

4 쾨르버 그룹에 소속된 세계시장 선도기업의 예: 소형판형 종이절단기 부문 세계 1위 기업인 E.C.H. 빌E.C.H. Will. 전 세계 공책의 절반 이상이 E.C.H. 빌 기계로 생산된다. 뉘르팅엔Nürtingen에 있는 세계 최고의 여권 제작기계 공급업체 쿠글러-보마코. 편지 봉투, 접이식 티슈, 위생용품 제작기계 부문에서 세계시장을 선도하는 빙클러+뒨네비어Winkler+Dünnebier. 자체적으로 다수의 회사를 거느린 슐라이프링Schleifring 그룹. 이 기업은 정밀 기계가공 부문 세계시장 선도기업이다. 2012년에 쾨르버는 페이퍼링크Paperlink 부문과 결별했다.

5 비르트겐 유한회사, 퓌겔레 주식회사, 함 주식회사, 클레만 유한회사의 매출액은 비르트겐 그룹의 전체 매출액에 따로 가산되지 않는다. 왜냐하면 해외 자회사 매출액이 합산되기 때문이다.

6 Verschwendung von Land ist ein Thema(토지 낭비는 논의의 대상이다), 기업가 대담 게오르크 후프Georg Huf 편, *Frankfurter Allgemeine Zeitung*, 2012년 5월 7일, 17쪽 참조.

7 B2B는 Business-to-Business를 의미하고(독일어로는 대략 산업재 사업과 비슷한 말이다), B2C는 Business-to-Customer, 즉 소비재 사업을 의미한다.

8 *Frankfurter Allgemeine Zeitung*, 2007년 1월 30일, 15쪽.

9 *Frankfurter Allgemeine Zeitung*, 2012년 3월 24일, 18쪽.

10 이와 관련해서는 Michael Freitag und Dietmar Student, Die Quittung von Daimler(다임러의 영수증), *Manager Magazin*, 2007년 4월호, 34-48쪽을 참조하라. 이 기사에서는 실패한 다각화 및 인수전략으로 인한 총 손실액이 최소한 600억 유로에 이를 것으로 추정되고 있다.

CHAPTER 14

1 Christian Stadler und Philip Wältermann, *Die Jahrhundert-Champions*(세기의 챔피언들), Düsseldorf: Handelsbaltt-Bücher, 2012 참조.

2 〈포춘〉이 선정한 세계 500대 기업의 평균 자본회전율은 언제나 1에 가깝다.

3 독일경제연구소가 매년 발표하는 수치를 근거로 산출한 수치다.

4 Finazkraft von Familienunternehmen(가족기업의 자금력), Nürnberg-Hamburg: Rödl&Partner, 2011년 10월 참조.

5 독일경제연구소, *Standort Deutschland*(독일 현황), Köln, 2010, 18쪽 참조.

6 안드레아스 게오르기Andreas Georgi는 독일 중소기업의 자기자본비율을 8퍼센트로, 오스트리아 중소기업의 자기자본비율을 16퍼센트로 제시했다. 또 다른 연구는 독일 무역 및 산업계의 자기자본비율을 16퍼센트로 명시했다. 에른스트&영은 독일 기업의 자기자본비율은 18퍼센트, 오스트리아 기업은 33퍼센트라고 밝혔다. 던&브래드스트리트Dun&Bradstreet는 독일 중소기업의 자기자본비율을 10.8퍼센트(건설업)에서 28퍼센트(화학)로 명시했다. 샤우어Schauer 등은 오스트리아 기업의 자기자본비율을 19퍼센트로 제시했다. Andreas Georgi, Notwendigkeit und Instrumente eines ganzheitlichen Risikomanagements für Mittelständler, Gewerbetreibende und

Freiberuflicher(중소기업과 자영업자, 프리랜서들을 위한 통합적 리스크 관리의 필요성과 수단), *Zeitschrift für Betriebswirtschaft*, 2007년 1월, 7-18쪽; Ernst&Young, *Wege zum Wachstum*, Stuttgart 2005, Dun&Bradstreet, *Konkrete Orientierungshilfen für Unternehmen*(기업을 위한 구체적인 지침서), Düsseldorf: 2005년 7월 참조. 2011년 11월 2일, 독일협동조합 은행연합회(BVR)가 발행한 BVR-Mittelstandsspiegel은 중소기업의 평균 자기자본비율을 22퍼센트로 제시했다. 다만 매출액 규모가 50만 유로 미만인 기업들의 평균 자기자본비율은 6.2퍼센트에 그쳤다. Reinbert Schauer, Norbert Kailer und Birgit Feldbauer-Durstmüller(발행), *Mittelständische Unternehmen*(중소기업), Linz: Trauner Verlag, 2005. 스위스 기업의 평균 자기자본비율에 대해서는 어떤 자료도 찾지 못했다.

7 Wirschaftslage Mittelstand in Österreich(오스트리아 중소기업의 경제적인 상황), *Creditreform*, 2011년 봄호 참조.

8 Stefan Orthsiefen, Eigenkapitalbasis deutlich gestärkt(현저하게 강화된 자기자본 기반), *VDI-Nachrichten*, 2007년 5월 18일, 27쪽 참조.

9 Matthias Redlefsen und Jan Eiben, *Finanzierung von Familienunternehmen*(가족기업의 자금조달), Bonn: INTES Akademie für Familienunternehmen/WHU 2007. INTES 임의표본추출 결과 평균 매출액이 2억7,200만 유로, 그러니까 우리가 산출한 평균 매출액인 3억2,600만 유로와 비슷한 규모인 것으로 나타났다. 이런 결과는 양쪽 임의표본추출 간에 존재하는 모종의 유사성을 말해준다.

10 *Finanzkraft von Familienunternehmen*, Nürnberg-Hamburg: Rödl&Partner, 2011년 10월 참조.

11 SEW Eurodrive investiert(SEW 유로드라이브는 투자를 한다), *Frankfurter Allgemeine Zeitung*, 2012년 4월 26일, 14쪽 참조.

12 Georg Giesberg, 40 Prozent Eigenkapital sind das Ziel(자기자본비율 40퍼센트가 목표다), *Frankfurter Allgemeine Zeitung*, 2011년 11월 11일 참조.

13 Presseportal.de, 2012년 4월 23일 참조.

14 Nicole Weinhold, Ruhiges Rad, *Neue Energie*(새로운 에너지), 2012년 6월, 78-83쪽 참조.

15 두 명의 파트너는 바로 프랑스 투자사 벤델Wendel과 자본시장 전문가 로날트 리나우Roland Lienau였다. 헬리코스 S.E.는 2010년 2월 4일자로 프랑크푸르트 증시에 입성했다.

16 Kriseneffekte beim Eigenkapital – Die Folgen der Rezession für die

Kapitalausstattung des Mittelstandes(위기가 자기자본에 미친 영향 - 불황이 중소기업의 자본원천에 초래한 결과), *Creditreform*, 경제연구 기고문, 2011년 3월, 1쪽.

17 Oppenheim Spezial, *Eurozone vor einer Kreditklemme*(신용경색에 직면한 유로존), Köln: Sal. Oppenheim, 2012년 3월, 3쪽 참조.

18 Kredithürde für deutsche Firmen auf Allzeittief(전대미문의 수준으로 낮아진 독일 기업의 대출 장애), *Börsen-Zeitung*, 2012년 4월 27일, 7쪽.

19 Für Spanien und Portugal sind wir pessimistisch(스페인과 포르투갈에 대한 우리의 입장은 비관적이다), *Frankfurter Allgemeine Zeitung*, 2012년 4월 13일, 8쪽 참조.

20 Kreditversorgung nicht in Gefahr(신용공급 이상무), *Börsen-Zeitung*, 2012년 4월 27일, 7쪽.

21 다른 연구들도 가족기업에서 자체 자금조달이 우위를 점하고 있음을 입증하고 있다. *Finanzkraft von Familienunternehmen*, Nürnberg/Hamburg: Rödl&Partner, 2011년 10월 참조.

22 Laura de la Motte, Der aufwendige Weg an den Bondmarkt(채권시장으로 향하는 값비싼 길), *Handelsblatt*, 2012년 5월 9일, 44쪽 참조.

23 BDI 가족기업 포럼 "Familienunternehmen im Zeitalter der Globalisierung(세계화 시대의 가족기업)", Berlin, 2006년 9월 21-22일.

24 IPO는 Initial Public Offering의 약자로 증시상장을 뜻하는 상투적인 표현이다.

CHAPTER 15

1 Alfred D. Chandler, Jr., *Strategy and Structure: Chapters in the History of the American Industrial Enterprise*, Cambridge, MA: MIT Press 1969년 참조.

2 여기에서 '단일 시장'이라 함은 내용적으로 제한된 시장을 의미한다. 그러니까 한 제품이 다수의 나라에서 동일한 목표 그룹에게 판매된다고 한다면, 이런 의미에서 이것은 '단일 시장'이라고 할 수 있다.

3 이와 관련된 또 다른 사례들에 대해서는 Hermann Simon, *33 Sofortmaßnahmen gegen die Krise*, Frankfurt: Campus, 99-101쪽을 참조하라.

4 Günter Rommel, Felix Brück, Raimund Diederichs und Rolf-Dieter

Kempis, *Simplicity Wins*, Boston: Harvard Business School Press 1995년 참조.

5 에라-엘렉트로테히닉은 나중에 샌디에이고에 본사를 둔 미국 기업 펄스 일렉트로닉스Pulse Electronics에 인수되어 현재 헤렌베르크Herrenberg에서 펄스 일렉트로닉스 유한회사라는 상호로 영업 활동을 하고 있다. 과거 기업의 일부는 에리히 아이헬레에게 남겨져 현재 아이헬레 그룹이라는 상호로 영업 활동을 하고 있다. 이 그룹에 소속된 기업 에라-콘택트Era-Contact는 전자식 선로연결기와 자동차 케이블 시스템을 제작하는 세계적인 기업이다.

6 참가자 간의 상호관계 수는 n(n-1)/2이다.

7 2012년 5월 2일에 있었던 개인적인 대화.

8 IBG는 쾰른에 있는 Industrie-Beteiligung-Gesellschaft를 말한다.

9 '팀'이 독일어로 Gespann(수레, 마차, 수레를 끄는 마소, 2인 1조의 팀)이라는 사실을 기억하라. 한 팀 안에서는 팀원 전원이 한 방향으로 이동한다.

CHAPTER 16

1 DAX-Konzerne stellen wieder mehr Beschäftigte ein - Zuvor jahrelang Jobabbua in größten Unternehmen(DAX 콘체른들이 다시 고용을 늘이고 있다 - 과거 몇 년간은 가장 규모가 큰 기업들에서 일자리가 삭축되었다), *AFP*, 2012년 3월 26일 참조.

2 Wir freuen uns auf chinesische Ingenieur(우리는 중국 엔지니어들을 고대하고 있습니다), *Frankfurter Allgemeine Zeitung*, 2012년 4월 24일, 15쪽 참조.

3 John Naisbitt, *Mind Set! Reset your Thinking and See the Future*, New York: Harper Collins, 2006.

4 DAX 상장기업들도 국내보다는 해외에 더 많은 직원들을 보유하고 있다. 이 기업들은 국내 직원 수 160만 명, 해외 직원 수 220만 명으로 모두 380만 명의 직원을 보유하고 있다. 2011년에는 해외 일자리가 6만 개 증가하고, 국내 일자리가 1만6,000개 증가하면서 해외 일자리 성장 폭이 국내보다 훨씬 더 컸다. DAX-Firmen Stellen Tausende ein(DAX 기업들이 수천 명의 직원을 고용하고 있다), *Manager-Magazin.de*, 2012년 3월 26일, 그리고 DAX-Konzerne stellen wieder mehr Beschäftigte ein - Zuvor jahrelang Jobabbua in größten Unternehmen, AFP, 2012년 3월 26일 참조.

5 이 주제를 더 심도 깊게 파고들고 싶다면 다음을 참조하라: David W.

Young, *A Manager's guide to Creative Cost Cutting: 101 Ways to Build the Bottom Line*, New York: McGraw-Hill, 2002; Christoph Walter Gabath, *Gewinngarant Einkauf: Nachhaltige Kostensenkung ohne Personalabbau*(이익을 보장하는 매입. 직원감축 없는 지속적인 비용 절감), Wiesbaden: Gabler 2008; Andrew Wileman, *Driving Down Cost: How to Manage and Cut Costs-Intelligently*, London: Nicholas Brealey Publishing 2008; Helmut Elben und Martin Handschuh, *Handbuch Kostensenkung: Methoden, Fallstudien, Konzepte und Erfolgsfaktoren*(비용 절감안내서: 방법, 사례연구, 계획, 성공요인), Wiley VCH: Weinheim 2004; 예컨대 작업시간 단축에 대해서는 다음을 참조하라: Friedhelm Nyhuis, Krisenpille Kurzarbeit - So wird sie richtig angewendet(위기에 대처한 알약 작업 단축 - 제대로 사용하는 방법), *Produktion*, 2009년 1월 29일, 10쪽; Hermann Simon, *33 Sofortmaßnahmen gegen die Krise*, Frankfurt: Campus 2009.

6 *BKU-Journal-Quartalszeitschrift des Bundes Katholischer Unternehmer*(가톨릭 기업연합 계간 간행물), 2. Quartal, 2012.

7 Ein Schräubchen im Getriebe: Arbeitzeit kürzen, Mitarbeiter qualifizieren, Kontakte knüpfen - wie ein Familienbetrieb im Sauerland der Weltwirtschaftskrise trotzen will(활발하게 움직이는 작은 나사 하나: 업무시간 단축, 직원 자질 향상, 교류관계 형성 - 자우어란트에 있는 한 가족기업이 세계경제 위기에 맞서는 방법), *Berliner Zeitung*, 2009년 2월 5일, 3쪽.

8 Schwäbisches Werkzeugwunder(슈바벤 공구의 기적), *Süddeutsche Zeitung*, 2012년 1월 26일, 22쪽.

9 Mark Hurd's Moment, *Fortune*, 2009년 3월 16일, 51-53쪽.

10 Moderne Fabriken müssen flexibel sein, Gespräch mit Thomas Bauernhansl, Leiter des Fraunhofer-Instituts für Produktionstechnik und Automatisierung(현대적인 공장은 반드시 유연해야 한다. 프라운호퍼 연구소 생산기술 및 자동화 부문 책임자 토마스 바우어른한슬과의 대담), *Frankfurter Allgemeine Zeitung*, 2012년 4월 21일, C4.

11 이직률은 한 회사의 이직 현황을 보여주는 수치로, 아래와 같이 산출된다: 전체 직원 수 대비 1년 동안 기업을 떠난 직원 수.

12 Es geht um Natur und Abenteuer(중요한 것은 자연과 모험이다), *Frankfurter Allgemeine Zeitung*, 2012년 2월 20일, 17쪽.

13 Cyril Northcote Parkinson, *Parkinson's Law or the Pursuit of Progress*, 1957 참조. 이 법칙은 업무량이 그것을 처리하는 데 사용할 수 있는 시간에

정확하게 비례하여 늘어나거나 혹은 변형된 형태로 직원들이 서로 간에 시간을 때울 일을 만들어낸다는 것을 말한다.

14 *VDI Nachrichten*, 2007년 3월 16일.

15 Jeder zehnte Mitarbeiter in Lehre(직원 10명 중 1명은 견습생), *Frankfurter Allgemeine Zeitung*, 2012년 4월 25일, 16쪽 참조.

16 Hermann Simon, Trained by Germany, *Manager-Magazin*, 2010년 10월, 32쪽 참조.

17 *Frankfurter Allgemeine Zeitung*, 2007년 2월 7일, 14쪽.

18 Ferchau sucht 800 Ingenieure(페르카우가 엔지니어 800명을 구하고 있다), *Frankfurter Allgemeine Zeitung*, 2012년 4월 25일, 16쪽 참조.

19 *Süddeutsche Zeitung*, 2007년 4월 21일. 재봉용 바늘제작 부문 세계시장 선도기업 그로츠-벡케르트는 꼭 7,000명에 이르는 직원과 약 5억 달러의 매출액을 보유한 히든 챔피언이다.

20 Footlose Pupils Can Get Lost in Translation, *Financial Times*, 2012년 5월 10일, 4쪽 참조.

21 Bastian Berbner, Lockrufe aus dem Hinterland(배후 지역에서 들려오는 유혹의 소리), *Die Zeit*, 2008년 9월 5일 참조.

CHAPTER 17

1 여기서 나는 다분히 의도적으로 '지도자'라는 개념을 사용했다. 그 이유는 "히든 챔피언들을 이끌어가는 지도자"라는 제목이 달린 단락에 설명되어 있다.

2 흥미로운 우연의 일치: 이 부분을 쓴 다음날 〈FAZ〉에 "지도자Der Führer"라는 제목으로 2012년 5월 7일 러시아 대통령 자격으로 선서를 한 블라디미르 푸틴에 대한 전적으로 비판적인 기사가 실렸다. Michael Ludwig, Der Führer, *Frankfurter Allgemeine Zeitung*, 2012년 5월 8일, 10쪽 참조.

3 D. B. Wallace und H. E. Gruber(편집), *Creative People at Work, Twelve Cognitive Case Studies*, New York/Oxford: Oxford University Press 1989, 35쪽.

4 Peter F. Drucker, *Adventures of a Bystander*, New York: Harper Collins 1978, 255쪽.

5 Lee Simth, Stamina - Who has it. Why you need it. How you get it,

Fortune, 1994년 11월 28일, 71쪽.

6 Warren Bennis, *On Becoming a Leader*, Philadelphia, PA: Perseus Books, 2009.

7 예를 들면 Berthold Leibinger, *Wer wollte eine andere Zeit als diese. Ein Lebensbericht*(이것과는 다른 시간을 원했던 사람. 전기), Hamburg: Murmann 2010; Reinhold Würth, *Der Unternehmer und sein Unternehmen*(기업가와 그의 기업), Künzelsau: Swiridoff 2005; Hermann Kronseder: *Mein Leben*, Neutraubling: Krones-Selbstvertrag 1993; Albert Blum, *Innovation, Flexibilität und Ausdauer bringen Erfolg*(혁신, 유연성, 끈기가 성공을 가져온다). Siegburg: Albert Blum Selbstverlag 2006; Gerhard Neumann, *China, Jeep und Jetmotoren*(중국, 지프, 그리고 제트엔진); Planegg: Aviation Verlag 1989.

8 George Washington's Leadership Secrets, *The Wall Street Journal*, 2012년 2월 13일, 15쪽.

9 Ken Favaro, Per-Ola Karlsson und Gary L. Nelson, *CEO Succession: The our Types of CEOs*, New York: Booz&Company, 2011 참조.

10 "Seltene Spezies(희귀종)", *Impulse*, 2011년 12월, 34쪽.

11 Footlose Pupils Can Get Lost in Translation, *Financial Times*, 2012년 5월 10일, 4쪽 참조.

12 Hermut Kormann, *Gibt es so etwas wie typische mittelständische Strategien?*, Diskussionspapier 54호, Universität Leipzig, Wirtschaftswissenschaftliche Fakultät, 2006년 11월.

13 Ken Favaro, Per-Ola Karlsson und Gary L. Nelson, *CEO Succession: The Four Types of CEOs*, New York: Booz&Company, 2011 참조.

14 Katrin Terpitz, Chefs von heute sind jünger und gehe früher(오늘날의 사장들은 더 젊고 더 일찍 떠나간다), *Handelsblatt*, 25. 2011년 5월 참조.

15 James C. Collins und Jerry I. Porras, *Built to Last. Successful Habits of Visionary Companies*, New York: Harper Collins, 1994 참조.

16 Ken Favaro, Per-Ola Karlsson und Gary L. Nelson, *CEO Succession: The Four Types of CEOs*, New York: Booz&Company, 2011 참조.

17 Wo Chefinnen das Zepter schwingen(여성 사장들이 지배하는 곳), *iw-dienst*, Köln: 독일경제연구소, 2012년 2월 9일, 8쪽 참조.

18 *Süddeutsche Zeitung*, 2007년 4월 21일 참조.

19 Peter May, *Erfolgsmodell Familienunternehmen*(성공모델 가족기업), Hamburg: Murmann 2012, 그리고 Michael Steinbeis(발행), *Familienfirma: Erfolge, Krisen, Fortbestand*(가족기업: 성공, 위기, 존속), Brannenburg: Steinbeis-Selbstverlag, 2009 참조.

20 최근의 예를 소개하면, Generationswechsel bei Fischer gescheitert(실패로 돌아간 피셔의 세대교체), *Frankfurter Allgemeine Zeitung*, 2012년 4월 4일, 15쪽을 참조하라.

21 도이체 방크(발행), *Geschäfte mit Geschwistern*(형제자매와 함께 하는 사업), Frankfurt, 2006년 6월.

22 이 경우에 대해서 더 상세하게 알고 싶다면 Nikolaus Förster, Es gibt ein Leben nach dem Keks(비스킷을 먹은 후의 삶), *Impulse*, 2011년 12월, 22-33쪽을 참조하라.

23 Berthold Leibinger, *Wer wollte eine andere Zeit als diese. Ein Lebensbericht*, Hamburg: Murmann, 2010 참조.

찾아보기 - 경제용어

1인당 수출액 84, 86, 94, 132, 725

Made in China 55, 722, 723

Made in Germany 116, 117, 133, 368, 519, 522

R&D 강도 453, 465, 473, 501

Swiss Made 421

가격 전쟁 426, 516, 545, 548

가격주도권 536~538

가격탄력성 424

가족기업 189, 559, 585, 593, 671, 685, 690, 699, 709, 717, 718

가치창출사슬 112, 158, 187, 206, 249, 261, 284, 300, 306, 314, 344, 414, 433, 447, 514

강력한 성장세 65, 186, 209, 583

개발도상국 28, 30, 35, 55, 59, 61, 86, 131, 176, 253, 294, 331, 344, 428, 438, 539, 721, 724

건전한 인간의 이성 24, 550

경영 후계자 709, 718

경영진의 구조 685

경영진의 연속성 690, 709, 718

경쟁 강도 507, 510, 513, 548

경쟁요인 514, 548

경쟁우위 22, 100, 228, 237, 303, 322, 328, 369, 398, 475, 517, 655, 666,

경쟁우위 매트릭스 521, 526

고객 접촉

   직접적인 고객 접촉 384~385
   정기적인 고객 접촉 393
   고객친화(성) 22, 122, 322, 359
   고객 편익 241, 376, 422, 446, 450

고성과 문화 647, 666

고성과 조직 23

고용증대 631, 655

과도한 경쟁지향적 태도 545

관료주의 8, 71, 129, 455, 615, 646

국내 고용 112, 113

국내총생산(GDP) 30, 56, 64, 78, 83

국제화

   사업 국제화 125, 718
   경영진의 국제화 23, 629, 672, 704

규모 중심의 경계 설정 138

규모의 경제 22, 261, 537

기업충성도 643

기업가 클러스터 103

기업문화 178, 192, 226, 330, 559, 605, 636, 645, 665, 688

납품 유연성 367, 519, 522

내수시장 46, 58, 61, 63, 97, 187, 319, 332, 471, 625, 627, 631, 705, 708

다기능성 601, 603~605

단위노동비용 114~116, 133

단일제품 기업 260, 438, 677

단일제품 단일시장 기업 23, 250, 578, 601~603, 620, 716

대기업 5, 10, 22, 40, 48, 57, 71, 78, 90, 112, 132, 139, 144, 161, 171, 173, 180, 188, 195, 197, 200, 214, 257, 264, 305, 311, 355, 359, 364, 366, 379, 392, 404, 443, 457, 473, 491, 501, 556, 596, 601, 620, 645, 671, 690, 704, 715, 718, 740

독자적인 행보 304, 306, 462

돌진 작전 320, 347, 355

복수 브랜드 전략 419, 420, 438, 538

등대 프로젝트 528~530, 549

리더십 스타일 682, 684, 717

리스크 관리 320, 340, 563, 578

리스크 혐오감 427

매출수익률 101, 203, 584~585, 640, 644

매출액 10억 장자 196~197

매출액 경계 188, 192, 449, 728

매출액 비율 60, 354, 370, 374

매출액 성장(율) 187, 194, 568

목표시장 72, 112, 118, 131, 133, 536

목표에 매진하는 태도 23, 671, 674, 676~677

무역수지 42, 56, 84, 111

보호무역주의 69~72, 79

부분적 세계화 75

분권화

    분권적인 조직 560, 618
    사업부 조직 23, 601, 606, 616, 620, 705
    기능적인 조직 23, 601~606, 620~621

고객친화적인 조직 612
목표 그룹 지향적인 조직 608

분업

    기능적인 분업 603, 604
    국제적인 분업 72, 120
    본사와 자회사 간의 분업 62

빅 챔피언 188, 191, 193, 195, 209, 364, 698, 706

사업 모델 160, 414

사치품 47, 55, 271, 291, 562, 706

사회기반시설 44

산업 클러스터 101, 102~106, 540

생산성 향상 187, 208, 646

생산성 향상 동인 646, 666

생존 능력 144, 179, 212, 214, 261

설비완전가동률 412, 427

성장 금욕주의자 186, 206

성장 잠재력 86, 119, 204, 271, 566, 569

성장원동력 20, 36, 78, 191, 197, 200, 203, 209, 287, 314, 319, 330, 333, 353, 503, 557, 566, 607

성장한계 22, 563, 570, 578

소국분립주의 96, 132

수입 격차 42

수출역량 88, 119

시스템 통합 22, 328, 367, 398, 409, 414, 437, 449, 519, 522, 549, 666

시장 규모 33, 207, 233~235, 250~253, 272, 278, 319, 320, 331, 417, 511

시장 리스크 274, 275, 279, 369

시장 정의 (시장에 대한 정의) 235, 250, 253~256, 268, 278, 284, 320, 733,

시장주도자 위치 73,

시장 포화 22, 578,

시장구조 508~509

시장지배권 21, 73, 183, 185, 219, 222, 228, 230, 233, 236, 240, 244, 256, 268, 311, 338, 379, 393, 419, 434, 439, 682

시장지배기업 219, 225, 228, 233, 236, 242, 265, 272, 400, 415, 438, 516, 528

시장지배력 220, 242, 514

신용경색 589, 747

신용공여 69, 589

실적측정 변수 520, 524

아웃소싱 21, 207, 283, 288, 304, 314

업무 프로세스 재설계 601, 613, 621

연령구조 42, 164

연속성 214, 258, 493, 502, 643, 671, 690, 709, 718

위험 분산 339, 369, 375

유연한 다각화 249, 308, 365, 381, 555, 556, 563, 578, 601, 612, 620, 683, 716

이원적 직업교육 8, 133

이직률 625, 638, 640, 653, 658, 662, 666, 688, 690, 750

인구 역동성 36, 38, 39

인구밀집지역 44, 106, 662, 689

입지적인 장점 62, 654

자금력 60, 576, 583, 590, 597, 715, 745

자금조달 8, 23, 167, 194, 210, 583, 592, 597, 746

자기자본비율 23, 141, 583, 586, 597, 746

자본시장 69, 589, 592, 597

자체 자금조달 23, 592, 597, 747

자체가치창출비율 142, 177, 187, 283, 287~290, 301, 314, 414

자체제작비율 177, 287, 288~295, 298, 314, 619

잠재적인 개선 가능성 174, 425, 522

재집중 261, 284, 558, 575

전략적 제휴 305~313, 315, 619

전문화 221, 273, 278, 301, 304, 315, 321, 365, 392

조직분할 606, 609, 620

지방에 자리 잡은 입지 648, 652, 660, 667, 689

직업교육 8, 117, 133, 410, 644, 654, 666, 686

직원들에 대한 동기부여 605, 625

직원들에게 영감 불어넣기 23, 178, 625, 671, 679, 717

직접판매 308, 359, 360, 392

차별화 77, 79, 402, 425, 430, 439, 458, 520, 536, 654

탈세계화 68, 72

틈새기업 47, 131

틈새시장 88, 161, 206, 223, 250, 257, 264, 279, 321, 432, 559

표준화 76, 79, 406, 671

품질관리 337, 684

핵심사업 174, 263, 536, 557, 575

핵심역량 62, 294, 290, 304, 314, 345, 571, 654

행동 규범 386

혁신력 113, 152, 178, 203, 321, 444

찾아보기 - 기업명

3B 사이언티픽 224,425,536
A. 랑에&죄네 57,271,535
A.T.U 425
ABIMEK 99
ABS 품펜 253
AEG 532
AL-KO 코버 343
AMD 391
ASB 그륀란트 157, 703
ASML 437
B. 브라운 멜중엔 372
BBA 268
BHS 263
BHS 코러게이티드 649
BHS 테이블톱 263
BKS 102
BMW 228, 234, 391, 541, 659, 724
BNP 파리바스 112
BWT 102, 391
CEAG 지혀하이츠테히닉 544
CEWE 컬러 482
CNN 391,
CNP 어슈런스 113

Dekra 119
DMG(상하이) 머신 툴 코퍼레이션 51
Doo.net 400, 472, 677
DT&숍 701
E.C.H. 빌 745
EASA 413
EBM-팝스트 102
EOS 102, 156, 681, 752
FAG 쿠겔피셔 190
FEV 431
GE 인스펙션 테크놀로지스 156
GE 239, 302, 303, 366, 414, 433, 457, 462, 495, 722, 734
GfK 205, 329
GKD 쿠퍼라트 157, 469, 542
GTH 99
GTZ 119
HBPO 307, 449
HJC 267
IBA 99
IBG 343, 608, 616, 617, 705, 748
IBM 533
Ifm 일렉트로닉 361, 373, 459, 707

IP 랩스 146, 147, 471, 482, 694
IREKS 151, 387
ItN 나노베이션 102
IWC 291, 562
J.D. 노이하우스 144
JAB 안슈퇴츠 329
JK 그룹 103, 419
KFU 152, 561
KLS 마르틴 그룹 99
KSB 205, 434, 739
KSM 캐스팅스 53
KTM 320
KWS 자트구트 157, 310
M&W 그룹 345
M. 브라운 158, 486
M+ 찬더 575
M+C 쉬퍼 260, 391, 411, 564
MBB 페르티궁스테히닉 567
MTU 에어로 엔진스 205
PHW 102
PWM 265
Q-셀즈 171, 594, 707
R. 슈탈 104, 541
RBB 알루미늄 450
RHI 329, 629
RUD 223, 224, 444
RUIA 글로벌 패스너스 532
RWTH 아헨 450, 451
SAP 51, 91, 188, 489, 190, 209, 683
SER 662
SEW 유로드라이브 587, 590

SGL 카본 102, 372
SKF 102
SKW 메탈우르기 702
SMR 737
SMS 321, 410, 695
SUKI 653
T?V 119, 450
T?V 라인란트 450
UPS 323
WIKA 327, 698
WIV 바인 인터나치오날 210
WOMA 573, 574
ZF 431
ZTE 45, 428
가르데나 296, 500
가르트너 149, 150, 530
갬브로 262, 706
게르마니셔 로이드 329, 413
게리츠 152, 530
게링 159, 702
게베리트 196
게브하르트 102
게오브라 브란트슈테터 346, 702
게트라크 47, 49, 198, 200, 721
고어 451, 422, 479, 480
고이테브뤼크 360, 391, 703
고트발트 373, 562
고트샬크 144, 149, 266, 297, 488, 564, 602, 633, 677
괴벨 170, 270, 702
구글 7, 77, 157, 341, 457, 472, 696, 735

귀틀링 102
그로닝어 102
그로만 엔지니어링 381, 389, 391, 652
그로츠-벡케르트 49, 157, 324, 351, 362, 404, 410, 659, 751
그로헤 418, 420, 466, 662, 738
그룹 호르겐 410
그루파마 113
그룹 BPCE 113
그륀베크 102
그리슨-드 뵈켈레어 209, 259, 262, 298
그림메 418
클라리언트-론자 102
글라스바우 한 530
글로브트로터 448, 644
글록 298, 734
기업은행 8
길데마이스터 51, 58, 723
까르띠에 291, 535
까르푸 112
나노-X 102
나노게이트 102
나노필름 100
네슬레 457, 705
네취-컨덕트 102
네트슈탈 733
넷제츠 406, 451, 452
노르덱스 102
노바르티스 102
노이만 그룹 157, 286, 411
노키아 지멘스 네트웍스 311

니나 게스너 647,
니바록스 102, 155, 268
니콘 468
닉스도르프 172
다이히만 102, 675
다임러 476, 576, 641, 697, 740, 745
단포스 46, 630
대우 391
던&브래드스트리트 746
데마크 에르코테크 733
데마크 크레인스 50, 365, 373, 374
델로 47
도르마 205, 341, 405, 530
도요타 337 378, 391, 558, 614
도이체 메세 주식회사 50, 343
도이체 메카트로닉스 498
도이체 반 384
도이체 밥콕 172
도이체 방크 51, 391, 710, 752
도이체 텔레콤 384
도이체 포스트 697
도이체 프뤼슈픽스-아이 102
도이츠 51, 166
도펠마이어 391, 565, 571, 572, 612
도펠마이어 트랜스포트 테크놀로지 572
돌마르 481, 741
돌핀 테크놀로지 100
될러 544
두르스트 458, 466, 482, 483, 485
두스만 그룹 50
뒤레너 메탈투흐 542

찾아보기 757

뒤르 333, 339, 383, 414, 574
뒤르코프 아들러 53
듀퐁 479
듀피 541
드라게노팜 260
드라고코 543
드레거 225, 691
드레스트너 방크 172
드로거리마르크트 196
디스콤 99
디아메탈 497, 499
딜 에어로시스템즈 370
라스베이거스 카지노스 391
라이츠 105, 565, 569, 574
라이츠 메탈 테크놀로지 그룹 569
라치오날 202, 203, 444, 595, 596
란탈 391, 411, 412, 413
레널 케어 189
레노보 45
레돈 419
레드불 186, 196
레드 블루 에너지 569
레모 102
레오니 48, 49, 196, 197, 198, 199, 204
렉스로트 48, 51, 60, 344, 345, 422, 530, 561, 562, 723
렌체 58
로렌츠 발젠 스낵 월드 297, 299
로베&베르킹 266, 530
로보 일렉트로닉 534
로슈 102, 541

로스만 391
로이크 102
로핀-지나르 102
론진 102
롤라이 435
롤렉스 102
롤스로이스 234
뢰들&파트너 329, 412, 587
루도 팩트 149, 223, 261, 533
루이스 렌너 207
루크 190, 460
루프&후브라흐 옵틱 267
르노 430, 566
리슈몽 291, 535, 562, 706
리퀴 몰리 168, 264
리탈 102, 104, 158
리파워 102
리플렉타 170, 401
린데 420, 558, 648
린에어 242, 448, 537, 604
린트&슈프륑글리 226
릴라이언스 45
링구아-비데오 138
링윤 53
마레도 391
마르가레테 슈타이프 270, 272, 701
마르크바르트 49
마세라티 234
마스터린트 105
마에스트로-바데니아 604
마이코 544

마이크로소프트 259, 457, 735
마키타 741
만 투르보 48
만네스만 172, 561, 562, 715
만네스만 플라스틱스 머시너리 561
말레 167, 431
맥도날드 76, 113, 391
네드-엘 310
메디아 마르크트 420
메디아 자투른 홀딩 420
메디온 102
메르세데스-벤츠 228
메르크 57, 102
메르클린 270
메리어트 113
메탈게젤샤프트 172
메트로 420
메트로룩스 99, 768
메트리카 564, 615
메틀러 톨레도 48
몬산토 310
몽블랑 291, 535
무스탕 104
문터스 340, 573
물티팍 375, 521, 574
뮐러 269
미츠비시 139, 308, 457
미크론 104
미키 58
미텍 267
밀레 59, 293,294, 417, 418, 423, 486

바고 콘탁트테히닉 544
바더 150, 301
바덴호프 105
바르텍 201, 202, 541, 544
바쉐론 콘스탄틴 535
바스프 91, 338, 363, 400, 414, 431, 476, 697, 740
바올리 420, 558
바우쉬&슈트뢰벨 102
바우어 531, 573
바우어 운트 샤우르테 531
바이니히 57, 404
바이스 102, 321, 695
바이엘 310, 479,
바이트뮐러 397, 544, 656
바즐러 102
바커 225, 633, 706, 707
바커 노이존 633, 706, 707
반츨 104, 154, 225, 290, 291, 475, 486
발트리히 코부르크 53
밤플러 663
버거킹 113,391
베닝호벤 653
베데코 102
베르너 104, 364, 544
베텔스만 119, 727
베를리너 자일파브릭 157
베리 칼리바우트 157
베스타스 102, 462, 544
베어 167, 307, 431, 449, 740
베어한 587

베어-헬라 테르모콘트롤 307, 449
베올리아 112
베히틀레 186, 196, 205, 410
벡커 마린 시스템즈 391
벡케를레 232, 233, 478, 479, 573, 612
벡케를레 머신즈 612
벡케를레 코스메틱스 612
백호프 201, 202, 205
벤틀리 234
벨테&죄네 484
벨포르 147, 406, 451, 452, 530, 573
보다폰 562
보메&메르시에 535
보브캣 294
보쉬 51, 57, 58, 102, 311, 391, 422, 431, 447, 448, 562, 648, 675, 689, 707, 734
보쉬 렉스로트 48, 51, 60, 344, 723
보쉬 파워 툴스 447, 448, 466, 500
보쉬-지멘스 하우스게레테 418
보스턴 사이언티픽 391
보이 564
보잉 74, 370, 391
보프로스트 210, 364, 446
볼보 46, 51, 53, 345
볼프 102
뵈커 102
뵐러리트 569
뵐호프 425, 536
부데루스 422
부이그 112
불트하웁 59

뷔르트 50, 104, 188~194, 204, 210, 364, 381, 446, 490, 541, 544, 605~607, 609, 610, 636, 675, 700, 737
뷜러 433
브라셀러 602
브라운 158, 294, 296, 486, 629
브레인랩 155, 202, 203, 309, 694, 740
브로제 197~199, 709
브뢰체 567
브룬스-플란첸-엑스포르트 372, 602
브리타 102, 209, 296, 348, 479, 643, 680
블랑코 638
블록 105
블룸 341
비르트겐 103, 126, 287, 565, 567~569, 574, 680, 700, 745
비방디 112
비쇼프+클라인 544
비오메트 412
비즈니스 오브젝츠 190
비첸만 692
비테 102
비텐슈타인 184, 466
비트라 605
비트로닉 102, 467, 492, 681
비트론 661
빅 더치맨 102, 157
빈더 99, 419, 425
빈첸 544
빈치 112
빈터할터 가스트로놈 262, 284, 285
빈트묄러&휠셔 514, 544, 707

빌러로이&보호 418
빌리온 733
빌츠 569
빌트 544
빙클러+된네비어 745
사리아 152, 560, 561, 577
사리아 바이오-인더스트리즈 560
사우스웨스트 에어라인즈 604
사이베이스 190
산이중공 51~53, 94, 168, 337, 338, 408, 428, 472, 512, 529
삼성 10, 12, 311, 391, 405, 457, 734
상시아 55
상하이 포트 머시너리 컴퍼니 295
석세스 팩터스 190
세라메탈 307
세라티치트 307
세카님 561
소노바 636, 706
소니 463, 465, 466, 493
소니 에릭슨 312
소시에테 제네랄 113
솔라 밀레니엄 171
솔라월드 594
쇼트 102, 498
쇽케뮐레 157, 269
숄츠 102
쉐라톤 113
쉐르델 58, 391, 691, 692
쉐페나커 376
쉐퍼-베르케 102, 562

쉐플러 그룹 188, 189
쉔크 344, 574, 575
쉔크 로텍 372, 574, 575
쉔크 프로세스 344
쉬스 53
쉬테 659
슈니트거 561
슈미츠 544
슈미츠 카고불 165, 274, 536, 537, 538
슈바르타우어 베르케 695
슈반-슈타빌로 102
슈베르트 102
슈베비셰 휘텐베르케 143
슈타빌루스 48, 224
슈탈 256, 544, 733
슈테틀러-마르스 102, 534, 535
슈텡엘 153, 391
슈토로파크 343
슈투테 159
슈틸 158, 420, 495, 587, 602, 603, 657, 688, 689
슈포르트-베르크 530
스미스 하이만 151, 372
스와치 102, 435, 436, 673
스위스 캡스 260
스콥비전 400
스타벅스 76, 113
시바 102
신시내티 밀에이크론 478
실트로닉 222, 497
싱글 157

아그파 435
아디다스 542, 629
아랄 384
아르놀트&리히터(ARRI) 150, 418, 533
아르부르크 733
아르셀로 미탈 45
아르칸도르 102
아르콘-쉬핑 463
아마존 341
아우구스트 프리트베르크 703
아우디 46, 102, 228, 234, 391, 541, 630
아이소볼타익 148
아이헬레 611, 748
아코르 112
아헨바흐 부쉬휘텐 143, 208, 410, 638
악사 112
안드리츠 329, 688, 705
알디 102, 242, 377, 391, 430, 537, 655
알러스 686, 703
알리안츠 391, 704
알버딩크 볼라이 476
애플 341, 457, 465, 466, 472, 522
앨런 매뉴팩처링 컴퍼니 532
어드밴티지 랩 419, 425
에네르콘 102, 158, 186, 196~199, 209, 242, 263, 293, 346, 402, 403, 423, 427, 448, 457, 461~463, 488, 532, 544, 587, 681, 695, 733, 734
에노바 160, 260, 261, 536, 729, 733
에드샤 167
에라-엘렉트로테히닉 611, 748
에라-콘택트 748

에렌 157
에록손 157, 269
에르고라인 419
에르메스 55
에르하르트 운트 라이머 703
에른스트&영 30, 226, 432, 433
에미텍 459
에보니크 377
에브저 544
에스클랩 99, 102
에어버스 74, 370, 391
에이본 478, 479
에이비스 228
에펜도르프 533, 534
엑스프레소 104, 154
엑시트 그룹 380, 391, 588
엔네 부르다 출판사 152, 446, 702
엘렉트로이졸라 Dr. 쉴트바흐 629
엘리먼트 식스 345
엥겔 733
예거-르꿀뜨르 291, 562
엠옵틱 102, 575, 576, 663
오리카 413
오메가 102
오미크론 102, 155, 156, 209, 445, 602
오샹 112
오스람 596
오스트리아 하우스테히닉 157
오토 보크 204, 302, 309, 310, 321, 335, 434, 470, 482, 530, 564, 565, 590, 695
옥스너 102

올림피아 435, 484
옵티마 102
와이프로 45
윌리콘 223
윌리콘 자우러 49
요아힘 로 그룹 104
요제프 가르트너 149, 530
우니베르소 102, 155, 268
우취 145, 146
울만 105, 259
월마트 76, 139, 327
월풀 418
유나이티드 인터넷 694
유니온 크노프 157
유로체인 419
유로핀스 265
유미코어 102
율 니더르렌크 102
융분츠라우어 148
융커스 422
융한스 98, 435
이구스 48, 151, 202, 203, 386, 387, 445, 446, 626
이비스 419
이스타 544
이오녹스 102
이온토프 102
이케아 242, 450, 537
인버스 146, 400, 471, 695
인터내셔널 SOS 406, 451, 452
인텔 390, 391, 421

인포시스 45
인피네온 391
자르구미 53
자르토리우스 204
자투른 420
자흐틀러 150, 298, 299, 418
작스 418, 419, 562
새규어 234
저먼 윙즈 604
제너럴 모터스 240, 241
제너럴 일렉트릭 에어크래프트 엔진스 414
제미크론 50
젠하이저 418, 463, 464, 468, 486, 493, 495, 530
젤르너 53
젤리타 225, 308, 363, 411, 486, 572, 629
젬퍼리트 홀딩 607
젬퍼메드 607, 608
젬퍼트랜스 607, 608
젬퍼포름 608
젬퍼플렉스 607, 608
조유 420
주벨라크 234
주스파 425, 536
지게니아-아우비 102
지겔 544
지로나 264, 418, 544, 558, 744
지리 46, 53
지멘스 51, 91, 100, 102, 264, 311, 391, 418, 433, 462, 558, 596, 697, 702, 740
지멘스 윈드 파워 102

지몬-쿠허&파트너스 163, 173, 230, 231, 346, 347, 381, 382, 426, 545, 629

지보단 157, 222, 497, 544, 629, 657, 660, 706

지코르 564

지크 222, 341, 346, 363, 530, 629, 654, 699, 740

지토플라스트 102

진겐타 65, 102

짐리제 157, 543

차이나 모바일 45

차프 크리에이션 701

차호란스키 544

춤토벨 196, 388, 389, 419, 498, 499

취리히 신(新) 증권거래소 391

츠빌링 헨켈스 102

치보 391, 464

치펠 103

칠-아베크 102, 104

카네기서 382, 383, 411, 650, 656, 691

카르슈타트 172

카르스텐스 99

카르톤플라스트 223

카를 라이빙어 메디친테히닉 98

카를 마르바흐 266

카를 마이어 48, 301, 342, 434, 435

카를 슈토르츠 99, 102

카보 418, 544

카본 스포츠 468, 469, 530

카테스 713

칼 자이스 104, 500, 661, 663

칼 자이스 SMT 467, 500

칼데바이 292, 418, 425

칼리코 157

캐논 468

캐터필러 525, 566

케르허 56, 158, 209, 325~329, 350, 375, 418, 466, 530, 531, 573, 574, 695, 698, 735

케른-리버스 495, 608, 657

케메탈 225, 382

케스보러 105, 266

코너지 594

코닝 258

코닥 476

코렌 102

코카콜라 148, 228, 266

콘벡타 157

콘크레인스 374

콘티넨탈 431

콜부스 266, 656

쾨니히&바우어 266, 370, 740

쾨르버 266, 559, 560, 562, 563, 577, 745

쾨퍼른 175

쿠글러-보마코 266, 745

쿠네 102

쿠카 166, 167, 729

퀴아젠 391, 740

크나우프 329

크라우트&팀머만 309

크라이슬러 576

크레디트 아그리콜 112, 113

크로네 544, 650

크로네스 103, 127, 159, 287, 341, 347
크로니메트 102, 198, 200, 730
크롭에네르기스 102
크룹 257
크비리스 헬스케어 308
클라스 49, 50, 158, 196, 210, 333, 418, 458, 470, 471, 565, 566, 567, 569, 574, 633, 700
클라이스 오르겔바우 408, 606
클레만 567, 568, 745
클레프만 그룹 154
클로스 104, 544
클린 콘셉트 169
클링스포르 104
키닝어 569
키온 420, 558, 744
키커르트 53, 102
타타 44, 45, 430
타타 컨설턴시 서비스 45
테메노스 148
테크노트란스 370
테트라 480, 481
테트라민 418
테파크 564
텐테 267, 341, 544, 714
텡엘만 104
토그눔 196
토른 419
투만&하이트캄프 445, 495
트렘블 433
트로다트 147
트록스 336
트루마 703
트룸프 102, 158, 166, 210, 225, 276, 378, 401, 478, 482, 483, 485, 493, 538, 564, 565, 571, 634, 640, 655, 686, 702
트리도니크 419
트리움프 아들러 435
트비어&뢰젠베크 634
티코 일렉트로닉스 391
파버-카스텔 102, 300, 477, 534, 535
파울 하르트만 333
파이겔 104
파일링 102
퍼킨 엘머 345
펄스 일렉트로닉스 748
페레로 298, 731
페스토 196, 328, 403, 404, 410, 447
페스토 다이덱틱 403
페이스북 7, 76, 138
페테 569
페페를&푹스 223
펜위크 420
펠트뮐레 노벨 172
펩시콜라 228
펫케어 105
포드 53
포르쉐 47, 139, 391, 629, 634, 721
포바 102
포어베르크 364, 587
포이트 344, 460, 546, 562, 690, 740
포크 101, 267, 320

폭스바겐 46, 72, 91, 139, 235, 430, 476, 707, 721, 722, 724, 740

폭케 105

폰 에렌 530

폴라-모어 265

폴리 클립 265

폴크만 49, 324

푀젤레 567, 568, 745

푀슬 269

푀팅어 498

푸마 542

푸츠마이스터 52, 53, 94, 168, 274, 337, 338, 428, 472, 512, 529, 530, 743

푹스 페트로룹 264, 321, 323

프라이베르거 159, 261

프랭키쉐 로어베르케 652

프레리히스 글라스 105, 469, 470

프레제니우스 메디컬 케어 188, 189, 190, 704, 706

프로바트 640

프로이덴베르크 431

프록터&갬블 260, 391

프리취 649

프리트헬름 로 그룹 104, 562

플라베크 376, 377

플라서&토이러 50

플라스틱 옴니엄 307, 449

플란제 307, 308, 372, 380, 385, 562, 608, 649, 663, 688, 689

플로우텍스 169

플루스 391

피닉스 콘택트 46, 225, 534, 544, 652

피르메니히 157, 544

피셔베르케 445, 657

피에트로 카르나기 377

필립스 463, 493

필만 425, 536, 675

필츠 699

하겐 다즈 391

하노버 페어스 상하이 Ltd. 50, 343

하르팅 323, 361, 531, 533, 544, 699

하리보 275, 298, 488, 675, 691

하만&라이머 543

하우니 301, 560, 563, 655

하이델베르거 드룩마쉬네 370

하이얼 45

하이-콘 266

하인 268

하젠캄프 291

한스그로헤 404, 418, 449

함 567, 568, 745

헤레우스 60, 102, 334, 559, 562, 577, 609, 647, 723

헤레우스 덴탈 559

헤레우스 메디컬 559

헤레우스 엘렉트로 니테 559

헤렌크네히트 102, 471, 530, 565, 570

헤렌크네히트 버티컬 471, 571, 612

헤롯 백화점 391

헤르플레 165, 634, 643

헤티히 389

헤펠레 336, 405, 530

헥살 491

헨켈 260, 697

헬라 49, 307, 449, 450

헬리코스 588, 747

현대 10, 391

호바르트 544

호페 296, 297

호프만 그룹 373

혼다 391, 431, 432

화웨이 45, 52, 113, 428

화이자 391

회르비거 608, 700

회히스트 171

후프 210, 569

후프 휠스베크&퓌르스트 102

휴렛팩커드 635

히머 157

히비 265

히어로-글라스 391

히프 210

힐레브란트 154, 329, 706

힐튼 113, 391